武汉大学百年名典

社会科学类编审委员会

刘绪贻（1913—2018），男，湖北省黄陂县人。中国共产党党员，著名历史学家、社会学家，中国美国史研究的主要奠基人之一，武汉大学教授。刘绪贻教授深耕中国美国史研究，是中国美国史研究会创立者之一，多次获得国家级及省部级奖项。其主编和参与撰写的美国史专著有《美国通史》（六卷本）、《富兰克林·D.罗斯福时代（1929—1945）》等多部；相关译著有《世界史编年手册》（古代中世纪部分）《注视未来——乔治·布什自传》等10余部。在社会学方面独撰、参撰和主编的著作有《改革开放的社会学研究》等。此外，刘绪贻教授曾担任中国美国史研究会副理事长兼秘书长，湖北省社会科学院特邀兼任研究员，中国美国史研究会、中国社会学学会、天津市社会科学院顾问，《美国历史杂志》国际特约编辑。

韩铁 美国史学者，曾获武汉大学历史学硕士学位和威斯康星大学美国史哲学博士学位，先后在武汉大学与南开大学任教，曾为南开大学美国历史和文化研究中心教授，现在加拿大继续从事美国史研究。主要著述有：《试论艾森豪威尔的现代共和党主义》《福特基金会与美国的中国学（1950—1979年）》《美国宪政民主下的司法与资本主义经济发展》《美国历史中的法与经济》。

李存训 男，湖南省武冈县人，中国美国史研究学者，毕业于武汉大学历史系。自1964年起，专职从事美国现代史和美国外交史的研究和教学。主要著述有：《战后美国第六次经济危机》（合著）、《当代美国总统与社会》（合著）等。

武汉大学
百年名典

战后美国史

1945—2000

 刘绪贻 主编

韩铁 李存训 编著

武汉大学出版社
WUHAN UNIVERSITY PRESS

图书在版编目(CIP)数据

战后美国史:1945—2000/刘绪贻主编;韩铁,李存训编著.—武汉:武汉大学出版社,2024.1
武汉大学百年名典
ISBN 978-7-307-24000-1

Ⅰ.战… Ⅱ.①刘… ②韩… ③李… Ⅲ.美国—历史—1945-2000 Ⅳ.K712.54

中国国家版本馆 CIP 数据核字(2023)第 178381 号

责任编辑:蒋培卓 郭 静 责任校对:汪欣怡 版式设计:马 佳

出版发行:**武汉大学出版社** (430072 武昌 珞珈山)
(电子邮箱: cbs22@ whu.edu.cn 网址: www.wdp.com.cn)
印刷:武汉中远印务有限公司
开本:720×1000 1/16 印张:45.75 字数:659 千字 插页:4
版次:2024 年 1 月第 1 版 2024 年 1 月第 1 次印刷
ISBN 978-7-307-24000-1 定价:256.00 元

《武汉大学百年名典》出版前言

百年武汉大学，走过的是学术传承、学术发展和学术创新的辉煌路程；世纪珞珈山水，承沐的是学者大师们学术风范、学术精神和学术风格的润泽。在武汉大学发展的不同年代，一批批著名学者和学术大师在这里辛勤耕耘，教书育人，著书立说。他们在学术上精品、上品纷呈，有的在继承传统中开创新论，有的集众家之说而独成一派，也有的学贯中西而独领风骚，还有的因顺应时代发展潮流而开学术学科先河。所有这些，构成了武汉大学百年学府最深厚、最深刻的学术底蕴。

武汉大学历年累积的学术精品、上品，不仅凸现了武汉大学"自强、弘毅、求是、拓新"的学术风格和学术风范，而且也丰富了武汉大学"自强、弘毅、求是、拓新"的学术气派和学术精神；不仅深刻反映了武汉大学有过的人文社会科学和自然科学的辉煌的学术成就，而且也从多方面映现了20世纪中国人文社会科学和自然科学发展的最具代表性的学术成就。高等学府，自当以学者为敬，以学术为尊，以学风为重；自当在尊重不同学术成就中增进学术繁荣，在包容不同学术观点中提升学术品质。为此，我们纵览武汉大学百年学术源流，取其上品，掬其精华，结集出版，是为《武汉大学百年名典》。

"根深叶茂，实大声洪。山高水长，流风甚美。"这是董必武同志1963年11月为武汉大学校庆题写的诗句，长期以来为武汉大学师生传颂。我们以此诗句为《武汉大学百年名典》的封面题词，实是希望武汉大学留存的那些泽被当时、惠及后人的学术精品、上品，能在现时代得到更为广泛的发扬和传承；实是希望《武汉大学百年名典》这一恢宏的出版工程，能为中华优秀文化的积累和当代中国学术的繁荣有所建树。

《武汉大学百年名典》编审委员会

出 版 说 明

　　《战后美国史 1945—2000》是了解 20 世纪后半期美国的一本力作，自出版后备受好评，为珞珈学术之精品、上品，故而收入"武汉大学百年名典"丛书。本书以人民出版社 2002 年版《美国通史第 6 卷·战后美国史 1945—2000》为底本，在保留作品原貌的基础上，作了适量修订。

　　由于本书编写时间距今已去二十余载，岁月葳蕤、物是人非，出版社多方努力，仍未能联系到本书全部著作权所有者，深感遗憾。如相关著作权所有者看到本书后，烦请与我社联系，以便敬付稿酬。

武汉大学出版社

2024 年 1 月

目　　录

引　言

第二次世界大战以后的美国史，是罗斯福"新政"式国家垄断资本主义不断得到巩固和发展，然后逐步走向衰落并出现保守改革高潮的历史；是随着上述发展过程，美国登上资本主义世界霸主宝座，进行全球扩张并和苏联进行冷战，冷战结束后又谋求世界霸权的历史；是美国社会上层建筑在上述两种发展过程影响下不断演变的历史。

1929—1933 年空前严重的经济危机，把美国垄断资本主义制度推到了崩溃的边缘，资本主义生产关系不在一定程度上加以改变，就没有出路。但是，当时美国大多数人既不愿意彻底改变生产关系，走社会主义道路；也不愿意放弃资产阶级民主制度，走法西斯主义道路。因此，剩下的出路就只有放弃以往美国政府实行的自由放任政策，由国家积极直接干预社会经济生活，局部改变生产关系，迅速而大规模地将垄断资本主义转变为国家垄断资本主义，在一定程度上改善广大人民群众处境，走"福利国家"道路。这就是罗斯福"新政"。虽不一定自觉，但这种政策是符合凯恩斯主义的。

罗斯福"新政"既是用来克服垄断资本主义经济危机、延长垄断资本主义生命的措施，那么，只要垄断资本主义制度存在，不断发生经济危机，而美国又不愿意走社会主义或法西斯主义道路，就必然要实行新政式政策，以预防或克服经济危机，使生产力得以继续发展，垄断资本主义制度得以生存。当然，由于形势不断地变化，1939 年以后的新政式政策的各种措施，决不会也不可能和 1933 年至 1939 年时期的新政措施完全一样。但基本措施与基本精神是一致的。所以我们称之为新政式的国家垄断资本主义。

第二次世界大战期间，新政体制基本保留了下来，但没有发展，

1

却因战争需要，暂时发展为军事国家垄断资本主义。战后，杜鲁门政府力图以"公平施政"的名义，按照美国化了的凯恩斯主义，继续推行新政式的国家垄断资本主义。但是，由于它把主要精力用在冷战上，由于共和党人和民主党保守派联盟的掣肘等原因，"公平施政"的成就不大。它只是巩固了新政体制，并在某些方面有所扩展。艾森豪威尔作为共和党人，在新政体制基本适应生产力发展，并为美国广大人民群众所接受的情况下，他的政府实行的是：介乎新政与前共和党政府实行的自由放任政策之间的中间道路。到20世纪50年代末，由于艾森豪威尔政府积极抑制新政式国家垄断资本主义的发展，使美国经济增长缓慢，在速度上落后于日本、西欧和社会主义国家；由于苏联人造卫星上天，U-2飞机被苏联击落，美国人深深感到必须大力发展科学和教育；由于麦卡锡主义衰退，黑人运动兴起，贫穷问题日益引起舆论注意等原因，20世纪60年代上台的肯尼迪和约翰逊两个民主党政府，继承"新政"和"公平施政"传统，根据后凯恩斯主义经济学，通过"新边疆"和"伟大社会"施政纲领，逐渐将新政式国家垄断资本主义推向顶峰。它们不仅把大规模赤字财政政策从战时和经济危机期间的临时政策，发展为和平时期的经常政策；还在发展"新政"与"公平施政"立法的基础上，把新政式社会经济改革扩大到教育、卫生、民权、提高生活质量等新领域；并在第三次科技革命和大量军费开支影响下，促使美国经济保持长期的高度发展。

新政式国家垄断资本主义或"福利国家"，虽可在一定时期克服垄断资本主义的经济危机，并延长垄断资本主义生命到一个相当长时间，但它的大规模赤字财政政策必然引起通货膨胀，而且由于资本主义基本矛盾仍然存在，生产停滞的危机也不能避免。两者相互为用的结果，必然引起新型经济危机——滞胀。滞胀现象在60年代末已初现端倪，到70年代中期，由于能源危机火上加油，迅速发展成典型滞胀危机，并遍及整个资本主义世界。这种危机特别难以应付，用紧缩性财政金融政策医治通货膨胀，就会使生产停滞，失业增加；用凯恩斯主义赤字财政政策医治生产停滞，增加就业，又加剧通货膨胀。真是扶得东来西又倒。因此，无论是尼克松和福特的共和党政府，还是卡特的民主党政府，都深深陷在这种滞胀困境之中。他们交替使用紧缩性财政金融政策和大规模赤字财政政策，都只能见效于一时，而最后总是失败。到70年代后期卡特执政时，情况更是严重。

新政式国家垄断资本主义不仅引起滞胀危机，还会造成"大政府"，导致高税收。所有这些，日益引起美国垄断资产阶级、特别是西南部新兴垄断势力以及占美国人口大多数的中产阶级（中等收入阶层）的不满。他们把造成这些恶果的原因，归咎于"新政""伟大社会"等自由主义改革，亦即"福利国家"。这就使美国社会和政界日益转向保守。保守派政客罗纳德·里根，就是乘着这种保守浪潮进入白宫的。他的政府宣称信奉针对凯恩斯主义的供应学派和货币主义的经济学，反对新政式的国家干预，用大规模削减非国防开支（特别是社会福利开支和非盈利事业开支）、限制货币增长速度、平衡预算等办法，医治通货膨胀；用大规模减税和大量增加国防开支等办法，医治生产停滞。里根执政8年，虽以一次严重经济衰退为代价，取得6年低通货膨胀率下的经济增长，加强了国家经济军事实力，将冷战中苏攻美守的态势，转变为美攻多于守、苏守多于攻的态势，但他的政府留下的高预算赤字、高国债、高利率、高贸易逆差以及贫富悬殊程度扩大等问题，是非常严重的。1989年上台的老布什政府继承了里根政府的对内对外政策，虽因冷战结束在外交上取得若干成绩，但其在内政上的无所作为，使里根政府留下的严重问题更加严重，日益失去人心。这样，美国持续了12年的保守改革高潮，就逐渐式微了。1993年执政的民主党人克林顿，是个继承"新政"传统而又吸收某些共和党主张的新民主党人、新自由主义者，他以新凯恩斯主义为理论基础，实行宏观调控、微观自主并以振兴经济作为首要任务的政策，取得巨大成就。直到2000年末任期结束，美国经济连续增长了112个月，超过了美国历史上任何一次增长期，而且这次经济增长同时拥有较低的通货膨胀率和失业率，基本上实现了经济学家们梦想的零通货膨胀下的充分就业水平，这是从来没有过的，因此人们称之为"新经济"。

在上述新政式国家垄断资本主义的发展和保守改革与之较量的过

程中，战后美国对外政策经过 5 次战略调整。第二次世界大战期间，为了反对法西斯主义，美、苏、英结成大同盟。战后，德、日、意法西斯政权彻底崩溃，形成上述大同盟的基础消失；加之英、法等国严重削弱，无力与美国抗衡，因此，奉行全球扩张政策、谋求世界霸权的美国，必然将苏联作为主要对手。其结果是，战时同盟迅速解体，美、苏冷战局势形成。杜鲁门主义是这种对外战略调整的正式标志。自此以后，一直到约翰逊政府时期，虽然具体表现形式因时而异，但对苏冷战一直是美国对外政策的中心。

冷战外交是要付出重大代价的。朝鲜战争与越南战争、遍及全球基地和驻军、大量对外军援和经援等，虽然起了维护和发展美国国家垄断资本主义的作用，但日益加重美国财政负担，并和跨国公司的大发展一起，使美元大量外流，终致以美元为中心的国际货币体系崩溃。与此同时，新政式国家垄断资本主义导致的高工资、高成本、设备陈旧、规章制度繁琐、劳动生产率下降等，使美国商品竞争能力逐渐落后于西德、日本等国，造成美国经济和军事实力相对下降，苏联经济和军事实力相对上升。这样，美国称霸世界野心与力量不足的矛盾，日益尖锐。此外，核武器的发展及其无比的毁灭能力，使美、苏双方日益认识到核战争的危险。于是，从肯尼迪时期起，就考虑到有与苏联缓和关系的必要。到 20 世纪 60 年代末，终于促使尼克松政府进行战略收缩，并推行多极均势外交，试图以退为进。这就是打着缓和旗号的尼克松主义，是战后美国对外政策的第二次战略调整。从尼克松政府到卡特政府早期，尼克松主义一直是美国政府对外政策的核心。在此期间，苏联乘美国经济陷入滞胀困境的机会，利用缓和外交，大力发展经济和军事实力，使美、苏力量对比逐渐向不利于美国的方向发展；同时向外扩张，在争夺世界霸权中形成苏攻美守的局面，使美国超级大国地位面临严重的挑战。这种形势逐渐在美国引起一股新的民族主义浪潮，鹰派力量上升，纷纷对尼克松时期以来的缓和外交进行攻击。1979 年末苏军入侵阿富汗后，卡特主义问世，由对苏缓和又转为对苏强硬。这是战后美国对外政策第三次战略调整的开始。完成这一战略调整的是里根政府。从此，美国外交又回到冷战时期，或说是冷战为主、缓和为辅的时期。

里根政府的积极反苏政策，加强了美苏军备竞赛和核战争威胁，不仅引起欧洲盟国的反感，也使美国人民对他的这种政策的支持率日益下降。与此同时，1985 年初上台的苏联领导人戈尔巴乔夫认真执行对美缓和外交，于是，里根也就大大改变了对苏态度，并从 1987 年美苏首脑华盛顿会晤起，开始了战后美国外交政策的第四次战略调整，美苏关系由对抗转为以对话与缓和为主的阶段。在这个阶段中，由于东欧改制和苏联解体，冷战结束，美国成为唯一超级大国，它独霸世界的野心更旗帜鲜明了，这就是老布什提出的"世界新秩序"的全球战略。克林顿上台后，基本上是继承布什的这种在美国领导下、以谋求美国利益和推行美国价值观为主的"世界新秩序"的，但他认为布什的"世界新秩序"太空洞、模糊、消极，于是将之具体化为 3 项内容：一是积极推行"预防性防务"战略，努力建立美国主导的全球安全体系，防止出现比美国更强大的地区和国家，以确保美国统治下的和平；二是加紧打着"人权"的幌子，干涉别国特别是社会主义国家及其他发展中国家的内政，向全球扩展以美国为代表的民主价值观；三是以国家力量推动对外经济工作，调动和开发全球资源为美国利益服务，继续保持美国经济在国际上的领先和领导地位。这就是所谓克林顿主义。原来在实行这种全球战略时，美国至少在表面上是通过联合国并遵守国际法的。但到 1999 年，以美国为首的北约，不仅用最先进武器对南联盟进行了 70 多天惨无人道的狂轰滥炸，还提出"北约新战略概念"，公开宣称北约可以不经过联合国安全理事会授权干涉任何国家内政，这就从行动上和外交文件上又一次大大改变了美国的全球战略。我认为这是战后美国对外政策的第五次战略调整；包括美国人民在内的全世界人民如果不能对于这种政策进行有效的监督和遏制，美国势将成为 21 世纪在全世界实行强权政治的反和平与发展的势力。

随着新政式国家垄断资本主义的演变、保守改革高潮的兴起和国际形势的变化，美国的社会结构和上层建筑也相应发生深刻变化。从社会结构看，美国的人口从战后直到 20 世纪 50 年代末，出现了由生育高峰引起的增长高峰，青少年在人口中的比例上升。60 年代中期以后，人口增长率逐渐下降，人口老化趋势日益明显。关于移民构成，从 60 年代初起，非白人比例迅速增加。到 2000 年，白人占美国总人口的比例，已不到 70%，拉丁裔美国人数已超过黑人，亚裔美国人成为第三大少数民族。关于社区和地区的兴衰，从 60、70 年代起，美国东北部日显颓势，西南部阳光地带迅速崛起；从 50 年代初起，城市中心日益凋落，郊区日益发展。这两种趋势一直持续到 20 世纪末。在产业结构方面，美国垄断企业日益向综合化和国际化方向发展，但自 70 年代末以来，似乎出现了企业小型化的苗头；其次，在美国 3 大产业中，第一、二产业的地位下降，第三产业地位迅速上升，到 90 年代中期，80% 的就业岗位属于第三产业。在阶级结构方面，农业人口日益减少，垄断资产阶级队伍有所扩大，在非农业劳动力中的白领阶层急剧增长，逐渐超过蓝领阶层；80 年代以来，贫富悬殊程度日益扩大。

战后美国社会上层建筑的主要变化如下。在政治制度方面，总统权力愈来愈扩大，甚至有"帝王式总统"之称；国会实行了各委员会的现代化和工作人员的专业化，并在席位分配方面进行了合理化改革，而且从 1973 年起，还着手恢复失去的权力，寻求更充分地参与制定国家政策的途径；在司法方面，联邦最高法院积极行使司法审查权，成为促进社会改革的有力工具；联邦制在约翰逊时期中央集权发展到顶点后，从尼克松时期起，开始实行以联邦与州分享税收为中心的新联邦主义；由于里根的新联邦主义太偏向州引起的困难，克林顿对这个问题采取了中间的立场；政党制的作用，从 20 世纪 60 年代中期起有所下降；利益集团的活动则日益盛行。

战后教育事业方面，虽有曲折，但总的形势是大发展。从 50 年代起，对统治美国教育界达 40 年之久、强调实用主义的教育思想，展开了批判，加强了基本理论、知识与技能的训练；注意提高师范教育的质量，加强教师队伍建设。60 年代改革者致力于促进教育机会平等，使这一年代成为美国历史上教育大普及时期。由于这一改革在消灭贫困方面效果尚不显著，战后对教育改革的高度关注，在 70 年代冷了下来。1983 年起，由于学校教育质量降低，美国又重新掀起提高教育质量的热潮。但里根、布什都只是在口头上重视教育，实际上没有多少作为，真正的教育改革措施是在克林顿政府时期采取的。

在宗教方面，50 年代兴起新的信仰热。60 年代宗教热情大减，不仅教会成员增长率突然稳定下来，世俗化趋势也大大加强。70 年代宗教活动出现了新倾向，深受滞胀经济折磨的人民群众看到上帝并不能给他们降福，乃乞灵于占星术、巫术等迷信活动和具有先验论色彩的东方宗教。与此同时，主流派新教地位下降，原教旨主义的圣灵降临派和福音派地位上升。70 年代后期以来，以杰里·法尔韦尔牧师的"道德多数派"为代表的宗教右派，背弃美国政教分离的老传统，成为里根、布什保守政权的强大后盾；天主教逐渐变成一个有许多派别的、松散的统一组织；犹太教陷入了严重的危机。到 20 世纪末，美国出现了一个不相信宗教的年轻人小群体，和各种宗教互相融合的趋势。

战后学术思想、文学艺术的演变，当然是美国经济基础、社会政治生活演变的反映。但是，这种反映的机制是非常复杂的，反映的结果是多样化的。我们在本书最后两章中，对战后美国哲学、社会科学的几个主要学科以及文学艺术的发展变化情况，进行了简要论述。由于篇幅的关系，我们这里就不具体介绍了。

第一章　谋求世界霸权的美国

20 世纪 30 年代经济大危机期间，富兰克林·罗斯福政府和大多数美国人大体上有一个共同认识：美国垄断资本主义的运行，已不能完全依靠市场机制来进行调整，否则便会导致少数人极端富裕、大多数人难以生存、社会秩序无法维持的严重局面。但是，他们不喜欢法西斯主义，也未能接受社会主义。他们提出的克服经济危机、挽救资本主义制度的办法是罗斯福"新政"，即由国家对社会经济生活进行干预，改善广大人民的经济、政治处境，解决生产与销售的矛盾。也就是说，在保存资产阶级民主的前提下，局部改变生产关系，迅速而大规模地将一般垄断资本主义推向非法西斯式的国家垄断资本主义，走"福利国家"的道路，借以在一定程度上缓和资本主义的基本矛盾和阶级斗争。

第二次世界大战期间，美国在巩固新政的基础上发展成为军事国家垄断资本主义，德、意、日则发展为最沙文主义、最反动的军事国家垄断资本主义。战争结果，德、意、日法西斯主义崩溃，英、法等一般垄断资本主义国家严重削弱，美国成为世界上经济、军事实力最强大的国家。在国内，它继续实行暂时适应生产力发展的新政式国家垄断资本主义；在国外，它逐渐登上资本主义世界霸主宝座，并企图进一步称霸全球，将整个世界纳入以美国为首的资本主义体系之中。

在这一章里，我们将根据战后国际形势的新特点，阐述 1945 年至 1949 年美国的对外政策。

美国为称霸全球，将资本主义制度强加于全世界，首先必须背弃美、英、苏战时大同盟，转而反苏反共；但面对强大的苏联，它又不得不尽量避免热战，进行冷战。这是杜鲁门主义产生的根源。根据这一主义，美国对其他高度发达的资本主义国家，采取控制与扶植相结合的政策。为了遏制苏联，美国竭力控制全球战略重点——工业发达的西欧，它通过马歇尔计划帮助西欧恢复经济，抑制革命力量，并促进美国商品与资本对西欧的输出；它修改对德政策，由战时主张肢解和严厉处置德国，改为分裂德国、扶植西德的政策；它建立以自己为盟主的大西洋军事联盟，改变过去在和平时期不参与美洲以外军事集团的传统对外政策。

在亚洲，美国推行扶蒋反共、企图变中国为美国附庸的政策，并在这一政策失败后迅速改变对日占领政策，由限制、削弱、实行民主改革转为积极帮助、扶植和支持日本的经济复兴。

为同苏联、英、法等国争夺第三世界，它凭借科学技术和经济力量的优势，用新殖民主义代替英、法的老殖民主义，阻挠和破坏亚、非、拉美日益高涨的民族解放运动。

1. 登上资本主义世界霸主宝座

由于战时在巩固新政的基础上军事国家垄断资本主义得到巨大发展，战后初期，美国的经济、军事实力在全世界处于绝对优势。从经济方面说，它虽只占有全世界6%的人口和土地面积，却占有资本主义世界工业生产量的2/3，外贸出口额的1/3，黄金储备的3/4；生产资本主义世界1/3的小麦，1/2的棉花，70%的玉米；开采62%的煤和石油，冶炼61%的钢；生产48%的电力和84%的汽车；拥有全世界84%的民用飞机，85%的冰箱和洗衣机。1947年6月，英国外交大臣欧内斯特·贝文感慨地说，美国"今天正处在拿破仑战争结束时英国的地位。拿破仑战争结束后，英国掌握全世界财富约30%，而今天，美国则掌握大约50%"①。

从军事方面说，到1945年，美国的武装部队总人数高达1212万

---

① 托马斯·佩特森：《美苏对抗》，美国霍普金斯大学出版社1973年版，第11页，脚注41。

（1939年为33万多）。美国的空军是当时世界上最庞大、最先进和最有威力的。美国的航空工业在产品数量和技术方面都在世界上遥遥领先，拥有超级空中堡垒B-29远程战略轰炸机和世界上唯一能横跨大洋的航空力量。它的15000架远程飞机使它几乎完全垄断了洲际空中运输，控制了资本主义世界的全部空中航线。到1947年，美国商船吨位超过其他所有资本主义国家商船吨位总和；海军舰艇吨位达380万吨，大大超过英国的150万吨，一跃而成为世界上最大海上强国。美国在海外建立了484个军事基地，世界上每一海域几乎都被美国所霸占。

在军事科学技术方面，美国也处于绝对优势地位。它云集了以爱因斯坦为代表的大批世界第一流科学家，垄断了生产原子武器的技术，控制了资本主义世界铀矿的主要产地。

总之，战后初期，美国的军事力量不仅在资本主义世界处于无与伦比的地位，苏联的军事力量和美国的相比，也处于明显劣势，尤其是战略核力量更是望尘莫及。苏联的军事力量是地区性的，美国则已成为全球性军事强国。

随着战时和战后初期美国经济、军事实力的急剧扩张，美国追求世界霸权的野心越来越大。在对外政策上，从战前的孤立主义，迅速转向全球扩张主义。美国前总统赫伯特·胡佛宣称："目前，我们、只有我们掌握着原子弹，我们能够把自己的政策强加给全世界。"①当时美国总统哈里·杜鲁门甚至一再扬言，美国负有领导世界的责任。

美国谋求世界霸权的活动，是从在资本主义世界建立政治经济霸权开始的。

〔联合国的创建，确立了美国在资本主义世界的政治霸权〕 为谋求建立"符合美国最大利益"的战后世界秩序，美国早在1939年就着手准备，计划建立类似美洲国家组织的国际机构。1945年4月25日，来自50个国家的282名代表在美国旧金山召开联合国国际组织

---

① 赫伯特·胡佛：《论美国的道路（1945—1948）》，纽约出版社1949年版，第14页。

会议。6 月 26 日，参加会议的 50 个国家代表签署了《联合国宪章》（波兰事后在宪章上签字）。美国总统杜鲁门在闭幕式上发表演说，称赞这个宪章"实现了 30 年前那个伟大政治家——伍德罗·威尔逊的理想"和"第二次世界大战中那个英勇的领袖富兰克林·罗斯福的目标"。① 10 月 24 日，中、美、英、法、苏和其他多数签字国递交批准书后，《联合国宪章》开始生效，联合国正式成立。

美国一开始就操纵联合国，企图把联合国变为美国称霸世界的政治工具。联合国原有 51 个创始国，其中，有 34 个在西欧和拉丁美洲，它们都是支持美国的。只有 11 个来自亚洲和非洲，它们绝大多数也是亲西方的。来自苏联集团的只有 6 个。安全理事会五大常任理事国美国控制着 4 票。这种情况，使战后初期美国在联合国内处于绝对优势，总是能拼凑一个反共反苏的多数。1946 年至 1953 年期间，联合国大会通过 800 多项决议，其中美国支持的只有两项被否决。《纽约先驱论坛报》指出，美国在联合国内已经"形成一种独断专横的力量"，操纵一个多数票集团，"在一个世界性会议上横行霸道"。②

到 1946 年，美国除已牢牢控制中、南美洲并基本控制西欧外，在太平洋地区控制着日本、国民党统治的中国、半个朝鲜，还接管了太平洋上的马里亚纳、马绍尔、加罗林等群岛。总共战后美国实际控制的国外领土和领海约 10800 万平方英里，其中领土 1100 万平方英里，领海 9640 多万平方英里。在这种情况下，再加上美国操纵联合国，运用它的多数地位，开动表决机器，就可对苏联及其他国家施加巨大压力。这一切，标志着美国在资本主义世界政治霸权的建立。1950 年杜鲁门正式宣称："在过去 50 年所发生的一切巨大变化中，美国在世界事务中地位的变化是最重要的变化"；"今天……我们已经从世界事务的外缘走到世界事务的中心"。③ 的确，第二次世界大战后，美国已取代西欧成为资本主义世界的政治中心和堡垒。

---

① 《杜鲁门回忆录》（中译本），三联书店 1974 年版，第 1 卷，第 218 页。
② 《纽约先驱论坛报》，1945 年 5 月 2 日和 15 日。
③ 美国《国会纪录》，1950 年 1 月 4 日。

〔布雷顿森林协定和美元霸权地位的建立〕 第二次世界大战期间及战后初期，美国在带头筹建联合国、争夺国际政治霸权的同时，还积极策划在战后世界的经济领域中建立美国的霸权地位，打算从金融、投资和贸易3个方面对外扩张，而这3个方面都同确立美元的霸权地位有关。当时，妨碍实现美元霸权地位的主要障碍是英镑区——一个拥有数十个国家和地区的货币集团。

1944年7月，参加筹建联合国的美、英、苏、中、法等44个国家的代表，在美国新罕布什尔州的布雷顿森林举行国际货币金融会议(简称布雷顿森林会议)。这次会议以怀特计划①为基础，通过了国际货币基金协定和国际复兴开发银行协定，总称《布雷顿森林协定》。

国际货币基金协定确认了美国政府规定的35美元等于1盎司黄金的官价，各国中央银行可将持有的美元按照官价向美国兑换黄金，并规定其他会员国货币按其含金量同美元订出固定比价，不能随意更动。由于美元同黄金直接挂钩，而其他会员国货币与美元挂钩，美元就成为与黄金相等的储备货币和主要的国际支付手段，取得凌驾于其他货币之上的特权，从而形成以美元为中心、实行固定汇率制的资本主义世界货币体系，确立了美元的霸权地位。美国联邦储备委员会简直成了资本主义世界的中央银行。②

1945年12月27日，《布雷顿森林协定》生效，国际货币基金组织和国际复兴开发银行(即世界银行)正式成立。这两个国际金融机构的总部都设在华盛顿，由美国人担任关键职务，美国所拥有的投票权占总投票权的1/5以上，从而取得了决定性的控制权。③

---

① 1942年3月，美国财政部长助理哈里·怀特奉命草拟了联合国稳定基金与联合国及协同国家复兴银行计划草案，通称怀特计划。其主旨是以美国作为国际金融的中心，取代大英帝国的世界金融霸权。

② 苏联虽然参加了布雷顿森林会议，但没有在《布雷顿森林协定》上签字，也没有参加国际货币基金组织和国际复兴开发银行。

③ 国际货币基金组织规定：理事会和董事会对于重大问题，必须有4/5，甚至85%的赞成票才能通过。因此，美国拥有最大的表决权和对重大问题的否决权。

由于美元成了资本主义世界主要的国际储备货币，美国就可以通过美元的发行，通过信用的扩张和收缩，通过它控制的国际金融机构的业务活动，对资本主义世界的国际金融进行操纵。由于美元等同黄金而成为主要的国际支付手段，美国就可以任意向外增发美元，用来支付战争和海外驻军费用，扩大资本输出和对外"援助"，廉价购买别国企业，从国外购买原料和商品。此外，1盎司黄金等于35美元，是美国1934年规定的。此后由于通货膨胀，美元早已贬值，1946年美元购买力比1939年已下降28.9%。《国际货币基金协定》确认美国规定的35美元等于1盎司黄金的官价，实际上抬高了美元的对外价值，压低了黄金的价格。美元定值偏高，对战后初期美国向外经济扩张极为有利。《国际货币基金协定》的缔结虽然促进了战后初期国际贸易的增长，但国际货币基金组织的许多活动，起了维护美元在资本主义世界霸权地位的作用。美元成了战后美国谋求世界霸权、推行干涉主义外交的有力工具。

2. 战时同盟破裂，美苏关系急剧恶化

美国并不满足于登上资本主义世界霸主宝座，它还谋求称霸全世界，这就必然导致美、苏关系恶化。

第二次世界大战期间，由于面临着共同的敌人德、意、日法西斯的严重威胁，美、英和苏联之间不得不暂时结成反法西斯的战时联盟。但在反法西斯联盟内部，由于三大国各自追求的战略目的不同，美、英同苏联之间始终存在着尖锐的矛盾和斗争。欧战结束，同盟国面临的主要敌人消失，战时美国同苏联结成的反法西斯同盟逐渐失去了存在的基础。罗斯福总统突然去世，杜鲁门上台，把苏联当作美国称霸世界的主要对手，美苏关系更急剧恶化。美国和苏联之间在对待被解放国家的态度和战后世界安排方面出现了日益严重的分歧，斗争的焦点是争夺全球战略重点——欧洲，特别是争夺东南欧。苏联人认为靠近苏联的东南欧对他们的安全至关重要。因此，苏联的计划是在东南欧建立一条"安全带"，包括芬兰、波兰、罗马尼亚、保加利亚、

匈牙利、捷克斯洛伐克和南斯拉夫。这些国家在名义上是独立的，但它们的政府必须是对苏联友好的，外交政策与军事计划都得经过莫斯科的认可。美国和英国则想在苏联的边界上重建一条"防疫地带"，他们力图把被解放的东南欧国家置于自己的经济控制和政治统治之下，支持各国反动势力，建立亲西方的政府，巩固地主资产阶级统治，使这些国家成为对抗苏联的"欧洲斗士"和反共的前沿阵地。

〔在波兰问题上对苏采取强硬政策〕 1945 年 4 月 13 日，美国国务院呈交总统专用秘密情报说："自从雅尔塔会议以来，差不多在对我国关系中发生的每一个重大问题，苏联政府都采取了强硬的、毫不妥协的立场。这些问题中较重大的有波兰问题。"①杜鲁门新上任才 24 小时，他阅读了这份情报后，便密告国务卿爱德华·斯退丁纽斯说"我们要顶住苏联人"，言外之意是"过去对他们太软了"。

联合国旧金山会议前夕，美、苏、英三国改组波兰政府问题的谈判陷入僵局。1945 年 4 月 20 日，杜鲁门召集国务卿斯退丁纽斯、副国务卿约瑟夫·格鲁、国务院俄国问题专家查尔斯·波伦和驻苏大使艾夫里尔·哈里曼商讨对苏政策。哈里曼在会上分析说，苏联同时执行两个政策，一个是"与美国和英国合作的政策"，另一个是"以独立的行动对邻国扩展苏联的控制的政策"。他还认为，战后苏联在重建计划上需要美国，因而美国在重要问题上可以坚持，而不致碰到严重的危险。这时，杜鲁门插话说："我不怕俄国人，我准备采取坚定的态度"，"不管怎么说，俄国人需要我们总比我们需要他们的地方多"。哈里曼说要提防"野蛮人入侵欧洲"②。

4 月 23 日，在杜鲁门同莫洛托夫会晤之前，白宫召开过一次秘密的内阁会议，参加这次会议的有杜鲁门总统主要的外交顾问和军事顾问。会议的中心议题是围绕波兰问题讨论对苏政策。

会上出现两派意见。哈里曼大使和海军部长詹姆斯·福雷斯特尔等主张对苏联采取强硬路线。另一派以陆军部长亨利·史汀生、参谋

---

① 《杜鲁门回忆录》，第 7 页。
② 《杜鲁门回忆录》，第 61~62 页。

长乔治·马歇尔为代表。他们考虑到需要苏联参加对日作战，希望"不要操之过急，避免公开决裂"。经过争论，杜鲁门决定采取强硬路线。当天下午，他直截了当地痛斥正在访美的苏联外长莫洛托夫，指责苏联在波兰问题上破坏了《雅尔塔协定》。他要苏联答应另成立新的波兰政府（不是仅仅改组），否则，美国政府便不参与其事。莫洛托夫愠怒地说："有生以来还没有人对我这样讲过话。"杜鲁门冷冰冰地说："履行你们的协议，就没有人对你这样讲话了。"①在场充当翻译的美国外交官波伦回忆说，他从未听到一位高级官员受到这样一顿训斥。

与此同时，在旧金山会议上，美、英代表团也采取同样强硬的姿态，拒绝承认波兰为联合国创始会员国之一，反对邀请波兰临时政府参加会议的工作。欧洲战争结束那一天，即 1945 年 5 月 8 日，美国政府不经通知就突然停止对苏联的"租借法案援助"。5 月份还发生了几起满载租借物资即将启运前往苏联的船只，又在美国港口卸货的事件。显然，这是美国就波兰问题对苏联施加压力。苏联人印象是："德国战败一经变得明显的时候，就觉察出美国对苏联的态度冷淡下来，这好像是美国人在说不再需要苏联人了。"②

〔战时同盟瓦解〕　希特勒德国垮台后，美苏关系日益恶化。但是，当时对日作战仍在激烈进行。美国军方估计，如果进攻日本本土，阵亡人数将超过欧洲战场和太平洋战场所有阵亡人数的总和。麦克阿瑟预言："这将是历史上流血最多的战斗。"为了缩短对日战争，减少美国人的生命损失，杜鲁门和他的前任罗斯福一样，迫切需要苏联在远东参加对日作战。为此，在哈里曼的建议下，1945 年 5 月 23 日，杜鲁门派哈里·霍普金斯前往莫斯科，商谈再次举行苏、美、英三国首脑会议。

1945 年 7 月 17 日到 8 月 2 日，苏、美、英三国首脑最后一次重

---

①　《杜鲁门回忆录》，第 1 卷，第 74 页。
②　舍伍德：《罗斯福与霍普金斯》（中译本），商务印书馆 1980 年版，下册第 559 页。

要战时会议在柏林郊外的波茨坦举行。这是斯大林和杜鲁门之间的第一次也是最后一次面对面的交锋。

杜鲁门7月15日抵达波茨坦,16日美国原子弹在新墨西哥州阿拉默果尔多试验场爆炸成功,17日史汀生飞抵波茨坦报告试验详情。杜鲁门有意识地对斯大林进行了一次试探。1945年7月24日,他装着漫不经心的神态向斯大林说:"我们有了一种破坏力特别巨大的新武器。"斯大林听了这个消息没有表示异乎寻常的兴趣。他只是说,听到这个消息很高兴,希望"好好地运用它来对付日本"。当时仅离杜鲁门5码远,极其注意斯大林面部表情的丘吉尔大为失望。这是美国统治集团从实力地位出发,第一次利用原子武器进行政治讹诈。

杜鲁门参加波茨坦会议本来首要的目的是力争苏联如期对日军作战。会议的最初几天,杜鲁门就得到斯大林决心如期对日作战的秘密保证。可是,原子弹爆炸成功之后,美国政府突然一反常态,由迫切希望苏联参战迅速转为不愿苏联介入对日战争。7月26日,美、中、英发表敦促日本无条件投降的《波茨坦公告》,事先未同苏联商量。7月29日,斯大林为了加强苏联参加对日作战中的政治地位,训令在波茨坦的莫洛托夫向杜鲁门提出,希望美国和其他盟国发表一个要求苏联参加对日作战的正式声明,因杜鲁门已秘密决定使用原子弹,便运用外交辞令,婉言加以拒绝。

波茨坦会议后,苏、美之间在世界范围内的矛盾进一步激化。1945年8月9日,即美国在长崎投下第2颗原子弹那一天,杜鲁门在华盛顿就波茨坦会议发表广播演说,宣称"三大国仍然认为〔贯彻〕雅尔塔关于'被解放的欧洲宣言'是三大国共同的责任",并宣告"罗马尼亚、保加利亚和匈牙利不应是任何一个大国的势力范围"。① 8月18日,詹姆斯·贝尔纳斯公开谴责苏联操纵保加利亚选举,并威胁说,若不容纳"一切重要民主分子"参加政权,美国便不承认保加

---

① 《美国总统公文汇编:哈里·杜鲁门卷,1945》,华盛顿政府印刷局1961年版,第210页。

利亚政府，也不与之缔结和约。贝尔纳斯的声明和杜鲁门的广播演说表明：美国不再有兴趣同苏联继续合作，而是要运用它的优势力量来阻止苏联在东欧和中欧建立势力范围。在 1945 年 9 月伦敦五国外交部长会议上，美国采取了不妥协的立场，结果使会议无法达成任何协议，成了"现代最不幸的国际会议之一"。伦敦会议失败后，杜鲁门宣布将不再举行三巨头会议。这样一来，战时同盟实际上从此不再存在了。

1945 年 12 月 16 至 26 日，美、英、苏 3 国外长莫斯科会议虽然就意、罗、匈、保、芬 5 个战败国和约分阶段制订和罗马尼亚、保加利亚两国政府改组问题达成协议，斯大林也致信杜鲁门，指出："目前在莫斯科举行的外长会议已取得了良好的结果。"①但美国各界认为美国让步太多，普遍表示不满。杜鲁门于 1946 年 1 月 5 日给参加会议回国的贝尔纳斯一份备忘录，说是"我认为我们不应该再作任何妥协。我们一定要拒绝承认罗马尼亚和保加利亚，除非它们符合我们的要求；我们应该在伊朗问题上表明我们的坚定立场，我们应该继续坚持基尔运河、莱因—多瑙河水道和黑海海峡国际化，我们应该坚持完全控制日本和太平洋……""……我们应该坚持苏联归还我们的船只，迫使苏联解决租借物资的负债问题。"杜鲁门最后说："我已厌倦于笼络苏联人。"

杜鲁门致贝尔纳斯的备忘录不仅是对这位国务卿的训斥，而且用杜鲁门本人的话来说，也是美苏关系的"转折点"。② 从此，美苏关系就由战时的同盟合作变为战后的长期分裂对抗。

〔美、苏争夺伊朗和土耳其的斗争〕 第二次世界大战期间，英、苏、美三国的军队为制止法西斯德国利用伊朗进行侵略活动，并保障美、英和苏联之间经伊朗和波斯湾的供应线的安全，于 1941 年先后进入石油资源丰富的伊朗。苏联军队驻扎在伊朗北部，美、英军队则驻

---

① 《苏联部长会议主席同美国总统英国首相通讯集》(中译本)，世界知识出版社 1963 年版，第 2 卷第 282 页。

② 以上引文详见《杜鲁门回忆录》，第 1 卷第 519 页。

扎在该国南部。1942 年英、苏、伊三国协议，外国军队应于战争结束后半年内全部撤出伊朗。在 1945 年 9 月的伦敦外长会议上，贝文和莫洛托夫同意，一切外国军队撤出伊朗均应不迟于 1946 年 3 月 2 日。

1946 年初，大部分美、英军队已陆续撤走，但是，苏军还赖在那里不动。1945 年 12 月 12 日，在伊朗北部苏占区正式成立亲苏的阿塞拜疆民族政府。伊朗政府派军队前往镇压，被苏军挡回。同时，苏联还使用压力索取了伊朗北部的石油开采权。针对苏联在伊朗北部的扩张活动，杜鲁门政府迅速采取 3 项措施，首先是在国际上大造"苏联扩张""严重违背国际协议"的舆论；其次是支持和怂恿伊朗政府于 1946 年 1 月 19 日和 3 月 19 日正式向联合国安全理事会控告苏联干涉伊朗内政、阻止镇压叛乱、违反联合国宪章；最后是国务卿贝尔纳斯于 3 月 6 日向苏联发出最后通牒，要"苏联实践自己的诺言，立即从伊朗领土上撤退苏联的军队"。在美国的压力下，5 月份，全部苏军撤出伊朗。12 月，伊朗政府派遣军队解散阿塞拜疆自治政府。后来，伊朗国会又否决了成立伊苏联合石油公司的协议。

美国利用伊朗事件扩大事态的主要目的，是为了同苏联争夺伊朗石油资源。苏联人刚撤出伊朗，美国立即通过经济、军事援助，大举渗入伊朗。不久，伊朗政府还向美国提供军事基地和接纳美国军事顾问，使伊朗实际上变成美国的附庸国。

与此同时，美国还坚决支持和鼓励土耳其政府，断然拒绝了苏联控制博斯普鲁斯和达达尼尔两海峡的要挟，表示如果苏联诉诸武力，土耳其政府将决心战斗到底。接着美国又通过"杜鲁门主义"给土耳其以经济和军事援助。这样，土耳其和东地中海就成了美国的势力范围。

伊朗和土耳其危机表明："当苏联企图超越东欧苏占区，向西德，巴尔干和中东推进时，美国政府就给予明确警告：如有必要，美国准备同苏联兵戎相见，而不仅是提出抗议和在联合国通过决议而已。"[1]

---

[1] 迪安·艾奇逊：《创世经历记：我在国务院的年代》，纽约诺顿出版公司 1969 年版，第 194 页。

〔乔治·凯南的遏制理论〕　由于美国积极遏制苏联，1946 年 2 月 9 日，斯大林在莫斯科市斯大林选区选民大会上发表演说，重申只要资本主义制度存在，战争就不可避免。"苏联人民必须作好准备以防万一。"斯大林的演说在华盛顿引起强烈反响，美最高法院法官威廉·道格拉斯认为斯大林这篇演说简直就是"第三次世界大战的宣言书"①。

斯大林演说发表两周后，2 月 22 日，美国驻苏代办乔治·凯南向国务院发回一份长达 8000 字的电报，对战后苏联的理论、意图、政策和做法以及美国应采取的对策，提出了全面的分析和建议，为美国"已经采用的'强硬'政策提供了一个完美的逻辑依据"。凯南这份电报正投美国决策者所好，海军部长福雷斯特尔读到它时，如获至宝，随即下令复印这份电报作为几百名高级军官必读文件，国务院为此还表扬了凯南。后来，凯南又以 X 署名，在 1947 年 7 月号的美国《外交季刊》上，发表了一篇题为《苏联行为的根源》的文章，进一步阐述了 8000 字电报的内容，提出了一整套遏制苏联的理论和政策。

首先，他从俄国历史的角度探索了"克里姆林宫对世界事务的神经质的看法，其根源在于俄国人那种传统的和本能的不安全感"；认为俄国统治者为了保证他们内部虚弱的政权在外部获得安全，无情地迫使他们的国家在军事力量方面达到前所未有的高峰。

其次，他分析了苏联的意识形态。认为按照马克思主义理论，苏联领导人把资本主义世界描绘成为一个罪恶的、敌视并威胁苏联的世界，在本质上与社会主义国家水火不相容，但最后必然为社会主义所代替。据此，凯南写道："很清楚，美国不可能指望在可预见的将来同苏联政权享有政治上的亲善关系，美国必须继续在政治舞台上把苏联当作对手，而不是伙伴。"②

---

① 沃尔特·米利斯编：《福雷斯特尔日记》，纽约瓦伊金出版社 1951 年版，第 134 页。

② 乔治·凯南：《1900 年到 1950 年的美国外交》，美国芝加哥大学出版社 1951 年版，第 126 页。

再次，在具体分析苏联的对外政策时，凯南指出，苏联近期的政策目标是："大力发展军事工业，最大限度地发展武装力量"；力求分裂与削弱资本主义国家的力量与影响，"并在一切合乎时机和有希望的地方扩大苏联势力范围"。目前，这种努力暂限于某些邻近的、被认为战略上紧迫需要地区，如伊朗北部和土耳其；一旦具备条件，其他地点随时可能发生问题。

最后，凯南又说，苏联"对理智的逻辑无动于衷，但对武力的逻辑却十分敏感"。它的对外政治行动"好像一辆固执的玩具汽车，开足了发条，朝着特定的方向开去，只有当他遇到无法对付的力量时才停下来"。因此，美国若拥有足够的实力，并表明美国准备使用实力时，这就用不着真的动武，便可遏制住苏联。

基于以上分析，凯南写道："任何美国对苏政策的主要因素，必须是一种长期的、耐心然而坚定、并且时刻保持警惕的遏制俄国扩张倾向的政策。"要在一系列根据苏联政策的转移和策略部署而经常转移的地点和政治点上，灵活而警惕地运用对抗力量加以遏制。① 他指望这将会使"苏联在推行它的政策时极大地增加困难"，并能促使苏联内部发生变化，导致苏联力量的瓦解或者逐步趋于软化。这样，凯南就提出了一整套遏制苏联的理论，为杜鲁门主义"提供了一个更坚定、更严峻的理论基础"。也可以说，它把杜鲁门主义发展成为一个纲领。

〔丘吉尔在富尔顿发表的"铁幕"演说〕 1946 年 3 月 5 日，英国前首相丘吉尔由杜鲁门陪同，在美国密苏里州富尔顿城的威斯敏斯特学院发表题为"和平砥柱"的反共演说。这篇演说以"铁幕"一词而闻名，宣称在横跨欧洲的铁幕后面，几乎每处都受到"警察政府"的控制，"根本没有真正的民主"；在铁幕前面，"还有其他令人焦虑的因素"；在远离俄国边界，遍布世界各地的共产党"到处构成对基督教文明的日益严重的挑衅和危险"。他又说："大战期间，我对我们俄

---

① 乔治·凯南：《1900 年到 1950 年的美国外交》，美国芝加哥大学出版社 1951 年版，第 119~120 页。

国朋友和盟友的观察所得印象使我坚信，他们所钦佩的莫过于实力，而他们最瞧不起的是军事上的虚弱。"因此，丘吉尔提出"一个明确而实际的行动建议"，号召英、美结成特殊的"兄弟联盟"，共同垄断"制造原子弹的秘密"，"配备一支国际武装力量"，联合使用两国遍布全世界的海、空基地，在联合国机构之外联合起来对付苏联。这一演说是第二次世界大战后西方国家领导人第1次公开发动"冷战"的信号。在丘吉尔演说过程中，杜鲁门多次带头鼓掌喝彩。

苏联人认为丘吉尔的演说是直接向他们在东欧的权利挑战。1946年3月13日，斯大林就丘吉尔富尔顿演说，对《真理报》记者发表谈话，谴责丘吉尔和他的美国朋友们活像希特勒及其同伴那样散布"种族优越理论"，即讲英语的民族是唯一的最优秀的民族，应该统治世界上的其他民族。斯大林警告说，这是在策划战争，号召同苏联作战。①

虽然丘吉尔提出的美、英联合反苏的建议遭到美国广大人民的批评，但美国统治集团为了实现称霸世界的目的，却继续利用丘吉尔的演说大造舆论，掀起阵阵"反对共产主义扩张"的浪潮，故意制造"冷战"气氛。1946年3月杜鲁门对哈里曼说，"我们也许要跟俄国人在伊朗问题上发生战争"②。接着，前驻保加利亚大使乔治·厄尔鼓吹趁苏联没有掌握原子弹以前，对它使用原子弹。5月3日，盟国对德管制委员会的美国代表卢修斯·克莱将军通知苏联驻德司令，不得再从西方占领区拆走机器。1946年7月1日和25日，美国在比基尼环形岛进行新的原子弹爆炸试验。9月6日，贝尔纳斯在斯图加特发表演说，拒绝承认东德以奥德—尼斯河为边界，正式声明美方准备修改《波茨坦协定》，强调美国不会撤退在中欧的驻军。总之，丘吉尔的富尔顿演说揭开了冷战序幕，为杜鲁门主义的公开出笼做了舆论准备。

---

① 《斯大林文选》，人民出版社1963年版，下册第462~463页。
② 赫伯特·费斯：《从信任到恐怖》，纽约诺顿出版公司1970年版，第83页。

3. 杜鲁门主义

1946 年 9 月 24 日，杜鲁门的白宫特别顾问克拉克·克利福德草拟了一份关于美苏关系的绝密报告，认为美国必须拥有强大的军事力量，强大到足以抑制苏联，使苏联势力范围限于目前它所控制的地区，并认为"一切在目前尚不处于苏联势力范围之内的国家，在他们反抗苏联的斗争中都应得到〔美国〕慷慨的援助和政治上的支持"[①]。这表明杜鲁门政府已具有利用自己强大经济、军事实力与苏联争霸全球的用心。

〔杜鲁门主义的提出〕　希腊原是英国势力范围。1944 年 10 月希腊解放时，希腊共产党领导的民族解放阵线几乎控制了全国。但是，随着德军的撤退，英军迅速登陆，希腊流亡政府也跟着回来。英国支持希腊右翼政府，使希腊人民的革命事业暂时遭受挫折。1946 年秋，希腊共产党的武装斗争再起，建立了民主军，广泛开展游击斗争，不断取得胜利。到 1947 年春，英国虽向希腊提供了 4 万人的军队，倾注了价值 7.6 亿美元的军用物资，但希腊右翼政府的反动统治还是岌岌可危，最后只能控制雅典和萨洛尼卡等大城市及其附近地区。1947 年 2 月 21 日，英国通知美国国务院，英国无力再对希腊和土耳其提供进一步的财政和军事援助，很快将从希腊撤退，希望美国从 4 月 1 日开始承担此前主要是由英国在东地中海承担的抵抗共产主义的义务。美国政府接管大英帝国霸权、抛出称霸全球计划的时机终于来临了。1947 年 3 月 12 日，杜鲁门在致国会的援助希腊和土耳其的咨文中，大肆渲染希腊和土耳其内外受到"共产主义的严重威胁"，说什么如果丧失希腊，土耳其就会成为共产主义海洋中难以防守的前哨阵地。同样，如果土耳其屈服于苏联的要求，希腊的地位就极端危险。据此，杜鲁门要求国会立即采取果断行动，拨款 4 亿美元援助希腊和

---

① 小阿瑟·施莱辛格：《世界强国的力量：美国外交政策历史文献(1945—1973)》，纽约切西尔出版社 1973 年版，第 2 卷第 268 页。

土耳其政府，以便美国在该地区建立"抵抗苏联侵略的屏障"和美国势力的前哨阵地。

杜鲁门援助希腊和土耳其的实际意义并不仅限于此，更为重要的是，他诬指任何国家的人民革命运动和民族解放运动都"危害着国际和平的基础和美国的安全"，宣称世界已经分成两个敌对的营垒，一边是"极权政体"，一边是"自由国家"；美国的外交政策必须是支持那些正在抵抗武装少数集团或外来征服企图的自由民族。这篇凶相毕露的反共反人民檄文很快就被称之为"杜鲁门主义"。

〔杜鲁门主义是战后美国对外政策第 1 次战略调整〕　东地中海是过去英国最不容旁人染指的海域，是欧、亚、非三大洲的海上交通咽喉，是沟通大西洋和印度洋之间的战略要道，是维持大英帝国生存的"海上生命线"。英国被迫拱手让出东地中海霸权，美国乘机抛出称霸世界的杜鲁门主义，这就标志着资本主义世界的霸权从垂死的大英帝国全面地最后地转移到了美国。

杜鲁门主义标志着美、苏战时联盟的正式破裂，标志着美国第 1 次公开宣布将"冷战"作为国策。在此后近 1/4 世纪内，杜鲁门主义一直支配着美国对外政策，苏联一直是美国争夺世界霸权的主要对手。

杜鲁门主义标志着美国成为战后世界反进步势力的主要堡垒。它到处打着反共旗帜，支持各国反共独裁政权，粗暴干涉别国内政，镇压各国人民的革命运动和民族解放运动。

杜鲁门主义出笼后，美国便大规模插手希腊内战。截至 1949 年年中，希腊共得到 6.48 亿美元的美援，其中 5.29 亿美元用于内战中军事需要。由美国出钱出枪，重新训练了 66% 的希腊陆军，武装了 20 万名士兵、5 万名宪兵、1.1 万名水兵和 8000 名空军驾驶员。1947 年 11 月，美希联合总参谋部成立，美军将领詹姆斯·范佛里特成了希腊右翼军队事实上的总司令。在他的亲自指挥下，1949 年扑灭了希腊人民革命。

与此同时，美国还根据杜鲁门主义控制了土耳其。1947 年 7 月 12 日，美、土签订关于美国援助土耳其 1 亿美元的协定，接着美国军事代表团抵达伊斯坦布尔，控制并改组了土耳其军队，攫取了海军和空军基地。1948年，美国和土耳其签订了经济合作协定，1949年又签订了文化合作协定。

这样，杜鲁门主义就实现了它最初的主要目标，把希、土两国纳入自己的全球战略体系，在苏联南翼赢得两个反共的前哨阵地和重要的同盟者，暂时阻止俄国势力向东地中海扩张，增强了美国在欧洲东南翼的防务力量，为争夺全球战略重点欧洲和石油宝库中东创造了有利的条件。但是，杜鲁门主义追求的目标是"无限的"，而美国力量是"有限的"，其结果必然造成四面出击、处处被动挨打的局面，预示着杜鲁门主义迟早必然破产。

4. 马歇尔计划

马歇尔计划是杜鲁门主义逻辑上必然的延伸。杜鲁门主义宣布美国要承担全球性的遏制世界共产主义的使命，要称霸全世界，而要称霸世界，首先必须夺取全球战略重点欧洲，特别是西欧。

〔马歇尔计划产生的历史背景〕 战后初期，美国面临的紧迫问题并不是苏联入侵西欧的直接威胁。因为当时苏联没有远程战略空军，几乎没有海军，而美国又垄断了原子弹。当时的问题在于：西欧各国社会经济情况恶化，共产党势力上升。战后两年，整个西欧疮痍满目，工厂寂然无烟，铁路网七零八落，农村田园荒芜；从爱琴海到北海，从城市到农村，到处是饥饿和混乱，一片凄凉景象。柏林人在冰天雪地到来之前，在秋天就掘好数以千计的坟墓，准备埋葬那些看起来再也看不到另一个春天的邻人。占伦敦城1/4的房子还是断壁颓垣，英国妇女每年只能配给1/3条衬裙，1/4套衣服，1/5件睡衣。

屋漏又逢连夜雨。战争结束以来原已穷困不堪的西欧，1946年底又遇上百年罕见的严寒。连续两个月，气温一直是在零度以下，暴风雪后又是洪水泛滥，使英国一半以上的工业完全瘫痪，农业生产下降到低于19世纪水平，失业人数增至600万以上，配给供应比战时还紧缩。1947年1月20日，英国政府发表白皮书公开承认："不列颠处于极其危险的境地。"①其他西欧各国也是一片经济崩溃的景象。

由于以上原因，战后初期西欧各国的政治局势处于激烈动荡之中，人民群众对现政府的不满和反抗情绪有增无已，阶级矛盾日益激化。1947 年 4 月，法国雷诺汽车厂工人首先掀起罢工运动，随后在5、6 月间，又发展为遍及各行各业的全国性罢工浪潮，法国的重要工矿企业和铁路干线陷于瘫痪。英国、意大利、比利时等国的工人运动也风起云涌。经过反法西斯斗争锻炼的法国共产党，成为法国最有影响的第 1 大政党，控制着拥有 500 万工会会员的法国最大的总工会，赢得法国全体选民 1/4 的选票。拥有 250 万名党员的意大利共产党，在劳动群众中享有很高的威望，赢得全体选民 1/3 的选票。西欧经济的严重恶化和共产党影响的扩大，引起美国统治集团的恐惧。国务卿马歇尔警告说："要是美国不支持欧洲进行自助，走向暴政统治很可能是不可避免的。"②宾夕法尼亚州国会众议员弗朗西斯·沃尔特斯危言耸听地说：如果不复兴欧洲，"用不了几个月共产主义就会席卷整个西欧"③。

除遏制苏联、抑制西欧共产党外，美国提出马歇尔计划还有经济原因。战时美国急剧膨胀起来的生产能力，急需扩大国外市场，以解决生产过剩与市场日趋缩小的矛盾。当年的总统经济顾问委员会副主席利昂·凯塞林说：如果我们要想避免经济崩溃，美国就必须在未来的 10 年内，在国内外另外找到 4000 亿美元的市场。④ 而且不少人认为，战后初期美国的经济繁荣，只是暂时的，因为它是建立在 140 多亿美元的出口贸易额之上，而这些出口的大部分都是输往美国最大的传统市场欧洲。如今西欧地区经济面临崩溃，美元和黄金储备几乎枯竭，外贸能力几乎丧失。如果没有美国新的援助，西欧各国就无法为

---

① 约瑟夫·琼斯：《15 个星期》，纽约瓦伊金出版社 1955 年版，第 78 页。
② 美国众议院听证纪录，1948 年，第 29 页。
③ 美国众议院听证纪录，1948 年，第 1830 页。
④ 武汉大学北美经济研究室：《战后美国经济危机》，人民出版社 1976 年版，第 12 页。

它们的经济发展保持必要的进口量，美国的出口就会急剧下降，30年代的大萧条可能再现。这样，联合拉拢西欧盟国、遏制苏联扩张的战略目标，削弱西欧共产党、阻止西欧人民革命的政治目标与扶植西欧经济复兴、夺取西欧市场的经济目标就糅为一体。于是，马歇尔计划便应运而生。

〔马歇尔计划〕 1947年4月26日，国务卿马歇尔从莫斯科外长会议回来后，要求美国立即采取行动援助西欧。6月5日，他在哈佛大学毕业典礼会上发表演说，正式提出援助欧洲经济复兴、夺取全球战略重点欧洲的方案。他首先强调当时欧洲经济正濒于崩溃，在今后3年至4年内需要从外国主要是从美国进口粮食和其他必要产品，其需要量远远超过它的支付能力。因此，它必须获得大量的额外援助，否则就会"面临性质非常严重的经济、社会与政治的恶化"。然后，他宣布了美国援助欧洲的行动方针：美国应该尽其所能，帮助世界恢复正常的经济状态，"使自由制度赖以存在的政治和社会条件能够出现"。最后，他呼吁欧洲国家采取主动，共同制定一项欧洲经济复兴计划，美国则愿用其过剩物资给予友好的协助。这篇演说发表后，"马歇尔计划"立刻就在美国和世界各国的报纸和广播中变成了通用的名词。

马歇尔的演说立刻在欧洲各国引起强烈反应。1947年7月12日，英、法、奥、比、丹麦、希腊、冰岛、爱尔兰、意大利、卢森堡、荷兰、挪威、葡萄牙、瑞典、瑞士、土耳其等16国在巴黎召开经济会议。西德虽然没有正式参加，但它的需要在会议考虑范围之内。巴黎经济会议成立了常设联合机构——欧洲经济合作委员会，后来改为欧洲经济合作组织。9月22日，英、法等16个西欧国家正式联合提出要求美国在4年内提供援助和贷款224亿美元的总报告。12月9日，杜鲁门向国会提出"美国支持欧洲复兴计划"的咨文，要求国会在1948年至1952年拨款170亿美元。1948年4月3日，杜鲁门签署了国会通过的欧洲复兴法，并设立负责实施马歇尔计划的经济合作署，马歇尔计划正式执行，保罗·霍夫曼被任命为经济合作署署长。

马歇尔计划原定期限为5年(1948—1952)。1951年底，美国宣布提前结束，而代之以1951年10月美国国会通过的共同安全计划。自1948年4月3日至1952年6月底，美国国会为马歇尔计划共拨款131.5亿美元，其中英国获得最多，达32亿美元，法国次之，为27亿美元，意大利15亿美元，西德13.9亿美元，冰岛最少，只有2900万美元。

马歇尔计划是战后美国对外经济技术援助最成功的计划。它帮助欧洲度过了战后最困难的时刻，促进了西欧经济的恢复和发展。1948—1952年，西欧国家的国民生产总值增长25%，工业生产上升35%，农业生产提高10%。钢产量从1947年3100万吨增加到1951年6000万吨，汽车月产量从54000辆增加到14.5万辆。

马歇尔计划促进了西欧国家的联合和欧洲经济共同体(又称西欧共同市场)的建立。美国为了抗衡苏联的扩张，从全球战略格局考虑，希望建立一个美国控制下的经济上发展、军事上强大、政治上稳定的统一的欧洲。因此，美国在提出马歇尔计划时，就鼓励和赞同西欧联合。1948年接受马歇尔计划的16个国家建立了欧洲经济合作组织，1950年成立促进贸易和支付自由化的欧洲支付同盟，1951年直接导致法、意、荷、比、卢、西德六国政府代表在巴黎签订为期50年的欧洲煤钢联营条约。它以法、德两国的煤钢工业为基础、以跨国形式把6国的煤钢工业联合起来，朝着西欧一体化前进了一步，为50年代末西欧共同体的成立奠定了基础。

马歇尔计划促进了美国商品和资本对西欧的输出，为美国用经济手段直接控制西欧铺平了道路。在贯彻执行马歇尔计划的过程中，受援的西欧国家跟美国签订了多边或双边协定，逐步取消西欧国家的关税壁垒，取消或放松外汇限制，接受美国对使用美援的监督，保障美国私人投资和开发的权利。这一切都有利于美国向西欧输出商品和资本。按马歇尔计划提供的资助，在美国对西欧出口总额中所占比重，1948年为36.3%，1949年为62.7%，1950年为73.2%。战后西欧一直是美国最大的出口市场和海外私人直接投资增长最快的地区。

马歇尔计划抑制了西欧人民革命运动，削弱了意、法共产党。1948年，战后意大利进行首次选举，据西方观察家估计，意大利共产党和社会党的联合集团可能赢得51%的多数选票。美国则利用马歇尔计划公开干涉意大利的选举运动。1948年3月15日，马歇尔照会意大利和其他西欧国家，凡投票赞成共产党人当权的国家，欧洲复兴计划所规定的援助将立即停止。由于意大利存在着严重的"美元荒"，仅仅这一威胁就足以左右这场选举，结果亲西方的天主教民主党获得选票总数的53%，而意共方面只得选票的30%。同样的情况，也在法国发生。

马歇尔计划加速了欧洲的分裂。1947年7月2日，莫洛托夫不愿接受美国的条件，断然拒绝接受马歇尔计划，愤然退出巴黎会议，并立即在苏联掀起一场谴责马歇尔计划的运动，阻止东欧国家和芬兰参加巴黎经济会议。在1947年7—8月短短1个多月时间内，苏联先后和保加利亚、捷克斯洛伐克、匈牙利、南斯拉夫、波兰、罗马尼亚等东欧国家签订了贸易协定，进一步巩固了苏联与东欧的联系，把以前流向西欧或苏联势力范围以外的其他地区的大宗贸易转向了东欧和苏联，初步形成以苏联为首的社会主义体系市场。1947年9月底，苏联、东欧、法国和意大利等9国共产党和工人党在波兰举行会议，决定成立共产党和工人党情报局，并发表宣言指出，世界形成了两大对立的阵营，杜鲁门主义、马歇尔计划是美国在全世界推行侵略扩张总计划的一个组成部分。此后，欧洲长期被分裂为东西两个敌对的集团，成为美、苏冷战时期的前哨。

随着马歇尔计划的推行，美国便着手策动西方资本主义国家组织遏制苏联的军事政治集团，为北大西洋公约组织的建立做准备。

5. 柏林危机和北大西洋公约组织的建立

1945年2月，在雅尔塔会议上美、英、苏确认了对德肢解和分区占领原则，并邀请法国承受一个占领区，会议还决定成立盟国对德管制委员会。6月5日，苏、美、英、法4国驻德占领军总司令在柏林签署了《关于击败德国并在德国承担最高权利的宣言》《关于管制德国机构的声明》和《关于德国占领区的声明》，正式宣布接收德国一切最高权利，将 1937 年 12 月 31 日的德国边界内领土分成 4 个区，东区由苏联占领，西北区由英国占领，西南区由美国占领，西区由法国占领，大柏林区也由 4 国分区占领。当时促成美国在对德问题上与苏联合作的最主要原因，是美国指望苏联对日作战。

反法西斯战争胜利后，美国感到苏联在东欧和德国东部的绝对优势将成为自己在欧洲谋求霸权的最大障碍。在这种新形势下，美国统治集团感到肢解和削弱德国的政策对自己不利，于是转而采取扶植西德以对抗苏联的政策。在波茨坦会议上，美国就放弃了在雅尔塔曾原则上同意肢解德国的做法，标志着美苏合作、战后严厉处置德国政策的结束。

1946 年起，美国和英国在自己占领区内，逐步推行所谓"经济统一"，以此作为德国在政治上最后重新实现统一的第一步。是年 12 月 2 日，美、英签署双方在德占领区经济合并的协定，为尔后西德政府的建立奠定了基础。

〔1948 年柏林危机〕　马歇尔计划出世后，美国加快了扶植西德的步伐。马歇尔宣称：重建欧洲，就必须重建德国。不先恢复德国的生产，就不可能恢复欧洲的经济。1947 年 8 月 22—27 日，美、英、法不顾苏联抗议，在伦敦召开会议，美、英力主迅速重建德国工业，将美、英双占区钢产量 3 年内提高至年产 1070 万吨。9 月 10 日，美、英签署鲁尔协议，将鲁尔煤矿的管理权交给德国人。1947 年底，美、苏、英、法 4 国外长伦敦会议破裂后，美国不顾苏联、波兰、捷克斯洛伐克和南斯拉夫的抗议，拉上英、法，拖上荷兰、比利时和卢森堡，在伦敦召开六国会议，商谈成立独立的西德政府。为抗议西方三国片面召开伦敦会议，1948 年 3 月 20 日，苏联宣布退出盟国对德管制委员会。3 月 30 日，苏联通知驻柏林的美国军事长官，从 4 月 1 日起，苏方将检查所有通过苏占区的美国人员的证件，并检查所有货运和除了私人行李以外的一切物品。苏联并开始在柏林实行一系列的交通限制。

伦敦会议第二阶段于 4 月 20 日至 6 月 1 日继续举行。6 月 7 日发表会议公报宣布，要求德国西部三个占领区在 9 月 1 日前召开制宪会议，起草临时宪法，组织西德政府。6 月 18 日，在美国操纵下，美、英、法宣布在德境西方占领区实行单方面的货币改革。这是美国分裂德国的一个重要步骤。苏联在 19 日发表声明：大柏林在苏联占领区之内，经济上为苏占区的一部分；为了保护苏占区居民和该区经济利益，阻止对苏占区货币流通的破坏，决定对西方国家进入柏林的水陆交通和货运实行全面封锁，从而造成以美国为首的西方三国与苏联之间直接军事对峙的柏林危机，形成战后东西方关系的第一次"冷战"高潮。

苏联封锁西占区和柏林之间的水陆交通后，华盛顿紧急地召开一系列最高级会议，商讨对策。1948 年 6 月 28 日，军方领导人到白宫向杜鲁门汇报讨论结果，杜鲁门拒绝用武装护送办法来打开公路封锁的建议，批准了继续留在柏林而又不至冒全面战争危险的方案，命令空军对供应柏林问题尽量给予充分支持。对付柏林封锁的基本方针确定后，从 6 月 29 日起，美国更加强了对柏林的空运。到 8 月初，每天平均空运量已达 4000 吨。

柏林局势虽然非常紧张，但是苏、美双方都没有下决心走向直接武装冲突。经过长时间秘密谈判后，苏、美、英、法终于在 1949 年 5 月 4 日达成协议，苏联同意从 5 月 12 日起解除对柏林的封锁，西方国家同意在巴黎召开四国外长会议讨论德国问题。至此，长达 11 个月的"柏林危机"暂时得到解决。

美国在柏林危机期间和其后，加紧了扶植西德的活动。1948 年 9 月，西德立宪会议在波恩召开，起草了德意志联邦基本法，于 1949 年 5 月 12 日由西方三占领国批准，确定在德国西部建立德意志联邦共和国。8 月 14 日，西占区举行议会选举，组成联邦议院。9 月 12 日，康纳德·阿登纳当选为第一任联邦总理。9 月 20 日，德意志联邦共和国在波恩宣告成立。10 月 7 日，在苏占区，德国人民委员会第九次会议通过决议，成立德意志民主共和国，委托奥托·格罗提渥组织临时政府。从此，德国分裂成为两个独立的国家。

〔北大西洋公约组织的建立〕 1948 年 3 月 5 日，英、法、比、荷、卢五国代表在比利时布鲁塞尔举行谈判，很快缔结一项以军事同盟为核心的包括政治、经济和文化的合作和集体防御条约，通称布鲁塞尔条约。3 月 17 日，5 国外长在布鲁塞尔正式签约，条约为期 50 年。7 月 6 日，美国、加拿大和布鲁塞尔条约组织的成员国在华盛顿举行正式会谈，讨论缔结集体安全条约。9 月 9 日，通过一份供与会各国政府讨论的备忘录，即所谓"华盛顿文件"。文件对即将成立的北大西洋公约组织的性质、范围、缔约国承担的义务及其与其他欧洲组织的关系等，都作了明确的规定。1949 年 4 月 4 日，美国、英国、法国、意大利、荷兰、比利时、卢森堡、丹麦、加拿大、冰岛、挪威和葡萄牙等 12 国外长在华盛顿的国务院会议大厅举行了北约签字仪式。

北大西洋公约包括一个简单序言和十四项条款，其中以第五条最为重要。它规定："各缔约国同意对于欧洲或北美之一个或数个缔约国之武装攻击，应视为对缔约国全体之攻击。"①9 月 17 日，成立了北约最高权力机构——北大西洋理事会。另外还成立了由各缔约国国防部长组成的防务委员会、各成员国总参谋长组成的最高军事权力机构——军事委员会。北约有统一军事指挥系统，先后成立了欧洲盟军司令部、大西洋盟军司令部、海峡司令部和加拿大—美国地区计划小组。

北约组织的建立是美国一手操纵的。北约盟军最高司令规定由美国人担任，北约核打击力量的使用权完全操纵在美国总统手里。美国通过北约从政治上和军事上，加强了对西欧的控制，逐渐在欧洲大陆组成一个遏制苏联、东欧的弧形包围圈。这不仅改变了美国过去在和平时期不参加美洲大陆以外任何军事集团的传统对外政策，而且标志着美国以欧洲为重点的全球战略部署业已初步完成。

---

① 《国际条约集(1947—1948 年)》，世界知识出版社 1959 年版，第 50 页。

6. 第四点计划

第四点计划的设想，是与马歇尔计划的概念同时产生的。美国推行马歇尔计划的目的，是为了同苏联争夺全球战略重点——工业发达的欧洲；而实行第四点计划，则是为了同苏联和英、法争夺辽阔的第三世界——经济不发达的亚、非、拉地区，用美国的新殖民主义代替英、法老牌殖民主义。

亚洲、非洲和拉丁美洲的绝大多数国家和地区，属于第三世界。亚、非、拉地区在美国称霸世界的全球战略中，占有重要的地位。

首先，它是美国重要的工业品销售市场、最大的投资场所和战略工业原料的主要供应基地。其次，亚、非、拉地区处于美国和苏联之间，拥有世界上最重要的战略要地和战略通道，美国要称霸世界，遏制苏联，首先必须夺取美、苏之间这个极其辽阔的中间地带。否则，它是谈不上进攻和遏制苏联的。最后，亚、非、拉地区是当代世界各种矛盾的集中点，是反帝反殖斗争的最前线，是战后世界革命风暴的主要源泉。因此，美国便乘亚、非、拉民族解放运动高涨和英、法殖民体系瓦解之机，利用美国经济、科学技术的优势，打着"经济援助""技术援助"的旗号，在世界各地削弱和排挤英、法殖民势力，用美国的新殖民主义取代英、法老殖民主义，以达到全面控制亚、非、拉美这个辽阔的中间地带，进而称霸全世界的目的。

〔第四点计划的提出和实施〕 早在第二次世界大战期间，罗斯福总统就提出利用美国经济和科学技术的优势，同英、法老牌殖民主义争夺不发达国家和地区的设想。他说："我们要建立持久和平，就必须开发落后国家，开发落后人民。显然，用18世纪的办法是办不到的。""20世纪的办法是把工业介绍到那些殖民地中去。"①

1949年1月20日，杜鲁门在其宣誓就职第二任总统的仪式上，

---

① 埃利奥特·罗斯福：《罗斯福见闻录》，纽约迪尤尔、斯隆和皮尔斯公司1946年版，第36页。

发表了长篇演说，吹嘘自己身居世界领导地位，辱骂共产主义是"虚伪哲学"，提出了美国对外扩张 4 条主要行动原则。他着重讲述了其中的第 4 点："为了使我们能够利用现有的先进的科学和发达的工业来改进和发展落后地区，我们必须着手拟订一项新的大胆的计划。"他特别强调说："美国在工业发展和科学技术方面远远超过其他各国。虽然我们所能提供援助其他各国人民的物资是有限的，但我们在技术知识方面的无穷资源是不断增长和用之不竭的。"表示愿意把美国丰富的技术知识为全世界半数以上的食不果腹、疾病缠身、正濒临惨境的人民"造福"。这就是杜鲁门打着"技术援助"和"开发落后地区"的旗号，企图利用美国科学技术的优势，同英国和苏联争夺不发达国家的所谓"新的大胆的计划"，即后来各国报刊所称的第四点计划。

同年 6 月 24 日，杜鲁门又给国会送去一份特别咨文。他说，亚、非、拉广大地区的人民"已经骚动和苏醒"，如果国会不迅速采取行动，支持这些国家，他们就会"落入同人类自由敌对的哲学控制之下"，也就是说转向共产主义。他要求拨款 4500 万美元，开展这个计划。但国会在 10 月休会以前未采取行动。

1950 年 6 月 5 日，美国第 81 届国会第二次会议通过对外经济援助法案，第四点计划列为此法案的第四节"国际开发法案"，当天经杜鲁门签署生效。法案规定：美国的政策是，援助经济不发达地区各国人民从事开发他们的资源和改善他们的劳动、生活状况，办法是鼓励交换技术知识和技能，向这些国家输出资本。

9 月 8 日，杜鲁门发布一项行政命令，责成国务卿实施第四点计划，并设立国际开发咨询委员会，由纳尔逊·洛克菲勒任主席。10 月 27 日，国务院又召集技术人员成立技术合作署，负责第四点计划的实施。到 1953 年 1 月杜鲁门下台时，美国向 35 个发展中国家和地区派了 2445 名技术人员推行第四点计划。美国用于技术援助的拨款，从 1951 年财政年度的 3450 万美元增加到 1953 年财政年度的 15560 万美元。

杜鲁门的第四点计划，除了是美国称霸世界的全球战略和遏制政策的 1 个重要组成部分外，也对受援国有一定好处。它帮助好几个国家建立了医药、卫生和护士学校，减少了疟疾病患率；在伊朗，推广了良种而获得丰收；帮助埃及把 300 万英亩沙漠变成可耕地；帮助印度推行旨在提高粮食生产的 50 项农村发展计划。

7. 美洲国家组织的建立

拉丁美洲是美国传统的势力范围，在美国称霸全世界的计划中，拉丁美洲占有特别重要的地位。因此，它千方百计强化泛美体系，拼凑由美国控制的军事政治集团，力图从经济、政治、军事各个方面巩固它在拉丁美洲的霸主地位，使西半球成为美国称霸世界的战略后方和稳定的商品市场及战略原料供应基地。

〔墨西哥城会议和查普尔特佩克议定书〕 1945 年 2 月 21 日至 3 月 8 日，在墨西哥城查普尔特佩克宫召开了关于战争与和平问题的泛美会议。除阿根廷外，泛美联盟其他 20 个成员国都派代表出席了会议。3 月 6 日，通过美国起草的查普尔特佩克议定书。它宣告：任何一个国家对一个美洲国家领土的完整或领土的不可侵犯性，或者对于其主权或政治独立的任何攻击，都应被认为是对本议定书其他签字国的侵略行为。会议还决定由美洲各国参谋部代表组成常设的泛美参谋部，使泛美体系进一步军事化，便于美国对拉美军队的控制。查普尔特佩克议定书为泛美军事联盟的建立奠定了基础。

会上还签署了《美洲国家经济宪章》。2 月 27 日，美国代表在所谓"自由贸易""自由投资"和"自由企业"的口号下，提出了战后美国在西半球进行经济扩张的广泛计划。此计划在拉美国家激起群众性的抗议。但会议在美国的压力和操纵下，最后被迫通过的《美洲国家经济宪章》，仍基本上体现了美国计划的主要内容：①消除关税壁垒；②不许实行经济歧视，必须"消除各种形式的经济上的民族主义"；③保障外国投资。这一经济宪章为美国资本涌入拉丁美洲敞开了大门。

〔里约热内卢会议和美洲国家间互助条约〕 1946 年 5 月 6 日，

杜鲁门在致国会咨文中，号召"美洲国家军事合作"，范围扩张到包括加拿大在内。1947 年 8 月 15 日至 9 月 12 日，20 个美洲国家的代表在里约热内卢举行维持大陆和平与安全会议。美国代表团由国务卿马歇尔率领。会议的唯一议程是把战时和临时性质的《查普尔特佩克议定书》改写为永久性的条约。9 月 2 日，会议签订了美洲国家间互助条约(通称《里约热内卢条约》)，1948 年 12 月生效。主要内容是："任何一国对美洲一国的武装攻击应视为对全体美洲国家的武装攻击"，各国得单独或集体自卫，相互援助；条约划定的共同防御"安全区"，比 1939 年的"中立区"约大 2 倍，其面积达 1 亿多平方公里，包括美国和整个拉美地区以及加拿大、格陵兰、南极地带、北冰洋、太平洋和大西洋，连当时英、法、荷、丹的殖民地和附属国都囊括进去了。《里约热内卢条约》是战后美国为了称霸世界而建立的第 1 个区域性的政治和军事集团，为后来美国在其他地区建立一系列的军事联盟提供了先例。

〔波哥大会议和美洲国家组织的建立〕　1948 年 3 月 30 日至 5 月 2 日，21 个美洲国家在哥伦比亚首都波哥大举行加强和改组泛美联盟的第 9 届美洲国家会议。会议的主要议程是，把松散的泛美联盟改组为由美国控制的权力集中、作用很大的超国家的政治—军事机关，即美洲国家组织。

会议主要讨论和通过了美洲国家组织宪章。此外还通过了规定和平解决一切争端的波哥大公约、保证所有缔约国要公平对待外国资本的波哥大经济协定。① 这些决议构成了美国控制西半球的法律基础。

根据宪章规定，美洲国家组织设立了一整套复杂和庞大的机构，主要有：①美洲国家会议是最高权力机构，每 5 年举行一次；②美洲国家外交部长协商会议，是就和平安全方面重大问题及时进行协商的机构，特别在发生武装进攻时必须召开；③美洲国家理事会，是常设执行机构，由每个会员国派大使级代表组成。理事会下设经济及社

---

① 波哥大经济协定由于违背拉美国家的利益和愿望，送交批准书的只有 3 个国家，远不及缔约国的 2/3，因此没有生效。

会、法律和文化三个理事会。④泛美联盟(沿用这个名称)作为美洲国家组织的常设秘书处,负责日常工作。它同理事会都设在华盛顿,以便美国操纵。此外,它还有数以百计的附属性专门机构。美洲国家组织的经费约60%由美国提供。美洲国家组织宪章于1951年12月13日生效。

美国通过美洲国家组织和《里约热内卢条约》从政治、经济、军事各个方面,进一步加强了对拉丁美洲国家的剥削、控制和干涉。

8. 美国单独占领日本

1945年8月11日,美国在答复日本的乞降照会中提出,日本投降后,天皇和日本政府统治国家的权力须听从盟国最高统帅的命令。苏联政府建议,盟国最高统帅可由美、苏将领各一人担任。美国不同意。最后由美国道格拉斯·麦克阿瑟出任盟国最高统帅,并由中、英、苏3国各派高级将领1人参加盟军最高统帅部。

8月15日,杜鲁门批准给麦克阿瑟将军有关日本武装部队投降细节的总命令第1号。① 8月16日,斯大林复电杜鲁门,对"总命令第1号"提出两点修改意见:①整个千岛群岛应归苏军受降;②将北海道北半部划归苏联占领,当地日军应向苏军投降。杜鲁门坚决拒绝了后一点建议。9月6日,美国政府正式下达《日本投降后初期美国对日政策》的文件(9月22日发表),并责令麦克阿瑟总部执行。该文件一方面表示将根据盟国协议肃清日本军国主义和实行民主改革;另一方面又声言,美国占领日本的最终目的是在日本建立一个"支持美国目标"的政府,以确保"日本不再成为美国的威胁";对美国制定的有关占领政策,"如果各主要盟国之间意见不一,应以美国的政策为准"。这个文件清楚地表明,美国不但要单独占领日本,而且要把战

---

① 总命令第1号划定中国大陆、中国台湾和北纬16°以北的印度支那地区由蒋介石受降,中国东北、北纬38°以北的朝鲜和库页岛,由苏联远东军总司令受降,日本、菲律宾以及北纬38°以南的朝鲜,由麦克阿瑟将军受降。

时盟国制定的对日政策美国化，把战败的日本改造成适应美国在亚洲及远东的战略需要的从属国。同年12月，在莫斯科3国外长会议上，决定设两个机构。在华盛顿设立远东委员会，由中国、美国、英国、苏联、法国、荷兰、加拿大、澳大利亚、新西兰、菲律宾和印度11国代表组成，其职权为：制定日本于完成履行其投降条件之义务时应恪遵之政策、原则及标准。形式上委员会应在盟军最高统帅之上，但实际上最后决定权和执行权都掌握在美国手中。盟国管制日本委员会设在东京，由美、苏、中、英4大国代表组成，由盟军最高统帅任主席。它是个咨询性质机构。

战后，世界各国人民强烈要求严惩日本军国主义，坚决反对它东山再起。日本国内广大人民迅速觉醒，开展着争取民主化和非军国主义化的斗争。与此同时，美国也为了使日本军国主义永远不再构成对自己的威胁，于是在日本进行了一次广泛的、自上而下的民主改革。

①审判战争罪犯。1946年1月16日，盟军最高统帅部发布特别通告，宣布成立远东国际军事法庭，对发动侵略战争的28名日本首要战犯进行审判。1948年11月12日，法庭宣判25名被告应对发动侵略战争负责，其中东条英机等7人被判处绞刑，木户幸一等18人分别被判处无期或有期徒刑。对那些在侵略亚洲国家中犯有严重罪行的战犯，分别由受害国在当地进行直接审判。

1946年1月，占领当局还解散了各种军国主义组织，整肃了一大批军国主义分子，不许他们担任公职，以排除他们对战后政局的影响。

②修改日本宪法。1946年11月3日颁布、1947年5月3日生效的由美国人代为起草的日本新宪法规定："天皇是日本国的象征"，但"其地位，以主权所属的日本国民之意志为依据"。天皇由专制君主变为立宪君主，国家最高权力归国会掌握。首相由国会提名通过，内阁对国会负责。新宪法第九条规定："日本国民衷心谋求基于正义与秩序的国际和平，永远放弃以国家权力发动的战争。"为达此目的，"不保持陆海空军及其他战争力量，不承认国家的交战权"。

③经济改革。农地改革、劳动立法和解散财阀，被认为是促进经济民主化的三大支柱，其中农地改革（即对地主土地所有制的改革）最有成效。在农民斗争的压力下，根据 1946 年颁布的第 2 次农地改革方案，全国征购了占租佃地 81% 的 187 万公顷农耕地和 24 万公顷放牧地，出售给自耕农，基本上消灭了农村的封建地主所有制。过去无地和少地农民，几乎都成了农地所有者，大大加速了农业生产的发展和国内市场的扩大。

④文化、教育改革。教科书的出版立即脱离东京文部省的控制，禁止灌输军国主义思想和极端民族主义的教育内容，取缔鼓吹军国主义思想的文化活动，保证广大教职员和其他知识分子享有充分的学术自由，禁止以种族、国籍、信仰、政见或社会地位为由而歧视任何学生或教师。

总之，战后初期美国占领当局在日本推行的民主改革具有积极意义。它使整个日本社会发生了巨大变化，为战后日本经济迅速发展和资产阶级民主制的加强奠定了基础。但是从 1948 年下半年起，鉴于整个国际形势发生急剧变化，美、苏冷战不断加剧，中国革命的胜利发展，美国重新调整了它的远东战略，以日本代替即将垮台的蒋介石政府，迅速地改变了它的对日占领政策，由限制、削弱、打击改为积极帮助、扶植、支持日本复兴经济，解散财阀半途而废；被捕战犯被大批释放；完全中止战争赔款，转而限制各种进步群众运动，默许右翼政客重返政界；支持日本政府加强警察力量；直接出面禁止工人罢工，等等。凡此种种，都公然违反了盟国共同制定的对日政策，它直接导致了盟国在处置日本问题上的公开破裂，阻碍了日本向独立、和平与民主道路上发展。

9. 扶蒋反共的侵华政策

〔雅尔塔秘密协定与美国对华政策〕 1945 年 1 月，美国国务院为罗斯福出席雅尔塔三国首脑会议所准备的《美国对华长期目标和政策大纲》及《英、美、苏的对华政策的统一》这两个文件中，就确定了战后美国对华政策的宗旨：通过扶植蒋介石，使中国听命于美国，在远东发挥稳定作用。但这一政策立即遇到一大障碍："毛泽东领导的中国共产党军队正在逐步削弱蒋介石的统治。"为了扶蒋、限共、独占中国，"罗斯福和杜鲁门相继采取了以离间毛泽东和苏联为首要目标的政策"①。1945年2月在雅尔塔会议上，美、苏首脑私下会谈，就苏联参加对日作战的政治条件和瓜分在中国的势力范围达成雅尔塔秘密协定。其内容包括：外蒙古维持现状，千岛群岛和库页岛南部及邻近一切岛屿交还苏联，大连商港国际化，苏联租用旅顺港为海军基地，中、苏共同经营中东铁路和南满铁路，保证苏联在中国东北的优越权益。为了酬谢罗斯福，苏联表示要和中国国民党政府签订一项苏中友好同盟协定。这是美、苏两个大国背着中国人民以侵犯中国神圣主权为代价而进行的秘密交易。

　　〔美国支持蒋介石抢夺抗日胜利果实〕 抗日战争胜利后，美国继续全力推行扶蒋反共的侵华政策，力图消灭中国人民的革命武装力量。但是力不从心，只好采取政治和谈和支持蒋介石垄断接受日伪投降权利，调运蒋军抢占地盘的两手策略。1945年8月10日，朱德总司令发布限令敌伪投降的命令，美、蒋十分恐慌，命令日本人守着他们的岗位和维持秩序，等待国民党军队前往接收。杜鲁门后来自己供认，"这种利用日本军队阻止共产党人的办法，是国防部和国务院联合决定而经我批准的"②。

　　为了帮助国民党争取时间布置内战和玩弄政治欺骗，美国驻华大使帕特里克·赫尔利以"和平调停人"的姿态，推动国、共两党举行谈判。蒋介石于1945年8月14、20、23日三次电邀毛泽东主席前往重庆和谈，赫尔利还专程赶往延安迎接。28日，毛泽东主席和周恩来副主席毅然到达重庆，经过1个多月的谈判，达成了国共代表会谈

---

　　① 沃尔特·拉弗贝：《美苏冷战史话》(中译本)，商务印书馆1980年版，第36页。

　　② 《杜鲁门回忆录》，第2卷第72页。

纪要即《双十协定》。与此同时，美国调动了大批飞机、船舰组织了所谓"历史上最大的一次空运和海运"，把西南大后方约 80 万国民党军队，日夜赶运到解放区周围。美国海军陆战队在中国登陆，侵驻上海、南京、青岛、天津、唐山、秦皇岛和北京等具有重要战略意义的沿海港口和城市，并不断地向解放区进犯。

《双十协定》墨迹未干，蒋介石于 1945 年 10 月 13 日向国民党部队发出"剿匪"密令，大举进攻解放区。11 月 9 日至 16 日，驻华美军司令艾伯特·魏德迈直接参加蒋军召开的军事会议，美蒋共同制订了对共产党进行全盘战争的作战计划，扬言要在 3 个月到半年内消灭共产党。由于这一作战计划的失败，美国政府内部有一部分人指责赫尔利执行的扶蒋反共的侵华政策过分露骨，应对目前美国的侵华政策失败负责。赫尔利为了粉饰自己，除攻击美国"国务院大部分人士均一般地支持共产主义，尤其支持中国共产党"，从而导致政策混乱和失败①外，同时宣布辞去大使的职务。杜鲁门为推卸自己对华政策失败的责任，立即免去赫尔利的大使职务。

〔马歇尔出使中国的使命〕 1945 年底，中国已处于全面内战的边缘，美国的对华政策在这决定性的紧要关头面对三种可能的选择：①完全摆脱一切牵连；②大规模地在军事方面加以干涉，援助国民党击毁共产党；③一方面援助国民党尽可能广泛地在中国确立其权力，一方面鼓励双方从事协商，尽力避免内战的发生。第一种选择是美国政府不愿采用的。而鉴于国际国内形势，慑于国内外舆论的压力，又觉得第二种选择完全不能实行，结果实行第三种选择："企图协助拟订一个暂时性的协定，以避免内战，并保持甚至增加国民党政府的势力"。

赫尔利刚一下台，杜鲁门立即任命刚卸职退休的陆军参谋长、五星上将马歇尔为总统驻华特使，于 1945 年 12 月 20 日到达中国。杜鲁门吸取赫尔利在华的教训，指示马歇尔以"调停者"的面目出现，通过"和谈"，促使国民党政府召开有各主要政党参加的国民大会，

---

① 《解放日报》，1945 年 1 月 30 日。

让这些政党在国民政府中有几个代表席位，以此为条件，诱骗中国共产党交出军队，企图帮助蒋介石用所谓"和平民主的方法"，不战而控制全中国。这就是马歇尔出使中国的使命。如人们所知，马歇尔使命最后是完全失败了。

导致马歇尔调处失败的直接原因是蒋介石的独裁和内战政策，根本原因是美国对华政策本身自相矛盾：马歇尔一面在国共双方之间充当调停人，企图在更广泛的基础上建立一个统一的中国政府；另一方面(也是本质的方面)又竭力以各种方式援助国民党。这种政策只能助长国民党企图以武力"击毁共产党"的嚣张气焰，丝毫无助于"避免内战的发生"。

〔美国侵华政策的彻底失败〕 1947 年 7 月至 9 月间，中国人民解放军转入全国规模的战略反攻，中国革命进入了一个历史转折点。中国革命形势的迅速发展，使美国统治集团惊恐不安，一筹莫展。新任国务卿马歇尔为重新考虑美国的对华政策"伤透了脑筋"，杜鲁门总统也对国民党的腐败无能"感到烦恼"。美国统治集团内部在对华政策问题上的争吵日趋激化。以参议员罗伯特·塔夫脱和麦克阿瑟将军为代表的"亚洲第一主义者"，积极主张扶蒋反共。杜鲁门、马歇尔、迪安·艾奇逊等人认为在美国称霸世界的全球战略中，首先考虑欧洲问题是不可避免的。中国太大了，美国不可能像对待希腊那样去对待中国。但他们又不愿轻易放弃中国。为了扶植摇摇欲坠的蒋家王朝，1947 年 7 月杜鲁门指派魏德迈到中国和南朝鲜进行考察，"就中国现在及未来的政治、经济、心理和军事情况作一番估量"。1948 年 2 月 18 日，杜鲁门把总额 5.7 亿美元的援蒋法案交给国会，4 月 2 日，美国国会通过了 1948 年援华法案，援助金额大体相等于当时国民党政府掌握的黄金、外汇储备。

1948 年 9 月到 1949 年 1 月，中国人民解放军发动了辽沈、平津、淮海三大战役，歼敌 154 万，蒋介石在长江以北的主力部队丧失殆尽，中国人民解放军在数量上已占绝对优势，中国人民解放战争在全国范围内的胜利已成定局。美国统治集团眼看不能用单纯的军事斗争手段来阻止中国革命的胜利，于是，它们改变手法，一方面迫使蒋介石让位李宗仁来进行"和平"谈判；一方面企图在革命阵营内部组织反对派，极力使革命就此止步。但是，这些阴谋都未得逞。1949 年 4 月 21 日，中国人民解放军胜利渡过长江，4 月 23 日解放南京，推翻了蒋家王朝。这时，美国统治集团内部在对华政策问题上又掀起一场大争吵。为了开脱侵华政策失败的责任和平息对手的批评，1949 年 8 月 5 日，美国国务院正式发表题为《美国与中国的关系》的白皮书和艾奇逊致杜鲁门的信。白皮书叙述从 1844 年至 1949 年的中、美关系，其中特别详细地叙述了抗日战争末期至 1949 年间，美国推行扶蒋反共政策，反对中国人民革命，结果遭到失败的经过。艾奇逊在致杜鲁门的信中坦白承认："中国内战不祥的结局超出美国政府控制的能力，这是不幸的事，却也是无可避免的。在我国能力所及的合理的范围之内，我们所做的以及可能做的一切事情，都无法改变这种结局……这是中国内部各种力量的产物，我国曾设法去左右这些力量，但是没有效果。"①白皮书是一份美国侵华政策失败的自供状，为中国人民提供了一本绝妙的反面教材。新华社连续发表了毛泽东主席写的《丢掉幻想，准备斗争》等 5 篇评论，揭露了美国侵华政策的帝国主义本质，并对中国革命的发生和胜利的原因作了理论上的说明。1949 年 10 月 1 日，中华人民共和国宣告成立，标志着中国人民革命的伟大胜利和美国侵华政策的彻底失败。

---

① 转引自《丢掉幻想，准备斗争》，《毛泽东选集》，第 4 卷第 1490 页。

第二章　杜鲁门的"公平施政"

战后初期美国国内政治、经济形势的特点是：武装部队迅速复员，军事订货大批缩减，通货膨胀加剧，房荒问题特别严重；黑人日益觉醒，工人罢工运动高涨；自由派四分五裂，保守派势力加强；统治集团内部在对外政策上大体一致，在国内社会经济改革上，却存在着很大分歧，党派斗争相当激烈。杜鲁门政府为了保持战时的经济繁荣，延缓经济危机爆发，避免大规模失业，紧接战后时期采取了许多有力对策，迅速将战时经济调整为和平时期的经济，使美国出现1947—1948年的短暂繁荣。与此同时，为了缓和国内阶级矛盾，巩固垄断资产阶级统治，杜鲁门政府一面采取严厉的手段，镇压煤矿工人和铁路工人的罢工，审讯和迫害美国共产党领袖和其他进步人士，对联邦雇员进行所谓"忠诚调查"；一面又高喊要继承罗斯福新政的传统，提出自由主义的"公平施政"纲领。

"公平施政"的形成和发展大致可分为两个阶段。1945—1947年年中为第一阶段，重点是在经济复员中实行补偿性财政政策和着重解决就业问题，取得了较大的成功。1947—1950年为第二阶段，重点在于改革，即扩大社会经济福利，只取得为数不多的实质性成就。

1. 战后初期美国面临的主要国内问题

第二次世界大战结束得比大多数人预料的更快。战后，美国立即陷入紧张混乱状态，除面临如何使战时经济迅速转入和平经济的极为艰巨任务外，许多新旧矛盾亟待解决。

〔要求武装部队迅速复员的强大压力〕　战时美国武装部队人数

高达 1200 多万。欧战刚刚结束，要求军队复员的压力便开始形成。随着太平洋战争的结束，美国士兵展开的"要求早日复员回家"的运动风起云涌，遍及世界各地，成为 1945 年圣诞节和 1946 年 1 月份的头条新闻。美国各地军人家属呼吁更快复员的电报和信件如雪片飞向国会。一位参议员收到 200 双婴孩穿的小鞋，每双塞有一张纸条，上面写着"我想念爸爸"。在公众日益增强的压力下，民主党参议员汤姆·康纳利和共和党参议员阿瑟·范登堡打破政党界线共同发表声明，支持造反的士兵。1946 年 1 月 8 日，杜鲁门发表声明说："我体会到许多家庭的焦急与不安，但是，让每个服役人员都立即复员回家这是不可能的。"①

〔普遍害怕 30 年代的大萧条再现〕 1929—1933 年的那次经济危机，不但空前严重，而且影响深远，直到 1939 年美国的失业人数仍高达约 1000 万。只是由于美国被迫参加第二次世界大战，才彻底摆脱大萧条的影响，较快进入战时繁荣阶段。日本投降后，政府突然取消 350 亿美元的军事合同。刚转入和平的头 10 天之内，就有 180 万军火工人失业，有 60 万登记要求失业补助。同时美军正迅速复员。随着军事订货的普遍缩减和大量军队的复员，有一股"冷风"横扫美国。1945 年 8 月 12 日，《纽约时报》头版头条新闻报道，预计军工部门将有 500 万人失业。8 月 15 日，战时动员和复员局向杜鲁门报告，预计到 1946 年春，失业人数可能高达 800 万。西弗吉尼亚民主党参议员哈维·基尔戈甚至悲观地预言，失业人数将高达 1800 万。② 8 月出版的《产联新闻》说："一场势如燎原烈火的失业危机，本周从纽约到加利福尼亚席卷了整个美国。"③有的经济学家预言，可能又会再出现一个 1932 年。政治学家还谈到革命。企业主一提起上次大萧条

① 《杜鲁门回忆录》，第 1 卷第 466 页。
② 罗伯特·多诺万：《1945—1948 年杜鲁门总统任期内的冲突和危机》，纽约诺顿出版公司 1977 年版，第 108 页。
③ 斯蒂芬·贝利：《国会制定法律：1946 年就业法内情》，纽约出版社 1950 年版，第 93 页。

就不寒而栗，唯恐新的经济危机重新临头。

　　〔通货膨胀的威胁〕　通货膨胀、物价飞涨是紧接战后时期美国最大的国内问题之一。新政时期的赤字财政和战时的巨额军费支出是引起通货膨胀的主要根源。1940—1945 年，美国联邦政府总支出从 96 亿美元增加到 952 亿美元（其中军费支出从 15 亿美元猛增到 812 亿美元）。财政赤字从 27 亿美元增加到 450 亿美元。战时军费总支出约为 2450 亿美元。这个数字比美国从 1789 年到 1940 年年度预算的总和还要大。国债从 1940 年的 610 亿美元上升到 1945 年的 2530 亿美元；而国家公债券的 40% 掌握在银行手里，实际上就等于增加了货币的供应量，助长了通货膨胀。加之，战时美国工业集中生产军火，造成民用消费品长期短缺，人民购买力大量积压；而物价管理局又过早取消某些商品的价格管制，因而战争一结束，物价扶摇直上。1946 年 1 月 14 日，杜鲁门提交国会的第一篇国情咨文，中心问题是要求物价管理局继续存在一年。他明确地提出，通货膨胀是"我们国内目前最大的问题"，如果不加控制的话，"我们的国家将面临一场全国性的灾难"。

　　1946 年春天，在延长物价管理局问题上的斗争异常激烈。全国制造商协会、美国商会和共和党的头头们要求国会结束政府一切管制。而劳工团体、消费者组织和妇女俱乐部则高举着拥护物价管理局的牌子，在国会外面的广场上游行示威，要求延长物价管制。双方斗争达到"积怨成仇"的程度，使美国政府处于进退维谷的困境。同年 6 月 29 日，杜鲁门否决保守派联盟提出的另立一个软弱无力的机构代替物价管理局的法案，并允许在 7 月 1 日全部结束物价管制。结果，在 7 月的上半月，物价指数令人惊讶地上涨 25%，酿成 1942 年以来最严重的通货膨胀。7 月 25 日，杜鲁门又签署将物价和房租管制延长一年的新法案，但为时已晚，物价如脱缰之马，再也控制不住。11 月 9 日，杜鲁门向代表垄断资本利益的全国制造商协会和共和党屈服，发布行政命令，除房租、食糖和大米外，其他所有主要管制一概取消。至此，物价指数已上涨将近 32%，激起了城市里的消费者、有组织的劳工和自由派人士的极端不满。

〔房荒问题特别严重〕 美国战前就缺乏住房，战争使这种情况更为严重。因为战时的建筑材料和劳动力都用在战争上，战后数百万退伍军人复员回国，以及随之而来的结婚人数迅速增加，人口出生率从战时的每年 300 万增加到 1946 年的 350 万和 1947 年的 390 万，因而房荒问题更为突出。全国有 300 多万户家庭拥挤地和别人住在一起，有 500 多万户住在贫民窟，成千上万的人住在活动住房、野营帐篷里。据联邦房管部门估计，1946 年美国各城市的住房约有 39% 是没有达到健康和安全的最低标准的；1945—1955 年底这 10 年间，美国至少要建造 1600 万套新房，才能满足全国需要。

〔罢工运动高涨〕 第二次世界大战期间，美国有组织的劳工运动获得相当大的发展，工会会员人数由 1940 年的约 1000 万人，增加到 1945 年的 1460 万人。1946 年，钢铁工业、橡胶工业全部实现工会化，汽车工业差不多全部实现工会化。过去完全是"开放工厂"的基础工业部门，这时都成了"工会工厂"或"封闭工厂"①，而且，到 1946 年时，已有 300 万妇女和 100 多万黑人加入工会。在美国历史上，工会会员人数和工人的组织程度从未有过这样大幅度的增长和加强。

美国工人阶级积极地、英勇地参加了击败德、意、日法西斯的伟大战争，提高了民主精神和政治觉悟，增强了战斗力。但是，战争的结果给美国垄断资本带来了神话般的利润，而给千百万工人带来严重困难：失业人数剧增；在业工人失去加班机会，工资大大减少，加上通货膨胀，实际工资降低。这就导致劳资矛盾加剧。为了提高工资和改善福利待遇，保持和扩大战时获得的经济利益，战争结束后不久，美国工人阶级便掀起大规模的罢工浪潮。1945 年 11 月 21 日至 1946 年 3 月 13 日，通用汽车公司爆发了美国汽车工人历史上最长的一次罢工，历时 16 周，参加的人数达 20 万，工人争到每小时增加工资 18.5 美分。1946 年 1 月，各工业部门近 200 万工人同时举行罢工，其中有 75 万名钢铁工人和 20 万名电气工人。他们都要求增加工资

---

① 雇主可自由雇用工人的工厂为开放工厂，须按资方与工会协定条件雇用工人的工厂为工会工厂，不雇用非工会会员的工厂为封闭工厂。

30%。更为严重的是煤炭和铁路部门的罢工。煤是美国国民经济的主要动力。它供应全国电力生产 62%、工业 55% 的燃料。美国每 20 部机车有 19 部是烧煤的。1946 年 4 月 1 日至 5 月 29 日,遍布 21 个州的 40 万烟煤工人举行罢工,矿井关闭 45 天,损失 9000 万吨煤。矿工还未复工,28 万铁路工人于 5 月 23 日开始举行美国有史以来第 1 次全国性铁路工人大罢工,全国 37 条铁路线上的车辆几乎完全陷于停顿,运输量急剧缩减,许多重工业陷入瘫痪。1946 年罢工达 4700 多起,卷入罢工人数超过 465 万,损失工作日 1.13 亿个,超过 1919 年罢工运动规模,是美国劳工运动史上风暴最大的一年。罢工运动大多发生在对国民经济有重大影响的工业部门。它不仅严重威胁到和平生产的恢复和资产阶级的统治,而且也直接影响美国对西欧的援助和美国的全球战略。因此,杜鲁门焦虑不安地说:"劳工纠纷⋯⋯在我任总统的初期突然激烈起来。这是作为美国总统所面临的国内问题中最困难和旷日持久的问题之一。"①1947 年至 1948 年间,罢工运动仍在继续发展,尽管其规模较前两年稍小,但全国仍发生 7116 次罢工,参加的达 413 万人,损失 6870 万个工作日。

〔黑人广泛开展反对种族歧视、争取平等权利的斗争〕 在第二次世界大战期间和战后年代,有相当数量的美国黑人从南部移到北部和西部,从农村流入城市。从 1940 年到 1950 年,南部 13 个州的黑人人口,只增加 5.5 万人;反之,北部和西部 7 个工业州(加利福尼亚、伊利诺伊、密执安、新泽西、纽约、俄亥俄、宾夕法尼亚)的黑人人口,则从 280.8 万人增加到 436.4 万人。在同一时期内,南部 11 个州的黑人人口从占美国全部黑人人口的 69%,降为 60%;居住在南部以外的黑人则从 31%,增为 40%。这些迁入西部和北部的黑人,一般都住在大城市里。因而城市黑人人口比率迅速提高。1940 年黑人城市居民不到 50%,1950 年已有 65% 左右的黑人住在城市。

随着城市黑人人口增加,黑人无产阶级队伍迅速发展壮大,黑人参加工会人数日益增多。1940 年黑人工会会员为 50 万人,1945 年激

---

① 《杜鲁门回忆录》,第 1 卷第 449 页。

增至 125 万人。黑人产业工人主要集中在钢铁、采煤、伐木、汽车工业、肉类罐头工业、铁路和海上运输等部门。战后美国黑人阶级结构的这种变化和集中程度的提高，无疑有利于黑人的团结和战斗。同时，战时和战后有 115 万黑人退伍军人从前线回来。这些黑人参加了反法西斯主义和种族主义的战争，在战争中受到这方面的教育，自然回国后不愿再在种族主义的高压下过屈辱的生活，而渴望自由和平等。此外，战后世界社会主义国家力量进一步发展壮大，亚、非有色人种反对帝国主义和新老殖民主义的民族解放运动蓬勃兴起。这种革命浪潮也影响了世界资本主义堡垒的美国，大大地鼓舞了美国黑人反对种族歧视、争取平等权利的斗争。

从 1945 年初起，美国黑人在属于产联的政治行动委员会组织下，在 44 个州中，广泛开展争取通过立法、禁止歧视黑人的斗争。同年 9 月，黑人退伍军人在亚特兰大城召开群众集会，抗议种族主义恐怖活动。1946 年 1 月，黑人组织和进步工会展开了争取国会通过关于公平就业的常设委员会的联邦立法的斗争；2 月，田纳西州哥伦比亚地区广大黑人自动组织起来，对种族主义暴徒进行集体的武装自卫。9 月，美国反对私刑运动推选进步黑人歌唱家保罗·罗伯逊为首的代表团前往白宫，坚决抗议继续对黑人实行私刑，并要求通过反对私刑的法律。11 月，伯明翰和其他几个大城市的黑人退伍军人举行示威，要求取消人头税，使黑人获得选举权。1946 年和 1947 年，全国黑人大会和全国有色人种协进会先后向联合国递交请愿书，愤怒控诉美国种族隔离制度的罪行，坚决要求联合国采取行动，消除美国对黑人的政治、经济和社会的歧视。1948 年春，卧车服务员兄弟会负责人菲利普·伦道夫要求杜鲁门取消军队里的种族隔离。他说，如果黑人在国内不能享受民主，他们将不会在国外为民主而斗争，并威胁要采取大规模的抗议行动。美国黑人的正义斗争，向国内外公众揭穿了美国的所谓民主和自由的本质、种族主义的残暴，赢得了世界进步舆论的广泛同情和支持，在一定程度上震动了美国的统治阶级。

杜鲁门"公平施政"固然在于继续和扩大罗斯福新政，但和应付美国国内上述如此严重政治经济形势的需要是分不开的。

2. "公平施政"的第一阶段

1945 年 9 月 6 日,杜鲁门向国会提交第一个关于内政问题的综合性咨文,这是他第一次提出的自由主义和进步主义的详细纲领,并将之作为他的政府的施政基础。这个咨文包括有关国内立法的 21 点,在其各项建议中和所用的字句中,就已包含"公平施政"纲领的基本内容,① 标志着"公平施政"第一阶段的开始。在随后的 10 个星期内,杜鲁门又继续向国会提出几份咨文,每份咨文都给公平施政增加了一些新的建议。1946 年 1 月,他又在国情咨文中要求国会考虑全面健康保险、由联邦补助教育经费、扩大社会保障范围与增加保险赔偿金等扩大新政的内容。

由于以上咨文和各种建议,战后初期杜鲁门的对内政策,除适应迅速复员需要外,也必然体现"公平施政"纲领。

〔帮助工业尽快将军需生产调整为民用生产〕 1944 年秋季,罗斯福总统签署了经济复员法和处置剩余军事物资法,将战时动员局改为战时动员和复员局。该机构的任务之一是负责制订战后恢复国民经济的方案。德国和日本投降后,政府立即大批取消军事订货,迫使大部分军工企业转向民用生产。为了鼓励私人企业投资的积极性,1945 年 11 月国会减税近 60 亿美元,1946 年 1 月又废除超额利润税。同时,美国政府还廉价出售总投资达 150 亿美元、约占全国工业生产能力 20%的数百个国营军工工厂给私人垄断组织。到 1945 年 11 月底,93%的军用工厂已经重新改为民用工厂。

〔加速武装部队复员和就业训练〕 1944 年 9 月,陆军部宣布军队复员的正式方案。日本一投降,海、陆军便以最快的速度进行复员工作。战时最高人数达到 1212 万的美国武装部队,1946 年缩减到 303 万,到 1947 年只剩下 158 万。为缓和退伍军人的失业问题,政府

---

① 主要为:制定保证充分就业立法、扩大失业补助、增加最低工资、建立永久性公平就业实施委员会、扩大联邦住宅建设规模等。

根据 1944 年 6 月罗斯福总统签署的军人调整法，即通常所说的士兵权利法，为退伍军人的就业训练和大学教育、失业补助、购买农场和住宅提供了大笔资金和贷款。1945 年至 1952 年，美国政府仅花在退伍军人教育和训练方面的支出，就达 135 亿美元；作为失业救济和自我就业补助费的有近 40 亿美元。到 1956 年教育津贴终止时，有将近 800 万退伍军人依靠政府资助完成了全部或部分学校教育。士兵权利法使千百万退伍军人暂时退出劳工市场，有助于大大缓和失业问题，并为战后美国经济和科学技术的发展培训了大批熟练工人和科技人才。

〔实行补偿性财政政策〕 为了抑制通货膨胀、消灭战争期间增长起来的财政赤字，杜鲁门政府实行"补偿性财政政策"。在紧接战后初期采取了两项有力措施：一是急剧削减军费支出，由战时最高点 1945 年的 812 亿美元，削减到 1946 年的 432 亿美元，1947 年的 144 亿美元，1948 年降低到战后最低点 118 亿美元；二是急剧减少国家基本建设投资。第二次世界大战期间，国家基本建设投资达 452 亿美元，占私人资本和国家投资总额的 61%；1946—1950 年国家基本建设投资减少到 242 亿美元，下降到占私人资本和国家投资总额的 22%。随着军费开支和国家基本建设投资大量削减，国家财政收支情况立即好转。1945 年，联邦财政赤字高达 450 亿美元，1946 年下降到 182 亿美元，1947 年联邦收入超过支出 66 亿美元，自从 1931 年以来第一次实现财政收支平衡，并有大量盈余。

〔制定充分就业法〕 充分就业是 1944 年民主党竞选的重要诺言，是"公平施政"纲领中最关键性的项目。1946 年 2 月 20 日，杜鲁门签署了 1946 年就业法。这项立法是根据英国资产阶级经济学家约翰·凯恩斯的理论为基础制定的。根据此法，联邦政府必须负责协调和利用自己的一切计划、政策、职能和资源，为那些能够工作、愿意工作和正在寻找工作的人提供有益的就业机会。它宣称，国家的任务就是保证使用一切手段来促进最大限度的就业、生产和购买力。[1] 这

---

[1] 亨利·S. 康马杰编：《美国历史文献》，纽约出版社 1958 年版，第 6 版第 695 页。

50

就意味着联邦政府首次正式承担责任，为了调节就业和失业，国家要干预经济的发展。该法还规定在总统行政办公室里设立经济顾问委员会，协助总统准备一年一度的提交国会的经济报告，搜集当前和未来的经济发展动向的可靠情报，制定旨在防止经济衰退、保持充分就业的财政金融政策。这种调节经济、特别是劳资关系的立法，是战后美国加强国家垄断资本主义的一项关键性措施。美国历史学家阿瑟·林克和威廉·卡顿吹嘘1946年就业法是"美国进步主义的里程碑"①。杜鲁门对该法也寄予很大希望，认为它将对后来一些事件的全部发展产生深刻的影响。战后美国历届政府都确认要准备实现1946年就业法的建议，并将实现充分就业作为一个蛊惑人心的宣传口号。

[整顿政府机构] 在新政和第二次世界大战期间，美国行政机构恶性膨胀，职责重叠，管理混乱，办事拖拉，官僚习气严重。因此，杜鲁门强调在复员计划中，首先要整顿政府的机构，以便适应业已产生的新的需要和任务。1945年5月24日，杜鲁门向国会提出咨文，请求制定改组政府机构的立法；9月6日，他又请求国会扩大总统管理和改革行政机构的权力。他迅速发布总统命令，撤销许多战时机构(其中包括全国战时劳工局、战时生产局、国防运输局、战时情报局、战时石油管理局和战时船舶管理局)，保留了在复员期间仍需发挥作用的机构。1939年底至1946年年中建立的紧急机构约有165个。到1946年底保留下来的主要机构不到12个。政府工作人员从战时最高点610万降到1947年最低点550万。这样，调整后的政府机构，就能在复员期间发挥更大的效力。

在加强行政机构方面，1946年8月，杜鲁门签署原子能法，建立了由5人组成的、戴维·利连撒尔为主席的原子能委员会，保持了政府对可裂变物质的垄断权。1947年7月，国会通过国家安全法。根据该法建立国防部，设置内阁级的国防部长，将陆、海、空3部降为国防部下面的次一级部门。该法还建立了代表三个军种的参谋长联

---

① 阿瑟·林克、威廉·卡顿：《一九〇〇年以来的美国史》(中译本)，中国社会科学出版社1983年版，中册第399页。

席会议制度和三个重要的机构：中央情报局、国家安全委员会、国家安全资源局。1947 年 6 月，国会通过新的总统继承法。该法采纳了杜鲁门的建议，在总统继承的顺序上，众议院议长和参议院临时议长应在副总统之后，国务卿或其他内阁阁员之前。即只有经过选举的政府官员，才能在总统死亡或不能担任这一职务时，继承总统职位。与此法连在一起的是 1947 年通过、1951 年 2 月生效的宪法第 22 条修正案。该修正案规定当选担任总统职务不得超过两任，或者任过两年总统职务的人只能再当选一次。这个特别规定旨在防止再有人像罗斯福那样四次获得总统职位。它有利于防止总统职务终身制。

由于美国政府坚决而又迅速地采取了以上措施，加上战后初期西欧各国的战争创伤需要医治，必须从美国进口物资设备，国内固定资本大规模更新；战时被压缩了的民用需求突增，1945 年至 1946 年之间，耐用消费品的购买量几乎增加 1 倍；战时美国政府以国防科研为主的巨额拨款推动了第三次科技革命发展，在许多重要尖端科学领域取得新的突破，战后这些先进科研成果转而广泛用于民用生产，大大提高了美国的社会劳动生产率。所有这些，有力地刺激了经济的发展。因此，到 1947 年中，复员工作基本结束，美国就比较顺利地从战时经济回复到和平时期的经济，民用就业人数从 1945 年的 5280 万增加到 1947 年的 5780 万，暂时避免了一场看来正在临近的经济危机和大规模失业，出现了 1946—1948 年的经济繁荣。随着经济的发展，社会物质财富的增加，劳动生产率的提高，加上海外投资的利润滚滚而来，所有这些，就为杜鲁门在"公平施政"第二阶段推行比较广泛的社会福利改革提供了客观的物质前提。

3. 反共反劳工的活动和忠诚调查

紧接战后时期美国工人运动和黑人运动的高涨，引起美国统治集团，特别是其中共和与民主两党保守派以及种族主义分子的恐惧和仇恨。为了稳定国内的统治，实现称霸世界的野心，他们在加紧对外扩张的同时，除抵制或放松"公平施政"外，还对美国工人阶级和其他民主进步力量展开了进攻。

[制定镇压劳工运动的立法]　为了抑制和削弱有组织的劳工运动，打击1935年《瓦格纳法》(《全国劳工关系法》) 和1938年《布莱克—康纳利法》(《公平劳动标准法》) 所赋予劳工的权利，战争结束以来，国会中共和党人和民主党保守派结成联盟，要求采取严厉手段镇压工人的罢工运动，起草了各种各样的反劳工法案。仅1945—1946年，向第79届国会提出的反劳工法案就达90项之多。1947年提交给共和党控制的第80届国会的反劳工法案多达200项，其中最苛刻的是1947年6月国会两院不顾杜鲁门否决通过的《塔夫脱—哈特莱法》，即美国1947年《劳资关系法》。它是以参议员罗伯特·塔夫脱为主席的参议院劳工委员会和以众议员小弗雷德·哈特莱为主席的众议院教育和劳工委员会，在集中几百项反劳工法案内容的基础上，由全国制造商协会和美国商会的法律顾问们炮制而成的。

《塔夫脱—哈特莱法》的主要内容是：①宣传封闭工厂为非法，但工会工厂仍然可以存在。换句话说，雇主可以雇用他所乐于雇用的任何人，不管他是不是工会会员。但是，如果某工厂的大多数工人投票赞成限期加入工会的制度，则非工会会员工人就必须在受雇30天之内加入工会。②规定各州政府可以通过所谓《工作权利法》。从字面上看，《工作权利法》似乎意味着失业工人有参加工作的权利。其实，它说的是州政府可以通过法律宣布不必把工人参加工会作为受雇条件。换句话说，该法一方面声明可以有工会工厂，同时又声明州政府可以通过法律取缔工会工厂。《工作权利法》是战后美国垄断资本集团分化、削弱劳工运动的重要武器。③规定工会代表签订集体合同的权利应经过职工的秘密投票确认，投票结果应由全国劳工关系局批准。同时，规定工会只能签订涉及个别企业而不包括整个部门的集体合同，以便分散工人力量，阻止他们采取共同行动。④宣布支援性抵制、维护管辖权罢工、强求雇主对未完成的劳务付酬等是不正当的劳工行为；允许雇主以违反合同或以支援性抵制造成损失为由，对工会提出控告。⑤不许从工人的工资单中直接"扣留"或扣除工会会费 (即资方自劳工工资中代扣工会会费的制度)，除非得到被扣工人本人的书面同意;禁止在任何联邦机构的选举中动用工会的福利基金。⑥工会在举行罢工前必须先发出通知,并须有 60 天静候调查的"冷却时期"。如果是整个行业性罢工或被宣布为"危及国家繁荣与安全"的罢工,总统可以要求联邦法院发布命令,制止工会在 80 天以内举行罢工。⑦禁止联邦政府的工作人员举行罢工,参加罢工者立即予以开除并禁止在 3 年内担任国家职务。⑧每个工会必须向全国劳工关系局提供与本工会有关的资料,诸如工会章程、附则、年度财政报告,以及领导成员的姓名与工薪。这样,垄断组织便可以对工会拥有的、对可能发生的罢工的时间长短起决定性作用的资金,事先作出预报,并为罢工期间所需的原材料做好准备。⑨禁止共产党员担任工会领导职务;要求每个工会领导成员进行反共宣誓,说明自己不是共产党员或同共产党有联系的组织的成员,说明自己不赞成共产党的观点,不鼓吹用武力或违犯宪法的手段推翻美国政府。这一条最厉害,它不仅被用来反对共产党的领导人,而且也用来反对任何可能被指控为共产党人的进步工会领导人。⑩全国劳工关系局成员由 3 人增加到 5 人。它负责该项法律的实施,有权发布"停止组织工会"的命令,或者请求联邦法院发布禁止罢工的禁令。拒不执行者可给予罚款、关押或两者同课。

与第 80 届国会的反劳工情绪相呼应,1947 年,有 30 多个州制订了反劳工的法律。人们常把这些法律称为《小塔夫脱—哈特莱法》。

《塔夫脱—哈特莱法》剥夺了劳工几十年斗争所取得的一些成果。当其通过前后,美国广大工人和群众通过请愿、集会,广告和游行等方式曾掀起猛烈的抗议怒潮,他们谴责该法是《奴隶劳工法》,并为该法的废除斗争了许多年。

〔摧残产联所属的进步工会〕 1947 年通过了带有反共条款的《塔夫脱—哈特莱法》后,美国的保守势力和右翼工会领袖便利用这项法律,解散富有战斗精神的工会组织,摧残进步工会力量。当时美国各工会会员总人数有 1600 万左右,其中属美国劳工联合会的有 700 万人以上,属产业工会联合会的有 600 万人,其余属各独立工会。在所有这些工会会员中,只有大约拥有 100 万会员的产联所属的 11 个工会是进步工会组织。这些进步工会在政治上坚持独立自主路线，反对美国政府对外扩张政策和对内的反劳工立法。

早在 1948 年，以菲利普·默里为首的右翼工会领袖便开展了反对工会在政治上自主的运动。他们大喊大叫"产联不许容纳共产党人！"他们对进步工会组织发出最后通牒：除非这些组织服从产联领导并支持政府的对外政策，否则将被开除出产业工会联合会。进步工会拒绝这个最后通牒。

1949 年 10 月，在克利夫兰召开的产联代表大会为反共的右翼工会领袖所控制。大会通过决议，宣布授权执委会得将任何受"共产党控制"的工会开除出产联。于是产联中的反共分子开始指控产联中 11 个最富有战斗性的进步工会是由共产党控制的。他们指控这些工会反对马歇尔计划；赞成结束冷战，赞成美国同苏联建立和平关系；要求美国政府承认中华人民共和国。因此，这些进步工会被指控有罪，并被开除出产联。

产联右翼领袖开除 11 个进步工会这一事件，对美国工人运动产生了消极的影响。从此，产联和劳联性质一样都是右翼工会，会员人数开始下降，不再是一个不断扩大的工会组织了。这是战后美国劳工运动衰退的重要原因。

〔对美国共产党的政治迫害〕　迫害美国共产党是美国垄断资产阶级的一贯政策。随着战争的结束，美、苏冷战的加剧，共和党利用共产党问题攻击民主党活动的加强，美国国内的反共宣传急剧增长。1946 年 10 月，联邦调查局局长埃德加·胡佛在美国军团代表大会上宣称，共产党人已渗透到各个角落，国家面临着"实现共产党人可怕阴谋"的威胁。众议院非美活动调查委员会和司法部到处搜集所谓共产党渗透的情报，迫害共产党人和进步人士。1947 年 6 月，美国共产党总书记尤金·丹尼斯以"藐视国会"的罪名被判处徒刑 1 年与罚款 1000 美元。1947 年至 1948 年间，司法部长托马斯·克拉克公布的列入黑名单的"颠覆性"团体共约 160 个，非美活动调查委员会列入的竟有 608 个之多。这些组织都被司法部看作共产党的外围组织，参加过这些组织的人被认为是"危害国家安全的嫌疑分子"。成千上万的人受到审讯和迫害。

1948 年 7 月 20 日，最高法院根据 1940 年《史密斯法》，逮捕了以威廉·福斯特为首的美国共产党全国政治局委员 12 人，并对他们提出起诉。1949 年 1 月 17 日至 10 月 14 日，联邦法院又在纽约福莱广场组织了对 11 位共产党领袖的审判。联邦调查局和司法部事先收买了一批共产党叛徒、劳工侦探、职业告密者捏造一连串的伪证，然后利用这些家伙在法庭上充当证人。他们指控被告的罪状是"密谋教唆和鼓吹"用暴力推翻美国政府，但又举不出例子，只好宣读《共产党宣言》《国家与革命》等马列主义经典著作的长篇摘录，来"论证"他们的控诉。1949 年 10 月 14 日，由法官哈罗德·梅迪纳强行判决 11 位被告有罪，其中 10 人被判处 5 年徒刑和 1 万美元的罚款，1 人被判 3 年徒刑。1951 年 6 月 4 日，美国最高法院以 6 票对 2 票维持这一判决，首席法官弗雷德·文森根据"明显而现实的危险"的原则，确认美国政府证明共产党威胁的严重程度已足够定罪。接着在纽约、加利福尼亚、马里兰、夏威夷等地，对其他美共领导人进行一系列的逮捕。美国共产党在冷战时期遭受了美国历史上最残酷的政治迫害和镇压。除美共领导人被判有罪、纷纷入狱外，许多忠诚的共产党员成为罪犯，被剥夺工作和生活资料，再也不能积极参加党的工作；一些意志不坚定的党员和党的同路人不可避免地离开了党。结果，党员人数从 1946 年的 7.5 万人减少到 1948 年的 4 万人。在 50 年代初期，美共党员人数下降到 2.5 万人以下，美国共产党的影响日益减弱。

〔忠诚调查计划〕　自从 1942 年以来，美国政府一直在考核政府雇员的忠诚。杜鲁门继任总统后，为了以反共的对内政策支持反共的冷战外交政策，并在与共和党的反共竞赛中掌握主动权，于 1946 年 11 月 25 日发布命令，设立总统临时雇员忠诚委员会，着手研究关于政府雇员调查的程序和标准。1947 年 3 月 21 日，杜鲁门总统颁布 9835 号总统命令，即所谓"忠诚调查令"，要求政府机关职员、高等学校教员和研究人员等，必须对政府宣誓效忠，并对他们的忠诚进行检验。在执行忠诚调查计划的 5 年期间，联邦调查局审查了 400 万左右的联邦政府雇员和申请政府职位的人，对 1 万人进行了全面调查，对 9077 人提出初步控告，其中有 2961 人由地方忠诚调查委员会传讯，有 378 人被解职。1950 年，全国忠诚复审委员会主席塞思·理查森在参议院招认，在被解职的这些人当中，"一个间谍案件的证据也没有发现"①。他们都是被只靠谣言、猜测、怀疑而不要确凿的证据就可起诉的袋鼠法庭②在不能与告发人对质的情况下定罪而被解雇的。有许多人仅仅因为与共产党的同情者有过一般交往，就被株连。在杜鲁门忠诚计划的影响下，军队、地方政府、社会各界和政府及私人企业，也都开展了忠诚调查或忠诚宣誓。据估计，美国有 1350 万人，约占全部劳动力人口的 1/5，受到某种形式的忠诚或安全调查。一个人受到全面调查，就要长期蒙耻受辱，毁灭他的前途。从开始对他进行忠诚调查那天起，他就成了嫌疑分子。邻居们在街上不敢和他打招呼，不接受他的妻子的宴请，不让他们的孩子和他的孩子一起游戏。他的儿子不能参加童子军。他无法拜访在政府任职的朋友，以免他们受到解雇的威胁。

〔种族主义者对黑人的残杀和迫害〕 在第二次世界大战期间，由于美国人民与德、意、日法西斯的矛盾上升为主要矛盾，美国国内的种族矛盾暂时退居次要地位，黑人在反种族歧视方面取得了一些进展，白人种族主义者的私刑和恐怖活动略有节制。战争一结束，美国种族主义分子立即对黑人进行反攻倒算，企图夺回黑人在大战期间用血汗和生命换来的一些胜利果实，并使黑人永远处于被奴役被剥削被歧视的地位。但自罗斯福新政以来日益觉醒的美国黑人，特别是参加反法西斯战争退伍回来的 100 多万黑人，却不甘受奴役，奋起反抗。因此，紧接战后时期种族矛盾更加尖锐。为了镇压黑人的反抗，三 K 党、哥伦比亚会、白人公民委员会、约翰·伯奇协会、美国纳粹党等法西斯组织和联邦警察机关，便加紧对黑人施行私刑和恐怖活动。仅以 1946 年为例，南部农村暗杀黑人事件约 50 起。用私刑处死的黑人

---

① 卡贝尔·菲利普斯：《杜鲁门总统任期：成功的继任史》，纽约麦克米伦公司 1966 年版，第 364 页。

② 可以随意跳过正常法律程序而进行审讯的法庭。

比 1937 年以来任何一年都多。1947 年私刑迫害事件更高达 530 起。它不仅发生在南部诸州，甚至也扩展到北部。据不完全统计，仅第二次世界大战后的最初 7 年里，就有 3000 多黑人遭到白人种族主义暴徒的袭击，有的被私刑杀害，有的被摧残成残废。广大黑人的生命和安全基本上得不到保障。

4. 1948 年大选

1948 年，杜鲁门是在战后保守派力量大大加强，自由派力量相对削弱；共和党反对派控制着第 80 届国会，阻挠改革，民主党内部因意见分歧而四分五裂；国内党派斗争空前尖锐，国外美、苏之间的冷战异常激烈的情况下进行竞选的。

〔杜鲁门的不利处境和克利福德的竞选策略〕 虽然杜鲁门在战后经济复员阶段取得了成效，但是，他对 1946 年煤矿和铁路工人大罢工所采取的严厉镇压措施，激怒了广大劳工；他鼓吹福利和民权立法，引起保守派的仇恨；他解除商业部长亨利·华莱士和内政部长哈罗德·伊克斯的职务，使新政派不满；他在物价管制上的混乱和失败，则使广大人民群众怨愤。这样，1946 年 11 月国会中期选举时，民主党惨败。它在城市的选票损失尤其严重。共和党则自 1928 年以来第一次赢得参、众两院的控制权。

选举以后，杜鲁门的威望大降。想当初，富兰克林·罗斯福每次竞选凯旋时，政府文武高级官员结队出迎，何等威风；而 1946 年 11 月杜鲁门在密苏里州独立城投票以后回到华盛顿联邦车站时，寒风凛冽，薄雾笼罩，只有副国务卿艾奇逊和两三位记者到场迎接，好不凄凉！盖洛普民意测验表明，支持杜鲁门的人，由 1945 年 7 月的 87%，下降到 1946 年 10 月的 32%。自此以后，每次民意测验和每次政治评论家分析都是一个调子：如果杜鲁门在 1948 年竞选总统，就注定要失败。大多数民主党领袖要求他退出竞选。美国人争取民主行动组织的民主党自由派，则开展一个倒杜鲁门和拉艾森豪威尔竞选总统的运动。

1946 年的失败，使杜鲁门的特别顾问克拉克·克利福德认识到，"除非给杜鲁门政府换个新面，否则他就没有政治前途"①。于是，杜鲁门的几位高级助手组成的智囊团，从 1946 年底起，连续几个星期，每逢星期一晚上，就静悄悄地在沃德曼公园联邦社会保险局长奥斯卡·尤因的公寓里举行秘密会议，研究竞选策略，制定了一个自由主义的"公平施政"纲领。这个纲领的"短期目标是试图确保 1948 年杜鲁门总统连选连任……长期目标是企图用他们的自由主义哲学来影响美国社会和政治发展的进程"②。他们拟订的策略是，"各种改革建议必须迎合选民的口味，而不是迎合国会议员的口味"③。1947 年 11 月中旬，克利福德向总统呈上一份长达 35 页的竞选连任方案，分析了他竞选的有利条件与不利条件，认为杜鲁门"应该向左转"，成为民权、住房改革和劳工权利的捍卫者，增添尽可能多的自由派色彩，以阻止民主党的城市成员离开党的倾向。最后力劝杜鲁门应在第 80 届国会反对派占优势的不利条件下进行竞选。在克利福德等人的影响下，1948 年 3 月 9 日，杜鲁门正式宣布，如果民主党全国委员会提名他当总统候选人，他将接受提名进行竞选。

　　〔两党内部竞选情况〕　1948 年 6 月，共和党人兴高采烈地在费城召开全国代表大会，提名托马斯·E. 杜威为总统候选人，加利福尼亚州州长厄尔·沃伦为副总统候选人。由于新政已经深入人心，反共宣传当时得到广泛支持，共和党的竞选纲领不得不赞同新政的改革结构，当然也赞同杜鲁门的冷战外交政策。它支持反劳工的《塔夫脱—哈特莱法》，许诺改善居民生活，进一步减税，制定更多的民权、住宅和福利立法，还要求就业机会均等。总之，共和党的竞选纲领和民主党的没有多少不同。

---

　　①　伯特·科克伦：《哈里·杜鲁门和危机时期的总统职位》，纽约芬克—韦格纳尔斯出版公司 1973 年版，第 217 页。

　　②　卡贝尔·菲利普斯：《杜鲁门总统任期：成功的继任史》，第 162 页。

　　③　沃尔特·拉弗贝：《美国世纪》，纽约约翰·威利公司 1975 年版，第 322 页。

1948 年 7 月，执政的民主党人在费城召开全国代表大会。会议充满着悲观、阴郁的气氛。由于找不到其他适当总统候选人，最后才提名杜鲁门，并选择参议院临时议长艾尔本·巴克利为副总统候选人。

大会上，明尼阿波利斯市市长休伯特·汉弗莱为首的北方势力和城市领袖拟定了一个强烈的民权纲领：充分平等的参政权；就业机会均等权；人身安全权；军队内部待遇平等权。南部民主党竭力反对这项新的"权利法案"。7 月 14 日晚上，亚拉巴马州和密西西比州部分代表，挑战性地挥舞着南部同盟的旗帜，列队退出了会场。7 月 17日，最保守的南部民主党人在伯明翰市集会，建立州权民主党，并分别提名南卡罗来纳州州长 J. 斯特罗姆·瑟蒙德和密西西比州州长菲尔丁·L. 赖特为正副总统候选人。他们控制了南部 4 个州。其策略是：煽动整个南方背叛，将总统竞选问题弄到相持不下，最后交由众议院投票解决。

7 月底，民主党的左翼在费城开会，组成美国进步党，提名亨利·华莱士为总统候选人，爱达荷州的国会参议员格伦·泰勒为副总统候选人。进步党的竞选纲领要求"和平自由和繁荣"，重点是谴责杜鲁门政府的冷战外交政策，主张美、苏和平合作，要求逐步实现基本工业国有化，取消《塔夫脱—哈特莱法》，结束种族歧视和种族隔离。

〔杜鲁门的竞选活动和出其不意的胜利〕 杜鲁门在接受民主党总统候选人提名时，发表了一篇措词强硬和挑衅性演说。他叙述了历届民主党政府对农民和劳工的好处，把民主党描绘为代表"普通老百姓"的党；他详细列举了在共和党控制下国会所遭到的种种失败，指责共和党是为少数特权人士谋私利的党。在演说将告结束时，他采取第 1 个战术行动：宣布在 7 月 26 日——密苏里州称之为芜菁节的那天，召开第 80 届国会特别会议，要求共和党人通过他们在自己的竞选纲领中表示赞成的立法。共和党人陷入极端被动的地位，认为总统召集这次国会特别会议是滥用职权。果不出杜鲁门所料，两个星期过去了，特别会议没有通过一项立法。从而在美国公众面前表明：共和党人言而无信；共和党的竞选纲领没有任何真正的价值。

杜鲁门采取的第 2 项战术行动，就是横越全国的竞选旅行。1948年，几乎 90%的美国报刊和电台反对杜鲁门，支持其他候选人，民意测验机构一再预言杜鲁门将在 11 月大选中失败。为了遏制民意测验和报界的虚假宣传所散布的悲观气氛，杜鲁门决定旅行全国各地，以总统身份直接对人民说话。他旅行 31700 英里，在横贯全国大大小小的火车站发表了 356 篇演说，听众估计达 1200 万人。他尽力采用"置之死地"的策略，严厉批评"无所事事"的第 80 届国会是"美国历史上最糟糕的国会"；指责"共和党人贪婪成性"，"迷恋特权"，"抬高物价，把美国消费者逼到走投无路"，"在农场主背后刺进了一把禾叉"；他把杜威称作"法西斯分子"，把自己标榜为美国自由主义传统的忠实继承人，极力主张大胆恢复进步主义的政策。他通过宣传废除《塔夫脱—哈特莱法》，重新赢得劳工的支持；通过支持新的民权立法，赢得大多数黑人的支持；他答应维持农业繁荣的纲领，赢得中西部和边境各州农民的支持。总之，通过鼓吹继承新政传统，复活新政时期多次赢得胜利的选举联盟，使杜鲁门在美国总统竞选史上取得了出乎意外的成功。选举结果：杜鲁门赢得 24105695 张选民票和303 张选举人票，杜威只得到 21969170 张选民票和 189 张选举人票。民主党在参院以 54 席对 42 席的多数、在众院以 263 席对 171 席的多数，重新取得对国会的控制权。选举后第二天，杜鲁门回到华盛顿，手里高举着《芝加哥论坛报》，报上通栏大标题是"杜威击败杜鲁门"，使民意测验专家和报刊专栏作家十分难堪。

5."公平施政"的第二阶段

1949 年 1 月 5 日，杜鲁门在提交国会的年度咨文中，正式提出"公平施政"的政策纲领。他把过去的各种建议合并起来，形成一个更广泛、更系统、更具体的计划。他说，"我国居民的每个阶层和每个人都有权期望从我国政府得到公平施政"，"都有机会从我国日益增长的繁荣中获得他们公平的一份。……除非我们对机会进行公平的分配，使我国的工农产品在广泛的范围内消费，否则我们就不能保持繁荣。我国政府已承担履行这些责任的义务"。① 从此，"公平施政"就像罗斯福的新政一样，成为杜鲁门政府内政纲领的标志。其基本内容如下。

〔扩大社会保障范围，提高最低工资限额〕 1935 年 8 月社会保障法没有规定工伤事故、残废和医疗保险；农业工人、公私仆役、联邦政府和州政府的公务人员、商船海员以及其他某些职员，也没有得到这一法案的保障。而且，许多州提供的每周失业救济金太低，救济的时间太短。

战后，在工人运动的强大压力下，杜鲁门多次要求扩大社会保障的范围。1950 年通过的对社会保障法的几条修正案，增加了约 1000 万新的受益人(其中包括独立经营的个人 500 万。家庭雇工约 100 万，农场工人 50 万，不属文官退休制度的联邦雇员 65 万，州和地方政府雇员 150 万，以及非营利组织的雇员 100 万)，并将退休工人的养老金平均增加 77.5%。1952 年，对该法又加了一项修正案，养老金再增加 12.5%。到 1953 年 1 月，被包括在联邦老年、遗属保险体系之内的人数达 4500 万，联邦和州政府合办的失业保险体系，受益者达 350 万。另外，1950 年 1 月，杜鲁门还获得公平劳动标准法(亦称工资工时法)的一项修正案，将工人的最低工资从 1945 年的每小时 40 美分提高到 1950 年的 75 美分。

〔提倡国民健康保险〕 第二次世界大战期间，服役体格检查的记录表明，美国有 500 万男性公民，约占受检查人数的 1/3，因为健康状况不符合兵役条件而被淘汰。同时调查表明，美国有 4/5 的人，因付不起昂贵的医疗费用，而得不到适当的治疗。这些骇人听闻的揭发使杜鲁门大为震惊，他意识到必须采取有效的办法来提高国民健康水平，否则会严重削弱美国武装部队的战斗力和国民健康状况。

1945 年 11 月 19 日，杜鲁门向国会提出通过扣薪及其他扣除办

---

① 《美国国会纪录》，1949 年 1 月 5 日；《美国大百科全书》，1978，第 10 卷第 834 页。

法，实行国民健康强制保险。这个方案的要点是：医疗费用由强制保险费和国家总收入中支付；因病因伤的工资损失由政府补助；医院和医疗机构由地方政府兴办；医药教育和医药研究由联邦政府给予补助。以后杜鲁门又多次向国会提出类似建议。但是，该方案遭到以美国医学协会为代表的医药垄断资本的激烈反对。他们把杜鲁门的国民健康保险计划描绘为"社会主义的医疗制度"，"布尔什维克的阴谋"。杜鲁门认为这是一次沉痛的挫折。

〔否决《塔夫脱—哈特莱法》〕《塔夫脱—哈特莱法》之通过，激起了美国工人阶级的强烈抗议。杜鲁门着眼于国内外形势和 1948 年的总统选举，于 1947 年 6 月 20 日否决了这项法案。他在否决咨文中宣称："这个法案势必成为耗时旷日、聚讼不休的根源……将给我们这个国家带来今后若干年的灾难。"①1948 年杜鲁门在竞选运动中，把废除《塔夫脱—哈特莱法》作为争取工人选票的一张王牌。大选获胜以后，杜鲁门立即召开内阁会议，计划如何取消《塔夫脱—哈特莱法》，但由于共和党人和民主党保守派的坚决反对，直到他离任时，这个反动法律仍然记录在案。②

〔建造廉价公共住宅〕 为缓和战后的住房紧张局势，1945 年 9 月杜鲁门在致国会的咨文中就强调指出：住宅问题在需要采取坚决行动的各种事项里居于重要地位。他要求国会通过法令，规定房屋最高限价，并授权给他将全国建筑材料的半数用于营造廉价住房；扩大住宅投资保险制度，鼓励私人出资建筑住宅；加强科学研究工作，寻找更好的和更便宜的建筑材料和方法。1946 年 2 月，杜鲁门向国会提出了退伍军人紧急住房计划。5 月，国会批准了两年内为退伍军人建造 270 万套住房的紧急法案，但由于不动产院外集团的强烈反对，没有通过为低收入者建造廉价住房、清理贫民窟的法案。以后又经过 4

① 巴顿·伯恩斯坦、艾伦·马图索编：《杜鲁门政府：一部文献史》，纽约出版社 1966 年版，第 128 页。
② 1951 年，通过一项不重要修正案，规定在某种场合下，可在雇工合同中写入限期加入工会的条款。

年的激烈斗争，国会才通过 1949 年《全国住宅法》。该法授权在其后
6 年为低收入家庭建造 81 万套廉价公共住房，联邦政府为城市清理
贫民窟和改善农村住宅提供大笔贷款和援助。1949 年 7 月 15 日，杜
鲁门发表声明说："这项影响深远的法案……是联邦政府第 1 次采用
有效手段来援助城市清理贫民窟和重建残破衰落地区。它授权制订广
泛而全面的住宅研究计划，以便降低住宅成本和提高住宅标准。它开
创政府帮助农民改善农村住宅的计划。"①然而，预定在 1955 年以前
竣工的 81 万套廉价住房，到 1969 年还没有全部交付使用。

〔继续维持农产品的价格支持计划〕 1949 年春，杜鲁门和他的
新任农业部长查尔斯·布兰南合作，按照新政农业立法的原则，制订
了 1 项新的农业计划，即布兰南计划。该计划的目的，在于保证农
民有稳定的收入，避免受到农产品价格巨大波动的影响。这项计划的
重要意义在于它将价格补贴的重点从商品购买转到生产支付上面。根
据布兰南计划，①允许农产品在市场上寻找它的自然价格水平；②假
如这种价格低于官方的支持价格，那么农民所得的价格和官方支持价
格之间的差额，则由政府补贴给农民，而消费者却能享受到较低价格
的好处；③扩大津贴范围，从所谓不易腐烂的基本商品(小麦、玉米
和棉花)，扩大到包括肉类、蛋类和乳制品等易腐商品；④任何一个
农场主生产的价值超过 26100 美元左右的，就不给价格补贴。这就避
免大农场主从中得到更多的好处。代表小农场主利益的全国农民联盟
领袖吉姆·佩顿称赞布兰南计划是"美国农业史上的里程碑"②。

这项计划刚发表，立即遭到共和党的反对。他们害怕布兰南计划
企图建立的政治联盟将延长民主党的统治；代表大农场主利益的美国
农场合作社联盟和代表大棉花种植园主利益的南部民主党，也坚决反
对，因为他们受到补贴限制。布兰南计划很快遭到失败。但是，1949

① 巴顿·伯恩斯坦、艾伦·马图索编：《杜鲁门政府：一部文献史》，第
139 页。
② 阿朗索·汉比：《新政之后：哈里·杜鲁门和美国自由主义》，美国哥
伦比亚大学出版社 1973 年版，第 305～306 页。

年 10 月通过的农业法，保持继续实行严格的价格支持，直到 1950 年底，农产品价格维持在平价的 90%的水平；以后提供灵活的价格支持，使农产品价格保持在平价的 75%到 95%的水平。

〔要求制订保障民权的立法〕 1948 年 2 月 2 日，杜鲁门就民权问题向国会提交特别咨文，建议在司法部设立民权司，制定反对私刑和反人头税的法律，建立常设的公平就业实施委员会，以防止就业上的种族歧视。同时他还呼吁全国行政官员和私人公司的职工在使用交通工具方面废除隔离和歧视。此后，又把这些建议列入 1948 年的民主党纲领。

1948 年 7 月 26 日，杜鲁门颁布两个总统命令，要求在联邦政府各部门和武装部队中废除种族隔离，并任命一个委员会来考虑在军队中取消种族隔离的办法。1949 年，他邀请黑人出席总统就职典礼的招待会和舞会。他任命了第一个黑人为维尔京群岛的总督和第 1 个黑人为联邦法官。但是，杜鲁门关于民权立法的建议，在参议院一直不能克服南部议员的阻挠；在众议院，74 名南方人组成 1 个特别集团，誓与南部州长们一起，致力于挫败杜鲁门的民权纲领。

〔扩大联邦政府对教育的援助〕 长期以来，联邦政府就一直给予教育以某些援助，但为教育提供经费的主要责任属于各州。战后初期，美国的教育制度面临着严重的财政危机。数百万儿童由于缺乏适当的校舍或足够的教员而不能受到良好的教育，而科学技术革命的迅速发展，比任何时候都迫切需要更多的熟练工人、工程师、技术员、各行各业的专家和科学家。缺乏这些人员，就会使生产力的进一步发展受到影响。为了适应科技革命迅速发展的需要，杜鲁门在 1946 年、1948 年致国会的年度咨文中，再三建议联邦政府提供财政援助，帮助各州保证有更多的公民能够受到中等以上教育的机会。他强调说，美国教育制度面临的问题"是令人痛心的。任何一个州如果在教育上有不充分的现象，全国就要受到损失。联邦政府有责任提供财政援助来应付这个危机"①。创议刚一提出，立刻遭到罗马天主教徒的反对，

① 1948 年 1 月 7 日杜鲁门致国会的年度咨文。

因为该项计划没有对教区学校儿童提供补助；南部民主党议员害怕联邦对教育的援助附上取消学校种族隔离的条件，也采取抵制态度，致使此法案胎死腹中。

〔保护和开发自然资源〕　杜鲁门政府在自然资源保护方面继承了进步主义运动和新政的传统。1945 年 9 月 6 日，杜鲁门要求国会尽可能迅速地授权开发美国各大河流域的自然资源。他建议以田纳西河流域管理局为范例，开发大西北的哥伦比亚河、密苏里河、加利福尼亚中央流域和阿肯色河。他主张在各大河流上修建多种用途的水闸，以用于发电、灌溉、航运和防洪。1948 年 1 月 7 日，杜鲁门在国会大声疾呼："我们必须大力保护我们的自然资源，以免为只顾自己利益的人们所滥用。"[1]他要求精确而全面地调查美国的矿藏资源，并加紧努力发掘新的供应来源；采取防止水土流失和恢复地力的办法来保护公有和私有土地；扩充垦荒计划，改善水利灌溉，使成百万英亩的不毛之地投入生产；采取使森林能够长期持续生产的政策和在滥伐和荒芜的地区种植新树的方法，以保护和恢复美国的森林。1949 年 1 月 5 日，杜鲁门再次建议国会采取行动批准圣劳伦斯河通海航道和发电计划，制订有计划地使用海底石油资源的计划，扩大水土保持计划。在杜鲁门执政的 8 年期间，联邦政府用于河道的投资将近 50 亿美元——投入有关防洪、农田灌溉、生产廉价电力和把电力输送给农民的计划上。他在反对石油垄断财团倡议的把近海海底油田的所有权转让给得克萨斯、路易斯安那和加利福尼亚三州所有的立法方面，获得了成功；但在仿效田纳西河流域管理局之例，为密苏里河、哥伦比亚河和科罗拉多河流域设置类似管理机构问题上，却遭到了失败。

6. "公平施政"成就不大的原因

1948 年杜鲁门通过鼓吹"公平施政"，使他这位已经过时的人物，

---

① 《纽约时报》，1948 年 1 月 8 日。

一变而为奇迹的创造者，成功地击败了共和党人杜威，重新赢得美国总统的宝座，恢复了民主党在参众两院的优势。然而，他要进一步推行"公平施政"纲领，却极不顺利。虽然国会在 1949 年通过了建筑廉价公共住房和清除贫民窟的法案，同意他提出的将每小时最低工资提高为 75 美分，并在 1950 年通过了一项有关社会保险制度的改革法案，但由于国会保守势力强大，在公平施政其他一些重要目标上，诸如制定保障民权的法律，设立常设的公平就业实施委员会，废除可憎的《塔夫脱—哈特莱法》，实行国民健康保险，征收更高的公司税，制定新的《反托拉斯法》，支持农业的布兰南计划，以及联邦对教育事业提供援助等方面，杜鲁门都遭到令人沮丧的失败。

公平施政成就不大，既有主观原因，也有客观原因。

〔客观原因〕　首先，杜鲁门所处的时代与罗斯福新政初期大不相同。罗斯福上台执政的 1933 年，正是美国经济跌落在大危机深渊的最黑暗的一年。当时被高涨的群众运动吓得丧魂落魄的垄断资产阶级，其所以支持罗斯福的改革方案，是希望新政把他们从致命的危机中解救出来。因此，在他就职后召开的为期 140 天的国会特别会议期间，惊慌失措的国会议员们急如星火地一连通过 70 项法案。这就是说，在罗斯福就任初期，客观形势对改革是十分有利的。杜鲁门时期则不具备此种条件。

其次，美国统治集团内部在策略上的分歧和利害上的冲突，也对公平施政起着制约作用。

美国民主党人和共和党人之间、自由派和保守派之间、行政部门和国会之间、民主党内部各派系之间，在维护和巩固资本主义统治这个基本目标上是一致的，但为实现这一目标而采取的手段和策略则有分歧。一般说来，自由派主张对资本主义政治、经济和社会现状实行某种资产阶级改良、主张政府更多干预经济生活、通过扩大政府开支刺激经济，鼓吹扩大社会福利、减少种族歧视来缓和国内阶级矛盾；而那些接受社会达尔文主义的"不管公众死活"的保守派，则主张维持现状，反对改良，鼓吹"自由竞争""自由企业制度"，反对联邦政府干预经济，要求联邦政府减少企业税收，减少社会福利开支。

在民主、共和两党内部，都既有自由派又有保守派。他们都不同程度地代表各垄断财团和利益集团的利益。在 30 年代罗斯福新政时期，自由派居于支配地位。战后民主党四分五裂，保守派民主党人与罗伯特·塔夫脱为首的保守共和党人在国会紧密合作，组成一个强有力的保守联盟，控制国会参、众两院，极力阻挠杜鲁门关于社会经济改革和民权方面的立法。艾尔弗雷德·斯坦伯格写道："自从安德鲁·杰克逊以来，国会给予杜鲁门的合作比以往任何总统更小，而给予他的麻烦比以往任何总统更多。"①

〔主观原因〕 以上是杜鲁门公平施政成就不大的客观因素。下面再来看看杜鲁门自己推行的政治路线、组织路线和外交路线，又是怎样使公平施政成就不大的。

在政治路线上，杜鲁门是一位反共的资产阶级右派，但在社会经济改革上，他又标榜自己是一位自由主义者。反映在他的言论和行动上就是资产阶级政客的两面性。他一面说"我对劳工一向采取同情和支持的态度"，一面又严厉镇压铁路和煤矿工人罢工。如前所说，当 1946 年铁路和煤矿工人大罢工危及垄断资本根本利益时，他就咒骂工人是"叛徒"，扬言要吊死几个工会头子来"还政于民"。他要求国会授权给他，"把所有铁路罢工工人全部征召入伍"；他赞成联邦地方法院以所谓貌视法庭罪，判处美国矿工联合会罚金 350 万美元。他一面宣称"从我担任总统的最初几天起……就坚持要实现宪法规定的公民权利"，一面又屈服于保守派压力，颁布审查国家公务人员"忠诚"的第 9835 号总统命令，审讯美国共产党领袖，迫害进步人士，粗暴践踏宪法赋予美国公民的基本权利。正是杜鲁门反共的政治路线和政策，助长了麦卡锡主义的泛滥；而麦卡锡猖狂开展的所谓共产党人渗入政府高级职位的诽谤活动，又分散了人们对社会经济改革的注意力，严重打击了坚持改革的进步力量，引起对自由主义者忠诚的怀疑，使杜鲁门政府处于极端被动的局面，社会经济改革难以进行。

---

① 艾尔弗雷德·斯坦伯格：《原籍密苏里人杜鲁门的生平和时代》，纽约普特兰出版公司 1962 年版，第 267~268 页。

　　在组织路线上，杜鲁门是一位宗派主义者。虽然他再三声明要"继续罗斯福政府的内政和外交政策"，"要继承美国的自由主义传统"；可是他一上台就任人唯亲，拉帮结派，以更新内阁为名，将罗斯福最亲密的助手、著名的新政派人士哈里·霍普金斯、劳工部长弗朗西斯·珀金斯、财政部长亨利·摩根索、内政部长哈罗德·伊克斯和商业部长亨利·华莱士等先后赶出内阁，而将他自己早年在参议院和密苏里州的亲信和保守派朋友像约翰·斯奈德之流安插在政府的重要岗位上，组成一个以保守派占优势的"密苏里帮"。同时，在杜鲁门的姑息和包庇之下，他的政府容纳了一批贪官污吏。这样的政府，自然成为社会经济改革的绊脚石。

　　在外交路线上，杜鲁门是一位霸权主义者。他为了称霸世界，1949 年向国会提出美国历史上和平时期最大的军事拨款，《商业周刊》称为"冷战预算"。1950 年以后，他把个人的全部时间和精力，整个国家的大部分人力和税款，都投放在美国历史上最不得人心的侵朝战争上，把 1948 年向选民许下的诺言抛到九霄云外，使得军费支出由 1950 年的 130 亿美元猛增到 1952 年的 440 亿美元。在同一时期，联邦直接军费占联邦财政支出的比例，由 30.2%上升到 64.7%。而联邦政府用于社会福利的支出，则从 1941 年的 18.7%，削减到 1950 年微不足道的 4%。杜鲁门口头上鼓吹要实行"公平施政"，扩大社会福利。而实际上，却全神贯注于对外扩张，热衷于充当世界霸主，把 3/4 的联邦支出花费在侵略战争上。这也是公平施政成就不大的重要原因。

7. 对"公平施政"的评价

　　对公平施政的评价，美国政界和国际学术界或吹捧，或痛贬，毁誉不一。杜鲁门本人在 1953 年对国会作的最后一次经济报告和 50 年代中期撰写的两卷本回忆录中，自诩民主党执政 20 年"政绩卓著"，"经济成就辉煌"，把自己打扮成为杰斐逊、杰克逊、林肯、西奥多·罗斯福、威尔逊和富兰克林·罗斯福自由传统的忠实继承人，宣传民主党的政纲是为了那些在华盛顿没有势力的普通人的利益。60年代以来，美国一些资产阶级学者也竞相著书立说，赞扬"杜鲁门的'公平施政'基本上是罗斯福新政的继续"①，是60年代"肯尼迪的'新边疆'和约翰逊的'伟大社会'的施政核心"②，"是美国总统史上杰出的具有特色的篇章"③。杜鲁门"不仅巩固和扩大了新政的结构，而且在民权、公共卫生和公众权力等重要领域开辟了进步主义的新边疆"④。但是，一般苏联学者和美共领导人则采取全盘否定的态度。他们认为杜鲁门的"'公平施政'实际上是意味着垄断资本对人民的民主权利展开大规模的进攻，并且完全抛弃了罗斯福的自由主义精神"，"越来越背离新政"。⑤"这些改革方案从来没有任何真实性，只是用来骗取不当心的选民的谎话。"⑥另一方面，美国的保守派则从极右的角度进行攻击。共和党众议院领袖约瑟夫·马丁愤怒谴责"杜鲁门的'公平施政'比新政还要更加新政"⑦，得克萨斯州参议员汤姆·康纳利咒骂杜鲁门的民权纲领是"对宪法施加私刑"⑧，州权民主党首领斯特罗姆·瑟蒙德指责"公平就业实施委员会是以约瑟夫·

① 理查德·柯肯德尔：《全球强国：罗斯福以来的美国》，纽约艾尔弗雷德·克诺普夫公司1980年版，第62页。

② 威廉·曼彻斯特：《光荣与梦想》（中译本），商务印书馆1979年版，第2册第674页。

③ 卡贝尔·菲利普斯：《杜鲁门总统任期：成功的继任史》，第165页。

④ 阿瑟·林克、威廉·卡顿：《一九〇〇年以来的美国史》，中册第396页。

⑤ 〔苏〕谢沃斯季扬诺夫主编：《美国现代史纲》（中译本），三联书店1978年版，上册第645页。

⑥ 威廉·福斯特：《美国共产党史》（中译本），世界知识出版社1957年版，第507页。

⑦ 艾尔弗雷德·斯坦伯格：《原籍密苏里人杜鲁门的生平和时代》，第262页。

⑧ 小阿瑟·施莱辛格主编：《美国民主党史》（中译本），上海人民出版社1977年版，第343~344页。

斯大林的俄罗斯法为样本仿造的"①。总之，美国的自由派赞扬"公平施政"，保守派从极右的角度谴责"公平施政"，美共领导人和苏联学者从左的方面否定"公平施政"。

客观地说，杜鲁门的"公平施政"不是"越来越背离新政"，而基本上是新政的继续。1944 年罗斯福总统发表了著名的关于经济权利法案的庄严声明，宣称公民有获得有益的工作和享受像样的住宅的权利；有获得充分的医疗照顾并保持健康身体的权利；在年老、疾病、遭到意外事故和失业时，有获得充分保障免受经济威胁的权利；有享受良好教育的权利。"公平施政"与经济权利法在内容和精神上是一致的。如美国史学家所说，前者是根据后者拟订的。② 杜鲁门在战后初期保守思潮泛滥的时代，继承和保卫了新政的成果，使新政的有些改革措施法律化和更加制度化，并在民权、社会保险等领域扩大新政内容及实施范围。③ 虽然他的许多重要建议没有制定成法律，但这些建议为 60 年代肯尼迪的"新边疆"和约翰逊的"伟大社会"指出了改革的方向，为战后 30 年来美国国内政策奠定了基础。杜鲁门在国内社会经济改革上是一位自由主义者。他在美国自由主义改良运动的发展史上起了承先启后、继往开来的作用。苏联有些学者近年来根据历史事实，也摆脱左倾教条主义束缚，承认杜鲁门的"公平施政"是罗斯福新政的继续。④

然而，杜鲁门推行"公平施政"并不完全如他自己所标榜的是为了"那些在华盛顿没有势力的普通人的利益"，而主要是出于美国垄断资产阶级和杜鲁门本身利益的需要。他标榜"公平施政"，把自己打扮成为超阶级的"不受宗派、职业和经济依附影响的""为人民说话

---

① 沃尔特·拉弗贝：《美国世纪》，第 324 页。

② 罗伯特·迪万：《1945 年以来美国的政治与外交》，纽约艾尔弗雷德·克诺普夫公司 1985 年版，第 8 页。

③ 参阅李存训：《杜鲁门的"公平施政"是"新政"的继续和扩大》，《世界历史》，1986 年第 12 期。

④ H. B. 西瓦切夫、E. Ф. 亚济科夫：《美国现代史》，莫斯科高校出版社 1980 年版，第 158 页。

的""对全民负责的"总统，是为了美化资产阶级专政，掩盖其对外扩张、对内压制进步力量的路线实质，以便在劳资冲突中充当"仲裁人"，改善美国在国际上的形象。总之，"公平施政"是属于资产阶级自由主义的改良的统治手法，是在战后世界上社会主义国家力量空前壮大、民族解放运动高涨和国内工人及黑人斗争的强大压力下，垄断资产阶级采取的、继续新政以顺应一般垄断资本主义必然向国家垄断资本主义过渡的趋势的政策。

第三章　朝鲜战争时期的美国

　　朝鲜战争时期是战后美国对外侵略扩张活动高潮期之一，也是美国国内政治上趋于保守甚至反动的一个时期。在这个时期内，美国除入侵朝鲜外，还武装霸占中国领土台湾，对新中国实行封锁禁运，竭力阻挠恢复中华人民共和国在联合国的合法席位；加速对菲律宾、西班牙等反共政权的军事援助；支援法国在印度支那的殖民战争；扶植日本和西德的武装力量；进一步加强大西洋军事联盟。此外，又签订一系列矛头针对中华人民共和国和亚洲民族解放运动的军事同盟条约，组成对新中国的新月形军事包围圈。与此同时，美国还竭力利用朝鲜战争所产生的紧张局势，进一步加强对资本主义世界各国的政治和经济控制，深深打进英、法的殖民地和势力范围，夺取他们的原料和销售市场。美国国内出现了以麦卡锡主义为代表的一股极端反共反民主的政治潮流，煽动反共歇斯底里，排斥和迫害一切对华友好的美国人士，摧残美国共产党和国内民主进步力量，使整个国家处于白色恐怖气氛之中，"公平施政"的社会经济改革陷于停顿，军事国家垄断资本主义又一次获得发展。随着美国侵略军在朝鲜战场节节失利，美国统治集团内部出现美国历史上从未有过的激烈争吵，侵朝美军总司令麦克阿瑟被革职，战后初期两党在对外政策上曾经有过的一段"和谐一致"时期暂告结束，出现了新的孤立主义。国内国际的压力迫使美国政府不得不接受朝鲜停战谈判和签订停战协定。1952 年大选，共和党总统候选人德怀特·艾森豪威尔抓住朝鲜战争和反共问题获得压倒性胜利，自罗斯福新政以来民主党人统治美国的时代暂时告一段落。

1. 制造朝鲜分裂

朝鲜在美国称霸世界计划中具有重要的军事战略价值，可作为控制中国和亚洲大陆的跳板，反对亚洲民族解放运动和社会主义国家的前哨基地。有鉴于此，美国驻日占领军司令麦克阿瑟曾叫嚷道：朝鲜适合于做通往大陆的桥梁；我们征服朝鲜全境，就能粉碎那连接苏联西北利亚和南方的惟一供给线，也能统治海参崴和新加坡之间的整个地区，到那个时候，将没有我们的力量达不到的地区。他还叫道："我将像保卫自己国家一样，像保卫加利福尼亚一样，保卫朝鲜。"①麦克阿瑟的这些狂言赤裸裸地暴露了美国企图把朝鲜变成其控制亚洲和称霸世界的战略基地的野心和意图。

〔美国托管朝鲜的阴谋和三八线的划分〕 第二次世界大战期间，美国就企图把整个朝鲜半岛当作对日战争的胜利果实，置于它的统治之下。1943 年 3 月 27 日，美国总统罗斯福在同英国外交大臣安东尼·艾登会谈中，曾把朝鲜及印度支那作为战后可以立即实行托管的地区。1945 年雅尔塔会议期间，罗斯福和斯大林达成战后由美、苏、中、英四国托管朝鲜的谅解。杜鲁门继任总统以后，斯大林还肯定了这种谅解。

1945 年 7 月，在波茨坦会议上，美、英、苏三国军事长官开会时，曾同意在俄国参加太平洋战争以后，应当在朝鲜整个地区就美国和俄国的空军和海军的作战范围划一条界线。至于地面上的作战或占领区域，没有进行讨论。国际会议上从来没有讨论过以三八线作为在朝鲜的分界线这个问题。

波茨坦会议后不久，日军迅速溃败。美国本想占领整个朝鲜半岛，但此时美军尚驻于数百公里外的冲绳岛，鞭长莫及；而苏联已逼近朝鲜半岛。于是，1945 年 8 月 10 日，美国联合参谋总部急令陆军部当天拿出 1 个阻止苏军南下的方案。国务院、陆军部、海军部协调

---

① 《纽约时报》，1948 年 10 月 22 日。

委员会连夜召开紧急会议。根据苏、美两国军队分别承担的军事作战任务，最后确定以北纬 38°为分界线。

三八线方案不仅把朝鲜的旧都汉城，而且还将仁川和釜山两个重要海港包括在美军受降的南部地区之内。这个建议正合企图霸占全朝鲜而又力不从心的美国统治集团的胃口，迅速得到杜鲁门总统的批准。1945 年 8 月 15 日，杜鲁门给斯大林发出绝密信，并附去他给麦克阿瑟的有关日本武装部队投降细节的"总命令第 1 号"，征求斯大林对以 38°线作为受降分界线的意见。16 日，斯大林复信表示基本同意。这样，三八线就由美、苏两国领导人定了下来。但随后却变成美、苏两个军事占领区的分界线，朝鲜也从而成了第二次世界大战后又一个被分割开来的国家。

〔美国扶植李承晚傀儡政权上台〕　1945 年 9 月 8 日，美军在南朝鲜登陆，开始占领朝鲜南部地区。美国占领军无视朝鲜人民意愿，迅速解散该地区已经建立起来的人民委员会，复活日本统治时期的政权机构和反动法律，大肆逮捕和迫害进步人士，竭力阻挠朝鲜的统一。9 月 19 日，美国占领军在原日本总督府的基础上，成立南朝鲜军政府，各级官员由美军军官担任。它依靠日本警察的刺刀在南朝鲜推行新的殖民统治。10 月 21 日，麦克阿瑟用飞机把他们长期豢养的亲美走狗李承晚从美国接回朝鲜。李承晚是 20 世纪初被日本人推翻的朝鲜最后一个王朝的后裔，当时已 70 岁，在美国侨居了 37 年。因此，他回到汉城后，就成为美军司令部在南朝鲜的代理人。

1946 年 2 月 14 日，美国在南朝鲜建立以李承晚为议长的"民主议院"，走上公开分裂朝鲜的道路。3 月 20 日至 5 月 8 日，美、苏两国占领军司令部代表在汉城召开联合委员会会议，讨论同朝鲜各民主组织咨商建立朝鲜临时民主政府的问题，谈判陷于破裂。1947 年初，美国国务院指示应召赴美的李承晚着手拼凑"南朝鲜的单独政府"。1947 年 9 月，美国单方面把朝鲜问题由四大国移交联合国"解决"。与此同时，美国代表约翰·福斯特·杜勒斯提议在联合国成立一临时委员会(即联合国内的"小型联大"，由每一成员国选派一名代表组成)。企图绕过苏联在安全理事会内所掌握的否决权，用联合国的名义，实现美国控制整个朝鲜的野心。11 月 14 日，美国操纵第二届联大强行通过关于朝鲜问题的非法决议，决定设立联合国朝鲜临时委员会，在它的观察下在全朝鲜举行议会选举，然后成立全国政府。1948 年 2 月 26 日，"小型联大"通过在南朝鲜单独举行"选举"的非法决议。此决议为澳大利亚和加拿大代表强烈反对，南北朝鲜人民也展开各种形式的斗争，反对美国在南方制造分裂政权的企图。

5 月 10 日，美国军政府不顾朝鲜人民的坚决反对和南朝鲜进步人士的强烈抗议，出动几万名军警特务，用暴力在南朝鲜强迫进行片面选举，成立完全由右派组成的国民议会，7 月公布宪法，并把李承晚捧上总统宝座。8 月 15 日，大韩民国政府在汉城正式宣告成立。12 月 12 日，美国操纵 3 届联大强行通过决议，承认李承晚伪政权是全朝鲜"惟一合法政府"，为后来挑起内战提供根据。

为了维护朝鲜的独立和统一，北朝鲜人民在朝鲜劳动党的领导下，积极加强政权建设，实行土地改革和各项民主改革，摧毁殖民主义和封建主义的经济基础，取得巨大的成就。1948 年 8 月 25 日，北朝鲜举行最高人民会议议员的选举。9 月 2 日，在平壤召开最高人民会议第一次会议。9 月 8 日通过朝鲜民主主义人民共和国宪法，选举产生以金日成为首脑的中央政府。9 月 9 日，朝鲜民主主义人民共和国正式成立。

朝鲜民主主义人民共和国的成立和 1949 年中国革命的伟大胜利，沉重地打击了美国独霸亚洲和称霸世界的企图，引起美国和李承晚集团的仇视和惊恐不安。早在 1948 年春，美国国家安全委员会就向杜鲁门建议，扩大美国对南朝鲜的军事和经济援助，积极训练和武装南朝鲜军队，以免李承晚政权陷入崩溃。1948 年 8 月 24 日，美国和南朝鲜签订美韩暂行军事协定，决定建立一支由美国军事顾问控制的南朝鲜军队，美国立即把大批武器移交给南朝鲜。到 1949 年年中，南朝鲜军队已扩大到 10 万人，编成 8 个师，还建立了单独的海军和空军。这支军队得到价值 1 亿美元以上的美国武器装备。为进一步增强南朝鲜的军事地位，1950 年 1 月 26 日，美、李又签订一个增加美国军事物资供应的防务协定。

随着南朝鲜军队的扩充及其装备的现代化，李承晚和南朝鲜高级官员们掀起狂热的"北进统一"和"收复失地"的宣传运动，公开叫嚣要用"实力"吞并北朝鲜，"可以在 3 天之内占领平壤"①。由美国军事顾问指挥的南朝鲜军队，仅 1949 年 1 月，就对三八线以北地区发动了 2617 次侵犯。1950 年 5 月，李承晚集团在大选中惨败。6 月 7 日，金日成发起一场要求以普选争取国家和平统一的声势浩大的运动，南朝鲜面临严重的政治危机。在这危急的时刻美国国防部长路易斯·约翰逊、参谋长联席会议主席奥马尔·布雷德利和总统特使约翰·福斯特·杜勒斯，以讨论"对日和约"为借口，分头来到东京，与麦克阿瑟以朝鲜问题为中心议程进行讨论。6 月 17 日至 21 日，杜勒斯飞抵南朝鲜，秘密视察了三八线一带，并对南韩士兵作了如下演说：无论怎样强大的敌人也敌不过你们，你们显示自己威力的时刻即将到来。杜勒斯在南韩国民会议上保证，美国将为李承晚集团反对共产主义的行动给予道义上和物质上的支持。

早在 1949 年 1 月，美国国务院一个研究小组得出结论，认为必须"以在朝鲜的胜利来弥补在亚洲各地遭受的外交挫折"。美国不甘心于它独霸亚洲迷梦的幻灭，企图利用朝鲜冲突来消灭新生的朝鲜民主主义人民共和国，解救陷入严重政治危机的李承晚政权，阻挠中国人民解放自己的领土台湾，镇压日益高涨的亚洲民族解放运动。朝鲜战争就是在这样的背景下爆发的。

2. 武装干涉朝鲜

1950 年 6 月 25 日凌晨 4 时，朝鲜爆发内战。当天，联合国安全理事会召开紧急会议，在苏联代表缺席的情况下，非法通过美国关于朝鲜情势的提案，替美国武装干涉制造借口。6 月 27 日中午，美国总统杜鲁门发表武装侵略朝鲜和中国台湾的声明，命令美国的空、海部队给南韩部队以掩护及支持，即由美军直接参加朝鲜战争；命令第

---

① 《纽约时报》，1949 年 10 月 8 日。

七舰队进入台湾海峡，决定以武力阻止中国人民解放台湾。同时下令加强驻菲律宾美军，增加对菲律宾政府的军事援助，支持法国在印度支那的殖民战争，这就公开暴露了美国制造对新中国的军事包围圈和镇压亚洲民族解放运动的真面目。同日晚间，美国操纵安全理事会通过要求联合国各会员国援助南朝鲜的决议，事后非法追认了美国武装侵略朝鲜的行动，朝鲜战争随之扩大。6月28日，美国参议院通过关于延长征兵法有效期限的决议。6月29日，杜鲁门决定授权麦克阿瑟将军全权使用在他指挥下的地面部队，并授权海军封锁北朝鲜。至此，美国陆海空部队全面介入朝鲜战争。7月7日，安全理事会又通过由美国草拟的非法决议，在朝鲜成立一个统一司令部，由各会员国派遣军队组成以美国侵略军为首的"联合国军"，同时授权在朝鲜使用联合国的蓝旗帜。第二天，杜鲁门任命麦克阿瑟担任"联合国军"总司令。这位总司令不是接受联合国的命令，而是听命于华盛顿。这是战后美国打着联合国旗号进行的规模最大的一次侵略战争。①

战争发生后，朝鲜人民军在劳动党领导下，为祖国的解放和独立而英勇奋战，6月28日解放汉城。仅在两个月的时间里，朝鲜人民军就解放了朝鲜南部90%的土地和92%的人口，迫使美、李军队龟缩到朝鲜东南部釜山一隅。美第24步兵师被歼灭，师长威廉·迪安少将被俘。

为挽回败局，麦克阿瑟调集了美国在远东地区的4万军队、500多架飞机和300多艘军舰，以远远超过朝鲜人民军兵力的巨大优势，在朝鲜中部西海岸仁川港登陆，截断朝鲜人民军的后方交通，使获得独立、民主、自由的朝鲜人民遭受严重损失。侵略者还贪得无厌地大举向北进犯，走上扩大侵略战争的道路。1950年9月27日，参谋长

---

① 到1950年10月中旬，美国纠集了包括美国、南朝鲜、澳大利亚、英国、法国、土耳其、泰国、菲律宾、新西兰、荷兰、挪威、比利时、哥伦比亚、加拿大、埃塞俄比亚等16个国家军队组成的所谓"联合国军"。其中，美国侵略军占48%，南朝鲜军队占43%，其他追随国家军队不超过9%。

联席会议授权麦克阿瑟在朝鲜的三八线以北采取军事行动，其军事目的是"摧毁北朝鲜的武装力量"。9 月 30 日，美国侵略军占领汉城。10 月 1 日，美军越过三八线，新任国防部长乔治·马歇尔回电麦克阿瑟说："我们希望你继续进行军事行动而不必作进一步的解释或说明，让行动来决定一切。"①10 月 7 日，美国操纵联合国通过英、澳等八国提案，授权麦克阿瑟用武力强行"统一朝鲜"。

朝鲜和中国的国境只有一江之隔。美国武装侵略朝鲜，一开始就严重威胁中国的安全。从 1950 年 8 月 27 日起，美国军用飞机就不断侵犯中国东北领空，进行侦察活动，杀伤中国和平居民；美国海军在公海上对中国商船进行炮击和盘查。在日益扩大的侵略战争面前，中国政府多次发出警告。9 月 30 日汉城被美军占领的当天，周恩来总理向全世界宣告："中国人民决不能容忍外国的侵略，也不能听任帝国主义者对自己的邻人肆行侵略而置之不理。"②在中、印双方深夜举行的一次突然会晤中，周恩来总理还告诉印度驻华大使潘尼迦：如果"联合国军"越过三八线，中国就要派遣军队援助北朝鲜人。这个消息通过新德里、莫斯科和斯德哥尔摩于 10 月 3 日传到美国国务院，世界各大报刊都登了出来。但是，美国侵略者对中国人民的警告置若罔闻，麦克阿瑟反而提出要北朝鲜全面投降的最后通牒。10 月 15 日，麦克阿瑟在威克岛向杜鲁门保证：朝鲜战争肯定是赢定了，中国干涉的危险几乎不存在。他还威胁说："如果中国军队参加战斗，那就杀他个落花流水。"10 月 21 日，美军攻占平壤后，继续向中国边境的鸭绿江和图们江推进，侵略战火一直烧到中国边境，使刚刚诞生的新中国受到严重威胁。面对这一形势，中国人民在忍无可忍的情形下，掀起了轰轰烈烈的抗美援朝、保家卫国运动，被迫派出以彭德怀为司令员的中国人民志愿军跨过鸭绿江，同朝鲜人民并肩战斗，共同打击美国侵略者。从 1950 年 10 月 25 日至 1951 年 5 月 21 日，朝、

---

　　①　戴维·霍罗威茨：《美国冷战时期的外交政策》(中译本)，上海人民出版社 1974 年版，第 108 页。

　　②　《伟大的抗美援朝运动》，人民出版社 1954 年版，第 27 页。

中军队进行 5 次大战役，把美国侵略军从鸭绿江边和图们江边赶回到三八线附近，歼灭敌军 19 万余人，从根本上改变了朝鲜战争的形势。自此以后，朝、中部队即转而采取积极防御的阵地战，在横贯朝鲜的 250 公里战线上，构筑起铜墙铁壁般的纵深防御阵地，不仅把战线在三八线附近稳定下来，而且进行多次胜利的反击，使美军遭受更为严重的损失。

3. 武装侵略台湾

1943 年 12 月 1 日，中、美、英三国政府共同签署的开罗宣言明确规定："日本所窃取于中国的领土，例如满洲、台湾、澎湖群岛等，应归还中国。"1945 年 7 月 26 日，中、美、英共同签署、后来又有苏联参加的促令日本无条件投降的波茨坦公告，重申"开罗宣言之条件必将实施"。1945 年 9 月 2 日，日本签订投降书，完全接受波茨坦公告中所列举的条款。抗日战争胜利后，中国政府接受了台湾日军的投降，并在台湾行使主权。因此，台湾就不仅是在历史上、法律上而且在事实上成为中国领土不可分的一部分。从 1945 年至 1950 年 6 月以前，国际上从来没有人对台湾回归中国这个问题提出异议。1949 年 12 月 13 日，美国国务院发给其驻外使节的关于台湾的政策宣传指示写明："从历史上和地理上来看，它是中国的一部分"；"在政治上和军事上，它是一种严格的中国的责任"；美国要避免说"台湾的最后地位须待对日和约来决定"。① 1950 年 1 月 5 日，美国总统杜鲁门也不得不承认："美国是 1945 年 7 月 26 日波茨坦公告的签字国。波茨坦公告称：开罗宣言条款应即执行。日本投降时亦曾接受此宣言的规定。……过去 4 年来，美国及其他盟国亦承认中国对该岛行使主权。……美国政府不拟遵循任何足以把美国卷入中国内争中的途

---

① 《纽约时报》地方版，1951 年 6 月 2 日，第 4 页。

径。"①这就是说，台湾是中国领土不可分的一部分，这不仅为历史事实和日本投降后的现状所肯定，而且也是在开罗宣言和波茨坦公告中作为一种国际约束明文规定下来，并为美国政府所曾经承诺和遵守的。台湾的地位早就决定了，台湾根本不存在什么地位未定的问题。

〔美国武装侵略中国领土台湾〕　早在第二次世界大战胜利前夕，罗斯福总统庄严签署的开罗宣言的墨渍未干，美国军方就蓄意霸占中国领土台湾。据美国前任中央情报局副局长弗农·沃尔特斯写的回忆录中透露：1944 年美国海军部长詹姆斯·福雷斯特尔在谈到太平洋的战略形势时，指着一张太平洋地图上的台湾岛说："这是未来太平洋最关键之处。谁掌握福摩萨（即台湾），谁就能控制亚洲大陆整个海岸。我们永远永远不能允许这个岛被任何可能在未来与我们为敌的大国所控制。在战后的亚洲，我们必须从这里的基地保持前进态势。"②这段话充分说明：战后美国企图控制中国领土台湾不是偶然的。

日本投降以后不久，美国军队即以协助国民党政府"受降"及"遣俘"为名，开始侵略台湾的各种准备活动。美国先后在台北、台中、台南和新竹机场建立空军基地，在基隆和高雄建立海军基地。美国的军事顾问团常驻台湾，负责装备和训练国民党军队。美国垄断资本操纵了台湾的经济命脉。这样就实际上把台湾变成美国的军事基地和附庸。

1950 年 6 月 27 日，朝鲜战争爆发后仅两天，尽管中国当时并非交战一方，杜鲁门却命令美国第七舰队进入台湾海峡，决定以武力阻止中国人民解放台湾；同时他又自食前言，称"台湾未来地位的决定必须等待太平洋安全的恢复，对日和约的签订或经由联合国的考虑"，以图使其侵略行径"合法化"。第二天，周恩来总理代表中国政

---

① 《美国总统公文汇编：哈里·S. 杜鲁门卷，1950》，华盛顿美国政府印刷局 1965 年版，第 11 页。

② 弗农·阿·沃尔特斯：《沃尔特斯回忆录：秘密使命》（中译本），商务印书馆 1982 年版，第 118 页。

府发表声明，谴责杜鲁门 27 日的声明和美国武装力量的行动，乃是对中国领土的武装侵略，对联合国宪章的彻底破坏，中国人民决心为从美国侵略者手中解放台湾而奋斗到底。从此，台湾问题一直是战后中、美关系中的主要障碍，而其关键是美国企图霸占中国领土台湾。

1950 年 7 月 27 日，杜鲁门批准给予蒋介石集团以广泛的军事援助。7 月 31 日，侵朝美军总司令奉华盛顿之命飞往台湾，并同蒋介石密谈。双方商定：蒋介石集团的海、陆、空军归麦克阿瑟统一指挥，蒋军所需军火弹药、物资由美国远东军事总部供给，以"共同防守"台湾。8 月 28 日，麦克阿瑟在给美国海外作战军人协会的演说稿中明目张胆地供认，美国认为台湾是美国太平洋前线中的"总枢纽"，是"一艘永不沉没的航空母舰和潜水艇供应舰"，"它的潜力比黄海至马六甲海峡之间亚洲大陆上任何类似的地方都更大"，美国必须控制台湾，以便美国"用空军控制自海参崴至新加坡的每一亚洲的海港"，用潜水艇"威胁整个从南方来的海运并切断西太平洋的所有海上通路"。① 麦克阿瑟这篇不打自招的供词，和盘托出了美国政府武装侵略台湾的计划。②

美国政府一系列干涉中国内政、侵犯中国主权的罪行，激怒了中国人民。1950 年 8 月 24 日，周恩来总理兼外交部长代表中国政府致电联合国，要求安全理事会制裁美国武装侵略中国领土的罪行。9 月 29 日，安理会通过决议，同意由中国政府派出代表团，出席联合国大会和安理会，参加美国侵略台湾案的讨论。11 月 28 日，安理会开始讨论中国提出的美国武装侵略台湾案，中国特派代表伍修权在会上发表了长篇演说，一一驳斥了美国政府散布的"台湾地位未定"、需由美国"托管"或"中立化"等谬论，揭露了美国侵台的实在意图在于把台湾变成美国的"不沉的航空母舰"。最后，伍修权代表中国政府

---

① 巴顿·伯恩斯坦、艾伦·马图索编：《杜鲁门政府：一部文献史》，第443~445 页。

② 1950 年麦克阿瑟在参议院军事委员会及外交委员会作证时说："我认为关于台湾的问题，参谋长联席会议的立场与我自己的立场是非常相同的。"

向安理会提出三项建议：谴责和制裁美国侵略台湾及干涉朝鲜的罪行；促使美国侵略军撤出台湾；促使美国和其他一切外国军队撤出朝鲜。

由于美国操纵，联合国大会无定期休会，使中国未能充分利用联合国讲坛同美国进行斗争，中国代表团只好于 12 月 6 日在联合国所在地举行记者招待会，将发言稿和美国侵华的各种资料散发给各国新闻记者，阐明了中国政府的立场和政策，向世界人民揭露了美国真面目。

4. 杜鲁门和麦克阿瑟的冲突

从 1950 年起，美国统治集团内部围绕对华政策的失败重新展开一场激烈的辩论。以参议员塔夫脱、麦卡锡等为代表的共和党人，开展一场赶艾奇逊下台的运动。他们认为，美国在远东的失败并非东方内部条件发展的必然结果，而是杜鲁门政府未能运用自己的力量去挽救国民党；他们指控美国国务院充斥着"共产党人和苏联间谍"，杜鲁门政府在远东追求的不是美国的而是"共产党的目标"。由于朝鲜战争爆发，这场风暴一度平息。但是，随着中国人民志愿军参战，美国侵略军在朝鲜战场节节失利，伤亡惨重，美国"无敌"的神话被打破，国内外掀起反对美国侵略浪潮，使美国统治集团内部陷于混乱，把美国国内已经爆发的外交政策大辩论进一步推向高潮。这次辩论，以美、蒋关系和朝鲜问题为中心，集中表现为美国总统杜鲁门和侵朝美军总司令麦克阿瑟的矛盾和冲突。

〔在战略问题上〕 以杜鲁门和艾奇逊为代表的欧洲第一主义者认为，克里姆林宫控制着整个共产主义运动，苏联的总目标是要统治世界，最大的危险仍在西欧。1950 年 12 月 4 日美、英首脑会谈时，艾奇逊明确指出："首先必须记住我们的主要敌人不是中国而是苏联。……我们如果被纠缠在亚洲，俄国就会在欧洲放手干起来。"①杜

---

① 《杜鲁门回忆录》，第 2 卷第 475~476 页。

鲁门在整个朝鲜战争过程中，也"从来没有使自己忘记：美国的主要敌人正端坐在克里姆林宫里"①。美国的全球战略重点在欧洲。另一方面，以麦克阿瑟为代表的亚洲第一主义者的观点则与此截然相反。他们认为，亚洲占全世界人口的一半，拥有世界自然资源的 60%。欧洲是一个垂死的体制，太平洋地区将决定今后 1 万年的历史进程。与共产主义的决战不是在欧洲，而是在亚洲。"如果我们在亚洲败给共产主义，则欧洲的沦亡就不可避免；打胜了，则欧洲就很可能避免战争而维护自由。"②因此，他们重亚轻欧，主张把美国全球战略的重点放在亚洲。

〔在美蒋关系问题上〕 麦克阿瑟主张放蒋出笼，支持蒋介石集团反攻中国大陆，主张在侵朝战争中使用蒋介石残余军队。他认为任何人只要愿意和共产主义作战，都应该给予支持。杜鲁门在对蒋的关系上态度比较慎重。他清楚地懂得，蒋介石绝无重返大陆的机会，但蒋很可能试图挑起一个事件，把美国卷入与中国的战争中去。因此，他主张囚蒋于笼，即用第七舰队把蒋介石集团关在台湾，不许他出来闹事；反对在侵朝战争中使用蒋介石军队，认为蒋介石军队同李承晚伪军一样缺乏战斗力，不堪共军一击。1950 年 7 月底，麦克阿瑟窜到台湾同蒋介石密谈。事后蒋介石宣布："中美军事合作的基础业已奠定。"杜鲁门大吃一惊，立即派艾夫里尔·哈里曼到东京去，向麦克阿瑟解释杜鲁门政府对蒋介石的政策。麦克阿瑟勉强地说，"作为军人，他将遵守总统的任何命令"。

〔在对待台湾的策略上〕 杜鲁门和麦克阿瑟都极端仇视中华人民共和国，反对恢复中华人民共和国在联合国的合法席位，反对中国人民解放自己的神圣领土台湾，但在侵略台湾的策略上则有分歧。杜鲁门在1950 年 6 月 27 日发表的声明中，鼓吹"台湾地位未定论"，胡说什么美国第 7 舰队进入台湾海峡"是为了保持太平洋的安全"，是由于朝鲜战争所引起的"临时措施"，企图用虚伪的言词掩盖美国侵

---

① 《杜鲁门回忆录》，第 2 卷第 544 页。
② 《麦克阿瑟回忆录》(中译本)，上海译文出版社 1984 年版，第 295 页。

略台湾的野心；麦克阿瑟打算 8 月 28 日在美国海外作战退伍军人协会上宣读的声明，就杜鲁门政府对台湾的政策进行了极为傲慢的抨击。这位将军声称，"那些鼓吹在太平洋实行姑息政策和失败主义的人说，如果我们保卫福摩萨，就会疏远亚洲大陆。再没有比这种陈腐论调更荒谬的了。说这种话的人就是不懂得东方"①。他主张公开霸占中国领土台湾，泄漏了美国政府侵占台湾的计划。杜鲁门对此极为恼火，立即训令国防部长路易斯·约翰逊命令麦克阿瑟撤回他的声明，但为时已晚，各大报刊已刊载。杜鲁门当时就曾考虑解除麦克阿瑟的统帅职务，但因为他已批准麦克阿瑟仁川登陆的计划，没有这样做。于是，他于 9 月 11 日以突然袭击的方式，撤掉国防部长约翰逊的职务，作为麦克阿瑟的替罪羊。

　　〔朝鲜战争失败责任问题〕　1950 年 11 月 24 日，即中国特派代表伍修权抵达纽约参加联合国安理会控诉美国侵略台湾的那天，侵朝美军总司令麦克阿瑟悍然发动事先向士兵宣布的、为了"圣诞节可以回老家"的"结束朝鲜战争的总攻势"。但是，中国人民志愿军很快将进犯到中国边境的美国侵略军打退到三八线一带。美国《时代》周刊认为：这是美国有史以来最大的败仗，使美国统治集团争吵更凶。曾经不可一世的麦克阿瑟向新闻记者宣布：他之所以倒霉，仅仅是因为华盛顿命令把敌对行动限制在朝鲜境内。这样，他就把侵朝战争失败的责任统统推到杜鲁门身上，而将自己的责任洗刷得一干二净。

　　杜鲁门对此极为愤怒。他指责麦克阿瑟所犯的错误是极其严重的，"麦克阿瑟企图为自己的过失辩护的态度我是不能原谅的"。1950 年 12 月 6 日，杜鲁门发布命令：未经国务院事前许可，禁止任何文武官员发表有关外交政策的演说、新闻电讯或其他公开声明。可是，麦克阿瑟立即对这个命令挑战，发表了傲慢的谴责华盛顿的声明。

　　〔战争规模问题〕　在战争初期，杜鲁门企图取得军事上的速胜，

---

①　巴顿·斯坦伯格、艾伦·马图索编：《杜鲁门政府：一部文献史》，第 154 页。

用武力统一全朝鲜。但到 1950 年冬，由于中国人民志愿军的参战和美国军事上的失利，其政策又转向把美国的目标限制在恢复战前南朝鲜的边界而进行一场有限战争。这一则是为了避免与中国全面作战而大量耗费美国的人力和资源；二则不想在远东卷入大规模军事冲突从而招致苏联对西欧的袭击。然而，麦克阿瑟完全不理会有限战争的概念和杜鲁门政府全球战略的意图。1950 年 12 月底，麦克阿瑟建议封锁中国海岸，轰炸中国大陆，最大限度地在朝鲜利用国民党军队，支持蒋介石军队侵犯华南，将侵朝战争扩大到中国大陆。他还建议应沿鸭绿江设置一条放射性地带。麦克阿瑟所鼓吹的方案，意味着要冒险发动一场甚至使用原子等武器的世界大战。杜鲁门写道："麦克阿瑟将军的看法同我的看法距离那么远，我感到惴惴不安。"①他拒绝批准采取这样的报复行动。

〔和平解决朝鲜问题〕 1951 年 3 月 24 日，麦克阿瑟听说杜鲁门试图通过外交手段解决朝鲜冲突，并且草拟了一项总统声明，他就抢先发表一个旨在阻止和平解决的公开声明，再次鼓吹把军事行动扩大到中国沿海地区和内陆基地。该声明传到华盛顿时，杜鲁门十分气恼。他认为，麦克阿瑟发表的声明与总统准备发表的声明完全背道而驰。它直接违反了参谋长联席会议颁布的、未经五角大楼事先批准不得公开发表任何有关外交政策声明的训令，是对宪法赋予总统权力的挑战，是对杜鲁门本人的侮辱。杜鲁门写道："我认识到除了解除这位国家高级战地司令官的职权以外，我再也没有别的办法。"②

1951 年 4 月 5 日，杜鲁门的政敌、众议院少数派领袖小约瑟夫·马丁在众议院宣读了麦克阿瑟将军给他的信。信中攻击杜鲁门不在朝鲜利用国民党军队的政策是"不符合逻辑和违背传统的"，再次要求在远东进行一场打败共产主义的全面战争，最后甚至断言："我们必须赢得胜利。除了胜利我们没有别的路可走。"1951 年 4 月 11 日，杜鲁门举行新闻记者招待会，以突然袭击的方式宣布解除麦克阿

---

① 《杜鲁门回忆录》，第 2 卷第 496 页。
② 《杜鲁门回忆录》，第 2 卷第 529 页。

瑟的各项指挥权，命令美国驻朝第八军司令马修·李奇微将军接替麦克阿瑟原来所担任的职务。

麦克阿瑟被解职一事，立即在美国国内引起一场大风波。共和党右翼和院外援华集团对杜鲁门展开猛烈的攻击，许多市镇烧毁杜鲁门和艾奇逊的画像。众议员马丁打长途电话给麦克阿瑟，邀请他立即回华盛顿向国会两院联席会议发表演说。麦克阿瑟本人也牢骚满腹地说，自有史以来，从来没有哪一位司令官"比我这次被解职所使用的手段更为严厉的了"，甚至"没有哪一种仆人会这样无情地不顾起码的体面而被解雇"。①

杜鲁门罢免麦克阿瑟的决定是一个大胆而果断的决定，沉重打击了共和党内重亚轻欧的新孤立主义者与院外援华集团，使主张在远东推行更富侵略性政策的麦克阿瑟遭到可悲的下场，使中、美两国在20世纪50年代初避免了一场全面战争，为和平解决朝鲜冲突扫清了一大障碍。

5. 开展全球扩张新攻势

美国利用朝鲜战争所产生的国际紧张局势，借口所谓"共产主义威胁"，进一步向全球扩张。

〔利用英美联盟排挤英国〕 美国政府胁迫英国、法国、加拿大、澳大利亚、新西兰等15个国家参加了侵朝战争，并尽可能利用这场战争加强对这些国家的政治和经济控制。美国垄断资本利用英、美联盟的特殊关系，深深打进英国的殖民地和势力范围。到1952年，美国占外国在加拿大投资总额的77%，英国则急剧下降到18%；美国垄断资本掌握了加拿大的钢铁和化学工业以及镍和铁矾土等重要矿藏的开采和冶炼，加拿大成为美国最大的战略原料供应基地。

由于军备扩张的需要，美国加强了争夺石油和天然橡胶的斗争。1947年，美国资本控制中东石油开采量的38.6%，英国控制58.6%。

---

① 《麦克阿瑟回忆录》(中译本)，第303、305~306页。

1952 年，美国资本控制中东的石油开采量上升到 63.5%，英国则下降到 30.6%。天然橡胶是英镑区取得美元的重要源泉，美国垄断组织却渗入马来西亚，在那里取得了彭亨和森美兰的大种植园。美国垄断组织还操纵国际市场原料价格，获得令人难以置信的利润，使它的英国伙伴处于显然不利地位。美国商品日益充斥英帝国市场。到 50 年代初，在拥有 4 亿多人口的印度，美国商品已占第一位。昔日大英帝国的殖民地和自治领相继"脱离了英国的卫星轨道转入正在升起的美国超级星球的引力场"。

〔支持法国在印度支那的殖民战争〕 日本投降后，法国不甘心放弃它在东南亚的殖民统治地位，重返印度支那。美国总统杜鲁门则鼓励和支持法国在印度支那恢复殖民统治。1946 年 5 月，法、美签订经济和财政协定，美国给法国贷款 5.5 亿美元。美国还准备向法国提供 7.2 亿美元的信贷，作为法国购买剩余物资之用。在美国的支持下，同年 12 月 19 日，法军对越南人民发动全面战争。1950 年 1 月 18 日，中国首先承认越南民主共和国。5 月，华盛顿的财政援助源源流入法国。朝鲜战争爆发后，美国直接介入越南战争。6 月 27 日，美国总统杜鲁门宣布，增加对在印度支那的法国殖民军的军事援助，派遣美国军事代表团去越南。到 1953 年，美国在印度支那这场"肮脏战争"中已开支将近 5 亿美元。

〔重新武装西德和加强大西洋军事联盟〕 1950 年初，美国国家安全委员会第 68 号文件已提出要不惜代价全速加强西方防务。朝鲜战争加速了这项计划的推行。7 月，美国国会批准增拨军费 40 亿美元，并同意迅速增强陆军。同时，美国发动 1 个重新武装西德并加强西欧防务的计划。1950 年 9 月 12 日，艾奇逊向英、法提出装备 10 个德国师的建议，巴黎反应强烈，但在美国坚持和答应援助法国防务开支的引诱下，法国作了让步。12 月，在布鲁塞尔举行的北大西洋理事会会议决定，建立一支由美国军官任统帅的北约国家联合部队，杜鲁门任命德怀特·艾森豪威尔将军为欧洲盟军最高司令。同月，北约外长达成协议，西德军队以团为单位并入北约部队，其人数不得超过总兵力的 20%。1951 年 4 月 2 日，欧洲盟军司令部正式成立。1952

年 2 月，希腊和土耳其正式加入北约。

1951 年 9 月，西方国家同意取消 1945 年以来对意大利的军事限制。同时，美国对西班牙佛朗哥政府的态度有了迅速转变。除 1950 年贷给佛朗哥政府 6250 万美元外，1953 年，美、西又签订基地条约，美国向西班牙提供经济援助和 2.5 亿美元的军事援助，以换取建设和使用西班牙基地的权利。

到 1951 年底，北约在欧洲的军事力量增加到 35 个师，3000 架飞机，700 艘舰艇。1952 年 2 月，北约理事会决定进一步扩充常规力量，要求至 1954 年止建立 96 个师，以便对苏联和东欧国家实行包围战略，西方报刊称之为"以武力对武力"的强权战略。

〔加紧建立亚太地区军事体系〕　1950 年 1 月 12 日，美国新任国务卿迪安·艾奇逊宣布：美国在太平洋地区的防御圈是从阿留申群岛，经日本、琉球到菲律宾。朝鲜战争爆发后，美国便加紧在亚太地区建立军事体系。1951 年 1 月 3 日，国务院拟订了一份太平洋公约草案，分送政府高级官员审阅。1 月 4 日，国务院顾问约翰·福斯特·杜勒斯就这份草案发表意见说：美国在太平洋地区的防务范围应是日本—琉球群岛—台湾—菲律宾—澳大利亚这条近海岛屿链。杜勒斯划的防务线显然超出艾奇逊 1950 年提到的防御圈范围。美国准备扩大在亚太地区承担的军事责任，建立一个包围远东地区的军事条约网。1951 年 8 月 30 日，美国同菲律宾缔结共同防御条约。美国通过这个军事协定，在菲律宾建立约 40 个军事基地。9 月 1 日，美国同澳大利亚、新西兰缔结《澳新美安全条约》，规定缔约国任何一国受"威胁"时，"应共同进行协商"；任何一国受到武装攻击时，应采取共同行动。澳大利亚和新西兰是英联邦成员国，英国却被排斥在条约之外。通过这个条约，美国在西南太平洋上获得了"牢靠的战略后方"和一系列具有军事价值的通讯基地。

1951 年 9 月 8 日，美国为了把它完全控制日本的局面合法化，使日本成为它称霸世界的工具和侵朝战争的基地，在旧金山会议中强制签订单独对日"和约"。中国是日本侵略的最大受害者，是战胜日本法西斯的主要国家，然而，美国政府却公然违反一切国际协议，竟将中华人民共和国排斥在缔结对日和约的会议之外。同日，美国同日本签订日美安全条约。条约规定美国享有在日本国内及日本周围驻扎陆、空、海军的权利；未经美国事先同意，日本不得将任何基地以及与之有关的任何权利给予任何第三国。1952年2月28日，美国同日本在东京签订日美行政协定，规定美国可在日本全国各地无限制地设置陆、海、空军基地，由日本分担驻军费用；在基地内外，驻日美军享有治外法权。日本实际上成为半独立、半被占领的国家。

朝鲜停战后的1年多时间里，美国先后在亚太地区签订了三个军事条约：1953年10月1日，美国和南朝鲜签订了《美韩共同防御条约》；1954年9月8日，在美国策划下，在马尼拉签订《东南亚集体防务条约》；1954年12月2日，美国和蒋介石集团在华盛顿签订《美台共同防御条约》。所有这些军事同盟条约，都是用来包围中国，镇压亚洲各国人民反对帝国主义、争取民族独立的解放斗争。

〔敌视、孤立和封锁中华人民共和国〕 新中国诞生后，美国政府就不承认中华人民共和国，阻挠中国代表取得联合国的合法席位。但由于它对蒋介石政府丧失信心，其立场在一定程度上是暧昧的。它反对驱逐蒋介石出联合国，但又表示将遵循大多数联合国成员的决定，并且没有保证将为反对驱逐蒋介石而在安理会行使否决权。朝鲜战争爆发后，杜鲁门政府对新中国的敌视政策变本加厉。1950年12月，英、美首脑在华盛顿会谈时，英国首相赞成恢复中国在联合国的席位，以便通过谈判实现朝鲜停战和促使中、苏分裂。杜鲁门则认为，如果中国进入联合国，"美国国内将遭到可怕的分裂"。他还错误地认为中国是苏联的卫星国，中国进入联合国同苏联"没有什么两样"，因而坚决表示反对中国进入联合国。战后20多年来，美国错误的对华政策，就是建立在这种唯心论和形而上学的基础之上的。紧接着，美国又于1950年12月16日突然宣布冻结中华人民共和国在美国管辖内的一切资产，禁止一切在美国注册的船只驶往中国港口，同中国断绝一切往来。1951年2月1日，美国操纵第五届联大通过诬蔑中国为"侵略者"的无理决议。5月18日，美国利用联合国对中国实行禁运的决议，强迫其他国家对中国实行禁运武器、石油和其他战略物资。8 月，美国国会通过巴特尔法（次年 1 月 24 日生效）。它规定，禁止 300 多种战略物资向社会主义国家出口；凡接受美援的国家违反美国此项禁运规定，把战略物资出口到社会主义国家，美国就停止对它们的援助。美国为加强对中国的禁运，更于 1952 年 9 月在实施禁运的巴黎统筹委员会中增设中国委员会。美国以巴特尔法为武器，企图控制受援国的对外经济联系，从经济和贸易上来扼杀中国和其他社会主义国家。

〔共同安全法〕　朝鲜战争爆发后，美国国会于 1951 年 10 月 10 日通过共同安全法，取代以前的援外法案。它把经济、军事和技术援助计划结合在一起，大大增加军事援助的比例，使外援重点逐渐从经济援助转向军事援助，从欧洲转向亚洲；并设立共同安全署取代原来的经济合作署，由署长统一掌握各种对外援助。法案通过后，各种对外援助都统一在共同安全计划之内。艾奇逊说，共同安全法的整个作用在于"实行重新武装计划"。

6. 麦卡锡主义和麦卡伦法

〔麦卡锡主义的兴起〕　麦卡锡主义是 1950—1954 年美国威斯康星州共和党国会参议员约瑟夫·麦卡锡在国内煽起的一股极端反共反民主的政治潮流。1908 年 11 月，约瑟夫·麦卡锡出生在威斯康星州北部一个爱尔兰裔小农场主家庭。大学毕业后当过律师，参加过民主党。1946 年作为共和党候选人，当选为国会参议员。为了竞选参议员席位，他向选民吹嘘自己在太平洋作战时当过机尾炮手，多次参加战斗，并且负过伤。其实，这些话都是彻头彻尾的谎言。麦卡锡是在办公室度过大战的。他的腿是喝醉了酒从梯子上摔下来跌伤的。在参议院的前 3 年期间，麦卡锡为不动产主充当说客，接受贿赂，为纳粹战犯辩护，已在新闻界声名狼藉，华盛顿记者认为他是美国最糟糕的参议员。1950 年初，麦卡锡决定利用所谓"政府里有共产党人"这个问题进行投机以便改善其衰落的政治命运，为两年后竞选连任参议员做准备。

1950 年 2 月 9 日，麦卡锡在西弗吉尼亚州惠林市发表演说宣称：他已掌握 205 名渗入国务院的共产党人的名单(在以后的演说中，这个数字先减到 81 名，后又减到 57 名。其实他的手上根本没有什么名单，这种指控纯属捏造)；"国务卿知道他们都是共产党员，但这些人还在草拟和制订国务院的政策"①从此，就开始了麦卡锡的无耻诽谤活动和疯狂迫害。他利用其参议员和参议院政府活动委员会及其常设调查小组委员会主席的职权，对政府机构进行所谓"共产主义渗透"的调查，搜集黑名单，乱扣红帽子，攻击和迫害一切民主进步人士及持不同意见的人，在美国国内制造恐怖气氛，践踏公民自由，破坏资产阶级民主制度。

1950 年 2 月 20 日，麦卡锡在参议院作了长达 6 小时的丑恶表演，宣称他已穿进"杜鲁门的保密铁幕"，得到 81 人的档案材料，证明他们是共产党人。3 月 21 日，麦卡锡以莫须有的罪名，指控约翰斯·霍普金斯大学教授、远东问题专家欧文·拉铁摩尔为国务院间谍网的首领。朝鲜战争爆发后，麦卡锡扩大攻击目标和活动范围，指责杜鲁门政府派兵侵朝，是因为不想在国内与共产主义斗争而要向人民证明它愿意与国外共产主义作斗争。1950 年下半年，正逢国会中期选举，麦卡锡周游全国，在 15 个州作了 30 次煽动性的反共演讲。1950—1952 年期间，麦卡锡对罗斯福以来民主党政府的对外政策，尤其是对华政策进行了放肆的攻击。他声称：罗斯福在雅尔塔会议上把中国和波兰出卖给共产党俄国，并且为朝鲜战争设置了舞台；约瑟夫·史迪威在中国"奠定了共产党征服"这个国家的基础；马歇尔任驻华特使期间，帮助了中国共产党；杜鲁门政府"执行了有利于国际共产主义而不利于美国的外交政策"。总之，罗斯福政府和杜鲁门政府执政的 20 年，是"叛卖的二十年"。

在 1952 年的总统选举中，麦卡锡十分活跃，竭力为共和党效劳。共和党获得了大选的全面胜利，艾森豪威尔当选总统，共和党在参、

---

① 理查德·M. 弗里德：《反对麦卡锡的人们》，纽约出版社 1976 年版，第 44 页。

众两院成为多数党，控制了第 83 届国会。麦卡锡的活动，是共和党取得大选胜利的重要因素。

麦卡锡的诽谤活动造成严重恶果。在他横行的几年里，美国处于一个黑暗的历史时期——麦卡锡时代。在此时期，战后美国出现的反共反民主的政治逆流达到高潮，全国处于一片恐怖的气氛之中。人们相互猜疑，一听到共产主义就害怕。成千上万的民主进步人士以至政府、军队里的普通成员，遭受迫害，他们的亲属和朋友遭到株连，在政治上长期受到压抑。杜鲁门在回忆录中写道："这种攻势的范围如此广泛，似乎每个人都免不了要受攻击。这是我们这个时代的悲剧和耻辱。"①

麦卡锡主义的兴起，不是孤立的偶然的事件。首先，杜鲁门的对外冷战政策和对内的反共宣传、忠诚调查，为麦卡锡主义的勃然兴起创造了政治气候。在麦卡锡的攻击面前，杜鲁门政府惟恐被指责为"亲共"而竭力表现他的反共热情，力争在反共竞赛中抢在共和党前头；国务院把受到麦卡锡诬陷的"中国通"当作替罪羊予以清洗；司法部长霍华德·麦格拉思无的放矢地警告说，在任何街头巷尾或教室里都可能有共产党人。虽然杜鲁门政府与麦卡锡有着尖锐的利害冲突，但在反共问题上两者都是一致的。杜鲁门政府的反共政策和对联邦雇员的忠诚调查，在客观上都为麦卡锡主义的兴起起到推波助澜的作用。

其次，麦卡锡主义得到以塔夫脱为首的共和党保守派、得克萨斯州的百万富翁、东北部的天主教徒、美国退伍军人团的成员和院外援华集团等反共组织和人物的支持。共和党人发现麦卡锡不负责任的指控对他们攻击民主党政府有利，于是，他们把麦卡锡看作党派斗争中可以利用的工具而全力加以支持。1952 年 7 月，在芝加哥召开的共和党全国代表大会上，麦卡锡的反共演说最受代表们欢迎。当大会主席宣布一个致力于"揭露我国政府中的卖国贼"的人发言时，乐队随即奏起海军陆战队颂。美国的右翼社会势力和反共组织把麦卡锡作为反共代理人，给他以多方面的支持，包括制造舆论、财政援助和提供

---

① 《杜鲁门回忆录》，第 2 卷第 344 页。

情报。

再次，麦卡锡是个品质极其恶劣的、毫无羞耻之心的资产阶级政客，他善于利用各种不满情绪，疯狂进行政治投机，制造谣言，致使许多美国人听信他和那些利用共产党问题追求个人权力的煽动家的欺骗宣传。此外，朝鲜战争加剧了美国的反共狂热，从而使麦卡锡主义兴起的政治气候更加成熟。

〔《麦卡伦法》和《麦卡伦—沃尔特移民和归化法》〕 在麦卡锡主义横行年代，美国国会也积极推波助澜，于1950年9月23日通过《1950年国内安全法》。由于其主要发起人为内华达州民主党国会参议员帕特·麦卡伦，亦称《麦卡伦法》(或《麦卡伦—伍德法》)。它规定：一切"共产主义组织"包括"共产主义行动组织"和受"行动组织"领导、控制的"共产主义阵线组织"，必须向司法部登记，并提供其成员名单和财务报告。该法禁止共产党员在政府机关和国防企业工作("阵线组织"的成员可以在这种企业中工作，但须宣布自己的这种身份)；禁止发出国护照给共产党员。违反这些规定或拒绝登记者，都被认为是犯罪，得判处徒刑或罚款。该法还禁止共产党人或任何属于"极权主义组织"的其他外国人移居美国。这项法律授权总统，在其认为国家处于"非常状态"时期，通过司法部把"共产主义组织"的成员无限期地关押。另外，此法还规定设立具有广泛权力的"颠覆活动管制委员会"，协助调查和登记共产党行动组织和共产党外围组织。这是1918年《煽动叛乱法》以来最反动的法律之一，其目的在于镇压共产党和进步工会。杜鲁门否决了该法案。因为该法禁止一度参加"极权主义组织"的任何成员进入美国，剥夺了美国政府引诱苏联和其他共产党国家叛徒投奔西方世界的手段，美国国务院、国防部和中央情报局都向杜鲁门进谏说，该法案对它们的情报工作极为不利。但国会在一片歇斯底里的反共气氛中使杜鲁门的否决归于无效。

1952年6月27日，美国国会又通过《麦卡伦—沃尔特移民和归化法》。该法包含了前述《麦卡伦—伍德法》的全部内容，还对加入美国国籍的侨民从政治上加以各种限制，主要目的是防止具有进步倾向的外国人进入美国，排斥和迫害外国出生的美国公民。该法规定：加入美国国籍 10 年以内的公民，当国会委员会传讯时，如果本人拒绝提供自己"参加颠覆活动"的供词，即可构成藐视国会罪，就有可能遭到起诉而开除国籍和被驱逐出境。加入美国国籍 5 年以内的公民，如司法部长认为他参加了"颠覆性组织"，也要开除国籍。至于未加入美国国籍的外侨，必须随身携带证明他们在美国履行过注册手续的证明文件，否则就会遭到罚款、监禁或两者并罚。这项法案对 1100 万外国出生但已归化入籍的美国公民和 300 万外侨造成严重威胁。根据这项法律，1953—1954 年美国展开规模空前的驱逐移民出境运动，大约有 150 万人被驱逐到墨西哥。

7. 停战谈判和停战协定

朝鲜战争爆发后，中国人民和中国政府就一再主张和平解决朝鲜问题。并一再提出警告，要求美国武装力量退出台湾，迅速停止侵朝战争，和平解决朝鲜问题和远东问题。但是，美国侵略者无视中国人民的正义要求，并把中国人民的和平主张看作是软弱的表示，只是在遭到中朝人民的反抗并遏制之后，美国政府由于军事上的失败，战略上的需要和国内国际的压力，才不得不接受停战谈判。

〔美国接受停战谈判的原因〕　第一，军事上的惨重失败和军事实力有限。美国发动侵朝战争之初，满以为年轻的朝鲜民主主义人民共和国是不堪一击的，满以为解放才刚一年的中国人民是不敢起而支援其邻人共同反对美国侵略的，因而他们指望用闪电式的袭击来达到侵占全部朝鲜并进而侵犯中国东北的目的。然而，美国干涉者失算了，英勇的中国人民志愿军入朝参战，同朝鲜人民军一道，粉碎了敌人的侵略攻势，使美军遭受严重损失。到 1951 年夏，朝鲜战争逐渐将战线固定在三八线一带，双方都很难向对方作较大的推进，战争处于僵持状态。美军如果继续北征，将会延长补给运输线并加宽战线，付出更大的代价。加之美国海外驻军遍布全球，战线太长，兵力分散。1950 年 12 月 19 日，麦克阿瑟要求派兵增援日本(驻日美军已调往朝鲜)，参谋长联席会议召开一连串会议，想不出办法来应付这一问题，认为美国国内"简直就没有现成的增援部队"①。至于南朝鲜军队更是腐败无能，不堪一击。1951年4月28日，侵朝美军第八军司令詹姆斯·范佛里特埋怨说，南韩军队自战争以来，已经损失超过10个师所必需的武器装备，"有时简直不像打仗，就把装备丢掉了"。李奇微同意这一估计。

第二，世界舆论强烈要求停止朝鲜战争。1951年1月17日，中国政府向联合国提出和平解决朝鲜问题和远东问题的4项建议。1月24日，印度、阿富汗等12个亚洲和阿拉伯国家便提出尽快举行中、苏、英、美、法、印度和埃及七国会议以和平解决朝鲜问题和远东问题的提案，表示了亚、非人民真诚的和平愿望。6月1日，联合国秘书长特里格夫·赖伊也认为，如果在原来发动战争的三八线附近实行停战，这对美国来说，也不算太丢面子。国际上要求和平解决朝鲜问题的呼声很高，对美国的压力很大。

第三，美国的盟国和仆从国都反对扩大朝鲜战争，不愿为美国卖力。1950年冬，美国就轰炸中国东北基地的问题征求许多国家意见，所有国家无例外地表示强烈反对。1950年11月30日，当杜鲁门威胁要在朝鲜使用原子弹时，英国100名工党议员联名写信给首相克莱门特·艾德礼，抗议美国使用原子弹。英国首相艾德礼匆忙飞到华盛顿，并告诫杜鲁门说，不要轰炸中国，要设法避免和中国进行大战；扩大战争对于西方国家来说等于自杀。

朝鲜战争在名义上有个联合国军司令部，实际上美国承担着战争费用的最大份额。赞成安理会关于"援助"南朝鲜决议的有53个国家，但同意派兵参战的除美国外，只有15个国家。这些盟国(除韩国外)只象征性地参加了战争，提供了侵朝陆军的9.58%，海军的6.66%，空军的0.97%，而美国提供的分别为50.32%、85.89%、93.38%。1951年春，杜鲁门亲自出马呼吁拉美各国为侵朝战争"分担重担"，只有哥伦比亚作了响应，派了象征性的地面部队到朝鲜去，其他拉美国家都认为侵朝战争与自身利害无何关系，不愿为美国

① 《杜鲁门回忆录》，第2卷第515~516页。

火中取栗。

第四，美国国内反战运动正在兴起。侵朝战争是美国历史上极不得人心的非正义的侵略战争，自然引起爱好和平的美国人民的强烈反对。在美国各地，美国人民自发地建立反对战争、争取和平的组织；尽管美国政府对反战人士进行迫害，仍有 250 万人在反对战争、争取和平的宣言上签字。1950 年 6 月，美国共产党发表抗议杜鲁门政府武装侵略朝鲜的声明。8 月，美国妇女保卫和平代表团在华盛顿举行反战示威。1951 年 1 月，美国 65 名著名科学家、黑人领袖、工会负责人和基督教领袖联合发起组织反对侵略朝鲜的和平十字军。6 月，在芝加哥召开包括来自 48 个州的 5000 名代表参加的美国全国反对战争争取和平大会，通过了反战行动纲领。1951 年底，盖洛普民意测验表明，美国人民要求和平解决朝鲜冲突的已达 70%。

第五，美国害怕苏联报复。杜鲁门说："北平和莫斯科，在意识形态上，在条约上，都是同盟者。一旦我们进攻中国，那末我们就必须预防俄国出面干涉。"①这也是他不敢扩大侵朝战争的重要原因。

〔朝鲜停战谈判〕　1951 年 6 月 23 日，苏联驻联合国代表雅科夫·马立克在联合国新闻处举办的"和平的代价"广播节目中提出关于和平解决朝鲜问题的新建议，主张交战双方谈判停火和休战，把军队撤离三八线。朝、中两国人民和政府迅速响应，同意在苏联建议的基础上开始谈判。6 月 30 日，美国也被迫接受苏联政府的和平倡议。双方定于 1951 年 7 月 10 日在位于三八线附近的开城地区举行停战谈判。从此，朝鲜战争进入了打打谈谈、边打边谈的军事斗争和外交斗争交织进行的新阶段。从 1951 年 7 月至 1953 年 7 月，由于美方的拖延和破坏，使停战谈判经历了两年之久的迂回曲折过程。

开城谈判首先集中讨论停火和确定军事分界线的问题。朝、中方面提出以三八线为军事分界线的合理主张，而美国则凭借所谓"军事优势"，不仅拒绝立即停战，而且无理要求朝、中军队从三八线后退 30 至 60 公里，妄图取得 12000 平方公里的土地，并公然散布"让炸

———————
① 《杜鲁门回忆录》，第 2 卷第 457 页。

弹、大炮和机关枪去辩论吧"的论调。当这一无理要求遭到拒绝后，美国于 8 月 23 日中断谈判，转而施加军事压力，先后发动所谓夏季攻势和秋季攻势，结果遭到严重的失败，损失兵力达 25 万人。

1951 年 10 月 25 日，停战谈判在板门店恢复。由于朝、中方面以极大的耐心和坚定的努力，到 1952 年 5 月，谈判双方乃就确定军事分界线和建立非军事区、实现停火和停战的具体安排和向双方有关各国政府建议事项等问题达成协议。至此，停战谈判只剩下遣返战俘问题尚未解决。根据日内瓦公约，朝中方面建议，停战后双方全部战俘应立即予以遣返。然而，美国在战俘问题上节外生枝，先后制造"一对一遣返原则""自愿遣返"或"不以武力遣返"等种种借口，企图强迫和扣留中、朝方面的被俘人员，使谈判又陷于僵局。

1952 年 10 月 8 日，朝、中方面再次表示对和平的诚意，提出 1 个遣俘新方案，双方全部战俘一律送至非军事区内，然后在中立国观察小组监督下，按照国籍、地区进行分类和遣返。美方却拒绝讨论，片面宣布朝鲜停战谈判无限期休会，再次中断谈判。10 月 14 日，美军在上甘岭地区发动大规模进攻，企图以军事威胁来增强其在谈判中的实力地位，但是事与愿违，到 11 月底，上甘岭战役以中、朝军队的胜利而结束。

1953 年 3 月 30 日和 31 日，周恩来总理和金日成首相代表中朝方面先后提出，分两步解决战俘问题的新建议，主张在停战后双方立即遣返其所收容的一切坚持遣返的战俘，而将其余战俘转交给中立国，以保证对他们遣返问题的公正解决。这一新建议获得全世界舆论的普遍同情和支持，导致了 4 月 26 日停战谈判的恢复，并使战俘遣返问题终于在 6 月 8 日达成协议。但是，6 月 18 日，李承晚集团在美国警卫部队不加制止的情况下，从战俘营里赶走 27000 名战俘，实行强迫扣留，企图破坏朝鲜停战的实现。6 月 19 日，朝、中方面严厉谴责这一挑衅行为，美国才迫使李承晚同意今后执行停战协定的保证。作为交换，美国政府答应训练和装备 20 个师的南韩军队，提供 10 亿美元的经济援助，并签订军事协定。

〔朝鲜停战协定的签订〕 1953 年 7 月 27 日，在板门店正式签订关于朝鲜军事停战的协定。该协定规定：自协定签订后 12 小时起，双方完全停止一切敌对行为；以北纬 38°附近的双方实际接触线为军事分界线，双方各由此线后退 2 公里，以建立一非军事区；停止自朝鲜境外进入增援的军事人员和武器；停战协定生效后 60 天内，双方应将其收容下的坚持遣返的战俘分批直接遣返，将其余未直接遣返的战俘统交中立国遣返委员会处理；为监督停战协定的实施，建立一个由双方代表联合组成的军事停战委员会和一个由中立国波兰、捷克斯洛伐克、瑞典和瑞士代表组成的监察委员会。最后，各缔约国建议，在停战协定生效后 3 个月内，召开双方高一级的政治会议，协商从朝鲜撤退一切外国军队及和平解决朝鲜问题。

朝鲜战争是美帝国主义在第二次世界大战后发动的第一次大规模的侵略战争，也是美国侵略史上的第一次大失败。在 37 个月的侵朝战争期间，美国出动自己陆军的 1/3、空军的 1/5 和海军的 1/2，纠集了 15 个仆从国家的军队，支出 200 亿美元以上的直接军费，消耗了 7300 万吨作战物资，使用了除原子弹以外的一切现代化武器，仍以失败而告终。朝、中人民军队共歼敌 109.3 万多人，其中包括美军 39.7 万多人，击落击毁敌机 12000 多架，击毁击伤坦克 3000 多辆，把美国侵略者赶回到原来发动战争的三八线附近。

中、朝人民取得的辉煌胜利，打乱了美国称霸世界的战略部署，粉碎了美国并吞全朝鲜和扼杀新中国的阴谋，维护了远东和世界和平，揭穿了美国不可战胜的神话，极大地鼓舞了全世界被压迫民族和被压迫人民反对帝国主义的斗争。

在美国国内，侵朝战争的失败，还大大促成了 1952 年大选中民主党的下台和共和党人及艾森豪威尔的巨大胜利。

第四章　现代共和党主义与美国社会

　　在艾森豪威尔时代，美国社会进入了一个相对稳定而又孕育着新的危机和变革的时期。由于新政以来美国国家垄断资本主义的发展在一定程度上适应了生产力发展的需要，普遍紧缩型的经济危机已有所缓和，新的滞胀型的经济危机尚在酝酿之中。这就基本上决定了艾森豪威尔政府在社会经济政策上走折衷调和的中间道路。它一方面不得不接受凯恩斯主义赤字财政政策和福利国家的现实，基本上认可民主党人20年来的社会经济改革；一方面又对新政以来出现的大政府、"大劳工"、高赤字和高税收，特别是战后物价上涨的总趋势感到不安，在某些方面限制了国家对社会经济生活的干预，在政策上表现出明显的二重性。受艾森豪威尔中间道路的影响，美国经济在50年代虽保持增长趋势，并有"丰裕社会"之称，但经济增长缓慢，到1957—1958年经济危机时，"滞胀"现象的先兆已有所显露，黄金外流也开始出现。与此同时，麦卡锡主义的反共反民主逆流发展到顶峰后归于消沉，美国共产党和进步力量受到严重摧残和削弱，工人运动转向温和，美国社会在50年代形成所谓"沉默的一代"，国内政治生活和意识形态领域一度出现万马齐喑的局面。然而"垮掉的一代"和新左派的思想前驱仍然发出了对现实不满的新的反抗之声，不过在当时还很微弱。左右美国社会思潮的，是失去激进主义色彩的新自由主义。惟有美国黑人运动经历了反对种族隔离制的法院斗争后，在亚、非、拉民族解放运动的影响下蓬勃高涨，到50年代中期进入了非暴力群众直接行动的新阶段。广大黑人为争取自由展开的斗争，冲破了50年代相对稳定的沉闷局面，给美国社会带来了一股清新的气息。它不仅在客观上促成主张改革的资产阶级自由主义在50年代后期的复兴，而且成为 60 年代大规模群众运动的前奏。

1. 艾森豪威尔的现代共和党主义

1953 年 1 月 20 日，德怀特·D. 艾森豪威尔宣誓就任美国总统。这是共和党人在民主党执政 20 年后首次入主白宫。共和党保守派和部分企业界人士，希望艾森豪威尔在改革的急迫性有所减弱的 50 年代，回到 20 年代传统共和党主义的老路上去，在国内生活的各个方面以自由反对潜滋暗长的社会主义。在他们的心目中，新政以来联邦政府对社会经济生活的大规模干预，无异于"滑向社会主义"[1]，而主张自由放任的传统共和党主义才是美国社会的正宗。艾森豪威尔本人也曾向内阁成员表示，他对总统职务的看法与罗斯福、杜鲁门不同，政府在国内事务上的作用是确保公平，而不是直接指导全国的经济生活。财政部长乔治·汉弗莱上任后，在自己的办公室里挂起了 20 年代大力鼓吹经济"正常状态"（即自由放任）的风云人物安德鲁·梅隆的肖像，更使舆论为之哗然。与这种似乎要走回头路的迹象相呼应，艾森豪威尔遴选的由"8 个百万富翁和 1 个管子工"组成的富豪内阁，又是垄断资本主义形成以来金融寡头直接参加政权人数最多的一次，它不免使人们联想到 20 年代柯立芝总统所说的"企业政府"。新任国防部长、前通用汽车公司总经理查尔斯·威尔逊直言不讳地宣称："对我们国家有好处的，对通用汽车公司也有好处，反之亦然。"[2]

可以说，艾森豪威尔的上台，在一定程度上反映了 50 年代初期美国保守主义势力的加强。这主要是由于第二次世界大战以后，美国经济的繁荣使改革的急迫性大大削弱，而新政以来国家干预造成的大

---

① 查尔斯·胡克 1952 年 11 月 7 日致艾森豪威尔的信，藏艾森豪威尔图书馆，编号为 I—J—4。

② 罗伯特·多诺万：《艾森豪威尔秘史》，纽约哈珀公司 1956 年版，第 25 页。

政府、"大劳工"、高赤字和高税收等，又使垄断资产阶级的某些成员深感不安，特别是战后出现的通货膨胀，更是威胁美国经济和实际工资增长的新的阴影。然而新政以来美国社会全面走向国家垄断资本主义的历史趋势却是无法逆转的。密执安大学调查研究中心在1952年所做的民意调查表明，调查对象中26%的人称赞民主党带来了"好时光、高工资和高就业"，只有6%的人希望共和党制止通货膨胀。①显然，回到20年代的"正常状态"去，只是保守派和部分企业界人士一厢情愿的梦想。50年代美国称霸世界的全球战略、科学技术的迅速发展、反危机和缓和阶级矛盾的需要，终于促使艾森豪威尔总统在对国家干预的某些措施加以抑制的同时，基本上接受了新政以来民主党政府的社会经济改革，实行了一套不同于胡佛时代的新的共和党政策。艾森豪威尔最初把这种政策和主张称之为"有生气的保守主义"②，后来他的劳工部副部长阿瑟·拉森将其归纳为"新共和党主义"③。1956年艾森豪威尔再次当选后，又改称为"现代共和党主义"④。其主要内容就是走介于罗斯福新政改革和20年代传统共和党主义之间的"中间道路"。它表现为一系列社会经济政策上的二重性。⑤

〔财政与货币政策〕 新政以来，美国国家垄断资本主义的发展，是以国家对经济的干预特别是短期调节为主导的。战后凯恩斯主义者提出的补偿性财政金融政策，在客观上已逐步成为决定美国政府经济政策的基本思想。

---

① 赫伯特·帕米特：《艾森豪威尔和美国改革运动》，纽约麦克米伦公司1972年版，第146页。

② 罗伯特·多诺万：《艾森豪威尔秘史》，第152页。

③ 阿瑟·拉森：《一个共和党人看他的党》，纽约出版社1956年版，第1页。

④ 彼得·莱昂：《艾森豪威尔：英雄的画像》，波士顿利特尔和布朗公司1974年版，第736页。

⑤ 参阅韩铁：《艾森豪威尔的现代共和党主义》，武汉大学出版社1984年版。

艾森豪威尔上台之初，提出了传统经济学健全财政的保守主义目标，试图改变凯恩斯主义赤字财政政策的发展趋势。他计划将杜鲁门政府提出的 1954 年财政年度联邦预算削减到 700 亿美元，但很快发现杜鲁门政府的预算 70% 系国家安全开支，难以大幅度削减，结果仅仅将其削减到 721 亿美元。这在保守派中引起极大不满。参议院共和党领袖罗伯特·塔夫脱指责他把人们引上了杜鲁门走过的同一条道路。艾森豪威尔则认为："不管后果如何，国家的军事安全在我考虑问题时一定要占首位。"[①]不仅如此，艾森豪威尔从平衡预算的角度出发，1953 年曾一度反对赤字减税，但是这年经济危机爆发后，他通过财政部长汉弗莱迅即宣布，同意个人所得税和公司过分利得税自 1954 年 1 月 1 日起降低税率，并利用加速折旧刺激投资，使企业界获利匪浅。艾森豪威尔后来承认："经济复苏的基础要由政府奠定。"[②]自 1956 年财政年度开始，随着军备竞赛和公共开支趋于扩大，再加上物价上涨、国债利息支付、反危机以及外援的影响，联邦开支连续 4 年上升。到艾森豪威尔任期终了时，联邦收支除 1956 年、1957 年和 1960 年财政年度略有盈余外，均以赤字告终，8 年开支总和比杜鲁门政府开支总额增加 1820 亿美元。此外，从 1958 年开始，艾森豪威尔不得不放弃把国债维持在 2750 亿美元法定限额以下的企图，3 次要求国会提高国债限额。到 1960 年，联邦实际债务已达 2863 亿美元。艾森豪威尔在其执政的大部分财政年度里，实际上接受了凯恩斯主义的赤字财政政策。他后来与继汉弗莱之后任财政部长的罗伯特·安德逊一致认为：年年平衡预算"只是一种大言不惭的陈词滥调而已"[③]。

在货币政策上，艾森豪威尔主张通过货币自由市场实现健全美

---

① 德怀特·艾森豪威尔：《受命变革》(中译本)，三联书店 1978 年版，第 156 页。

② 德怀特·艾森豪威尔：《受命变革》(中译本)，第 338 页。

③ 罗伯特·柯林斯：《企业界对凯恩斯的反应》，纽约哥伦比亚大学出版社 1981 年版，第 153 页。

元，反对对物价和工资实行直接管制。所以他上台后，迅即取消战时物价与工资管制，把货币政策的重点放在强调联邦储备委员会的独立性上，对 50 年代联邦储备委员会长期的紧缩政策，基本上不予干预。但是，1953 年经济危机征兆显露时，艾森豪威尔政府不仅多次敦促联邦储备委员会放松货币控制，而且通过财政部采取协调行动，在危机期间一直发行中期与短期证券，奉行凯恩斯主义的膨胀性货币政策。

值得注意的是，战后物价上涨的趋势在 1957—1958 年经济危机期间发展为物价上涨与生产下降同时并存。美国历史上从未有过的这种新现象，在相当大的程度上是凯恩斯主义赤字财政政策和膨胀性货币政策带来的恶果。艾森豪威尔当时虽然也采取了某些温和的反危机措施，但他慑于通货膨胀的威胁，不仅拒绝副总统理查德·尼克松和前经济顾问委员会主席阿瑟·伯恩斯提出的减税建议，而且在危机前夕及其初期阶段，支持联邦储备委员会的货币紧缩政策，后来又听凭财政部抵消联邦储备委员会放松银根的努力。这种在危机时仍然实行紧缩性货币政策的做法，在战后民主党人执政时是罕见的。它是共和党政府对于国家垄断资本主义的发展造成的新的潜在危机作出的反应，但还远远不足以改变新政以来美国政府扩张性财政金融政策的连续性。

〔国有制、自然资源及动力之争〕 国有制是国家垄断资本主义的重要形式。但是在美国，由于私人垄断资本实力雄厚和其他因素的影响，国有化程度低于西欧和日本、垄断资产阶级往往表现出对国有制加以抗拒的倾向。共和党政府关于国营企业、自然资源和动力问题的政策，在一定程度上反映了这种倾向。

艾森豪威尔上台后，为迎合战后垄断组织提出的结束国家和私人企业竞争的要求，以前所未有的规模将战时急剧增加的国家财产和国有企业廉价出售给私人垄断组织。① 他在 1953 年关闭了复兴金融公

① 参阅谢·阿·达林：《第二次世界大战后美国国家垄断资本主义》（中译本），三联书店 1975 年版，第 102~104 页。

司，1954 年又经国会立法取消国家对原子能工业的垄断权。在自然资源问题上，艾森豪威尔于 1953 年 5 月签署潮汐带法，将有争议的海水淹没地的所有权授与有关各州，履行其"抵制联邦对州权和州务的侵犯"的竞选诺言。① 50 年代轰动一时的动力之争，实际上也涉及国有制问题。艾森豪威尔不顾公共动力论者的反对，在国会拒绝田纳西河流域管理局为修建新火力发电厂提出的拨款要求后，于 1954 年指示原子能委员会批准狄克逊—耶茨合同，让私人企业承担这一工程，结果由于"利益冲突"而引起轩然大波。不仅如此，他还反对民主党人提出的由联邦政府在赫尔峡谷建造和经营水坝与电站的法案，并在 1955 年经由联邦动力委员会向私商爱达荷公司颁发从事这项工程的许可证。

然而，这只是问题的一个方面。垄断资产阶级除具有反对国家所有制的倾向外，还具有相反性质的倾向。他们总是希望联邦政府承担那些风险大、利润低或者私人与地方无力包揽的事业；而这些事业的发展，又与私人垄断组织的利益休戚相关。艾森豪威尔在 1955 年国情咨文中要求联邦政府承担上科罗拉多河贮水工程，就是因为这项工程与赫尔峡谷工程相比要多耗资 24100 万美元，生产的电力却要少 70 亿千瓦时。但是，战后西部与国防有关的新兴工业的发展，又对廉价电力提出迫切需求，结果只好由联邦政府承担这一工程。1954年圣劳伦斯航道法和 1956 年联邦援助公路法这些耗资巨大的法案，其所以得到共和党政府的支持和倡导，也是与克利夫兰等财团需要加拿大铁矿、汽车与建筑垄断集团想进一步开拓国内市场的背景分不开的。此外，艾森豪威尔政府还支持过一些其他的联邦公共工程法案。

〔农产品价格支持与土地银行计划〕 由于欧洲农业生产能力在战后逐步恢复，世界粮食市场需求缩减，美国农业受战后科技发展的

---

① 1945 年 9 月，杜鲁门发布总统命令，宣布联邦对整个大陆架的一切自然资源享有管辖权。后来，联邦最高法院于 1947 年和 1950 年两次判决：确认联邦政府对这些近海土地拥有"至高无上的权利"，但又许诺国会可通过立法将所有权授与有关各州。

影响，生产率又迅速提高，结果在 1952 年再次陷入生产过剩的危机。农产品价格下跌一直持续到 1956 年，其后 4 年，则在略有波动的情况下，保持在大体相同的水平。迫于农业危机的压力，艾森豪威尔在 1952 年竞选时曾作出保证，继续实行民主党人的价格支持政策，甚至表示要实现完全平价。但他上任后，受主张农业自由市场的保守的农业部长埃兹拉·本森的影响，提请国会通过 1954 年农业法，采取灵活平价的方式逐步降低平价比率。这个农业法，显然违背艾森豪威尔的竞选诺言，在农业地区引起极大不满，对共和党人在 1954 年中期选举中的失败具有很大影响。尽管如此，艾森豪威尔直到任期终了时，还是坚持这一立场。平价比率的降低，固然是由于共和党人企图削弱联邦政府对农业生产的控制，但是新政以来确立的农产品价格支持原则，却始终未被取消。不仅如此，艾森豪威尔在农产品价格依然下跌的情况下，于 1956 年又袭用新政的土地银行计划，鼓励农民休耕，加强联邦政府对耕种面积的控制。此外，艾森豪威尔还继承并扩大了对农业研究计划、农村电气化管理局的联邦援助。1954 年，他促使国会通过农业贸易发展和援助法，授权联邦政府出口剩余农产品，或以此作为"外援"；并向美国在校儿童供应牛奶。1959 年，该法经修正后又规定发行免费食品票证，向贫穷家庭提供价值近 10 亿美元的剩余农产品。这个农业贸易发展和援助法，从解决价格支持政策带来的国有农产品大量屯积入手，实际上扩大了联邦政府对农业和包括社会福利在内的其他领域的干预。

〔社会福利立法〕 艾森豪威尔在 1948—1950 年出任哥伦比亚大学校长期间，对社会保障法发表过极端保守的言论。他说美国人民需要的如果仅仅是保障的话，那就进监狱去。但是"福利国家"的思想，在第二次世界大战后已为美国统治阶级和企业界所逐步接受。代表公司利益的《幸福》杂志，在 1951 年 2 月的专号中，把"福利资本主义"誉为美国的"不断革命"，[1] 预言这场非马克思主义的"革命"将消灭社会冲突。所以，艾森豪威尔入主白宫后，不得不从缓和阶级矛盾的

---

① 《美利坚合众国：不断革命》，载《幸福》杂志，1951 年 2 月专号。

政治需要和扩大有效需求的经济效应出发，提出在人与人的关系上实行自由主义的口号，原则上认可新政以来在社会福利改革方面取得的主要进展。1954 年和 1956 年，艾森豪威尔促使国会两次修改社会保障法，把过去未享受保险待遇的几百万人纳入老年和遗属保险计划，失业保险的范围也有所扩大。1954 年，他还向国会提出了使残废者恢复就业能力的法案。1955 年，共和党政府经国会修改公平劳动标准法，将最低工资从每小时 75 美分增加到 1 美元。1957 年，苏联第一颗人造卫星上天后，美国举国震惊。不少人认为美国在空间技术上已落后于苏联，大谈所谓"导弹差距"；并将美国教育事业的缺陷，列为在科技发展上落后于苏联的主要原因之一。在这种形势下，国会于 1958 年通过政府提出的国防教育法。规定向高等院校学生提供长期低息贷款，并为公立学校的实验室、教科书及科学、数学、外语方面的其他教学设施提供资助，从而使联邦政府在教育方面承担了更大的责任。1958 年国防教育法，有的美国学者称之为"新政的扩大"。此外，艾森豪威尔对于修建公共住宅和援助萧条地区，也曾给予支持。在他任内，还成立了新的内阁部门——卫生、教育和福利部。

尽管如此，由于艾森豪威尔强调节约与效率，在社会福利问题上希望州与地方政府，甚至私人机构承担更多的责任，结果他在政策上又表现出一定的保守性。比如，艾森豪威尔赞成使残废者恢复就业能力的重新安置计划，但是反对扩大领取直接津贴的残废者的范围；他主张联邦实行健康再保险，但是反对联邦直接保险；他虽然提出并实施兴建公共住宅计划，但在任头 3 年修建的公共住宅，比民主党下野前 3 年几乎少 10 万套。1958 年以后，艾森豪威尔慑于危机期间物价上涨与生产下降同时并存的新现象，在国内政策上大幅度转向保守，断然否决 1959 年住宅法，两次否决地区重新发展法，甚至反对国会增加社会保险津贴的数额。在艾森豪威尔这种政策的影响下，新政以来的社会福利改良虽得以继续，但进展缓慢。据美国经济学家哈罗德·瓦特统计：1939 年联邦政府在老年和遗属保险、失业保险和退伍军人津贴方面的开支，在国民生产总值中的比重为 4%，1960 年时仅仅增加到 4.4%。如果把卫生、教育、住宅和萧条地区等方面的联邦民用开支也计算在内的话，那么，在国民生产总值中的比重，则从1939 年的 7.4%，下降到 1960 年的 6%。

十分明显，艾森豪威尔的中间道路，是执政的共和党人在 50 年代不得不奉行的实用主义政策。新政以来，民主党政府大规模干预社会经济生活，调节生产关系，使之暂时适应生产力发展的需要。因而，美国国家垄断资本主义的发展，在 50 年代已成为不可逆转的潮流。即使是 20 年来处于反对党地位的共和党人，执政后也不可能完全反其道而行之。艾森豪威尔的中间道路，反映了这种历史的必然性，是美国社会暂时相对稳定的产物；它表明美国两大资产阶级政党在国家干预社会经济的问题上距离缩小。但是，美国国家垄断资本主义的发展，也带来新的矛盾，孕育着更为深刻的危机。这种危机的先兆在 50 年代虽然才刚刚露头，但艾森豪威尔的中间道路对此已有所反应。因此严格说来，中间道路是国家垄断资本主义自身矛盾的产物。它不独与 50 年代美国社会各方面的发展具有十分密切的关系，而且对于 60 年代末滞胀现象发生后执政的共和党政府的社会经济政策，产生了深远的影响。

2. 50 年代的两党政治

艾森豪威尔时代美国社会的相对稳定，不仅表现在共和党政府的中间道路上，而且表现为两大资产阶级政党之间形成的大体政治平衡。在这一时期内，两党拥有的选民数之接近，为 18 世纪 90 年代初以来所仅见。新政以来民主党人在两党政治中的长期优势，暂时中断。

〔罗斯福新政联盟的暂时衰落〕 1952 年，艾森豪威尔在总统选举中赢得压倒性胜利。18 个一贯投罗斯福和杜鲁门票的州，倒向共和党。全国各个不同收入的阶层中，都出现选票向共和党方面转移的趋势。这种变化，标志着支持罗斯福的工人、农民、城市少数民族、天主教徒、南方人和民主党人的新政联盟的暂时衰落。

许多美国学者认为，导致民主党在 1952 年大选中败北的主要原因，是朝鲜战争。这不仅是由于杜鲁门政府在朝鲜半岛的"警察行动"，陷入进退两难的僵局，美国统治集团内部的亚洲第一派起而反对杜鲁门；而且是由于美国人民中的反战情绪日益强烈，他们反对侵朝战争带来的高税收和高物价，不愿让自己的子女去充当炮灰，把战时繁荣视为"带血的苹果"。① 然而新政联盟的衰落，并非始于朝鲜战争。

第二次世界大战后国际力量对比发生的深刻变化，以及民主党政府外交政策的转变，是促成新政联盟衰落的重要因素。由于杜鲁门政府在战后奉行反苏冷战政策，以亨利·华莱士为首的进步人士离开了民主党。德国的分裂和苏联力量在东欧的扩展，又在德裔和波兰裔美国人以及天主教徒中引起严重不安。这种民族和宗教情绪，在战后美国保守势力的反苏反共反罗斯福宣传影响下，发展为对民主党政府外交政策的幻灭感，结果使这些民族后裔和教派的选民在选举中倾向共和党。据统计，1952 年大选中有 79% 的德裔新教徒和 73% 的德裔天主教徒支持艾森豪威尔。波兰裔美国人中，支持民主党的选民比例，通常为 70%，现在下降到 50%。天主教徒在1948 年有 2/3 的选票投给杜鲁门，1952 年投给民主党候选人的，只剩下 51.2%。②

除国际风云变化和与此有关的外交政策以外，战后美国经济和社会的变化，对新政联盟的衰落也具有深刻影响。由于 30 年代新政改革的成果，形成这一联盟的基础开始动摇。据商业部统计，1929 年，只有不到 1/6 的美国家庭具有每年 4000 美元以上的购买力，而 1955 年年收入达到或超过 4000 美元的美国家庭，已过半数。经济繁荣带来所谓中产阶级③的扩大，以及人口从城市中心向现代化郊区的迁

---

① 塞缪尔·卢贝尔：《温和派的反叛》，纽约哈珀公司 1956 年版，第 104页。

② 小阿瑟·施莱辛格：《取得权力：美国历史上关键性的总统选举》，纽约切西尔·豪斯出版公司 1972 年版，第 432~433 页。

③ 在美国学者著作中，一般指中等收入阶层。

移，造成可与城市民主党堡垒相媲美的郊区共和党地盘。费城、纽约和芝加哥 3 大城市郊区共和党选票的急剧增加，反映了这一趋势。①联邦政府大规模介入社会福利事业，又使城市民主党政党机器利用福利事业影响选民的手段逐渐削弱。由于经济地位相对提高，包括部分工人阶级在内的许多美国人，对通货膨胀和高额税收变得敏感起来。纳税人数也大为增加，特别是在低收入阶层中。1936 年，年收入低于 5000 美元的人口，仅负担个人所得税总额的 5%。到 1952 年，他们已承担了 1/3 的税收。这就必然导致罗斯福新政联盟中的中等和低收入阶层，出现离心现象。

农场主此时受技术革命的影响，也成为全国选举中极不稳定的因素。他们 1955 年在农业机械的燃料、修理以及肥料上的开支，是1940 年的 4 倍，管理费用是第二次世界大战开始时的 3 倍。正当技术革命迫使农场主日益依赖现金支付时，农产品价格却下跌了。这种与日俱增的技术高压，使他们对通货膨胀感到恐惧，并把民主党政府的财政和福利政策视为通货膨胀的根源。不过，他们又支持关于农产品价格政策，因此在选举中举棋不定，时有变化。

南方背离新政联盟的趋势来自两股力量。其一是"黑人聚居地带"的白人种族至上主义者。他们慑于战后初期黑人运动的高涨，对于民主党政府在黑人斗争面前作出的让步表示不满。其二是南部企业界人士。作为新兴工业的代表，他们在老的企业界人士逐步接受国家调节的时候，却要求有更大的自由竞争的余地，因此反对民主党政府加强政府干预经济的政策和对劳工运动作出的让步，其代表组织是南

---

① 塞缪尔·卢贝尔：《温和派的反叛》，第 112 页。

共和党在州一级获得的多数中郊区选票所占百分比

3 大城市郊区	1920 年	1952 年
费城郊区	8%	52%
纽约郊区	8%	44%
芝加哥郊区	7%	40%

方州工业理事会。这样，共和党 1940 年在南方主要政党选票中的得票率为 22%，到 1952 年增加到 49%。

选举结果表明，1952 年没有背离新政联盟的，主要是黑人。

〔全国选举与两党政治平衡〕　罗斯福新政联盟的衰落，促成了艾森豪威尔在 50 年代两次赢得总统选举，并使共和党 1952 年在众议院成为多数党，在参议院与民主党平分秋色。但是，这并不意味着共和党优势地位的确立，也不意味着 1952 年转向共和党的几百万民主党选民从此永远改投共和党的票。尽管受通货膨胀和国内外其他因素的影响，过去支持罗斯福新政的许多选民的态度有所变化，但是，在美国社会无法完全摆脱经济危机威胁的时代，新政和"公平施政"仍然对美国选民具有相当大的政治吸引力。1954 年，民主党在中期选举中以微弱多数迅速恢复了在两院的多数党地位。导致这一变化的主要原因，是 1953—1954 年的经济危机和农业地区对共和党农业政策的严重不满。据盖洛普民意测验 1954 年 6 月统计，45% 的人认为民主党最有能力解决失业问题，只有 14% 的人认为共和党善于应付。①1956 年，经济繁荣和日内瓦最高级会议带来的缓和气氛，使艾森豪威尔总统的威望达于顶峰。是年选举前爆发的苏伊士危机和匈牙利事件，又使美国公众进一步把和平的希望维系于这位第二次世界大战的盟军统帅。艾森豪威尔在选举中遂以压倒多数击败民主党候选人阿德莱·史蒂文森，连任美国总统。然而民主党在总统竞选失败的同时，却在参、众两院保持了多数，并略有进展。这在美国历史上是没有先例的。1958 年中期选举来临时，经济危机、小石城事件、总统助理谢尔曼·亚当斯的丑闻和苏联人造卫星上天造成的惊恐，导致共和党在选举中遭到惨败，民主党在参、众两院恢复了可与新政时代媲美的多数。纵观 50 年代，由于民主党在国会选举中重新获得一系列胜利，共和党政府在其执政的大部分时间里，必须面对一个民主党占优势的国会。

---

①　詹姆斯·森德奎斯特：《政治和政策：艾森豪威尔、肯尼迪和约翰逊年代》，华盛顿布鲁金斯学院 1968 年版，第 434 页。

从一般选民的角度来看，这种表面上互相牵制的局面，是两党政治平衡的重要表现，然而进一步的研究表明，真正起平衡作用的是两党的温和派。在白宫是艾森豪威尔，在参、众两院是以林登·约翰逊和萨姆·雷伯恩为首的民主党国会派。① 艾森豪威尔就任总统后的最初两年，罗伯特·塔夫脱、斯泰尔斯·布里奇斯、尤金·米利肯、约瑟夫·马丁和威廉·诺兰等共和党保守派控制了国会。艾森豪威尔此时不仅未充分运用总统权力来巩固共和党保守派的阵地，而且在他的立法计划受到保守派阻挠时，甚至产生建立第三党的想法。尽管这一想法从未付诸实行，但他在这段时间里确实与民主党国会领袖关系融洽。然而，到1958年民主党在国会选举获得压倒多数、自由派力量增强后，艾森豪威尔又断然宣布要与民主党国会议员中的挥霍之徒进行艰难战斗，并在一系列国内立法上转向保守。实际上，以休伯特·汉弗莱、尤金·麦卡锡、保罗·道格拉斯和民主党全国委员会主席保罗·巴特勒为代表的所谓"总统派"，即民主党自由派的力量，在50年代后期虽有所加强，但就整个艾森豪威尔时代而言，他们并未能在国会形成一股核心力量。而左右国会民主党机器的，是以林登·约翰逊和萨姆·雷伯恩为首的"国会派"，即民主党温和派。他们虽然与艾森豪威尔在一些问题上存在分歧，但拒绝公开攻击艾森豪威尔，不肯采取"为反对而反对"的党派政治立场，主张"温和"与"负责"。尤其是在外交政策方面，采取了与共和党政府合作的态度。因此，理查德·尼克松副总统后来甚至把这段时间里艾森豪威尔与约翰逊的关系，比作是国王和首相的关系。不仅如此，约翰逊和雷伯恩还拒绝与

---

① "国会派"与下文的"总统派"，系美国学者詹姆斯·伯恩斯在《民主制的僵局》(纽约普林蒂斯-霍尔公司，1963年版) 一书中提出的概念。他认为美国历来存在着跨党现象；在共和、民主两党中，都有瞩目于总统选举和全国政治因而一般说来带有自由主义色彩的"总统派"，也有着眼于国会选举和地方利益因而一般说来带有保守主义色彩的"国会派"，所以美国政治实际上是共和党总统派、共和党国会派、民主党总统派、民主党国会派的"四党政治"。50年代共和党总统派的代表艾森豪威尔和民主党国会派的代表约翰逊、雷伯恩，实际上是当时两党的温和派。

自由派成立的民主党顾问委员会合作，并在 1958 年帮助艾森豪威尔挫败了自由派的反危机方案。无庸置疑，左右 50 年代两党政治的，既不是共和党的保守派，也不是民主党的自由派，而是两党的温和派。由于经济增长缓慢、苏联人造卫星形成的压力和民权运动的发展，民主党自由派的力量自 50 年代中期以后逐渐复兴，并在国会取得进展。到 60 年代，终于打破这种两党政治平衡，使美国社会在民主党再度执政时出现新的自由主义改革高潮。

3. "丰裕社会"与"另一个美国"

艾森豪威尔时代，美国社会在相对稳定的发展中，孕育着新的意义重大的各种变化。滞胀危机的先兆、混合联合与跨国公司的长足发展、资本所有权与使用权分离的迅速扩大、白领职业者人数超过蓝领、"丰裕社会"的贫困和第三次科技革命引起的信息社会的萌芽，都是在这个时期出现的。50 年代对于战后美国社会发展的重要意义，早已为美国经济学家和社会学家所瞩目，近年来又引起未来学家们的注意。

〔美国经济状况〕　艾森豪威尔任内，美国经济的发展虽然不是一帆风顺，但基本上保持了增长的趋势。这是美国社会相对稳定的基础。

经济增长的原因之一，是公共开支的扩大。据统计，政府采购在私营总产品中所占的比重（以 1954 年价格计算），1950 年为 15%，1955 年上升到 20%，其后直到 1960 年，都在 20% 左右徘徊。① 因此，不少美国经济学家认为，50 年代是在没有大萧条和战争的时期、政府大规模开支的 10 年。尤其引人注意的是，艾森豪威尔政府的军事费用，在联邦开支中所占的比重平均为 70.2% 左右，创美国历史上和平时期的最高比例。1957 年，美国中西部研究院对工业增长情

---

① 哈罗德·瓦特：《20 世纪 50 年代的美国经济》，纽约诺顿公司 1963 年版，第 5 页。

况进行分析后宣布:"军事需求是近年来主要的而且几乎是惟一有力的增长因素。"①至于私人固定资本投资,在 1953—1954 年经济危机期间,下跌幅度很小,在 1955—1956 年进入高潮期,促成国民生产总值在 1957 年达到 50 年代的顶峰——4093 亿美元(以 1954 年美元计算)。1958 年,私人固定资本投资又开始下跌。1959 年、1960 年虽略有上升,但均未达到 1957 年水平。就整个 50 年代而言,美国经济学界认为私人固定资本增长乏力。值得注意的,倒是总消费的持续稳定增长。1950—1960 年,国民生产总值和私营总产品均曾受经济危机影响有过下跌,可是总消费却始终保持上升的趋势,从 1950 年的 1910.09 亿美元,增长到 1960 年的 3252.41 亿美元。这和实际工资提高,联邦政府的福利、税收政策以及其他反危机措施,都有很密切的关系。消费信贷的增长,也是引人注目的原因之一。据统计,到 50 年代中期,分期付款的债务已达 270 亿美元,为 20 年代的 10 倍。② 总消费的这种持续稳定增长,无疑对美国经济产生一定的刺激作用。

战后第三次科学技术革命的发展,当然也是 50 年代美国经济增长的原因。第三次科技革命,是 19 与 20 世纪之交以微观物理学为表征的科学革命与 20 世纪 40 年代兴起的以原子能、电子技术、空间技术为主要标志的技术革命有机地融合成的统一革命过程。它兴起于 40 年代末,虽然到 60 年代才又进入高潮,但 50 年代的发展也相当迅速,新能源、新材料、新技术大量用于生产。它比前两次科技革命规模更大,影响更深远,而其中心又在美国,所以它大大提高了 50 年代美国的劳动生产率。全国经济研究局 1959 年年度报告指出:第二次世界大战前 25 年里,美国每人每小时产值平均每 10 年的增长率为 22%,而第二次世界大战后到 1959 年为 35%~40%。美国加工工业的

---

① 默里·韦登鲍姆:"军事采购的某些经济方面的问题",载《现代经济评论》,1960 年 11 月号,第 10 页。

② 查尔斯·亚历山大:《守住防线:1952—1961 年的艾森豪威尔时代》,美国印第安纳大学出版社 1975 年版,第 103 页。

年平均增长速度，从 1929—1949 年的 1.4%，增长到 1949—1957 年的 2.4% 和 1957—1961 年的 3%。美国制造商协会在 1954 年出版的 1 本小册子中，把技术称为通向"金色的明天"的大门。①

最后还要指出的是，美国垄断资本大规模掠夺海外资源，对美国经济的发展也具有不容忽视的作用。20 世纪 20 年代以前，美国是矿产品出口国。但是到 50 年代，美国国内消耗的矿产品自给率已下降到 85%。十分明显，无论是公共开支、特别是军事开支的扩大，还是总消费的持续增长、科学技术的发展，以及对海外资源的掠夺，都是与联邦政府干预活动的加强，或者说美国国家垄断资本主义的发展分不开的。在这些因素的影响下，美国国民生产总值从 1950 年的 3181 亿美元，上升到 1960 年的 4392 亿美元（以 1954 年美元计算），增长 38%。每人每年平均实际消费，从二次大战结束时的 1350 美元，上升到 1960 年的 1824 美元（以 1960 年价格计算），增长 35%。到 1956 年，81% 的美国家庭有了电视机，96% 的家庭有电冰箱，67% 的家庭有真空吸尘器，89% 的家庭有洗衣机。因此，美国著名经济学家约翰·加尔布雷思把 50 年代的美国称为"丰裕社会"。

然而，繁荣并未消除危机。艾森豪威尔任内的经济增长先后为 1953—1954 年、1957—1958 年和 1960—1961 年的 3 次经济危机所打断，特别是 1957—1958 年的经济危机，不仅程度较深，而且出现危机期间物价上涨的新现象和黄金外流达 23 亿美元的症状。这是美国政府长期奉行赤字财政政策和垄断资本集团在这次危机中以削减生产、提高垄断价格的方式来保证利润的结果。不过，由于罗斯福新政式的种种反危机措施还能收到一定效果，这 3 次危机和战前相比，持续时间较短，程度较轻；物价上涨与黄金外流跟 60 年代相比，尚不严重。但是，艾森豪威尔任内美国经济的增长率低于日本、西欧和社会主义国家，与战后初期的杜鲁门时代及经济高度繁荣的 60 年代相比，情况亦复如此。特别是 50 年代末，增长率明显下降。可以说，

---

①　詹姆斯·吉尔伯特：《又一次选择》，美国坦普尔大学出版社 1981 年版，第 161 页。

这是一个经济低速增长的时期。这里固然不能排除日本、西欧和社会主义国家经济起点比美国低，以及艾森豪威尔时代没有像朝鲜战争和后来越南战争那样的经济杠杆等因素，但是，就美国政府的社会经济政策而言，经济增长缓慢，是与艾森豪威尔的中间道路在某些方面和一定程度上限制了新政式国家垄断资本主义的发展分不开的。艾森豪威尔固然没有像塔夫脱等保守派所希望的那样大幅度削减联邦开支，在其执政的大部分财政年度里实际上奉行了凯恩斯主义的赤字财政政策，但他并没有完全放弃平衡预算的目标，在某些方面仍然抑制了联邦开支的扩大。例如社会保障以外的福利开支，就颇显不足。这类开支在1952年占国民收入的5.3%，到1960年反而下降到4.3%。而1960财政年度艾森豪威尔强行平衡预算的努力，促成了当年经济危机的到来。在50年代两次经济危机的复苏阶段，艾森豪威尔政府过早地转向反膨胀的紧缩政策，结果不仅使住宅投资受到影响，而且使制造业的固定资本投资难以恢复到危机前的最高点，失业率也因此未能降到危机前的最低点，从而妨碍了美国经济的较大增长。此外，艾森豪威尔支持联邦储备委员会长期实行货币紧缩政策，结果在1959—1960年出现了美国历史上百年未遇的高利率。这固然对大公司的资金来源影响不大，但中小企业的投资能力却因此受到损害。艾森豪威尔的中间道路对美国经济增长产生的这些影响，在50年代后期遭到民主党自由派越来越多的批评，后来成为促使肯尼迪和约翰逊政府在60年代接受新经济学增长政策的重要原因。

〔垄断资本结构的变化〕 艾森豪威尔时代，美国生产和资本的集中进一步加强，其特点是日益向综合化和国际化的方向发展。

生产和资本集中向综合化方向发展的趋势，表现为混合联合。随着50年代中期开始的美国企业史上第三次合并高潮的出现，跨行业的合并越来越盛行，形成许多巨大的垄断组织，即"混合公司"。据统计，1950—1961年美国500家最大的公司并吞了3404家生产各种不同产品的小公司。1951—1954年的跨行业合并占合并总数的54%，到1959—1969年时，提高到69%。这种混合联合规避了反托拉斯法，在经济周期波动中具有更大的稳定性，把资本集中和生产社会化在国内扩展到新的规模。50 年代，资产在 10 亿美元以上的大公司从 12 个增加到 27 个。1955 年，通用汽车公司销售额达 125 亿美元，利润为 10 亿美元。同年，美国 50 家最大的制造业公司的销售额占全国 32.5 万家制造业公司总销售额的 27%，达 860 亿美元，为国民生产总值的 1/4。尽管美国国会在 1950 年通过新的《反托拉斯法》，即《塞勒—凯弗维尔反合并法》，以堵塞《克莱顿反托拉斯法》第 7 款的漏洞，法院后来还以此为依据判决杜邦公司转让它握有的通用汽车公司 23%的股权，并使伯利恒钢铁公司和扬斯敦公司的合并计划破产，但是，这一切都没有能阻止企业合并的浪潮。

生产和资本集中向国际化方向发展的趋势，则表现为跨国公司的迅速发展。诚然，跨国公司随着垄断资本主义的形成，在 19 世纪末即已出现，两次世界大战之间又出现过国际卡特尔的"全盛时代"。但是，真正以全球为其业务经营对象的跨国公司，是在第二次世界大战以后，特别是从 50 年代后期商用喷气飞机与电报用户直通电路问世后迅速发展起来的。而 60 年代以前世界范围内跨国公司的发展，又主要是美国跨国公司的发展。这是和战后美国在资本主义世界的霸权地位以及美国国家垄断资本主义的国际化密切相关的。早在 1943 年，美国商务部就在一份专题报告中提出：扩大美国海外直接投资，是战后"美国私人资本最好的出路"[1]。美国政府在战争期间和战后初期，即利用租借法案、战后贷款等办法，打开了老牌帝国主义国家视为己有的殖民地和半殖民地禁区，使英、法等国处于经济附属地位，并建立一系列国际组织，迫使其他国家接受"自由投资""自由贸易"的原则；同时还以"外援"的名义，实行国家资本输出，逼迫受援国接受种种条件，为美国跨国公司的扩张铺平道路。不仅如此，美国政府还通过转让国有企业、军事采购以及垫付研究费用，增强跨国公司的实力，并在信用贷款、税收及海外投资安全保证方面，为跨国公

---

[1] 哈尔拉里等：《美国在世界经济中的地位》（美国商务部第 23 号经济文件，1943 年），转引自南开大学经济研究所世界经济研究室：《跨国公司》，人民出版社 1978 年版，第 137 页。

司的海外扩张大开方便之门。这样，美国跨国公司在国家的保护和支持下，获得迅速发展，其速度远远超过英、法等国跨国公司的扩张。英国资本输出到1961年才恢复到1938年的水平，而同年美国对外投资则比1938年增长5.5倍。[①] 以美国187家制造业跨国公司为例，海外子公司在1945年为615家，1955年为1003家，1960年增加到1789家。战后初期，美国跨国公司的发展是以掠夺自然资源为主。石油和矿产富裕的国家，特别是拉美就成了首先扩展势力的对象。到50年代中期，世界形势发生变化，第三世界民族独立运动蓬勃发展，外国资本在这些地区风险增大，而西欧国家经济恢复后，从1958年起相继取消了外汇管制，科技革命又使发达国家的经济和技术实力成为企业发展的有利条件，美国跨国公司遂加紧对加拿大和西欧输出资本。尽管美国政府在这一时期主要鼓励对发展中国家的资本输出，像1959年共同安全法，就规定只对发展中国家的美国资本提供保险，但是，1957—1966年美国跨国公司海外子公司年平均增长率在发展中国家和地区只有7.4%，而在发达国家却高达10.6%。加拿大在1960年就已超过拉丁美洲，成为美国资本最多的地区。西欧的美国资本也在迅速增加。这就必然导致主要资本主义国家之间的资本相互渗透加强，促进垄断资本国际联合的进一步发展，并在世界范围内把生产社会化推进到一个新的高度。在这个过程中，美国垄断资产阶级赚取了丰厚的利润，国外投资收入成为美国国际收支中最主要的顺差项目。然而，美国跨国公司的发展，也带来一系列问题。从国内来讲，它导致食利者阶层扩大，国内工业投资增长缓慢，对海外原料资源的依赖加深，进口制成品显著增多，从而影响美国经济的发展和中小企业以及工人阶级的利益。从国外来讲，它加剧了美国和其他发达的资本主义国家以及第三世界国家的矛盾，逐渐成为破坏世界经济稳定的一个因素。

①　哈尔拉里等：《美国在世界经济中的地位》(美国商务部第23号经济文件，1943年)，转引自南开大学经济研究所世界经济研究室：《跨国公司》，人民出版社1978年版，第47页。

此外，由于科技革命的进展，美国垄断资本的所有权与使用权的分离迅速扩大。据罗伯特·勒纳提供的数字统计，1963 年和 1929 年相比，在 200 家大工业公司中由经理人员控制的公司比例，从 44% 上升到 84.5%，而由个人或家族控制的公司比例，则从 55% 下降到 15%。这个主要由受过高等教育的职业经理人员和技术专家组成的经理阶层的扩大，被一些美国学者视为资本统治权的丧失。阿道夫·贝利在 1954 年出版的《20 世纪的资本主义革命》一书中，就提出了这一观点。他们把资本所有权与使用权的分离，夸大为资本统治权的丧失，是根据不足的，因为公司对资本的运用与管理，仍然必须服从大股东的意志和利益，何况许多高级经理人员，本身就拥有大量股票。

〔另一个美国〕　20 世纪 50 年代的美国虽有"丰裕社会"之称，但并未消灭贫穷。迈克尔·哈林顿在 1962 年发表了《另一个美国》，这本书披露了战后繁荣时期美国贫民的状况。他们包括生活在城市中心的黑人、阿巴拉契亚山区的居民、新英格兰及中西部衰败城市的工人、南方的农业人口、加利福尼亚等西部州的农业季节工人。1960 年，联邦劳工统计局把四口之家的最低生活水平线定为年收入 3000 美元，六口之家的为 4000 美元。据该局统计，有 4000 万美国人生活在这个最低水平线以下。前杜鲁门政府经济顾问委员会主席利昂·凯塞林在 50 年代更指出：还有 3900 万生活在最低水平线以上的美国人，也觉得自己处境可悲。这样的家庭每年只能购置三套新衣，每两周看一次电影，喝一次威士忌。到 1959 年，美国仍有 410 万家庭的年收入不足 1000 美元，占美国家庭总数的 7%。他们长年生活于贫困之中，更谈不上分享美国社会的富裕。由此可见，"丰裕社会"对于近一半美国人来说，还没有成为现实。当然，50 年代美国的贫困与马克思时代，甚至列宁时代的贫困是有区别的，与发展中国家当今存在的贫困也不相同。在美国这样一个经济高度发达的国家里，汽车、冰箱和电话已经成为生活必需品，缺少这些东西也就成了贫困的标志之一，这在过去或者经济落后的国家里是很难想象的。随着科学技术的发展，智力在社会生活中的地位日显重要，因此受教育的程度也是区别贫富的重要凭据。一个只受过 8 年教育的人，在美国是很难跨入中产阶级行列的。正是由于美国经济的高度发达和贫困问题的相对性，美国所谓"丰裕社会"的贫困在 50 年代未引起多少注意，只是到了 60 年代初期，这个问题才日益引人注目，终于成为后来民主党人进行大规模社会改革的重要原因和内容。

4. 麦卡锡主义发展到顶峰后走向衰落

前已提到，麦卡锡主义在杜鲁门任期最后两年迅速兴起，流毒全国(见第 3 章第 6 节)。这股反共反民主逆流，在艾森豪威尔初期达到顶峰后，迅速走向衰落。

〔麦卡锡主义的猖獗与没落〕 艾森豪威尔总统上台后，《华盛顿邮报》曾经预言："麦卡锡主义将在一夜之间消失。"①然而麦卡锡作为参议院政府活动委员会及其常设调查小组委员会的主席，反而更加疯狂地调查所谓政府机构中的"共产主义渗透"问题。他担任新职后仅 1 年多，其常设调查小组委员会就发起了 445 件初步质询和 157 次调查。麦卡锡及其小组委员会就美国之音的"反共宣传已被冲淡"等指控进行的调查，虽未找到任何证据，却迫使美国之音领导人和大约 30 名雇员辞职，1 名雇员自杀。麦卡锡的两名年轻助手罗伊·科恩和戴维·沙因，在 1954 年 4 月赴西欧进行了为期 18 天的旋风式的调查旅行后，麦卡锡的小组委员会发表了一项报告，宣称美国国务院设在西欧国家的海外图书馆中，有 3 万多种书是共产党人或共产党的同情者写的。马克·吐温的作品居然也列入其中。在麦卡锡及其追随者的压力下，闹得人心惶惶。不仅国务院开始焚毁进步书籍，美国许多地方都发生禁书和焚书事件。更为离奇的是，麦卡锡委员会的成员 J. B. 马修斯在 1953 年 6 月号的《美国信使》杂志上，居然著文断言："今日美国支持共产党机构的最大团体，是由新教教士们组成的"，从而把攻击的范围扩大到了宗教界。

麦卡锡不仅通过对所谓"共产主义渗透"的调查，扰得美国朝野

---

① 阿瑟·林克、威廉·卡顿：《一九〇〇年以来的美国史》，下册第 6 页。

上下不得安宁，而且粗暴干预行政、外交和军队事务，与共和党政府的矛盾遂日渐加深。他反对艾森豪威尔任命雅尔塔会议上罗斯福总统的译员查尔斯·波伦为驻苏大使，宣布自己的部属与希腊船主就向共产党国家港口禁运进行了谈判，要求传讯前中央情报局人员威廉·邦迪，并从 1953 年 11 月起，把攻击的矛头直接指向艾森豪威尔政府，宣称有"叛卖的二十一年"。1954 年初，麦卡锡的淫威达于顶峰。他扩大对陆军的调查，在佩雷斯案件①听证会上当面辱骂拉尔夫·兹维克准将，并制造陆军部长罗伯特·史蒂文森向他屈服的假象，在军队中引起波动和愤怒，终于迫使艾森豪威尔政府与他彻底摊牌。

1954 年 3 月 11 日，陆军向参议院常设调查小组委员会递交了有关麦卡锡和科恩为沙因谋取优待的指控材料。委员会决定就此举行听证会。在 4 月 22 日至 6 月 17 日举行的陆军—麦卡锡听证会上，麦卡锡在 2000 万电视观众面前进行了拙劣的表演。他那种信口雌黄、随意诬陷的政治手段，遭到陆军特别顾问约瑟夫·韦尔奇的揭露和痛斥。自此，麦卡锡一蹶不振。同年 12 月 2 日，参议院通过谴责麦卡锡的决议。这标志着他在政治上的破产和麦卡锡主义的衰落。1957 年 5 月 2 日，麦卡锡在政治冷遇中因病去世。

〔安全计划和对进步力量的迫害〕 尽管艾森豪威尔反对麦卡锡在统治阶级内部造成的严重混乱，担心他的行动会危及资产阶级民主制度的生存，但是在适应战后冷战形势和党派斗争需要上，艾森豪威尔与麦卡锡并无实质性分歧。因此，艾森豪威尔不仅对麦卡锡的种种倒行逆施姑息迁就，而且采取一系列行动来表白自己在防止"共产主义渗透"上的坚定性。结果，与杜鲁门政府一样，对麦卡锡主义的得

---

① 欧文·佩雷斯原系陆军牙医，后因曾参加过纽约市美国劳工党而受到麦卡锡委员会传讯。他援引宪法第 5 条修正案拒绝回答有关问题。1954 年 2 月，佩雷斯在传讯前已被晋升为少校，其后又被允许光荣退役。麦卡锡遂以佩雷斯案为由向陆军发难，要求佩雷斯所属部队的拉尔夫·兹维克准将交出应对提升"一个共产党人"负责的幕后人物。

势，起了姑息甚至推波助澜的作用。

艾森豪威尔上台不久，即不顾包括法国总统、英国议员在内的世界舆论的反对，支持法院对被指控向苏联提供原子情报的卢森堡夫妇作出的死刑判决，使他们被送上电椅，成为和平时期第一次因间谍罪被处死刑的美国人。1953 年 4 月 27 日，艾森豪威尔发布第 10450 号总统命令，以"安全计划"取代杜鲁门政府的"忠诚计划"，扩大了对政府雇员进行审查和加以解雇的范围。根据杜鲁门的忠诚计划，除了国防部、国务院等 11 个高度机密单位外，一般政府雇员只有在其忠诚受到合理怀疑时才能被解雇。而艾森豪威尔的安全计划规定：即使联邦雇员的忠诚未受到怀疑，只要他从事同性恋、口风不严、有激进的朋友，就可因其有可能危及国家安全而加以解雇。白宫官方公布的根据安全计划解雇的政府工作人员，在 1954 年达 2200 人，后上升到9600 人。司法部长小赫伯特·布劳内尔后来承认，2200 人中，没有一个是共产党人或间谍。1953 年 12 月 2 日，艾森豪威尔根据联邦调查局的报告，指令对参与试制第一颗原子弹的著名核物理学家 J. 罗伯特·奥本海默进行调查，并中止其接触机密情报的资格。尽管调查结果确认了奥本海默的忠诚，但原子能委员会仍以"他在品格上的基本缺点"而拒不恢复对他的信任。艾森豪威尔批准了这一决定。在这种反共反民主的气氛中，司法部长布劳内尔甚至公开影射以推行反苏强硬政策而著称的前总统杜鲁门庇护有苏联间谍之嫌的哈里·怀特，使全国为之震惊。

与麦卡锡和艾森豪威尔政府的上述活动相呼应，以威廉·詹纳为首的参议院国内安全小组委员会和以哈罗德·维尔德为首的众议院非美活动调查委员会，对联合国总部的美国雇员、中小学教师和电影业展开了调查，使外交、教育和文化界的大批进步人士遭到迫害。1954 年，美国第 83 届国会第 2 次会议制定了 8 项制止颠覆活动的法律，其中最重要的是共产党活动管制法。它规定除 1950 年麦卡伦法要求必须在司法部登记的共产党行动组织和共产党阵线组织外，共产党渗透组织也必须进行登记。该法宣布共产党是"敌对外国政权的代理人"，不得享有其他政治组织享有的"权利、特权和豁免"①。这就实际上等于宣布共产党非法。

1954 年以后，随着麦卡锡主义的衰落，艾森豪威尔政府的安全计划和国会委员会的调查活动，受到了以厄尔·沃伦为首的最高法院的抑制。尽管最高法院对公民权利提供的保护有限，而且不大稳定，但是人人自危、充满恐怖气氛的麦卡锡时代已基本结束。

〔反共反民主逆流的影响及其衰落的原因〕 以麦卡锡主义为代表的反共反民主逆流，虽然在 1954 年以后迅速衰落，但是它所造成的严重恶果，是难以估量的。社会各界成千上万的民主进步人士，甚至新政派人士及政府、军队里的普通成员，遭到迫害。中国人民的朋友、进步作家埃德加·斯诺被迫迁居瑞士。著名电影演员卓别林被指责为"亲共分子"而离开美国。第二次世界大战期间美国国务院的"中国通"约翰·谢伟思、约翰·文森特和约翰·戴维斯等，先后因所谓对"丢失中国"负有责任而被赶出外交界。战后美国长期不变的冷战政策、民主进步势力在 50 年代的衰落、美国共产党影响的缩小以及"沉默的一代"的出现，都与麦卡锡主义的影响有很大关系。这股反共反民主的逆流，在反对共产主义和保持资本主义制度的目标上，固然与美国垄断资产阶级的根本利益不相违背，因此得到美国政府、国会、军队和社会上相当一部分人的支持，并一度对社会舆论产生很大蛊惑性影响，但是它所采用的手段，却代表着一种美国垄断资产阶级也难以接受的历史的反动和倒退。如若一直继续下去，其结果将不仅仅是在外交上否定战后美国政府的全球遏制政策，而且在经济上必然转向自由放任主义，在政治上可能倒向法西斯主义，从而破坏美国社会的相对稳定。这显然违背 50 年代美国社会的发展趋势，因此不仅在美国人民中，而且在统治阶级内部，最终都遭到强烈的反对。从这个意义上说，麦卡锡主义的失败是必然的。麦卡锡主义的衰落，主要是统治阶级内部斗争的结果，但是美国各阶级人民的斗争，也产生了很大的作用。美共和一些进步组织，站在斗争的最前列。群众性的反

---

① 查尔斯·亚历山大：《守住防线：1952—1961 年的艾森豪威尔时代》，第 59 页。

对麦卡锡主义的斗争，为参议院谴责麦卡锡提供了有利的舆论条件。此外，美国的西欧盟国对麦卡锡主义的忧虑和朝鲜战争结束后美苏冷战暂时趋于缓和，对麦卡锡主义的衰落也产生了一定的影响。

5. 激进主义的消沉与社会思潮的变化

〔美国共产党与激进主义的消沉〕 50 年代美国社会的相对稳定，不仅表现为麦卡锡右翼极端主义终于走向衰落，而且表现为美国共产党和左翼激进主义也归于消沉。

美国共产党在麦卡锡主义横行的日子里受到沉重打击，力量和影响都大为缩小。据司法部长小赫伯特·布劳内尔 1956 年 10 月 8 日报告统计，从 1948 年起，已有 140 名美共领导人被捕，108 名共产党领导人被判刑入狱。① 此外，还有 400 名外籍党员被驱逐出境。一些党的领导人和普通党员在 1954 年共产党活动管制法通过后，被迫转入地下。1956 年，赫鲁晓夫在苏共第二十次代表大会上作的秘密报告和匈牙利事件的爆发，在国际共产主义运动中引起极大的思想波动，并使美共在思想和组织上又受到很大损害。在这种形势下，美共党内以《工人日报》编辑约翰·盖茨为代表的派别建议修改党的纲领、实现党内民主化、与社会党人合作乃至最后合并。他们公开批评苏共领导。以威廉·福斯特为首的另一些美共党员，则认为斯大林的个人迷信在苏共二十大已得到清算，现在的问题是在美共党内反对"右倾"。1956 年 9 月 13 日，盖茨派占多数的美共全国委员会通过提交第十六次代表大会审议的决议案。福斯特接受了这一草案，但有很大保留。该决议案认为，美共过去由于对其他国家马克思主义者的观点和思想采取了过分简单化和全盘接受的态度而深受其害。1957 年 2月，美共第十六次代表大会举行，以尤金·丹尼斯为首的美共党员支

---

① B. Y. 米哈依洛夫、N. V. 莫斯托维茨和 G. N. 谢沃斯季扬诺夫编：《美国现代劳工运动史，1939—1965》(英文版)，莫斯科进步出版社 1979 年版，第282 页。

持福斯特派的斗争。结果，盖茨派虽在全国委员会赢得多数，但在匈牙利事件和苏联犹太人问题上放弃了反苏立场。美共十六大决议宣布："美国共产党要继续存在下去。我们的主要任务是加强、重建和巩固美国共产党并克服它的孤立状态。"①1957 年 12 月，盖茨集团迫使美国共产党执行委员会拒绝接受各国共产党和工人党莫斯科会议宣言，在党内再次招致尖锐批评。由于盖茨派的党员大量脱党和福斯特派坚持斗争，1958 年 1 月，美国共产党执行委员会解除了盖茨全国委员会书记的职务，停止出版被盖茨控制的《工人日报》。同年 2 月，盖茨退出美国共产党，美国共产党全国委员会组成新的执行委员会。1959 年 12 月，美国共产党举行第十七次代表大会，盖斯·霍尔当选为总书记。他在向大会作的报告中，提出美国共产党的任务是克服"脱离工人运动主力的孤立状态"②，并号召为争取实现和平共处与普遍裁军而斗争。在这两次全国代表大会期间，美国共产党力量略有发展。但是就整个 50 年代而言，它的人数锐减。1946 年时有党员75000 人，1957 年只剩下 7000 名，1959 年仅增加到 1 万人。③ 美国共产党远未摆脱在美国政治中被削弱和孤立的状态。1957 年 12 月，福斯特曾在《政治评论》上撰文承认，党在冷战时期犯过严重错误，主要有三点：①过分迷恋于建立进步党；②没有提出通过议会及比较和平的道路在美国实现社会主义的口号；③制定了过于严格的入党要求。十分明显，在美国新政式的国家垄断资本主义的发展不断削弱美国工人阶级的战斗意识的时代，马列主义的普遍真理如何与美国社会的实际相结合，仍然是需要在斗争中加以解决的问题。仅仅依赖国际共产主义运动某个中心的指导或照搬兄弟党的经验，是无法为美国共产主义运动开拓广阔前景的。

　　在美国共产党力量大为削弱的同时，30 年代在美国知识界普遍

　　①　谢沃斯季扬诺夫主编：《美国现代史纲》（中译本），三联书店 1978 年版，下册，第 839 页。

　　②　Н. В. 西瓦切夫、Е. Ф. 亚济科夫：《美国现代史》，第 236 页。

　　③　Н. В. 西瓦切夫、Е. Ф. 亚济科夫：《美国现代史》，第 236 页。

存在的激进主义思潮也迅速消沉。许多一度向往苏联并信奉过马克思主义的知识分子，转而支持反苏反共的冷战政策。他们不再像大萧条时那样对资本主义制度的弊病表示不满，而是重新肯定美国民主制度的活力。神学家莱因霍尔德·尼布尔、哲学家西德尼·胡克和社会学家丹尼尔·贝尔，都经历了这样一种思想转变过程。最初由美国共产党控制的文化季刊《党派评论》，自 30 年代后期开始，逐渐转变为反斯大林主义的反共刊物。它在 1952 年以《我们的国家与文化》为题，组织了 3 期专题论文。这些论文成为 50 年代美国思想界进一步向右转的里程碑。1950 年在西柏林成立的争取文化自由大会，则成为得到中央情报局资助的反共知识分子的国际组织。西德尼·胡克是这个组织的美国支部争取文化自由美国委员会的第一任主席。历史学家小阿瑟·施莱辛格、文艺评论家莱昂内尔·特里林、记者约翰·张伯伦以及丹尼尔·贝尔等人，都积极参加了该组织的活动。激进主义在美国的政治词汇中，已经成为犯禁的字眼。这种沉闷的空气，直到 50 年代中期以后，才开始有所改变。但是就整个 50 年代而言，它仍然是进步思想和激进主义消沉的年月。丹尼尔·贝尔甚至把这种思想界的呆滞称之为"意识形态的终结"①。

〔新保守主义和新自由主义〕 50 年代进步思想和激进主义的消沉，并不意味着保守主义的崛起。当时出现的新保守主义，虽然使那些对自由主义感到厌倦的部分青年学生耳目为之一新，但是它的影响十分有限。新保守主义者在观点上也存在着很大的差异，不过他们都强调私有财产的神圣性，反对联邦政府权力集中，攻击大众民主，对所谓西方文明的衰落感到忧虑。从这个意义上说，新保守主义是对新政以来民主党人的社会经济改革和战后世界力量对比发生的深刻变化的一种反动。新保守主义的思想前驱之一，著名专栏作家沃尔特·李普曼在 1955 年出版的《公共哲学随笔》这本书里，甚至把资本主义民主制度的发展，视为所谓"西方的衰落"的根源，主

---

① 1960 年，丹尼尔·贝尔出版了一本书，书名就叫做《意识形态的终结：论 50 年代政治思想的枯竭》。

张用他所说的"公共哲学",即"超越整个人世间的""西方制度最初赖以建立的自然法则",① 来防止这种衰落。这实际上是反对美国社会的变革与改良。不过他不像老保守主义者那样,主张回到 19 世纪去,而是试图以抽象不变的"自然法则",来阻止美国社会的发展。这就是他之所以被称为新保守主义者的原因。《公共哲学随笔》当时虽然也成了畅销书,但毕竟不合时宜。社会上对这本书的反应,使李普曼深感失望,以致他精神崩溃而入院治疗。新保守主义的另一个代表人物,是小威廉·F. 巴克利。他早在 1951 年就发表了《耶鲁的上帝和人》,猛烈抨击他母校的自由主义学院空气,后与L. 布伦特·博泽尔共同著书为麦卡锡辩护。1955 年,年仅 30 岁的巴克利创办了半月刊《国民评论》。这个刊物成为美国保守主义知识分子的主要喉舌。然而,新保守主义公认的思想大师,是传统主义者罗素·柯克。他在1953 年出版了名著《保守思想》,1957 年创办《当代:一份保守杂志》。柯克把人类社会比喻为衰败不堪的古老房屋。他认为:人类要不沦为在其间游荡的鬼魂,就必须如 18 世纪英国的埃德蒙·伯克去反对革命,像美国的约翰·亚当斯去反对改良和革新。社会需要的是秩序和阶级。他还对权力集中和"潜滋暗长的社会主义"感到忧虑。彼得·维雷克也是新保守主义者中比较有影响的人物。他对柯克的"秩序和阶级"没有兴趣,但对反苏反共十分狂热。至于在维持自由市场和相信原罪等方面,维雷克和柯克一样,是个彻底的保守派。尽管大部分新保守主义者都批评艾森豪威尔政府继续和扩大了罗斯福—杜鲁门时代的所谓集体主义趋势,但是,这种批评没有多大影响,因为它有违于历史发展的方向。新保守主义在思想上的建树,也微不足道。李普曼不得不求助于"自然法则",而柯克则在 18 世纪伯克思想的基础上,并未增添多少新枝绿叶。

50 年代充斥于美国学术界、并对政府决策产生一定影响的,应该说是新自由主义。不过它已不是罗斯福时代带有激进主义色彩的自

---

① 罗纳德·斯蒂尔:《李普曼传》(中译本),新华出版社 1982 年版,第726 页。

由主义，而是冷战和社会相对稳定的产物。1947 年成立的美国人争取民主行动协会，是新自由主义的中心组织。神学家尼布尔的思想，对新自由主义的发展产生很大影响。小施莱辛格、贝尔、马克斯·勒纳教授、社会学家西摩·利普塞特、编辑欧文·克里斯托尔这些新自由主义者，鉴于希特勒纳粹主义的恶果、斯大林主义的影响以及战后社会主义力量的崛起，不加区别地认为平民主义会产生极权主义，从而摒弃激进思想，对群众运动感到悲观和失望。小施莱辛格在 1949 年论述新自由主义时就指出：自由主义者应该避免愚蠢的反动和空想的激进，去寻找政治生活"生死攸关的中心"。① 随着战后经济的繁荣和美国国家垄断资本主义的暂时成功，新自由主义者开始强调美国资本主义制度积极和有效的方面，主张资产阶级的改良运动。40 年代初期，美国著名经济学家约瑟夫·熊彼得曾经很不情愿地得出结论：社会主义是不可避免的。② 但是到了 1949 年，小施莱辛格写道："新激进主义的预言者是凯恩斯，而不是马克思。"③新自由主义者认为，由于凯恩斯主义和"福利国家"生效，美国经历了一场非马克思主义的"革命"。美国的自由企业制度已不同于老的资本主义；它创造了空前的物质财富，消弭了阶级冲突，使社会问题能像工业问题一样得到合理解决；而威胁美国社会的，主要是马克思主义的信徒。美国在反共斗争中，应该把它的自由企业制度推广到全世界其他地区。1954 年麦卡锡主义衰落后，这种自由主义在美国统治阶级内部形成某种程度上的"一致性"。洛克菲勒兄弟在 1956 年着手组织的专门研究，艾森豪威尔总统在 1960 年委托以布朗大学校长亨利·里斯顿为首的总统委员会所写的研究报告《美国人民的目标》，都不约而同地肯定了上述自由主义的思想。这种思想，不仅对美国统治阶层产生一

---

① 1949 年，小阿瑟·施莱辛格出版的有一本书，书名就称为《生死攸关的中心》。

② 戈弗雷·霍奇森：《当代美国》，纽约道布尔戴公司 1976 年版，第 76 页。

③ 小阿瑟·施莱辛格：《生死攸关的中心》，波士顿霍尔·米夫林公司 1949 年版，第 183 页。

定影响，而且在社会科学的许多领域都得到反映。新自由主义在政治学中表现为多元主义，在历史学中表现为一致论，① 在社会学中表现为种种非无产阶级化的理论。新自由主义在美国思想界的统治，直到60年代才开始发生危机，然而危机的苗头，在50年代即已隐约出现。

　　〔"垮掉的一代"和新左派的思想前驱〕　在这个把思想上的激进主义与共产主义颠覆的罪名等同起来的时期，对美国社会现存制度的批评之声几乎完全窒息，出现了剧作家桑顿·怀尔德所说的"沉默的一代"。② 加尔布雷思教授曾经埋怨说，与这个时代一般人的情绪相比，哪怕是极温和的批评也成了狮吼。但是，"垮掉的一代"和某些新左派的思想前驱，仍然表达了自己对50年代美国社会的不满和反抗。

　　第二次世界大战以后，随着国家对社会经济生活的干预日益加深，生产社会化程度的提高以及科学技术的发展，一些出身于中上层阶级的美国青年痛感自由意志的幻想破灭，产生了强烈的异化感。在50年代形成所谓"垮掉的一代"。他们认为：美国社会居于统治地位的价值标准宣扬的是循规蹈矩的思想。这种思想要人去适应社会，去服从国家、公司和技术的专横，把人当作环境的牺牲品，结果歪曲了人的灵魂，使人成为非人。戴维·里斯曼的《孤独的人群》和威廉·怀特的《组织的人》，就论述了在高度工业化社会出现的这些现象，在当时具有一定的影响。"垮掉的一代"正是不满于美国资本主义制度对个人的压抑以及麦卡锡主义造成的政治高压，才起而否定美国社会的价值标准，寻求新的生活方式。他们与大众社会相脱离，弃富贵而求贫困，弃成功而求失败，弃物质而求精神。他们主张肉体和灵魂的赤裸，以重新获得自己的正身，而不是被现代社会扭曲变形了的躯壳。"垮掉的一代"的代表人物杰克·凯鲁瓦克憧憬像中世纪西藏的喇嘛米拉瑞帕一样赤身裸体地生活于洞穴之中；艾伦·金斯伯格在

---

① 典型的一致论史学是新保守派的史学。
② 詹姆斯·吉尔伯特：《又一次选择》，第127页。

朗诵他的诗歌时脱得一丝不挂；尼尔·卡萨迪死于墨西哥的铁道旁，人们发现他什么也没有穿。这些叛逆者用长须、长发、工装裤、同性恋和乱交这些独特的方式，表达自己对这个社会的厌倦和摒弃，以及他们对自由的追求。那些生来就被美国社会践踏的黑人、墨西哥人、东方人成为他们仰慕的对象。东方的宗教，成为他们的精神寄托。毒品和爵士乐则使他们如醉似狂。有的人还卷入了犯罪活动。他们用自己的"疯狂"来展示当代生活的阴影。"垮掉的一代"的作品，是对主流文学的挑战，也是对正统礼仪的冒犯。其中有些作品使用的语言之肮脏，使得法庭必须对它们能否付印作出裁决。① 应该说，"垮掉的一代"是50年代美国社会为数不多的反叛者，但他们对社会的抗议是间接的、对比式的，因而也是消极的。"垮掉的一代"的意义，主要不在于它对50年代正统文化的挑战，而在于它是60年代中期以后席卷美国的反正统文化的先声。

除了"垮掉的一代"的消极反抗以外，知识分子中有少数人对美国的政治、经济和社会制度展开了积极的批判，成为新左派的思想前驱。心理学家兼社会哲学家保罗·古德曼的《日益荒谬》一书，指出美国社会在创造物质富裕的同时，也产生了异化。赫伯特·马尔库塞认为：资本主义违反人性的罪恶本质并非经济剥削，而是异化。他把马克思早年关于异化的理论和弗洛伊德的"压抑"概念糅合在一起，用弗洛伊德来补充马克思，对当代资本主义社会进行猛烈的抨击。但他的基本立场，仍然是资产阶级唯心主义的。社会学家 C. 赖特·米尔斯则在《白领》一书中，对50年代知识分子中流行的自满心理提出了挑战。他还在《权势名流》这本著作中，否定了新自由主义的多元论和一致论，肯定了美国社会是一个由统治者与被统治者构成的阶级社会。青年外交史学家威廉·威廉斯批评了一致论史学家对美国的盲目颂扬。在这批知识分子中，还包括激进的和平主义者 A. J. 马斯特和戴维·德林杰等人。这些人的思想光怪陆离，相当混杂，而且在50年代的影响也十分有限。然而正是这些思想，却构成60年代风起

---

① 参阅第 16 章第 2 节。

云涌的新左派运动的思想温床。

6. 工人运动的曲折发展

〔工人阶级状况〕　第二次世界大战以后，尽管美国统治集团通过《塔夫脱—哈特莱法》以及某些州的工作权利法对工人阶级展开了赤裸裸的进攻，但是，在工人阶级的斗争面前，他们还是作出了一定的让步。特别是随着国家垄断资本主义和科技革命的发展，美国垄断资产阶级越来越倾向于通过提高劳动生产率、高利信贷、扩大剥削范围以及由国家对国民收入进行有利于垄断资产阶级的再分配等比较隐蔽的方式，攫取高额垄断利润。这样，50年代美国工人阶级的实际工资、社会福利和消费水平，均有所提高。实际工资在危机期间虽曾下跌，但总的来说呈上升趋势。以制造业有3个家属的生产工人平均周实际工资为例，1950年为52.28美元，1955年为58.21美元，1959年为60.84美元(均以1947年美元计算)。联邦社会福利事业在共和党执政期间进展缓慢，但各种类型的公共社会福利开支(教育开支除外)，仍从1950年的116亿美元，增加到1959年的329亿美元。许多大企业还举办了自己的福利事业。美国居民的消费构成，也发生明显变化。吃、穿两项开支，1947年占总消费的49.1%，1960年下降到37%。而住、医药、交通、文娱及其他开支，则从1947年的50.9%，上升到1960年的63%。生活必需支出在总消费中比重下降，说明美国人民购买生活必需品以外的高级消费品和劳务的能力相对提高。这些变化，使美国工人阶级的生活水平逐渐上升，在一定程度上削弱了工人阶级的战斗性。但是，在美国国家垄断资本主义的历史条件下，工人阶级仍不可能摆脱被剥削的地位。美国生产劳动者的实际收入的增长速度，赶不上国民收入的增长速度。而年平均失业率1946—1950年期间为4.58%，1951—1960年上升到4.6%。新技术的应用带来的结构性失业，在50年代成为引人注目的问题。战后头10年，由于自动化而被解雇的工人，纺织业为30万，电子与无线电工业为20万。煤矿工人在1947—1957年减少了一半，其中40万是因为新技术的使用而失去工作的。工人中的黑人、墨西哥人、波多黎各人以及妇女，则由于种族和性别歧视，处境格外艰难。据1958年资料统计，在工农业部门就业的黑人，有20%年收入不到1000美元，属于这个收入阶层的妇女，占就业妇女总数的41%。

〔劳联、产联的合并与工会组织发展的停滞〕 美国工会运动的发展，在新政和二次大战期间曾出现两次高潮。战后垄断资产阶级慑于工会力量的壮大，在杜鲁门执政时开始加强对工会组织的进攻，促使美国有组织的工人认识到自身团结和统一的重要。1951年4月，西海岸码头工人工会代表大会和1954年钢铁工人联合会代表大会，都强调美国劳工运动统一起来的必要性。基层工会和会员要求结束劳联和产联两大工会组织对立状态的情绪日益强烈。产联的肉类加工工人工会和劳联的屠宰工人工会，就先行采取了合并行动。产联主席沃尔特·鲁瑟在1955年10月承认："如果合并仅仅涉及基层会员，那它早就实现了。他们多年来就要求合并，这种压力实际上来自基层。"①在这段时间里，两大工会组织领导之间的分歧也缩小了。这首先是因为产联内部的中左联盟已经分裂，产联领导明显右转。他们在1949年和1950年开除了11个所谓受共产党影响的进步工会，并在1952年12月于大西洋城召开的产联第14次代表大会上，通过了支持美国政府冷战外交政策的决议。与此同时，劳联的结构也发生重大变化，它已包含许多产业工会。行业工会的原则，不再成为两大工会组织合并的障碍。此外，长期处于对立状态的劳联主席威廉·格林和产联主席菲里普·默里先后去世，由乔治·米尼和沃尔特·鲁瑟分别接替了他们的职务，这也为合并改善了气氛。然而，合并问题还是一再延宕。两大劳工组织从1950年7月开始谈判，直到1955年12月5日才召开第一次劳联和产联大会，宣布成立美国劳工联合会—产业工会联合会(即劳联—产联)，正式实现合并。乔治·米尼当选为劳联—产联主席，威廉·施尼茨勒当选为司库，沃尔特·鲁瑟等27人当选为副主席，鲁瑟还成为劳联—产联内产业工会部的负责人。劳联

———————
① 米哈依洛夫等：前引《美国现代劳工运动史，1939—1965》，第300页。

和产联的合并，使许多工会在 1955 年以后的一些集体谈判中，具有团结和坚定的特点。但是，这次合并基本上是由保守的工会领袖自上而下完成的，他们在合并后并未改变其反共和阶级合作的政治路线。米尼在 1955 年 12 月 9 日对美国制造商协会发表的演说中宣称：劳资之间存在如此之多的共同点，如要彼此争斗，那是愚蠢的。他说他一生中就从未参加过罢工。在这种阶级合作路线的指导下，以米尼为首的劳联—产联领导人不仅没有承担起把非工会工人组织起来的责任，反而在"贪污腐化"的罪名下先后将卡车司机工会、面包工人工会和洗衣工人工会开除出劳联—产联。结果，在 50 年代后半期，劳联—产联的会员减少了 150 万。由于劳联—产联领导的这种做法，再加上反劳工立法的压制，传统上不为工会接受的妇女、黑人及白领雇员在就业大军中比例增大，还有新兴工业地区工会力量薄弱等原因，美国工会会员在 1956 年达到 1749 万的高峰后，开始逐年减少。就整个 50 年代而言，工会组织的发展实际上处于停滞状态。不过值得注意的是，工会上层领导的政策，在基层会员中引起了不满，这种不满在 60 年代发展为基层会员的"造反"。就是在工会上层内部，对于一些问题也存在分歧。例如，米尼反对不同制度国家和平共处，完全支持冷战政策，鲁瑟则承认在某些急迫的国际问题上谈判的必要性；米尼支持种族歧视政策，鲁瑟则不然；米尼不理会低收入工人的利益，鲁瑟则在一定程度上支持他们的斗争。这些不满和分歧，虽然在 50 年代即已有所发展，但还不足以改变劳联—产联领导的路线和政策。

〔有组织劳工的斗争〕　艾森豪威尔政府上台时，劳联和产联的新领导人米尼和鲁瑟都表示愿与新政府合作。他们希望共和党政府能修改塔夫脱—哈特莱法。由于这种和解政策的影响，以及许多集体合同尚未到期，1953—1955 年美国工人的罢工次数、卷入人数及损失的工作日，均不及杜鲁门时代。有不少罢工是所谓"野猫式"罢工①。这一时期罢工斗争提出的主要是经济要求；既没有政治罢工，也没有

———————
①　未经工会领导批准的罢工。

整个产业部门的大罢工。50 年代后半期与前半期相比，罢工次数与卷入人数都有所减少。但是，美国工人阶级在钢铁、汽车、矿业和运输部门，还是展开了一些声势浩大的罢工斗争。1958 年，通用、福特和克莱斯勒 3 大汽车公司工人罢工，并取得胜利。1959 年 8 月，国际采矿、选矿及冶炼工人联合会领导的铜矿和锌矿工人，开始了长达 6 个月的罢工斗争。他们最后赢得了胜利。但是，5 名工会领袖被借故判刑。钢铁工人在 1956 年举行了全国性罢工，1959 年 7 月 15 日，再次举行有 54 万人参加的大罢工。这不仅是由于钢铁公司在合同期满后拒绝工人在当年增加工资的要求，更重要的是由于资方把有权改变劳动规章作为谈判新的集体合同的先决条件，其结果将使工人在自动化过程中被任意解雇。因此，1959 年的钢铁工人大罢工，首先是一场保障就业权利的斗争。这次大罢工，对美国经济产生了严重影响，并危及导弹基地的建设和核潜艇的建造。艾森豪威尔政府出面干预，要求法院根据《塔夫脱—哈特莱法》发出停止罢工 80 天的禁令，并在劳资双方进行调停。1960 年 1 月 4 日，钢铁公司的经理们在工会降低要求后作出让步，同意将每小时工资和假期津贴增加约 41 美分，并放弃修改劳动规章的企图。钢铁工人大罢工基本上以胜利告终。

　　总的来说，艾森豪威尔时代的美国工人运动，比杜鲁门执政时趋于消沉；工人阶级的斗争，主要是围绕着集体谈判进行的。受战后通货膨胀和结构性失业的影响，50 年代美国工人阶级在集体谈判中特别强调两点：其一是要求工资与小额优惠随物价上涨而增加；其二是要求工会有权参与制定劳动规章，以缓和自动化引起的失业问题。由于资方，特别是那些能操纵市场价格的大公司，在战后逐渐倾向于把对工人工资和福利作出的让步列入成本和产品价格的方式保持垄断利润，他们往往宁愿在集体谈判中对工人作出某些让步，而不愿触发大罢工。因此，美国工人阶级在 50 年代的集体谈判中，取得一定的进展。即使如此，各个工会取得的成功也是不平衡的。尤其是在保障工人的就业权利方面，资方往往不肯作出让步。例如，以约翰·刘易斯为首的联合矿工工会，在面临或者削减工资不裁员，或者裁员不减工资的选择时，不得不接受资方条件，听凭部分矿工失业，以保持留用工人的高工资。以哈里·布里奇斯为首的国际码头和仓库工人工会，在 1959 年与船主签订了为期 1 年的集体合同，资方应允出资 150 万美元，在工会会员失业时保证其获得等同于平均工资的津贴。这是其他工会从未赢得过的成功。但是到 1960 年，劳资双方又签订了机械化和现代化协定，西海岸的码头工人减少了近 50%。

7. 民权运动与黑人斗争的新阶段

战后 10 年，美国经济获得很大发展，但是黑人的处境却没有多少改善，有些方面还不及战时。而战后黑人无产阶级的壮大和黑人组织的发展，还有亚、非、拉民族解放运动的高涨，却使美国黑人的民族觉悟和阶级觉悟显著提高，黑人运动也逐步高涨。终于在 50 年代中期以后成为冲破美国社会相对稳定局面的巨大力量。①

〔美国黑人的法院斗争〕　黑人运动的发展是起伏不平的。它在经历了战后初期的高涨之后，在 1947—1955 年进入一个低潮时期。这是 1947 年以后美国政府加紧迫害进步力量、美国共产党影响严重削弱、工会运动向右转，从而导致黑人资产阶级控制了美国黑人运动领导权的必然结果。黑人资产阶级由于受到种族歧视，因而具有争取自由和平等权利的积极性，但是他们的剥削生活又是以资本主义制度为基础的，因此他们不愿意黑人运动危及美国社会的根本。这就决定了他们主要从事反对种族歧视与种族隔离的合法斗争，而且以通过法院进行斗争作为他们合法主义的核心。应该承认，法院斗争在 50 年代取得了一定的成果。1953 年，最高法院新任首席法官厄尔·沃伦上任，重新审理有关公立学校种族隔离制的案件。全国有色人种协进会黑人律师瑟古德·马歇尔，在有代表性的布朗诉托皮卡教育局一案审理过程中，为黑人权利进行了有力的辩护。1954 年 5 月 17 日，沃

① 参阅刘绪贻：《战后 10 年美国黑人运动的起伏》，《武汉大学学报（哲学社会科学版）》，1981 年第 2 期。

伦代表最高法院就此案作出判决，宣布公立学校种族隔离制违宪，从而推翻了 1896 年普莱希诉弗格森一案判决所确认的"隔离但是平等"的原则。这一判决，是战后黑人法院斗争的里程碑。此后，联邦法院还在另外几个判决中宣布某些种族隔离制违法。州际商业委员会则在 1955 年下令铁路取消种族隔离的有关规定和惯例。但是，联邦政府和国会并未采取进一步的措施，以保证执行布朗案判决。联邦法院在 1 年后要求地方当局在这个问题上采取"适宜的速度"。结果，1954 年判决在南方遭到种族主义分子广泛的抵制。101 个南方国会议员在"南方宣言"上签字，宣布展开反对法院判决的政治战。白人公民委员会进行了大规模的种族主义宣传，并对黑人施加经济压力。14 岁的黑人少年埃米特·蒂尔被无辜杀害。有的州还以关闭公立学校或象征性种族混合来抵制布朗案判决。1957 年，白人种族主义分子制造了震惊世界舆论的小石城事件。到 1960 年，南方 300 万黑人学生中，与白人学生同在公立学校上学的，只占 60%。法院斗争的局限性，由此可见一斑。① 尽管如此，以沃伦为首的最高法院由于在民权和公民自由问题上明显转向自由主义，遭到了种族主义分子和反动分子的猛烈抨击。这些人不仅试图废除 1954 年布朗案判决，甚至想通过宪法修正案来取消司法复审权，限制最高法院受理上诉权，不过均未获得成功。实际上，最高法院的变化，既是黑人群众长期斗争的结果，也是美国统治阶层对民权运动重新认识的产物。不少资产阶级自由主义者已深切地感到，在国家垄断资本主义阶段，国家不仅要加强对经济生活的干预，也要加强对社会问题的控制；不仅要缓和阶级矛盾，也要防止种族矛盾的激化。否则，资本主义制度的生命就难以延长。

〔非暴力群众直接行动〕 法院斗争的局限性，促使广大黑人群众对以全国有色人种协进会上层人物为代表的保守领导人日益不满。他们不想再仅仅依赖法院斗争来慢慢谋求解放，而是企图通过自己的

---

① 参阅刘绪贻：《从合法斗争到非暴力群众直接行动——40 年代后期到 60 年代初的美国黑人运动》，《美国史论文集》，三联书店 1980 年版。

直接行动立即取得自由。1954 年以后，麦卡锡主义的迅速衰落，为黑人运动的高涨提供了有利条件。亚、非、拉民族解放运动的发展，更使美国黑人进一步觉醒。1955 年 4 月召开的万隆会议，在美国黑人的各阶层中引起广泛的反应。在这种历史背景下，黑人运动逐步走向高潮，终于在 1955 年底进入了非暴力群众直接行动的新阶段。蒙哥马利城抵制公共汽车的运动，成为这个新阶段的开端。1955 年 12 月 1 日，亚拉巴马州蒙哥马利城黑人女裁缝罗莎·帕克斯夫人乘公共汽车时，拒绝把座位让给白人，因而被捕入狱。这一事件，激起了蒙哥马利城 5 万黑人居民的愤怒。他们在青年黑人牧师小马丁·路德·金博士领导下，团结一心，采取了不乘公共汽车的有力抵制行动。经过黑人群众近 1 年英勇而坚韧的斗争，公共汽车公司濒于破产，被迫取消了隔离制度。最高法院也作出了在公共汽车上实行种族隔离违反宪法的判决。这次斗争，是广大黑人群众采取直接行动以摧毁种族歧视制度的运动，具有空前的群众性，表现了高度的坚定性和团结精神。黑人运动的重心移向了南部，并且涌现出新的黑人领袖和领导中心——小马丁·路德·金和南方基督教领袖会议。在这次事件以后，黑人学生运动日益活跃，在 60 年代初把非暴力群众直接行动不断推向高潮。当然，非暴力群众直接行动的领导权，仍然掌握在黑人中、小资产阶级手中，其斗争目标主要限于反对种族隔离制度，而且在斗争方法上受到印度莫汉达斯·甘地的影响，反对暴力行动，提倡抽象的爱，因而在垄断资产阶级和种族主义者的暴力面前显得软弱无力。然而，正如安妮·布雷敦所言，1955 年以来的民权运动，"已给我们社会注入某些生机。虽然它是开始于沉默的 50 年代最死气沉沉的日子，但它把我们国家从麦卡锡主义造成的完全瘫痪状态拯救出来，并且又使'敢于公开提出自己不同意见'，成为我们生活方式的组成部分"①。非暴力群众直接行动在 50 年代取得的具体成果是有限的，但它在推动黑人运动走向高潮和促使美国资产阶级自由主义者进一步进

---

① 安妮·布雷敦：《黑人权利运动的进程》，载美国《国民前卫》，1964 年 5 月 23 日，第 4 页。

行改革方面的影响，却是意义深远的。①

〔共和党政府与民权问题〕 尽管以沃伦为首的联邦最高法院在民权问题上采取了支持黑人的自由主义立场，但艾森豪威尔总统态度保守。他虽在上台之初取消了武装部队和哥伦比亚特区的种族隔离制，但对各州存在的种族隔离问题态度暧昧。1954 年，最高法院就布朗案作出历史性判决后，艾森豪威尔虽要求哥伦比亚特区在取消公立学校种族隔离制上作出表率，但当记者问他对种族隔离最严重的南方有何见教时，他断然表示："一点也没有。"②他后来甚至在私下埋怨自己不该任命厄尔·沃伦为最高法院首席法官。当亚拉巴马州发生种族主义分子把黑人女学生奥瑟琳·露西赶出学校的事件后，艾森豪威尔不加干预；他希望该州自行解决。由于共和党政府在布朗案判决问题上态度不明朗，阿肯色州州长奥佛尔·福伯斯居然于 1957 年 4 月不顾联邦法院的命令，派遣州国民警卫队在小石城中心中学门外布岗，阻拦 9 名黑人学生根据种族合校计划入校学习。后来，白人种族主义暴徒又包围了学校，世界舆论为之震惊。在这种形势下，艾森豪威尔才不得不下令把阿肯色州国民警卫队置于联邦管辖之下，并派遣联邦军队到小石城维持秩序，强制实行种族合校。然而，艾森豪威尔动用联邦军队的初衷，并不在于取消隔离，而在于维护法律和美国政府的信誉。他后来在回忆录中写道："小石城之于美国的法律，犹如苏伊士之于国际的法律；小石城事件是美国政府把自己的尊严和权力作为赌注押在正义的原则上的一个例子，这个原则大于和高于个人之间在紧要关头发生的具体利害冲突。"③

对于民权立法，共和党政府本来也是不感兴趣的。1956 年，它出于在全国选举中争取黑人选票的目的，向国会提出了民权法案，但

---

① 参阅刘绪贻：《从蒙哥马利到伯明翰——50 年代中期到 60 年代初的美国黑人运动》，《武汉大学学报社会科学论丛》1980 年第 1 辑。

② 赫伯特·帕米特：《艾森豪威尔和美国改革运动》，第 438 页。

③ 德怀特·艾森豪威尔：《缔造和平》（中译本），三联书店 1977 年版，第 198 页。

未获通过。1957 年，共和党政府将民权法案再次送交国会。由于艾森豪威尔本人态度含糊和南方议员的阻挠，该法案虽经林登·约翰逊从中调解而在国会获得通过，但内容已大大削弱。原法案包含有如下规定：司法部长不仅对侵犯选举权的人，而且对侵犯其他民权的人，有采取法律行动的权力。国会修正了这一内容，将司法部长的这种权力仅仅限于侵犯选举权的案件。此外，国会还在该法后加上了陪审团修正案，规定任何人在被合众国强制控诉犯藐视罪时，得由陪审团审理；如果不经陪审团审理，则判刑不得超过 300 美元罚金和 45 天监禁。在南方陪审团几乎完全由白人种族主义分子控制的情况下，这一修正案等于宣布民权法无效。无怪乎当时的司法部副部长威廉·罗杰斯评论说，这等于给警察枪支而不发弹药。1960 年，在着眼于全国大选的参议院民主党领袖约翰逊的周旋下，国会又通过了新的民权法。该法授权联邦法院在申诉人因种族或肤色被剥夺选举权时，可指派公断人监督申诉人进行投票。然而 1960 年民权法，未对其他民权问题，特别是当时全国关注的种族隔离问题作出规定。黑人领袖对此深感不满。卧车服务员工会的 A. 菲利普·伦道夫威胁说要在两党全国代表大会会场外示威，抗议他们"没有制定 1 个有意义的权利法案"①。就连全国有色人种协进会温和的黑人领袖罗伊·威尔金斯，也对艾森豪威尔政府发出了警告："如果美国黑人有一天意识到地方、州和联邦政府都背弃了他们，并任其遭受肆意迫害，那将是危险而令人悲哀的。"②

〔黑人民族主义的复兴〕　由于法院斗争、民权立法和非暴力群众直接行动均未能使美国黑人获得真正的平等权利，广大黑人特别是黑人青年对黑人运动中的合法主义、渐进主义和改良主义的不满情绪日益加强，终于导致黑人民族主义在 50 年代再次兴起。黑人民族主义最有代表性的组织，是黑人穆斯林。这是一个半宗教性的组织，30 年代初始建于底特律。佐治亚州黑人伊莱贾·穆罕默德(原名伊莱

---

① 赫伯特·帕米特：《艾森豪威尔和美国改革运动》，第 555 页。
② 赫伯特·帕米特：《艾森豪威尔和美国改革运动》，第 553～554 页。

贾·普尔)成了这个组织的精神领袖。他要求黑人穆斯林成员接受严格的教义,组织有高度纪律性的青年黑人骨干,向信徒们征集捐款,在全美国的城市中心建造了 50 多个清真寺,并经营不动产和各种实业。到 1960 年,黑人穆斯林已成为一个拥有 10 万信徒的团体。黑人穆斯林教义的核心,是黑人至上论。穆罕默德主张建立完全与白人分开的黑人社会。他还预言白人文明必将衰落,有色人种将统治世界。尽管穆罕默德在实现这一目标的手段上含糊其词,但黑人穆斯林的教义在黑人中激起了战斗精神,吸引了成千上万的青年黑人与下层黑人,并从中产生了像马尔科姆·爱克斯这样主张暴力论的黑人领袖。虽然这种黑人民族主义并不能真正解决美国黑人受歧视的问题,但却成为 60 年代黑人斗争风起云涌的前奏。

第五章　全球扩张政策的继续及
其面临的新问题

　　共和党政府的对外政策和它的国内政策一样，具有相当程度的矛盾。这是战后美国谋求世界霸权的野心和它的实力越来越不相适应的必然结果。艾森豪威尔政府一方面把杜鲁门时代开始建立的反共军事联盟体系扩展到全球，承担大量的海外义务，并利用美国军事力量和中共情报局在世界各地进行颠覆和干涉活动；一方面又被迫结束侵朝战争，削减军费，规避"解放"东欧的诺言，不肯直接介入印度支那战争。但是就整个 20 世纪 50 年代而言，艾森豪威尔政府是以战略扩张为主，战术收缩为辅。美国的手越伸越长，包袱越背越重，从而使美国外交在 50 年代后期面临一系列新的难题，并最终导致 60 年代美国霸权的急剧衰落。

　　欧洲是战后美、苏冷战的中心地带。共和党政府上台后，通过重新武装西德并将其纳入北大西洋公约组织，在欧洲造成北约和华约两大军事集团长期对峙的局面。美国政府还支持欧洲一体化运动，希望出现一个为美国所控制并能与苏联抗衡的强大欧洲。但是，随着西欧经济的复兴和共同市场的建立，西欧的独立性日渐加强，美国与西欧盟国的矛盾，在 50 年代有了新的发展。在亚洲，美国继续扶持日本，希望它成为远东地区遏制苏联、抗衡中国的主要支柱。但是《美日安全条约》造成的美国对日本的半占领状态，激起了日本人民的强烈反对。日本统治集团内部，在经济复兴后要求摆脱美国控制的呼声，也越来越高。美苏关系在斯大林去世后略有缓和，《奥地利和约》、日内瓦首脑会议和戴维营会谈，反映了这种新的趋势。但是，在涉及双方根本利害的柏林、裁军和核禁试等问题上，美、苏两国在 50 年代未达成任何协议，1960 年，巴黎首脑会议以失败告终。缓和只是昙花一现，对抗仍然是美、苏关系的主流。

由于欧洲局势相对稳定和新兴国家地位日显重要，美、苏争夺在50 年代逐渐转向第三世界。亚洲和中东成为这一时期美国海外扩张的主要目标。美国势力插手伊朗，进入中东，涉足印度支那，企图取英、法老牌殖民主义而代之。美国政府力图抵制苏联在第三世界影响的扩大，并把中华人民共和国视为它在亚洲地区奉行侵略扩张政策的障碍，长期坚持反华政策。美国对第三世界国家的干涉与扩张，遭到世界舆论和各国人民的反对，甚至在它的"后院"拉丁美洲，反美爱国运动也不断高涨。古巴革命的胜利，就是一个明证。

到艾森豪威尔任期终了时，美国外交已面临新的困境。民主党人和共和党自由派都指责说，美国的国际"威望"下降了。

1. 共和党政府在对外关系上的基本政策趋势

〔遏制政策的继续和发展〕 遏制政策是第二次世界大战后美苏冷战的产物。艾森豪威尔总统和杜勒斯国务卿在战略目标上，对杜鲁门遏制政策并无异议。但是在 1952 年竞选运动中，他们从两党政治斗争的角度出发，对杜鲁门政府奉行的遏制政策进行了抨击。杜勒斯为共和党政纲起草的外交条目，指责遏制政策是"消极的、徒劳的和不道德的"①，提出了把东欧"被奴役的人民"从苏联统治下"解放"出来的口号。② 艾森豪威尔则在纽约美国军团大会上扬言："在这些人民重新成为自己命运的主人以前，美国人的良知不知道有什么和平可言。"③然而，战后社会主义国家力量的壮大，是不以美国统治阶层的意志为转移的；美国力量的限度，决定了"解放"东欧的宣言只能是

---

① 约翰·加迪斯：《遏制战略》，纽约牛津大学出版社 1982 年版，第 128 页。

② 赫伯特·帕米特：《艾森豪威尔和美国改革运动》，第 124 页。

③ 《纽约时报》，1952 年 8 月 26 日。

一句空话。

1953 年 2 月 2 日，艾森豪威尔在首次国情咨文中确认，美国不仅在欧洲和美洲，而且在亚洲都要承担所谓保卫"自由"的义务。他作出了似乎有别于杜鲁门政府遏制政策的两点决定：其一是要求国会通过决议，不承认过去与外国政府达成的秘密协定（指《雅尔塔协定》），因为这种协定导致东欧处于被奴役状态；其二是宣布"第七舰队不再用以屏障共产党中国"①。这后一决定被共和党右翼欢呼为放蒋介石出笼以反攻大陆的信号。咨文公布后，英国和西德对于谴责雅尔塔协定表示异议。总统国家安全助理 C. D. 杰克逊也认为，仅仅为了履行竞选诺言而这样做是错误的。结果，政府 2 月 16 日向国会领袖公布的决议案，并未谴责《雅尔塔协定》本身，而只是像民主党人一样指责苏联违反了协定。这在共和党议员中引起不满，致使该提案在国会无法通过。1953 年 3 月 5 日，斯大林去世。共和党政府认为形势有所变化，关于《雅尔塔协定》的提案也就不了了之。所谓放蒋介石出笼的决定，在英、法、日等盟国也引起了惊恐。杜勒斯到伦敦访问时，不得不对英国政府保证：美国的远东政策不会有什么真正的变化。因此，无论是"解放"东欧的梦呓，还是"放蒋介石出笼"的决定，都没有也不可能对杜鲁门政府遏制政策的基本目标作出任何重大修正。

实际上，在 1953 年夏对国防大学研究小组根据"日光浴室行动计划"提出的几种基本战略决策进行分析比较后，艾森豪威尔惟一批准的，就是杜鲁门政府的遏制政策。共和党政府不仅在欧洲力图完成民主党人未能实现的把西德正式纳入西方联盟体系的任务，而且把杜鲁门政府建立的由大西洋、美洲和西太平洋三大安全条约体系构成的反共遏制圈，扩展到了中东和亚洲大陆。为支持这个庞大的军事联盟体系，一向标榜自己是"经济上的保守主义者"的艾森豪威尔，始终反对国会对共同安全拨款进行大幅度削减。在他执政的 1953—1960 年，

———————

① 罗伯特·布兰扬和劳伦斯·拉森编：《1953—1961 年艾森豪威尔政府文献史》，纽约兰登·豪斯公司 1971 年版，第 1 卷第 94 页。

共同安全拨款尽管平均每年要被国会砍去19%，但是合计仍达410亿美元，与1945—1952年杜鲁门执政时的同类款项380亿美元相比，年平均数基本不相上下。至于50年代中期以后，美国政府与苏联等社会主义国家进行的接触与谈判，表面上似乎与杜鲁门任内后期、特别是国家安全委员会68号文件制定后的政策不相一致，实际上并不违背遏制政策炮制者乔治·凯南的初衷。

〔军享政策的"新面貌"〕 尽管在遏制政策的基本目标上，艾森豪威尔政府与它的前任没有重大分歧，但是在实现这一目标的手段上，侧重点却有所不同。1952年夏天，杜鲁门政府重申，加速实行和扩大国家安全计划，将无损于美国经济。艾森豪威尔则认为，如果这种"国际主义"的政策开支过大，将会使美国舆论又回到孤立主义的老路上去。他还认为，和平时期的军事开支，就其本质而言是非生产性的，它可能导致通货膨胀而削弱美国经济，也可能走向经济管制而损害自由企业制度。因此，艾森豪威尔一方面从遏制政策的基本目标出发，反对对国家安全开支进行大幅度削减；另一方面，又主张以尽可能小的开支获得尽可能大的威慑力量，从而形成军事政策上的所谓新面貌，即把美国军事政策的重点，转入依靠以战略空军为主的核威慑力量的轨道。艾森豪威尔私下表示，地面部队开支过大，可以由海外盟国承担这方面的责任，美国只要维持少量海军陆战队和陆军以对付一次、至多两次丛林战争就行了，"一旦战争升级到朝鲜战争的规模，就应该动用原子武器"①。杜勒斯国务卿则公开提出"大规模报复"的原则和"战争边缘"政策，声称"自由世界"要在"自己选择的地点"，使用"自己选择"的手段，对"侵略"作出反应②，吹嘘美国在进行威胁时，几次接近战争边缘，明目张胆地对社会主义国家进行核

---

① 1955年2月1日艾森豪威尔—雷德福电话谈话，艾森豪威尔文件，惠特曼卷宗；艾森豪威尔日记，第5盒，"电话，1—7月，55(2)"。藏艾森豪威尔图书馆。
② F. C. 贝纳姆编：《国际事务概览，1954》，伦敦牛津大学出版社1957年版，第98页。

讹诈。在这种军事政策的指导下，陆军预算开支从 1953 年的 162.42 亿美元，下降到 1959 年的 88.8 亿美元，而空军的预算开支，则从 1953 年的 150.85 亿美元，上升到 1959 年的 187.36 亿美元。海军由于后来能从航空母舰、导弹舰只和核潜艇上发射核武器，结果预算开支在 1953—1955 年下跌后，又回升到 1959 年的 109.13 亿美元。陆海空三军军种地位的变化，遭到陆军参谋长马修·李奇微和继他之后担任这个职务的马克斯韦尔·泰勒将军的反对，并在民主党和共和党内引起非议。特别是 1957 年苏联人造卫星的发射表明美国在洲际导弹的推动力上已居于劣势后，艾森豪威尔政府的军事政策受到越来越多的批评。盖瑟报告、洛克菲勒报告、亨利·基辛格的《核武器与外交政策》一书，以及民主党参议员斯图亚特·赛明顿与林登·约翰逊举行的一系列听证会，都猛烈抨击艾森豪威尔在军事政策上的失误。他们不仅批评所谓"导弹差距"，而且反对把美国的安全仅仅维系于核威慑，提出了"灵活威慑"的主张，即一方面要能制止全面核打击，一方面又可以进行有限战争，乃至对付所谓内部颠覆。艾森豪威尔对这些批评深为恼火，而且拒不接受。

〔对外经济政策的连续性和新特点〕　战后美国政府的对外经济政策，是以与苏联争夺世界霸权和适应美国垄断资本向海外扩张的需要为前提的。在这一点上，艾森豪威尔政府与它的民主党前任一脉相承。它凭借美国在第二次世界大战期间积聚的庞大财政金融实力，继续推行所谓"外援"计划，奉行自由贸易政策，鼓励和支持私人资本输出，维持以美元为中心的资本主义世界货币体系，从而大大加强了国家在对外经济关系方面的调节机能，促进了美国国家垄断资本主义的进一步发展。然而，由于 50 年代第三世界民族解放运动的高涨和西欧、日本经济的复兴，美国政府的对外经济政策也出现了一些新的特点和难题。

如前所说，朝鲜战争爆发后，美国政府用共同安全计划取代了马歇尔计划，军事援助在外援中比例迅速上升。据统计，1945 年 7 月至 1952 年 12 月的对外"赠与"、信贷和短期援助为 380 亿美元，其中仅有 60 亿美元为军援。1953—1960 年的对外援助为 410 亿美元，其中军事援助竟高达 240 亿美元。① 美国政府的大规模对外援助，除有其政治和军事意义以外，还具有刺激出口、支持资本输出和掠夺海外原料的重大经济意义。仅以 1959 年为例，美国对外军事援助在美国国内采购的商品和劳务，就达 19.88 亿美元。而接受美国援助的国家，往往必须以保证美国投资免受风险或向美国提供原料为前提。1954 年，美国和泰国就签订了投资保证协定。1957 年，美国给突尼斯 1200 万美元援助，结果使美国垄断资本获得了在加弗萨斯以南地区的石油开采权。这类例子在 50 年代不胜枚举。随着第三世界国家的国际地位日显重要，美国对外援助的重点，在艾森豪威尔任内从欧洲转向了亚洲、非洲和拉丁美洲；特别是亚洲，受援比例已跃居首位。这种以军事援助为主，支持亚、非、拉地区反共独裁政权的政策，遭到第三世界人民和民族独立国家的强烈反对。因此，艾森豪威尔在 1957 年 7 月又提出所谓援外计划的"新面貌"，主张扩大经济援助，建立开发贷款基金，负责对亚非拉发展中国家的开发援助。这是 60 年代初民主党人执政后，局部调整对第三世界国家政策的先导。

在进出口贸易方面，艾森豪威尔政府继续奉行所谓自由贸易政策。这一政策的实质，是通过国家干预手段促进对外贸易的发展，以适应科技革命和垄断资本实力增长引起的扩大商品市场的需要。美国政府除了通过外援刺激出口以外，还为美国商品出口提供各种贷款、津贴、资助和保险。由于美国私人商业银行认为向外国借款人提供长期贷款无利可图，因此，给美国垄断组织工业品出口提供长期贷款而产生的全部风险和费用，均由美国政府承担。此外，美国政府还对工业品出口商和运载外贸货物的航运公司，给予大量直接或间接津贴。在农产品出口方面，由于世界资本主义市场农产品价格低于美国国内价格，美国政府除按竞争价格为农产品出口提供津贴，并通过进出口银行和国家商品信贷公司对农产品出口提供贷款外，还根据 1954 年通过的《农产品贸易发展和援助法》，大规模资助剩余农产品出口。

---

① 哈罗德·瓦特：《20 世纪 50 年代的美国经济》，第 271 页。

在 1955—1965 年的 10 年时间内，仅根据该法由国家资助的农产品出口量，就占美国农产品出口总数的近 1/3。至于商品进口方面，艾森豪威尔政府虽然在经济危机期间也采取过提高关税、转嫁危机的措施，但基本上还是师承民主党前任，主张在"互惠"和"单项"谈判的基础上降低关税。艾森豪威尔任内，美国政府与关税和贸易总协定成员国在日内瓦举行了两轮谈判，并 3 次促使国会延长《互惠贸易协定法》，把降低本国关税作为要求别国同等降低关税从而最终刺激美国商品出口的手段。在第二次世界大战结束后 10 多年的时间内，由于西欧国家存在所谓美元荒，此政策曾经收到一定效果。美国出口量在世界出口总额中的比重，1950 年为 17.5%，1957 年上升到 19.3%。但是随着西欧和日本经济的复兴，美国商品在世界市场和国内市场上都受到日益严重挑战。美国商品出口量在世界出口总额中的比重，自 1957 年起开始下降，到 1959 年已降到 16.2%。美国进口量在世界进口总额中的比重，则从 1957 年的 13.2%，上升到 1959 年的 15.6%。贸易顺差逐年减少。在这种形势下，美国国内主张保护关税的所谓新重商主义势力再度加强，他们迫使艾森豪威尔政府作出某些有限让步。但共和党政府并未因此改变战后美国政府自由贸易政策的基本原则。

第二次世界大战以前，美国对外投资几乎全部是私人资本。战时和战后初期，由于许多国家经济遭到破坏，私人资本输出在短期内难以获得高额利润，美国政府乃以外援形式大量输出国家资本。这标志着美国国家垄断资本主义的显著加强。1950 年，美国政府资本输出占全部资本输出的 37%。其后，随着私人资本输出前景的改善，美国对欧洲、日本和发展中国家的私人资本输出逐渐增加，特别是对外私人直接投资，在 1958 年欧洲经济共同体成立后的 10 年左右，增长最为迅速，其重点在发达的资本主义国家，并以制造业投资增长为主。不过，这也是以国家干预手段的加强为前提的。

前已提到，1944 年布雷顿森林会议后，美元成了资本主义国际清算的支付手段和资本主义各国主要的储备货币，使美国的对外经济扩张具有空前的有利条件。艾森豪威尔政府虽仍竭力维护美元的霸权地位，但和杜鲁门政府相比，共和党政府在国际收支方面遇到了越来越多困难。1950 年以后，由于侵朝战争、庞大海外军事开支以及美国在资本主义世界的经济地位相对下降，外贸顺差已不足以弥补国际收支逆差。1950—1959 年，美国国际收支逆差累计达 174.65 亿美元，结果导致黄金大量外流和对外债务剧增。1960 年，美国黄金储备降到 180 亿美元的"危险点"以下，仅剩 178 亿美元，而美国积欠的对外流动负债额，却高达 210 亿美元。美国的黄金储备，已不足以抵偿它的对外负债，美元的国际信用严重动摇，终于导致战后第一次美元危机的爆发。危机爆发后，艾森豪威尔政府于当年 11 月宣布 7 项紧急措施，要求其他国家放宽对美国出口贸易的限制，减少美国文职和军职人员在海外家属的数目及美国三军在海外采购军用物资的数量，并要求盟国承担扩军方面"十足的份额"。此外，美国政府还对西欧国家施加政治和经济压力，迫使这些国家的中央银行承诺不以美元向美国兑换黄金。艾森豪威尔采取的这些措施，是后来民主党总统竭力维护美元地位一系列措施的开端。

〔中央情报局秘密行动的加强〕 自 1948 年中央情报局被授权从事秘密行动以来，其经费由 1949 年的 470 万美元，上升到 1952 年的 8200 万美元；工作人员从 302 人，增加到 2812 人，另外还有海外"合同人员" 3142 人；海外活动站也由 7 个增加到 47 个。但是，中央情报局的秘密活动真正成为美国全球战略的重要工具，乃是在艾森豪威尔总统任内。共和党政府上台后，由于强调以较小的开支进行更为有效的遏制，大大加强了中央情报局的秘密行动。杜勒斯国务卿的胞弟艾伦·杜勒斯被任命为中央情报局局长，使秘密活动与全球战略空前紧密地结合起来，这一时期，中央情报局的秘密行动主要有：1953 年颠覆伊朗政府，1954 年推翻危地马拉阿本斯政权，1958 年企图在印尼进行政变，1960—1961 年对古巴进行颠覆活动，对东欧国家的渗透，对中华人民共和国与越南民主共和国的准军事行动，对苏联和中国的空中侦察飞行，策划暗杀包括周恩来、卢蒙巴和卡斯特罗在内的外国领导人。艾伦·杜勒斯曾直言不讳地宣称：中央情报局是

"不友好国家的国务院"①。在艾森豪威尔的领导下，这个机构成了美国主要的冷战武器之一。

2. 美苏关系解冻的实质与冷战的继续

〔美苏关系的变化和日内瓦最高级会议〕 1953 年斯大林去世后，苏联对外政策发生一定的变化，东西方关系出现所谓解冻的迹象。当时的苏联部长会议主席马林科夫表示："没有什么争端和未决问题不能在有关国家相互谅解的基础上通过和平方式加以解决，这是我们对待所有国家的态度，包括美国在内。"②4 月 16 日，艾森豪威尔正式作出反应。他说："我们不看重徒托空言，我们只赞成由行动证明的和平诚意"③，并就裁军、统一德国、东欧国家独立、奥地利和约以及朝鲜战争等问题，提出了希望苏联作出让步的建议。此后，杜勒斯国务卿反复强调，苏联最近对西方的态度只是战术转移，而不是基本政策的改变。艾森豪威尔也说他并不抱多大希望。然而，美国的西欧盟国，特别是英国的态度有所不同。5 月 11 日，英国首相丘吉尔在下院发表外交政策演说，提出了举行最高级会议的建议。丘吉尔认为，艾森豪威尔要求苏联在德国和东欧这样的基本问题上作出让步，是不现实的，这会妨碍苏联内部发生的演变。但是，艾森豪威尔坚持在未看到与会各国抱有"良好愿望的证据"之前，不能参加首脑会议。因此，1953 年 12 月，美英法 3 国首脑在百慕大为协调对苏政策进行的会晤，仅就举行有苏联参加的柏林 4 国外长会议达成协议。在1954 年初举行的这次外长会议上，苏联同意在奥地利保证中立的条件下，签订《对奥和约》，从奥地利撤出苏军，这就改变了斯大林时

① 玛利·麦克利夫：《对艾森豪威尔总统的评论》，《美国历史杂志》1981年 12 月号，第 630 页。

② 阿瑟·林克、威廉·卡顿：《一九〇〇年以来的美国史》，下册第 63页。

③ 阿瑟·林克、威廉·卡顿：《一九〇〇年以来的美国史》，下册第 63页。

期坚持的在德国问题解决后方可签订《对奥和约》的立场。1955 年 5 月 15 日，苏、美、英、法、奥 5 国外长在维也纳正式签订这一条约。苏联希望奥地利的中立能影响西德及其他西欧国家，通过使这些国家中立化改变欧洲均势。西方国家则认为，这是以赫鲁晓夫为首的苏联新领导作出让步的证明，它为举行最高级会议铺平了道路。7 月 13 日，美国总统艾森豪威尔、英国首相艾登、法国总理埃德加·富尔、苏共中央第一书记赫鲁晓夫和部长会议主席布尔加宁出席了会议。这是 1945 年波茨坦会议以来第一次 4 国最高级会议。讨论的议程有：德国问题、欧洲安全和裁军、促进东西方接触等，但无一取得实质性进展。会议期间轰动舆论界的是，艾森豪威尔提出的"开放天空"计划。但赫鲁晓夫指责它是针对苏联的赤裸裸的间谍阴谋。艾森豪威尔后来也承认："我们知道苏联不会接受它。"①显然，参加日内瓦会议的 4 国首脑，对于东西方关系的真正缓和，并无多少诚意；广为宣传的"日内瓦精神"，对双方来说主要是一种战略姿态。不过日内瓦会议前后，美、苏关系确已开始发生微妙变化，即从冷战以来的双方对抗，走向一种既争夺又妥协的阶段。从苏联方面来讲，赫鲁晓夫考虑到苏联的实力落后于美国，企图用某些有限的让步，暂时换取苏、美共同主宰世界的新局面，以期苏联在经济和军事上逐渐赶上美国。从美国方面来讲，艾森豪威尔迫于美国已失去核垄断，再加上西欧盟国的压力和世界人民要求和平的愿望，也不得不采取某种和平姿态。然而，涉及超级大国称霸世界的根本利益时，美、苏双方又毫不退让。它们在全球范围内的互相争夺，仍是战后国际局势动荡不安的根源。

〔美苏在欧洲的对峙〕 尽管 50 年代中期以后，美苏双方的注意力都开始转向不发达国家，但是欧洲仍不失为美苏冷战的中心和直接对抗的前沿。1955 年 5 月 5 日，西方各国批准的《伦敦—巴黎协定》正式生效，西德加入北约，从而最终形成以美国为首的西方军事集团。5 月 14 日，以苏联为首的东欧社会主义国家，即苏联、波兰、罗马尼亚、保加利亚、匈牙利、捷克斯洛伐克、阿尔巴尼亚和德意志

---

① 赫伯特·帕米特：《艾森豪威尔和美国改革运动》，第 406 页。

民主共和国 8 国缔结友好互助合作条约，成立了与北约相抗衡的军事集团——华沙条约组织。从此，欧洲出现了两大军事集团长期对峙的局面。

1956 年 10 月，匈牙利事件爆发。11 月 4 日，苏军进入布达佩斯，迅速扑灭了暴动。美国政府对匈牙利事件反应谨慎。尽管中央情报局通过它所资助的自由欧洲电台鼓励匈牙利暴动分子摧毁共产主义政权，并吹嘘西方将给予援助，但美国政府在公开场合竭力回避直接卷入的可能。当暴动分子通过电台最后呼请西方，特别是美国援助时，艾森豪威尔仅仅通过联合国要求苏联撤军，并以个人名义照会布尔加宁，希望给匈牙利以自决权。共和党竞选时"解放"东欧的诺言，至此成了十足的空话。

在德国问题上，赫鲁晓夫认为西德加入帝国主义侵略集团北大西洋公约组织，已排除了德国统一的可能性，从此可奉行两个德国的政策。1955 年 9 月 13 日，苏联与西德建立外交关系。9 月 12 日，又与民主德国签订两国关系条约，承认民主德国是主权国家。德国的这种分裂，使战后苏联在东欧的势力范围得以固定化和长期化，然而德国人民对国家统一的要求却被束之高阁。在柏林问题上，赫鲁晓夫采取攻势。他在正式取代布尔加宁担任部长会议主席后不久，即于 1958 年 11 月 27 日照会美国政府，指责西方 3 国把西柏林变成"一种国中之国"，并以它为中心进行颠覆德意志民主共和国的活动。照会认为继续这样的占领权，"无异于承认北约国家的某种特权地位"。它要求西柏林成为自由和非军事化的城市。赫鲁晓夫的这一行动，虽然放弃了苏联过去坚持的西柏林是德意志民主共和国的一个部分的立场，但他限令美、英、法 3 国在 6 个月内撤走西柏林驻军的要求，在西方看来无异于最后通牒。如若实现，则势必使西方失去欧洲冷战的前哨。西方 3 国对此作出了强硬反应。它们在北约理事会的支持下，照会苏联政府，拒绝在威胁和最后通牒的条件下与苏谈判，重申西方 3 国驻留西柏林的权利。艾森豪威尔还声称，如果苏联封锁西柏林，西方将诉诸武力。在北约国家的压力之下，苏联部长会议第一副主席米高扬和赫鲁晓夫声明，苏联的 6 个月期限不是最后通牒。柏林危机略有缓和。

东欧和德国问题充分说明，美、苏双方在利益许可的范围内可以进行某些政策调整，但是绝不允许危及战后欧洲形成的两大军事集团的分界线。美、苏双方日益倾向于维持欧洲现状。

〔戴维营精神和巴黎四国首脑会议失败〕 1958 年柏林危机发生后，苏联政府一方面表示 6 个月的期限不是最后通牒，一方面又于 1959 年 1 月 10 日向西方各国政府送交了一份德国和平条约草案，要求在 3 月底以前召开由苏、美、英、法和东、西德国参加的签订条约会议，否则苏联将单方面与东德政府协商条约并宣布西柏林为自由城市。在这种紧张的气氛中，杜勒斯飞往伦敦、巴黎和波恩协商对策；五角大楼则提议以一师兵力"试探"一下苏联让东德接管边界检查站的决心。艾森豪威尔拒绝了这一建议，还否认核武器可以解决柏林问题。与此同时，英国首相哈罗德·麦克米伦由于受到工党和自己党内的批评，指责他在柏林问题上追随美国，乃于 2 月底飞往莫斯科与赫鲁晓夫会谈。赫鲁晓夫明确表示，重要的是在柏林问题上取得进展，建议就东西方在欧洲脱离接触和裁军问题举行最高级会议，在此之前先行召开外长会议。3 月 20 日，麦克米伦飞往华盛顿，转达苏联的建议。艾森豪威尔总统同意举行 4 国外长会议，如取得进展，再举行首脑会议。杜勒斯因病辞职后，克里斯琴·赫脱作为美国国务卿出席了 5 月 11 日在日内瓦召开的 4 国外长会议。在会议进行期间，赫鲁晓夫规定的解决柏林问题的限期 5 月 27 日终于到了，但苏联未采取任何行动。6 月，苏联外长葛罗米柯在外长会议上宣布：西方可在西柏林再驻留两年半。与此同时，赫鲁晓夫再次表示了与艾森豪威尔总统互访的愿望。艾森豪威尔带信给赫鲁晓夫，邀请他访问美国。8 月 5 日，日内瓦外长会议毫无结果地休会，赫脱宣布赫鲁晓夫 9 月份访美，艾森豪威尔将于第二年访苏。9 月 15 日，赫鲁晓夫抵美，进行为期两周的访问，最后与艾森豪威尔在戴维营会谈。这次会谈期间，双方都作出了让步。赫鲁晓夫撤回了解决柏林问题的最后期限，并在联合公报中正式邀请艾森豪威尔访苏；艾森豪威尔则同意就柏林地位和德国统一问题召开 4 大国首脑会议。所谓"戴维营精神"被赫鲁晓夫吹嘘为人类历史新的转折点，未免言过其实。

1960 年 5 月 1 日，美国一架 U-2 高空喷气侦察机在苏联领空进行间谍活动时，被苏军导弹击落。美国国家航空与宇宙航行局马上宣称是一架误入苏联领空的气象侦察机，国务院也否认有任何侵犯苏联领空的企图。但是赫鲁晓夫在最高苏维埃宣布击落的是一架间谍飞机，驾驶员已被俘且供认不讳。美国政府陷入了十分尴尬的境地。希望首脑会议如期召开的赫鲁晓夫替艾森豪威尔搭梯子下台，说总统可能不了解这种间谍活动的使命。然而慑于民主党人攻击他不问政事的艾森豪威尔，却公开承担了责任。他向记者们宣称："谁也不想再来一次珍珠港事件"，因此美国必须"知道世界上的兵力和战备"。① 一国元首公开承认对别国进行间谍活动，这在世界间谍史上还是第一次。5 月 16 日，4 国首脑会议在巴黎开幕，赫鲁晓夫要求艾森豪威尔就 U-2 飞机事件公开道歉遭到拒绝后，退出了会议，首脑会议宣告流产。赫鲁晓夫取消了艾森豪威尔的访苏计划，扬言要等到美国大选后再考虑最高级会议问题。1960 年 3 月在日内瓦开始的 10 国裁军会议，也随之寿终正寝。戴维营会谈时的和解气氛，又荡然无存。

综观 50 年代的美苏关系，对抗和争霸是主流，缓和与妥协只是开端。冷战仍然左右着两国关系的发展。

3. 美国与西欧、日本的关系

〔西欧经济一体化的发展〕　由于美国坚持组织与加强大西洋军事联盟，并将重新武装后的西德作为该联盟的支柱，西欧国家在军事一体化上虽未取得成功，但在经济一体化上却取得重大进展。1951 年 4 月，法国、西德、意大利、荷兰、比利时、卢森堡 6 国（所谓"小欧洲"）签订了建立欧洲煤钢共同体的条约。1953 年 2 月 10 日，煤钢共同体正式建立，让·莫内成为共同体最高委员会首任主席。欧洲煤钢共同体建立的煤钢免税共同市场和超国家机构，是国家垄断资

---

① 艾森豪威尔在其回忆录《白宫岁月》中有详细叙述和辩解，可参阅。

本主义部门一级的国际联合，它缓和了法德之间在鲁尔和萨尔工业区上的矛盾，确立了法德和解的经济基础，向欧洲一体化迈进了一步。这一政治进展，符合美国对欧政策的要求，因而得到美国政府的支持。但英国由于坚持在帝国市场和英镑集团内实行关税特惠制，拒绝加入欧洲煤钢共同体。欧洲煤钢共同体的发展表明，它在经济上是成功的。到1958年，共同体内部钢铁贸易量增加了57%，钢产量增加了65%，煤矿工业也完成了困难的技术改造。

50年代中期，西欧国家随着经济力量的增长，日益要求摆脱美国控制，按照已经改变了的实力来取得政治、经济、军事上的相应地位。帝国主义殖民体系的瓦解，又使西欧国家与美国争夺西欧市场的斗争越来越突出。美、苏争霸欧洲更使西欧国家认识到，只有进一步联合起来，才能加强自己的国际地位。而欧洲煤钢共同体的成功，则为西欧国家垄断资本主义更广泛的国际联合、即国家一级的国际联合开辟了道路。1956年6月，法国、西德、意大利、荷兰、比利时、卢森堡6国外长在意大利墨西拿开始就建立欧洲经济共同体举行会谈。1957年3月25日，上述6国在罗马就建立欧洲经济共同体和欧洲原子能共同体分别签订了条约(即《罗马条约》)，决定成立共同市场，逐步实现6国之间商品、劳动力和资本的自由流通，并把"为欧洲人民更为紧密的联合奠定基础"①作为其政治目标。1958年1月1日，罗马条约经6国议会批准，正式生效。尽管共同市场的建立在经济上加深了美国与西欧的矛盾，但美国政府出于为巩固北大西洋公约集团因而需要促进法、德和解的政治上考虑，支持建立欧洲经济共同体。英国政府为了一方面享受共同体内的自由贸易利益，一方面又保持它在英联邦的利益，提出了建立自由贸易区的建议，但遭到法国和西德的反对，遂于1959年11月20日与瑞典、挪威、丹麦、葡萄牙、奥地利、瑞士签订条约，建立与欧洲经济共同体相对抗的欧洲自由贸易联盟。此举使西欧分裂为两个经济集团，因而遭到美国政府的反

① 德里克·厄温：《1945年以来的西欧》，伦敦朗曼公司1981年版，第251页。

对。但是欧洲自由贸易联盟这种部门一级的国家垄断资本主义的国际联合，远远赶不上欧洲经济共同体这种国家一级国家垄断资本主义国际联合那样具有生命力。共同市场成员国的经济在一体化体制下迅速繁荣起来，一个在人力和工业资源上几可与美苏抗衡的新的强大的集合体开始在欧洲出现。它不仅对其后欧洲的局势，而且对世界格局的变化，都产生了不容忽视的影响。到 60 年代，英国被迫改变对欧洲经济共同体的态度，开始要求加入共同市场。

〔美国与西欧盟国的矛盾〕　随着国际形势的变化和西欧国家独立性的增强，美国与西欧盟国的矛盾在 50 年代有所发展，大西洋联盟一度出现裂痕。在亚、非、拉民族解放运动高涨的形势下，美国考虑到自己的实力地位，或者从全球战略出发，或者为了取英法而代之，不肯全力支持英、法维持其摇摇欲坠的老殖民帝国，倾向于实行新殖民主义，从而引起这两个盟国的不满。1954 年印度支那战争期间，美国政府最终拒绝了法国希望美国军事卷入的请求；1956 年苏伊士运河危机，美国对英法施加政治和经济压力，迫使两国停火撤军；1957 年，美国向突尼斯运送军火，使得在阿尔及利亚战争中不能自拔的法国政府深为恼火。在核武器问题上，英法对美国的垄断地位也耿耿于怀，先后走上了独立发展核力量的道路。英国继 1952 年10 月成功地爆炸了原子弹以后，又于 1957 年 5 月试爆氢弹成功。法国则于 1960 年 2 月在撒哈拉试爆了它的第一颗原子弹。1958 年，戴高乐就任法国总统后，要求在北约组织的战略决策上与美英平起平坐，向美国总统艾森豪威尔和英国首相麦克米伦送交了一份备忘录，建议成立美英法 3 国组成的安全组织，以解决全球性的政治和战略问题。并说，今后，法国参加北约组织的整个发展情况，将以此作为根据。由于美英不肯考虑这一建议，戴高乐开始采取不受北约限制的行动。1959 年 3 月 6 日，法国政府宣布从北约武装部队中撤出法国地中海舰队。7 月，由于法国的反对，美国驻法轰炸机被迫移驻英国和西德。大西洋联盟自苏伊士危机以来再次出现裂痕。在对西欧国家的经济关系上，美国政府在战后通过国际货币基金组织与关税和贸易总协定，建立了一个有利于美国经济霸权地位的开放的多边体系，在

50 年代中期以前，对西欧国家的经济确实握有举足轻重的影响。然而战后初期欧洲的经济困境和美国对欧洲的政治与军事考虑，又使美国政府不得不允许西欧国家作出一些有违于多边主义原则的地区性安排。如建立欧洲支付同盟、实行放宽欧洲内部贸易计划和组织欧洲煤钢共同体等。这些地区性安排，缓和了西欧国家在国际支付结算上的矛盾，促进了欧洲各国之间贸易的发展，使它们在经济上逐渐摆脱对美国的依赖，走上了一体化的道路。如欧洲支付同盟成员国之间的贸易差额，大部分用互惠贸易抵消结算，用黄金和欧洲货币结算的比重也不断增加，而用美元结算的比重则逐渐下降，从 1954 年年中开始，欧洲支付同盟成员国进行互惠结算时，就不再用美国的财政援助了。1958 年，欧洲共同体成员国正式取消了外汇管制。在贸易方面，美国的出口增长率在 1948—1955 年间只有 23%，而西欧为 93.9%，西欧国家逐渐走上它们所谓的"要贸易，不要援助"的道路。在工业生产方面，美国在 1948—1953 年间增长 18%，西欧增长 17%。可是到了 1953—1958 年期间，美国仅增长 2%，而西欧却增长 18%。从 50 年代中期开始，美国和西欧的经济地位发生了显著的变化。随着西欧经济的复兴、欧洲经济共同体的建立和美国经济地位的相对削弱，美国政府开始采取一些措施，力图把支持欧洲一体化的目标和改善美国对西欧的经济关系协调起来。1960 年，美国政府建议改组欧洲经济合作组织，由美国、加拿大和该组织原成员国组成新的经济合作与发展组织，以加强美国与经济共同体的关系，改善美国的国际贸易地位，并增进对第三世界的经济渗透。当年 12 月 14 日，上述有关国家签订了建立经济合作与发展组织的条约。这在很大程度上是美国政府企图建立国家垄断资本主义的更为广泛的国际联合的一次尝试。

50 年代美国与西欧关系的变化表明，西欧国家正在重新崛起。美国虽然保持了它在西方资本主义世界的霸主地位，但这种地位已开始受到盟国的挑战。

〔美国与日本〕 从 1948 年下半年起，美国对日政策由限制、削弱、打击改为积极帮助和扶植，使之成为美国卵翼下亚太地区反共遏制圈上主体力量，并在结束占领后成为亚洲强大而可靠的盟国。

在经济上，美国统治集团深知对外贸易是日本经济顺利发展的契机，乃采取种种手段发展对日贸易，使日本成为美国工业原料和农产品的广阔市场，加深日本对美国的依赖。50 年代，美国商品在日本进口商品中所占比重高达 35% 左右，日本对美贸易年年逆差。但美国在日本的特种开支却使这种逆差趋于平衡。朝鲜战争期间，美国在日本的特种开支每年高达 80700 万美元，比日本当时对美国的出口多几倍。美国政府还对日本施加压力，促使日本政府与东南亚国家谈判赔款协定，以改善日本与东南亚国家贸易的前景。到 1956 年，日本与东南亚国家的贸易已上升到对美贸易的水平。美国对日本的资本输出，在战后初期主要采取了借款、信贷、"援助"、"馈赠"等国家投资的形式，20 世纪 50 年代中期以后，私人投资的作用才开始逐渐增大。以美国为主的外国资本的输入，不仅对于抵消日本国际收支的逆差具有很大的作用，而且为日本最重要的经济部门提供了资金。此外，美国还向日本大量出售专利权、许可证和经验。据日本报刊估计，如果说 1950 年日本的技术水平落后于美国 20 到 30 年，那么到 1960 年，由于购买外国许可证，差距已缩短到 10 至 15 年。美国在加深与日本的经济联系、使之成为美国在亚洲推行其全球战略的基地和工具的同时，为日本经济的发展提供了原料、市场、资本和技术，逐渐增强了日本垄断集团的竞争力量，美、日矛盾也随之有所发展。美国政府改变了战后初期在一定程度上支持日本经济保护主义政策的态度，开始要求日本经济自由化，并不断对日本施加压力。日本政府在 50 年代末对此采取拖延态度。但是，随着日本商品竞争力的加强和对世界资本主义市场的需求增加，日本统治集团也逐渐认识到，它可以也必须对美国和其他西方国家作出一定的让步，因而在 50 年代后期开始制订对外贸易和结算自由化的措施，并部分解除了进口方面的外汇管制。

在政治上，艾森豪威尔政府上台后，主张加强日本防卫力量。1954 年 3 月，日美两国签订《共同防御援助协定》。同年夏天，日本议会批准建立防卫厅和有 15.2110 万名编制的陆海空自卫队。到 1956 年，自卫队人员增加到 21.4182 万。美国驻日军队则从 1954 年底的 20 万人，缩减到 1956 年 12 月的 10 万人。1957 年"哲拉德事件"的发生①，使日本人民要求美国军队撤出日本和废除《日美安全条约》的浪潮进一步高涨。新上台的岸信介内阁，从日本垄断集团的切身利益出发，也要求修改《日美安全条约》和归还冲绳与小笠原群岛。艾森豪威尔政府最初态度冷淡，但是考虑到日本人民的反美浪潮和缓和美日矛盾的需要，于 1958 年同意就修改《日美安全条约》举行正式会谈。会谈由于双方意见分歧一度中断。1960 年 1 月，美日双方终于就新的《日美安全条约》达成协议。新条约没有涉及冲绳和小笠原群岛问题，仍然允许美国驻军日本和保留军事基地，但删去了旧条约中美国军队在日本政府要求下可参与镇压日本国内暴乱，以及未经美国政府允许日本不得向第三方转让军事权利的内容。新条约还规定美国将在日本的军事基地用于日本以外的军事行动时，必须事先与日本政府磋商。这是美国政府作出的有限让步，也是日美之间控制与反控制斗争的结果。新安全条约在谈判期间就遭到日本人民的强烈反对。他们要求完全取消安全条约，撤走美军和归还冲绳群岛。1960 年 1 月 16 日，岸信介首相赴美签订《日美共同合作和安全条约》(即《新安全条约》)时，在羽田机场遭到全学联学生的冲击。《新安全条约》签订后，日本国内的反对浪潮仍有增无减。5 月 26 日，日本 200 万人参加了反对这一条约的第十六次统一行动。6 月 10 日，为艾森豪威尔访日预先作安排的美国总统新闻秘书在羽田机场被示威群众围困，不得不改乘美国海军直升飞机逃之夭夭。6 月 16 日，7000 名全学联学生闯入国会，与警官发生流血冲突。在日本人民反美情绪日益高涨的形势下，艾森豪威尔总统被迫取消预定于 6 月 19 日—21 日进行的访日之行。6 月 23 日，《新安全条约》经美日两国国会先后批准后，在东京互换批准书，结束了历时 3 年之久的修订《日美安全条约》的工作。7 月 15 日，对《新日美安全条约》负有责任的岸信介，在一片反对声中被迫辞职。日本人民反美斗争的不断高涨，终于促使美

①　哲拉德事件系指 1957 年 1 月 30 日驻日美军士兵哲拉德打死一名日本妇女的事件。

国政府在 60 年代初重新研究对日政策。

4. 美国政府对中华人民共和国的长期敌对政策

〔1954—1955 年在台湾海峡的挑衅〕　朝鲜战争与印度支那战争停火以后，美国继续奉行敌视中华人民共和国的政策，力图在远东建立反共联盟，形成所谓"由岛屿和半岛组成的屏障"①，威胁中国和亚洲各国的领土和主权，完成其全球战略在西太平洋的重要环节。为此，艾森豪威尔政府不仅支持蒋介石集团在台湾海峡进行战争挑衅，而且在亚太地区展开频繁的外交活动。1954 年初，蒋介石集团加剧对大陆沿海的骚扰与破坏，并在金门、马祖等沿海岛屿增强兵力。美国对外关系委员会远东组组长、参议员 H. 亚历山大·史密斯在其东亚之行后直言不讳地宣称：国民党军队"实力的增长"，在与共产党中国发生的"新危机"中"举足轻重"②。4 月 12 日，美国第七舰队在台湾海峡演习。5 月，美国将军范佛里特访问台湾和远东地区，磋商双边协定问题。西方记者报道：其最近目标是遏制共产主义在亚洲的进一步扩展，其最终目标是"解放"大陆。③ 6 月 28 日，南朝鲜总统李承晚在美国国会发表演说，叫嚣美国、蒋介石集团和南朝鲜联合进攻中国大陆。8 月 3 日，杜勒斯国务卿在记者招待会上承认，《东北亚安全条约》和《美蒋双边安全条约》正在"考虑"之中。与此同时，杜勒斯为拼凑东南亚条约组织展开了频繁的外交活动。

8 月 11 日，周恩来总理兼外长在外交报告中强烈谴责美国政府与蒋介石集团"策划订立所谓'共同安全双边条约'"，并进而"拼凑日本反动势力、李承晚集团和蒋介石卖国集团组织所谓'东北亚防御联

---

① J. H. 卡利基：《中美危机的格局：50 年代政治军事的相互作用》，伦敦剑桥大学出版社 1975 年版，第 123 页。

② 《纽约先驱论坛报》，1954 年 2 月 3 日。

③ J. H. 卡利基：《中美危机的格局：50 年代政治军事的相互作用》，第 128 页。

盟'"。周总理指出："这些活动显然是对中国人民和亚洲及世界爱好和平的人民极端严重的挑衅行为。"①他重申了中国人民解放台湾的决心。然而，美国政府不仅不收敛其活动，反而进一步干涉中国内政。8月17日，艾森豪威尔公然宣称："任何对福摩萨的进攻，必须越过第七舰队。"②为了维护中国的主权和领土完整，中国人民解放军于9月3日开始炮击金门；11月1日，人民解放军空军轰炸了大陈岛和一江山岛。12月2日，美国和蒋介石集团正式签订《共同防御条约》，规定美国将维持并发展蒋介石集团的武装力量，当"缔约国之领土"遭到武装攻击时，双方应采取共同行动。12月8日，周恩来外长发表声明，指出美蒋《共同防御条约》是"一个露骨的侵略条约，美国企图利用这个条约使它武装侵占中国领土台湾的行为合法化，并以台湾为基地扩大对中国的侵略和准备新的战争"③。为了反击美蒋条约，1955年1月18日中国人民解放军一举解放了大陈岛的外围据点一江山岛，有力地打击了美蒋的气焰。1月24日，艾森豪威尔要求国会通过"福摩萨"决议。1月28日，参议院通过的该项决议，授权美国总统在他认为必要时为"保卫福摩萨和佩斯卡多尔列岛"而"使用美国武装部队"，并把美国对蒋介石集团承担的义务扩展到所谓"有关阵地和领土"即蒋介石集团盘踞的沿海岛屿。这是美国政府为加剧台湾海峡地区紧张局势而采取的严重步骤。但是，在中国人民解放军的强大攻势面前，美国国务院不得不于2月5日宣布："协助"台湾军队自大陈岛撤退。2月13日，大陈岛及其外围岛屿获得解放。美国勾结蒋介石集团进行战争威胁的活动，遭到了失败。尽管杜勒斯和艾森豪威尔在3月份先后以核武器对中华人民共和国进行威胁，但是到4月26日，杜勒斯国务卿被迫接受了周恩来总理在万隆会议上提出的建议，表示美国愿意就停火问题与中国共产党人直接对话。1955年8月1日，中美大使级会谈在日内瓦举行。

---

① 《新华月报》，1954年第9号，第10~11页。
② 罗伯特·多诺万：《艾森豪威尔秘史》，第300页。
③ 《新华月报》，1955年第1号，第58~60页。

〔中美大使级会谈〕　中美双方正式举行大使级会谈，不仅是中国人民维护主权和领土完整所取得的重大胜利，也是中国政府为改善两国关系、缓和远东地区紧张局势所作出的积极努力。周恩来总理在万隆会议上指出："中国人民对美国人民是友好的，中国人民不想和美国打仗。中国政府愿意坐下来与美国政府谈判缓和远东，特别是台湾地区的紧张局势。"①中国驻波兰大使王炳南在日内瓦与美国驻捷克斯洛伐克大使尤·亚历克西斯·约翰逊举行了首次会议，就会谈的两项议程达成了协议。9月10日，双方根据第一项议程就双方平民回国问题取得一致意见，发表了协议声明。9月14日，王炳南大使根据讨论"双方有争执的其他问题"的第二项议程，提出了禁运问题和准备更高一级的中、美谈判问题。中国方面为解决两国争端再次采取了主动，但是美国大使约翰逊在会后竟然发表声明，声称"在达成协议的关于遣返平民的声明得到履行之前，讨论其他问题未免为时过早"②，蓄意拖延中美会谈。美国国务院发言人重申了这一声明。由于中国方面的努力，两国大使级会谈还是进入了第二项议程的讨论。此后，美国政府一方面在国内继续阻扰在美中国人员回国，在会谈中提出释放在华犯法的美国人的速度问题以及在朝鲜战争中失踪的美国军人问题进行刁难，一方面又在讨论第二项议程的问题时，故意混淆中美两国在台湾地区的国际争端和中国政府与蒋介石集团之间的国内问题，要求中国承认美国侵占中国领土台湾的现状，放弃解放台湾的主权。关于台湾问题的争执，是中美会谈的焦点所在。由于美国方面态度顽固，尽管中国方面在关于放弃使用武力、外长级会谈、贸易、文化交流以及记者互访等问题上一再提出积极建议，并采取了一些主动行动，但是中美大使级会谈此后始终未能取得重大进展。美国著名中国问题专家鲍大可后来评论说："在这段时间里是美国坐失良机，它采取不肯让步的僵硬态度，

① 《人民日报》，1955年4月23日。
② 《新华月报》，1955年第10号，第73页。

拒绝考虑中国提出的几乎所有建议。"①1957 年，美国大使约翰逊调任曼谷，中美大使级会谈暂时中断。

〔美国支持蒋介石集团在台湾海峡再度挑衅〕 1955—1958 年，蒋介石把金门、马祖驻军由 5.9 万人增至 10 万，并投资 5 亿美元加强这些沿海岛屿的军事设施。1957 年，美国在台湾、南朝鲜、日本部署斗牛士导弹。1958 年 4 月至 5 月，美国、南朝鲜和蒋介石集团举行联合军事演习，并试射斗牛士导弹。同年 7 月，美军在黎巴嫩登陆，造成中东危机后，美国政府为了转移世界人民对于中东严重局势的关注，与蒋介石集团密切配合，在台湾海峡再次进行战争挑衅。使这一地区的局势迅速恶化。7 月 17 日，国民党行政院长陈诚以"中东地区当前的爆炸性局势"为由，发布特别戒备令。美国海军部长托马斯·盖茨也下令太平洋地区的第七舰队处于战备状态。与此同时，蒋介石集团对大陆进行骚扰破坏。为给蒋介石集团军队以惩罚性打击，中国人民解放军从 8 月 23 日起，对金门岛展开猛烈炮击。美国政府再次采取干涉中国内政的严重步骤。8 月 24 日，美国国防部命令第七舰队和美国在亚洲的其他海军部队采取"预防性"措施。9 月 4 日，美国国务卿杜勒斯发表声明，声称"美国已经作出军事部署，以便总统一旦作出决定时，接着采取既及时又有效的行动"②。为了反对美国的侵略挑衅，捍卫我国主权，中国政府于 9 月 4 日宣布中国领海宽度为 12 海里，一切外国飞机和军用船舶未经中国政府许可，不得进入中国领海和领海上空。9 月 6 日，周恩来总理发表声明，严正指出："中国和美国在台湾海峡地区的国际争端和中国人民解放自己领土的内政问题，是性质完全不同的两件事。"③中国人民完全有权解放自己的领土，不容许任何外国干涉。但是，为了谋求缓和和消除台湾地区紧张局势，中国政府准备恢复两国大使级会谈。美国政府当天就

① 鲍大可：《美国对华新政策》，华盛顿布鲁金斯学院 1971 年版，第 14 页。
② 德怀特·艾森豪威尔：《缔造和平》，第 335 页。
③ 《人民日报》，1958 年 9 月 7 日。

表示欢迎恢复中美会谈。9 月 15 日，中、美大使级会谈在华沙恢复。但美国方面在会谈中再次竭力混淆中、美之间的国际争端和中国的内政，企图阻挠中国人民解放台湾。与此同时，美国军舰自 9 月 7 日起，开始为台湾驶往金门的船队护航，美国军舰和飞机不断侵入中国领海和领空。蒋介石空军对大陆进行军事挑衅，并用美制响尾蛇导弹进攻中国空军。中国人民解放军给金门蒋军和受美国军舰保护的蒋军舰只以严厉惩罚。对于美机、美舰侵入中国领空、领海，中国外交部发言人对美国提出了严重警告。在中国人民的坚决反对和世界舆论的谴责下，美国政府不得不改变策略，在 9 月 30 日由国务卿发表希望蒋介石从金门、马祖部分撤军的讲话。其目的是做出和平姿态，诱使中国接受美国的“停火”建议，使台湾孤立，然后利用联合国托管台湾，实现两个中国的阴谋，并使美国霸占台湾合法化。中国政府针对美国策略的变化，采取了在没有美国军舰护航的条件下，由 10 月 6 日起暂停对金门炮击，以促使美蒋矛盾的发展。自 10 月 25 日起，又实行单日炮击，双日停止炮击的做法，使金门诸岛在没有美国护航的条件下能得到充分供应。中国政府的这一策略，使美国陷入十分被动的境地。12 月 10 日，美国被迫宣布从台湾海峡地区撤出部分海空军。中国人民挫败了美国“划峡而治”的阴谋，在台湾海峡取得第二次反美斗争的胜利。

5. 美国在亚洲和非洲的扩张

20 世纪 50 年代，由于欧洲局势相对稳定，美、苏双方的注意力都逐渐转向第三世界。到 1956 年为止，苏联同亚洲和中东国家签订的经济和军事援助协定已达 14 个之多。在这些因素影响下，艾森豪威尔政府为了取代老牌殖民帝国和与苏争霸，使美国的战略重点开始向中东和亚洲转移，非洲大陆也逐渐成为美国涉足的对象。第三世界，特别是中东和亚洲，成为 50 年代美国扩张的主要对象。

〔美国策划推翻伊朗摩萨台民族政府〕　中东是战后第三世界首先被纳入美国遏制政策的地区。美苏在伊朗和土耳其海峡的对抗，是杜鲁门主义产生的原因之一。伊朗与苏联接壤，以其战略地位和石油资源而成为美国扩张政策的目标。

1951 年，穆罕默德·摩萨台任伊朗首相，国内民族主义运动迅速高涨，强烈要求结束英国对伊朗石油的控制权。摩萨台将英伊石油公司收归国有并没收阿巴丹炼油厂后，英国迅速撤出全部技术人员，联合西方国家对伊朗石油进行抵制，并阴谋推翻摩萨台政府。杜鲁门政府利用这一机会，在英伊之间扮演调解人的角色，力图促使英伊之间达成新的协定，以便美国石油公司插足伊朗。艾森豪威尔上台后，继续执行杜鲁门政府的这一政策，但是随着伊朗国内反英情绪不断高涨，英伊之间达成协议的希望越来越渺茫，美国政府终于走上阴谋推翻摩萨台政府的道路。1953 年 6 月 29 日，艾森豪威尔断然拒绝伊朗希望美国提供援助的要求。摩萨台转而寻求苏联援助，并在 8 月初的公民投票中获得 99.4% 的选票的支持。亲西方的伊朗国王巴列维决定任命法兹罗拉·扎希迪将军取代摩萨台担任首相，结果在德黑兰引起群众抗议，国王于 8 月 16 日仓皇出逃。美国中央情报局迅速采取行动，在幕后策划并支持扎希迪的部队推翻了摩萨台政府。当时负责中央情报局在伊朗的秘密活动的是克米特·罗斯福，他后来在中央情报局内有"伊朗先生"之称。巴列维国王回到德黑兰后，美国马上恢复了对伊朗的经济和军事援助。1953 年 12 月，英伊石油公司、5 家美国石油巨头、法国和荷兰的石油公司与伊朗政府在伦敦开始磋商，第 2 年 8 月达成协议，组成新的国际石油财团。美国 5 家石油公司与英伊石油公司同样握有 40% 的股权，法国和荷兰公司获得剩下的20% 的股权。石油财团每年利润的 50% 由伊朗政府享有。通过这一协定，美国石油财团的势力进入了伊朗。1955 年，伊朗加入巴格达条约，被正式纳入美国的反共遏制体系。

〔苏伊士运河危机〕 美国在中东的扩张，并不仅仅限于石油利益的需要，而且有全球战略的考虑。艾森豪威尔上台后，杜勒斯出访中东，感到这一地区对英法老殖民主义十分仇恨，因此，美国必须在中东承担西方领袖的责任，并消除阿拉伯世界对于美国和英、法及以色列关系的怀疑。为此，艾森豪威尔和杜勒斯促使英国在 1954 年 10

月与埃及纳赛尔政府签订条约，规定英国放弃它在苏伊士运河的基地，并从运河区全部撤走英军，埃及则同意在土耳其或任何阿拉伯国家遭到外来攻击时，允许英军重新进驻。接着，美国又向埃及提供了经济和军事援助。但是，美国在中东其他国家建立地区性防御体系的努力，使它取代英法的野心日益明显。1955 年，包括伊拉克、土耳其、巴基斯坦、伊朗和英国在内的巴格达条约组织建立，美国完成了它在世界范围的反共遏制圈。苏联对此提出警告，纳赛尔总统也深为不满。与此同时，美国国务院又拒绝了埃及希望供应价值 2700 万美元武器的要求。10 月，纳赛尔不顾美国阻止，与捷克斯洛伐克签订了购买武器的合同，使美国政府深感惊恐。1956 年 4 月，纳赛尔总统表示，对于美英两国政府已答应援建的阿斯旺水坝，他仍在考虑接受一笔苏联援助。5 月，埃及承认中华人民共和国。艾森豪威尔把埃及与社会主义国家的接近，看作对美国在中东利益的威胁。他还考虑到援建阿斯旺水坝在国会将遭到代表美国棉花出口商利益的部分南方议员的反对，乃亲自决定撤销这一援助。7 月 19 日，杜勒斯受权突然宣布这一决定，对埃及施加压力。7 月 24 日，纳赛尔总统决定将苏伊士运河及其全部资产收归国有，以取得修建阿斯旺水坝的资金，表达了埃及人民消除"外国统治的罪恶"的坚定决心。持有国际苏伊士运河公司大部分股权的英法殖民者，对于埃及人民捍卫国家主权和民族独立的斗争，早已耿耿于怀，马上采取报复行动。英法两国政府一方面部署军事行动，一方面对埃及施加经济制裁，并力图争取美国的支持，但美国政府考虑到世界舆论的压力和它在中东取代英法的战略目标，反对英法诉诸武力，提出了通过联合国对运河实行国际管理的计划，但未获得成功。在这段时间里，英法一方面与埃及举行秘密谈判，一方面背着美国加紧同以色列勾结，积极进行战争准备。10 月 29 日晚，以色列军队在英法空军掩护下，向埃及的西奈半岛发动全线进攻。第二天，纳赛尔下令全国总动员，反击以色列入侵。同日，英法以"保护"运河为借口，向埃及发出最后通牒，要求埃以双方停火并后撤军队，由英法军队进驻运河区。埃及拒绝后，英法军队在 10 月 31 日展开军事进攻，遭到埃及军民的奋勇抵抗。阿拉伯国家和包括中华人民共和国在内的许多亚非国家坚决支持埃及人民抗击侵略的正义斗争。11 月 2 日，联大紧急会议通过美国提出的停火决议，美国政府还对英法施加经济压力。11 月 5 日，苏联部长会议主席布尔加宁致电英、法、以 3 国，宣称苏联准备使用武力粉碎侵略者并恢复和平。同一天，布尔加宁致函艾森豪威尔，建议美苏组成联合部队开进埃及。美国政府拒绝了苏联的建议，并命令美军进入全球性警戒状态。与此同时，英法国内财政经济状况迅速恶化，反战呼声高涨。在这种内外交困的形势下，英、以、法于 11 月 6 日被迫宣布停火。到 12 月，英法军队全部撤出埃及。它们在中东的势力遭到严重削弱。英国由于认识到自己的实力变化，逐渐默认了对美国外交政策的仆从地位，法国则从苏伊士运河事件吸取教训，进一步走上了独立于美国政策的道路。从此以后，美国和苏联取代英法成为影响中东局势的大国势力。

〔艾森豪威尔主义及其运用〕 1957 年元旦，艾森豪威尔在白宫会见新选出的国会两党领袖，要求他们支持美国对中东政策的一篇新宣言。艾森豪威尔明确指出："在中东出现的真空必须在俄国人进来之前由美国来填补。"①1 月 5 日，艾森豪威尔总统向国会提出关于中东的特别咨文，并提交中东决议案。该决议案经国会通过后，于 3 月 9 日由总统签署生效。中东决议的原则，被称为"艾森豪威尔主义"。这项国会联合决议授权总统，动用 2 亿美元给中东国家以经济和军事援助，并规定在这些国家面临"国际共产主义控制的任何国家的武装侵略"时，总统有权应它们的请求提供武力援助。艾森豪威尔主义出现后，得到巴格达条约国家和以色列的支持，其他阿拉伯国家除黎巴嫩外，均未正式认可这一主义，埃及则指责它是帝国主义的阴谋。

艾森豪威尔主义的第一次运用，是在 1957 年 4 月。当时约旦国王侯赛因废除了纳布西亚为首相的亲埃及政府，国内发生动乱。侯赛因指责开罗对骚动负有责任，但并未要求美国介入。艾森豪威尔政府

① 德怀特·艾森豪威尔：《缔造和平》，第 200 页。

利用阿拉伯国家之间的矛盾，乘隙而入，宣布约旦的独立"至关重要"，命令第六舰队从法国的里维埃拉开进东地中海。约旦局势稳定后，美国政府向侯赛因国王提供 2000 万美元的援助，力图扩大在约旦的影响，分裂阿拉伯国家。

1957 年夏天，美国政府一手酿成了叙土危机。早在 1956 年秋天，美国联合英国和伊拉克，试图更迭叙利亚政府，未获成功，叙利亚却获得苏联的军事和经济援助，并加强了与埃及的合作关系。1957年 8 月，叙利亚政府以颠覆活动罪，将 3 名美国驻叙使馆官员驱逐出境。艾森豪威尔遣返了叙利亚驻美大使，认为叙利亚已开始转向共产主义。为避免在这个原来中立的地区出现"一个苏联的强大前哨"，艾森豪威尔致函土耳其总理阿德南·曼德列斯，并要他转告邻国，美国保证在叙利亚的穆斯林邻国感到有必要采取行动对付叙利亚政府发动的侵略时，立即启运已经同意提供给中东国家的武器，并将尽快补充损失。美国还保证不让苏联和以色列等外来国家干预它们的行动。为了进一步分裂阿拉伯国家，美国向约旦和黎巴嫩大规模空运武器，并加速履行对土耳其和伊拉克承担的义务。10 月 10 日，叙利亚外长在联大发出警告，指出土耳其军队正沿其边境大量集结。赫鲁晓夫随之宣布，如果叙利亚受到入侵，苏联将出面干涉。10 月 14 日，埃及军队增援叙利亚。杜勒斯宣布，如果苏联对土耳其采取行动，美国将直接对苏联进行报复。由于约旦、沙特阿拉伯和伊拉克等几乎所有阿拉伯国家都反对干涉叙利亚，美国政府不得不停止它不得人心的政策，叙土危机遂趋缓解。

1958 年，黎巴嫩局势的恶化，导致美国政府再次援用艾森豪威尔主义。由于黎巴嫩基督教派的总统加米耶·夏蒙试图修改宪法以争取连任，国内两大教派之间的关系，从 1957 年初就开始紧张。夏蒙在外交上对美国的依附，加深了穆斯林派的敌对情绪。他在苏伊士运河危机时，拒绝与英法断交，在 1957 年认可艾森豪威尔主义，并赞成美国对约旦和叙利亚的干预。到 1958 年 5 月，黎巴嫩穆斯林与基督教派的矛盾发展为街头冲突。艾森豪威尔认为，"共产党人要对骚动负主要责任"①。他派美国大使罗伯特·麦克林托克通知夏蒙总统：
美国准备应黎巴嫩政府请求，派出武装部队保持"共和国的独立"②。
接着，美国第六舰队再次进入东地中海，驻欧空降兵部队处于战备状
态，美英两国开始策划联合军事行动。6 月 6 日，黎巴嫩政府要求联
大制止由埃及和叙利亚组成的阿拉伯联合共和国的"无端侵略"。6 月
11 日，安理会决定组成联合国黎巴嫩观察组，调查是否有对黎巴嫩
的非法渗透。这个观察组在 7 月 15 日以前发出的两份报告中，都否
认了夏蒙政府对阿联的指控，确认了黎巴嫩冲突的内战性质。7 月 14
日，伊拉克突然发生政变，埃及迅速承认以卡塞姆为首的伊拉克政
府。黎巴嫩、约旦和沙特阿拉伯对埃及影响的扩大感到惊慌。美国政
府惟恐伊拉克事态的发展在阿拉伯世界产生连锁反应，削弱美国的影
响。7 月 15 日，艾森豪威尔应夏蒙总统的请求，下令 8000 美军在黎
巴嫩登陆。与此同时，3000 英国军队应侯赛因之请，进入约旦。美
国对阿拉伯国家内部事务采取的赤裸裸的干涉行动，激起了世界舆论
的反对。8 月 21 日，联大通过阿拉伯国家提出的决议，要求"联合国
会员国不干涉别国内政"。11 月，美英军队被迫撤出黎巴嫩和约旦。

艾森豪威尔主义的运用充分说明，美国对中东事务的干预，既是
为了与苏联对抗，也是为了反对阿拉伯民族主义运动，分裂和驾驭阿
拉伯国家。阿拉伯人民对此逐渐有所认识，1959 年，伊拉克退出了
巴格达条约组织，使美国的中东政策受到沉重的打击。

〔美国插手东南亚〕 艾森豪威尔政府上台后，为了促使法国议
会批准欧洲防务共同体条约，继续奉行支持法国在印支进行殖民战争
的政策。到 1954 年，美国的援助已占法国在印支战争中军费开支的
78%。但是，这并不能阻止越南人民在抗法战争中不断取得胜利。
1953 年，法国侵略者为了扭转败局，调集 1 万多精锐部队，固守战
略要地奠边府，企图切断中华人民共和国通过老挝对越南人民提供的

① 德怀特·艾森豪威尔：《缔造和平》，第 266 页。
② 罗伯特·麦克林托克：《有限战争的意义》，波士顿米夫林公司 1967 年
版，第 102 页。

援助。12 月，越南人民军在中国军事顾问团的直接帮助和中国人民的大力支援下，发动了强大攻势，使法军在奠边府陷入重围。法国政府不得不请求美国进行军事干预。美国政府内部意见不一，特别是美国人民反对干预，故未成事实。1954 年 5 月 7 日，越南人民军攻占奠边府，歼灭法军 16000 多人，取得了抗法战争的决定性胜利。

与此同时，根据 1954 年 2 月苏、美、英、法 4 国外长柏林会议的决定，和平解决朝鲜问题和恢复印度支那和平的日内瓦会议，于 4 月 26 日开幕。中国总理兼外长周恩来率代表团出席了会议。由于美国的阻挠和破坏，会议未能就从朝鲜撤出一切外国军队、举行全朝鲜自由选举等合理主张达成任何协议。但会议在恢复印支和平上取得了进展。尽管美国政府不希望就印支问题达成协议，但法国已无力再战。5 月 7 日奠边府大捷给法国主战派以沉重打击，主张停止印支战争的孟戴斯—弗朗斯组成新内阁。日内瓦会议终于就印支问题达成协议。7 月 21 日，签订了《日内瓦协定》，并发表了最后宣言。协定和宣言规定：在印度支那 3 国立即停止敌对行动，并在越南以北纬 17°线以南和 9 号公路以北划分临时军事分界线；印度支那 3 国将分别举行自由普选，实现各国统一，并承担义务不参加任何军事同盟；与会各国保证不干涉印支 3 国的内政。美国代表没有在最后宣言上签字，但美国政府单独声明，美国将不使用武力和武力威胁来妨碍上述协议的执行。

实际上，美国政府对越南人民抗法斗争的胜利忧心忡忡。1954 年 4 月 7 日，艾森豪威尔总统提出多米诺骨牌理论，认为西方在印度支那的失败，将波及东南亚各国。为了遏制所谓中国和北越影响的扩大，杜勒斯在日内瓦会议以后不久，即纠集英、法、澳、新、菲、泰和巴基斯坦于 9 月 8 日在马尼拉签订《东南亚集体防务条约》，把柬埔寨、老挝和越南南部也划入其"保护"范围，公然破坏了日内瓦协议。在法国军队撤出越南南方的同时，美国开始扶植吴庭艳傀儡集团取代法国傀儡保大，向南越直接提供援助，并派出军事顾问训练南越军队。1955 年，吴庭艳在美国支持下，拒绝根据日内瓦协定举行全国普选，从而扼杀了越南的和平统一。当年 10 月，在吴庭艳导演下

举行的南方公民投票,"选举"他为总统。由于吴庭艳疯狂镇压越南
共产党人和各阶层人民的反抗,统治集团内部又矛盾重重。越南人民
为统一祖国进行的斗争,1958 年以后进入了新的高潮。艾森豪威尔
政府为了维持吴庭艳傀儡政权,实现美国在东南亚扩张势力的野心,
把对南越政府的援助增加到每年 5 亿美元。1959 年 4 月,艾森豪威
尔在演说中首次公开承担了支持南越作为一个单一国家的义务。这一
行动,成为 60 年代美国大规模卷入越南战争的先导。

根据 1954 年日内瓦协议,老挝获得主权和独立。老挝王国政府
作出了中立的保证。但是美国政府担心以共产党人为主的巴特寮在普
选中会赢得胜利,便以存在"颠覆的威胁"为借口,把老挝纳入了《东
南亚条约》的保护范围,并千方百计地阻挠在老挝履行《日内瓦协
定》。1956 年初,美国向老挝王国军队提供装备和资金,把军队编制
扩大到 25000 人,以便与巴特寮抗衡。同时,美国国务院竭力阻止建
立联合政府。1956 年 8 月,富马首相和巴特寮领袖苏发努冯亲王达
成协议,决定举行追加国民议会选举(普选在 1955 年 12 月举行时未
包括巴特寮),让共产党人进入政府。美国大使 J. 格雷厄姆·帕森斯
后来在国会作证时承认:"我在 16 个月的时间里拼命阻止这一联
合。"①但他未能得逞。追加选举在 1958 年 5 月举行。巴特寮及其同
盟党获得 20 个席位中的 13 个,苏发努冯不久即当选为国民议会主
席。美国对此作出的反应是:停止经济援助以"迫使苏发努冯亲王离
职"。当富马首相在国民议会失去信任而辞职后,亲美的新任首相萨
纳尼空立即从内阁中赶走共产党人,并增加 4 名保卫国家利益委员会
的成员。这个委员会是美国中央情报局资助的青年军官组织。此后,
老挝局势一直动荡不定。1959 年 12 月,诺萨万发动政变。1960 年 8
月,贡勒上尉又发动反政变,使富马亲王重新上台。在这一系列事态
发展中,美国与老挝右派结成联盟,并在万象设立一个军事训练团。
由美国中央情报局和特种部队人员组成的农村"国民行动队",开始

① 罗杰·希尔斯曼:《推动国家前进》,纽约德尔出版公司 1967 年版,第
111 页。

在老挝武装和训练苗族部队，从事反共暴力行动。贡勒上尉发动政变后，艾森豪威尔政府未能说服富马首相把巴特寮排除于政府之外，乃扩大美国对诺萨万军队的支援，包括提供美国和泰国的飞机。1960年12月，诺萨万击败贡勒军队，建立由文翁亲王领导的亲西方政府，富马首相流亡柬埔寨，贡勒参加了巴特寮。结果，直到1961—1962年日内瓦会议举行前，老挝内战持续不断。这是美国干涉老挝事务的必然结果。

〔刚果(利奥波德维尔)问题与联合国干预〕　随着非洲新兴国家的增多，非洲大陆在世界事务中的地位日益重要。1959年以前，美国的注意力主要在北非。它在利比亚、摩洛哥租用或修建了军事基地与机场；它力图使突尼斯的哈比卜·布尔吉巴总统保持亲西方路线，以平衡纳赛尔在阿拉伯世界的影响。到1958年，由于加纳、几内亚等新兴国家反对西方帝国主义的立场和与社会主义国家友好关系的发展，美国开始注意撒哈拉以南的非洲，力图抵消苏联的影响，扩大美国在这一地区的政治势力和经济利益。刚果问题的严重化，在一定程度上反映了美、苏力量在非洲大陆的对峙与争夺。

1960年6月，刚果(利)摆脱了比利时的殖民主义统治，宣告独立，建立了以卡萨武布为总统、卢蒙巴为总理的刚果共和国。但比利时殖民当局并不甘心退出刚果，乃于7月8日以刚果局势"混乱"为借口，进行武装入侵。与此同时，在刚果加丹加省有重大经济利益的比利时和英法殖民主义者，唆使冲伯集团发动叛乱，成立"加丹加共和国"，企图使加丹加省从刚果分裂出去，听凭它们继续进行殖民主义的掠夺。刚果总理卢蒙巴和总统卡萨武布联名要求联合国提供紧急军事援助，以结束比利时的侵略。7月13日，联合国安理会通过突尼斯提出的决议，向刚果派遣联合国军，呼吁比利时军队撤出刚果。美国向联合国军提供了空运和装备，并拨款500万美元。艾森豪威尔还下令美国航空母舰停泊刚果河口待命。美国政府支持联合国对刚果采取干涉行动，主要有两方面的考虑。其一是保证西方世界能得到刚果特别是加丹加省的矿产。据统计，刚果出产世界钴产量的60%，工业钻石的 70%，铜和锡的 10%，① 并且直到 1960 年，一直是生产原子弹的核材料的主要供应者。到 1958 年，美国已成为刚果铜、锌的主要市场。其二是防止苏联势力乘机渗入刚果。美国驻刚果大使罗伯特·墨菲早就怀疑激进的民族主义者卢蒙巴会成为苏联的代理人，因此当赫鲁晓夫威胁说，如果比利时军队拒不撤走，苏联将进行干涉时，美国政府迅即表示要采取一切必要的手段，阻止苏联军队进入非洲。

美、苏在刚果的争夺，进一步分裂了刚果政府，导致刚果局势的严重化。由于联合国军秉承美国政府意旨，既不采取行动迫使比利时撤军，又不讨伐加丹加的叛乱分子，卢蒙巴失去对联合国的信任，转而寻求苏联援助，结果激化了与亲西方的卡萨武布总统的矛盾。9 月 5 日，卡萨武布宣布解除卢蒙巴总理职务，但刚果议会支持卢蒙巴总理。在卢蒙巴召集内阁会议，废除卡萨武布总统，并号召陆军和公众支持政府时，美国在刚果的联合国代表安德鲁·科迪埃策动了反卢蒙巴政变。11 月，卢蒙巴逃出首都，不久即被绑架。1961 年 1 月，卢蒙巴和其他几名爱国志士被冲伯集团所杀害。副总理基赞加代理总理，将政府迁到斯坦利维尔，展开反对联合国军的斗争。

比利时殖民主义者的入侵和艾森豪威尔政府在联合国名义下进行的干涉活动，使刚果人民刚刚获得的独立付之东流，为美国进一步干涉和控制刚果做好了准备。

6. 美国的拉美政策和古巴革命

由于杜鲁门政府通过里约热内卢条约把拉美国家纳入西半球反共军事体系，并使美洲国家组织成为"强迫拉丁美洲各国接受其外交政策的工具"②。这就加剧了拉美各国人民的反美情绪。到杜鲁门总统

---

① 海伦·A. 基钦:《刚果历史脚注》，纽约沃克公司 1967 年版，第 3 页。
② C. A. 哥尼昂斯基:《拉丁美洲和美国》(中译本)，世界知识出版社 1963 年版，第 15 页。

下台时，美国《商务日报》评论说："自从富兰克林·罗斯福宣布'睦邻'政策以来，美国同拉丁美洲各共和国之间的关系很少像现在这样紧张的。"①艾森豪威尔政府上台后，并未对拉美政策作出重大调整。它继续干涉拉美事务，进一步加紧了美国和拉丁美洲国家之间的矛盾，特别是对危地马拉民主政府的颠覆活动，促使拉丁美洲人民反美民族革命运动走向新的高潮。

〔颠覆危地马拉民主政府〕　1944 年，危地马拉人民推翻了豪尔赫·乌维科的独裁统治，建立了民主政府，着手进行社会经济改革。当时这个国家占居民总数的 2% 的人口，占有 70% 的土地；国内经济几乎完全由外国投资者、特别是美国联合果品公司所控制。这是危地马拉人民贫穷和苦难的根源。在社会主义者和共产党人的影响下，危地马拉总统哈科沃·阿文斯·古斯曼于 1952 年签署了土地改革法案。1953 年，危地马拉政府收回联合果品公司占有的 22.5 万英亩土地，准备以政府证券进行赔偿。但联合果品公司要求赔偿的金额，比危地马拉政府愿意偿付的多 25 倍。与联合果品公司有千丝万缕联系的艾森豪威尔政府，支持公司的立场。拉美事务助理国务卿约翰·卡伯特指责危地马拉"公开耍弄共产党把戏"，以此掩饰美国垄断组织不肯放弃对危地马拉经济控制权的企图。为给干涉行动寻找借口，美国政府在 1954 年 3 月于加拉加斯召开的美洲国家泛美会议上，建议通过反共宣言。杜勒斯国务卿声明："我们需要做的是识别危险，坚定决心，以便在一旦需要采取联合行动时来共同对付这种危险。"②加拉加斯会议通过的反共宣言，虽然未提危地马拉，但矛头所向则一目了然。与此同时，美国中央情报局积极策划和准备对危地马拉政府的颠覆活动，它挑选危地马拉流亡军官卡洛斯·卡斯蒂略·阿马斯作为头目，在洪都拉斯和尼加拉瓜训练雇佣军。这年 5 月，美国政府获知阿文斯政权向捷克购买了一批武器，立即以此发难。6 月 18 日，卡斯

----

① C.A. 哥尼昂斯基：《拉丁美洲和美国》(中译本)，第 20 页。

② 约翰·比尔：《约翰·福斯特·杜勒斯》，纽约出版社 1957 年版，第 233 页。

蒂略率领 150 名雇佣军从洪都拉斯入侵危地马拉，美国飞行员驾驶的飞机轰炸了危地马拉城。阿文斯总统被迫辞职，流亡东欧。危地马拉民主政府被颠覆。卡斯蒂略在美国大使一手扶植下，建立了军人政府，取缔反对党，剥夺文盲选举权，把原来征收的土地全部归还联合果品公司，美国则把对危地马拉的援助从每年平均 6 万美元增加到 4500 万美元，重新控制了危地马拉政府。到 1960 年，危地马拉成了美国训练古巴流亡者的基地。

〔尼克松拉美之行和美国政策的变化〕 美国对危地马拉的颠覆活动，激起了拉丁美洲人民的愤怒。为缓和这种矛盾，艾森豪威尔提出了"好伙伴政策"。这个政策被吹嘘为睦邻政策合乎逻辑的发展。然而美国政府除在 1955 年修改条约时对巴拿马作出极其有限的让步外，丝毫没有改变对拉丁美洲国家的干涉和掠夺政策。1954 年，美国支持巴西的军事政变。1957 年，美国在巴拿马运河区举行军事演习，炫耀武力；同年，还想缔结《南大西洋军事公约》，不过没有获得成功。而美国政府反对拉美国家发展民族经济的政策，则进一步激化了美国与拉美国家的矛盾。这种情况，从 50 年代中期开始，表现得特别明显。

长期以来，美国通过私人投资、不等价交换、经济"援助"等手段巧取豪夺，控制了拉美经济。据统计，美国在拉美的私人投资 1945 年末为 30 亿美元，1959 年增加到 90 亿美元，几乎达美国对外私人投资的 1/3。1954—1957 年，美国输入拉美的资本净值为 20 亿美元，同期汇回美国的利润净值竟高达 30 亿美元。由于美国控制了拉美的对外贸易并推行歧视性政策，拉美国家每年损失为 20 亿美元。而美国对拉美国家的援助，在 1949—1959 年 10 年间，只有 2.25 亿美元。为了从美国获得借款和援助，拉美国家还不得不接受美国垄断组织通过国际货币基金组织所强加的不利条件，比如改用自由外汇市场汇率使拉美国家货币贬值等。十分明显，美国对拉美的经济掠夺政策，严重阻碍了拉美国家民族经济的发展。从 50 年代中期开始，经济问题成为美洲国家组织历次国际会议争论的焦点。在 1954 年 11 月至 12 月于里约热内卢召开的美洲国家组织财政和经济部长会议上，拉美国家提议设置美洲国家基金和建立美洲国家银行，以便为各国经济发展提供资金；它们还要求确定公平价格、活跃拉美贸易、建立支付同盟。这些建议均为美国代表所拒绝。在 1956 年于巴拿马举行的美洲国家总统会议上，墨西哥总统鲁易斯·科蒂内斯和阿根廷临时总统佩得罗·阿兰布鲁将军要求艾森豪威尔考虑经济问题。会议决定设立美洲国家总统代表委员会，研究这一问题，并为美洲国家经济会议进行筹备工作。1957 年 8 月，美洲国家经济会议在布宜诺斯艾利斯正式开幕。由于拉美国家的一致要求，会议通过了旨在维护拉美各国经济利益的《布宜诺斯艾利斯经济宣言》，但是美国坚决反对通过一般经济协定和拉美国家提出的许多决议案，结果这次会议并未能解决拉丁美洲所面临的经济问题。

1958 年 4 月，美国副总统尼克松访问南美 8 国。拉丁美洲人民长时期积郁的反美情绪终于爆发。从出访的第一站蒙得维的亚到最后一站加拉加斯，尼克松处处遇到抗议与谴责的洪流。示威的学生向他吐口水、扔鸡蛋、丢石头。在加拉加斯，尼克松乘坐的汽车被示威群众所包围，迫使他中止访问，返回华盛顿。尼克松回国后向记者发表谈话，指出必须把拉美政策提到"高度重要位置"①上。6 月初，巴西总统何塞利诺·库比契克致信艾森豪威尔，建议改善美洲国家之间的关系。加拉加斯事件反映出的拉美人民的反美民族情绪，终于促使艾森豪威尔政府对拉美政策开始作出某些修正。1958 年 9 月，美国政府在美洲国家外长会议上同意建立美洲国家开发银行，从而改变了它半个世纪以来对拉美国家这一要求所持的反对态度。1960 年 9 月，美洲国家经济援助会议通过《波哥大法案》，其中包括由美国提出的援助拉美国家社会经济发展的计划。后来美国国会为此拨款 5 亿美元。艾森豪威尔政府对拉美国家发展民族经济要求作出的这些让步，是十分有限的，但它是 60 年代初肯尼迪总统对拉美政策作出较大修正的前奏。

---

①　亚历山大·德康德：《美国外交政策史》，纽约查尔斯·斯克里布纳公司 1978 年版，第 268 页。

〔古巴革命和美古断交〕 艾森豪威尔政府对拉美政策的局部调整，并未能阻止拉美国家民族革命运动的高涨。1959 年 1 月 1 日，古巴人民在菲德尔·卡斯特罗领导下，推翻了富尔亨西奥·巴蒂斯塔独裁政权。美国政府虽然感到突然，但还是承认了古巴新政府。杜勒斯国务卿觉得古巴革命的胜利对美国来说还祸福未卜。随着卡斯特罗在国内展开土地改革并处决前巴蒂斯塔政权的反动分子，美国政府对古巴革命日益采取敌视态度。中央情报局局长艾伦·杜勒斯向艾森豪威尔总统报告说："共产党人和其他极端主义激进分子似乎渗入了卡斯特罗的运动"①。1959 年 4 月，卡斯特罗应美国报纸编辑协会邀请访美，艾森豪威尔避而不见。尼克松与卡斯特罗会晤 3 小时后，建议美国组织古巴流亡者推翻这位革命领袖。同年 5 月，卡斯特罗在布宜诺斯艾利斯美洲国家组织经济会议上请求美国给予 3000 万美元的援助，遭到拒绝。6 月，古巴政府颁布土地改革法，将大地产收归国有，并采取使其他外国资产国有化的步骤，美国垄断组织受到严重损失。这年 8 月，美国在美洲国家外长会议上要求采取旨在对付古巴革命的联合行动，结果未获成功。古巴在一段时间内开始成为拉丁美洲人民反美斗争的旗帜。它与苏联签订贸易条约，承认中华人民共和国，并宣布将没收美国人在古巴拥有的全部产业和企业产权，以对付美国的经济侵略，从而推动了拉丁美洲反美运动的进一步发展。1960 年 7 月，美国政府采取报复行动，削减古巴食糖进口额 70 万吨。艾森豪威尔声称，决不允许在西半球建立一个"受国际共产主义操纵"的政权。两国关系迅速恶化。1961 年 1 月，美国与古巴断绝了外交关系。在这段时间里，中央情报局根据艾森豪威尔总统的命令，开始在危地马拉训练古巴流亡者，准备进行军事入侵。

---

① 赫伯特·帕米特：《富兰克林·罗斯福以后年代的民主党人》，第 561 页。

第六章 "新边疆"和"伟大社会"

新政式国家垄断资本主义的发展，在艾森豪威尔时代虽然得到两党的承认，但是共和党政府的中间道路，毕竟使其受到一定的限制。50年代经济繁荣，但经济增长缓慢、黄金外流日渐严重，而且科技发展受到苏联的挑战，贫困问题引起舆论注意，黑人运动逐步高涨。这些因素，促使60年代执政的肯尼迪和约翰逊两届民主党总统，在社会经济政策上继承新政传统，进一步实行改革，加强了美国新政式国家垄断资本主义的发展，使美国经济在60年代进入高度繁荣时期，并在约翰逊任内把新政以来民主党人的社会经济改革推进到新的顶点。

在经济政策上，民主党政府走向以减税为核心的长期赤字财政政策，同时辅之以双重利率的廉价货币政策和在和平时期对工资与物价的非强制性管制，使战后凯恩斯主义者的经济政策在实践中有进一步的发展。在社会福利政策上，联邦政府大大加强了对劳动力再生产的干预，以适应社会发展和科技革命提出的新需要，并在"向贫困宣战"和"伟大社会"的旗号下，使"福利国家"涉及的范围迅速扩大。鉴于黑人运动来势逼人，美国政府促使国会通过3大民权立法，从法律上取消了美国南部的种族隔离制度。在肯尼迪发起的阿波罗登月计划的推动下，美国科技事业在60年代取得巨大的进展，对美国社会产生了深远影响。

这些资产阶级自由主义改革的重大举措，促进了美国经济的高速发展，使美国垄断资本获得丰厚的利润，同时也使包括黑人在内的美国劳动人民的经济和社会地位有所改善。但是，美国资本主义的生产关系没有也不可能因此发生根本变化。不仅如此，随着越南战争的扩大和赤字开支的长期发展，通货膨胀日益严重，经济增长速度减缓，到 60 年代末和 70 年代初，终于导致"滞胀"危机的出现。与此同时，联邦政府机构恶性膨胀，福利制度弊端重重，社会不满在继续增长。新政式国家垄断资本主义的发展在进入鼎盛期后，又面临新的更为深刻的经济、社会和政治危机的阴影。

1. 肯尼迪与"新边疆"

1960 年，43 岁的民主党参议员约翰·F. 肯尼迪在大选中战胜共和党候选人理查德·尼克松，成为美国历史上最年轻的当选总统。他提出了"新边疆"的纲领性口号，试图解决 60 年代美国社会所面临的问题，把新政以来资产阶级自由主义改革推向新的高潮。然而，新边疆在国内改革方面步履艰难，其主要社会经济立法在肯尼迪任内未能取得重大进展。

〔1960 年大选〕　肯尼迪出身于爱尔兰裔天主教徒的家庭。其父约瑟夫·肯尼迪是波士顿首富之一，曾在罗斯福总统执政时出任证券交易委员会主席和驻英大使。约翰·肯尼迪本人毕业于哈佛大学，第二次世界大战期间，在所罗门海域作战负伤而荣获紫心勋章，1946 年当选为美国众议员，1952 年在马萨诸塞州战胜当时赫赫有名的艾森豪威尔竞选主持人小亨利·卡伯特·洛奇，成为美国参议员。1956 年大选时，肯尼迪角逐民主党副总统候选人提名，虽未成功，但声名大振，开始瞩目于白宫。1960 年 1 月 2 日，肯尼迪在记者招待会上正式宣布参加竞选美国总统。

除年轻外，肯尼迪信仰天主教，而美国历史上还从未有过天主教徒当选总统。因此，全国知名的民主党人，几乎都不赞成肯尼迪争取提名。但是，肯尼迪寄希望于基层。他在宣布参加竞选时充满信心地说："在过去的 3 年零 4 个月里，我访问了联邦的每一个州，并和各界的民主党人交谈过。因此，我参加竞选是以这一信念为基础的：即我能在提名和大选中获得胜利。"①肯尼迪在民主党全国代表大会的第一轮投票中，就赢得总统候选人提名。他在接受提名的演说中提出了新边疆的著名口号："不论我们是不是在寻求'新边疆'，'新边疆'已是既成事实……未知的科学与空间领域，未解决的和平与战争问题，尚未征服的无知与偏见的孤立地带，尚无答案的贫困与过剩的课题。"肯尼迪号召美国人民为开拓这些新的边疆作出"更多的牺牲"②。

两党竞选开始以后，肯尼迪在演说中反复强调60年代对美国的安全、美国的威望和美国的进步所提出的挑战。他批评共和党政府在50年代的放任自流和消极被动，宣称"现在是使这个国家再度行动起来的时候了"③。共和党候选人尼克松只一再强调艾森豪威尔时代的"和平与繁荣"，结果不得不处于守势。在休斯敦牧师协会举行的讨论会上，肯尼迪又经受住了宗教问题的冲击，宣称自己信奉的是"一个政教绝对分离的美国"。9月26日至10月21日举行的4次两党总统候选人电视辩论，是这次竞选运动的高潮。事后盖洛普民意测验得出结论：电视观众中有43%支持肯尼迪，只有23%支持尼克松。④ 哥伦比亚广播公司的民意测验则表明：在400万认为自己完全是受电视辩论影响才最后决定自己投票倾向的人们当中，有72%，即300万人投了肯尼迪的票。⑤ 这一数字，远远超过了肯尼迪后来实际赢得的多数票。通讯技术的发展，使电视传播媒介在美国选举史上第一次发挥了如此巨大的作用。

11月8日，肯尼迪获得的选民票，仅比尼克松多11.2万张，不过在选举团中，却以308票对219票获胜。肯尼迪以微弱多数取得的

① 西奥多·索伦森：《肯尼迪》(中译本)，上海译文出版社1981年版，第58页。

② 西奥多·索伦森：《肯尼迪》(中译本)，第74页。

③ 西奥多·索伦森：《肯尼迪》(中译本)，第81页。

④ 西奥多·怀特：《1960年总统的缔造》，纽约阿西纽姆出版公司1962年版，第294页。

⑤ 西奥多·怀特：《1960年总统的缔造》，第294页。

胜利表明，艾森豪威尔时期美国社会面临的危机还不明显，共和党在选举中基本上与民主党旗鼓相当。不过如西奥多·怀特所言，美国选民挑选了肯尼迪，这说明他们已经感觉到了危机，但这种危机还"在孕育之中"。① 这些危机如下。

首先，苏联人造卫星上天使美国举国惊恐。著名科学家爱德华·特勒说美国输掉了一场"比珍珠港更大和更重要的战役"。不少人对战后美国左右世界事务的信心开始动摇。U-2 飞机被击落，巴黎最高级会议破产，艾森豪威尔取消访日之行，美苏裁军谈判破裂，美古关系迅速恶化等，共和党政府外交上的这一系列挫折，进一步加深了美国选民的忧虑。其次，50 年代后期美国经济增长缓慢，失业率和物价上升，黄金外流严重，这一切促使美国人民日益关注经济问题，并对共和党政府的中间道路对经济发展的不利影响，感到不满。1960年经济危机，更使共和党进一步陷入被动地位。再次，战后黑人向北部城市中心的大量迁移，使 50 年代中期以后黑人运动不断高涨，并对共和党政府日益不满。为争取黑人选票，肯尼迪在小马丁·路德·金博士被佐治亚法院无理判处监禁后，亲自打电话给金博士夫人表示慰问。他的兄弟罗伯特·肯尼迪后来又从中周旋，使金获释。此举使许多信奉新教的黑人领袖转向了肯尼迪。

此外，肯尼迪挑选林登·约翰逊作副总统候选人，也大大增强了他的竞选实力。约翰逊的南部背景和他"回老家去"的拉票活动，使肯尼迪赢得得克萨斯这样的大州，弥补了这位哈佛人在南方根基不深的弱点。以约翰逊的资历、影响和背景而论，他不仅仅是肯尼迪最好的竞选伙伴，而且作为一个自罗斯福时代就拥护新政的政治家和老资格的国会领袖，他日后成了肯尼迪事业最合适的继承人。

〔新边疆施政纲领的制订〕 肯尼迪在 1961 年 1 月 20 日宣誓就任前后，完成了两大任务：一是任命内阁成员和白宫班子；二是制定新边疆施政纲领。

在遴选国务卿、国防部长和财政部长这 3 名内阁最重要的人选

---

① 西奥多·怀特：《1960 年总统的缔造》，第 378 页。

时，肯尼迪基本上听命于代表大公司利益的东部权势集团。杜鲁门政府后期的国防部长、纽约投资银行家罗伯特·洛维特是当时东部权势集团的头面人物，对于上述 3 项任命起了关键性的作用。在洛维特建议和支持下，肯尼迪任命洛克菲勒基金会总裁迪安·腊斯克为国务卿。担任国防部长的是福特公司总经理罗伯特·麦克纳马拉。他因精于管理而有"电脑人"之称。艾森豪威尔时代的国务院高级官员、纽约银行家 C. 道格拉斯·狄龙出掌财政部。这 3 项任命显然是取悦于企业界的，民主党自由派对此颇感失望。然而，内阁其他各部的部长人选，一般来说没有如此显赫的企业界背景。司法部长系总统胞弟罗伯特·肯尼迪。在美国金融企业界的上层人物看来，他还只能算是"外人"。劳工部长阿瑟·戈德堡是劳联—产联的法律总顾问。商业部长卢瑟·霍奇斯虽然是位企业家，但他与权势集团的核心组织企业咨询委员会和经济发展委员会儿乎没有联系。至于农业部、内政部和卫生、教育、福利部的部长人选，则主要是考虑了民族和地区性的利益。因此，肯尼迪的内阁，是一个以大公司利益为核心，同时兼及其他利益集团的行政机构。白宫班子则有所不同，主要由肯尼迪多年的幕僚和学术界人士组成。他们思想比较活跃，不囿于陈规陋习，因而对新边疆改革思想的发展和后来的政策创新，产生巨大的影响。总统特别顾问西奥多·索伦森和总统国家安全事务助理麦乔治·邦迪，成了肯尼迪在内政和外交上的左右手。总统经济顾问委员会主席沃尔特·赫勒，是明尼苏达大学教授。他后来促使肯尼迪逐步接受了新经济学的理论，从而在经济政策上作出了重大抉择。白宫班子在肯尼迪时代大大加强，使权力进一步集中到总统手中。这是当时行政部门的一大变化。此外还应注意的是，肯尼迪起用了许多学有所成的人士，在他任命的官员中，有 15 位是著名的罗兹奖学金获得者。

至于新边疆施政纲领，肯尼迪早在竞选时，就已着手准备。当时他指派 7 个特别工作组就重大问题提供研究报告。当选后，他又设立 19 个小组，其中 11 个研究外交政策，8 个研究国内问题。到他上任时，已有 100 多位全国第一流的专家和政界元老在就新边疆试图解决的问题提供报告。这些人包括艾德莱·史蒂文森、斯图尔特·赛明顿、保罗·尼采、保罗·萨缪尔逊、詹姆斯·托宾、阿道夫·伯利等。在借重这些专家出谋划策的同时,肯尼迪和白宫班子运筹帷幄,并经内阁各部反复研究后,向国会提交了总统咨文,同时还准备就绪大约 277 项立法要求,形成他的新边疆施政纲领。这个纲领的国内部分,虽然内容广泛,并继承了新政与"公平施政"的许多改革方案,但鲜有创新之处。因此,著名专栏作家沃尔特·李普曼在论及执政初期的肯尼迪政府时写道:"它像是一个年轻 30 岁的艾森豪威尔政府。"①

〔新边疆国内立法的困境〕 在 1960 年的国会选举中,民主党人虽然在参众两院保持了名义上的多数,但是,有 29 个支持肯尼迪改革计划的北部民主党自由派议员,在这次选举中败北。而南部各州的民主党人,则在众议院拥有 99 个议席,在参议院拥有 21 个议席。这就使肯尼迪立法计划的成功与否,在很大程度上要取决于南部民主党议员的态度。然而南方民主党人自新政时代后期起,就与共和党人结成保守主义的联盟;他们往往是改革立法的障碍,而不是支柱。美国学者普遍认为,1960 年选出来的第 87 届国会,是 83 届国会以来最保守的一届。不仅如此,由于资历制度的关系,大部分握有实权的国会委员会,都控制在老资格的南方议员手中。特别是众议院法规委员会,由于它有权决定是否将法案交付众议院议决,所以在某种程度上可以说它对新边疆立法计划握有生杀大权。而法规委员会主席、弗吉尼亚州民主党国会议员霍华德·史密斯和该委员会的另 1 名民主党成员、密西西比州的威廉·科尔默,却与 4 名共和党成员站在一起,反对肯尼迪的施政纲领。结果,和法规委员会中支持肯尼迪的另外 6 名民主党人形成了 6 比 6 的平局。这种形势,使肯尼迪的整个纲领有被阉割的危险。因此,肯尼迪在立法上态度谨慎。此外,当时国际危机迭起,也削弱了肯尼迪对国内问题的关注。

这样,肯尼迪虽然使国会通过了增加失业赔偿、提高最低工资、

---

① 霍巴特·罗恩:《自由企业家:肯尼迪、约翰逊与企业界权势集团》,纽约 G. P. 普特兰出版公司 1964 年版,第 23 页。

更新城市等立法,巩固了新政和"公平施政"已经取得的成果,并在人力开发与训练、地区再开发以及防止水污染等法案上,取得了进展。但是,在显然是进一步扩大新政和"公平施政"的医疗照顾与援助公立学校等重大立法上,却遭到惨败。他还在上任后头两年放弃了民权立法。此外,国会还挫败了肯尼迪提出的建立城市事务部、青年自然保护队以及保护野生环境的立法,削弱了《1962年税收法》《农场法》以及加速公共工程的法案。美国著名学者詹姆斯·伯恩斯评论说:"新政和'公平施政'的巩固在稳步进行,新边疆的创新则步履蹒跚。"①迟至1963年,国会中保守派对新边疆立法的抵制才开始动摇。该年11月,学院援助法案在参、众两院通过。国会还就《野生环境法案》达成协议。肯尼迪在1963年提出的两项最大胆的法案——《减税法案》和《民权法案》,也在众议院有关委员会先后获得通过。造成这一变化的主要原因在于:肯尼迪执政初期奉行的温和经济政策解除了企业界的疑虑,他们在减税问题上开始与政府取得比较一致的看法;1962年中期选举民主党人阵地的巩固,和1964年大选前景使国会中的保守派对于长期反对总统不得不有所顾虑;古巴导弹危机使肯尼迪威望大增;国际形势的相对缓和,则使他有可能把更多的注意力转移到国内问题上来;民权运动高涨和贫困问题的日益受到重视,更使肯尼迪和国会都开始感到有迅速采取行动的必要。

尽管如此,就肯尼迪的整个任期而言,新边疆国内改革的实际进展并不顺利,而且在当时成效有限。然而,肯尼迪在人力开发、工资与物价指标和减税问题上采取的措施,无疑是重大的政策创新,是对新政式国家垄断资本主义的补充和发展。此外,他在民权和太空探索方面的政策,也取得部分成功。从这些角度来看,新边疆的基本思想,为60年代中期以后大规模社会经济改革奠定了基础,并对美国社会的经济和科学技术发展产生了重大影响。

---

① 詹姆斯·伯恩斯:《民主制的僵局》,纽约普伦蒂斯—霍尔公司1963年版,第311页。

2. 新边疆经济政策与新经济学

1960 年民主党竞选政纲虽然作出保证，要把国民生产总值的年增长率从 3% 提高到 5%，从而实现所谓充分就业，但是，肯尼迪的新边疆计划当时在经济政策上并无多少创新可言，甚至没有完全摆脱平衡预算的传统思想。然而由于美国经济增长缓慢和失业现象严重等问题长期得不到解决，肯尼迪逐步接受了新经济学派的主张，在通过大量减税使凯恩斯主义的赤字财政政策长期化方面，迈出了新的步伐，并在以货币政策刺激经济和用工资—物价指标抑制通货膨胀方面，取得了某些进展。因此，国家对经济生活的干预，在肯尼迪任内出现再度加强的趋势，新政式国家垄断资本主义得到进一步发展。

〔1961 年的反衰退措施〕 肯尼迪上任时，美国经济尚未摆脱战后第 4 次危机。他首先面临的是反衰退问题。肯尼迪在第一个国情咨文中指出："我们目前的经济状况是令人不安的。我们是在 7 个月的经济衰退、3 年半的经济萧条、7 年的经济增长速度减缓，以及 9 年的农场收入下降之后就职的。"①衰退是众所公认的事实，但在如何反衰退上，肯尼迪的经济顾问、政府成员以及联邦储备委员会却有 3 派不同的意见。第一派是以赫勒为首的新经济学派。他们认为失业、衰退以及经济增长缓慢，主要是财政阻力造成的，即充分就业预算盈余太大，应该通过减税和扩大公共开支加以解决；只要尚未实现经济增长达到 3.5%，失业率降为 4% 以下的充分就业，就要推行长期赤字预算，并辅之以廉价货币政策。第二派以财政部长狄龙和联邦储备委员会主席威廉·马丁为代表。他们关注的当务之急，是国际收支逆差和黄金外流造成的美元信用危机，并认为失业主要是结构性的。妨碍经济发展的，是所谓人力阻力，即失业者由于缺乏教育和技术训练而不能适应科技革命形成的新的就业要求。产生这种现象的原因，是由于存在贫困、萧条地区以及种族、年龄、性别歧视等。这些问题，不

---

① 西奥多·索伦森：《肯尼迪》，第 227 页。

是反周期的财政政策所能解决的。因此，他们反对减税和扩大公共开支，对廉价货币政策也心存戒备，担心因此而加剧美元危机；主张通过社会和教育改革，特别是职业训练和地区重新开发这些结构主义的有限开支措施，来解决美国社会面临的问题。第三派是以加尔布雷思为代表的新制度学派。他们认为美国社会失去平衡，私人生产过于发达，而公共服务相对不足，从而造成一系列社会问题。因此，反对以减税来刺激私营经济，主张扩大公共开支。肯尼迪总统当时慑于主张平衡预算的保守派的强大压力，希望以财政上富有责任心的面目取悦于企业界，同时他对国际收支逆差也忧心忡忡。因为 50 年代末期出现的这一现象，使《1946 年就业法》通过以来凯恩斯主义的种种反危机政策的实施，都有加剧美元危机的可能。因此，肯尼迪决心要在"健全财政政策和相对物价稳定"①的范围内反衰退。他拒绝了新经济学派和新制度学派的减税与大规模扩大公共开支的建议，主要采取了结构主义的反衰退措施，即有限度地扩大开支，同时辅之以有限廉价货币政策，而把减税和大规模扩大公共开支仅仅作为在经济继续恶化时的应急性预备措施。

　　1961 年 2 月 2 日，肯尼迪向国会提交经济复兴与增长计划，建议通过下列法案：(1)对失业津贴增加 13 个星期的临时补助；(2)在为期 15 个月的时限内，把救济金扩大到失业工人的子女；(3)重新开发萧条地区；(4)增加社会保险金并鼓励提早退休；(5)提高最低工资标准并扩大最低工资法的实施范围；(6)给生产谷物的农民提供紧急救济；(7)为全面的房屋建筑和贫民窟的清除计划提供经费。在 2 月 2 日的经济咨文中，肯尼迪还表示：如果这些措施证明是不够的，我将在今后 75 天内进一步向国会提出提案。实际上，这是向自由派和有组织劳工保证，如果经济在 75 天内仍然不得好转，他将诉诸减税和扩大公共工程。到 1961 年 6 月底，这些法案虽经国会作了某些修正，但基本上获得通过。而 75 天后采取新措施的保证，则由

---

　　①　霍巴特·罗恩：《自由企业家：肯尼迪、约翰逊与企业界权势集团》，第 34 页。

于经济走向复苏而不了了之。肯尼迪除了通过国会立法采取上述反危机措施以外，还通过行政手段加速已由国会批准的政府开支，诸如把建设邮局的计划压缩到头 6 个月完成，提早发放 10 亿美元州建公路补助费，提高农产品价格补贴并提前支付，加速分发应予退还的税款和军人人寿保险分红等。这是类似于艾森豪威尔在 1958 年采取过的温和的反危机措施。但是在利用货币政策反危机上，肯尼迪有所创新。他和联邦储备委员会主席马丁达成一项历史性的协议，即改变 50 年代联邦储备委员会在公开市场活动中只购买政府短期证券的惯例，由联邦储备委员会购买财政部发行的长期证券，防止长期利率上升，以此刺激经济。与此同时，为了防止资金外流而加剧国际收支逆差，政府和联邦储备委员会又采取措施，阻止短期贷款利率下降，结果实行了所谓双重利率政策。这是肯尼迪政府在新的经济形势下，既要以廉价货币政策刺激经济，又要防止资金外流而采取的新的政策举措，从而使战后凯恩斯主义者以货币政策辅佐财政政策干预经济的主张，有了更大的回旋余地。由于双重利率的影响，从 1961 年 1 月到 1963 年秋，财政部短期证券利率上升了 1%，而政府长期证券利率仅上升 0.2%，地方证券与公司证券利息低于 1961 年 1 月水平，抵押信贷利率下跌 0.5%。

在肯尼迪政府以有限扩大开支和有限廉价货币政策为特点的混合反危机措施影响下，美国经济自 1961 年 3 月开始缓慢回升，到 10 月，工业生产超过了危机前的最高点。

〔反通货膨胀与钢铁价格争端〕 稳定物价，是肯尼迪政府的基本目标之一。这不仅是由于通货膨胀有进一步动摇美元霸权地位的危险，而且从长远来看，它势必对经济增长和社会福利产生不良影响。同时，肯尼迪也希望通过稳定物价改变民主党是通货膨胀党的传统形象，争取保守派对他的支持。然而在肯尼迪就职初期，美国经济尚未摆脱衰退，当务之急并不是稳定物价。就整个 1961 年而言，也不存在通货膨胀的严重威胁。全年美国主要产品批发物价指数与 1960 年相比，下跌 0.4%，消费物价指数仅上升 0.9%。另外，1961 年的人时工资增长率仅为 3.8%，是 6 年来最低的增长率，与人时产值增长率 3.6% 比起来相差无几；而 1961 年工会集体谈判确定的第一年中位工资增长，只有 2.8%，远远低于人时产值增长率。因此，即使按照肯尼通信奉的"工资引起通货膨胀说"来看，1961 年的工资增长与集体谈判，也不具有产生通货膨胀的影响。但是，随着 1961 年秋的经济上升和 1962 年钢铁工业举行新的集体谈判的时期临近，肯尼迪决定采取反膨胀的预防性措施。1962 年 1 月，总统经济顾问委员会宣布了工资—物价指标，希望劳资双方在可自行决定其工资与物价的部门，以生产率的增长作为标准，工资增长不要超过生产率的增长，物价涨跌也要以此为转移。工资—物价指标是一种非强制性的措施，旨在防止工资物价螺旋上升引起的通货膨胀，也是战后美国政府在和平时期运用左翼凯恩斯主义收入政策稳定工资与物价的初次尝试。

工资—物价指标虽然是非强制性的，但肯尼迪政府"利用职权施加压力"，却使这一指标具有某种强制性的效力。这在钢铁工业的工资与物价问题上，表现得特别明显，因为这种基本材料工业的产品的价格对全国价格波动具有举足轻重的影响，也是肯尼迪政府在工资价格问题上关注的中心。早在 1961 年 9 月，肯尼迪就分别致信美国 12 家最大钢铁公司总经理和美国钢铁工人工会主席戴维·麦克唐纳，要求劳资双方在 1962 年新的集体谈判中采取克制态度，避免工资—物价的螺旋式上升。肯尼迪还于 1 月 23 日在白宫秘密会见美国钢铁公司总经理罗杰·布劳和钢铁工人工会主席麦克唐纳，敦促双方同意，在 2 月底提前开始集体谈判。由于戈德堡部长的直接干预，钢铁公司与工会在 3 月 31 日签订了新的协议。工会迫于政府的压力，作出了重大让步。协议根本没有规定全面提高工资率，只规定每小时增加 10 美分小额津贴；钢铁公司则默许不提高钢铁价格。肯尼迪赞扬这项协议"有着高度的工业政治家风度"，"显然不会造成通货膨胀"。[①]然而，好景不长。4 月 10 日下午，就在最后一个主要合同签字后，美国钢铁公司总经理布劳在白宫会见总统，递交了一份美国钢铁公司拟向报界发表的声明副本。该声明宣布：每吨钢涨价 6 美元。此举使

---

① 西奥多·索伦森：《肯尼迪》，第 290 页。

许多大钢铁公司争相提价，政府的反膨胀计划面临全部化为泡影的危险。肯尼迪对此十分震惊，他在布劳走后与戈德堡部长作出判断：这是一场战斗。遂召集赫勒、索伦森、罗伯特·肯尼迪、克米特·戈登等人商议对策，决定采用各种手段挫败美国钢铁公司对稳定物价政策的挑战。第2天，肯尼迪在记者招待会上发表声明，谴责钢铁公司蔑视1.85亿美国人民的利益。国防部长麦克纳马拉表示要"改向没有涨价的钢铁公司去购买国防生产所需要的钢铁"①；司法部长罗伯特·肯尼迪要求大陪审团对几家大钢铁公司同时提价是否违犯反托拉斯法进行调查，他甚至准备对公司负责人的个人账目提出质疑；政府还动用联邦调查局人员了解钢铁公司内部动态，并威胁要敦促国会通过不利于钢铁公司的立法。此外，肯尼迪还采取分化战术，通过频繁的电话联系，争取内陆钢铁公司等5家尚未涨价的企业，结果获得成功，5家公司宣布不涨价。在这种形势下，国防部的主要承包商之一，全国第二家最大的钢铁企业伯利恒钢铁公司宣布：撤销涨价决定。美国钢铁公司终于孤掌难鸣，也向肯尼迪政府屈服。

钢铁价格争端之后，企业界与总统的关系一度比较紧张。但是，尽管物价受工资—物价指标和美国经济长期呆滞的影响，处于相对稳定状态，但公司利润增长却并未受多大影响。1963年，纳税前的利润达到创纪录的594亿美元。无怪乎一向对肯尼迪这位民主党总统十分克制的劳联—产联，也在1963年11月的全国代表大会上，抨击总统经济顾问委员会，要求加快实际工资的增长。关于工资—物价指标的实际效果，学术界还存在争议，但是有一点可以肯定：工资—物价指标是新政式国家垄断资本主义在肯尼迪时期进一步加强的产物，它表明国家对经济生活的干预，开始扩展到在和平时期和非危机阶段对工资和物价进行一定程度的预防性控制。

〔以减税为核心的长期赤字财政政策〕　如前所述，肯尼迪总统在1961年初拒绝了新经济学派的减税建议，采纳了结构主义的反衰

① 霍巴特·罗恩：《自由企业家：肯尼迪、约翰逊与企业界权势集团》，第104页。

退措施。他当时的财政主张，尚未超越战后凯恩斯主义者提出的补偿性财政政策的范畴，因而在1961年3月经济走向复苏以后，对平衡预算十分关注，在联邦开支和减税问题上态度谨慎。4月，肯尼迪虽考虑到美国固定资本更新的需要和企业界的要求，提出了第1个税收咨文，建议实行投资税优惠和加速折旧，但同时希望进行税务改革，堵塞纳税漏洞，以便增加岁入、抵消投资税优惠和加速折旧造成的岁入损失。这个方案1961年未获国会通过。5月，受老挝局势和猪湾惨败的影响，肯尼迪扩大了国防与太空开支，但否定了总统经济顾问委员会提出的扩大公共工程的建议。7月，柏林危机发生后，肯尼迪要求国会将国防开支增加32.5亿美元，但他慑于开支扩大对预算的压力，甚至产生同时增税的想法。由于赫勒坚决反对，并把萨缪尔逊从麻省理工学院请来华盛顿向肯尼迪游说，总统才放弃增税打算。但他不顾赫勒等人的反对，公开作出承诺：1962年1月将向国会提出严格平衡的预算，并保证如果根据现行税率届时无法实现预算平衡，将诉诸增税。同年10月，预算局发现1962财政年度将出现69亿美元赤字，而不是艾森豪威尔政府估计的15亿美元盈余。1962年1月，肯尼迪向国会提出1963财政年度平衡预算的咨文，并在2月21日的记者招待会上断然表示："现在没有减税的机会。"[1]美国著名经济学家赫伯特·斯坦后来评论说，1962年初，"新边疆财政政策的整个大厦，似乎在冉冉升起的经济复苏的太阳下融化了"[2]。

其后3个半月，美国经济形势发生变化。失业率自1961年10月的6.7%，下降到1962年3月的5.5%以后，出现了回升的苗头；总产量在1962年第二季度虽继续增长，但低于上年的增长率；股票市场自3月份起价格下降，到5月28日变为暴跌，其程度仅次于1929年10月28日的股票市场大崩溃。总统经济顾问们警告：不能认为不会出现"肯尼迪衰退"。在这种经济压力下，肯尼迪在6月7日宣布

---

① 赫伯特·斯坦：《美国财政革命》，美国芝加哥大学出版社1969年版，第406页。

② 赫伯特·斯坦：《美国财政革命》，第402页。

他将建议实行净减税。6 月 11 日，他又在耶鲁大学发表讲演，论述大政府、赤字财政和对国家经济能力具有信心的必要性，开始转向以减税为核心内容的赤字财政政策。尽管如此，肯尼迪对于是否在 1962 年立即减税，仍然顾虑重重，担心国会不会通过减税法案。8 月 13 日，他在经济报告中保证 1963 年提出一项长期减税法案。而国会在 1962 年通过的，乃是根据前述 1961 年税收咨文修改后的方案，它通过投资税优惠和加速折旧使企业界减少税收负担 25 亿美元，并在税务改革上取得一些微不足道的进展。不过，肯尼迪政府很快就意识到，企业界要求减税的势头越来越猛，甚至不惜以赤字预算为代价。亨利·福特第二早已公开表示："一点点膨胀对我们来说无损于事。"[1]一向反对减税的财政部长狄龙，这时也改变了立场。而劳联—产联则以强调个人所得税的削减和推迟税制改革为条件，支持肯尼迪的减税计划。与此同时，欧洲盟国也日益担心美国经济呆滞在世界范围内的影响，欢迎美国减税。这样，肯尼迪感到减税的时机成熟了。8 月 17 日，肯尼迪在经济报告中提出了减税计划。由于经济衰退的威胁在 7 月底已经解除，8 月 17 日的减税计划，就标志着总统不再把减税作为临时性反衰退措施，而是以此作为刺激经济增长的长期政策。可以说，肯尼迪此时已基本上接受了赫勒等人的新经济学政策主张。他在 1962 年国会立法中遭遇的挫折，使他进一步坚信：扩大开支难获成功，减税才是企业界和国会可能接受的刺激经济的途径。1963 年 1 月，肯尼迪终于向国会正式提出了 3 年内将个人所得税和公司利润税削减 133 亿美元的咨文。考虑到众议院赋税委员会主席威尔伯·米尔斯与财政部长狄龙堵塞税收漏洞的要求，和国会中保守派要求削减开支的压力，肯尼迪的咨文还包含通过税务改革增收 32 亿美元的内容。这样，实际减税为 100 亿美元。此外，肯尼迪还作出联邦开支不超过 1000 亿美元的保证。为使税法获得通过，他不得不在新边疆社会福利改革的开支上，捆住自己的手脚。尽管如此，由于企业界强烈反对进行税务改革，这个法案在国会一再延宕。1963 年 8

---

① 《纽约时报》，1962 年 6 月 6 日。

月 13 日，狄龙与米尔斯协商后向国会提出的修改后的法案，几乎放弃了赋税改革的全部内容，仅建议在两年内减税 106 亿美元，其中公司利润税削减 20 亿美元，个人所得税削减 80 亿美元。9 月 25 日，众议院通过了这个法案。当参议院审理该项法案时，肯尼迪遇刺身亡。

尽管肯尼迪在世时，长期减税法案尚未经国会通过，但他作出的这一重大决定，标志着战后美国政府从补偿性财政金融政策开始走向长期赤字财政，这是新政式国家垄断资本主义的进一步发展。在肯尼迪政府的反衰退措施、投资税优惠、加速折旧，特别是国防和太空开支影响下，美国经济增长率超过了艾森豪威尔时代，国民生产总值在 1961 年第一季度到 1963 年第三季度增长 14.1%，年平均增长率达 5.6%。这一增长，固然与科技革命推动下生产率提高以及就业人数和工时增加有直接关系，但肯尼迪政府经济政策的刺激作用，也是明显的。此外，受工资—物价指标的影响，美国物价直到 1965 年都比较稳定，这在很大程度上是肯尼迪政府稳定经济政策取得的成功。不过，肯尼迪始终未能解决朝鲜战争以后失业率上升的问题。1961—1962 年，国民生产总值增加 280 亿美元，失业率曾从 6.7% 下降到 5.6%，但 1962 年底到 1963 年底，国民生产总值增加 350 亿美元，而失业率却始终保持在 5.6% 左右。一位美国制造商约翰·斯奈德估计，每年有 200 万个工作机会因自动化而化为乌有。[①] 1963 年 10 月 28 日，赫勒在参议院劳工委员会首次承认，解决结构性失业是实现充分就业的另一条途径，应与财政政策互为补充。肯尼迪在被刺以前，也谈到要创造 1000 万个就业机会，以解决因自动化和战后婴儿成年引起的高失业问题。但是，肯尼迪在世时，由于国会中保守派联盟的反对，再加上他把联邦开支的增加大部分用于国防和太空计划，后来又为了减税法案的通过而限制了国内开支项目，结果社会福利改革未能取得重大进展。直到约翰逊总统任内，新边疆社会福利改革的

① 霍巴特·罗恩：《自由企业家：肯尼迪、约翰逊与企业界权势集团》，第 257 页。

目标才在"向贫困宣战"和"伟大社会"的旗帜下取得重大突破。

3. 肯尼迪政府的民权战略及其变化

肯尼迪在任国会参议员期间,对民权问题的态度曾赢得南部民主党人的支持。但 1960 年竞选运动中,他为了争取民主党自由派的支持和黑人选票,曾表示要提出新的民权立法建议,甚至支持静坐运动。然而为了避免疏远白人,他又保证不让小石城事件重演。结果他不仅在南部取得竞选的重大胜利,而且赢得大量黑人选票,扭转了50 年代中期以来共和党在争取南部和黑人选票方面有所进展的趋势。肯尼迪上台以后,为了争取南部民主党人,不惜违背竞选诺言,暂时放弃民权立法的要求。在任期的第 1 年,他在民权问题上奉行的是由行政部门采取行动的战略。

〔行政部门行动战略〕 对于肯尼迪的行政部门行动战略,他的民权问题助理哈里斯·沃福德解释说,这是政府从仅仅依赖联邦法院系统解决民权问题,转向由新的权力之源——联邦行政部门采取行动。① 沃福德的言论固然在于粉饰辩解,但多少反映了肯尼迪受阻于国会不得不改道而行的实情。

在 1961 年 1 月的总统就职庆典上,肯尼迪发现海岸警卫队中没有黑人,于是下令海岸警卫队学院取消"只收白人"的规定。他还指示国防部长麦克纳马拉增加仪仗队中的黑人比例,但对国民警卫队中的种族歧视问题,未敢贸然采取行动。肯尼迪还任命了一批黑人担任重要职务,其中包括住房建筑与房屋财政署署长罗伯特·韦佛、副新闻秘书安德鲁·哈彻以及上诉法院法官、著名黑人律师瑟古德·马歇尔等,但负责处理种族关系的关键部门的主要官员,仍然是白人。肯尼迪改组了民权委员会,使之比较统一和自由主义化。他还任命约翰逊副总统担任总统就业机会均等委员会主席,指示该委员会保证美国

---

① 卡尔·布劳尔:《约翰·肯尼迪和第二次重建》,美国哥伦比亚大学出版社 1977 年版,第 63 页。

人不分种族和信仰，均有被政府雇佣的平等机会。这个委员会发起了争取进步计划，即由政府合同承包商自愿签订协议，同意政府对他们的雇佣情况进行调查，并在种族歧视方面作出改进。尽管肯尼迪授权总统就业机会均等委员会在雇主坚持歧视政策时中止政府合同，但该委员会却很少使用这一权力。特别使黑人感到失望的是，肯尼迪没有按照全国有色人种协进会主席罗伊·威尔金斯和马丁·路德·金的请求，在第一篇解放黑奴宣言发表 100 周年纪念日，公布一项内容广泛的民权问题总统命令；他还不顾自己在竞选时曾经吹嘘要"大笔一挥"解决住房方面的种族歧视问题，把该问题一直拖到 1962 年。结果，黑人和民权活动分子给白宫寄来大量钢笔和墨水，敦促他迅速采取行动。

行政部门行动战略从广义上讲，除包括由总统直接参与的上述行动外，还包括由司法部奉行的"南部执法政策"。肯尼迪曾向罗伊·威尔金斯表示，"执行现行法律加上行政部门行动，在当前是最有效的"[1]。司法部长罗伯特·肯尼迪在民权执法问题上，最初态度温和，他曾指出这个问题不光是南部的，也是北部的，"不能一夜之间解决"，"不能想象像小石城事件那样再派联邦军队去解决问题"[2]。但是没有多久，南部种族主义分子对"自由乘客"采取的暴力行为，迫使司法部不得不采取行动。早在 1960 年 12 月，最高法院即判决：把取消州际公共汽车与铁路上的种族隔离的裁定，扩展到车站设施。种族平等大会等黑、白混合的民权组织，乘机在 1961 年春发起"自由乘客"运动，黑人和白人混坐的汽车进入了南部腹地。5 月 14 日，自由乘客在亚拉巴马州的安尼斯顿遭到暴徒殴打，汽车被烧毁。另一辆自由乘客的汽车在伯明翰也遭到种族隔离分子的攻击。亚拉巴马州州长约翰·帕特森拒不理会司法部长和总统要他维护法律和秩序的请求，甚至说："亚拉巴马州不是刚果。"[3]5 月 20 日，蒙哥马利市又发生殴

---

① 卡尔·布劳尔：《约翰·肯尼迪和第二次重建》，第 73 页。
② 卡尔·布劳尔：《约翰·肯尼迪和第二次重建》，第 95 页。
③ 卡尔·布劳尔：《约翰·肯尼迪和第二次重建》，第 100 页。

打自由乘客的暴力事件，正在当地执行任务的司法部长行政助理约翰·西根索尔也被打伤。在这种形势下，罗伯特·肯尼迪除谋求法院发布命令，要求蒙哥马利市警察当局保护自由乘客外，还派遣几百名联邦执法官到蒙哥马利市制止暴力事件。这样，亚拉巴马州的事态才趋于平静。密西西比州杰克逊市发生逮捕自由乘客事件后，司法部长发表公开声明，希望自由乘客要有一个"冷却期"。但是，自由乘客运动已在全国，特别是极南部把非暴力群众直接行动推向新的高潮，种族平等大会及其领袖詹姆斯·法默也因此声誉猛增。9月底，州际商业委员会发布在州际公共汽车线路上取消种族隔离制的新规定，禁止公共汽车在实行种族隔离的车站和饭店停车。这个规定在 11 月生效后，南方大部分车站和饭店被迫逐步取消了种族隔离。

"南部执法政策"的另一内容，是选举权问题。1940 年至 1956 年，南方达到法定选民年龄的黑人投票率，从 5% 增加到 25%，但此后两年没有变化，1960 年又上升到 28%。然而，同年白人的投票率，却高达百分之 70%。民权委员会在 1959 年和 1961 年的报告中确认，南部很多县的黑人被剥夺了这种最基本的政治权利。一些慈善团体和黑人民权组织在南方发起了黑人选民登记运动。尽管司法部对黑人选民登记是支持的，并在罗伯特·肯尼迪的指示下，动用联邦调查局人员在南方 34 个县进行了选举权问题的调查。但是，由于南方种族主义分子的阻扰和联邦地区法院的消极态度，司法部发起的民权诉讼，没有产生多大影响。马歇尔后来公开承认，黑人登记在路易斯安那州、亚拉巴马州和密西西比州几乎没有取得什么实际进展。正因为如此，黑人群众对于联邦行政当局在保护黑人政治权利上的软弱无力有了进一步的认识；对肯尼迪的民权政策，提出了越来越多的批评。

〔黑人不满的增长与伯明翰示威〕 1962 年初，种族问题在国会山引起高度关注，因为这一年将要举行中期选举。肯尼迪此时尚未改变自己在民权问题上的基本战略，没有向国会就取消种族隔离等重大民权问题，提出新的民权立法。但是，他提出了设立城市事务部和在登记选民时取消文化测验的建议。不过两者俱未成功。肯尼迪在国会受挫后，开始考虑用总统命令解决住房方面的种族歧视问题，并进而解决黑人面临的经济问题。但是，他在 1962 年发布的取消住房方面种族歧视的总统命令，不仅范围有限，而且成效甚微。因为影响黑人住房条件的经济收入问题，不是总统命令所能解决的。而他的总统就业机会均等委员会及争取进步计划，虽使黑人就业有所增加，但比例小得可怜，因而遭到黑人越来越多的批评。在舆论压力下，争取进步计划前负责人被迫辞职。约翰逊虽任命了一位黑人律师负责此项工作，暂时平息了一下黑人的不满，但南方再度发生的暴力事件，却使黑人群众对政府的不满进一步增长。

早在 1961 年末，学生非暴力协调委员会的成员，为取消车站设施内的种族隔离制，在佐治亚州的阿尔巴尼发起了阿尔巴尼运动。马丁·路德·金参加了这一运动，并遭逮捕。由于联邦司法部的幕后干预，冲突暂时得以解决。1962 年，阿尔巴尼的黑人社区对市内公共汽车进行抵制，并举行游行示威，与市政当局和种族主义分子再次发生冲突，许多黑人被捕，一名黑人被杀。与此同时，学生非暴力协调委员会在阿尔巴尼附近乡村展开的黑人选民登记运动，也遇到种族主义分子的抵制。阿尔巴尼运动遭到的暴力镇压和挫折，使民权运动的积极分子开始批评司法部未能扭转局势。学生非暴力协调委员会在司法部门口组织了示威。由于肯尼迪政府出面调解，黑人与市政当局 8 月 15 日开始协商，阿尔巴尼运动逐渐走向衰落。但这场斗争标志着民权运动的一个新的转折：黑人群众在整个社区范围内展开了反对种族隔离的非暴力行动。

1962 年 9 月，密西西比州又爆发梅雷迪思事件。在州立大学两次拒绝黑人詹姆斯·梅雷迪思的入学申请后，梅雷迪思向联邦地区法院控告该校实行种族歧视。司法部卷入此案，支持梅雷迪思的要求。9 月 13 日，地区法院发出接受梅雷迪思入学的命令。9 月 20 日，当联邦执法官和司法部检察人员陪同梅雷迪思到达密西西比大学时，州长罗斯·巴特尼向梅雷迪思宣读了拒绝接收他人学的布告。此后，巴特尼又不顾联邦法院的禁令和司法部的干预，几度阻拦梅雷迪思入学报到。9 月 30 日，肯尼迪总统命令 500 名联邦执法官陪同梅雷迪思进入密西西比大学校园，调动联邦军队以备不测，并将密西西比州国民警卫队置于联邦政府控制之下。当晚,种族主义暴徒对联邦执法官发动袭击,甚至动用步枪,骚乱一直持续到第二天清晨。联邦军队赶到后,局势才平静下来,但已有70人受伤,两人被害,其中包括一名法国记者。10月1日,梅雷迪思在联邦军队保护下报到,就读于密西西比大学。这次事件虽然使肯尼迪有所震动,但尚未导致新的民权决策。到这年冬天,民权运动的领袖对肯尼迪民权政策的不满加深,马丁·路德·金批评肯尼迪政府在民权问题上只是做了一些表面文章,削弱了黑人的战斗性,共和党自由派也对政府加以抨击,甚至民权委员会都与肯尼迪发生分歧。为缓和这些不满与批评,肯尼迪在1963年2月向国会提出民权咨文,建议在选举和教育权利问题上进行新的民权立法。然而,这个咨文的立法建议疲软无力,远远不能满足民权领袖的要求,甚至还不及共和党自由派议员提出的民权法案。事实上,肯尼迪是一直到伯明翰黑人示威爆发后,才真正开始改变他的民权战略的。

伯明翰是美国实行种族隔离最彻底的大城市。到1963年春,除了州际交通路线上的车站被迫取消隔离外,占居民总数40%的14万黑人居民,仍然处处受到歧视与隔离。马丁·路德·金领导的南方基督教领袖会议和弗雷德·沙特尔沃思牧师领导的该会议伯明翰分支机构,制订了采用阿尔巴尼运动的方式向伯明翰的种族隔离制度展开冲击的计划,并筹集款项,进行非暴力抗议活动的训练。4月2日市长选举之后,黑人社区开始行动,每天都有游行、请愿、抵制、静坐和类似的示威。地方警察当局从州法院获得了禁止示威的禁令,逮捕了大批黑人。4月12日,马丁·路德·金被捕。黑人青年开始采取激烈行动,向警察投掷砖块与瓶子。金博士被保释出狱后,数千黑人儿童在5月2日第一次走上街头,参加了非暴力行动,其中900名被捕。5月3日,伯明翰警察局长尤金·"公牛"·康纳集中大量警察,用警棍、警犬、高压水龙、装甲车和大逮捕来对付手无寸铁的黑人,包括妇女和儿童。沙特尔沃思牧师也被打伤。有些黑人被迫用瓶子等进行回击。肯尼迪兄弟希望通过协商解决伯明翰问题的态度,使黑人感到愤慨,但由于当地企业界领袖接受肯尼迪政府的劝告,在就业机会和公共设施方面作了一些有利于黑人的改进，新市长又答应以温和手段解决这一问题，黑人领袖才暂时中止示威。伯明翰事件是战后黑人运动的一个转折点：黑人群众开始冲破非暴力直接行动的藩篱，在60年代中期以后以更为激进的方式展开实现自己平等权利的斗争。①黑人运动的这种蓬勃发展，终于促使肯尼迪改变行政部门行动战略，在民权立法上开始采取新的步骤。

〔肯尼迪宣言与1963年民权法案〕 伯明翰事件使肯尼迪认识到，他想通过调解方式解决种族问题的策略，甚至得不到联邦法律的保护。5月7日，他开始考虑新的民权立法。与此同时，伯明翰事件在国际上造成的影响，也引起肯尼迪极大的不安。美国新闻署在5月17日向总统送呈了世界舆论汇要。许多头条新闻都着意渲染了警察的残暴行径。莫斯科电台用1/4的时间向非洲地区播送伯明翰事件的述评，加纳和几内亚等国"辛辣地抨击种族暴行"。更重要的是，伯明翰事件使肯尼迪意识到了黑人运动的强大力量，他担心黑人的不满会发展到诉诸暴力，而政府将失去对民权运动的控制。许多美国学者认为，以伯明翰事件为标志，美国种族关系进入了一个危机时期。正是这种危机感，促使肯尼迪决心改变上任头两年主要由行政部门采取行动的民权战略，开始诉诸新的民权立法。

6月中旬，肯尼迪获得向全国宣布他的最新决策的机会。当时，亚拉巴马州州长乔治·华莱士不顾联邦法院的判决，声称："我将亲临校门，禁止任何企图注册的黑人进入"②，并在亚拉巴马大学门口采取了这一行动。肯尼迪经警告无效后，将亚拉巴马州部分国民警卫队置于联邦管辖之下，迫使华莱士州长放弃阻拦黑人学生报到的企图。6月11日晚，肯尼迪向全国发表电视演说，全面阐述了自己在民权问题上的立场。他宣称："我们这个国家和民族面临着一场道义

---

① 参阅前引刘绪贻：《从蒙哥马利到伯明翰—50年代中期到60年代初的美国黑人运动》。

② 约翰·马丁：《民主与自由主义的危机：1945—1976年的民主党》，美国科罗拉多，1979，第175页。

危机。它不能用警察的镇压行动去解决，不能让街头上日益增长的示威行动去解决，也不能用象征性的行动或言论使之平息下来。是行动的时候了。……凡是不采取行动的人就要招致耻辱和暴力行为。凡是勇敢地采取行动的人就是认识到正义和现实。"①肯尼迪在咨文中谈到，他要向国会送交新的民权法案，同时又指出"单靠立法并不能解决这一问题。它必须在所有美国人的家庭中去解决"②。肯尼迪的这篇演说，被索伦森誉为"肯尼迪宣言"③，卡尔·布劳尔则认为"它标志着第2次重建的开始"④。肯尼迪从主要依赖行政部门行动，走向诉诸立法、行政和司法3个部门的力量以解决种族隔离制等重大民权问题的阶段，加强了联邦政府对民权运动的干预。

6月19日，肯尼迪向国会提出新的民权法案，这个法案和2月份的民权咨文相比，增加了两点重要内容：其一是禁止在对州际商业有影响的公共设施内实行种族歧视；其二是授权司法部长在黑人学生或家长由于缺乏办法或担心报复而不去抵制公共教育中的种族歧视时，可以主动发起诉讼反对种族隔离。此外，法案还补充了广泛授权对任何实施种族歧视的计划或工作停止联邦拨款的内容。毫无疑问，1963年民权法案是战后美国政府提出的范围最广泛、内容最自由主义化的民权立法建议，因而得到民权运动和自由派的支持。但黑人运动仍在继续发展，街头行动仍有增无减。据司法部统计，从5月20日到8月8日，在209个城市里爆发了978次示威。⑤8月28日，20万黑人和支持民权运动的白人，在华盛顿举行和平示威。小马丁·路德·金在示威日发表了"我有一个梦想"的著名演说，表达了他对黑人自由和社会和谐的憧憬与向往。肯尼迪总统赞扬了这次示威行动的克制和井然有序。他对民权运动的支持，赢得大量黑人的好感，但遭

① 西奥多·索伦森：《肯尼迪》，第329~331页。
② 西奥多·索伦森：《肯尼迪》，第329~331页。
③ 西奥多·索伦森：《肯尼迪》，第329~331页。
④ 卡尔·布劳尔：《约翰·肯尼迪和第二次重建》，第247页。
⑤ 卡尔·布劳尔：《约翰·肯尼迪和第二次重建》，第288页。

到南部白人的反对和抵制。9月2日，亚拉巴马州州长华莱士下令阻止取消了种族隔离制的塔斯卡基中学开学。9月15日，一座黑人教堂被炸，4名黑人女孩身亡。与此同时，北部出现所谓"白人反冲"，即北部一些城市的白人对民权运动的敌视在增长，肯尼迪10月底在种族矛盾比较尖锐的费拉得菲亚进行竞选时，受到冷遇。肯尼迪遇刺以前，1963年民权法案几经周折，仍未能在国会获得通过，不过它毕竟为1964年《民权法》奠定了基础。应该承认，1963年民权法案是黑人群众和民权运动斗争的结果，但它同时也是肯尼迪政府在群众斗争的推动下改变策略的产物。

4. 太空探索和阿波罗登月计划

肯尼迪在接受总统候选人提名时，就曾明确指出，新边疆包括"未知的科学与空间领域"。就任总统不久，他又委托副总统约翰逊领导宇航事业。1961年4月12日，苏联宇航员加加林少校在人类历史上首次进行了太空飞行；4月17日，猪湾危机发生，为转移国内外舆论对猪湾惨败的注意，同时也为了与苏联在空间领域展开竞争，挽回美国落后造成的不良政治影响，肯尼迪于4月20日要求约翰逊迅速制订赶超苏联的太空计划，并立即恢复水星计划以试验载人太空飞行。8天后，约翰逊向总统报告，美、苏两国当时均未具备把人送上月球的能力，尽管苏联在火箭推力上暂时领先，但是只要美国努力，是有可能在1966年或1967年首先完成登月飞行的。5月5日，美国宇航员艾伦·谢泼德中校乘坐水星3号卫星顺利地进行了太空飞行，成为美国第一个太空人。这给美国太空计划的决策者们以很大鼓舞。5月6日至7日，韦伯和麦克纳马拉制订了详细的太空计划。5月25日，肯尼迪在国情咨文中正式宣布："我们国家应当努力在这10年结束以前，实现把一个人送上月球，再平安地返回地球这样一个目标。"①这就是后来举世闻名的阿波罗登月计划。为实现这预计耗资200亿美元

---

① 约翰·肯尼迪：《扭转颓势》（中译本），三联书店1976年版，第74页。

的计划，国会立即作出了拨款决定。国家航空与宇宙航行局同国防部联合成立了月球研究联合执行委员会以及月球研究联合办公室。

1961 年 10 月 27 日，美国土星 1 号火箭试射成功。这不仅是美国火箭技术超越苏联的起点，也是美国登月计划成功的基础和前奏。在这段时间里，美国一方面加强这种新型土星火箭的研制，以解决登月飞行的运载工具问题，一方面通过水星计划和双子星座计划，试验太空载人飞行。1962 年 2 月 20 日，小约翰·格伦中校乘坐水星 6 号进入轨道后，顺利地绕地球 3 周。1963 年 5 月 15 日，美国宇航员戈登·库珀环绕地球飞行 22 周，成功地结束了水星计划试验阶段。从 1965—1966 年，美国又根据双子星座计划进行了 22 次太空载人飞行。这些飞行试验不仅解决了宇航员在太空长期飞行和进出太空舱等尖端技术问题，而且实现了两个航天器在空间的会合与对接，为阿波罗登月计划的成功奠定了坚实的基础。1965 年 4 月，美国土星 5 号火箭研制成功，最后解决了阿波罗飞船的运载工具问题。自 1967 年起，除一次地面事故使 3 名宇航员丧身，还有一次点火未能成功以外，土星 5 号火箭先后将阿波罗 4 号、8 号、9 号和 10 号飞船载入太空。人类征服月球的日子，终于临近了。

1969 年 7 月 16 日，美国开始了人类历史上征服月球的首次太空飞行。这天清晨，美国东海岸卡纳维拉尔角的肯尼迪航天中心发射场周围，百万观众云集。美国前总统林登·约翰逊和来自世界各地的要人、美国政府官员和各国外交使节，在看台上就座。在巨大的轰鸣声中，土星 5 号白色火箭把阿波罗 11 号飞船送上了太空。参加这次登月飞行的，是美国宇航员尼尔·阿姆斯特朗、埃德温·奥尔德林和迈克尔·科林斯。7 月 20 日下午 4 时 49 分，离开指挥舱的"鹰号"登陆舱在月球表面成功着陆。美国东部夏令时间 10 时 56 分，尼尔·阿姆斯特朗走下登陆舱，在月球上踩下了人类的第一个脚印。他当时说了一句意味深长的话："这一步对一个人来说，是小小的一步；对整个人类来说，是巨大的飞跃。"[1]应该承认，美国登月飞行的成功，是人

---

[1]　詹姆斯·吉尔伯特:《又一次选择》，第 167 页。

类征服宇宙的漫长道路上的里程碑。此后，美国宇航员又乘坐阿波罗12号、14号、15号、16号和17号飞船，先后5次登上月球，进行了大量的科学考察工作。1972年，阿波罗17号的凯旋归来，宣告了历时10多年的阿波罗计划的圆满完成。这些登月飞行，是美国科学工作者智慧的结晶，也是人类历史上的壮举。

阿波罗计划可以与第二次世界大战期间的曼哈顿计划相匹敌。它大大加强了美国对科技事业的投资和管理，适应了科技发展的需要，促进了美国国家垄断资本主义的进一步发展。美国联邦政府在60年代用于宇航事业的经费达400亿美元，先后有上万家企业、120多所高等院校、42万多人参与了空间计划。仅国家航空与宇宙航行局本身的工作人员，就达36000多；他们建立了11个航天中心。联邦政府太空开支的扩大，是50年代后期至60年代中期美国全国研究与发展经费在国民生产总值中比重迅速提高的重要原因。这一比重在1964年达到3%的历史最高水平。因此，美国劳动生产率增长的百分比，在1960—1965年达到21.2%的高度，比50年代后半期的12.9%几乎翻了一番。这是导致美国经济在60年代出现高度繁荣的重要因素。

宇航事业的发展，带动了60年代美国科学研究多方面的突破，特别是电子计算机3代机的出现与遥感技术的应用，已构成第三次科技革命的重要内容。1962年肯尼迪促使国会通过卫星通讯法以后，私人资本进入这一领域，开始了卫星通讯的新时代。空间技术还被广泛应用于地球资源探测、气象观察、环境保护、航海、捕鱼、农业以及生命科学等基础研究之上，对美国科学技术的全面发展，产生了重大影响。

此外，美国宇航事业由于集中在南部和西南部地区，刺激了当地经济的发展，对阳光带的兴起具有重大作用。这也是南部权势集团实力增强的一个重要原因。

总的说来，60年代是美国科学技术发展的一个高潮期，也是联邦政府对科技事业的干预大大加强的时期。这和航天事业的重大进展，是密切相关的。

5. 约翰逊继任总统后的国内政策

〔肯尼迪遇刺与约翰逊上台〕 1963 年 11 月 21 日，肯尼迪总统着眼于第二年竞选连任，前往得克萨斯州的达拉斯，争取这个南部大州的政治支持。翌日，肯尼迪乘敞篷汽车接受达拉斯市民的夹道欢迎，突然遇刺身亡，全国为之震惊。当天下午两点 30 分，副总统林登·约翰逊根据宪法规定，在空军 1 号座机上宣誓继任美国总统。11 月 27 日，约翰逊总统在向国会两院联席会议发表的首次演说中，提出"让我们继续下去"①的口号，决心保持肯尼迪内外政策的连续性。

约翰逊在美国历史上被人称为最精明的国会政治家，自 1937 年当选为众议员后，度过 23 年的国会生涯，并在 1953—1960 年成为参议院民主党领袖。约翰逊在青年时代受人民党思想的影响，30 年代又以"不折不扣、百分之百的新政派"②著称，颇得罗斯福总统赏识。第二次世界大战后，约翰逊家乡以石油暴发户为代表的得克萨斯工业金融势力崛起。他为了争取石油垄断资本的政治支持，转向保守。但是 50 年代中期以后，为谋求民主党总统候选人的提名，他在政治上又逐渐转向自由主义。不过，直到他在 1961 年担任肯尼迪的副总统以后，民主党东部自由派对他仍心存疑虑。因此，约翰逊继任总统以后的当务之急，是加强以他为代表的南部权势集团和东部权势集团的联系，争取东部自由派的支持，使自己成为美国垄断资产阶级的总代表，而不仅仅是地方势力的代言人。为此，约翰逊不仅宣布要"继续肯尼迪开始的使美国向前迈进的步伐"③，而且基本上留用了肯尼迪

---

① 沃恩·巴尼特：《林登·B. 约翰的总统任期》，美国堪萨斯大学出版社 1983 年版，第 407 页。

② 西奥多·怀特：《1960 年总统的缔造》，第 40 页。

③ 《林登·约翰逊总统公文汇编》，华盛顿政府出版局 1963—1964 年版，第 9 页。

政府的主要成员。

约翰逊上台后继续肯尼迪未竟事业的承诺，和他采取的初步行动，赢得包括企业界、劳工和黑人在内的比较普遍的支持，道琼斯工业指数上升了 32 点，哈里斯民意测验也反映了同样趋势，这就不仅使他接管政府的工作干得很出色，而且为他从美国垄断资产阶级的长远利益出发，进行大规模的自由主义社会经济改革揭开了序幕。

[1964 年《减税法》与《民权法》] 约翰逊上台后，在立法方面的首要任务，就是使国会通过肯尼迪留下的减税法案和民权法案。

减税法案当时搁置在以弗吉尼亚州国会参议员哈里·伯德为首的参议院财政委员会，约翰逊认识到，要克服参议院对减税的阻挠，必须在联邦开支上对保守派作出让步。他在 1963 年 11 月 25 日白宫经济会议上，说服经济顾问委员会主席赫勒和预算局局长克米特·戈登，决定把 1965 财政年度联邦预算削减到 979 亿美元，使赤字比肯尼迪原预算减少一半。他还下令关闭白宫多余电灯和削减政府部门用车数量，以示政府厉行节约，结果不仅赢得伯德的支持，而且获得企业界赞赏，使减税法案在 1964 年 2 月 26 日得到国会批准，该法规定：在 1964 年和 1965 年两年间，削减公司税 25.5 亿美元，削减个人所得税 110 亿美元。这个减税法由于着眼于经济增长，通过繁荣时减税使赤字财政长期化，从而使凯恩斯主义的赤字财政政策得到进一步发展，也是新政式国家垄断资本主义继续加强的一个标志，因此被财政部长狄龙称之为"美国经济政策发展中的一个分水岭"①。这个税法不仅进一步刺激了私人投资和购买力的高涨，保持了 60 年代美国经济的长期高速增长，而且使民主党政府得到垄断资产阶级前所未有的支持，为 1964 年大选的压倒性胜利奠定了基础。1964 年 9 月，以亨利·福特第二和斯图亚特·桑德斯为首的 45 名工商业巨头，发起组织支持约翰逊的全国委员会，其中 3/4 的成员，过去是一贯支持

---

① 利奥·休伯曼、保罗·斯威齐：《肯尼迪—约翰逊的繁荣》，载《每月评论》，1965 年 2 月号，第 577 页。

共和党的。美国史学家戴维·巴占龙后来评论说："1964 年最大的政治事件……是把全国企业社会引人注目的一部分包括在民主党内。"①

在减税问题上，约翰逊对保守派作出了一定的让步，但在民权法案上，他不肯向南部民主党人作任何妥协。这首先是因为伯明翰示威以来黑人运动的高涨，使约翰逊认识到：为了把民权运动纳入政府控制的轨道，尽早通过《民权法》已刻不容缓。其次，自由派也对约翰逊施加了压力。加尔布雷思教授当时对他说，整个自由派集团都在注视着他对民权法案的态度。民主党权势人物、芝加哥市市长理查德·戴利甚至断言：如果约翰逊在民权立法上拖延，他的其他立法就会遭到自由派的抵制。在黑人和民主党自由派的压力之下，瞩目于 1964年大选时黑人选票的约翰逊总统，采取了积极支持通过民权立法的立场。他在 1963 年 11 月 27 日对国会联席会议说："没有任何纪念演说和颂词，能比尽早通过他曾为之奋斗的民权法，更好地纪念肯尼迪总统。"②他还向黑人民权领袖作出了承诺。然而，民权法案在 1964 年初经众议院通过后，却在参议院遭到以理查德·拉塞尔为首的南部参议员的反对。他们自 3 月 9 日起，开始长达 3 个多月的阻挠议事。约翰逊总统明确表示，宁可参议院在 3 个月里停止其他立法工作，也要通过民权立法。为了击败南部议员的阻挠议事，约翰逊通过民主党参议员休伯特·汉弗莱竭力争取参议院共和党领袖埃弗雷特·德克森，几乎不让他有半个小时能不考虑民权立法问题。在这场斗争中，宗教团体的院外活动产生了重大影响，促成了中西部地区的国会参议员支持民权立法。6 月 6 日，以德克森为首的 37 名参议员提议中止辩论。4 天后，参议院有史以来第一次在民权问题上以压倒多数通过了中止辩论的动议，挫败了南部参议员的阻挠议事，民权法案在参议院很快通过。7 月 2 日，约翰逊签署了比肯尼迪原法案还要强硬的 1964 年《民权法》。该法规定：禁止在公共场所——旅馆、饭店、运动场、

① 马文·格特曼、戴维·默梅尔斯坦编：《伟大社会文集：美国自由主义的失败》，纽约出版社 1967 年版，第 142 页。
② 《林登·约翰逊总统公文汇编》，第 9 页。

剧院、公共图书馆等地点——实行种族隔离；授权司法部长对实行种族隔离的公共场所和公立学校向法院起诉；设立公平就业委员会；禁止在就业方面实行种族歧视；禁止在联邦选举中不公平地运用选民登记程序和进行文化测验。1964 年《民权法》以法律形式结束了美国南部的种族隔离制度，被美国史学家亨利·康马杰称为"自《瓦格纳法》和《田纳西河流域管理局法》以来影响最深远的立法"①。约翰逊在民权立法过程中采取的不妥协立场，赢得黑人民权领袖的赞赏，在他们当中助长了依靠政府进行民权立法的"同盟战略"思想。1964 年 7 月，哈莱姆区发生黑人抗暴斗争后，8 名黑人领袖在约翰逊要求下向报界发表声明，要求全国黑人在 11 月总统选举前"自愿地大大减少或暂停一切群众性游行、设置纠察线和示威活动"，把主要精力放在政治活动上，支持约翰逊当选。

〔向贫困宣战与《经济机会法》〕 1964 年 1 月，约翰逊总统在国情咨文中宣称"向美国的贫困无条件宣战"②。不久，又向国会提出以经济机会法案为主要内容的反贫困立法计划。实际上，肯尼迪在遇刺以前，已授权经济顾问委员会主席赫勒拟定反贫困计划，不过对具体内容未作指示。约翰逊上台第一天，就听取了赫勒的汇报，决定把反贫困计划放在最优先的地位加以考虑，并迅速采取立法行动。他之所以如此重视这个问题，除了希望通过以他的名义提出的反贫困计划为 1964 年大选争取选票以外，主要有以下几个方面的原因。首先，肯尼迪的经济政策虽然刺激了美国经济的增长，但失业率仍然很高，特别是受科技革命影响出现的结构性失业和传统工业部门衰落造成的萧条地区，问题严重。这就不能不使约翰逊及其顾问意识到必须通过教育、职业训练和发展落后地区等结构性措施，介入劳动力再生产领域，把向贫困宣战作为对扩张性财政政策的补充，以实现充分就业的目标。其次，约翰逊政府还想通过反贫困措施，满足黑人的部分经济

① 亨利·康马杰编：《争取种族平等的斗争》，纽约出版社 1967 年版，第 205 页。

② 罗伯特·迪万：《1945 年以来美国的政治与外交》，第 145 页。

要求，平息他们的不满和正在增长的暴力反抗，把民权运动纳入官方控制的轨道，并缓和1964年减税法使高收入阶层和垄断公司获利而引起的下层人民的广泛指责。最后，向贫困宣战还旨在通过工作训练和教育计划，使依赖政府救济的穷人重新参加工作，由食税者变为纳税人，减轻联邦政府负担，对美国政府的社会福利政策作出修正。

1964年8月，《经济机会法》在国会通过。该法不仅对美国穷人具有一定的吸引力，而且由于强调"自助"而不是救济，得到国会保守派和垄断财团的支持。它主要有3项内容：①儿童和青年教育计划。该计划对贫困家庭3至6岁儿童进行学龄前教育；对贫困家庭的高中学生进行免费辅导，以提高他们的升学率；用联邦资金为14万元左右的青年提供临时性工作，使他们能支付大学学费。②职业训练和再训练计划。该计划建立职业队训练营地，为16至21岁的辍学失业青年提供两年的职业和基本技能训练，并派他们去从事自然资源保护工作；通过为美国服务志愿队(即国内和平队)把青年志愿人员派往贫困地区、精神病院、学校和印第安人保留地为穷人和少数民族服务；授权州和地方政府把失业失学青年组织为街道青年队，为地方社区服务，使这些青年从中获益并减少青少年犯罪率。③社区行动计划。该计划要求穷人、特别是贫困黑人"最大限度地参与"当地社区各项活动，在地方政治中获得较大的发言权。为此，约翰逊政府还将部分反贫困计划交给有当地穷人参加的社区行动局负责管理和协调。根据经济机会法规定成立的经济机会局，被约翰逊称之为"向贫困宣战的全国司令部"。国会授权在第1年为实施《经济机会法》拨款94500万美元。

至此，约翰逊不仅使肯尼迪的减税和民权立法获得成功，而且正式提出了向贫困宣战的口号，在全国得到广泛的支持，并为1965年"伟大社会"立法的正式提出奠定了基础。

6. "伟大社会"

〔1964年大选和民主党的胜利〕 60年代中期，共和党内保守主

义势力抬头。著名的保守派参议员巴里·戈德华特在 1964 年获得共和党总统候选人提名。美国历史学家赫伯特·帕米特称他为"新政以来问鼎白宫的人们当中第一个对新政基本信条展开全面攻击的挑战者"①。支持戈德华特的,有 50 年代后期出现的像约翰·伯奇协会这一类极右组织。这些组织的影响虽然有限,但在当时有一定的社会基础。近 10 年来民权运动取得的蓬勃进展,在南部白人种族主义分子中引起严重不安;北部也开始出现所谓"白人反冲"的苗头。麦卡锡主义的残余势力和新孤立主义分子,对于美国在东南亚的挫折感到不满。联邦政府权力的集中和工业化社会的发展,使沦入雇佣者大军的中小资产阶级觉得自己成了输入计算机的数据。他们还痛恨社会风气的变化,特别是街头暴力行动的增加。知识分子中的保守主义者则集合于威廉·巴克利的《国民评论》周围,支持戈德华特。在经济学界,还形成米尔顿·弗里德曼为代表的反凯恩斯主义的芝加哥学派。西南部新兴的石油资本,则对东部权势集团长期左右联邦政府的局面深感不快,达拉斯的石油巨头 H. L. 亨特,早在 1958 年,就已成为戈德华特的资助人之一。这些保守势力的发展,虽然不能代表当时美国社会的主流,但迎合了共和党内的保守派改变共和党总统竞选策略的需要。他们指责共和党自由派"我也会"②的竞选策略,在 1964 年大选中提出了"选择,而不是回声"的口号,拥戴极端保守的戈德华特竞选总统。

戈德华特在外交政策上公开提出好战主张。他在 1963 年就表示:只要让欧洲北约部队指挥官有权使用战术核武器,就可以把美国在欧洲的地面部队削减 1/3,并威胁说要用原子弹去轰炸中国向越南提供援助的交通线。他的这种主张,在国内引起普遍惊恐。在内政方面,戈德华特对新政以来的国家干预和大政府的猛烈攻击,使广大美国人民担心,这位政治狂人会撕毁与他们的基本生活保障息息相关的《社

---

① 赫伯特·帕米特:《民主党人:富兰克林·罗斯福以后的年代》,纽约出版社 1976 年版,第 226 页。

② 指共和党仿效民主党的竞选纲领。

会保障法》。结果，戈德华特不仅未能赢得美国选民的支持，而且吓得共和党内的自由派和温和派都想和他在政治上划清界线。密歇根州州长乔治·罗姆尼就拒绝和戈德华特同台就座。

约翰逊则相反。由于新经济学的增长政策初见成效，1964 年工业生产指数比 1961 年提高 20%。经济繁荣，物价相对稳定。他在民权和反贫困问题上取得的立法上的成功，赢得普遍支持。尽管东京湾事件之后，约翰逊要求国会通过东京湾决议，授权他在越南采取必要的军事行动，但他向选民保证，"我们不想要我们的孩子去为亚洲的孩子打仗"①。这样，约翰逊就在竞选中使自己成为和平与繁荣的象征，和民主党团结一致的代表。投票结果表明：他囊括了 44 个州的 486 张选举人票，赢得压倒性的胜利；选民票达 4310 万张，占投票人数的 61.1%。比例之大，在美国历史上是空前的。不仅如此，民主党还在国会选举中，在参、众两院赢得 1937 年以来的最大优势。更重要的是，众议院新当选的 91 名众议员中，大部分是自由派，从而瓦解了长期以来南部民主党人和共和党人在国会中结成的保守派联盟。选举后不久，众议院就成功地限制了阻碍社会改革立法的法规委员会的权力。这样，50 年代以来的两党政治平衡被暂时打破，约翰逊总统进行大规模社会改革的时机，已经成熟，"伟大社会"应运而生。

〔约翰逊的"伟大社会"〕 早在 1964 年 5 月 22 日，约翰逊在密歇根大学发表演说时就声称："美国不仅有机会走向一个富裕的社会和强大的社会，而且有机会走向一个伟大社会。"②大选以后，他在 1965 年 1 月的国情咨文中，正式提出"伟大社会"的施政纲领。并在随后 6 个星期内向国会提交 83 个特别咨文，要求国会在教育、医疗、环境保护、住房、反贫困和民权等领域采取广泛的立法行动，使 60 年代的自由主义改革进入高潮。

首先，约翰逊进一步扩展了反贫困计划，试图解决富裕社会的贫

---

① 罗伯特·迪万：《1945 年以来美国的政治与外交》，第 148 页。
② 《林登·约翰逊总统公文汇编》，第 704 页。

困问题。他不仅对儿童和青年教育计划作了补充，而且把职业训练和再训练计划从青年扩大到成人，从失业者扩大到在职工人。1965 年的主流行动计划，就旨在帮助未满退休年龄的失业工人，特别是农业工人寻找就业机会。1966 年的新经济计划，则是为已经就业的工人提供职业训练和其他技术训练。1968 年，约翰逊政府还在全国 50 个主要城市展开企业界工作机会计划，由联邦政府向私营企业提供经费，对长期失业者进行职业训练并提供工作。1968—1973 年，有36.5 万名长期失业者因此得以就业。由于这些人力计划的实施，联邦政府把这方面的开支从 1964 年的 45000 万美元，提高到 1970 年的26 亿美元，以前所未有的规模介入了受到科技革命影响的劳动力再生产领域。社区行动计划在 1965 年以后也得到某些扩大，政府在全国贫困地区的 600 个法律事务所聘请了 1200 名律师，在 1965—1971年为 100 万穷人提供法律服务。此外，约翰逊政府还把改善贫困地区的状况，作为向贫困宣战的重要内容，在 1965 年使国会通过阿巴拉契亚地区发展法与公共工程和经济发展法，分别拨款 10.9 亿美元和30 亿美元。这是田纳西河流域管理局成立以来最大的开发落后地区的计划，大大加强了联邦政府协调和发展地方经济的作用。

其次，约翰逊政府继续促进民权立法，试图缓和日益尖锐的种族矛盾。1964 年民权法虽然是"解放黑奴以来最全面的民权法"，但在保障黑人选举权方面缺乏有力的保证。1965 年 1 月，小马丁·路德·金指出，南部 500 万黑人适龄选民中，有 300 万未能进行选民登记。① 在他的发动下，亚拉巴马州塞尔马市的黑人群众掀起了争取选举权的斗争。自 2 月 7 日起，他们向首府蒙哥马利市展开 3 次塞尔马进军。约翰逊担心黑人争取选举权运动的失败，将导致更富有战斗性的新一代黑人领袖控制民权运动的领导权，决定在保障黑人选举权方面迅速采取行动。3 月 15 日，他亲赴国会，发表"他们的事业就是我们的事业"的著名演说，要求国会"不拖延、不犹豫、也不妥协地"通

---

① 埃里克·戈德曼：《林登·约翰逊的悲剧：一个历史学家的个人看法》，纽约普雷格公司 1969 年版，第 309 页。

过保障黑人选举权的立法。1965 年 5 月，参议院再次挫败南部参议员的阻挠议事，使国会通过了 1965 年《选举权法》。该法规定：禁止1964 年大选时登记选民不到选民总数 50% 的州和县，在进行选民登记时采取文化考察和其他歧视性措施；并授权司法部长派遣联邦官员，到这些地区进行选民登记工作。1965 年选举法通过以后，南部黑人参加登记和选举的人数，超过重建以来的任何时期，黑人领袖开始在南部地方选举中获得一系列胜利。

1964 年和 1965 年的两个民权法，虽然动摇了南部的种族歧视制度，但是，却未能改变北部存在的事实上的种族歧视。这个问题，在住房方面表现得尤为突出。战后涌入北部大城市的黑人居民的住房，与白人相比不仅质量低劣，而且租金高昂。1966 年 4 月，约翰逊在民权运动领袖的推动下，要求国会就住房问题通过新的民权立法。由于这个法案是重建以来第一个触及北部种族歧视的法案，在国会遇到不仅来自南部议员，而且来自北部议员的阻挠。直到 1968 年 4 月 4日，马丁·路德·金被刺引起遍及全国 100 多个城市的黑人大规模抗暴斗争以后，国会才在 4 月 10 日通过了 1968 年《民权法》(又称《开放住房法》)。该法禁止在出售和出租公私住房时实行种族歧视，并规定伤害民权工作者以反联邦罪论处。约翰逊任内通过的 3 个《民权法》，从法律上摧毁了重建以后美国南部形成的"吉米·克罗"(种族隔离)制度，缓和了这一地区的种族矛盾，并为 70 年代北部资本的大举南下和南部阳光地带的经济勃兴铺平了道路。

此外，约翰逊总统还扩大了联邦对教育和卫生领域的干预，使社会福利事业得到进一步发展。如前所说，杜鲁门总统曾经试图在这两个方面扩大新政改革，但是未能如愿。在联邦政府援助中、小学教育的问题上，由于南部议员反对以学校取消种族隔离为受援条件，而占人口大多数的清教徒各教派又反对联邦援助天主教教会办的教区学校，战后资产阶级自由派提出的种种援助中、小学教育的立法建议，均未取得进展。然而到 1965 年时，种族问题的障碍，由于 1964 年民权法的通过，基本消除。约翰逊总统为了克服宗教问题的障碍，决定在联邦援助中、小学教育的问题上打出"向贫困宣战"的旗号，结果赢得了支持，使一系列援助中、小学的法案在国会获得通过。其中最重要的是 1965 年《中、小学教育法》。这是美国历史上第一个由联邦政府对中、小学普遍进行援助的法律，贫困学童和残废儿童从中也受益不浅。此外，约翰逊还使国会通过了 1965 年《高等教育法》，在美国历史上第一次向贫困大学生提供联邦奖学金和低利贷款，至少使 100 万贫困大学生得以继续深造。在约翰逊任内，国会通过了 60 多项教育法案，促进了 60 年代美国教育事业的发展，改善了穷人和黑人的教育状况，使联邦政府在为现代化生产培养合格劳动力方面承担了重大责任。

除教育立法外，1965 年约翰逊向国会提出的医疗照顾法案，由于得到有组织劳工、老年人和其他群众团体的有力支持，挫败了美国医疗协会耗资 55 万美元的院外活动，于当年 7 月在国会获得通过。同月，国会还通过《医疗援助法》。《医疗照顾法》规定：凡符合参加社会保障制度和铁路职工退休制度条件的 65 岁和 65 岁以上的老年人，有资格享受医疗保险。其中住院医疗保险的费用一半由联邦政府向在职人员和雇主征收保险费支付，另一半由联邦政府负担；作为住院医疗保险补充手段的补助医疗保险则由参加者自愿投保。《医疗照顾法》的受益范围，包括当时 1960 万美国老年人的绝大多数，被美国学者称为 1935 年《社会保障法》通过以来"最大的社会改革"。《医疗援助法》是一项福利补助计划，规定各州对接受社会救济的贫困家庭、不能享受医疗照顾的贫困老人，以及虽未接受救济但无力承担医疗费用的一般家庭，提供医疗费用补助。联邦政府根据各州人平均收入承担这笔费用的 50% 至 83%。此外，约翰逊还使国会通过 40 多个其他医疗法案。其数量之多，超过截至当时美国历史上通过的所有医疗法案的总数。约翰逊在教育和医疗立法上取得了引人注目的成功，他得意地自诩为"教育总统"和"医疗总统"。

最后，约翰逊还加强了城市更新和环境保护方面的立法，着手解决城市腐败和环境污染问题，提高生活质量。1965 年，国会通过《住房和都市发展法》，成立了住房和城市发展部，罗伯特·韦弗被任命为该部部长，成为美国历史上第一位黑人阁员。1966 年，国会通过

211

《示范城市和都市再发展法》，以及《都市交通法》等法案，成立了内阁级的交通部。1968 年，国会又通过《住宅建设和城市发展法》。"伟大社会"的这一系列城市立法，旨在改变城市贫民窟的整个环境，满足低收入和中等收入家庭对住房的需要，刺激私房建设，改进城市交通，对付日益严重的城市问题。1965 年 1 月 8 日，约翰逊还向国会提出关于自然环境保护的特别咨文，要求国会采取立法行动。由于约翰逊主要致力于解决工业社会的环境污染问题，而不局限于自然资源的保护，因此，他的环境保护政策被称为新自然保护。在约翰逊任内，国会在控制水污染、制定空气质量标准、垃圾处理以及美化环境方面，通过了一系列立法。约翰逊总统夫人还为 1966 年公路美化法亲自出面活动，该法因而被人称为伯德夫人法。①

"伟大社会"施政纲领在立法上取得了登峰造极的成功，它一扫 50 年代吝于改革的沉闷空气，打破了 60 年代初社会改革步履艰难的僵持局面，使社会改革在 60 年代中期取得突出的进展，成为罗斯福新政以来资产阶级自由主义改革的新的里程碑。

〔"伟大社会"的实质及其衰落的原因〕 60 年代中期，由于战后科技革命的冲击、工业化城市社会的大发展和黑人运动的高涨，美国社会存在的贫困、城市衰败、结构性失业、民权和环境污染等问题日益突出，迫切需要美国统治阶级作出新的反应，否则将严重影响美国经济的发展和社会的稳定。而当时美国经济的繁荣、民主党在国会的优势以及美、苏矛盾的暂时缓和，则为国内大规模社会改革提供了有利的历史条件。因此，约翰逊在继续采用肯尼迪的后凯恩斯主义新经济学长期赤字财政政策刺激经济增长以解决美国生活的"量"的问题的同时，又采取新制度学派和福利经济学的一系列社会改革和福利政策，来解决美国生活的"质"的问题；在刺激私人投资扩大"物"的生产的同时，又利用公共开支来发展"人"的生产，即劳动力的再生产；在通过减税政策刺激经济使企业界大获其利的同时，又通过大规模社会改革使穷人和少数民族，特别是黑人的状况有所改善。这就是约翰

① 约翰逊夫人有"伯德女士"之称。

逊总统在美国经济实力增长、科技迅速发展、国家垄断资本主义进一步加强的历史条件下，企图通过国家的力量适当调整各个阶级和民族之间的利益冲突，从政治上缓和社会矛盾，从经济上适应科技革命对劳动力再生产提出的新的要求，从环境上解决工业化社会日益严重的污染问题，使美国资本主义制度长治久安的所谓"政治一致论"。也是"伟大社会"施政纲领的实质所在。尽管美国政府自新政以来就开始奉行赤字财政政策，并推行福利国家的措施，但是到约翰逊任内，无论是从凯恩斯主义经济政策的深度来讲，还是从社会福利改革的广度来讲，显然都把新政式国家垄断资本主义的发展推进到了一个新的顶点。

"伟大社会"主要是一次资产阶级自由主义的社会改革，它在立法上取得了空前的进展。但是，"伟大社会"在立法上的成功，并不等于"伟大社会"的实现。而且，在1966年中期选举国会保守派联盟重新抬头以后，"伟大社会"在立法上也开始由盛而衰。1967年，民主党参议员韦恩·莫斯声称，除象征性姿态外，"伟大社会"已寿终正寝。① 到60年代末，随着约翰逊的离任和共和党尼克松政府的上台，资产阶级自由主义改革终于告一段落。"伟大社会"之所以盛极而衰，固然与约翰逊总统好大喜功的"期望政治"和急于求成的"速成政治"有关②，但根本原因并不在此。

"伟大社会"的衰落，首先是因为越南战争的升级动摇了资产阶级自由主义改革的经济和政治基础。从经济角度来看，由于约翰逊认为"我们在越南打仗的同时可以继续'伟大社会'"③，因而奉行既要大炮，又要黄油的政策，在1965年拒绝增税和控制开支，结果到1966年使通货膨胀愈演愈烈，1967年被迫要求压缩国内开支和增收

---

① 罗兰·埃文斯和罗伯特·诺瓦克：《林登·约翰逊：权力的运用》，纽约出版社1966年版，第2页。

② 多丽丝·基恩斯：《林登·约翰逊与美国之梦》，纽约哈珀与罗出版社1976年版，第216页。

③ 《林登·约翰逊总统公文汇编》，第4页。

6%的附加税。1968年美元危机爆发后，国会通过税收和开支控制法，除增收附加税10%以外，将约翰逊政府1969财政年度的预算开支削减了60亿美元。这是对"伟大社会"的一次沉重打击。从政治角度来看，约翰逊的战争升级行动，不仅使本来就对他持怀疑态度的青年学生和新左派成为反战运动的主力军之一，而且使他失去了1964年大选中获得的普遍的政治支持。当初几乎是百分之百支持约翰逊竞选总统的黑人选民，也加入了反战的行列，并和反战的学生运动建立了"十分重要的新纽带"。马丁·路德·金在1967年3月宣布："伟大社会"的希望已被越战所打消。他于当年4月在纽约领导10万群众举行反战示威游行。美国公众在1964年支持约翰逊的一个重要原因，是他保证不扩大越战。但是约翰逊在东南亚的行动，却与政治狂人戈德华特如出一辙，结果在美国公众中造成严重的"信用差距"，使民主党在1966年中期选举中遭到挫折，国会保守势力又逐步抬头。不仅如此，越战还使国会和政府内部出现严重分歧，导致约翰逊在政治上更形孤立，最后在1968年放弃了竞选连任的企图。"伟大社会"和它的旗手一样，在政治上失去了昔日的光彩，终于从鼎盛走向衰落。

当然，"伟大社会"衰落和资产阶级自由主义改革的局限性也是分不开的。约翰逊政府虽然通过3个民权立法，在法律上取消了种族歧视和隔离制度，但它没有也不可能消灭美国社会存在的事实上的种族歧视和隔离；它不可能在不改变资本主义不平等经济关系的条件下，实现种族关系的完全平等。约翰逊政府的社会福利改革，虽然使劳动人民的生活状况有所改善，但它没有也不可能完全改变资本主义的分配关系。它是以保证垄断资产阶级剥削剩余价值和扩大资本主义再生产为条件的。"伟大社会"阶级局限性的日益暴露，逐渐加深了美国人民对自由主义改革的幻灭感，而"伟大社会"对劳动人民作出的让步，又使垄断资产阶级中保守派的忍耐逐渐达到极限，从而加强了对资产阶级自由主义改革的抵制。这就使"伟大社会"处于腹背受敌的困境。约翰逊本人也承认，1966年以后，即使没有越南战争，国会也不会为国内计划拨出更多的款项，向陷于困境的城市提供更多的资金。从这一点来说，约翰逊和其他致力于自由主义改革的总统一样，担心自己与国会的"蜜月"短暂，并不是没有道理的。这也是他的悲剧所在。

7. 60 年代社会经济改革的影响

美国政府在 60 年代进行的大规模社会经济改革，对美国社会产生了双重影响。它一方面把新政式国家垄断资本主义推进到顶点，一方面又使美国社会面临更加难以解决的经济、社会和政治危机。

〔经济繁荣与通货膨胀〕 60 年代的两任民主党政府，在经济上都采用了后凯恩斯主义新经济学的增长政策，大大推动了新政式国家垄断资本主义的进一步发展。这种政策既不同于罗斯福在萧条和战争状况下被迫实行的赤字开支，又不同于杜鲁门一张一弛的补偿性财政金融政策，更不同于艾森豪威尔的中间道路。它在经济繁荣时使赤字财政长期化，大大加强了联邦政府的垄断调节作用，对美国经济的发展，产生了巨大的推动力。在这种政策影响下，60 年代的美国经济保持了长达 106 个月的持续增长，成为战后美国经济发展最快的时期。国民生产总值从 1961 年的 4972 亿美元，上升到 1969 年的 7256 亿美元（以 1958 年美元计算）。这段时间的国民生产总值平均增长率为 4.3%，超过了 1947—1953 年的 3.9% 和 1954—1960 年的 2.5%。垄断企业的实力增长速度则更快。国内私人总投资，从 1961 年的 747 亿美元，猛升到 1969 年的 1390 亿美元。公司利润在 1961—1968 年经历了历史上最长的一次持续增长（纳税后利润增长一倍多）。赫勒认为，这是新经济学的主要成就之一。[1] 1966—1970 年，美国出现了战后第二次企业合并高潮，生产和资本的集中进一步加强，跨国

---

① 詹姆斯·伯恩斯：《治愈创伤，继往开来：林登·B. 约翰逊总统的计划》，纽约出版社 1968 年版，第 158 页。

公司也急剧膨胀，海外新增加子公司数目在 1968 年达到最高峰。受经济繁荣和国家干预的影响，美国科学技术在 60 年代发展很快，全国研究和发展经费占国民生产总值的比重，在 1964 年创历史最高水平，此后比重虽有所下降，但绝对值在 60 年代仍保持增长趋势。据统计，1953—1973 年美国取得 65 项突破性发明创造，其中绝大部分是在 60 年代研制成功的。特别是集成电路技术的运用，导致了第三代电子计算机的出现，给电子计算机的普及与应用带来崭新的前景。然而，就在这些"繁荣""增长"和"突破"的霞光掩映之下，长期赤字财政政策已在美国经济中植入通货膨胀的隐患。尽管肯尼迪和约翰逊政府曾用工资—物价指标等手段暂时抑制了通货膨胀的发展，但在 1965 年越南战争升级后，军事开支急剧增加，终于导致通货膨胀在 1965 年下半年开始迅速发展，美国经济进入战后第二个长期通货膨胀时期。到 1969 年，消费价格指数比 1964 年上升 16.9，批发价格指数上升 11.8（均以 1967 年为 100）。约翰逊总统在 1965 年通货膨胀加剧后，继续奉行扩张性长期赤字财政政策，在扩大侵越战争的同时，全面推行"伟大社会"改革计划，结果使通货膨胀愈演愈烈，在 1966 年终于被迫采取一些温和的紧缩性财政措施，并通过联邦储备委员会限制货币供应量。1967 年，他提出对经济进行全面抑制的财政政策，要求增收附加税，然而均因其措施不力和举棋不定，而未能见效。到 1968 年国会通过《税收和开支控制法》时，为时已晚。不仅通货膨胀未能制止，经济增长也从 1967 年开始减速，并为 60 年代末和 70 年代初"滞胀"现象的出现和金融危机的再次爆发埋下了祸根，战后在美国盛极一时的凯恩斯主义经济政策，也开始走下坡路。

〔群众不满情绪的增长〕 60 年代，特别是约翰逊任内，社会改革在极其广泛的范围内取得了突出的进展。联邦社会福利开支从 1965 财政年度的 535 亿美元，增加到 1970 财政年度的 927 亿美元。它在国民生产总值的比重，则从 5.8% 上升到 8.1%，已接近国防开支在国民生产总值中的比重。到 1971 财政年度，终于超过国防开支的比重。这样，60 年代的联邦社会福利开支，就和 50 年代的国防开支一样，成为美国政府调节经济的重要手段，对这一时期美国经济的增长以及维持劳动力再生产的条件，产生了不容低估的影响。但是，社会福利措施和包括民权在内的其他社会改革，在缓和社会矛盾方面的作用，却有所降低。

这首先是因为资产阶级自由主义社会改革的局限性日渐明显，在美国人民中引起比较普遍的失望和不满。"伟大社会"虽然把援助穷人的社会福利开支从 1964 年的 79.15 亿美元，增加到 1969 年的 158.8 亿美元，即增加 3/4 左右，但它并未能改变美国社会贫富两极分化的现象。1972 年参议院联合经济委员会的调查表明：从 1947 年到 1969 年，虽然美国社会各阶层的收入均有所增长，但国民收入在各阶层中的分配比例，却依然如故。在向贫困宣战 3 年以后，饥饿和营养不良的现象，在全国范围内仍时有揭露。黑人问题亦复如此。尽管有 1954 年最高法院判决和 1964 年《民权法》的法律保证，贫苦黑人学生由于经济条件的限制，往往只能在黑人聚居区就近入学，名牌学府更难问津。因此，约翰逊任内黑人升学率虽有所增长，但黑人教育质量却没有明显提高，种族合校在很大程度上还是象征性的。约翰逊政府曾试图消除住房方面的种族歧视，但这不单是个种族问题，也是经济问题。对于无力在黑人聚居区以外购买和租用房屋的大多数黑人来说，1968 年《民权法》形同一纸空文，而联邦政府在这方面提供的经济援助，又杯水车薪，或缓不济急。结果，甚至在"伟大社会"极盛时，全国的贫苦黑人居住区也没有多少改善。城市黑人在就业方面的状况，也没有显著改观，失业率为白人的两倍。一般来说，就业黑人的工资与工作条件，也比白人差得多。这些问题，都不是《民权法》所能解决的。因此，约翰逊总统本人也承认，他在消除种族歧视方面虽取得一些进展，但只限于黑人中产阶级，实际情况"对于大多数贫穷、失业、流离失所和一无所有的黑人来说，则是严酷的，他们仍处于另一个国度之中……对他们来说，墙越来越高，沟越来越深"①。归根结底，"新边疆"和"伟大社会"的改革，没有也不可能从

---

① 詹姆斯·伯恩斯：《治愈创伤，继往开来：林登·B.约翰逊总统的计划》，第 220 页。

根本上改变美国资本主义制度的财富分配关系。这是 60 年代群众不满继续增长、黑人暴力斗争、穷人运动以及新左派学生运动风起云涌的根本原因。

此外，由于约翰逊政府的社会改革注重解决黑人和穷人的问题，把它们视为国内不平等的"最后边疆"，结果在白人中产阶级和工人群众中引起不满，使他们感到自己受到了忽视，并把税收过重视为福利国家和大政府的恶果。再加上社会福利制度本身的许多弊病，也积小恶而成大患，机构臃肿，管理混乱，造成穷人为获得救济而夫妇离异，家庭分裂。因此，资产阶级自由主义改革在社会上招致越来越多的非议。这些人中的相当一部分，构成了 70 年代反对改革的所谓"沉默的多数"。

综上所述，新政式国家垄断资本主义在 60 年代发展到了顶点，但与此同时，它自身矛盾的发展，又形成更为深刻的经济、社会和政治危机，使资产阶级自由主义改革开始走向衰落。对新政以来的美国自由主义者来说，这确实是由鼎盛走向幻灭的 10 年。

第七章　世界政治的变化和美国霸权的逐渐衰落

　　由于第三世界国家的迅速崛起，西欧与日本经济和政治实力的继续增长，苏联军事力量的不断加强，中国政治影响的日见扩大，以及国际共产主义运动的公开分裂，20世纪60年代的国际政治出现了大动荡、大分化、大改组的局面，战后初期形成的两极世界日益解体。国家要独立、民族要解放，第三世界要富强，成为不可抗拒的历史潮流。

　　然而，60年代执政的肯尼迪和约翰逊两届民主党政府，对世界政治的这种重大变化，缺乏清醒的估计，继续奉行战后美国称霸世界的全球扩张政策。在拉丁美洲，美国对古巴虎视眈眈，一手导演了猪湾入侵事件，并对多米尼加进行军事干涉。在非洲和中东地区，美国介入刚果内政，继续支持以色列反对阿拉伯人民。在欧洲，美国在柏林危机期间向西柏林增派武装部队，与苏联和华约国家对垒，它还力图通过多边核力量保持自己在北约成员国中的核垄断地位。美苏两国不仅恢复了核试验，而且在古巴导弹危机中几乎酿成一场核对抗。特别是在亚洲，美国政府错误地把中国视为比苏联更危险的敌人，在越南战争中越陷越深。结果，美国的经济和军事实力在60年代虽然继续增长，但已远远不能适应美国称霸世界的野心。肯尼迪迫于形势，曾在外交政策上作出过某些调整，诸如加强对第三世界国家的经济、技术和文化援助，承认中立主义原则；对西欧盟国在多边贸易和国际货币管理上作出某些让步；谋求对苏缓和，共同主宰世界等。但是，这种政策调整并未改变战后历届美国政府的战略扩张总态势，特别是肯尼迪政府开始的"灵活反应"战略，使美国政府在全球范围内承担更大的军事义务。约翰逊总统上台后，则以越南战争为中心，使美国

219

的全球干涉达到顶点。美国的实力和它的战略需要之间的矛盾越来越大。这种力不从心的局面，大大加速了60年代后期美国霸权的逐渐衰落，导致战后美国外交政策的第二次重大调整——尼克松主义的问世。

1. 新边疆外交与军事战略

〔新边疆的外交战略〕 外交问题是新边疆施政纲领的重点。肯尼迪的就职演说，几乎通篇都是以华丽辞藻点缀的外交政策宣言，其宗旨在于争取美国在世界范围内的霸权地位。他在这篇演说中宣称："我们准备付出任何代价，挑起任何重担，对付任何困难，支持任何朋友，反对任何敌人，以确保自由的存在和胜利。"①他在第一篇国情咨文中还声言："在总统的盾形纹章上，美国之鹰的右爪抓着一根橄榄枝，左爪则抓着一束箭。我们准备对两者都给予同样的重视。"②十分清楚，世界霸权和两手政策，构成了新边疆外交战略的目标与手段。就这种扩张性外交战略的目标而言，肯尼迪当局与战后历届美国政府没有实质性的区别。但是朝鲜战争以后，特别是50年代中期以来，世界形势发生了深刻的变化，这就使新边疆的外交战略在实施手段上不能不具有一些新的特点。肯尼迪作为一个比较敏感的实用主义政治家，为了在新的历史条件下实现战后美国两党一致确认的全球战略目标，在一些重大政策问题上作出了部分调整。

首先，肯尼迪虽然继续视苏联为实现美国全球霸权的主要障碍，坚持冷战政策，但是苏联外交政策的两面性和美国实力地位的相对下降，促使肯尼迪比他的前任更多地考虑美苏"缓和"的可能性与必要性。他在与李普曼谈话时指出：赫鲁晓夫听起来虽然像一个彻底的革命家，但他不会把革命推到能引起核战争的地步。③ 肯尼迪政府甚至

---

① 西奥多·索伦森：《肯尼迪》(中译本)，第116页。
② 西奥多·索伦森：《肯尼迪》(中译本)，第344页。
③ 小阿瑟·施莱辛格：《一千天》(中译本)，三联书店1981年版，第231页。

认为，美苏"缓和"能加剧中苏分裂，从而加强对中国的遏制，因为它把中国当作比苏联更好战、更危险的敌人。① 1962 年古巴导弹危机后，肯尼迪在谋求美苏"缓和"方面迈出了较大的步伐。他说他的主要政策是：一方面持强硬态度，另一方面在边缘上进行试探，"看看我们能否找到某些交换意见的途径"②。

其次，由于第三世界的兴起，美国外交战略的重点在 20 世纪 50 年代就已开始向亚洲、非洲和拉丁美洲转移。到 60 年代，沃尔特·罗斯托甚至认为，美国以北大西洋为轴心的传统外交政策宣告结束。这种说法虽未免夸张，但肯尼迪比较重视第三世界，则是事实。不过，肯尼迪在争夺第三世界时，比艾森豪威尔政府更强调经济援助等非军事手段。"粮食用于和平计划"③和"和平队"④也应运而生。这种主要通过非军事手段向发展中国家渗透的方式，是新殖民主义的重要表现，也是新边疆外交的一个特点。

最后，由于西欧、日本的复兴和美国实力相对下降，肯尼迪十分担心美国会步罗马与大英帝国的后尘，但他又认为："我们必然要为承担领导责任付出代价，我们也可以因此而受惠。这就是我们必须运筹的美国的政策。"⑤因此，肯尼迪试图调整美国与独立性日益增强的大西洋盟国及日本的关系，弥合 50 年代即已出现的某些分歧，把这些国家经济力量的增长、政治稳定的加强和军事实力的发展，纳入为

① 约翰·加迪斯：《遏制战略》，第 230 页。

② 小阿瑟·施莱辛格：《一千天》，第 231 页。

③ 肯尼迪上台后，认为美国的剩余粮食应用来为美国更为广泛的经济和政治目标服务，不能像 20 世纪 50 年代那样仅仅限于倾销。因此，他决定执行"粮食用于和平计划"，使之成为对亚、非、拉国家进行援助的一种手段。

④ "和平队"是众议员亨利·罗伊斯 1959 年提出的一种设想，把美国志愿人员派到缺乏教师、医生、工程师等文化技术力量的国家去进行援助。1961 年 9 月，国会通过《和平队法》，使该组织成为永久性机构，属于国务院。到 60 年代中期，和平队派出 12500 人，分布在亚、非、拉 50 多个国家。1971 年，和平队与其他志愿组织合并为行动署，成为联邦政府的一个独立机构。

⑤ 《1962 年 1 月 18 日对国家安全委员会谈话提纲》，1962 年 1 月 17 日，第 313 盒，国家安全卷宗。藏约翰·肯尼迪图书馆。

美国战略目标服务的轨道，维护美国在资本主义世界逐渐衰落的霸主地位。

〔新边疆的军事战略〕 艾森豪威尔政府奉行的大规模报复战略，主要依靠的是核威慑力量。这种一元论战略思想，在 50 年代就已遭到众多的批评。肯尼迪当时曾指出："我们已经把自己赶进了一个死胡同，在那里，惟一的抉择就是要么毁灭世界，要么低头屈服。"①因此，肯尼迪就任总统后，在首次国情咨文中，就把美国的军事战略目标扩大为"制止所有的战争，全面战争或有限战争，核战争或常规战争，大战争或小战争"②，从而作出把大规模报复战略转变为灵活反应战略的重大决策。这种战略的转变，也是美苏双方把战略重点逐渐转向第三世界的结果。肯尼迪当时认为，最有可能发生的不是核攻击，而是"卫星外交、灌木林火式的有限战争、间接的非公开侵略、恫吓、颠覆、内部革命……"③

灵活反应战略的主旨，在于增强常规力量。60 年代初，美国统治阶层对这种必要已有比较一致的看法，但对其可行性仍然存在不少疑虑。由于国防部长麦克纳马拉把系统分析的科学管理方法引入了五角大楼，计算结果，美国政府对此增强了信心；而 1961 年的柏林危机，则为它提供了机会。肯尼迪任内，美国在增强常规兵力的同时还提出了准备打两个半战争的常规战争战略，即准备同时在欧洲和亚洲打两场大仗，并在其他地区对付零星的战斗。这就使美国常规战争的战略重点，开始移向欧洲以外的地区，从而把海外战线越拉越长。

灵活反应战略虽然强调扩大常规力量，但是并不等于放弃战略核力量的发展。肯尼迪政府在这方面信奉的，实际上是国防部副部长保罗·尼采在 1961 年 12 月提出的优势论。麦克纳马拉曾经指出："核力量与非核力量是互为补充的，就像它们与非军事政策手段互为补充

---

① 小阿瑟·施莱辛格：《一千天》，第 238 页。
② 约翰·加迪斯：《遏制战略》，第 214 页。
③ 小阿瑟·施莱辛格：《一千天》，第 237 页。

一样"①。因此，肯尼迪政府在进一步发展战略核力量方面，采取了几个重大步骤。第一，它决定从发展液态燃料的第一代洲际导弹"阿特拉斯"和"大力神"，转向发展固体燃料的第二代洲际导弹"北极星"和"民兵"。第二，它把 B-52 轰炸机中处于 15 分钟内即可待命出发的常备状态的比例，从 1/3 增加到 1/2。第三，它改进了美国战略核力量的指挥与控制系统，建立了包括空中指挥部在内的好几个全国指挥中心，减少了被突然袭击、一举摧毁的可能性。与艾森豪威尔任内相比，美国核武器的数量，到 1964 年中期增加了 150%；核爆炸力的吨位，增加了 200%；核潜艇增加了 10 艘；"民兵"式导弹增加了400 枚。

此外，肯尼迪还特别重视游击战和所谓反叛乱问题。他研究了毛泽东和格瓦拉的有关著作，得出了共产党"侵略"的主要形式是地下战争的结论。因此，肯尼迪不顾热衷于最新技术和大规模战争的职业军人的反对，下令布莱格堡的特种作战中心扩大其训练任务，以对付不发达国家的丛林和山地游击战的挑战。他还在巴拿马、冲绳、越南和西德建立新的特种作战中心，并恢复使用绿色贝雷帽作为特种部队的标志。1961 年秋，肯尼迪政府建立了由马克斯韦尔·泰勒将军领导的"反叛乱活动委员会"。

十分明显，肯尼迪政府虽然在外交政策上作出部分调整，并在防务问题上进行战略转变，但是这些调整和转变，均未触动战后美国全球扩张的基本方针。不仅如此，肯尼迪奉行的灵活反应战略，为 60年代中期美国军队大规模卷入越南铺平了道路，使美国意欲称霸和实力不足的矛盾更加突出，并对 60 年代后期美国霸权的进一步衰落产生重大影响。

2. 肯尼迪政府与第三世界

第三世界国家的兴起，使肯尼迪深感美苏在欧洲的对峙已不再是

---

① 《重要演说汇编》，第 28 卷，1962 年 3 月 1 日，第 298 页。

世界上惟一举足轻重的现实。他在 1961 年 5 月 25 日致国会的特别咨文中强调指出："今天保卫和扩大自由的伟大战场是……亚洲、拉丁美洲、非洲和中东，这些地区的人民正在日益觉醒。"①他还认为发展中国家人民"更感兴趣的是达到像样的生活水平，而不是去追随东方或西方的标准"②。出于上述认识，肯尼迪对第三世界，特别是拉丁美洲，加强了经济援助和其他非军事性渗透，并在政治上开始改变已故国务卿杜勒斯不承认中立主义的僵硬原则，对包括尼赫鲁、苏加诺、西哈努克、纳赛尔，甚至恩克鲁玛与塞古·杜尔在内的发展中国家领导人，展开了个人外交，以图改变美国在第三世界的形象，巩固和扩大美国在发展中国家的利益，抗衡苏联和中国的影响。然而，作为垄断资本的代表人物，肯尼迪不可能完全超越帝国主义传统政策的影响；军事干涉和反对共产主义，仍然是美国政府对第三世界外交政策的重要内容。这一点，在古巴和越南表现得最为明显。肯尼迪死后 10 年，一些曾希望他能改变战后美国政府冷战政策的自由主义者懊丧地得出结论：肯尼迪仍然是一个"冷战战士"③。

〔猪湾登陆的惨败与争取进步联盟〕　早在 1960 年，中央情报局根据艾森豪威尔总统的命令，就在危地马拉建立了训练古巴流亡者的营地，试图入侵古巴本上。肯尼迪上台后，下令国防部审查中央情报局制订的滩头进攻计划，并予以认可。他希望通过推翻卡斯特罗政权来遏制所谓共产主义在西半球的蔓延。

1961 年 4 月 14 日，由 1400 名流亡者组成的古巴旅，从尼加拉瓜乘船出发，在美国提供的 8 架 B-26 飞机掩护下，在古巴猪湾附近的萨帕塔地区海滩登陆。但登陆后很快就被古巴政府军包围在海滩上，几乎全部被击毙或俘虏。

---

① 沃尔特·拉弗贝：《美苏冷战史话》（中译本），商务印书馆 1980 年版，第 227 页。

② 刘易斯·佩珀：《言与行：约翰·肯尼迪的领导》，纽约克朗出版公司 1975 年版，第 125 页。

③ 康纳德·洛德：《约翰·肯尼迪：冲突与和解的政策》，纽约出版社 1977 年版，第 173 页。

猪湾登陆的失败,不独遭到国内外许多非议,也使肯尼迪得出结论:对于拉丁美洲的控制,如果仅仅着眼于"准备越境的军队",是不够的。必须推动拉美的政治、经济改革。基于这种考虑,肯尼迪认为应加速推行争取进步联盟计划,并调整对拉美乃至整个第三世界的政策。

肯尼迪对拉美政策的变化,在两次埃斯特角会议上得到清楚反映。在美洲国家组织第一次埃斯特角会议上,美国政府试图通过争取进步联盟计划,推动拉美国家的社会经济改革和政治民主化的进程,以抗衡共产主义影响的扩大和人民革命运动的兴起,维护美国在拉丁美洲的利益,巩固其受到动摇的全球战略地位。

争取进步联盟计划的加速进行,固然受到猪湾危机的影响,但它的基本思想的形成与提出,却早于猪湾危机。从某种意义上说,争取进步联盟是罗斯福睦邻政策在新的历史条件下的发展。50年代拉美人民革命运动的高涨和发展民族经济的强烈要求,迫使艾森豪威尔政府在执政后期对拉美政策作出局部调整,从而产生了《波哥大法》。肯尼迪在1960年10月发表的竞选演说中,首次提出建立争取进步联盟的口号,试图把《波哥大法》确认的有限社会发展纲领、扩充为一个长远的国家与大陆发展计划。1961年3月13日,肯尼迪在白宫东厅向拉美国家外交使团正式宣布争取进步联盟计划。他以"政治自由与物质进步必须双管齐下","要进步,不要暴政"[1]的漂亮词句,赢得了与会代表的欢呼。同年8月,美洲国家经济与社会理事会在乌拉圭的埃斯特角举行会议,通过了埃斯特角宪章,正式成立争取进步联盟。20个美洲国家保证改善和加强民主制、加速经济和社会发展、促进拉丁美洲一体化,并分别制订发展本国经济的计划。美国则保证提供争取进步联盟计划所需200亿美元的大部分资金。古巴代表虽然出席了会议,但被排除在联盟之外。

肯尼迪把支持拉丁美洲国家的民主改革和进行经济援助,作为争取进步联盟的两面旗帜。然而项庄舞剑,意在沛公。肯尼迪的拉美事

---

① 小施莱辛格:《一千天》,第129页。

务特别顾问和拉丁美洲工作小组主席阿道夫·伯利明确指出，问题在于"把目前正在拉丁美洲进行的革命导向正确方向，并防止其为中苏集团所操纵而制定政策和计划"①。显然，抵御共产主义影响在西半球的扩大和防止人民革命运动的发生，才是美国政府的目的所在。而这两种政治考虑，是与肯尼迪宣言的民主进步的原则相矛盾的。因此，肯尼迪政府虽然对多米尼加民主派表示同情和支持，却又最终认可阿根廷和秘鲁发生的军人政变。这就使争取进步联盟的民主口号逐渐失去吸引力。至于经济援助，也是雷声大雨点小。当时大多数拉美国家出现严重贸易逆差，美国的经济援助只是杯水车薪。争取进步联盟第一年基金的 40%，都直接或间接地被用于弥补贸易逆差，对加速拉美国家经济发展的作用微乎其微。不仅如此，由于争取进步联盟某些社会计划的实施，拉美私人资本不断外流。结果，拉美国家不仅民主改革步履艰难，贸易状况在 1961—1962 年也继续恶化，其经济增长指标在 1962—1963 年未能达到埃斯特角会议所确定的目标。不过，尽管争取进步联盟成效不大，但它毕竟是肯尼迪政府为调整拉美政策所作的尝试，从长远来看，对拉美国家的经济发展还是产生了一定的影响。

1962 年 1 月，美洲国家外长召开第二次埃斯特角会议。美国代表团试图把古巴开除出美洲国家组织，然而未能取得与会各国的一致支持。会议最后通过了墨西哥外长提出的极权主义与西半球泛美体系的民主目标"不相容"的原则，把古巴政府开除出美洲防务委员会。如果说在第一次埃斯特角会议上，肯尼迪政府着眼的是美国在西半球的长远利益，那么在第二次会议上，它考虑得更多的则是眼前的政治需要。

〔中立主义与老挝问题〕 我们前已提到贡勒参加了巴特寮部队与诺萨万军队作战(见第 5 章第 5 节)，1961 年 3 月，贡勒与巴特寮部队在巩固了查尔平原的阵地后，对主要公路枢纽展开了猛烈进攻，诺萨万军队节节败退。肯尼迪政府因柏林危机尚未解决和美国军方反

---

① 小施莱辛格：《一千天》，第 126 页。

对在亚洲再次卷入一场朝鲜式有限战争，决定寻求政治解决老挝问题
的途径。3 月 23 日，肯尼迪正式宣布美国谋求老挝中立，从而改变
了长期以来美国政府反对中立主义的立场。在这个问题上，肯尼迪得
到英国首相麦克米伦的支持，并采纳了英国建议：恢复国际控制委员
会和召开新的日内瓦会议。1961 年 5 月 16 日，老挝问题日内瓦会议
正式召开。6 月 3 日至 4 日，肯尼迪与赫鲁晓夫在维也纳会晤，双方
同意谋求老挝中立。然而老挝国内三方的谈判，由于诺萨万的阻挠，
未能达成协议。肯尼迪拒绝了五角大楼关于进行大规模干涉的建议。
由于包括中国在内的日内瓦会议其他与会国的努力，老挝三方经谈判
后，于 6 月 11 日就民族团结政府的组成达成协议。1962 年 7 月 23
日，老挝问题日内瓦协议签字，确认维持老挝中立，授权国际控制委
员会监督停火，并要求在 75 天内从老挝撤出一切外国军事人员。肯
尼迪政府出于缓和世界舆论压力的用心，同时也是为了分化老挝中派
与巴特寮之间的联盟，从老挝撤出了美国军事顾问。

　　肯尼迪在老挝问题上认可中立主义的原则，是在老挝人民的斗争
挫败了艾森豪威尔政府的老挝政策后，不得不作出的让步。不过，美
国承认老挝中立的用心，还在于避免共产党势力控制老挝，从而取得
进逼泰国、柬埔寨和南越的通道。这种考虑仍然不离艾森豪威尔多米
诺骨牌理论的范畴，保持了战后美国政府的东南亚政策的连续性，而
肯尼迪政府在南越逐步扩大军事卷入，也就不足为怪了。

　　〔美国进一步卷入越南〕　肯尼迪上台时，东南亚的热点是老挝
而非越南。但上台以后，他认为越南是美国面临的"最糟糕的问
题"。① 美国在南越扶植的吴庭艳政府的统治正在动摇，南越人民在
50 年代后期展开了反对美国傀儡政权的游击战。1960 年 3 月，南越
民族解放阵线在东南部的森林中成立。9 月，越南劳动党第三次党代
会决定解放南方。同年，南越陆军又发动了不成功的反吴庭艳政变。
肯尼迪对南越局势的发展十分关注，他不仅认为越南的战略地位比老

---

　　①　沃尔特·罗斯托：《权力的扩散》，纽约麦克米伦公司 1972 年版，第
265 页。

拄更为重要，而且担心丢失越南将像杜鲁门政府"丢失中国"一样引起严重的政治后果。当时，美国政府内部在越南问题上存在两派不同意见。以哈里曼等人为代表的一派，主张以日内瓦会议的方式谋求政治解决；而以泰勒将军和沃尔特·罗斯托为代表的一派，则主张美国大规模军事卷入，甚至轰炸北越，以阻止北越军事人员沿胡志明小道南下。肯尼迪考虑到自己在猪湾遭到惨败，在老挝被迫谈判，对柏林墙束手无策，如果在越南又寻求和谈，则势必"在事实上被认为比在老挝更软弱"①。因此，他断然拒绝和谈的可能，但又担心柏林形势危急，不便在南越大规模武装卷入，遂决定以有限卷入的方式，向南越增加军事援助和顾问，并敦促吴庭艳政府进行民主改革，以制止军事和政治形势的进一步恶化。

与有限卷入方针相适应，美国政府于 1961—1962 年在南越实施所谓加强援助计划和战略村计划。美国驻西贡军事援助和顾问小组升级为军事援助司令部，军事援助在这段时间里翻了一番，军事顾问也从 1961 年 12 月的 3205 人，增加到 1962 年底的 9000 人。美国军事顾问和空中力量，实际上已参加了军事行动。加强援助计划虽使南越政府的军事地位暂时好转，但到 1962 年后期，南越游击队又重新掌握了军事上的主动权，而美国飞机对南越平民的狂轰滥炸，特别是使用凝固汽油弹和化学毒剂，则引起世界舆论的谴责。与此同时，战略村计划也一败涂地。它不仅未能通过民主改革挽回民心，切断老百姓和游击队的联系，反而由于使用种种残暴手段强迫平民进行大规模搬迁，弄得民不聊生，怨声载道。1963 年夏，肯尼迪私下承认，美国的越南政策没有收到效果。但他又对曼斯菲尔德参议员解释说："如果我现在就从越南全部撤出，那在我们手上又会出现一次乔·麦卡锡的红色恐怖。"②是年 5 月，吴庭艳政府开始残暴镇压佛教徒的抗议活

---

① 乔治·赫林：《美国最长的战争》，纽约约翰·威利出版公司 1979 年版，第 83 页。

② 肯尼思·奥唐奈和戴维·鲍尔斯：《约翰尼，我们不大了解你》，载《回忆约翰·菲茨杰拉尔德·肯尼迪》，纽约出版社 1973 年版，第 16 页。

动，佛教徒以自焚表示反抗，世界舆论为之震惊。8 月 21 日，南越
政府又不顾美国的反对，派军队袭击寺庙，逮捕 1400 名佛教徒。美
国政府终于对吴庭艳失去信心。当时的远东事务助理国务卿罗杰·希
尔斯曼后来回忆说："我们不能再袖手旁观，成为吴庭艳反佛教徒政
策的傀儡。"①1963 年 11 月 1 日，在肯尼迪默许之下，以杨文明为首
的一批南越军官发动政变，处死了吴庭艳。

吴庭艳政府的倒台，标志着肯尼迪有限卷入政策的失败。在其后
18 个月的时间里，南越政局一片混乱。尽管美国军事顾问已从 1960
年底的 773 人，增加到 1963 年底的 16500 人，军事形势仍在不断恶
化。南越爱国武装力量已控制南方 70% 的领土。大规模军事卷入只
是一个时间问题。

3. 肯尼迪任内的美苏冲突与"缓和"

肯尼迪上台后，由于柏林危机、恢复核试验和古巴导弹危机，美
苏冲突几度升级。直到导弹危机之后，美苏关系才有比较明显的改
善。肯尼迪对战后美国政府的冷战政策，也作出某些相应的调整。

〔维也纳会晤与柏林危机〕　1961 年 1 月 6 日，赫鲁晓夫在肯尼
迪就职之前再次提出了柏林问题，宣称苏联将和东德签订和约，迫使
西方国家退出柏林，使柏林成为自由市。美国方面认为：赫鲁晓夫此
举的目的，从长远来讲，是为了"使西德中立化，作为使西欧中立化
的第一个步骤"②，进而瓦解北约组织；从近期来讲，则是为了稳定
欧洲领土现状和制止民主德国人口向西柏林外逃。这样，柏林问题就
成了预定在维也纳举行的美苏两国首脑会晤引人注目的谈判内容。

1961 年 6 月 3 日，肯尼迪与赫鲁晓夫在维也纳就老挝、核禁试
和柏林三大问题进行具体磋商，双方仅就老挝问题达成协议，此外一
无所成。在核禁试问题上，苏联主张把核禁试和全面彻底裁军联系起

---

①　乔治·赫林：《美国最长的战争》，第 97 页。
②　小施莱辛格：《一千天》，第 307 页。

来考虑，美国则主张先禁试后裁军；苏联主张建立由共产党国家、中立国和西方国家组成的"三驾马车"核禁试监督机构，美国则认为这种机构由于任何一方都具有否决权而形同虚设。结果，在核禁试问题上双方未能取得任何进展。柏林问题则使美苏关系更趋紧张。赫鲁晓夫表示，如果西方国家不能就对德和约问题与苏联达成协议，苏联将在12月与东德单独签订和约；美国要是还坚持对西柏林的占领权，那就要准备受到武力还击。肯尼迪说美国不会接受这种最后通牒，并在与赫鲁晓夫分手时预言：将会有"一个寒冷的冬天"。

在维也纳会晤不祥的阴影笼罩下，美苏双方在柏林问题上再次发生对抗。8月13日，民主德国政府采取紧急措施，构筑了柏林墙，切断了东、西柏林之间的交通。肯尼迪随即派约翰逊副总统赴西柏林访问，作出保卫西柏林的承诺，并下令1500名美军自西德开进西柏林，随后又委派卢修斯·克莱将军为总统驻西柏林的代表。美国政府向苏联重申自己对西柏林负有至高无上的义务。尽管美国进入西柏林的军队没有受到阻挠，但西方国家对于柏林墙也束手无策。由于赫鲁晓夫于10月17日在苏共第二十二次代表大会上表示，苏联将不坚持在年底以前缔结对德和约，柏林危机暂告结束。美国保住了对西柏林的进驻权，苏联和民主德国则控制了柏林的人口西流，但柏林问题仍未解决，美苏双方在欧洲只能维持边界现状。

〔恢复核试验与裁军问题〕 1958年，苏美英三国都暂停核试验。但是维也纳会晤以后，由于美国开始发展民兵和北极星导弹的新计划，赫鲁晓夫宣称苏联可能要恢复核试验。9月1日，苏联进行一次核爆炸。与此同时，美国国会、五角大楼，特别是原子能联合委员会，要求恢复核试验的呼声也越来越高。由于总统科学顾问杰罗姆·威斯纳组织的威斯纳专门小组的研究表明，美国在技术方面没有恢复核试验的迫切需要，肯尼迪政府才没有马上采取行动。9月3日，美英两国向苏联建议缔结部分禁止核试验条约，但很快遭到拒绝。10月底，苏联爆炸一颗5000万吨级以上核装置，肯尼迪开始担心苏联会逐步取得核优势，遂于1962年4月25日在圣诞岛开始新的一轮大气层核试验。美苏两个超级大国的核军备竞赛，又直线上升。

裁军谈判在 50 年代未取得任何进展。美苏两国只是互相推诿责任，谋求对方让步，根本不想作实质性努力。肯尼迪上台后，美国驻联合国大使艾德莱·史蒂文森建议在裁军问题上采取主动，美国国内也出现主张控制军备的派别。肯尼迪倾向于他们观点，认为在防止两败俱伤的热核战争方面，美苏两国有共同利益。因此，肯尼迪委派约翰·麦克洛伊担任裁军特别顾问，并经国会批准成立隶属于国务院的军备控制和裁军署。此外，肯尼迪还正式认可"全面和普遍裁军"的口号。美苏双方终于就一项一般性声明达成协议：美国接受苏联"全面和彻底裁军"的观点，苏联则同意美国在国际监督下分阶段裁军和同国际维持和平机构协调一致的主张。1961 年 9 月，肯尼迪在联大会议发言时，提出了美国的全面和彻底裁军计划。他建议以签订一项禁止核试验条约为起点，然而，这些一般性声明和单方面计划，并没有多少约束力可言。美苏两国在大谈裁军之时，先后恢复了核试验，军备竞赛仍在继续升级。

〔古巴导弹危机〕 1962 年 8 月，美国 U-2 飞机的侦察表明，苏联人正在古巴建立地对空萨姆导弹发射场，使美国政府十分震惊。10 月 15 日，肯尼迪召集国家安全委员会执行委员会会议，商议对策。会议确认，苏联导弹在古巴的出现，不仅对美国集中在南部地区的战略空军构成严重威胁，使美国对付苏联导弹的预警时间从 15 分钟减少到 2 至 3 分钟，而且在政治上是对美国的沉重打击。会议讨论了从政治解决直至以武力消灭卡斯特罗政府的种种对策。肯尼迪最后采纳了麦克纳马拉提出的海上封锁的建议。罗伯特·肯尼迪在决策过程中发挥了重要作用。他们认为，海上封锁既可避免遭到世界舆论反对的核战，又可给赫鲁晓夫以重新考虑苏联行动的时间，其直接目的是阻止苏联把进攻性武器运进古巴。在作出一切必需的军事布置后，10 月 21 日晚，肯尼迪突然向全国发表演说，宣布苏联已将进攻性核导弹运进古巴，其目的只能是提供反对西半球的核打击能力；美国将对运进古巴的进攻性军事装备实行海上隔离，并把从古巴发射的任何导弹视为苏联对美国的攻击，因而有权对苏联进行全面报复性回击。他要求召开美洲国家组织会议和联合国安理会紧急会议，讨论这一问题，并呼吁赫鲁晓夫"放弃这种统治世界的方针"。美苏两国在古巴面临着直接对抗的严重危机。

美国的立场，得到美洲国家组织和西欧盟国的支持，甚至几内亚和阿尔及利亚也向美国保证，不给苏联飞机以过境权，而苏联对美国的行动则措手不及。赫鲁晓夫被迫致信肯尼迪，表示只要美国不入侵古巴并取消隔离，苏联在古巴的存在就失去了必要。后来，他又想以美国从土耳其撤走导弹为先决条件，但肯尼迪对此不予理会。10月28日，赫鲁晓夫终于作出让步，同意停止修建导弹发射场，把进攻性武器运回苏联，在联合国开始谈判。这样，苏联导弹和部署导弹的军事人员，撤离了古巴，苏联船只在公海接受美国的空中检查，苏联伊尔28型轰炸机，也离开了古巴。历时13天的导弹危机，宣告结束。

导弹危机的结局，表明苏联火箭核战略的失败。勃列日涅夫上台后，苏联军事战略发生明显变化，开始朝着核武器与常规武器并重、力争全面超过美国军事优势的方向发展。苏联以欧洲为重点，加强了全球军事部署，特别是突然袭击和远洋进攻的能力大大提高。从政治角度看，导弹危机促使美苏两国暂时走向缓和。赫鲁晓夫在古巴的失败，使他不得不承认美国的军事优势。而肯尼迪对于美国的实力，则不敢乐观。他认为赫鲁晓夫之所以让步，是因为导弹危机发生在美国常规力量占优势的地方；苏联的国家安全与古巴没有直接关系；同时苏联在世界舆论面前，又没有自圆其说的理由。如果没有这三个因素的影响，结局是否一定对美国有利，则很难预料。因此，肯尼迪在危机结束后，下令不得宣称获得胜利，他本人则在电视演说中称赞了赫鲁晓夫的政治家风度，表示了"结束军备竞赛和缓和世界紧张局势"的愿望。

〔美苏紧张关系的缓和〕 这年11月，赫鲁晓夫在对苏共中央作的报告中，要求集中力量解决国内经济问题，不久又宣布与民主德国单独签订和约一事，由于柏林墙的修筑，已无必要。这位一度把军事战略建立在核武器基础之上的苏联领导人，此时对核大战的危险也格外恐惧。肯尼迪在读了赫鲁晓夫 1962 年 12 月的一份演说稿后指出："他认识到我们所居住的这个世界是何等危险"①。这就使肯尼迪感到，可以通过美苏谈判暂时维持世界均势，以期发生有利于美国的变化，并开始调整美国的对苏政策。

1963 年 6 月 10 日，肯尼迪在美利坚大学就暂停大气层核试验发表重要政策演说，除希望苏联领导人寻求和平外，同时指出："但是我还认为，我们必须重新检查我们自己——作为个人和国家——的态度，因为我们的态度和他们的态度一样重要。"②诚然，这篇演说并不等于美国政府决定放弃冷战的基本政策，但它确实表明，美国政府正从杜鲁门和艾森豪威尔时期主要依靠地区性联盟和军事威胁手段遏制苏联的政策，转而尝试通过谈判由两个超级大国主宰世界的新方针。虽然乔治·凯南早在 40 年代就把谈判作为一种遏制手段，艾森豪威尔政府在这方面也曾作过尝试，但是到肯尼迪任内，由于美苏两国实力差距缩小，美国与西欧矛盾的发展，中苏分裂加剧和第三世界的兴起，美苏两国更加深切地感到在维护既得利益和阻止世界格局发生新的变化方面，双方具有共同利害。

导弹危机后，以维持现状为基础的美苏关系的缓和，比较集中地反映在核禁试问题上。当时美苏双方都行将完成各自的大气层核试验计划，而且感到继续试验意义不大。因此，美苏两国很快就进行核禁试谈判，达成协议。这项谈判从准备之日起，就有抑制中法等国发展核力量以保持超级大国核垄断的意图。肯尼迪指示美国赴苏谈判代表哈里曼，在试探美苏就中国问题达成谅解方面，不必有什么顾忌。苏共中央则在谈判开始前夕，公开批评中国领导人准备在核战争中牺牲千百万人的生命。1963 年 7 月 15 日，美、英两国代表团与赫鲁晓夫开始会谈。三方很快就有限禁试问题达成协议，并草签了部分禁止核试验条约。哈里曼表示，美国将要求法国在条约上签字，希望苏联能使中国也做到这一点。赫鲁晓夫对此虽不置

---

① 小施莱辛格：《一千天》，第 629 页。

② 小施莱辛格：《一千天》，第 641 页。

可否，但两个超级大国维护核垄断的用心，却一目了然。中法两国理所当然地没有参加这一条约。一些美国参议员还认为，放弃大气层试验不过是为地下试验开绿灯。它的重要性，不过是美苏关系史上一笔成功的政治交易。

4. 肯尼迪政府与西欧

肯尼迪上台时，西欧国家在经济上对美国的依赖基本消除，在军事上对美国的信心发生动摇，在政治上与美国的矛盾在发展。尽管西欧各国对于欧洲的统一存在不同的理解，彼此之间的关系也错综复杂，但西欧国家在不同程度上要求联合起来以抗衡超级大国的趋势，却是历史的潮流。肯尼迪总统不得不正视欧洲联合的前景和美国实力相对下降的现实。1962年7月4日，他在费城发表了关于欧洲政策的重要声明，提出所谓"宏伟计划"。

〔肯尼迪的"宏伟计划"〕 "宏伟计划"实际上是在欢迎欧洲联合前景的同时，试图将其纳入美国将处于主导地位的大西洋共同体的尝试。该计划主要包括3方面的内容：其一是利用西欧各国日益增长的经济实力，分担美国的海外义务，改善美国的国际经济地位；其二是通过多边核力量在政治上缓和西欧国家对美国核垄断的不满，在军事上继续驾驭西欧；其三是竭力促使与美国保持特殊关系的英国加入欧洲经济共同体，抵消法德和解在西欧形成的独立于美国的离心力。肯尼迪在7月4日的声明中表示："我们相信一个联合的欧洲，将能对共同防务发挥更大的作用，对较贫穷国家的需要给予更大量的援助，并协同美国和其他国家削平贸易壁垒，解决商务、商品和货币等问题，以及在所有经济、政治和外交等领域发展步调一致的政策。"他还说："我们把这样的欧洲看作伙伴，我们和它能在完全平等的基础上一起从事建立和捍卫一个自由国家共同体的所有重大而艰难的任务。"①

---

① D.C.瓦特编：《国际事务概览，1962》，伦敦牛津大学出版社1970年版，第136页。

尽管"宏伟计划"以平等伙伴关系为口号，但它的实际内容，是与法国戴高乐将军的欧洲战略不一致的。戴高乐虽也赞成欧洲与美国结盟，并建立平等关系，但他最终是想把美国势力从欧洲排除出去。未来的统一的欧洲应该是建立在法德和解基础之上，由法国控制的不太严格地组织起来的共同体。它要在包括拥有核武器在内的一切问题上与美国平起平坐，它无须帮助美国维持其国际收支平衡，然后又让美国在欧洲扩大经济活动。戴高乐的欧洲战略思想，虽然在经济共同体六国会议上未能得到一致支持，但西德政府已开始在某些方面倾向法国的观点。阿登纳总理既想得到法国无力提供的美国的核保护，又担心美国在柏林问题上会与苏联做交易，断送他坚持的统一德国的目标。因此，阿登纳在 1962 年 9 月开始与戴高乐总统讨论签订两国在欧洲联合以及军事、文化和经济方面进行合作的法德协定，希望以此阻止美苏妥协。英国虽然是肯尼迪"宏伟计划"的重要筹码，并已作出加入欧洲经济共同体的努力，但是由于它与美国保持特殊关系，又不肯放弃帝国优惠制等利益，法国和西德对它疑虑重重。英国加入欧洲经济共同体，还不是近期内可以办到的事情。这样，"宏伟计划"从一开始就面临种种难题。

〔美国国际收支逆差和对西欧的经济政策〕　美国政府在战后仰仗美元的霸权地位，在复兴西欧经济和承担海外扩张"义务"的过程中，放手美元外流，结果从 1950 年起，国际收支几乎年年逆差。到 1960 年，国外美元第一次超过美国黄金储备，国际收支赤字达 37 亿美元，从而爆发了战后第一次美元危机。与此同时，西欧和日本由于在 50 年代中期以后基本完成了经济复兴，官方储备在稳步增长。西欧国家、特别是西德甚至出现了大量国际收支盈余。这样，急于解决国际收支问题的肯尼迪政府，除寄希望于国内经济增长外，便在西欧盟国身上打主意，企图让它们分担美国的海外"义务"，共同维护美元的国际货币地位，并扩大双边贸易。这些打算，构成了"宏伟计划"的经济内容。

1961 年，美国政府迫使西德与之达成协议，由西德增加从美国购进武器的数量，并使用美国在西欧的供应线、仓库和维修设备，直到足以抵偿 1961 年和 1962 年美国驻军西德所需的美元费用。美国与其他北约国家也进行了类似的谈判。此外，美国还通过经济合作与发展组织下属的发展援助小组，要求西欧盟国增加对发展中国家的援助。在这个小组的影响和美国的压力之下，西欧国家，尤其是西德，1960—1961 年间提供的对外援助大幅度增加，而美国的外援，则相对减少。

为求助于西欧国家金融力量来维护美元地位，1961 年 12 月，美国与英、法、西德、意大利、瑞士、比利时、荷兰组成西欧黄金总库。总库的 2.7 亿美元黄金，由美国和西欧成员国对半负担，主要用于在伦敦市场维持美元的黄金官价。同月，美、英、法、西德、意大利、比利时、荷兰、瑞典、加拿大、日本组成的所谓巴黎俱乐部十国集团，签订了借款总协定，由这 10 个国家向国际货币基金组织提供 60 亿美元，以供危机时作紧急贷款之用。从 1962 年 3 月开始，美国又与西欧各国和国际清算银行分别订立互惠借款协定，以便危机时互借本国货币，稳定国际汇兑。但是在这样做的过程中，美国对国际货币体系的独家控制开始动摇。例如，巴黎俱乐部十国集团的紧急贷款基金须经 2/3 成员国同意方能使用，决定权实际上掌握在欧洲经济共同体手中。

为了改善美国的国际收支状况，肯尼迪政府还把扩大对共同市场的贸易作为一个重要手段。但是，建立在 1934 年贸易协定法基础之上、其基本原则仍然是双边互惠和单项谈判的美国传统贸易谈判原则，不能适用于欧洲经济共同体。肯尼迪欧洲政策主要决策人之一、副国务卿乔治·鲍尔指出：谈判权力必须"在范围上广泛到足以应付欧洲经济共同体提供的机会和挑战"①。这样，肯尼迪在 1962 年 1 月不再要求延长《贸易协定法》，而是提出希望扩大总统贸易谈判权的 1962 年扩大贸易法案。该法案在是年 10 月由国会通过，其主要内容有二：一是授权总统可在 5 年内将现行关税降低 50%，二是授权总统

① 约翰·埃文斯：《美国贸易政策中的肯尼迪回合》，美国哈佛大学出版社 1971 年版，第 139 页。

可与欧洲经济共同体达成协议，降低或免除双方出口总额在资本主义世界贸易中占80%的产品的关税。它实际上已授权总统进行多边谈判和一揽子降低关税，这就为1963年美国政府在关税和贸易总协定范围内与欧洲经济共同体及其他国家着手准备肯尼迪回合的谈判，铺平了道路。

〔灵活反应战略与多边核力量计划〕 肯尼迪政府以灵活反应取代大规模报复战略，在西欧盟国中引起了疑虑。因为灵活反应战略要求西欧盟国增加常规力量，而把战略核力量继续置于美国独家控制之下。国防部长麦克纳马拉在1962年曾几次集中阐述了这一战略思想，他批评西欧国家发展独立核力量的主张，讥讽英法两国"相当薄弱的国家核力量……看来是连一点威慑作用也起不了的"[1]。肯尼迪总统也明确表示："我们以为美国那么大量地承担起来的北约核威慑力量已经提供非常足够的保护了。"[2]然而西欧国家怀疑，美国将把有限战争限制在欧洲，由西欧国家去抵挡苏联的进攻，而把美国核力量用于保卫美国本土，这就把西欧国家降到只需用常规手段防卫的地位。因此柏林危机后，英法两国进一步加强了发展独立核力量的努力，西德也竭力要求建立一支由北约国家集体控制的核力量。

考虑到西欧盟国的不满，肯尼迪在1961年12月31日向法国戴高乐总统建议，建立一支由北约代管的超国家核打击力量。然而戴高乐总统继续坚持法国拥有独立核力量的必要性，并转而再次建议成立由美英法组成的北约三强管理机构。肯尼迪不仅拒绝了戴高乐的建议，而且使法国试图从美国购买生产原子能所需物质的愿望落了空。这就使戴高乐总统更加确信：美国人是想维持核垄断。

建立北约核力量的主张，本应对西德政府具有相当的吸引力，但肯尼迪政府对西德和柏林问题的态度，却使阿登纳总理转向戴高乐。因为肯尼迪实际上并不希望西德掌握核武器，他私下担心德国会再次成为一种威胁。美国真正寄希望于西德的，是以它的常规部队作为北

---

① D.C. 瓦特：《国际事务概览》，第105页。
② D.C. 瓦特：《国际事务概览》，第169页。

约前沿的中坚，同时利用西德的收支盈余，分担美国的海外义务与援助计划，使西德服务于美国维持欧洲现状并把争夺重点转向第三世界的目标。总统国家安全助理麦乔治·邦迪说："我们可能而且实际上也应该转向接受德意志民主共和国、奥德—尼斯线、不侵犯条约，甚至两个和平条约的想法。"①他承认这对于希望统一的西德人来说是不惬意的。柏林墙修筑后，法国总统戴高乐预言，美国既然能接受柏林墙，那么也会认可德国的永久分裂。这样，阿登纳在包括多边核力量在内的许多重大问题上，便一步一步地向法国靠拢。

美国关于北约核力量的设想，由于西欧国家的反对和怀疑，一度偃旗息鼓。但是到1962年，美国政府又旧话重提。9月27日，麦乔治·邦迪在哥本哈根公开宣布：美国将认真考虑建立一支"真正统一和多边的"欧洲核力量，并说这支核力量将和美国的核力量一体化。尽管后来乔治·鲍尔副国务卿解释说：关于这种武力应当如何配备兵员、提供经费或者如何组织，不能由我们说了算，但是美英之间就空中闪电导弹发生的争执与拿骚会谈的结果，使这些虚饰之词失去了意义。早在1960年，英国与美国签订了从美国购买空中闪电导弹的协定，企图建立自己独立的核威慑力量。然而到1962年，美国方面因为费用高昂，决定取消发展空中闪电导弹的计划，使英国建立独立核力量的计划有落空的危险，在美英两国之间酿成空中闪电危机。英国方面要求美国提供北极星导弹来替代空中闪电导弹。12月18日至21日，美英两国首脑在巴哈马群岛的拿骚就此举行会谈。肯尼迪同意提供"北极星"导弹，但又规定把英国的"北极星"核力量"以及至少同等的美国核力量都包括在北约多边核力量之内"。②尽管双方达成的协定同意英国在"国家利益濒于危险时"撤回自己的"北极星"核力量，但它又强调西方核防务的不可分割性。拿骚协定终于使戴高乐最后确信：美国的政策仍然是保持和扩大对西欧国家武装力量、包括核力量

① 弗兰克·科斯蒂戈利拉：《失败的计划：肯尼迪、戴高乐和欧洲之争》，载《外交史》杂志，1984夏季号第8卷第3期，第240页。
② D. C. 瓦特：《国际事务概览》，第213页。

的控制，维持其超级大国的核垄断地位，而英国则与美国继续保持特殊关系。

　　〔肯尼迪欧洲政策的失败〕　戴高乐总统在 1962 年结束了阿尔及利亚战争，并从古巴导弹危机中得出苏联对西方的威胁已经削弱的结论。他觉得与美国摊牌的时候到了。1963 年 1 月 14 日，戴高乐举行记者招待会，就英国加入共同市场、拿骚协定和法德合作全面阐述了法国的外交立场，使肯尼迪的"宏伟计划"一蹶不振。

　　英国加入共同市场是"宏伟计划"的重要目标之一。从经济角度看，此举尽管会暂时扩大把美国排除在外的西欧特惠关税区，对美国商品出口带来不利影响，但是美国确信英国这个有自由贸易传统的国家加入共同市场后，将会与西德、荷兰这两个主张扩大共同市场对外贸易的国家联合起来，使欧洲经济共同体的贸易政策逐渐发生有利于美国的变化。更重要的是，英国的加入既可避免欧洲自由贸易联盟和欧洲经济共同体之间的冲突，又可抵消法德和解产生的不利于大西洋联盟的欧洲独立趋势。然而戴高乐总统在 1963 年 1 月 14 日坚定地指出：英国与西欧六国的经济背景极不相同，而它至今没有改变这种状况的决心，英国加入共同市场只会使共同市场被归并到由美国支配的大西洋共同体中去，因此英国只要取得与欧洲经济共同体联系的地位就足够了。至于拿骚协定，戴高乐认为，是企图将一种多边核力量置于北约的美国人指挥之下，它违反了法国威慑力量必须永远由法国人控制的原则。最后，他高度评价法德合作的进展。戴高乐发表这次谈话后不久，法国和西德便于 1 月 23 日签订了恢复邦交条约。1 月 29 日，欧洲经济共同体六国外长正式拒绝英国加入共同市场的要求。至此，肯尼迪的"宏伟计划"基本上宣告失败，美国已越来越难以维持它在西欧的霸权地位。

5. 肯尼迪政府的对华政策

　　肯尼迪政府继续奉行反对中华人民共和国的政策，但它对中国的实力及地位的估计，与艾森豪威尔政府有所不同。肯尼迪认为中国共产党的政权是巩固的，中国的实力在增长。因此肯尼迪在竞选时反对尼克松提出的不能放弃自由世界任何地盘的主张，认为金门、马祖在战略上是无法防御的，希望劝说蒋介石从这些沿海岛屿撤军。肯尼迪上台后，也曾有过采取主动的某些表示，如在华沙大使级会谈中提出交换记者，以及对蒋介石施加压力促使他从缅甸撤走国民党残余部队。但肯尼迪政府并无改善中美关系的真诚愿望，只是想在不承认中国的前提下，取得某些外交上的主动权。腊斯克国务卿在国会听证会上曾明确表示，裁军问题如不把中国的武装力量包括在内，是难以取得进展的。随着60年代初期中苏分裂的加剧，肯尼迪政府从承认中国实力增长这一现实主义的估计走向了另一极端，即把中国视为比苏联更富于侵略性的敌人。这种估计，不仅决定了美国政府在古巴导弹危机后的联苏反华政策，而且影响到美国在东南亚的卷入。腊斯克国务卿后来曾在参议院对外关系委员会越南问题听证会上说："侵略的工具"是河内，而"侵略的主义"来自北京。① 这样，肯尼迪政府在有关中国在联合国的合法席位、蒋介石集团窜犯大陆和中印边界冲突等一系列问题上，继续奉行反华政策。

〔继续阻挠恢复中华人民共和国在联合国的合法席位〕 50年代，苏联在每届联合国大会上都要提出恢复中华人民共和国合法席位的决议案，美国的对策是延迟讨论。然而历史潮流不容阻挡，联合国大会于1961年9月25日在美国弃权的情况下通过决议，把中国代表权问题列入议事日程。这是美国政府在联合国反对中华人民共和国的政策遭遇的第一次重大挫折。

为了扭转败局，美国政府四出活动，游说亚、非国家代表，试图把中国代表权问题划入需要2/3多数才能通过的"重要问题"之列。12月2日，美国常驻联合国代表史蒂文森在联大会议上抨击中国，说中国进入联合国将动摇人们对联合国的信心。12月5日，联合国大会在美国操纵下通过决议，将中国代表权问题列为"重要问题"，

---

① 西奥多·德雷珀：《滥用权力》，伦敦塞克和沃伯格出版公司1976年版，第127页。

结果使苏联关于恢复中华人民共和国席位的决议案，未获通过。

　　〔中印边界冲突与哈里曼使命〕　中印边界争端是历史上遗留下来的问题，中国政府历来主张根据和平共处五项原则，通过友好协商全面解决。然而印度政府却要求中国无条件接受印度的全部领土要求，并从 1959 年起多次挑起中印边界武装冲突。1962 年 10 月 20 日，印度军队在中印边界地区发动大规模进攻。中国边防军被迫进行自卫还击，印军迅速溃败。为了停止边界冲突，重开和平谈判，中国政府在 10 月 24 日建议双方武装部队从实际控制线后撤 20 公里。但印度总统却于 10 月 26 日宣布全国处于紧急状态，尼赫鲁总理呼吁英美等国援助。

　　肯尼迪政府迅速作出反应。11 月 14 日，美印双方正式签订关于美国政府"向印度提供援助，以抵御由北京指挥的中国侵略"的协定。11 月 20 日，肯尼迪宣布哈里曼将率代表团赴新德里估计印度的防务需要。11 月 21 日，中国政府发表声明，中国方面为和平解决边界争端将主动停火。这样，哈里曼使命从边界冲突的军事角度来讲，已失去意义，但美国政府的着眼点并不在中印边界冲突本身，而是希望以此为契机调解印巴之间的克什米尔争端，在南亚次大陆形成由印度和巴基斯坦联合起来反对中华人民共和国的局面。哈里曼为此奔走于印巴之间。美国政府还希望苏联能支持印度反对中国。而苏联当时采取的立场是符合美国需要的。尽管尼赫鲁为了获得美国的军事援助暂时同意和平解决克什米尔问题，但印巴分歧的真正解决，并不像哈里曼想象的那么简单，美国在次大陆建立反华联合力量的企图，未能成为现实。

　　由于中国政府在中印边界冲突中执行了正确的外交路线，表现得有理有节，肯尼迪政府深感中国难以对付。这样，如何调整对华政策，就成了肯尼迪准备在其第二任认真对待的问题。

　　〔肯尼迪政府调整对华政策的初步迹象〕　除中印边界冲突外，中苏分裂对于肯尼迪政府调整对华政策的设想，也产生很大影响。尽管美国政府对中苏分歧早有所闻，但艾森豪威尔任总统时未予充分注意。肯尼迪上台后一年半亦复如此。随着中苏分裂的扩大化和公开化，肯尼迪政府逐渐正视这一问题。1962 年 1 月，国务院设计会议第一次集中研究中苏分裂问题，探讨了不再是铁板一块的共产主义为美国政策提供的新的可能性。由于腊斯克国务卿反对公开陈述美国对中苏分裂问题的政策，后来仅由罗杰·希尔斯曼发表了分析中苏关系的演说。希尔斯曼认为：中苏分裂意义所以重大，在于它涉及意识形态、实力、总战略以及中国争夺共产主义阵营领导权问题；但它既不是为了故意混淆西方视线，也不意味着中苏联盟的完结；中苏之间还是有可能弥合分歧，共同对付美国，但是由于积怨太深，目前尚难预见真正和解的前景。1963 年 3 月，哈里曼升任副国务卿时，对接替他担任远东事务助理国务卿的希尔斯曼特别强调对华关系问题。他说："你必须考虑为总统第二任内的对华政策奠定基础。"[①]1963 年 6 月 10 日，肯尼迪本人在美利坚大学演说提出重新检查对苏冷战政策后不久，对中国掌握核武器的前景表示严重忧虑。但在他遇刺以前，尚未能在白宫召集会议正式研究对华政策问题；他只是向哈里曼和希尔斯曼等人谈起重新考虑对华政策的想法。因此，新任远东事务助理国务卿希尔斯曼，实际上是这一时期美国政府中具体运筹调整对华政策的关键人物。他在 1963 年 12 月 13 日在旧金山发表的演说中，主张奉行"坚定、灵活和冷静"的对华政策。"坚定"意味着支持蒋介石集团，"灵活"意味着与中国谈判，"冷静"意味着不带感情色彩。这个以两个中国为基调的对华政策演说，虽然在美国国内得到一些赞扬，但院外援华集团和一百万人委员会，仍然攻击它是"对共产主义示弱"。在肯尼迪遇刺之后出任美国总统的林登·约翰逊，虽然批准希尔斯曼发表这一演说，但他瞩目于 1964 年大选，很快就放弃了调整对华政策的尝试，在第一次外交政策演说中，就否认中美关系有改善的可能。1967 年，美国国务院甚至禁止《外交季刊》发表有关中美关系的文章。

① 罗杰·希尔斯曼：《推动国家前进》，纽约德尔出版公司 1967 年版，第 347 页。

6. 约翰逊任内美国与苏联及东欧国家的关系

约翰逊在肯尼迪遇刺后表示，要继续前任总统的外交政策。他在坚持冷战基本立场的同时，使美国与苏联及东欧国家的关系有所缓和。这一方面是因为美国经济的繁荣、太空探索方面的进展、苏联在导弹危机中的让步以及中苏公开分裂，使美国统治阶层中的恐苏情绪逐渐削弱；同时也是因为美苏两国在争霸世界的较量中，认识到彼此还有共同利益。更重要的是，越南战争的升级，把约翰逊政府的注意力转向了东南亚，使它在全球范围内有力不从心之感。因此，美苏两国在约翰逊任内未发生严重对抗。

〔美苏关系的缓慢改善与"搭桥"政策的失败〕　约翰逊上台后，试图加强与苏联及东欧国家的接触。1963 年 12 月，他指示联邦航空局局长纳吉布·哈拉比赴苏继续磋商民航协定。这项谈判历时 3 年之久，才达成协议。而莫斯科和纽约的正式通航，一直拖到 1968 年 7 月。1964 年，美苏两国签订了文化交流协定和互建领事馆条约。文化交流协定虽马上付诸实行，但互建领事馆条约在美国参议院搁置了 3 年，直到约翰逊总统向国会领袖表示联邦调查局保证能对付领事馆的间谍活动后，参议院才于 1967 年 3 月批准这一条约。

1964 年 5 月 23 日，约翰逊总统在弗吉尼亚军事学院发表演说时，宣布了所谓"搭桥"政策。他希望通过加强美国与东欧国家及苏联的贸易、旅游和人道援助方面的往来，在东西方之间的鸿沟上搭起一座"桥梁"。从经济角度看，这是美国政府试图改善美国国际贸易地位的一种手段。50 年代中期以来，西欧和日本不仅在西方世界和发展中国家成为美国强大的贸易对手，在对东欧和苏联的贸易方面，亦复如此。1960—1963 年，苏联自美国进口的商品金额大大低于西德、法国、英国、意大利和日本。而当时苏联和东欧国家由于技术更新和农产品不足，正迫切希望从西方进口商品和技术。约翰逊政府的"搭桥"政策，就是想弥补过去的失误，为美国商品开辟新的市场。因此，它得到美国商会的支持。从政治角度来看，约翰逊政府认为扩大贸易是外交谈判中的一个新筹码，并可逐渐加强东欧国家独立于苏联的趋势。

1965年，约翰逊任命了由企业家J·欧文·米勒领导的美国与东欧国家及苏联贸易关系特别委员会，研究扩大东西方贸易问题。1966年1月，约翰逊向国会正式提出东西方贸易关系法案，要求授权总统与共产党国家签订商务协定，并给予这些国家以最惠国待遇。但国会两院以苏联支持北越为由，不肯讨论这一法案。1967年，受中东战争影响，听证会再次延期。1968年苏军入侵捷克斯洛伐克后，约翰逊总统终于放弃了"搭桥"政策。

〔军备限制和欧洲边界问题〕 1964年1月18日，约翰逊致信赫鲁晓夫，提出进行反对核扩散和限制战略武器谈判的要求。可是，苏联领导人当时根本无意于此。1964年10月，中国第一颗原子弹试爆成功。美苏双方感到自己的核优势地位受到新兴核国家的威胁，于是在反对核扩散方面开始有所行动。1966年9月，国务卿腊斯克与苏联外长葛罗米柯在联大会议期间，就此交换了意见。当年12月，美苏双方开始就《反对核扩散条约》和限制战略武器谈判进行磋商。在《反对核扩散条约》上，谈判迅速取得进展，因为该条约意在限制新兴核国家的出现，对超级大国的核优势则无任何不利影响。1968年，美、苏、英和58个无核国家签订了《反对核扩散条约》。美国意在利用此条约，将一些无核国家继续留在或纳入美国的核保护伞下，使它们服从美国全球战略利益的需要。但是在限制战略武器谈判方面，情况有所不同。它牵涉到苏联关注的战略平衡问题，在苏联取得战略均势以前，难望取得重大进展。

在谋求军备控制谈判的同时，约翰逊在1966年10月7日提出一项重大政策建议：承认欧洲边界现状，即认可民主德国和波兰之间的奥德—尼斯线。西德政府长期以来拒不承认这条边界线，认为它是苏联扩张政策的产物，损害德国的民族利益。但约翰逊政府受越南战争升级和美苏双方争夺重点逐渐转向第三世界的影响，希望维持欧洲稳定，因此首次正式提出承认欧洲边界现状的建议，对苏联作出了让步。这是美国政府在推行全球战略过程中，逐渐感到力不从心的必然结果。不过，约翰逊的这一建议，直到 1970 年才为波恩政府所接受。

〔两次国际危机与美苏关系〕　美苏两国在 60 年代后半期面临的重大国际危机之一，是中东"六天战争"。由于以色列在 1967 年 4 月空袭了叙利亚炮兵和空军，并在叙利亚边境附近大量集结军队，埃及总统纳赛尔要求联合国紧急部队撤出埃以之间的缓冲地带，下令埃及军队于 5 月 22 日进入这一地区，并封锁了以色列进出亚喀巴湾的红海重要港口埃拉特。以色列视此为战争行动。约翰逊也指责埃及的行动是非法的，希望诉诸国际调停。与此同时，他做好使用美国武装力量突破埃及封锁的准备，并声称"以色列不是孤立的，除非它自己要单独行动"①。这样，以色列有恃无恐，于 6 月 5 日发动了突然袭击。以色列飞机以超低空飞行避开雷达侦察，几乎全部摧毁了埃及空军力量。随后，以色列军队横扫西奈半岛，击败了埃及部队，并对约旦和叙利亚发动了进攻。阿拉伯国家要求苏联援助，然而苏联总理柯西金却与约翰逊总统通过"热线"商定：美苏双方不直接介入中东战争，由联合国促使阿以双方停火。结果，到 6 月 10 日双方实现停火时，以色列军队已进抵苏伊士运河，占领了整个耶路撒冷和约旦河西岸，攻下叙利亚边境的戈兰高地。阿拉伯国家损失了 10 亿美元的军事装备。美苏两国倒是在六天战争中避免了直接冲突。美国政府偏袒以色列的立场，使阿拉伯世界的反美情绪日益加强。埃及、阿尔及利亚、叙利亚、伊拉克、苏丹和也门都同美国断绝了外交关系。苏联则在战争结束后向埃及、叙利亚和伊拉克提供军事援助，派遣技术人员与军事顾问。这些行动，扩大了苏联在阿拉伯世界的影响。苏联舰队开始频繁地出入于地中海和阿拉伯国家的港口。

六天战争后不久，苏联总理柯西金赴纽约参加联合国大会。6 月 23 日至 25 日，约翰逊总统和柯西金总理在新泽西州的葛拉斯堡会晤。双方就军备控制、中东冲突以及越南问题，彼此进行了试探。没有解决任何重大问题。

①　林登·约翰逊：《有利地位：1963—1969 年总统职位透视》，纽约霍尔特·莱因哈特和温斯顿公司 1971 年版，第 293 页。

1968 年 8 月 20 日,苏联军队突然侵入捷克斯洛伐克,制止了布拉格"自由之春"运动的发展。这种粗暴干涉东欧国家主权和内政的所谓勃列日涅夫主义,不能不使世界舆论感到震惊。约翰逊在电视演说中谴责了入侵行动,要求苏联撤军。美国政府还通知苏联大使,美方将不发布双方已议定的关于约翰逊总统将访苏或举行技术性核谈判的公告。但是除此以外,腊斯克国务卿宣布,美国不打算对苏联采取报复或制裁行动。受捷克事件和大选的影响,美国参议院把批准反对核扩散条约推迟到 1969 年 3 月。美苏最高级会议及限制战略武器条约,也成了下届总统日程上的事。

7. 北约组织、贸易谈判和国际货币危机

约翰逊任内,西欧国家独立性进一步加强。法国总统戴高乐在 1963 年挫败肯尼迪的"宏伟计划"后,对美国的态度日益强硬。他不仅批评美国的拉美政策、中东政策和越南政策,而且在 1964 年与中华人民共和国正式建交,在 1966 年出访苏联。戴高乐甚至把美国称为"现代文明之母——欧洲"的"孩子",① 强调欧洲应在人类进步方面发挥适当作用。在戴高乐这种独立自主政策影响下,美国一手操纵的北大西洋公约组织遭到严重削弱。同时,西欧与日本的经济实力在 60 年代急剧增长,美国的国际经济地位则相对衰落,在世界贸易和国际收支上困难重重。约翰逊政府陷入了疲于应付的困境。

〔北大西洋公约组织的削弱〕 1964 年,约翰逊向欧洲盟国兜售肯尼迪的多边核力量计划,由于国内外的反对而未成功。多边核力量计划破产后不久,北大西洋公约组织又发生政治危机。戴高乐在 1966 年 3 月 7 日致信美国总统约翰逊,决定在保持法国作为北约成员国的同时,从北约组织撤出法国武装部队,与北约脱离军事关系。约翰逊对此除表示遗憾以外,束手无策。3 月底,法国政府通知北约

---

① 艾尔弗雷德·格雷瑟:《西方联盟:1945 年以来的欧美关系》,纽约麦克米伦公司 1980 年版,第 212 页。

盟国，法国武装部队将在 7 月 1 日以前脱离北约，而北约武装部队参谋人员及军事设施，则须在 1967 年 4 月 1 日以前撤离法国。美国政府被迫从法国撤出了军事基地，北约总部迁往布鲁塞尔。

除政治危机外，北约组织在财政上也发生困难。西德政府受导弹危机后缓和气氛与国内政治压力的影响，增加了福利开支，军事开支则相对缩减。1964 年经济增长速度放慢后，岁入又有所减少。这样，西德总理在 1966 年致信约翰逊，表示难以履行美国和西德在 1961 年达成的协议：由西德政府购买美国军事物资以抵消美国在西德驻军的开支。英国政府也面临着西德不能抵消英国驻军开支的问题。英国国内要求从西德撤出部分英国军队的呼声日益强大。约翰逊担心，一旦英国撤军，美国参议院势必也会要求撤出美国军队，北大西洋防务将彻底解体。约翰逊为了维持北大西洋集团的生存，决定与英国、西德进行抵消开支谈判。这项谈判直到 1967 年 4 月 28 日才达成协议：美国通过"双重基地"①轮换部队办法，缩小在西德的驻军规模；西德政府同意向美国购买 5 亿美元中期债券，并从英国采购军事物资来减少美英两国在西德驻军的外汇开支。北大西洋防务虽得以维持，但约翰逊承认，在北约组织财政负担上，并没有找到一项令人满意的长期解决办法。

〔"肯尼迪回合"的贸易谈判〕　美国政府为改善美国商品在海外市场被逐渐削弱的竞争能力，特别是扩大与西欧经济共同体国家的贸易往来，自 1963 年 5 月起，即与关税及贸易总协定成员国着手准备肯尼迪回合的谈判。这次谈判与战后关税及贸易总协定成员国的历次贸易谈判有所不同。首先，在关税问题上不再以单项谈判为基地，而是讨论一揽子降低关税问题。其次，欧洲经济共同体第一次作为统一的经济实体参加谈判。肯尼迪回合的谈判，反映了西方主要资本主义国家要求扩大自由贸易的基本趋势，但同时也反映美国和共同市场在

---

①　"双重基地"指美国在西德驻军的每 1 个师必须有两个旅返回美国本土基地，另 1 个旅则留在德国基地。这个旅将与美国国内基地的两个旅进行轮换，但全师仍处于战斗戒备状态，并为北约承担义务。

现行关税及农产品出口等问题上存在的一系列矛盾。正因为如此，肯尼迪回合的谈判旷日持久，直到 1967 年 6 月 30 日才达成协议：工业品关税平均削减 1/3 左右，具体百分比依各国现行关税而有所不同，美国削减 35%，共同市场削减 33%。但农产品关税问题未能达成协议，因为共同市场不肯向美国开放农产品市场。总的来说，这次互减关税涉及 1965 年资本主义世界贸易额的将近 1/4，发达资本主义国家进口额的 40%，是战后最重要的关税协定。肯尼迪回合达成的协议，促进了包括美国在内的西方资本主义国家的出口贸易，其出口总额在 1969 年比 1960 年翻了一番。

然而，随着自由贸易的扩大，西方资本主义世界的多元主义进一步发展，而美国新政式国家垄断资本主义导致的高工资、高福利以及设备更新缓慢，又影响了美国商品在海外的竞争力，结果，美国的经济地位，比起西欧和日本来，继续下降。特别是 60 年代后期美国经济增长滞缓，通货膨胀严重，再加上金融货币危机使美国国际收支恶化，美国国内的新保护关税主义势力逐渐抬头，战后关税及贸易总协定在历次贸易谈判中有扩大自由贸易趋势，肯尼迪回合后逐渐失去势头。由于 1962 年扩大贸易法对总统的授权到 1967 年 6 月以后已终止，约翰逊在 1968 年向国会提出法案，要求获得新的授权，以便就扩大自由贸易再次展开谈判。然而，这个法案直到约翰逊下台，都未能在国会交付表决。

〔国际货币危机〕 约翰逊总统上台后，由于越南战争升级，美国国际收支进一步恶化，黄金储备不断减少。面对这种形势，约翰逊于 1965 年指示财政部长亨利·福勒成立特别小组，研究改善国际货币体系的措施。该小组根据国际流通手段不足论，主张建立一种新的国际储备货币，即特别提款权，作为美元、英镑和黄金的补充。以法国为首的西欧 6 国认为问题不在流通手段不足，而在美元泛滥，因此反对这一主张。1967 年，由于比利时提出一个折衷方案，国际货币基金组织第 24 届年会才在 9 月通过特别提款权协议。然而，特别提款权细则尚未制定出来，新的国际货币危机又已爆发。

1967 年 11 月，英镑发生危机，波及美元。法国迅速退出黄金总库，使危机更趋恶化。到 1968 年 3 月，美国黄金储备下降到 121 亿美元，对外流动负债增至 331 亿美元。在市场出现抛售美元抢购黄金风潮的情况下，黄金总库为压低金价，从 1967 年 10 月到 1968 年 3 月，共抛售黄金 34.6 亿美元。为对付这种难以长期支撑的局面，约翰逊政府说服黄金总库成员国，于 3 月 15 日关闭了伦敦黄金市场。接着，美国政府召集黄金总库成员国在华盛顿举行紧急会议，一致同意停止黄金总库活动，实行黄金双价制，即只允许外国中央银行以官价兑换黄金，自由市场黄金价格则听其波动，不予干预。由于采取了这一紧急措施，美国国会又取消了国内通货须有 25% 黄金储备的规定，并通过了增税法案，美元危机始得缓和，国际收支暂时出现盈余。尽管如此，以美元为中心的资本主义世界货币体系，已开始动摇，这是美国经济霸权在 60 年代末走向衰落的重要标志。

8. 约翰逊政府与第三世界

约翰逊政府对第三世界国家的政策，与肯尼迪时期一样，也是服从于战后美国霸权主义全球战略的。由于越南战争的不断升级和约翰逊政府不惜以军事干预来维持所谓地区性稳定，美国在第三世界声名狼藉，并遭到世界舆论的谴责。

〔约翰逊主义的形成与破产〕　1965 年，随着越南战争的升级和美国国际收支的进一步恶化，美国政府开始形成后来被称之为约翰逊主义的外交政策新设想。约翰逊总统、腊斯克国务卿以及罗斯托等人认为，民族主义是当代的潮流，但它狭隘的目标不足以对付"我们共同面临的现实问题"，只有通过地区性合作，才能使"安全、繁荣和稳定"得到保障。关于这种地区主义设想的宗旨，罗斯托说得很清楚："我们在自由世界每个地区的利益在于支持作出地区性安排，这种安排在减少对美国直接依赖的同时，在军事、经济和政治上又敞开同美国合作的大门。"①约翰逊后来在回忆录中也承认他当时认为"我

---

① 　沃尔特·罗斯托：《权力的扩散》，第 427 页。

们在对外关系上已到了一个转折点。在 20 多年的牺牲、慷慨大度和往往是单方面承担责任之后，美国人民觉得其他国家应为他们自己多做一点事"①。显然，约翰逊主义的实质在于：美国政府在逐渐意识到世界各国民族主义的兴起和自己的经济困境之后，试图通过所谓地区主义的合作，在政治上缓和各国人民对霸权主义的不满，在经济和军事上减轻美国的海外负担，但是这种地区性安排，必须保持与美国的合作，必须符合美国全球利益的需要。从某种意义上说，约翰逊主义是后来尼克松主义的前奏。

然而，这种约翰逊主义的政策设想，在实行过程中充满失败和挫折。其根本原因是约翰逊政府并没有真正改变美国在全球战略上的扩张态势。尽管受约翰逊主义的影响，美国对外军事援助（越战开支除外）从 1965 年的 12.29 亿美元，下降到 1968 年的 6.01 亿美元；对外经济援助从 1965 年的 40.92 亿美元，下降到 1968 年的 34.67 亿美元，但是，越南战争升级，使美国政府 1968 年军费开支，比 1965 年增加 308 亿美元。这样，美国的海外包袱不仅没有减轻，反而越背越重。不仅如此，约翰逊政府还在拉丁美洲镇压巴拿马人民的反美斗争，对多米尼加共和国悍然进行军事干涉，在非洲介入刚果内政，拒绝对实行种族隔离的南非和罗德西亚实行经济制裁，在中东支持以色列与阿拉伯人民为敌。结果，约翰逊政府对第三世界国家的政策，不但削弱了肯尼迪政府用以维持美国影响的经济手段，而且在政治上也遭到失败，加速了 60 年代后期美国霸权的急剧衰落。

〔对拉美关系〕 巴拿马人民为结束美国对运河区的独占权，进行了长期斗争。美国政府为缓和巴拿马人民的不满，也曾做过一些让步，但是对于巴拿马人民提出的取消 1903 年条约的要求，始终不予置理。

1964 年 1 月 9 日，居住在运河区的美国中学生和巴拿马中学生，为悬挂本国国旗一事发生冲突。3 万巴拿马人举行了声势浩大的反美示威，美国政府出动运河区驻军进行镇压，造成 21 名巴拿马人死亡

---

① 林登·约翰逊：《有利地位：1963—1969 年总统职位透视》，第 347 页。

的惨剧。愤怒的巴拿马群众袭击了美国大使馆，焚烧了美国新闻处。巴拿马政府与美国断绝外交关系，并向联合国安理会指控美国无理侵略。在世界舆论的强大压力下，约翰逊总统在 4 月 3 日被迫同意重新检讨美国与巴拿马之间的一切争端。两国恢复了外交关系。1965 年 9 月，美国开始与巴拿马谈判新的运河条约。1967 年 6 月才达成协议。美国政府同意废除 1903 年条约，并与巴拿马拟定了 3 项新的条约草案，规定美国将归还运河主权；保持美国防守运河的权利；允许扩建运河或修筑新的海平运河。巴拿马人民对草案未能授予巴拿马政府控制运河的全部权利，深感不满。美国统治集团内部对条约草案也存在异议。因此，约翰逊在 1968 年未将草案送国会审批。不久，巴拿马政府更迭，拒绝承认 1967 年美巴条约草案。

　　1963 年 9 月，多米尼加右翼军人政变成功，肯尼迪中断了与多米尼加外交关系，并停止经济援助。约翰逊上台后，担心美国不承认军人政府会导致多米尼加左翼力量的发展，遂不顾争取进步联盟的民主原则，在 1963 年 12 月恢复与多米尼加的外交关系，并重新提供援助。由于多米尼加军政府的独裁统治激起了人民的反抗，一批军官在 1965 年 4 月 24 日发动政变，拥戴前总统胡安·博什重新执政。多米尼加局势再次发生动荡。约翰逊总统命令正在休假的美国大使 W·塔普利·贝内特迅速返回多米尼加，敦促双方停火，并谋求建立新的军人政权。约翰逊强调，不能允许"本半球另一个古巴"的出现。[①] 4 月 28 日，约翰逊以保护美国人安全为由，出动 400 名海军陆战队在多米尼加登陆，并很快将进入多米尼加的美军增加到 22000 人，对多米尼加国内冲突进行直接军事干预。约翰逊政府赤裸裸的干涉行动，不仅违背国际法的基本准则，事先也没有征得美国国会和美洲国家组织的同意，同时遭到多米尼加广大人民和爱国军人的强烈反对和武装抵抗。为挽回这种极其恶劣的政治影响，约翰逊操纵美洲国家组织，出动泛美和平部队控制多米尼加局势。并将入侵美军并入这支多国部

---

① 亚伯拉罕·洛温撒尔：《干涉多米尼加》，哈佛大学出版社 1972 年版，第 86 页。

队。8 月 30 日，多米尼加冲突双方接受美洲国家组织提出的调解条件，认可了前外长埃克托尔·加西亚—戈多伊组织的临时政府。可是，美国军队和泛美部队直到华金·巴拉格尔在 1966 年 6 月的总统选举中击败胡安·博什以后，才撤出多米尼加。

约翰逊政府对多米尼加共和国的军事干涉，在拉丁美洲激起强烈的反美情绪，成为争取进步联盟计划失败的重要原因之一。

争取进步联盟是以美国支持拉美国家的民主改革和进行经济援助为旗帜的。可是约翰逊上台后，美国政府在 1964 年承认巴西政变上台的军人政府，1965 年又对多米尼加悍然进行军事干涉，使争取进步联盟的民主口号成为十足的欺人之谈。在经济援助问题上，由于越战使美国海外负担日益沉重，财政部在外援条例中增加一项附加条款，要求受援国必须进口美国商品。这就大大削弱了美国经济援助对拉美国家经济的刺激作用。此外，美国政府从约翰逊主义出发，还希望拉美比较发达的国家分担经济援助的责任。1965 年 11 月 30 日，美洲国家签订的里约热内卢社会和经济法案，就体现了美国政府的这一意图。1967 年，美国国会直接削减了给争取进步联盟的拨款。到约翰逊下台时，拉美政局仍然动荡不安，人口和失业问题严重，通货膨胀恶性发展，经济增长并未能抵消这些问题对拉美社会的不良影响。争取进步联盟可以说已奄奄一息。

〔在非洲进一步介入刚果事务〕 1961 年 12 月，在刚果的联合国军对冲伯集团部队发起进攻。冲伯集团被迫与联合国军和美国支持的刚果中央政府总理西里尔·阿杜拉进行谈判。鉴于谈判进展缓慢，联合国军在 1962 年圣诞节以后展开全面进攻，迫使冲伯在 1963 年 1 月 15 日宣布结束加丹加省的分离状态。6 月，冲伯流亡国外。刚果恢复了统一，但国内各派之间的斗争仍未平息。特别是刚果东部，全国解放委员会领导下的武装力量，为反对联合国和美国干预展开了新的斗争。尽管美国向刚果中央政府派出了军事援助代表团，并提供飞机和武装，但全国解放委员会的力量仍在不断壮大，甚至阿杜拉政府在北加丹加的军队，也参加了反美斗争。在这种形势下，联合国军于 1964 年 6 月被迫撤出刚果。约翰逊政府乃玩弄"全国和解"的伎俩，用冲伯取代阿杜拉，试图分化刚果反美爱国武装力量。冲伯上台后，利用白人雇佣军镇压刚果爱国力量，在非洲国家激起强烈反感。非洲统一组织要求美国停止对冲伯的军事援助。约翰逊政府不仅拒绝这一要求，而且在 1964 年出动美国军用飞机空运比利时伞兵，进入刚果爱国武装力量控制的斯坦利维尔。这种侵略行径，遭到世界舆论的谴责。冲伯终因不得人心而在 1965 年 10 月被解除职务。同年 11 月，约瑟夫·蒙博托将军发动政变成功，自任刚果总统，逐渐控制了刚果局势。

9. 越南战争升级与美国陷入泥沼

约翰逊总统在外交上作出的最重大决定，是扩大侵越战争。但美国在越南既不能取得军事上的胜利，又不能从和谈中捞到好处，而且在内政和外交上都因此而陷入被动境地。可以说，约翰逊政府以越南战场为中心，把美国的全球干涉扩大到顶点，大大加剧了霸权主义目标与美国实力不足之间的矛盾，对 60 年代后期美国霸权的急剧衰落，产生了重大影响。

〔东京湾决议〕　吴庭艳倒台以后，南越军人政府仍然无法控制局势。越南人民反对美国及其傀儡政权的斗争，取得重大进展。南越爱国力量在 1963 年底发动强大的政治和军事攻势，控制了南方 70% 的国土。美国国防部长麦克纳马拉在这年 12 月警告约翰逊总统，如果不能在几个月内扭转形势，就会失去南越。美国政府遂决定在 9 个月内把美国在南越的"顾问"从 16300 人增加到 23300 人，经济援助增加 5000 万美元。约翰逊总统还派威廉·威斯特摩兰将军赴越主持美国军事顾问团，任命马克斯韦尔·泰勒将军出任驻越大使。在这段时间里，约翰逊总统拒绝了戴高乐总统提出的解决越南问题的中立化方案，并否认了美国从越南撤出的任何可能。在约翰逊和他的顾问们看来，美国在南越守住防线，关系到遏制中国在东南亚的扩张，并对美国在欧洲和世界各地的战略地位具有重大影响。腊斯克国务卿声言：

如果美国不保卫越南，"我们在柏林作出的保证将信誉扫地"①。他们还认为，美国在南越的坚定立场，可以防止苏联的冒险行径，使"缓和"取得进展。实际上，美国政府已把越南问题视为它全球战略棋盘上举足轻重的棋局。不过，约翰逊在1964年还不准备马上大规模卷入越南。这主要是因为大选临近和约翰逊的国内改革计划，都需要寻求政治支持，约翰逊必须以和平使者的姿态，与共和党人戈德华特较量。但是东京湾事件表明，美国政府正在走向扩大侵越战争的道路。

　　1964年7月31日，南越炮舰炮击北越的梅岛。第2天，在该岛附近海面从事电子侦察活动的美国驱逐舰马多克斯号，与北越鱼雷艇遭遇交火。从提康德罗号航空母舰上起飞的美国飞机，参加了战斗。8月4日，马多克斯号再次奉命在东京湾水域活动，并由特纳·乔伊号驱逐舰配合。当时天色已黑，气候恶劣。马多克斯号根据声呐和雷达探测发回报告，声称再次遭到北越舰艇攻击。尽管马多克斯号后来发回的电讯表明：北越舰艇是否首先发起了攻击，还有待核实，但约翰逊总统还是下令对北越鱼雷艇基地和附近油库进行报复性空中打击。接着，约翰逊又以马多克斯号遭到攻击为由，要求国会通过决议，使他能采取"一切必要的手段击退对美国军队的任何武装进攻，并阻止进一步的侵略"②。8月7日，国会两院迅速通过所谓东京湾决议，正式授权总统"采取包括使用武力在内的一切必要的步骤，援助要求给予支持的东南亚集体防务条约任何成员国或协定签字国以捍卫其自由"③，这就为美国政府扩大越南战争做好了准备。

　　〔侵越战争大规模升级〕　东京湾决议通过以后，约翰逊并未对北越马上采取行动。这一方面是由于大选尚未结束，另一方面是因为

---

　　①　1964年7月1日腊斯克与法国大使的谈话。转引自乔治·赫林：《美国最长的战争》，第115页。

　　②　转引自乔治·赫林：《美国最长的战争》，第122页。

　　③　弗朗西斯·菲茨杰拉尔德：《湖中之火》，波士顿利特尔·布朗公司1972年版，第232页。

南越政局再次发生动荡。美国大选揭晓后，约翰逊政府的高级官员除副国务卿乔治·鲍尔以外，几乎都主张轰炸北越。到 1965 年初，由于南越的政治和军事形势对美国越来越不利，约翰逊政府终于采取了将越南战争大规模升级的军事行动。

1965 年 1 月，南越大城市爆发反美示威，5000 名学生袭击了美国新闻署驻顺化的机构。与此同时，南越爱国武装力量歼灭了两支装备精良的政府军。美国方面的情报还表明，北越正规军第 325 师已进入南越战场。1 月底，约翰逊总统的大部分顾问一致认为：鉴于南越局势动荡，美国必须轰炸北越。剩下的问题，只是时间和借口。2 月6 日，南越爱国武装力量袭击波莱古美军军营和附近的直升飞机基地，9 名美军被击毙，5 架飞机被毁。当天晚上，美国政府决定采取行动。约翰逊下令立即执行参谋长联席会议拟定的火镖计划，对北越进行报复性空中打击。第二天，麦乔治·邦迪自南越返美，建议对北越进行持续不断的报复。2 月 8 日，约翰逊政府下令执行滚雷行动计划，把报复打击变为对北越的持续轰炸。

美国政府为挽回败局而作出的 2 月决定，成为越南战争的一个转折点。由于大规模空袭的开始，威斯特摩兰将军要求派遣美国海军陆战队守卫岘港空军基地。3 月 8 日，两营海军陆战队进入岘港，这标志着美国地面部队正式卷入越战。自此，美国在越南的战争升级行动一发而不可收。4 月，美国政府檀香山会议决定，除继续轰炸北越以外，增派 4 万美军赴越，实行"飞地战略"。① 5 月 4 日，约翰逊要求国会拨款 4 亿美元，支持其在越南的军事行动。然而，军事形势并未因轰炸北越和美国地面部队的卷入，而发生有利于美国的变化。南越政府军在高原地区和西贡以北遭到重创，傀儡政府再次更迭，南越军人阮高其和阮文绍接管了政权。面对这种风雨飘摇的局势，约翰逊政府的军政要员，包括麦克纳马拉、罗斯托、威斯特摩兰及参谋长联席会议成员，均主张加强轰炸和增派美国地面部队。1965 年 7 月，约翰逊总统终于作出决定：加强对北越的空袭，动用 B-52 轰炸机对南

———————————
① "飞地战略"要求把军事活动范围限制在基地附近 50 英里内。

越爱国力量进行饱和轰炸；立即增派 5 万美军赴越，年底以前，将侵越美军再增加 5 万人。他还授权威斯特摩兰将军在越南战场指挥美军单独作战或与南越政府军协同行动。美国军队大规模卷入了越南战争。

〔1965—1967 年美国在越南的困境〕 1965—1967 年，是越南战争大规模升级的时期，也是美国政府在东南亚进一步陷入困境的时期。在军事上，美国空袭的规模越来越大，卷入的地面部队人数也越来越多。美国对北越空袭的机次，1965 年为 35000 次，1966 年为 79000 次，1967 年为 10.8 万次；投掷炸弹的吨位，这 3 年分别为 63000 吨、13.6 万吨、22.6 万吨。到 1967 年，美国飞机不仅袭击北越的工业体系和运输网，而且轰炸河内与海防附近地区，并对南方爱国武装力量的根据地和补给线进行狂轰滥炸。通往胡志明小道的地区，成了 B-52 重型轰炸机轮番轰炸的目标。这种空中打击虽然使越南人民付出巨大的民族牺牲，但对扭转战局的作用，连美国参谋长联席会议都表示怀疑。它不仅未能动摇越南人民的抗美斗争决心，甚至未能阻止北越军队和物资沿胡志明小道南下。除空中打击外，美国还不断增派地面部队。到 1967 年底，侵越美军已近 50 万人。威斯特摩兰将军采取了旨在消灭南越爱国武装力量和北越正规军的消耗战略。他不仅借重炮兵和空中支援，而且试图利用美国的技术优势来实现这一目标。美军使用袖珍雷达和嗅探器侦察游击队的去向，利用国际商业机器公司 1430 电子计算机预测敌军进攻的时间与地点，并用 1 万磅化学药剂破坏爱国力量藏身的丛林，结果毁掉了南越近一半的森林资源。尽管如此，军事形势对美国来说继续恶化。美国在战场上取得全面军事胜利的希望，已成泡影。

在军事上陷入困境的同时，美国在南越还遇到越来越多的政治、经济和社会问题。1966 年，南越佛教徒发起强大的反美示威活动。示威从顺化开始，迅速扩展到西贡。学生、工会、天主教徒，甚至部分军人，都参加了反美示威游行。顺化美国领事馆被焚后，消防队拒绝扑灭火势。由于连年战火，占南越人口 1/4 的 400 万人沦为难民，成为美国和南越政府无法解决的新问题。南越经济也遭到严重破坏，物价飞涨，黑市猖獗，南越民族工业奄奄一息。尽管在美国一手导演之下，阮文绍于1967年9月当选为总统，但是要靠南越政府来稳定政局，已成笑柄。为了缓和国际舆论的批评，约翰逊曾暂停轰炸，作出和平姿态。但他对谈判并无诚意。1966年夏、秋，波兰外交官雅鲁泽·列文多夫斯基为和平解决越南问题奔走，约翰逊和他的顾问们私下挖苦这位波兰外交官的行动是诺贝尔奖金热。美国在北越代表起程赴华沙准备谈判时，轰炸了距河内市中心仅5英里的铁路线，致使华沙和谈告吹。1967年，英国首相威尔逊试图通过苏联从中进行和平调解，结果也以失败告终。

这样，美国政府在1967年已陷入越战泥沼，而无法自拔。它既不能在战场上赢得胜利，又没有诚意进行和谈。国内反战运动则不断高涨，许多抗议者整天在白宫外高喊："喂！喂！约翰逊！你今天杀死了多少青年人?!"越来越多的知名人士加入了反战运动，其中包括儿科专家本杰明·斯波克博士、拳王穆罕默德·阿里、电影明星简·方达、老和平主义者A.J.马斯特、新左派代表汤姆·海登、民权领袖小马丁·路德·金、参议员J.威廉·富布赖特等。在强大的反战运动影响下，很多一度支持越战的报纸和杂志，都开始对美国政府的越南政策持怀疑态度。美国政府内部，也发生严重意见分歧。越战升级的主要决策人之一、国防部长麦克纳马拉在1967年春开始改变态度，承认战争升级未能达到主要目的，建议总统停止或限制轰炸。当约翰逊怀疑麦克纳马拉态度的转变是受自己政治对手罗伯特·肯尼迪影响之后，麦克纳马拉离开了五角大楼。在越南问题上，约翰逊逐渐陷入众叛亲离的困境。

〔春节攻势与巴黎和谈〕 1968年1月30日，南越爱国武装力量展开强大的春节攻势。他们对36个省会、5个大城市、64个区府和50个战略村同时发起进攻，袭击了美国大使馆、西贡机场、总统府和南越政府总参谋部，并攻占古都顺化，使侵越美军和南越政府军在军事上和政治上遭到前所未有的沉重打击。美国舆论为之震惊。

面对这种形势，3月初，美国政府通知阮文绍政权，美国增兵越南是有限度的，而且美国的援助将取决于南越政府自己进行战争的能力。这说明：美国政府的越南政策，从 1965 年以来的"战争美国化"，开始向"越南化"方向转变。3 月中旬，美国国会通过决议，要求重新审查越南政策。国内舆论普遍认为，越战是一场打不赢的战争。民主党内又出现了尤金·麦卡锡和罗伯特·肯尼迪两位以反战为口号问鼎白宫的挑战者。这一切促使约翰逊在 3 月下旬召回主张扩大战争的威斯特摩兰，仅向南越增兵 13500 人。3 月 26 日和 27 日，在白宫召开的由社会名流组成的特别顾问小组会议，建议总统将战争降级，因为近期内没有取得军事成功的希望。3 月 31 日，约翰逊终于被迫作出决定，在向全国发表的电视演说中宣布限制对北越的轰炸，谋求和谈。他本人则不参加大选。这篇演说，宣告了约翰逊政府越南政策已基本失败。

5 月 13 日，美国和越南民主共和国代表在巴黎展开谈判。但谈判一开始，就因美国拒绝无条件停炸而陷入僵局。约翰逊不但拒绝作出让步，而且下令侵越美军加快军事行动步伐，以便在南越站稳脚跟，同时他还对南越政府施加压力，企图尽快实现越南化计划。然而这些行动不仅未能达到目标，反而使南越政府内部人心离散，派别斗争加剧。美国政府与南越政府的关系趋于恶化。这时，民主党领袖和部分政府官员出于大选需要，敦促约翰逊作出和平姿态，为民主党总统候选人休伯特·汉弗莱争取选票。在这种政治压力之下，约翰逊终于同意停炸，并于 10 月 31 日宣布这一决定。两周后，美国、南越政府、北越和南越民族解放阵线的代表在巴黎正式开始谈判。由于南越政府态度顽固，而约翰逊总统又不肯放弃美国在南越的基本目标，巴黎和谈在约翰逊任内根本无法取得实质性进展。

10. 美国霸权走向衰落

20 世纪 60 年代是美国经济和军事实力继续增长的时期，也是美国霸权迅速衰落的时期。这种矛盾现象的产生，首先是由于世界力量的对比发生了深刻的变化。苏联实力的增长、西欧和日本的发展、中国影响的扩大和第三世界国家的崛起，使美国的国际地位相对下降。其次是由于美国的全球扩张政策恶性发展，在60年代以越南战场为中心而达于顶点，结果大大加深了美国霸权主义野心和实力限度之间的矛盾，使美国在经济、军事和政治上都陷入难以自拔的困境。再次是因为新政式国家垄断资本主义的发展开始进入一个由盛而衰的历史转变时期，美国社会正面临着新的更为深刻的危机的威胁。这样，到60年代结束时，美国的霸权已成江河日下之势。

战后美国的霸权地位是以经济实力为基础的，但是到60年代末，美国不仅经济增长速度减慢，而且国际经济地位严重恶化。最突出的表现，是国际收支逆差增大。1950—1954年平均每年逆差为17亿美元，1955—1959年(1957年除外)平均每年为25亿美元，1960—1964年平均每年为28亿美元，1965—1969年平均每年猛增至34亿美元。国际收支状况的恶化，除因私人对外投资和外贸盈余减少外，主要是战后美国政府奉行对外扩张政策的结果。海外驻军和种种外援，使美国政府负担过重，力不从心。随着国际收支逆差增大，美元地位不断下跌。1950—1970年，外国的政府、中央银行和私人握有的美元，从84亿增加到430亿，而美国黄金储备则从243亿美元，下降到163亿美元。结果从60年代后期开始，美元危机频繁发生，资本主义世界货币体系摇摇欲坠。此外，西欧和日本经济的高速发展，使美国外贸顺差每况愈下。60年代前半期，外贸顺差平均每年为54亿美元，60年代后半期下降到30亿美元，1968年仅为83700万美元，是1937年经济危机以来的最低点。

美国军事地位在60年代末期的衰落，首先表现为美苏战略力量对比发生重大变化。1962年导弹危机前夕，美国的洲际导弹以5比1的优势领先于苏联，1964年时仍为4比1的优势。但是勃列日涅夫上台后，苏联战略核力量发展大大加速。1967年年中，苏联洲际导弹为570枚，1968年年中增至900枚，1969年年中达1060枚，在数量上赶上美国，从而使美、苏战略力量接近平衡。除战略核力量以外，战后美国长期垄断的制海权也受到苏联挑战。当美国因越战重负放慢海军造舰速度时，苏联正好摒弃了近海防御的海军战略，迅速加强远洋进攻力量。至于常规地面部队，尽管美国由于扩大侵越战争把兵员在 1968 年扩大到 350 万人，但是受人力开支增大和通货膨胀的影响，装备费用不足，武器更新困难。加之越战困住了约 50 万美军，美国全球的常规兵力分布也失去平衡。

在国际政治关系方面，美国的影响已大为削弱。侵越战争不仅遭到世界舆论严厉谴责，而且牵制了美国在世界其他地区的活动，使它在苏联的进攻性战略面前疲于应付。在中东，苏联在 1967 年六天战争后扩大了对阿拉伯国家的影响；在南亚，苏联在 1965 年印巴冲突中支持印度，促成印度、巴基斯坦和苏联塔什干三国首脑会议；在欧洲，苏联与法国、西德加强来往，力图瓦解大西洋联盟；在加勒比海地区，苏联继续支持古巴，对美国在拉丁美洲的地位提出挑战。与此同时，美国的西欧盟国和日本的独立性日渐加强，它们不仅在肯尼迪回合的谈判中拒绝对美国农产品敞开市场，而且在政治上挫败了美国希望英国加入共同市场的企图，对美国的越南政策、中东政策、对华政策和冷战政策提出越来越多的批评。西欧国家甚至在军事上也不肯轻易俯就美国的核垄断，法国戴高乐政府断然退出北约军事组织。此外，第三世界国家力量的壮大，使美国颐指气使的霸权主义政策也受到沉重打击。美洲国家组织、非洲国家统一组织、东南亚联盟都不再像战后初期与 50 年代美国一手操纵的那些地区性联盟一样，听凭美国调遣。在联合国，美国一手遮天的时代也开始成为历史。中华人民共和国作为世界舞台上的强大政治力量，迫使美国统治集团不得不刮目相视。战后美国政府长期奉行的反华政策，不仅在第三世界，而且在西欧和日本都引起了反感。与 50 年代初杜鲁门政府发动侵朝战争时相比，美国的国际政治地位已大大削弱。

60 年代末期美国霸权的趋向衰落，迫使美国统治阶层重新检讨战后美国政府的外交政策。美国国内出现了普遍要求收缩海外军事态势的倾向。但约翰逊政府任期届满，顺应这种趋势调整美国外交政策的，只能是下届总统理查德·尼克松。

第八章　20世纪60年代美国
群众运动的高涨

　　黑人运动是20世纪60年代美国群众运动普遍高涨的先导，它以静坐运动、"自由乘客"运动、选民登记运动以及向华盛顿进军，迫使美国统治阶级加速民权立法，从法律上取消了南部的种族隔离制度，保护了黑人的选举权。60年代中期以后，黑人斗争从非暴力群众直接行动转向大规模城市抗暴斗争，使美国国内风烟滚滚。与此同时，由于侵越战争的升级，反战运动迅速走向高潮，示威、抗议和抵制征兵的活动遍及美国，五角大楼成了抗议进军的目标，约翰逊总统成为众矢之的。在黑人斗争和反战运动的推动下，对美国社会现实不满的新左派青年建立了自己的组织。他们不仅对资产阶级的教育体制奋起抨击，而且走出校园，面向社会，成了黑人斗争的参加者和反战运动的主力军。新左派运动探求的是生活与政治的新道路。在这种形势下，妇女运动也逐步高涨，矛头指向资本主义社会妇女的不平等地位。和50年代相比，60年代后期美国工人阶级和农民的斗争一度出现复苏的迹象。反正统文化是这场风起云涌的群众运动在思想文化领域的反映，它在美国异军突起，影响了整整一代美国青年。

　　60年代美国群众运动的高涨，使美国垄断资产阶级的统治受到沉重的打击。它动摇了战后美国社会居于统治地位的资产阶级自由主义和对外扩张的霸权主义，促成约翰逊总统放弃竞选连任和美国全球霸权的逐渐衰落。然而，这次群众运动的高涨，原因和成分十分复杂，在理论上和组织上也比较薄弱。一些主要的黑人组织和新左派学生组织，缺乏深厚的群众基础和正确的政治纲领，最后大部分陷于分裂，甚至走上无政府主义和恐怖主义的道路，从而失去了蓬勃的生命力。在美国统治阶级的软化与镇压之下，终于在 60 年代末 70 年代初逐渐走向消沉。

1. 60 年代美国社会动荡的原因

50 年代是个政治稳定、经济增长的时期。密歇根大学当时对几百位工人、农场主、专业人员、经理和推销员所作的调查表明，他们大部分人都对自己的工作感到满意。① 青年学生有"沉默的一代"或"失落的一代"之称，在美国社会里几乎听不到他们的声音。那么 60 年代的不满和动荡从何而来呢？"沉默的一代"为什么会为"造反的一代"所取代呢？究其基本原因，在于国家垄断资本主义历史条件下美国社会矛盾的进一步深化，主要表现在三个方面：富裕社会中的贫困、种族歧视造成的新型问题、青年学生对现实不满情绪的增长。

新政以来美国国家垄断资本主义的发展，促进了美国的科技革命和经济发展，使大多数美国人的物质生活水平有相当程度的提高。但在这种富裕社会中，还存在着少数人的贫困。然而，正是这种富裕社会中的贫困，具有某种值得注意的新特点。由于科技革命和现代化生产的影响，富裕社会中有一部分人不能适应对劳动力提出的更高的文化、教育和技术要求，结果不仅被排除出产业大军的队伍，而且被排除出产业后备军的行列。他们失去的，不仅是就业的机会，而且是就业的能力和资格。由此而产生的贫困，是美国社会矛盾进一步深化的重要表现，也是美国国家垄断资本主义在发展过程中所面临的新问题。诚然，凯恩斯主义的经济政策能刺激经济发展，为具有就业能力的人提供就业机会，但它对于失去就业能力和资格的穷人，却无能为力。至于新政以来联邦政府的种种社会福利措施，它们虽然对短期失业者、退休老人、贫苦无告的老年人、残疾人以及只有女性家长而又要抚养儿童的家庭，确实提供了保险和救济，但是对于身体健康而又

---

① 南希·C. 莫尔斯、罗伯特·S. 韦斯：《工作和职业的功能与意义》，载《美国社会学评论》第 20 卷第 2 期，1955 年 4 月号，第 197 页。

失去就业能力、几乎濒于永久失业的穷人，除救济外，却没有一项长期的解决办法。60 年代民主党政府曾通过人力训练和反贫困等计划试图解决这一问题，然而如前所述，这些措施具有很大的局限性。因此，富裕社会中的贫困，成为 60 年代社会不满的一个重要根源。

在美国的穷人中，最多的是黑人。尽管 50 年代中期以来，黑人争取种族平等的斗争在法律上取得越来越大的进展，但南部种族隔离制度的残余和北部事实上的种族歧视，仍然使黑人的经济和社会地位难以彻底改变。许多黑人家庭的子女由于父辈的贫困而得不到与白人平等受教育的机会，在成年之后被拒之于产业后备军的大门之外，造成了贫困问题的恶性循环。这些 19 世纪黑奴的后代，现在甚至失去了在一个高度发达的工业社会里做资本奴隶的资格。他们居住和闲荡在贫苦的黑人聚居区，那里的住宅、卫生、教育条件很差，社会弊病丛生，青少年犯罪更是司空见惯，到处弥漫着悲观、绝望、怨愤和不满。警察的暴行更加剧了黑人青年对社会的仇恨。60 年代席卷美国城市的黑人暴动，便是这种来自美国社会底层的反抗。

如果说在战后美国国家垄断资本主义的发展过程中，这些生活在社会底层的黑人和穷人被遗忘了的话，那么美国统治集团却没有忘记通过扩大"经济馅饼"争取大多数美国人的政治支持。因为国家对经济生活的大规模干预，促进了美国经济的增长，从而在使美国垄断资本大获其利的同时，使相当大的一部分美国人分享了美国社会的富裕，扩大了美国中产阶级的队伍，使他们逐渐成为美国社会的大多数，而且过着比较舒适的生活。赫伯特·马尔库塞认为，人们得到了物质上的"满足，从而产生顺从，并削弱了抗议的理性"①。但是从另一方面来说，正是这样一种以顺从、听话为条件的富裕社会的生活，使得中产阶级家庭出身的青年敏感地意识到美国社会对他们的压抑。因为在国家垄断资本主义不断加强和科学技术飞速发展的时代，他们必须服从国家的干预、公司的专横和技术的统治。而这些战后出

---

① 西奥多·罗斯扎克：《反正统文化的形成》，纽约州加登城道布尔戴公司 1969 年版，第 14 页。

生的青年，又和从大萧条的困境中走过来的父辈们不同，并不愿意为了物质上的富足而逆来顺受。生活在战后经济繁荣的时代，他们有过"随心所欲的童年"。儿科专家本杰明·斯波克的理论①使他们的父母对子女格外放纵和溺爱。可是当他们长大成人，在 60 年代步入社会的时候，他们感到"随心所欲的童年"正为"循规蹈矩的成年"所取代。一个充满资产阶级清规戒律的社会，不允许他们在童年时代形成的开放型天性继续得到充分的发展；一个充满资产阶级偏见，特别是种族歧视的社会，与他们从所受教育中形成的"平等""正义"等道德观念格格不入。这种强烈的异化感，使他们产生了对当代社会的严重不满。

美国青年对现实的不满，是和知识分子及高等院校地位的变化相联系的。战后美国科学技术的迅速发展，使"知识产业"在 60 年代急剧膨胀。它在美国国民生产总值中占的比重，从 1962 年的 29%，上升到 1970 年的 40%。这就必然导致越来越多的知识分子被纳入工资雇佣化的过程。高等院校不再仅仅是治人者的摇篮，而且成了发展知识产业的前哨和培养产业后备军的基地。加利福尼亚大学伯克利分校校长克拉克·克尔明确指出："大学已经成了实现国家目的的主要工具。这是一种新的现象……知识产业在 20 世纪后半期可能要产生如同铁路在 19 世纪后半叶、汽车在本世纪上半叶所起的作用，即成为国家发展的焦点，而大学则是知识产业的中心。"②20 世纪 60 年代的青年学生对于国家和大公司对高等院校控制的加强和学术研究自由天地的缩小，感到不满，对于自己沦入知识产业雇佣大军的地位，则感到厌恶。因此，美国的大学校园，成了 60 年代社会动荡和新左派崛起的土壤。

---

① 本杰明·斯波克系美国著名儿童专家，因 1946 年出版《育儿常识》一书而成名。他反对当时流行的以冷淡和呆板态度对待儿童的传统育儿理论，主张父母要了解儿童心理，保持一种温情脉脉和彼此信任的关系。斯波克的书非常畅销，在美国影响巨大。

② 柯克帕特里克·塞尔：《学生争取民主社会同盟》，纽约兰登公司 1973 年版，第 22 页。

其次，美国社会的不公正，使青年一代感到震惊。哈林顿的《另一个美国》披露了美国穷人的苦难。哥伦比亚大学的社会学家理查德·克洛沃德和劳埃德·奥林，对青少年犯罪的根源进行研究后得出结论："归根结底，青少年犯罪不是个人、甚至也不是亚文化的过失，而是这些个人和集团所在的社会制度的过失。"①因为这些出身下层的青少年，也有常人的追求，但是他们在实现这些目标的合法途径上，却受到不公正的限制，像种族歧视和得不到适当的教育机会等，这就导致他们铤而走险，触犯刑律。60年代初，青年学生积极投入"挽救卡里尔·切斯曼运动"，就是基于对美国社会这种不公正现象的认识。他们认为切斯曼是为了使父母免吃救济而行窃才逐步走上犯罪道路的，其死刑应予缓期。1960年5月2日，切斯曼最终被处以死刑，这使许多美国青年学生深感法律仅仅帮助富人，而对像切斯曼这样的穷人的生命，却冷漠无情。50年代中期以来黑人运动的高涨，更使美国青年对于种族歧视感到无比愤慨，因为它和"自由""平等""民主"的观念大相径庭。早在1958年，1万多白人与黑人学生就在华盛顿特区举行了"争取种族合校青年进军"。此外，美国青年对于麦卡锡主义也深恶痛绝。在切斯曼被处死后两星期，众议院非美活动调查委员会在旧金山就所谓海湾区共产党活动传讯证人。旧金山地区的青年学生举行了抗议活动，冲击了市政大厅。

除了对于美国社会现实的不满以外，这些青年人对于当今世界的核战阴云，也忧心忡忡。1958年，学生明智核政策委员会在康乃尔大学成立，翌年春，学生和平同盟在芝加哥大学开始活动。卷入和平运动的青年学生，对核军备竞赛提出了强烈的抗议。他们设立纠察线、展开进军和示威、诉诸直接行动等斗争。这些和平组织的某些成员，成了后来新左派学生运动的著名领导人。

对美国社会和当代世界的不满，是60年代美国群众运动风起云涌的温床。而包括自由主义直至激进主义在内的形形色色的思想影

---

① 理查德·克洛沃德、劳埃德·奥林：《青少年犯罪与机会》，纽约自由出版社1960年版，第86页。

响，则起了不可低估的催化作用：肯尼迪的新边疆改革计划，是以承认美国社会的某些弊病为前提的，它在客观上形成一种有利于社会批判的气氛；垮掉的一代摒弃物质第一、循规蹈矩和机器时代，对资本主义社会的正统价值标准提出了挑战；而以 C. 赖特·米尔斯为代表的新左派的思想前驱，则以锋利的文笔直接鞭挞了美国社会。此外，60 年代美国群众运动的高涨，还受到来自国外的思想影响。比较早一点的是来自新左派的发源地——英国。那里的青年社会主义者既不满于工党的实用主义，又不满于老左派的"斯大林主义"。美国的新左派也是这样起而寻求第三条道路的。后来，许多美国黑人和新左派人物又访问了古巴、越南、非洲和中国，他们有些人开始崇拜卡斯特罗、格瓦拉、胡志明和毛泽东，认为美国国内的人民斗争，应和世界范围的反帝斗争联系在一起。

除了这些形形色色的思想影响之外，特别需要指出的是：黑人的斗争既是 60 年代美国人民运动的主体，又是它的先导。50 年代中期开始的声势浩大的民权运动，冲破了当时万马齐喑的政治局面，为60 年代群众运动的普遍高涨揭开了序幕。它以城市抗暴斗争的长空雷鸣，震撼了 60 年代的美国社会。新左派青年学生就是在黑人民权斗争的影响下，走出校园，面向社会，接受了战斗的洗礼。此后，由于越南战争的升级，青年学生在全国范围内掀起了强大的反战运动，成了朝野注目的中心。其中的激进分子甚至认为：当代世界的主要矛盾，是美帝国主义与民族解放运动的矛盾；美国革命者的任务，就是配合第三世界国家人民的斗争，加速美帝国主义的崩溃。

2. 黑人运动的新高潮

60 年代中期，美国黑人运动从非暴力群众直接行动走向城市造反的高潮。这一转折，标志着美国黑人的进一步觉醒，导致黑人运动在思想上和组织上也发生相应的深刻变化。

〔从非暴力群众直接行动到城市造反〕 如前所说，50 年代中期以来，在以小马丁·路德·金为代表的民权领袖的领导下，美国黑人以非暴力群众直接行动的方式，对美国种族歧视与隔离制度展开了广泛的斗争，取得了一定的立法成果。但是，法律上的平等并不等于事实上的平等。美国经济学家维维安·亨德森 1967 年在国内动乱全国咨询委员会作证时指出："没有人能否认所有的黑人都从民权法和取消公共生活中的种族隔离制上获得了这样或那样的好处。但是事实仍然是：黑人群众并没有感到自己得到了什么了不起的实惠。教育和住房方面的情况就是这样。在就业和经济保障方面，更是如此。黑人群众对就业机会均等计划的期望，还远远没有实现。"①这些问题，在美国的大城市里特别突出。

由于战后美国黑人大量涌入城市，到 1966 年时，已有 70% 的黑人居住在大都市。而美国大城市在居住方面的种族隔离现象，在战后并未减轻。卡尔·托伊伯和阿尔马·托伊伯两人的调查表明：美国 207 个最大的城市的平均居住隔离指数，在 1960 年高达 86.2%，即黑人居民中要有 86.2% 的人迁居后，才能消除居住方面的种族隔离现象。② 而人口统计局在 1966 年对 12 个最大的城市做的普查发现，有 8 个城市的居住隔离指数，比 1960 年反而提高了。③ 因此，大多数黑人都被迫居住在城市中心的黑人聚居区，忍受着恶劣的住房、卫生、医疗和教育条件，还要受到房主和商人的额外剥削。黑人接受正规教育的年数虽有所增加，但教育质量低劣。黑人中学毕业生的成绩与白人学生相比，有 3 年的差距。特别是在经济条件方面，黑人与白人之间的差距不但没有缩小，反而扩大了。1949—1964 年期间，黑人的失业至少是白人的两倍。即使是经济繁荣的 1963 年，黑人的失业也比白人高 114%。

这样，在民权运动中经过近 10 年锻炼的美国黑人，对于大城市

① 《国内动乱全国咨询委员会报告》，纽约矮脚鸡出版社 1968 年版，第 231 页。因国内动乱全国咨询委员会主席为奥托·克纳，该报告在以后注解中简称为《克纳报告》。

② 《克纳报告》，第 247 页。

③ 《克纳报告》，第 247 页。

中在住房、教育和就业方面存在的事实上的种族歧视，以及因此而造成的黑人贫困，日益不满。斗争的重心开始向北部大城市转移。这一变化，特别反映了下层黑人的要求。

黑人斗争重心向北部大城市转移后，引起了北方白人的不安。就是那些过去赞成取消南部种族隔离制的白人，也开始抵制黑人在北方展开的斗争。特别是大城市的警察暴行，已经发展到使黑人群众忍无可忍的地步。1964年《纽约时报》在哈莱姆区作的调查表明：43%的人认为存在着警察暴行。盖洛普民意测验1965年的全国调查发现：35%的黑人认为警察滥用权力。[1] 警察的横暴行径，大大加剧了城市黑人社区日益紧张的种族关系。

与此同时，南部的种族主义分子加强了对民权运动的抵制。1964年民权法通过以后，三K党在密西西比、亚拉巴马、路易斯安那和佐治亚州，举行了反对种族平等的示威。是年7月，3名民权工作者在密西西比州被害。6月到10月，密西西比州24个黑人教堂被炸或者被焚。

所有以上这些情况，使黑人群众逐渐认识到，法院斗争、非暴力群众直接行动和民权立法，并不能使他们获得真正的平等。他们在60年代中期开始走上暴力反抗的道路。1963年伯明翰斗争中，已开始出现以暴抗暴的苗头。[2] 1964年7月中旬，纽约市1名下班的警察杀死了1个黑人青年。这一事件触发了哈莱姆区的黑人暴动，并波及纽约市的其他地区。在纽约州、新泽西州、宾夕法尼亚州、伊利诺伊州的许多大城市，也发生了类似的动乱。1964年哈莱姆区的黑人暴动，标志着黑人城市造反时代的开始。但是真正使美国社会感受到这一巨大变化的，是1965年洛杉矶市瓦茨区的黑人暴动。是年8月，警察以车速过高为由，逮捕了1名黑人青年后，瓦茨区的黑人与警察发生了冲突，双方交火。黑人抢劫了白人的商店，焚毁建筑物。到

---

① 《克纳报告》，第302页。

② 参阅刘绪贻：《从蒙哥马利到伯明翰——50年代中期到60年代初的美国黑人运动》。

暴乱被镇压下去时，已有34人死亡、1032人受伤、3952人被捕，财产损失达4000万美元。瓦茨区暴动绝非偶然。它反映了城市黑人群众的不满和失望，是压抑多年的愤怒的爆发。此后几年，黑人城市造反连年不断，几乎席卷了美国所有的大城市。1966年，芝加哥、克利夫兰、旧金山爆发了大规模的黑人造反。另外还有20多个城市也发生程度不同的种族动乱。1967年，黑人城市造反走向了高潮，波及128个大城市。其中声势最大的是纽瓦克和底特律。在底特律市，政府出动14000名空降兵、国民警卫队和警察，使用坦克、机关枪和催泪弹，才把黑人暴动镇压下去。这次暴动使38人丧生，5亿美元财产被毁。1968年4月4日，马丁·路德·金在田纳西州孟菲斯市被刺。事件发生后，美国100多个大城市的黑人再次掀起大规模抗暴造反活动。在美国首都华盛顿特区，愤怒的黑人在距白宫不到3个街区的地方砸碎了商店的橱窗，波托马克河上空浓烟滚滚。英国记者路易斯·赫伦后来回忆说："街上吓得要死的人们发疯似的逃往市郊，就像这座城市遭到了入侵、正在被放弃一样。"①

马丁·路德·金在遇害以前，对于黑人群众的这种不满和反抗，已经有了新的认识。1964年哈莱姆区黑人暴动发生后，金虽然不赞成这种斗争方式，但他写道："只要黑人发现自己还在富裕社会密封的贫困之笼中苟延残喘，只要黑人发现象征主义的逆风和白人权力结构的小恩小惠还在阻挠他飞往自由，那么暴力和动乱的威胁就会迫在眉睫。"②这说明金博士已经感到，消除事实上的种族歧视和改善黑人贫民的经济地位，应该成为民权运动下一步的主要目标。因此，他在1965年向塞尔马进军之后，开始为把民权运动推向新的领域而努力。1966年，他参加并领导了芝加哥开放住房运动。1967年，他着手筹划在华盛顿发起大规模的贫民运动。1968年，他支持孟菲斯清洁工人的罢工，并在那里为黑人的自由和权利奉献了自己宝贵的生命。马

---

① 罗伯特·迪万：《1945年以来美国的政治与外交》，第164页。

② 威廉·米勒：《小马丁·路德·金》，纽约，赫斯特公司艾温书社，1968，第206—207页。

丁·路德·金不愧为民权运动的杰出领袖。以他为代表的民权运动在
60 年代由盛而衰，代之而起的是城市黑人造反。然而，这种自发的
无组织的暴力行动，虽然震撼了美国社会，并未能给美国黑人带来真
正的平等与自由。到 60 年代末和 70 年代初，城市黑人造反在美国统
治阶级的镇压和软化之下，也逐渐偃旗息鼓。

　　〔黑人民族主义与黑人权力〕　黑人运动在 60 年代由非暴力转向
城市造反，这在美国黑人的思想意识上也有明显的反映：种族合一的
思想逐渐让位于黑人民族主义。以马丁·路德·金为代表的通过非暴
力行动建立种族合一、人人平等社会的主张，遭到黑人民族主义者的
挑战，其中最杰出的代表是马尔科姆·爱克斯。爱克斯曾经是黑人穆
斯林的教长，但他对黑人穆斯林仅仅谴责"白人魔鬼"而不诉诸政治
和社会行动感到不满。1964 年，爱克斯与黑人穆斯林决裂，并在
1965 年创立非洲裔美国人统一组织。爱克斯认为种族合一主义是对
黑人的欺骗，认为黑人并不比白人低劣，主张由黑人来控制黑人社区
的政治、经济和社会事务，但他又认识到：在美国资本主义剥削制度
之下，由黑人来控制黑人社区，并不意味着能摆脱压迫。"只要这个
制度原封不动，黑人在这个国家里……就不可能得到自由权利。"①因
此，他主张最终改变美国的整个社会制度。爱克斯还清楚地意识到，
黑人的斗争正在转向一种暴力对抗，他欢呼黑人的觉醒，声称"革命
只能立足于流血的战斗"，② 但是，他并没有放弃在美国进行"不流
血革命"的希望。爱克斯把激进的白人和第三世界国家的人民视为美
国黑人革命的同盟者，主张美国黑人把争取自由的斗争国际化。他甚
至认为国际资本主义将为各种各样的社会主义所取代。他不仅在美国
国内，而且在许多非洲国家宣传他的观点。他的思想，在美国大城市
的黑人聚居区具有相当大的影响。然而，在他的这些关于黑人革命的
新思想获得充分发展以前，就在 1965 年 2 月遇害了。

---

　　①　罗伯特·艾伦：《美国黑人在觉醒中》（中译本），上海人民出版社 1976
年版，第 35 页。
　　②　罗伯特·艾伦：《美国黑人在觉醒中》（中译本），第 37 页。

　　1966年，学生非暴力协调委员会的新任主席斯托克利·卡迈克尔提出了"黑人权力"的口号，这一思想成为60年代黑人民族主义的主要内容，并为许多黑人团体所接受。卡迈克尔认为个人的种族合一不过是白人至上的托词；黑人是作为一个集团而受到压迫的；要摆脱这种压迫，就必须作为一个集团而显示自己的力量。因此，卡迈克尔认为，黑人权力在政治上的含义，就是作为一个集团而不是个人合一到美国社会中去，它意味着黑人集合起来选举代表，并迫使这些代表为他们的需要说话。在经济上，黑人权力则意味着独立的自给自足的黑人企业制度，意味着黑人同心协力的合作，让黑人的钱流到黑人的口袋里，造福于黑人社区。卡迈克尔还强调黑人心理上的平等和黑人觉悟的必要性，主张黑人的自尊和自信。从卡迈克尔的这些思想看来，他并不反对资本主义；他还没有像马尔科姆·爱克斯以及主张革命暴力论的罗伯特·威廉斯走得那样远，但是他已经对私有财产权利和统治阶级的武力提出了含蓄的挑战。卡迈克尔怀疑：在财产重于一切的国家中，能不能建立人道主义的社会；他认为黑人"同样需要枪支"，并有权保卫自己，甚至主张展开城市游击战。卡迈克尔还把美国黑人的斗争和第三世界的反殖民主义运动联系在一起，但是对于黑人在美国国内寻找同盟军的问题，他感到彷徨。

　　黑人权力论这种改良与革命兼而有之的特点，使人们对它作出了种种不同的解释。从激进的黑人革命暴力论者，到黑人资产阶级民族主义者和文化民族主义者，都举起了黑人权力的旗帜。黑人权力论的风靡一时和60年代黑人民族主义的发展，虽然反映了美国黑人的进一步觉醒，但还未能成为足以引导美国黑人走向完全解放的思想。

　　〔黑人组织的发展与变化〕　随着城市造反和黑人民族主义的发展，主张种族合一的南方基督教领袖会议的影响，在60年代有所缩小。而种族平等大会、学生非暴力协调委员会和黑豹党的力量，则一度有所增强。然而到60年代末和70年代初，这些黑人组织的发展，都先后失去原有的势头，并遭到严重的摧残。

　　种族平等大会本来是一个种族混合的中产阶级民权组织，主张以非暴力直接行动实现种族合一和黑人的平等权利。它因1961年发起和组织"自由乘客"运动而闻名全国，并在组织上和思想上开始发生变化。许多对全国有色人种协进会感到失望的激进黑人中产阶级分子，加入了它的行列。1964 年，种族平等大会虽然还没有放弃种族合一的目标，但已逐渐把斗争的重点转向北方的大城市。1965 年，种族平等大会主张利用黑人社会的政治潜力，完成政府拒不进行的社会改革，在该组织内部还出现反战的要求。1966 年，在弗洛伊德·麦基锡克担任主席以后，种族平等大会通过了黑人权力的决议。它不再以种族合一为目标，而主张"通过黑人权力来达到种族共存"。这个组织坚持非暴力抗议行动，但是赞成黑人自卫。它的转向黑人权力论，反映了在黑人斗争进一步发展的条件下，中产阶级黑人组织中出现的激进化的苗头。但是，1967 年以后，种族平等大会受到福特基金会的资助和影响，把黑人权力变成了黑人商业权力，在政治主张上转向黑人资本主义，从而大大削弱了该组织的战斗性。不久，这个组织内部发生了分裂。

学生非暴力协调委员会是在 1960 年静坐示威运动中诞生的种族混合的学生民权组织。它的成员和种族平等大会一样，主要来自中产阶级的家庭。但是学生非暴力协调委员会在政治上远比种族平等大会激进，是新左派学生运动的一个重要分支。1961 年，学生非暴力协调委员会在参加"自由乘客"运动之后，开始在南部，特别是密西西比州，进行黑人选民登记和社区组织活动。他们认为这是使黑人获得政治权力的第一步。实际上，学生非暴力协调委员会的这一宗旨，体现了新左派分享民主制的思想。由于选民登记运动一再受挫，学生非暴力协调委员会对肯尼迪政府未能给予有力的支持，深感不满，在1962 年以后进一步激进化。1963 年，这个组织在参加向华盛顿进军的同时，在南方发动黑人进行模拟选举，准备将来由黑人在各州和地方选举之外自由投票。他们主张建立黑人的独立权力中心以及与现行体制平行的黑人体制。这种主张，并不是要推翻美国政府或密西西比州的州政府，而是要在统治阶级的权力结构内部击败种族主义分子。因此，学生非暴力协调委员会在 1964 年发起了"密西西比之夏"运动，在这个种族隔离十分严重的南方州登记黑人选民、开办自由中学、建立社区中心、启发黑人的政治觉悟、对黑人青年和成人进行各种教育和职业训练，以便他们能顺利地积极投身于政治活动。学生非暴力协调委员会还建立了密西西比州自由民主党，试图取代把黑人排斥在外的密西西比州民主党，出席8月份的民主党全国代表大会。这个目标，由于南方民主党人的反对和约翰逊政府的阻挠，未能实现。可以说，密西西比之夏是学生非暴力协调委员会在现存制度内部争取实现自己目标的一次大规模行动。它的失败，不仅使学生非暴力协调委员会对联邦政府和白人自由主义者失去信心，而且开始排斥白人青年学生，拒绝他们的帮助。1966年，学生非暴力协调委员会终于提出黑人权力的口号。然而，这个组织的负责人卡迈克尔等，在思想上并不定型。他们有时认为白人是黑人的主要敌人，有时又宣称种族主义和资本主义才是黑人的真正敌人。1966年以后，学生非暴力协调委员会尽管在提高黑人觉悟、支持城市造反、反对越南战争以及推动黑人学生运动的发展方面，起了一定的积极作用，但它的实力已经开始衰落。摒弃白人同盟者，并没有能使它在政治上获得成功，过于激进化反而使这个中产阶级组织的成员发生动摇。到60年代末期，学生非暴力协调委员会的许多成员离开了这个组织。他们或者重返学校，或者参加了政府向贫困宣战的计划，或者消极遁世。也有少数人成了激进的暴力论者。

当学生非暴力协调委员会在1966年转向黑人权力论不久，两个黑人学生休伊·牛顿和博比·西尔在加利福尼亚的奥克兰组织了黑豹党。这个组织的领导人主要是中产阶级家庭出身的青年，但它的普通成员大都是大城市的下层黑人。黑豹党人鼓励黑人在警察暴行面前实行武装自卫，他们的武装巡逻队在制止警察暴行方面取得一定的成功。然而，黑豹党的目标并不限于武装自卫。1966年的黑豹党10点党纲，包括从黑人自由与自决，直至就业、居住、教育及和平方面的广泛要求。黑豹党的宣传部长埃尔德里奇·克利弗认为：黑人面临的问题是资本主义制度造成的，同时又是种族压迫的结果；黑人在斗争中不能忽视任何一方。他说美国黑人是一个被殖民化了的民族，黑人的任务，就是"在白人的母国里爆发革命而且为黑人殖民地获得民族解放"。他甚至宣称：摆在这个国家面前的选择，不是"黑人的完全自由，就是美国的完全毁灭"①。黑豹党以它的主张和行动，吸引了数以千计的城市黑人青年，在武装自卫中和警察发生了一系列冲突。由于它强调黑人武装和军事战略，美国统治阶级对黑豹党特别敌视。联邦调查局宣布黑豹党是危险的颠覆性组织。包括牛顿在内的许多黑豹党领导人被判刑入狱。到70年代初，黑豹党在美国统治阶级的镇压之下已奄奄一息。

〔美国政府和垄断资本对黑人运动的反应〕 面对60年代美国黑人运动的高涨，约翰逊政府继续主张以民权立法和福利国家的改革措施来缓和黑人的不满。然而到60年代后期，随着"伟大社会"的由盛而衰，这种自由主义的软化政策已难以取得重大进展。国内保守派要求维护"法律与秩序"的呼声越来越高。美国联邦政府、州政府以及地方政府加强了对黑人造反的镇压活动。1967年，联邦政府开始制定遏制城市造反的政策，并在1968年3月起草了所谓花园计划。根据这一计划，联邦政府在1968年遍及美国125个城市的暴动发生后，出动近7万名联邦军队和国民警卫队迅速平息了动乱。陆军部增加了1万名反暴部队，五角大楼还在全国各地设立了防暴中心。各州政府获权设立新的国民警卫队，并对州国民警卫队进行防暴训练。许多地方当局还被授权宣布宵禁，购置了各种反暴武器，在黑人社区建立了警察密探网。芝加哥市市长理查德·戴利公开宣称，他已指示执法警察"开枪打死纵火犯或任何携带'莫洛托夫鸡尾酒'的人"②。

在美国各级政府采用"警察国家"的手段镇压黑人抗暴斗争的同时，美国私人垄断财团试图把黑人纳入美国经济的主流，以解决"当前这个国家最急迫的国内问题"。为了实现这个目标，美国垄断财团的代表人物提出了三种解决办法。其一是推行黑人资本主义，使黑人

---

① 约翰·富兰克林：《从奴役到自由：美国黑人史》，纽约艾尔弗雷德·克诺普夫公司1980年版，第485页。

② 罗伯特·艾伦：《美国黑人在觉醒中》(中译本)，第207～208页。"莫洛托夫鸡尾酒"是一种手榴弹。

资产阶级成为一个稳定的缓冲阶级。在这种思想的指导下，泽罗克斯公司帮助纽约州罗彻斯特的黑人建立一个年营业额达 100 万美元的企业，费城的企业家以 100 万美元为该市黑人社区的企业和自助规划提供保险，克莱斯勒汽车公司宣布将在黑人所有的公民信托银行每年存款 120 万美元，保险业的巨头们在 1967 年纽瓦克暴乱之后同意拨款 10 亿美元用于黑人社区的住宅建设，福特基金会在黑豹党的根据地奥克兰为少数民族承包商提供 30 万美元的资金，并宣布还可动用 1000 万美元投资于黑人和少数民族企业。除推行黑人资本主义以外，美国垄断财团开始致力于改善黑人的就业状况，为黑人长期失业者提供工作机会以缓和他们的不满。为解决联邦政府的职业训练未能提供工作的问题，约翰逊政府在 1968 年与企业界合作，建立了全国企业家同盟，任命亨利·福特第二为主席，通过联邦援助使企业界承担为长期失业者寻找就业机会的责任。全国企业家同盟虽然未能实现其在 1971 年以前为 50 万长期失业者找到工作的目标，但到 1973 年，已有 36 万人因此而得以就业。至于那些既不属于黑人资产阶级范畴，又不能马上就业的穷苦黑人，美国垄断资本提出了第三种缓和矛盾的办法，即芝加哥大学经济学教授米尔顿·弗里德曼的保证收入方案。这个方案以官方贫困线为基准，要求政府给穷人以补贴，但只能为贫困家庭收入与贫困线差额的一半，以刺激穷人寻找工作，用所谓"工作福利"或"工利"①来取代"福利"。这个方案当时虽未实行，但是成为其后尼克松政府试图改革社会福利制度的措施之一。

在美国统治阶级和垄断资本的镇压与软化之下，再加上黑人运动本身缺乏科学的思想指导和正确的行动纲领，60 年代一度风起云涌的美国黑人斗争，在 60 年代末逐渐失去势头，到 70 年代进入了一个低潮时期。

---

① "工利"（Workfare）是从福利（Welfare）一词生造出来的。意指不能仅仅依靠政府福利拨款救济穷人，还要以促进穷人就业为条件，让他们靠工作来获得福利援助。

3. 学生造反与新左派运动的盛衰

以青年学生为主体的新左派运动，是 60 年代美国激进运动的主流。它扫荡了 50 年代形成的沉闷政治空气，掀起了社会抗议的浪潮，对美国社会的正统思想和整个制度提出了挑战。尽管这一运动在 60 年代末期开始衰落，但它在政治、思想和文化各个方面都给美国社会留下深刻的烙印

〔新左派的形成与休伦港宣言〕 60 年代新左派运动的主要代表学生争取民主社会同盟，本来是属于老的自由主义团体学生争取工业民主联盟的一个学生组织。1960 年，受南方黑人静坐示威的影响，学生争取民主社会同盟卷入了民权运动。这个组织当时的主席罗伯特·哈伯认为：民权问题是学生运动的首要目标。另一位重要成员托马斯·海登，在南方与学生非暴力协调委员会保持了联系。1961 年，海登对"自由乘客"运动的报道产生了很大影响。他还在这年冬天《致新左派青年的一封信》中，号召学生走出校园，去了解当代社会问题的"真正原因"。① 随着学生非暴力协调委员会在民权运动中独立性的增强，学生争取民主社会同盟也越来越不满于在思想上和组织上受争取工业民主联盟的控制。它不仅模仿学生非暴力协调委员会在其他青年组织中扩大影响，并且逐步突破自由主义的局限，成为美国新左派学生组织的旗手。

1962 年 6 月，学生争取民主社会同盟在密歇根州的休伦港召开有其他团体代表列席的全国代表大会，选举托马斯·海登为主席，并通过著名的休伦港宣言。这个由海登负责起草的宣言，受到 C. 赖特·米尔斯思想的极大影响。它认为：美国作为一个国家死气沉沉，它的公民受到一种他们所不知道的力量威胁，没有力量改变与他们利害相关的事件的进程；美国的民主制，是一种"没有公

① 柯克帕特里克·塞尔：《学生争取民主社会同盟》，第 37 页。

众的政治"①。宣言承认大多数美国人生活舒适，但指责这个社会允许"贫困和剥夺继续作为几百万人不可变更的生活方式"②，贫困和利润的积累进行得同样迅速。其罪魁祸首是军事—工业综合体。它影响着外交政策和国防开支，把永恒的战争经济、持续不断的军事开支作为解决经济问题的办法，牺牲了公民的自由和社会福利。宣言认为，苏联并不是天生的扩张主义国家，美国的军事姿态在苏联引起了怀疑、压抑和顽强的军事对抗；与其说它遏制了共产主义，还不如说它抑制了民主制度的成长。宣言还指责军事—工业综合体把开支用于防务而不去多援助第三世界国家。基于这种分析，宣言提出以促进福利立法和结束冷战为目标的激进改革纲领，认为改变美国的外交政策，不仅可以缓和国际紧张局势，而且可以使国内问题得到解决。宣言主张美国单方面裁军、停止建造北极星核潜艇和导弹的计划、撤除海外军事基地、解散北约、在联合国承认民主德国和中华人民共和国为主权国家。这样，将使美国的资源用于非军事性的社会需要，使人民过上体面而富于创新精神的生活。为了控制大公司和精简政府官僚机构，必须进行地方、地区和全国性计划，把大城市划分为易于管理的小社区，实行分享民主制。宣言希望劳工能成为民权运动、和平运动和经济改革运动的领导者，它还寄希望于改造后的民主党，即清除了南方民主党人的民主党。至于新左派学生的任务，则是在校园里进行改革和在全国唤醒公众。这样，就可以建立一个以人们无限美好的前景和分享民主制为基础的新社会。

十分明显，休伦港宣言并不主张取消美国社会的整个制度，对于资本主义、帝国主义以及阶级冲突的原因，也缺乏全面而深刻的剖析。但它毕竟对战后美国社会居于主流地位的自由主义意识形态提出了挑战，痛斥了美国社会存在的严重弊端，发出了激进改革的呼喊，从而对当时几乎一代美国青年的思想产生很大影响。休伦港宣言的发

---

①　小爱德华·巴西奥科：《美国的新左派》，美国斯坦福大学胡佛研究所出版社1974年版，第119页。

②　小爱德华·巴西奥科：《美国的新左派》，第119页。

表，标志着美国新左派组织的正式诞生。从此以后，学生争取民主社会同盟日益脱离老的自由主义团体的控制，在斗争中使新左派运动的思想和纲领进一步走上激进化的道路。

〔从改良主义走向反战抵制运动的高潮〕 休伦港宣言发表后，学生争取民主社会同盟在1962—1963年有所发展。但它在这段时间里展开的和平研究与教育计划、学校改革计划以及建立自由派—劳工联盟的努力，均未获得多少成功。

从1963年开始，学生争取民主社会同盟中要求走向社会的呼声越来越高。新左派学生从他们自己的无所作为，感觉到了校园天地的狭小；从学生非暴力协调委员会在南方进行的选民登记和社区组织活动中受到启发；从经济分析和哈林顿等人的著作中，进一步认识了美国的贫困问题；从戈德华特和约翰·伯奇协会势力的发展，看到唤醒穷人的必要。他们开始把消灭贫困、失业和种族不平等，视为分享民主制的前奏。这样，学生争取民主社会同盟在1963年夏深入城市社区去组织穷人和失业者，开始了经济研究和行动计划。1963年12月，这个组织内部发生了海登—哈伯之争。哈伯反对学生走出校园，坚持新左派仅仅是激进思想的独立中心。海登则主张到人民中去，要有所行动。他的思想在学生争取民主社会同盟内占了上风。1964年，这个组织想把经济研究和行动计划发展为种族混合的穷人运动，然而遭到失败。到1965年，随着美国经济的繁荣和"伟大社会"改革的开始，新左派的经济研究和行动计划终于一蹶不振。

在1964年学生争取民主社会同盟的上述计划进展困难之时，加州伯克利分校爆发了自由言论运动。9月16日，校方明文禁止学生在校园从事与学校无关的政治和社会活动。30日，校长助理传训5名违犯新校规的学生，当天就有300至500名学生陪同他们前往，在加州校园掀起了声势浩大的自由言论运动。包括学生非暴力协调委员会、种族平等大会、学生争取民主社会同盟、青年社会主义联盟、激进学生政党和杜波依斯俱乐部在内的该校几乎所有的学生组织，都参加了这一运动。他们认为校方的禁令剥夺了学生的宪法权利，强烈要求学校当局取消这一规定。11月23日，当自由言论运动的学生在伯克利分校中央行政大楼前举行静坐示威之后，校方被迫同意学生可倡导直接政治行动，但不得鼓动非法行动。尽管自由言论运动的积极分子认为校方的让步并未满足他们的要求，但大部分学生在感恩节假期之后退出了这一运动。12月初，校方指责4名学生运动领袖在过去的示威游行中违犯校规，伯克利分校的学生再次举行静坐示威。校学术委员会的教授们在5000名学生包围下通过决议，建议校方不对自由言论运动的学生领袖进行纪律制裁，并把所谓学生运动合法与否的问题交政府当局裁定，校方不必干预。伯克利分校的自由言论运动，不仅是对学校当局干涉学生自由言论权利的抗议，也是对美国高等院校成为"实现国家目标的主要工具"的挑战。尽管这个运动反映了青年学生对美国社会的严重不满，但是真正对新左派青年学生进一步转向激进主义影响重大的，还是1965年开始的大规模反战运动。

早在1964年，学生争取民主社会同盟的许多支部，就逐渐注意反战问题。它们当中的很多成员参加了"5月2日运动"。这个运动是青年社会主义同盟、青年社会主义联盟、进步劳工党和学生争取民主社会同盟发起的。因1964年5月2日举行的反战示威游行而得名。尽管学生争取民主社会同盟的成员担任了5月2日运动的主席，但5月2日运动实际上为进步劳工党所控制。这个组织是由60年代初期从美国共产党分裂出来的共产党人组成的，他们信奉当时中国共产党奉行的路线和方针。5月2日运动的喉舌《自由学生》猛烈抨击美国政府的越南政策是帝国主义政策，是为了"维持和扩大它在整个东南亚的经济霸权"①。受5月2日运动的影响，学生争取民主社会同盟全国委员会在1964年12月的会议上决定：1965年4月17日发起向华盛顿反战进军。它还表示：欢迎包括5月2日运动、进步劳工党青年小组、杜波依斯俱乐部等共产主义团体以及受托派影响的青年社会主义联盟在内的许多组织，参加这一行动，从而使明智核政策全国委员会和学生争取工业民主联盟等和平团体和社会民主团体深感震惊。4

---

① 社论：《理论家：越南》，载《自由学生》，1965年第1卷第2期，第14页。

月 17 日的反战进军，有 25000 人参加，是一次彻底否定美国外交政策和反对干涉越南的政治示威。它表明新左派已作为一支不可小视的政治力量，出现在美国社会的舞台之上。此后，学生争取民主社会同盟的成员迅速增加。1965 年夏天，该组织在密歇根州克瓦丁举行的全国代表大会表明，它已经放弃社区组织工作，转向反战运动。尽管学生争取民主社会同盟的领导机构在反战问题上意见不一，既没有形成统一的反战纲领，也没有完全承担起领导反战运动的责任，但它的基层组织积极投入了全国性的反战活动，使学生争取民主社会同盟成为全国公认的反战中心组织，并且和学生争取工业民主联盟逐渐脱离了组织关系。在学生争取民主社会同盟的支持下，由各团体组成的"越南日委员会"，在 1965 年 10 月 15 日—16 日发起了有几千万人参加的全国性反战活动，要求美国马上撤出越南，承认南越民族解放战线，并弹劾约翰逊总统。戴维·米勒向联邦法律公然挑战，第一个烧毁了兵役证。在反战运动不断高涨的形势之下，明智核政策委员会这个和平主义组织也取消了排斥共产党人的禁令，组织了结束越南战争全国协调委员会，在是年感恩节发起了有学生争取民主社会同盟以及老左派许多团体参加的反战示威。学生争取民主社会同盟主席卡尔·奥格尔斯比在集会上发表演说指出：越南战争说明美国的自由主义已经腐败，除了革命似乎别无选择。奥格尔斯比后来回忆说，1965 年，是美国新左派运动"明显放弃改良主义"，开始走向"革命的理论和实践"的长征的一年。①

1966 年春，由于约翰逊政府决定征召学生入越作战，学生反战运动转入校园。他们反对选征兵役局的考试和依成绩优劣缓征的规定，并对学校和政府在这个问题上的"共谋"，进行静坐抗议。学生争取民主社会同盟在选征考试的第 1 天，即 5 月 14 日，向 800 所院校的 40 万适龄学生，散发了"全国越南问题试卷"，以选择问题的方式，启发青年学生对美国越南政策合法性的怀疑。随着校园反战活动兴起，该组织 8 月间在克利尔湖召开的全国代表大会后，新任主席卡

① 小爱德华·巴西奥科：《美国的新左派》，第 169 页。

尔·戴维森提出了学生权力论。他认为在工艺社会里，工厂是权力之源；在技术社会里，学校是权力之源。新左派学生的任务，就是对学校进行激进的改造，最终实现改变整个社会制度的目标。这年秋天，由于征兵比例扩大，校园反战运动开始和政府公开对抗。学生争取民主社会同盟在纽约市立大学、哥伦比亚大学、芝加哥大学、旧金山州立学院、女王学院、布鲁克林学院等院校，阻止校方将学生成绩送交选征兵役局。加州伯克利分校学生抵制海军在校园招募人员，哈佛学生围困了国防部长麦克纳马拉。1966年12月，学生争取民主社会同盟全国委员会第一次通过强有力的反征兵决议。该组织的全国书记格雷格·卡尔弗特认为：这个决议表明，学生争取民主社会同盟"从抗议走向了抵制"①。

　　1967年，反战抵制活动逐渐走向高潮。4月15日，30万人在纽约举行反战进军。175名学生在中央公园当众烧掉了征兵卡。随着青年学生成为反战抵制运动的先锋，休伦港宣言寄希望于劳工和民主党激进派的思想被新左派学生所抛弃，他们提出了新工人阶级的概念。新工人阶级不同于传统意义上的工人阶级，它是由受过教育并从事技术、管理和专业工作的人所组成，在美国这样一个高度工业化、技术化、电脑化和复杂化的社会里，新工人阶级是社会生存的要素，而学生则是这个阶级的未来成员，是明天变革社会的新工人阶级的先锋。新工人阶级的概念受到赫伯特·马尔库塞思想的极大影响，突出了学生而非传统意义上的劳工是变革社会的伟大力量。入夏以后，美国社会激流翻滚：城市黑人造反走向高潮，自由主义左翼组织了声势浩大的反战活动——越南之夏，反正统文化运动波及全美。学生争取民主社会同盟内部，对于新工人阶级论等问题虽然存在分歧，但反战抵制运动已成不可阻挡之势。是年秋天，威斯康星大学学生为反对军火企业道化学公司来校招募人员，举行了示威和罢课，警察第一次在大学校园使用催泪毒气镇压学生运动。在加利福尼亚奥克兰征兵中心等地，学生包围了警察，关押和驱逐征募人员，在街头和校园与警察发

---

　　① 柯克帕特里克·塞尔：《学生争取民主社会同盟》，第315页。

生冲突。10 月 21 日, 10 万反战学生向五角大楼进军, 与政府出动的军队展开搏斗。为了把蓬勃兴起的反战抵制运动推向新高潮, 学生争取民主社会同盟的领导人开始摆脱学生权力论和新工人阶级的思想, 试图建立更为广泛的美国左派联盟, 其中有些人开始向马克思列宁主义接近, 有的向欧洲共产主义思想靠拢。新左派学生运动面临着新的转变。

〔政治暴力行动和新左派运动的衰落〕 在反战学生向五角大楼进军以后, 约翰逊政府加强了对学生运动的监视和镇压, 结果反而激发了新左派学生革命意识的增长。他们当中的一些积极分子, 又访问了古巴和河内, 受到国际反帝思想的影响。黑人城市造反的风云迭起, 使他们产生这样的希望: 支持黑人争取解放的斗争, 有可能导致美国革命的爆发, 是美国社会的希望所在。1968 年 3 月底, 学生争取民主社会同盟全国委员会列克星敦会议终于决定: 从反战转向黑人问题。与此同时, 约翰逊被迫宣布退出竞选, 反战问题暂时有所缓和。4 月 4 日, 马丁·路德·金被刺, 全国 100 多个城市爆发了大规模黑人造反, 这使学生争取民主社会同盟中的激进分子得出了必须以暴力对付暴力的结论。他们开始谈论城市游击战, 并与黑豹党建立密切联系。1968 年 1 月至 5 月, 全国发生 10 起校园建筑被炸事件。4 月下旬, 哥伦比亚大学学生暴动震撼了美国社会, 它标志着新左派学生反战抵制运动阶段的结束和政治暴力斗争阶段的开端。

早在 1968 年 3 月 27 日, 学生争取民主社会同盟哥伦比亚大学支部负责人马克·拉德就不顾校方禁令, 为反对学校涉足国防研究活动, 在该校防务分析研究所外举行了抗议示威。拉德等 6 名学生领袖被校方给予留校察看处分。4 月 22 日, 哥伦比亚大学学生再次举行示威抗议活动, 他们不仅反对防务分析研究所为五角大楼从事研究活动, 要求取消对 6 名学生领袖的处分, 而且抗议校方为修建体育馆使哈莱姆区 7000 名黑人与波多黎各人迁居。4 月 23 日, 学生抗议发展为校园暴动, 后来进占了校长办公室。哈莱姆区的青年黑人参加了这一行动。4 月 30 日, 校方要求警察驱逐造反的学生, 700 名学生被捕, 148 人受伤。马克·拉德后来明确指出: "这是一次反对这个社会的镇压机制, 特别是反对种族主义和帝国主义的暴动……事情的关键在于我们要起而进行社会和政治革命。"①

哥伦比亚大学学生暴动以后，学生争取民主社会同盟的组织迅速扩展，政治暴力行动不断发生。1968年芝加哥民主党全国代表大会期间，警察对示威青年的暴行发生后，学生争取民主社会同盟的领导人把芝加哥青年的行动看作是革命的前奏，号召人们进行街头战斗，甚至提出要像红卫兵运动那样保卫革命的发展。这年秋天，爆炸与纵火事件比春天增加3倍。1969年上半年，学生新左派运动进入全盛期。300多所高等院校发生抗议示威，卷入人数占全国学生总数的1/3，在华盛顿、麦迪逊和伯克利等地发生了街头战斗，爆炸和纵火事件为1968年秋的两倍。

就在新左派学生运动走向高潮的同时，学生争取民主社会同盟内部发生严重的分裂。1968年6月，东兰辛大会上当选为全国委员会负责人的迈克尔·克朗斯基和伯纳丁·多恩，自诩为革命的共产党人，以他们为代表的部分激进青年，在这年秋天形成所谓革命青年运动派，主张把运动扩展到青年工人中去。他们认为黑人解放运动是美国革命的先锋，第三世界人民是国际反帝斗争成败的关键。学生争取民主社会同盟内部的进步劳工党派则认为：工人阶级是革命的主力，批评黑人民族主义以及河内和哈瓦那的所谓修正主义。这两大派别的斗争，终于导致学生争取民主社会同盟在1969年6月的芝加哥全国代表大会上彻底分裂。新左派运动的力量，遭到严重削弱。分裂出来的进步劳工党派虽然仍冠以学生争取民主社会同盟的名称，但它的成员本来就是属于从美国共产党中分裂出来的老左派的一个派别，他们的政治主张在青年学生中缺乏吸引力，所以这个组织此后并没有能成为学生运动的领导中心。革命青年运动派在芝加哥代表大会后，内部又发生分裂。其中一派很快销声匿迹，另一派则成为一个激进的暴力团体——气象派。气象派最初曾试图争取青年工人并发动反战进军，遭到失败后，走上少数人从事暴力行动的道路。他们自视为革命先锋，脱离了学生、青年工人和黑豹党，过着嬉皮士式的群居生活，在

---

① 小爱德华·巴西奥科：《美国的新左派》，第203页。

政治上日形孤立，终于在 1970 年 2 月转入地下，消失了踪影。新左派学生运动的衰落，固然是内部分裂和脱离美国社会实际的结果，但 60 年代后期以来美国政府加强对学生运动的镇压，也是一个重要的原因。尼克松上台以后，尤其如此。为履行共和党在竞选时作出的维护"法律与秩序"的诺言，司法部长约翰·米切尔组织了校园暴动问题特别工作组，宣称忍耐的时刻已经结束。美国国会通过反学生运动的议案。芝加哥警察闯入学生争取民主社会同盟总部。司法部对激进学生领袖提出起诉。学校当局也参与了反学生的活动，社会舆论变得对学生越来越不利。这样，到 1970 年 8 月，争取工业民主联盟发表报告，宣称新左派已经死亡。

〔新左派运动的性质及其历史影响〕 60 年代美国的新左派运动，是以激进的青年知识分子为主体的社会运动。它是战后美国科学技术的发展、国家垄断资本主义的加强以及称霸世界的扩张主义政策，导致国内社会矛盾进一步深化的结果。新左派作为一支政治和社会力量，对美国资本主义的恶果深感不满。他们认为，高度发达的资本主义工业社会，造成对人的个性压抑，使人丧失了"真正的自我"，成为机器的一部分。种族主义和贫困，同样也是对人的压抑；而压抑的根源，在于现存的经济、社会和政治制度。因此，他们提出了反对资本主义、帝国主义和种族主义的斗争目标，对美国社会展开政治上的批判。新左派主张变革，试图把人从一切非人性的压抑下解放出来，建立一个富有普遍的爱和充满人性的、消除发达工业社会弊病的理想社会。因此，他们在政治上主张分享民主制，在文化上摒弃传统价值标准，在社会生活上反对常规，把对美国社会的政治批判和文化批判结合起来，勾画出一幅乌托邦的蓝图。新左派反对美国社会正统的资产阶级自由主义思想，同时又对美国老左派和苏联社会主义的现实感到失望和不满，企图寻找第三条道路。他们认为发达资本主义国家的工人阶级已失去革命性，主张到没有被美国社会一体化的人们中去寻找新的"革命行动主体"。他们寄希望于学生、黑人、其他少数民族、穷人以及第三世界国家的人民。十分明显，新左派运动是美国青年对战后美国资本主义社会结构的变化作出的极不成熟的反应，它在理论上带有强烈的人道主义的社会主义、空想主义和无政府主义的色彩，组织上十分松散。这也是新左派运动很快失势的重要原因。

尽管如此，新左派运动在政治、思想和文化上，都对美国社会产生巨大而复杂的影响。它作为一支对抗力量，冲破了50年代以来美国社会政治上死气沉沉的局面，冲击了战后自由主义意识形态，使人们对"富裕社会"和"福利国家"的合理性产生了怀疑。它使美国的激进主义思想对社会产生影响，在包括政治、思想、文化和学术领域在内的许多方面，重新确立了社会主义的概念；使那些对老左派感到失望的人们，对社会主义运动和马克思主义又有了兴趣。它对美国资本主义制度展开了尖锐的批判，促使人们关注社会问题，使得包括"伟大社会"在内的自由主义改革以及妇女解放运动等，都从中吸取了活力。它以反战活动沉重打击了美国政府的侵略扩张政策，加速了外交政策上的重大转变，在一定程度上助长了国内孤立主义思潮的发展。它还是60年代反正统文化在美国风靡一时的社会基础。总的来说，新左派运动作为当代美国社会的一支反叛力量，促使人们重新考虑美国社会的价值标准，在国家垄断资本主义的历史条件下，明确提出了反对种族主义、垄断资本主义和帝国主义的问题，具有一定的历史进步性。这是我们应予以肯定的方面。但是新左派运动并没有能成为一支足以动摇美国资本主义制度根基的政治力量。它对西方发达资本主义国家革命的前景、主体和手段的设想与主张，并没有像它所希望的那样具有适应新的历史条件的特点。它只是提出了问题，而没有能解决问题。不仅如此，新左派的思想和理论，有许多具有使他们所批判的社会价值标准合理化的特点，其结果必然是局部的改良而不是根本的变革。可以说，这是新左派运动不成熟的消极的方面。

4. 妇女运动的兴起

第二次世界大战后，美国就业妇女人数增加。她们在全国人口中就业的比例，从 1945 年的 29.2%，上升到 1965 年的 34%。但是，1945 年，妇女中位收入为男子中位收入的 49%，1965 年却降为 30%。不仅如此，由于战后早婚、早育、多子女以及中产阶级家庭大量迁往市郊的结果，那些本来有可能受高等教育的中产阶级家庭出身的妇女，受到婚姻和家务的拖累，致使 50 年代美国在校大学生中的女生比例降低。1960 年，女子在获大学学位者中占的百分比，还不及 1930 年。在高等院校担任教职的妇女比例，也从 1930 年的 27%，下降到 1960 年的 22%。60 年代初期，随着黑人民权运动的高涨，美国妇女遭受的性别歧视也逐渐引人注目。1961 年，肯尼迪总统成立了一个妇女地位委员会，调查这方面的情况。1963 年，著名的妇女运动领袖贝蒂·弗里登出版了《女性的神秘》一书，把家庭比喻为美国妇女的"舒适的集中营"，号召妇女冲破家庭的束缚，走向社会，结束对妇女的性别歧视。由于这种妇女意识的发展，美国的妇女运动在 60 年代也走向高潮。

60 年代中期以后，美国妇女运动出现两大分支：其一是由弗里登等人在 1966 年创建的全国妇女组织发起的妇女平等权利运动；其二是要求妇女解放的激进的女权运动。妇女平等权利运动强调通过改良来实现妇女的经济和社会目标。1967 年，全国妇女组织第一次全国代表大会通过的权利法案，集中反映了她们的要求：美国国会必须迅速通过平等权利宪法修正案；必须保证所有妇女获得平等就业的机会；妇女在产后恢复工作的权利必须得到法律保护并享有产假；从有孩子的就业父母应缴税额中扣除家务和育儿开支；建立免费育儿中心；保证妇女享有和男人同等的受教育的权利；贫困妇女必须和男人一样获得职业训练、住房和家庭补助；修改福利立法和济贫计划中有损妇女尊严、私生活和自尊感的规定；妇女应享有控制生育的权利、废除《反堕胎法》。在全国妇女组织的领导下，许多美国妇女以罢课、罢工、新闻揭露、法院诉讼、政治竞选和国会立法等手段展开斗争。1971 年，成立了多党派的全国妇女政治党团会议，进一步扩大妇女参政，提出了"妇女们！决策而不煮咖啡"的口号。全国妇女组织和全国妇女政治党团会议在现存制度内部展开的斗争，得到比较广泛的支持。激进的女权运动和妇女平等权利运动有所不同，参加这一运动的激进妇女认为：女人是受男人压迫的一个"阶级"，婚姻是男人施暴的条件，妻子不过是个妓女，家庭责任则是一种奴役。她们主张对男人展开"性战"，有的建议和男人之间要有对家务和责任作出明确规定的"婚约"，有的主张以群居来代替婚姻、家庭和生儿育女的责任，有的甚至认为女人没有男人也可得到性满足，从而走向同性恋。其中也有少数人意识到妇女受压迫的根源是资本主义制度，社会主义才是妇女解放的出路。女权运动的这些思想和主张，主要来自那些年轻的、受过良好教育的中产阶级妇女。它们对广大工人阶级妇女和贫苦黑人妇女是没有多少吸引力的，而且遭到传统思想的强烈反对。不过60年代末期，女权运动曾以反对全国选美庆典的活动吸引了社会的广泛注意，并以进军、静坐、抵制和游行支持过妇女平等权利运动的经济和社会目标。它本身所提出的妇女解放的要求，则对改变美国家庭的模式、导致晚婚少育和离婚率上升，起了一定的作用。

应该说，在60年代末和70年代取得较大进展的，还是资产阶级改良主义的妇女平等权利运动。1967年，约翰逊总统签署了总统命令，禁止在与联邦有关的就业范围内实行性别歧视。妇女在整个就业大军中占的比例，到60年代末上升到40%，1976年时达48%。与此同时，妇女的工资待遇和职业性质，也略有改善。许多地方建立了全日制育儿中心。受教育的妇女显著增多。到1977年，在校大学生中的女生比例，已超过50%。1972年，国会通过平等权利宪法修正案。1975年时，已有34个州批准。1973年，最高法院的判决确认了堕胎权，堕胎率很快上升到每年100万人以上。在这段时间里，关于妇女问题的出版物迅速增多，妇女史成了高等院校的热门课程和重点研究项目。

5. 反正统文化运动

随着60年代新左派学生运动、黑人运动和妇女运动的迅速发展，50年代所谓沉默的一代，已为抗议的一代所取代。与这种普遍高涨的社会抗议浪潮、特别是青年抗议浪潮相呼应，反正统文化运动在美国风靡一时。可以说，它是 60 年代美国青年在思想文化领域对正统价值标准的公开反叛和挑战，也是对战后美国社会主流文化的第 1 次大规模冲击。其影响在美国至今还余音犹存。

　　〔反正统文化的兴起和发展〕　新左派运动的思想前驱和垮掉的一代，在 50 年代就对美国社会的现实表示过强烈的不满或消极的反抗，但他们的影响在当时是相当有限的。60 年代上半期，黑人运动风起云涌，使这种对美国社会现实的不满，在青年学生中迅速扩散。许多中产阶级家庭的子女，从格林斯博罗的静坐、伯明翰的示威和密西西比州的选民登记运动中，深切感觉到美国社会的不公正。加州伯克利分校校长克拉克·克尔的"大型综合大学机器"的思想，使青年学生觉得自己也成了工具而备受压抑。越南战争的升级，则使这种不满迅速上升。美国青年的反抗，终于不仅发展为激进的新左派政治运动，而且形成声势浩大的反对美国社会正统价值标准的文化运动。因此，反正统文化运动从一开始就和激进的政治运动相联系，它不仅包括那些师承"垮掉的一代"的嬉皮士青年和各种各样的消极遁世者，而且包括那些政治上的激进派，特别是易比士①和主张暴力论的气象派成员。1968 年民主党全国代表大会期间，因暴力行动而受审的易比士领袖阿比·霍夫曼 1969 年写道："当我出现在芝加哥的法庭上时，我希望不是因为我支持民族解放阵线（我支持过）而受审，而是因为我蓄长发。不是因为我支持黑人解放运动，而是因为我吸毒。"②在他看来，长发和大麻这些反正统文化的标记，与激进政治是不可分割的。随着反正统文化的发展，要求妇女解放的女权运动成员，以及反对工业社会环境污染的所谓生态行动小组，在 60 年代后期也成了反正统文化的组成部分。她（他）们或者以各种形式反对男人对女人的压迫，或者在群居的农场里播种不使用农药的作物，要求回归自

----

　　①　易比士指青年国际党成员。

　　②　戈弗雷·霍奇森：《当代美国》，纽约州加登城道布尔戴公司 1976 年版，第 308 页。

然。这样，反正统文化运动便汇聚了成分极其复杂的各种力量，而它们的共同点，则在于对美国正统文化的反叛性和它们的成员都是年轻人。所以反正统文化又有青年文化之称。

反正统文化运动的成分尽管十分复杂，但其中影响最大的，主要有两派：一派是主张积极的政治反抗，甚至要以暴力推翻现存制度的激进青年，他们被称为反正统文化的"硬"派；另一派是信奉禅宗、脱离社会、主张消极遁世的嬉皮士青年，他们被称为反正统文化的"软"派。因此，反正统文化在音乐、小说、诗歌和戏剧方面，兼备这两派的特点。既有反映造反和对抗的作品，又有以试验、幻觉和抽象意识为题材的著述和表演。不过这两派既互相区别，又互相融合。因为嬉皮士不同于"垮掉的一代"，其中不少人卷入了社会抗议的政治活动，包括向五角大楼的反战进军。激进青年则受嬉皮士生活方式的影响，气象派后来就过着一种群居生活。然而就其主流而言，1965年以后，随着激进青年从改良走向抵制，与政府、学校和警察发生越来越多的冲突，大部分嬉皮士离开了政治活动，汇聚到在全国各地形成的许多嬉皮士群居点里，"做他们自己的事"去了。这些群居点中，最负盛名的是旧金山的哈特-阿什伯里、洛杉矶的日落带和纽约的东村。嬉皮士青年在这些地方过着财产、爱情和孩子都公有的简朴甚至是邋遢的群居生活。他们蓄长须、留长发、戴珠子、耽迷于毒品和摇摆乐。嬉皮士想用他们的生活方式来说明现代社会的"追名逐利的争斗"是多么可笑，而人们之间的爱则能解决所有的问题。到1970年，在全国200多个群居点里，生活着大约4万名主要是30岁以下的嬉皮士青年。然而他们的影响，却远远超出这些群居点。崇尚嬉皮士生活方式的美国青年，与日俱增。长须长发者暂且不提，仅据精神病问题研究所负责人的保守估计，1969年，美国吸毒成瘾者达10万以上，有800万至1200万人至少吸过一次大麻。这年8月，嬉皮士在纽约州伍德斯托克举行了3天摇滚乐盛会，参加者达40万之众，形成一片人海，食物和饮水都成问题。尽管这次盛会以后，嬉皮士运动逐渐失去了势头，但是嬉皮士的生活方式作为反正统文化的重要内容，对美国社会影响之广泛和深远，在历史上是少见的。

　　〔反正统文化的基本思想和表现形式〕 反正统文化运动的主体，虽然是 60 年代的美国青年，但它的基本思想的形成与发展，却与当时许多并非青年的思想家、文学家和诗人的影响分不开。对反正统文化影响最大的人物，有赫伯特·马尔库塞、诺曼·布朗、保罗·古德曼、诺曼·梅勒、艾伦·金斯伯格、艾伦·瓦茨、蒂莫西·利里等。作为美国新左派的精神领袖和思想先驱，马尔库塞用弗洛伊德的心理动力学作为分析手段，得出了发达资本主义工业社会是对人的本能具有压抑作用的异化社会的结论。这样，他的"现代乌托邦革命"，就不是从改变现存的政治经济体制开始，而是发轫于每个人的本能深处；革命就不在于用一个阶级来代替另一个阶级进行统治，而在于全面改变人们的生活方式和文化结构。它也不再是政治革命，而是意识革命、本能革命，或者说文化革命。马尔库塞的这种思想，奠定了反正统文化的思想基础。梅勒和古德曼在他们的著作中，曾经从存在主义的自我出发，强调文化反叛的必要性，对一代美国青年，也产生重大影响。不过当反正统文化真正兴起之时，他们却先后落伍了。金斯伯格在 50 年代就把美国社会比之为牺牲自己子女的莫洛克神，发表了名震一时的诗篇《嚎叫》。60 年代初，当他从欧、美各国和以色列、印度、日本漫游归来之后，一改往日的悲观与消沉，加入各种各样的运动，向莫洛克神展开战斗，成为反正统文化风云一时的人物。他说这场文化运动的核心，是"回归自然和对机器的反叛"①。

　　简而言之，这些青年大都否定现代资本主义社会的人的理性，转而追求人的本能、感觉和意识。他们既摒弃过去，又无意于未来，关注的只有现在，即现在的自我。这些青年大都拒不接受西方基督教的教义，而信奉东方的佛教、印度平民的传奇和西藏的喇嘛教。在他们看来，基督教不过是白人资产阶级的部落宗教；而艾伦·瓦茨和加里·斯奈德传播的禅宗派唯信仰论，才能使他们超脱于工业社会的竞争和屈从。这些青年大都仇视种族主义，他们在黑人面前因为自己的中产阶级家庭出身而有一种社会负疚感。其中的激进分子，视黑人为

---

　　①　戈弗雷·霍奇森：《当代美国》，第 324 页。

美国革命的主力，而那些无意于政治变革的青年，则崇尚黑人文化，希望像黑人一样生活，甚至有"变成黑人的企图"①。这些青年大都倾向女性化。他们厌恶现代社会中为了金钱、地位和国家利益进行的男性的争斗，认为女性才是美，才为人所爱。然而，反正统文化运动的女青年中，又出现要求男性化的趋势。这是他们对妇女在现代社会中不平等地位的一种抗议。于是男的蓄长发、着花衣、施粉黛；女的则穿长裤、登皮靴、系宽皮带。男女不分，成了一种时髦的生活方式。

不过，最能反映反正统文化思想的生活方式，还是吸毒、摇滚乐和性解放。吸毒成了这些厌恶现实、追求自我的青年丰富自己的感觉、获取新的意识的手段。实际上，这不过是一条消极遁世之路。反正统文化的一些作品，就是源于这种五光十色的幻觉世界。1967 年 1 月，在金斯伯格、利里等人的参与组织下，几千名青年在旧金山金门公园举行狂欢活动。他们吸了毒，面对着太平洋上的落日，听金斯伯格吹起羊角号，背诵他那特别喜爱的符咒。集黑人布鲁斯曲②和白人乡村音乐于一身的摇滚乐的风行，则是与它的黑人文化色彩分不开的。

在沉迷于吸毒和摇滚乐的同时，一些美国青年还起而反对新教有关两性关系的道德规范，他们或者实行同性恋，或者实行双重性恋，或者过群居混交生活。这些人虽然人数不多，但是对美国社会道德的冲击力量却相当大。

〔反正统文化的影响〕 60 年代末和 70 年代初，反正统文化作为一种运动已失去势头，但它对美国社会产生的影响，却至今历历在目。嬉皮士的奇装异服，已经成流行装束，斜纹布牛仔裤在美国雅俗共赏。吸毒成了一大社会问题，中产阶级中也出现许多瘾君子。摇滚乐则继续流行，其商业价值与日俱增。两性关系更加随便，离婚已习以为常，色情电影泛滥成灾。少数民族和妇女，成了政治家们不能忽略其存在的选民。环境保护和生态平衡，已是美国的重要社会目标。正是从这些意义上考察 60 年代的反正统文化运动，托马斯·格里费

---

① 戈弗雷·霍奇森：《当代美国》，第 311 页。

② 一种伤感的黑人民间歌曲。

茨才在 1979 年的《大西洋月刊》上得出结论:"这种反叛对社会所作的批判,却在今天为人们广泛接受。"①他甚至把"1968 年的一代",称之为"赢得胜利的一代"。然而这种胜利是表面的。美国的政治结构,并未因文化价值标准的改变表现出将要发生重大变革的迹象。看来,与其说反正统文化对社会的批判起了作用,还不如说它已被纳入正统文化的范畴。这种以自我为核心的文化反叛,虽然给美国社会留下深刻的印记,但是不可能从根本上改变美国社会的整个结构,包括马尔库塞等人所说的它对个人的压抑。

6. 工人运动和美国共产党

受科技革命和 60 年代社会抗议浪潮的影响,美国工人运动出现了某些新的动向。在麦卡锡主义横行时遭到严重摧残的美国共产党,也开始恢复政治活动。但是,就战后美国工人运动和共产主义力量的总的发展趋势而言,60 年代尚未出现走向新岸的重大转机。

〔工人运动的新动向〕 战后美国国家垄断资本主义的发展、科学技术的进步和社会结构的变化,在客观上要求美国工人运动进行重要的思想和组织改造,然而 50 年代劳联和产联的合并并未能产生这种作用。由于工会上层领导在国际问题上继续支持美国的扩张主义政策,在国内继续以集体谈判作为维护工人权益的主要手段,他们实际上奉行的,仍然是与美国统治集团和垄断资产阶级合作的工联主义。1961 年 12 月,肯尼迪总统在劳联—产联全国代表大会上呼吁工会为稳定物价作出牺牲。劳联—产联主席乔治·米尼很快就作出反应。他说:"不要为我们担心。我们将予以 10 倍的合作"。② 但是 1958 年危机以后,美国企业界在集体谈判中的态度却逐渐强硬,有的甚至采取

---

① 托马斯·格里费茨:《赢得胜利的一代》,载《大西洋月刊》1979 年 5 月号。

② B. 米哈依洛夫、H. 莫斯托维茨和Γ. 谢沃斯季扬诺夫编:《美国现代劳工史》(英文版),莫斯科进步出版社 1979 年版,第 2 卷第 438 页。

所谓"博尔韦尔主义"的立场，即由资方向工会提出解决方案，"成就成，不成拉倒"。这主要是因为50年代末至60年代上半期美国的失业率一直很高，商品的竞争力每况愈下，企业界把对工会作出的让步转变为消费者负担的做法，已不像战后头10年那样方便易行。因此，资方在集体谈判中想收回一些已失去的阵地。而肯尼迪的工资—物价指标，又进一步限制了工会在集体谈判中的要求。与此同时，美国工会会员的人数在1956年达到1750万的高峰后，到1961年减少了120万。1963年以后，工会会员的绝对人数虽然上升，但在非农业劳动力大军中占的比例却逐年下降。1956年为33.4%，1966年为28.1%，1970年为27.4%。因此，尽管工会在集体谈判中也赢得一些胜利，但是著名的劳工领袖伦纳德·伍德科克仍然不无担心地指出："集体谈判最大的危险，可能就是它为越来越少的人赢得越来越多的东西，直至完全不起作用。"①美国学者杰克·巴拉什则在60年代后期得出结论："美国的工会已经完成了从'抗议运动变成做交易的公司'"②这一转化。

　　尽管如此，美国工人运动在60年代仍然出现一些值得注意的新动向。这是和美国工人阶级阶级结构的变化分不开的。1961—1968年，美国就业人口增加900万，其中大部分是来自所谓第二劳动力市场的青年和已婚妇女。据统计，1965年时25岁以下的青年工人，占就业人口的1/5，1968年上升到1/4；已婚妇女1961年在就业人口中占18%，1968年上升到22%③。60年代加入产业大军的这些青年工人，与他们的父辈不同，他们受的教育较多，不满足于仅仅获得经济上的保障，对于现代化生产的劳动条件对人的精神压抑感觉特别敏锐。他们和同时代的许多青年学生一样，对环境和社会有一种异化感。在这些青年工人看来，热衷于集体谈判的工会官员，与资方人员

---

　　① 桑德福·科恩：《美国劳工》，美国俄亥俄州哥伦哥市查尔斯·梅里尔公司1970年版，第139页。

　　② 桑德福·科恩：《美国劳工》，第114页。

　　③ 桑德福·科恩：《美国劳工》，第37~38页。

没有什么两样，根本不能代表他们的利益和愿望。他们不仅具有反对工会上层领导的倾向，而且对美国的企业管理方法提出了新的挑战，迫使面临激烈的国际市场竞争的美国企业界在 70 年代开始注意日本的管理方法。1973 年，卫生、教育和福利部特别工作组的报告承认："由于教育水平和经济地位的普遍提高，现在对于许多美国工人来说，有一个令人感兴趣的工作，和有一份报酬丰厚的差使同样重要。"①女王的增多，也带来新的问题。她们没有忠于工会领导的传统，而且大部分是非工会工人。她们为反对性别歧视展开斗争，受60 年代女权运动的影响。这些妇女不愿意把自己视为需要特殊照顾的对象，她们把女工在妊娠期和产后应享的权利，看作为所有工人的健康和安全进行的斗争的一个部分；她们认为在健康和安全这些长期以来为工会上层所忽视的基本权利方面，无论是女工还是男工，都应该为自己的平等权利而斗争。在女工斗争的推动下，60 年代后期为维护工人健康和安全而展开的工人权利运动，在煤矿部门迅速发展。1969 年，几百名属于黑肺病协会的煤矿工人，向西弗吉尼亚州首府举行进军，要求对患黑肺病的矿工给予赔偿。这次示威触发了煤矿工人大罢工，使西弗吉尼亚州的矿井关闭。工人要求通过有关黑肺病的立法，由于联合矿工工会主席"托尼"·博伊尔等保守工会领导人无视工人在健康和安全方面的要求，工会普通会员在黑肺病协会支持下，展开更换领导人的斗争。到 1972 年，博伊尔终于下台，取代他的是一个本人患有黑肺病的矿工阿诺德·米勒。

除青年和妇女以外，60 年代美国就业大军中增加较多的，还有黑人和政府与公共事业单位雇员。黑人工人增多后，对于工会内部存在的种族歧视十分不满。A. 菲利普·伦道夫和全国有色人种协进会曾经为在劳联—产联内部消除种族歧视作出了一定的努力。由于1964 年民权法的通过，再加上越南战争升级增加了对劳动力的需求，

---

① 詹姆斯·格林：《工人世界：20 世纪的美国劳工》，纽约希尔与王公司1980 年版，第 221 页。

黑人就业和参加工会的人数进一步增加。在这种形势下，马丁·路德·金试图在民权运动和像沃尔特·鲁瑟这样开明的劳工领袖之间建立联盟，把民权运动和劳工运动结合起来。他后来甚至为此付出了自己的生命。但是由于城市造反、黑人权力运动的兴起和金的被刺，这一努力未能取得重大进展。黑人工人在许多工会内部，甚至包括联合汽车工人工会内部，展开了反对工会上层领导的斗争。到 70 年代初，一些黑人劳工团体建立了黑人工联主义者同盟。但是，由于经济危机的发生，再加上民权运动和黑人权力论的衰落，黑人在劳工运动内部的影响，已难进一步扩展。不过就 60 年代而言，黑人劳工的斗争还是给美国工人运动带来一些生气，推动了普通会员反对保守的工会上层领导的斗争。至于政府雇员和公共事业单位雇员的增加，则是和国家垄断资本主义的发展分不开的。1929 年，各级政府雇员仅占全体就业人员的 8.8%，1970 年时上升到 20%。由于肯尼迪总统在 1962 年发布第 10988 号总统命令，允许联邦雇员进行集体谈判，政府雇员参加工会的人数在 60 年代翻了一番，从 1960 年的 100 万人，增加到 1970 年的 230 万人。罢工次数与卷入人数，也大大超过 50 年代。尽管政府与公用事业单位雇员的罢工得不到法律保护，许多教师、护士、清洁工和消防队员，还是为保护自己的权益展开了罢工斗争。到 60 年代末，政府与公用事业单位雇员的工会在不少大城市具有相当大的影响。

在青年工人、女工、黑人劳工和政府与公用事业单位雇员加强斗争的同时，以劳联—产联领导人为代表的工会上层人物，仍然囿于传统，不求进取，从而在普通会员中激起强烈的不满。这样，普通会员在 60 年代采取了一系列造反行动。他们或者拒不接受工会领导签署的集体合同，或者举行野猫式罢工，或者提出更换领导的要求。60 年代中期，联邦仲裁与调解局参与达成的集体合同，10% 遭到工会会员的拒绝。其中影响最大的，是 1966 年 35000 名罢工的飞行机械师拒不接受约翰逊总统帮助达成的解决劳资争端的协议。在州、县、市雇员工会、国际电气、无线电和机械工人工会以及美国钢铁工人联合会内部，都出现要求现任领导人下野的呼声。在普通会员造反浪潮的推动下，劳联产联内部也出现分裂。联合汽车工人工会主席沃尔特·鲁瑟，批评以米尼为首的劳联产联上层领导，缺乏"进步的现代劳工运动应具有的社会眼光、强劲动力和征讨精神"，于1968年率联合汽车工人工会脱离了劳联产联，并与卡车司机工会等组织另组劳工行动同盟。普通会员的造反和劳工行动同盟的建立，反映了美国工人阶级对保守的工会上层领导的不满和建立新的工会统一组织的要求。然而，这些行动均未能改变美国工会运动趋于保守和停滞不前的现状。1970年，鲁瑟因飞机失事遇难，美国工会运动失去一个可以对米尼的领导地位提出有力挑战的重要人物。至于工会运动内部的黑人、妇女、青年和政府雇员的斗争，还远远未能发展到足以左右整个美国工人运动的地步，而且这些斗争在70年代初随着美国群众运动的衰落，也逐渐有所削弱。

〔美国共产党的运动〕 1961年，美共主席尤金·丹尼斯和名誉主席威廉·福斯特相继去世，伊丽莎白·弗林当选为美国共产党主席。当时，美国共产党尚未摆脱内部分裂和外来镇压的困境。以米尔特·罗森、莫特·希尔、弗雷德·杰罗姆、休·沃伦为首的一批美共党员，由于对国际共产主义运动和美国共产党的路线持有不同看法，在1961年12月被清洗出美国共产党。他们另组进步劳工党，后来成为新左派运动的一个重要派别。同年6月，最高法院在两次判决中确认了1950年《麦卡伦伍德法》，并宣称"作为一个主张以暴力推翻政府的党的积极而自觉的成员是触犯联邦刑律的罪行"①。根据《麦卡伦伍德法》的规定，共产党必须到司法部登记为外国代理人，并提供领导人与党员名单。美国共产党要求最高法院进行复审，遭到拒绝。10月9日，最高法院再次确认上述判决。对此，美国共产党在《政治月刊》上发表声明："最高法院拒绝重新审查反民主的《麦卡伦法》的论点，这不会中止美国共产党为捍卫宪法和它的权利法案而进行的持

① 《美国新闻与世界报道》，1961年6月19日，第42页。

续不断的斗争……共产党相信，一旦美国人民意识到一个人如果反对
战争和反动派的反民主政策，他在这个国家就不能不因为这项法律而
坐监时，他们就会团结起来，为反对这项臭名昭著的法律而斗争。"①

由于司法部给共产党和它的领导人规定了登记的最后期限，而美
国共产党又拒不服从，华盛顿的大陪审团在1961年12月就此援引麦
卡伦法对美国共产党提出起诉。1962年3月15日，美共领导人盖
斯·霍尔和本杰明·戴维斯个人受到指控并被捕，后以5000美元保
释，但面临着被判监禁30年和罚款60万美元的可能。12月11日，
华盛顿地区法院就美国共产党拒不登记判处罚款12万美元。美国政
府对美国共产党的这一系列迫害，在进步知识分子中激起强烈不满。
著名黑人学者杜波依斯在美国共产党最困难的时候，申请加入美国共
产党，表达了他对共产主义的信念。在进步舆论的支持下，美国共产
党为争取合法存在的权利展开了长期的斗争。1963年12月17日，
华盛顿上诉法院终于取消地区法院在1962年作出的罚款12万美元的
判决，认为它违反宪法第5条修正案。1964年6月18日，最高法院
也作出裁决，宣布强制登记是非法的。美国共产党在长达14年之久
的反对麦卡伦法的斗争中，赢得了重大胜利，取得了合法存在的
权利。

自此，美国共产党开始恢复政治活动。1965年5月举行的第十
九次全国代表大会通过了新的纲领，主张建立以工人阶级为首的全体
人民的反垄断同盟，提出了建立"新人民党"的任务。1966年，美共
在国会和地方选举中提出了自己的候选人。1968年7月恢复出版《工
人日报》。美国共产党在60年代中期以后，终于摆脱50年代那种备
受镇压和迫害的局面，但它在美国的政治影响，仍然十分有限，而且
在短期内似难根本改观。美国共产主义者面临着如何使自己的理论和
实践适应美国社会变化的长期而艰难的任务。

---

① 《政治月刊》，1961年11月号，第1~2页。

7. 1968 年大选和约翰逊下台

1968 年选举年到来之时，约翰逊已陷入内外交困的境地。越南战场成了美国政府难以自拔的泥沼。在春节攻势的沉重打击之下，侵越美军士气一落千丈，国内民心厌战。罗伯特·肯尼迪评论说："全面的军事胜利希望渺茫，事实上我们可能已无力回天。我们的敌人在整个南越大地纵横驰骋，彻底粉碎了掩人耳目的官方幻想。"①此外，通货膨胀日趋严重，经济增长速度放慢；社会福利因战争和通货膨胀而深受其害；到处弥漫着"恐惧、不信任、愤怒和离异的气氛"，城市动乱又不断发生，群众抗议浪潮已成雷霆万钧之势。约翰逊总统成了"白宫的囚徒"，不敢随意出巡，因为特工人员在遭遇敌对示威游行之时，难以保证他的安全。在约翰逊总统四面楚歌之际，民主党内又有人异军突起，问鼎白宫。是年 3 月，明尼苏达州国会参议员尤金·麦卡锡参加新罕布什尔州预选，角逐民主党总统候选人提名。他猛烈攻击约翰逊政府的越南政策，赢得出人意料之外的胜利。3 月 16 日，在民主党自由派中颇有影响的罗伯特·肯尼迪参议员，也以反战姿态参加民主党总统候选人的角逐。在这种形势下，约翰逊意识到总统更迭已不可避免。3 月 31 日，他没有事先征求任何顾问的意见，径直向全国发表电视演说，宣布退出 1968 年竞选，并表示限制对北越的空袭，寻求和平谈判的可能。这一决定，标志着约翰逊政府越南政策的彻底失败，同时也宣告了约翰逊本人政治生涯的告终。这样，副总统休伯特·汉弗莱终于出山，争夺民主党总统候选人提名。然而，形势对民主党人越来越不利。4 月 4 日，马丁·路德·金被刺，全国 100 多个大城市发生黑人暴动。6 月 5 日，罗伯特·肯尼迪又在洛杉矶被暗杀。8 月份，民主党全国代表大会在芝加哥召开，会场外戒备森严，到处是铁丝网和安全检查站，焦头烂额的约翰逊作为现任

---

① 罗伯特·迪万：《1945 年以来美国的政治与外交》，第 169 页。

总统破例宣布不参加民主党全国代表大会，以免刺激群众的反政府情绪。尽管如此，芝加哥警察还是和反战示威群众发生严重冲突，警察大打出手，酿成震惊全国的暴力事件。汉弗莱虽然获得民主党总统候选人的提名，但他已无法摆脱民主党要为越战失利和城市动乱负责的政治形象。

　　与民主党竞选活动一片混乱形成对照，共和党人理查德·尼克松顺利获得本党总统候选人提名。他在迈阿密共和党全国代表大会上击败自由主义者纳尔逊·洛克菲勒和保守主义者罗纳德·里根，在第一轮投票中就赢得胜利。尼克松在接受提名的演说中，保证要注意"大多数美国人、被遗忘的美国人……那些不拿枪射击和不示威的人们"的"沉默的声音"。① 他试图利用南方白人、中下层中产阶级以及部分蓝领工人对社会动乱和民主党政府社会经济改革的不满，诉诸所谓"沉默的多数"，瓦解民主党的选民基础，建立一个共和党的政治联盟，改变新政以来共和党在两党政治中长期处于劣势的局面。至于越南问题，尼克松在竞选中表示要尽可能快地结束战争和赢得和平，但始终回避作出具体承诺。11月5日，尼克松以3178.5万张选民票和301张选举人票，战胜民主党候选人汉弗莱和第三党候选人乔治·华莱士，当选为美国总统。据美国学者统计，尼克松赢得的选举人票是1916年以来历届大选中最少的一次，而且民主党仍然控制着国会，不过席位略有下降而已。这种微弱多数的胜利说明，共和党还远远未能形成足以左右两党政治的选民联盟。民主党人的失利，主要在于不得人心的侵越战争和国内动乱。但它毕竟表明，新政式国家垄断资本主义的发展在60年代达于顶点之后，已盛极而衰。美国霸权主义的全球战略，也面临困境。战后美国经济长足发展的"黄金时代"和美国政府在国际政治中颐指气使的日子，已告结束。对于70年代当政的美国统治集团而言，前景是暗淡的。

---

　　① 阿瑟·林克、威廉·卡顿：《一九〇〇年以来的美国史》，下册第200页。

第九章　反对新政传统的初步尝试

60 年代结束时，美国新政式国家垄断资本主义的发展面临困境，美国历史上第一次出现经济停滞与通货膨胀两症并发的"滞胀"现象。这是战后历届美国政府长期奉行的凯恩斯主义经济政策难以应付的新问题。同时受战后美国政府大规模干预经济生活和"福利国家"不断发展的影响，联邦政府的权力急剧扩大，在上层建筑领域引起各级政府间关系新的失调。这样，新政以来美国资产阶级自由主义社会经济改革的势头，终因困难重重而逐渐低落。60 年代风起云涌的群众运动，也已成尾声。美国的保守主义势力则在重整旗鼓，以期东山再起。

尼克松总统上台后，试图利用美国资产阶级自由主义的困境，对经济、社会福利和政府体制进行重大调整，为美国社会摆脱新政式国家垄断资本主义的危机，寻找一条保守主义的出路。他在经济上几度采取反凯恩斯主义的政策；在社会福利事业上削减"伟大社会"的项目，并提出取代联邦社会救济的家庭援助计划；在政府关系上主张改变权力集中于华盛顿的流向，实行所谓新联邦主义；在民权问题上阻挠以校车接送学童方式消除公立学校的种族隔离制；他还对激进组织进行镇压，维护"法律和秩序"。尼克松希望用这些政策措施争取倾向保守的"沉默的多数"的支持，建立共和党的多数派政治联盟，为扭转共和党在两党政治中的长期劣势奠定基础。

尼克松总统虽然在 1972 年竞选连任成功，但他在整个任期之内，并未能使美国社会的发展完全偏离新政式国家垄断资本主义的轨道。当经济危机严重之时，他不得不回到凯恩斯主义的道路上去，甚至实施带有左翼凯恩斯主义色彩的新经济政策；为缓和社会矛盾，联邦政府的福利开支继续保持增长趋势，并在尼克松任内首次超过国防开支的比重；由于黑人的斗争和最高法院的判决，公立学校的种族隔离制终于基本崩溃。不仅如此，尼克松还扩大总统权力，以至有帝王总统之称，并因滥用职权导致水门事件发生，最后在美国统治阶层的内部斗争中被迫辞职。

显然，在美国国家垄断资本主义的发展道路上，尼克松尚未能另辟蹊径。美国社会面临的一系列问题，将继续困扰继尼克松之后执政的福特政府。

1. 美国社会的新动向与尼克松上台

理查德·尼克松总统上台之时，正是美国社会发生重大变化之际。许多美国人在 1968 年就已意识到这种变化的趋势，认为这意味着新政以来，特别是战后形成的自由主义社会经济改革上的一致性的终结。《时代》杂志主编黑德利·多诺万则在 1969 年初的公开演说中宣告"美国世纪"的衰落。① 的确，60 年代末和 70 年代初的美国社会，正处于一场新的重大变化之中。就其实质而言，这种变化反映了美国新政式国家垄断资本主义的长期发展所带来的新的更为深刻的危机。②

〔走向"滞胀"的美国经济〕　新政以来，美国政府大规模干预经济生活，曾在一定程度上缓和生产过剩的矛盾，使美国经济在战后保持长期增长趋势。但是，国家干预程度的不断加强，尤其是 60 年代美国政府的常规性赤字财政政策与膨胀性货币政策，到 60 年代中期以后，造成通货膨胀恶性发展的严重后果。

首先，联邦政府由于庞大的财政赤字，不得不大量发行公债。据统计，政府公债在 50 年代每 5 年的增长率只有 6.3% 左右，但

---

① 戈弗雷·霍奇森：《当代美国》，第 364 页。

② 参阅刘绪贻：《美国垄断资本主义发展史与马列主义》，载上海《社会科学》1984 年第 2 期。

1960—1965 年增长率上升到 11%，1965—1970 年更高达 18%，1970—1975 年则猛增至 42%。政府向银行推销公债，或以公债为抵押向银行借款，而银行则将认购公债的价款或政府借款作为存款列入政府往来账户，以供财政部随时支取。由于银行增加了这笔虚假存款，从而使它有可能扩大对客户的放款。这种放款又可以类似的方式派生出新的存款。新的存款又产生新的放款，造成创造存款的连锁反应，导致现代货币供应最重要的手段——活期存款的急剧扩大，使通货膨胀不断恶化。此外，与联邦政府的赤字开支相配合，美国联邦储备银行通过增发货币和实行信用扩张，进一步扩大了美国的货币供应量。从 60 年代开始，廉价货币政策发展特别迅速。美国货币发行增长率在 50 年代未超过 2%，但 1967—1968 年高达 7.6%。联邦储备银行的信用扩张，比增发货币的作用更大。第二次世界大战后，美国联邦储备银行除在危机期间多次降低贴现率和商业银行活期存款准备金比率，使商业银行能扩大其信贷额以外，还通过公开市场活动购进政府证券，使商业银行增加现金并扩大放款能力。值得注意的是，公开市场活动对货币供应量扩大的影响，在战后十多年的时间里，主要发生在危机期间，因而具有间歇性，但 50 年代中期以后，日益产生常效作用。据统计，联邦储备银行在 1946—1957 年的公开市场活动中，购进与出手的政府证券两相抵消，从长期来看对货币供应量影响不大。但此后情况急转直下：1958—1960 年，联邦储备银行每年平均净购政府证券 11 亿美元，1961—1965 年每年平均净购 27 亿美元，1966—1979 年每年平均净购额上升到 60 亿美元。[①] 这样，联邦储备银行在 60 年代把实际利率控制在 2% 到 3% 的低水平上，为银行信贷的大规模扩张创造了条件。

除联邦政府赤字财政政策和膨胀性货币政策大大加速货币供应量的扩大以外，美国私人债务在这种条件下的恶性发展，也是不可忽略的因素。一方面，垄断公司为加快产品销售，不断扩大消费信贷。

---

① 西蒙·N. 惠特尼：《1945 年以来的通货膨胀》，纽约普雷格公司 1982 年版，第 6 页。

1946年，美国以分期付款为主的消费信贷为84亿美元，到1969年猛增至1225亿美元。另一方面，垄断公司本身为进行有利投资，也以向银行借款和大量发行债券的方式，越来越深地卷入债务经济的急流。据美国经济分析局资料统计，1960—1969年，美国的公司净债务从3028亿美元，猛升到7342亿美元，增长了142%。其增长速度，比50年代高出43%。①

由于以上原因，再加上货币和信贷流通速度加快等其他因素，美国货币供应量的平均增长率，在60年代大大提高，并超过实际国民生产总值的年增长率。这一差距在70年代进一步扩大，终于使通货膨胀成为困扰美国经济的恶魔。1951—1960年，美国实际国民生产总值年平均增长率为3.2%，而货币供应量年平均增长率只有2%；但1961—1970年货币供应量年平均增长率猛升到4.7%，当时实际国民生产总值年平均增长率却只有4.2%。到1971—1976年，货币供应量年平均增长率上升到5.8%，而实际国民生产总值的年平均增长率却降到2.7%，差距更加扩大。显然，60年代以来的物价上涨，是货币供应量增长率超过实际国民生产总值增长率的恶性通货膨胀，美国经济学家称之为"奔驰性通货膨胀"。这一点和50年代是不同的。

更加值得注意的是，从60年代后期开始，这种通货膨胀的恶性发展，具有与美国历史上曾经出现过的通货膨胀完全不同的特点，即它不仅不能刺激经济增长，反而与经济停滞并驾齐驱，逐渐形成前所未有的"滞胀"现象。60年代后期直至整个70年代，美国经济的停滞，不仅表现为危机期间的生产下降，而且表现为非危机期间经济增长的缓慢与波动，以及由此引起的经常性的大量失业。

经济停滞的原因是多方面的。尽管国家垄断资本主义的加强在战后一个时期内曾经减轻生产过剩的程度，刺激了经济的增长，但是生产量的不断扩大，使许多商品的国内市场在60年代逐渐趋于饱和。与此同时，除大量外援外，美国政府支持下的跨国公司的扩张进入高潮，使美国资本大量外流，再加上高工资高福利使成本提高等原因，

———————————

① 《美国历史统计》，纽约基本图书公司1976年版，第989页。

这就给国内工业设备的更新带来不利影响，而日本和西欧等国的经济，却正处于高速发展的黄金时代，结果导致美国商品在国内外市场的竞争力逐渐削弱。1965 年以前，美国与其主要贸易伙伴日本、西德和加拿大的贸易顺差虽在减少，但还保持着出超。1965 年开始，日本对美国的出口超过从美国的进口。1966 年，西德对美贸易也变为出口大于进口。1968 年，加拿大也赶了上来。1971 年，美国对外贸易终于第一次出现逆差。美国商品市场的相对萎缩，加剧了一度得以缓和的生产过剩危机。

60 年代后半期，美国的劳动生产率也出现下降趋势。在战后一个相当长的时期内，美国垄断资本受科技革命的巨大影响和联邦政府的政策刺激，曾不断加速固定资本的更新，大大提高了美国的劳动生产率，保证了公司利润的增长。特别是肯尼迪和约翰逊两届民主党政府的加速折旧、投资税优惠和减税政策，曾促使 1961—1966 年美国固定资本更新的年平均增长率高达 12.17%，1961—1965 年美国人均小时实际产值指数(以 1958 年为 100，下同)提高了 17.2%。但从另一方面看，正是由于这一时期美国政府的长期赤字财政政策和膨胀性货币政策缓和了生产过剩危机，美国垄断企业通过全面更新设备提高劳动生产率的急迫感，在 60 年代后半期大大削弱。基本上完成纵向合并的美国大公司，宁可通过垄断价格保持高额利润，而不急于更新设备和提高劳动生产率。结果，1966—1970 年美国固定资本更新的年平均增长率下降到 5.9%，不仅大大低于 60 年代上半期，而且低于1947—1966 年 20 年间的年平均增长率 6.94%。美国人均小时实际产值指数在 1966—1970 年间仅仅提高 7.7%。这是截至当时为止战后劳动生产率增长速度最低的 5 年。还应指出的是，在 1950—1965 年的15 年期间，美国研究与发展经费曾迅速增加。1964 年达到占国民生产总值 3% 的历史最高水平。但此后逐年下降，到 1978 年才开始稍有回升。显然，从科研经费在国民生产总值中占的比重看来，西方学者所谓的以原子能、电子计算机和航天技术为标志的第 3 次科技革命和以信息产业为标志的第 4 次科技革命之间，出现了一个高涨之中的间歇期。其后的经济发展表明，第 4 次科技革命中微电子技术对美国工业部门的大规模技术更新，要到80年代上半期才对美国经济的重新高涨产生明显的影响。而就科技革命对促进美国经济发展的效果而言，60年代末直至70年代，是战后高峰期之后的一个歧谷。

在上述劳动生产率增长缓慢、生产过剩等因素影响下，从60年代后半期开始，美国公司利润率逐渐降低。1970年以后虽略有回升，但很快就中断。由于石油输出国组织从1971年开始提高石油价格，并在1973年中东战争爆发后对支持以色列的西方国家实行石油禁运，结果在资本主义世界触发了能源危机和世界性石油价格暴涨。美国作为世界上最大石油消费国，生产成本急剧上升，使美国公司利润率再次猛跌。就整个70年代而言，美国公司利润率远远低于60年代后半期。在利润率下跌的情况下，美国垄断资产阶级是不愿意大规模扩大生产的。1973—1978年，美国股份资本总额年平均增长率仅为2.8%，只及过去10年的一半。到1979年前后、美国的投资率（非住宅固定资本投资占国民生产总值的比重）一直停滞在10%以下，低于日本、西德，甚至于英国。这样，美国经济就从60年代末开始，直至整个70年代，进入一个长期停滞的阶段。

60年代末期以来美国经济出现的"滞"与"胀"，不是彼此孤立的现象，而是二者的有机结合。它们互相钳制，彼此影响，成为美国统治阶级在10多年里穷于应付的恶性循环。为缓和美国资本主义社会的基本矛盾，对付经济停滞，美国政府不得不采取凯恩斯主义的赤字财政政策和膨胀性货币政策，结果加剧了通货膨胀。而通货膨胀愈演愈烈之后，它对美国经济增长的刺激作用逐渐转向反面。这种"奔驰性"通货膨胀影响美国人民实际购买力的增长，并使借贷资本相对枯竭，不利于生产的进一步扩大。不仅如此，它还加剧了美国利润率下降的趋势，使资本家投资意愿低落。尽管美国政府仍然以赤字财政和膨胀货币来刺激生产，但是垄断资产阶级显然已失去战后那种扩大生产和加速固定资本更新的热情。由此可见，恶性发展的通货膨胀在购买力、借贷资本和利润率这三个方面，都产生不利于经济增长的反作用，促使美国经济陷入长期停滞状态。而这种经济的长期停滞，反过来又进一步扩大货币供应量与国民生产总值之间的差距，并迫使美国政府一次又一次地通过赤字财政政策和膨胀性货币政策来寻找出路，结果使通货膨胀愈演愈烈，造成通货膨胀与经济停滞之间的恶性循环。

〔美国两党政治中保守主义趋势的加强〕　由于美国自由主义的社会经济改革在 60 年代后期逐渐陷入困境，美国两党政治中保守主义的趋势加强。当时有一些着眼于学生运动、民权运动和妇女运动的人，曾经错误地预言：美国未来的政治浪潮，是出现一个由"青年、黑人和妇女"结成的联盟。但是社会学家罗伯特·伍德在 1967 年初就指出：这些人不是多数，组成美国人多数的，是"工作的美国人"[1]；他们关心的不是国家，不是社区，也不是邻里，而是他们的工作、他们的家庭和他们的住房。在伍德发表这番言论的两个月以前，一位国会议员的年轻助手凯文·菲利普斯写了一本书，题为《崛起的共和党多数》。他在这本 1969 年正式出版的著作中指出：美国社会的两大迁移运动，将使从大萧条到 60 年代期间形成的民主党多数，转变为新的共和党多数。第一大迁移运动，是美国人从东北部和中西部向"阳光地带"迁移；第二大迁移运动，是中产阶级的新成员从城市向郊区迁移。菲利普斯认为，60 年代的重大政治变动，是那些因繁荣而步入中产阶级和保守主义阵营的美国大众对自由主义的反叛。对民主党人来说，伍德和菲利普斯的观点，在一定程度上不幸而言中。新政以来民主党人的自由主义社会经济改革虽然有很大的局限性，但确实使大部分美国人的经济、政治和社会地位有相当程度的改善。正因为如此，民主党在美国政治中的多数党地位才得以长期维持。然而，曾经受惠于新政以来民主党自由主义社会经济改革的蓝领工人和中下层中产阶级，在自身地位改善以后，政治态度也发生了变化。他们的小康生活，使他们害怕通货膨胀；联邦政府扩大对穷人的援助，使他们对税务负担过重产生反感；黑人地位的提高，使他们担心会出现新的竞争者。他们把这一切都归咎于民主党政府的社会经济改革。至于内战以后一直投民主党票的南部白人，更是对民主党政府的民权政策耿耿

---

[1]　戈弗雷·霍奇森：《当代美国》，第 413 页。

于怀。60 年代末，约翰逊政府深陷越战泥坑和国内动乱，又进一步加剧对民主党的不信任情绪。这样，美国自由主义改革的社会基础逐渐缩小，共和党人开始寄希望于建立一个保守主义的多数派政治联盟，它将包括部分蓝领工人、南部白人、中下层中产阶级，以及中西部和极西部传统的共和党选民。这就是 1968 年大选时尼克松公开争取的所谓"沉默的多数"。

〔尼克松的政治背景〕　尼克松在 1968 年竞选的胜利，在一定程度上反映了战后美国权势集团之间力量对比的变化。由于军火、石油、尖端技术、旅游、房地产和农业的迅速发展，以加利福尼亚和得克萨斯为代表的西南部和南部地区，成为战后美国经济发展最快的所谓阳光地带。西南部权势集团也随之强大，其中尤以加利福尼亚财团实力增长最快，到 70 年代，已成为美国第三大财团，1974 年资产总额为 1670.89 亿美元，比 1955 年增加 5 倍。随着阳光地带经济实力的增长，以加利福尼亚财团为代表的西南部权势集团在政治上要求获得更大的权力，向长期以来左右美国政治的东部权势集团提出挑战。理查德·尼克松就是在加利福尼亚金融中心美洲银行的董事赫尔曼·佩里的支持下，步入政界的。尼克松本人后来在回忆录中对此也不讳言。1960 年，尼克松作为共和党候选人竞选总统，可以说是西南部权势集团支持具有西南部背景的政治人物问鼎白宫的一次尝试。1960 年竞选失败后，尼克松改善了他与东部权势集团的关系。尼克松在 1968 年大选中的胜利，是与东部权势集团的鼎力相助分不开的。特别是在罗伯特·肯尼迪遇刺以后，一批与企业咨询委员会和经济发展委员会关系密切的东部金融企业界要人，坚定地支持尼克松出山。其中有纽约第一花旗银行董事长乔治·穆尔、威斯汀豪斯电气公司董事长格威宁·普赖斯、古德伊尔轮胎与橡胶公司董事长拉塞西尔·德扬等人。但尼克松入主白宫后，其国内政策上的西南部倾向日益明显，逐渐与东部权势集团发生矛盾，终于在水门事件败露后被逐出白宫。由此可见，就尼克松政府的背景而言，既要看到它是包括东部和西南部权势集团在内的美国垄断资产阶级的代表，又要看到它倾向西南部权势集团的特点。这种背景，不仅反映战后美国权势集团力量对比的变化,而且反映 60 年代末期以来美国两党政治中以阳光地带为基地的保守主义势力的发展。日后里根保守主义的崛起,与这一发展进程密切相关。

2. 尼克松政府的经济政策

〔"姑且一试"计划〕 尼克松上台时,滞胀危机尚未正式发生,美国经济迫在眉睫的问题是通货膨胀。他的经济顾问委员会主席保罗·麦克拉肯认为:通货膨胀是"伟大社会"的庞大开支造成的。尼克松特别敬重的经济顾问阿瑟·伯恩斯教授,建议他大规模削减开支。芝加哥学派的货币主义者米尔顿·弗里德曼,则向尼克松的高级顾问们保证:只要停止货币供应量的增长和提高利率,通货膨胀在 6 个月内就可以扭转。这样,尼克松在 1969 年 4 月 14 日提出了所谓"姑且一试"计划,决定实行传统经济学和货币主义相结合的紧缩性财政与货币政策,以抑制通货膨胀的发展。① 据此计划,尼克松从约翰逊最后提出的联邦预算中削减开支 40 亿美元,不再延长肯尼迪总统为刺激私人投资在 1962 年实行的投资税优惠,并严格审查各种免税项目,从而在 1969 财政年度使联邦收支获得平衡,且略有盈余。此外,财政部和联邦储备委员会密切配合,紧缩货币。到 1970 年,利率已提高到内战以来的最高点。然而事与愿违,"姑且一试"计划不仅未能抑制住通货膨胀,反而触发了战后美国第五次经济危机。通货膨胀与经济衰退两症并发,滞胀现象在美国初露苗头。在 1969 年 11 月至 1970 年 11 月的危机期间,美国国民生产总值下降 1.1%,失业率上升到 6%,全失业人数最高达 503 万,消费物价则不仅没有下跌,反而上升 6.6%。肯尼迪总统前经济顾问委员会主席挖苦地把滞胀现象的出现,归咎于"尼克松经济学"。这当然带有党派政治的偏

---

① "姑且一试"计划具体内容参见《第 91 届国会第 1 次会议两院联合经济委员会听证记录:总统 1969 年经济报告》,华盛顿美国政府出版局 1969 年版,第 2 卷第 284~304 页。

见，而且也不能解释滞胀现象的真正原因。但是，1969—1970年危机的爆发，确实宣告尼克松政府采取的传统经济学与货币主义的反膨胀措施的破产。新任联邦储备委员会主席阿瑟·伯恩斯在1970年底承认，这个国家面临的滞胀问题，是任何经典药方都无法治疗的新病。①

〔赤字财政和新经济政策〕 1969—1970年滞胀现象的出现，给共和党政府带来极其不利的政治影响。1970年夏，拥有几十亿美元资产的佩恩中央铁路公司破产，造成美国历史上最大的公司倒闭事件。几个月后，加利福尼亚财团控制的洛克希德飞机公司，也因无力偿还债务而险遭破产，只因得到联邦政府给予20亿美元的贷款保险，才得以幸免。经济形势的恶化，使企业界对尼克松政府的批评日增。通用汽车公司工人为保护自己的工资不受通货膨胀影响，在1970年秋举行了持续3个月的大罢工。这年中期选举来临时，尽管尼克松试图用社会问题转移人们对经济问题的注意，共和党人在国会和州长选举中还是失利。更重要的是，滞胀现象对美国经济产生的严重影响，已成为美国政府无法回避的问题。经济危机虽然在1970年11月已达到顶点，工业生产自12月起开始回升，但1971年全年工业生产指数与1970年比不相上下，工业生产回升乏力，全失业率仍高达5.9%，固定资本投资停滞不前，通货膨胀与国际收支恶化仍在继续发展。这一切迫使尼克松政府不得不针对滞胀现象采取不同于"姑且一试"计划的新的国家干预措施。

为对付生产停滞，尼克松总统转向凯恩斯主义的赤字财政政策。1971年1月4日，尼克松在电视演说中向全国公开宣布，他要用赤字财政政策来实现充分就业。接着，尼克松又在与美国广播公司的霍华德·史密斯谈话时宣称："我现在是一个凯恩斯主义者了。"②同年

① A. 詹姆斯·赖克利：《变化时代的保守派》，华盛顿布鲁金斯学会1981年版，第217页。
② R. 埃文斯和R. 诺瓦克：《尼克松在白宫》，纽约兰登书屋1971年版，第372页。

1月22日，尼克松在国情咨文中要求国会接受他提出的扩大开支的充分就业预算。这样，美国联邦政府1971和1972财政年度的两次财政赤字，均高达230亿美元以上，仅次于当时美国历史上的最高纪录——1968财政年度的251亿美元。当1972年大选年到来时，尼克松政府在1年之内把联邦开支增加10.7%。与此同时，联邦储备委员会在伯恩斯主持下，把1972年货币供应量猛增9%。这种凯恩斯主义的赤字开支政策和膨胀性货币政策，使美国经济形势在1972年明显好转。这年第四季度，美国经济的年增长率达到11.5%。民主党人纷纷起而指责尼克松政府是用钱来买大选。

尼克松政府在用赤字财政政策对付经济停滞的同时，采用新剑桥学派左翼凯恩斯主义的收入政策来对付通货膨胀，不过它的出发点和新剑桥学派并不一致。1970年夏末以前，美国政府和企业界一般都把通货膨胀视为需求拉上型的膨胀，但是滞胀现象的发生使他们改变了看法，转向成本推上型的观点(即认为通货膨胀是由于工会的压力使工资过高，而资方又把成本的增加转移到价格上去所造成的)。成本推上说把通货膨胀的原因归咎于工人阶级，理由不足，但它把通货膨胀与垄断价格联系起来，却切中滞胀现象的要害之一。在他们看来，对于这种与垄断价格相联系的通货膨胀，仅仅用传统经济学货币主义，甚至于补偿性财政金融政策的那些紧缩性措施来对付，是难以奏效的，这种认识上的变化，导致美国统治阶级产生新的政策选择。1970年10月，企业咨询委员会以强硬的措辞，要求政府介入工资增长过快的问题。不久，民主党控制的国会通过1项军事动员法案，在附加条款中授权总统在有限的时间内冻结工资、物价和房租，并可直接进行工资和物价管制。但是，尼克松考虑到管制工资与物价可能产生的政治后果，不敢贸然行事。1971年1月的民意测验表明，不赞成尼克松政府经济政策的比例，高达73%。1971年头几个月里，实际收入受到滞胀现象威胁的美国工人阶级，通过罢工斗争和集体谈判赢得较大的工资增长。而垄断公司把劳动费用的上涨转移到物价上去的做法，则使通货膨胀迅速发展。在经济政策上对总统影响最大的阿瑟·伯恩斯终于公开承认，工资与物价管制已成为不幸的经济需要。

是年 5 月和 7 月两次美元危机的爆发，进一步加强了采取断然行动的急迫性。弗里德曼教授建议政府"关上金窗"，停止美元与黄金的兑换。这样，尼克松 6 月 20 日于戴维营召集经济顾问商议对策后，决定采取行动。7 月，新任财政部长约翰·康纳利着手工资和物价管制计划的秘密起草工作。8 月 6 日，国会两院联合经济委员会正式要求政府通过收入政策对经济进行管制，并解决美元危机问题。8 月 13 日，尼克松获悉英格兰银行正式要求美国保证英国的美元持有者能兑换到黄金，世界金融货币体系面临着大危机的威胁。尼克松当晚召集康纳利和麦克拉肯等人举行会议，一致决定由政府进行全面干预。

1971 年 8 月 15 日，尼克松迫于形势，向全国宣布实施新经济政策。其主要内容为：冻结工资、物价、房租和红利 90 天，要求国会削减联邦开支 47 亿美元，停止外国中央银行用美元向美国兑换黄金，对进口商品增收 10% 的附加税。新经济政策是美国政府对滞胀现象和美元危机作出的最新反应。它是美国历史上第一次在和平时期冻结工资与物价，对于急剧发展的通货膨胀暂时产生了抑制作用，但它严重损害美国有组织工人的利益，使许多大工会在此之前赢得的增加工资的集体合同化为一纸空文。尽管在 90 天冻结之后开始的新经济政策第二阶段，政府用管制取代冻结，但工人的工资增长仍然受到严格限制。为实施新经济政策成立的工资管理委员会，甚至在西海岸码头工人工会基于生产率已提高而赢得将工资增加 20% 的集体合同后，还把他们的工资增长率压低到 15%。劳联—产联主席乔治·米尼等 3 名工会领袖，为此愤然退出工资管理委员会。美国垄断公司的产品价格虽然也受到限制，但公司利润在实施新经济政策期间却有所增长。它在国民收入总额中占的比重，从 1970 年的 8.5%，上升到 1971 年的 9%，1972 年又增加到 9.7%。此外，新经济政策停止以美元兑换黄金，虽然暂时避免了美元地位的彻底崩溃，但并不能改变美国国际收支不断恶化的趋势，1971 年 12 月与 1973 年 2 月，美国政府被迫两次宣布美元贬值。资本主义世界各国纷纷采用浮动汇率，不再承担维持本国货币与美元固定汇率的义务。自此，战后形成的以美元为中心的资本主义世界国际货币体系，终于解体。这是美国经济霸权急剧衰落的重要标志。

〔尼克松经济政策的最终失败〕 1972 年，由于尼克松政府奉行凯恩斯主义的赤字财政政策和新经济政策，美国经济形势暂时好转，通货膨胀率被控制在 3.6%左右。这一年，尼克松访问了中华人民共和国，并在对苏关系上开始奉行所谓"缓和"方针。他在外交政策上的重大突破，在美国国内受到普遍欢迎。因此，尼克松在 1972 年大选中，击败民主党候选人乔治·麦戈文，赢得压倒性的胜利。经济形势的好转和竞选连任的成功，使尼克松感到大规模赤字开支和对工资与物价的管制已无必要，于是在经济政策上又开始返回传统共和党主义的老路。1973 年初，尼克松表示要把 1974 财政年度的联邦赤字压缩到 127 亿美元。1 月 31 日，他在记者招待会上宣称要用总统权力限制开支，取消"伟大社会"的 112 项计划，其中包括反贫困的经济机会法和解决城市危机的模范城市法等。不仅如此，他还取消国会在 1972 年已经批准的 87 亿美元拨款，许多国会议员认为此举侵犯了宪法赋予国会的权利。在削减开支的同时，尼克松于 1 月 11 日宣布结束新经济政策的第 2 阶段，并说将在第三阶段里把工资和物价的全面管制改为有选择地管制。当新经济政策的第四阶段在 7 月份开始时，管制进一步放松，通货膨胀率在第三季度上升到 7.5%。同年 10 月 6 日，中东战争爆发，阿拉伯产油国对支持以色列的西方国家进行石油禁运，导致石油价格猛涨。到 1974 年 4 月 30 日，新经济政策宣告收场时，美国通货膨胀率已猛升到 12.2%，突破两位数的大关。与此同时，受尼克松政府后期紧缩性财政政策的影响，美国工业生产在 1974 年 6 月达到最高点后开始下降。战后美国最严重的第 6 次经济危机开始。综观尼克松总统 6 年任期之内的经济政策，可以说它以失败告终。尽管尼克松在 1971—1972 年期间奉行的赤字财政政策和新经济政策，曾使美国经济在 1972 年中期以后出现过短期高涨，并暂时抑制了通货膨胀的恶性发展，但从长远来看，它并没有能为解决滞胀问题找到出路。总统经济顾问委员会成员赫伯特·斯坦公正地指出：尼克松政府起初反对扩大预算，后来却大幅度增加开支；它以反通货膨胀上台，结果却在高通货膨胀中下野。到尼克松于 1974 年 8

月辞职时，美国经济再次陷入滞胀困境。尼克松政府在经济政策上表现出的摇摆性，反映了美国统治集团在新型的、滞胀危机面前进退两难的处境。

3. 新联邦主义和家庭援助计划

尼克松上台时，由于新政式国家垄断资本主义的内在矛盾日益突出，他不仅要对付滞胀危机，而且面临着调整各级政府关系和改革庞大的社会福利体制的难题。尼克松希望从这些方面进行政策更新，以解决新政式国家垄断资本主义长期发展给美国社会带来的新问题、新弊端，争取蓝领工人、中下层中产阶级和南部白人对他的支持，为他1972年竞选连任打下政治基础。他的新联邦主义和家庭援助计划，就是在这种背景下问世的。

〔新联邦主义的提出及其取得的进展〕　战后以来，新政式国家垄断资本主义的不断发展，使联邦政府干预社会经济生活的规模和范围，日益扩大。到约翰逊任期最后一年，联邦政府雇员较1950年增加56%，开支较1960年增加近1倍。这不仅使联邦政府运转不灵，而且削弱州、市和地方政府解决自己问题的积极性和能力。1969年8月8日，尼克松在电视演说中第一次提出新联邦主义的口号，把他的政府改革措施的核心，归结为修理政府机器以适应70年代的需要。尼克松指出，美国正面临着城市危机、社会危机以及对政府行使其职能的能力的信任危机。究其根源在于：新政以来权力和责任日益集中于华盛顿，造成了一种运转不灵、反应迟钝、效率低下的庞大官僚机构。因此，尼克松宣告："在权力从人民和各州流向华盛顿达1/3世纪之后，让权力、资金、责任从华盛顿流向各州和人民，实行新联邦主义的时候到了。"①在这篇讲话中，尼克松要求国会把联邦所得税的一部分直接交给各州，把这种税收分享计划称作通向新联邦主义的第

---

① 《美国总统公文汇编：理查德·尼克松卷，1971》，华盛顿美国政府出版局1972年版，第1卷第638页。

一步。8 月 13 日，尼克松向国会正式提交第一份税收分享的具体计划。

新联邦主义提出后，虽然在盖洛普民意测验中似乎得到 77% 的公民支持，但遭到国会占大多数的民主党议员的强烈反对。

1970 年，新联邦主义一度有偃旗息鼓之势。1971 年 1 月 25 日，尼克松又在国情咨文中提出了包括税收分享在内的 6 大政策目标。他特别强调：以税收分享为代表的政府改革，将开始一场"新美国革命"，即"还权于民的和平革命"。① 尼克松明确指出，要"在各级政府之间，在政府和人民之间建立一种新的伙伴关系"。② 国情咨文提出后不到半个月，尼克松就向国会提出一般税收分享咨文，不久又提出特殊税收分享咨文。尼克松 1971 年提出的税收分享计划，除扩大 1969 年计划中已有的一般税收分享以外，还试图通过特殊税收分享，把新政以来联邦政府对各州的主要拨款方式——分类拨款，逐步改变为整笔拨款，以此削弱联邦政府对州和地方政府的干预与控制。

由于尼克松政府围绕税收分享计划展开强大的院外活动，并根据民主党议员的要求，对税收分享计划作了某些修改，税收分享法案终于以 1972 年州和地方财政援助法的形式，在国会获得通过。尼克松把这一法律视为他恢复政府间的平衡和振兴联邦制的重大胜利。实际上，新联邦主义取得的进展是十分有限的。首先，民主党占优势的国会，在这项法律中砍去了特殊税收分享的内容。其次，一般税收分享也作了较大修改和补充，最后文本对州和地方政府的限制，也比尼克松原计划严得多。因此，1972 年州和地方财政援助法打上了两党妥协的深刻烙印，只是新联邦主义的部分胜利。从实际效果看，自该法生效到 1974 年元月，以税收分享形式发放给州和地方政府的 110 亿美元，只相当于同期内州和地方政府开支的 5%，可说是杯水车薪。而且州和地方政府在使用这笔款项时，也并不一定就比联邦政府更能切中地方的需要。密西西比州州长用 60 万美元税收分享基金买

① 《尼克松任期第二年》，华盛顿国会季刊出版公司 1971 年版，第 8 页。
② 《尼克松任期第二年》，第 7~8 页。

了一架喷气式飞机，佛蒙特州的伯灵顿市则用 30 万美元的同类款项购置市乐队制服。此外，税收分享的标准，使人口较多、居民较贫困的西部和南部各州获得较大的份额，而人口较少，比较富裕的北部和东部各州分享的份额较少。这种差别，反映了尼克松的西南部背景。

新联邦主义虽然以"还权于州"和"还权于民"为口号，但它并不是要州与联邦政府平起平坐，更不是要回到州权主义的老路上去。尼克松实际上是想在保持全国统一性的同时，注意地方多样性，实行所谓国家地方主义，以便充分发挥州、地方政府的积极性和作用。从实施结果看，尼克松提出的新联邦主义，虽然对共和党的团结和 1972 年大选胜利产生了积极的影响，但它在解决新政式国家垄断资本主义的发展带来的政府间关系失调的问题上，却未能取得重大进展。① 由于越南战争、反危机以及两党政治的需要，尼克松在试图加强州和地方政府职能的同时，进一步扩展了联邦政府，特别是白宫的权力。

〔家庭援助计划的成败〕 与新联邦主义密切相关的，是对美国社会福利制度的改革。这不仅是由于新政以来，特别是 60 年代以来形成的庞大社会福利体系，是导致联邦政府机构恶性膨胀的重要原因之一，而且是因为现行社会福利制度造成大量黑人和穷人涌入福利援助较高的北部大城市。尼克松政府认为：这是 60 年代城市动乱的根源。此外，美国中下层中产阶级和部分蓝领工人，对于"从摇篮到坟墓"的庞大社会福利体系，日益不满。他们认为这是税负过重的主要原因之一，而且造就了一批专吃救济的懒汉。因此，尼克松在 1969 年 8 月首次提出新联邦主义的税收分享计划的同时，抛出一个家庭援助计划，试图对美国政府的社会福利制度进行改革，以解决上述种种弊病。这个由丹尼尔·莫伊尼汉等人起草的计划，原名为家庭保险计划，带有很深的曾由弗里德曼等人提出的"有保证年收入"理论的烙

---

① 后来在福特和里根政府时期，新联邦主义有所发展。参阅李洪山：《尼克松的新联邦主义》，《世界历史》1985 年第 11 期。

印。尼克松试图以此取代现行社会福利体制中联邦政府对穷人的一切援助。根据这一计划,联邦政府将对年收入低于 3920 美元而又有未成年孩子需要供养的 4 口之家,提供每年 1600 美元的援助;受援家庭的成人,必须登记接受职业训练。家庭援助计划于 1970 年 4 月在众议院通过,但在 11 月被参议院搁置。1971 年 1 月,尼克松在国情咨文中把社会福利体制改革列为 6 大目标的第一项。他说:"现行福利制度已成为一种危害社区、危害纳税者、特别是危害那些应得到帮助的孩子们的可怕的毁灭性暴行。"①他呼吁使每个有孩子的美国家庭获得最低收入保证,并促成有效的就业刺激和就业要求。不久,尼克松又把援助标准从 1600 美元提高到 2400 美元,使家庭援助计划的年度开支高达 60 亿美元。尽管国会中自由派对这个数字仍感到不满,但保守派已开始怀疑:尼克松福利体制改革究竟是要减少还是继续扩大福利开支。实际上,尼克松并不是一个企图取消联邦福利事业,回到 20 年代去的短视的政治家。他提出家庭援助计划的具体目标有 3 个:其一是以简单的现金支付取代庞大的社会福利官僚机构;其二是统一各州援助标准,避免黑人和穷人过度集中于北部大城市;其三是以"工利"(见第 8 章第 2 节有关脚注)来取代"福利",即要求受援穷人就业,缓和国内对税负过重的不满。从这 3 点来讲,都是对新政以来美国政府福利制度的重大改革。但是如前所述,家庭援助计划在国会遭到交叉火力的攻击。1971 年 12 月,国会仅仅通过家庭援助计划中的"工利"条款,即要求接受联邦援助的穷人,从 1972 年 7 月开始,必须就业或登记进行职业训练。家庭援助计划的其他内容,则因 1972 年 10 月参议院的否决而寿终正寝。

除家庭援助计划和 1973 年对"伟大社会"某些重大项目的削减外,尼克松并未真正触动美国社会福利制度的根基。不仅如此,尼克松出于政治上的需要,在 1972 年大选前夕,同意民主党左右的国会把社会保障津贴提高 20%。他还一度试图在卫生、教育等领域加强联邦政府的干预,包括把癌症和心脏病作为联邦资助的医学攻关对

---

① 《尼克松任期的第二年》,第 5 页。

象，以及给学生以援助和建立全国性教育研究所等。不过他在这些方面言多于行，进展有限。总的来说，尼克松虽然在社会福利政策上采取了一些改革措施，但他任内的联邦社会福利开支始终保持增长的趋势。福利开支总额从 1970 年的 773 亿美元，上升到 1974 年的 1372 亿美元；在国民生产总值中占的比重，也从 8.1%，增加到 10.1%。正是在尼克松执政期间，美国政府社会福利开支在联邦开支中所占的比重，第 1 次超过国防开支所占的比重，而且这一趋势在 70 年代继续发展。因此，尼克松政府在社会福利政策上，同样没有摆脱新政式国家垄断资本主义的发展所已经形成的基本模式。

4. 社会动荡的余波和尼克松的南部战略

尼克松上台后，60 年代后半期出现的汹涌的群众运动，仍在继续发展。1969 年 10 月 15 日，25 万人在华盛顿举行了反战大示威。11 月 15 日，美国许多城市展开的反战"新示威"，规模空前。华盛顿的示威者与警察发生冲突，在司法部门口有些人高喊"砸烂这个国家"的口号，并冲进大楼扯下美国国旗焚烧，同时升起越南共产党人的旗帜。1970 年 5 月，肯特州立大学学生在反对美军入侵柬埔寨的示威行动中，遭到国民警卫队枪杀，大学生的抗议浪潮席卷全国，450 所高等院校由于罢课或罢教而关闭，大学校园的爆炸事件和暴力行动明显增加。同年的哈里斯民意测验表明，76% 的学生认为：美国需要制度上的根本变革。除反战运动外，以黑豹党为代表的激进青年黑人，展开了反对警察的游击战，黑人分离主义者越来越明确地宣传自己的观点，城市中心的黑人对联邦政府、市政厅和白人社会的异化情绪，也有增无减。尽管如此，其后的事态发展表明，尼克松任内发生的这些抗议行动，只是 60 年代大规模社会动荡的余波。

〔反战运动由盛而衰〕　反战运动在 70 年代初达到顶点。但是，随着反对越战的人日益增多，反战运动的主流，逐渐由激进的青年学生转变为构成所谓沉默的多数的美国中下层中产阶级。两者虽都反对越战，但基本立场很不相同。前者认为美国无权干预越南，其中激进分子甚至因此而否定美国的整个制度；后者则认为越战是失策，而且没有胜利希望。前者主要集中于加州伯克利分校、哈佛、密歇根等名牌大学，大都出身于中、上层社会，专攻人文学科，受到激进思想的影响。这些青年以学生争取民主社会同盟的成员为代表，左右了60年代声势浩大的反战运动。70年代初反战运动扩大到美国许多州立大学和规模较小的院校之后，反战学生的成分发生很大变化，一大批所谓现实主义的学生卷入了反战运动。他们当中约有1/3出身于蓝领工人家庭，一半以上专攻企业管理、工程、自然科学等实用学科。他们反对不得人心的越南战争，同时又十分关心自己的前途和社会地位，并受到中下层中产阶级保守主义思想的影响，不愿意把反战运动和黑豹党、女权运动、吸毒、性自由、校园激进分子联系起来。与这些现实主义的学生站在同一立场的，是美国中下层中产阶级和蓝领工人，包括在纺织厂、钢铁厂、理发店、美容院工作的"普通人"，还有警察、小企业家、农场主、办公室工作人员、夜校学生以及退休夫妇等。他们投入反战运动固然壮大了声威，但也严重削弱了反战运动的激进色彩。对美国社会进行彻底变革的目标，逐渐为体面地撤出越南所取代。1971年2月，美国空中力量支持南越政府军入侵老挝，以及陆军军事法庭对在南越杀害无辜平民的威廉·卡利中尉所作判决的公布，曾使反战运动在是年5月初再次出现高潮，但此后就趋于平静了。尼克松虽然加强了对北越的空袭，并在1972年下令对海防和北越其他港口布雷，但他同时在改善中、美关系和争取美、苏"缓和"方面采取了重大的外交行动，并与北越在巴黎展开和谈，从而在国内赢得普遍的支持。60年代开始的强大反战运动最后虽然失去势头，但对尼克松政府外交政策的重大转变，产生过不容忽视的影响。

〔黑人运动的低潮〕 战后美国黑人的长期斗争和60年代民主党人的自由主义社会改革，确实使大部分黑人的地位有所改善。前美国人口统计局主任理查德·斯卡蒙等曾指出：美国白人家庭的收入在60年代增加69%，而黑人家庭的收入，则增加99.6%；黑人家庭收入与白人家庭收入之比，从 1961 年的 53%，上升到 1971 年的 63%。① 他们还认为，美国有史以来第 1 次有大量的日益增多的黑人上升到中产阶级。黑人劳工问题的权威人士、全国有色人种协进会的赫伯特·希尔也承认，黑人家庭收入与白人家庭收入之比，从 1945 年的 57%，上升到 1970 年的 61%。在教育方面，据卫生、教育和福利部部长埃利奥特·理查森 1972 年提供的数字，1968 年南部尚有 2/3 的儿童上的是没有白人学生的学校，到 1972 年，这个比例已下降到不及 1/10。② 有的院校招生和联邦计划，甚至在入学和就业方面规定"名额分配制"，即保证有一定比例的黑人入学或就业。70 年代著名的巴基案，③ 就是白人学生指控校方把名额留给黑人是对白人实行"反歧视"。由于黑人和白人民权工作者推动的选民登记运动的影响，1965 年选举权法通过并生效后，黑人的政治力量有所加强。1966 年，全美国只有 97 个黑人州议员、6 名黑人国会议员，没有一名黑人市长。到 1973 年，黑人州议员增加到 200 名，黑人国会议员增加到 16 名。由黑人出任过市长的城市，包括克利夫兰、洛杉矶、加里、纽瓦克以及几十个南部小城市。

黑人的经济、法律和政治地位虽有所改善，但离真正的平等还很遥远。城市中心黑人区的状况并未改观；1969—1973 年间，黑人中位收入的增长基本停止；全国事实上的种族隔离，依然存在。

美国黑人社会内部分化的加深，使黑人运动失去以往的冲力。对于地位得到改善的美国黑人来说，法律上的平等基本实现，事实上的平等则非指日可待；有的人因此而感到对白人社会失望，走向文化民

---

① 戈弗雷·霍奇森：《当代美国》，第 440 页。

② 戈弗雷·霍奇森：《当代美国》，第 429~430 页。

③ 巴基案：1969 年，加利福尼亚大学戴维斯医学院规定：每 100 名入学名额中，必须有 16 名保留给少数民族学生。1973 和 1974 年，白人艾伦·巴基两次申请进入该医学院遭到拒绝后，向法院指控该院的特许入学方案违反宪法。1976 年 9 月，加利福尼亚州最高法院作出判决，认为巴基受到歧视，宣布特许入学方案违宪。后来，联邦最高法院在 1978 年裁决：一方面指令该医学院接受巴基入学，另一方面又使照顾少数民族的原则继续有效。

族主义和分离主义，试图发展黑人社区、黑人经济和黑人文化。60
年代末和70年代初，美国许多大专院校出现开设黑人史、黑人文学
以及其他黑人学课程的热潮，许多黑人改用阿拉伯人或非洲人的名
字，寻根活动风靡一时。另一些上层黑人则试图从两党政治找出路。
1972年，国会黑人女议员雪莉·奇泽姆甚至角逐过民主党总统候选
人的提名。还有的黑人对两大资产阶级政党感到怀疑，曾在1972年
召开全国黑人政治大会，但未能取得一致意见。

除事实上的种族歧视以外，下层黑人的困境，是70年代黑人运
动必须关注的问题。但是，地位已有所改善的大部分黑人，对于下层
黑人的贫困问题，已失去以往争取法律上的平等地位所具有过的热
情。而身居底层的黑人，对于城市暴动和激进主义，也感到幻灭；他
们在60年代曾作出牺牲，结果却付之东流。这样，美国黑人在70年
代就未能在共同旗帜下集合成一股强大的力量，黑人运动也失去60
年代曾经具有的那种群众性、团结性和坚定性。

〔环境保护运动和消费者运动〕 60年代末和70年代初，美国环
境保护运动和消费者运动的发展，比较引人注目。因为它们在一定程
度上具有反企业和反正统价值观念的特点。

美国具有保护自然环境的传统，但过去的环境保护一般是为了更
好地利用自然资源，保护是为了开发。60年代声势日益壮大的环境
保护运动的主旨，则是为了维持人类生存所需的生态平衡，主张保护
某些自然资源不为人类所用。这种自然保护观，必然发展为对经济增
长不再采取完全肯定的态度，甚至出现了主张"零增长"的理论。这
就不仅对资产阶级自由主义意识形态的支柱，而且对大企业的利益提
出了挑战。从1968年开始，环境保护主义者就加利福尼亚的红杉和
科罗拉多大峡谷的保护问题，大张旗鼓地进行宣传。他们猛烈抨击加
利福尼亚海上钻井溢油和在佛罗里达州大沼泽地国家公园一带修建机
场。他们还就阿拉斯加输油管道以及超音速喷气机等问题，在国会展
开强大的院外活动。1970年春，环保运动达到高潮。1000万美国在
校学生参加了4月份的地球日活动。在这种声势浩大的运动推动下，
美国国会于1969年通过全国环保政策法，1970年9月建立环境保护

署。但是，因为环保运动与企业界利益日益发生尖锐冲突，从 1971 年开始，美国政府改变了态度。1972 年，尼克松公开攻击环保院外集团，声称不能用环境保护问题来毁灭美国制度。这样，环境保护运动的声势逐渐缩小了。

消费者运动的著名领袖人物是拉尔夫·纳德。这位毕业于哈佛大学的律师，在 60 年代就猛烈抨击汽车制造商为营利只顾车速和式样，而不顾消费者安全。1966 年，通用汽车公司总经理曾被迫向他公开致歉，从而声名大振。1966 年交通安全法的通过，是与他的影响分不开的。1968 年以后，纳德利用通用汽车公司的赔款 42.5 万美元，组织所谓"纳德的突袭者"组织，就涉及消费者利益的广泛问题进行调查，并将报告公之于众。许多人自愿参加纳德的队伍。纳德和他的同伴们批评行政部门、国会和联邦各种管理机构关心特殊利益集团甚于私人消费者；对彩色电视、爱克斯光透视和原子能工厂产生的危险辐射，提出警告；列举食物和药品方面的公害；指责劳动安全标准贯彻不力。1970 年以后，消费者运动继续扩大。它对企业界施加压力，要求大公司不要滥用销售学的手段。它还在国会里争取国会议员的支持。消费者运动的力量，在 70 年代初虽日见增大，但未能像纳德希望的那样，成为大规模政治改革运动的核心。

环境保护运动和消费者运动，主要是属于上层中产阶级的运动。对美国社会的影响有限。由于这两种运动具有某种反企业和反正统的特点，并且受黑人运动和反战运动影响，因此带有某些激进色彩，在逐渐转向保守的 70 年代的美国，就很难成为席卷全国的强大政治力量。

〔南部战略及其运用〕　在 60 年代的大规模群众运动已成强弩之末、美国社会逐渐倾向保守之际，如何利用这一机会改变民主党在两党政治中的长期优势地位，建立稳定的共和党多数，是尼克松国内政策需要解决的重大问题之一。尼克松除通过反通货膨胀政策、社会福利体制改革和新联邦主义的旗帜吸引沉默的多数以外，还受约翰·米切尔等人的影响，奉行所谓"南部战略"。尼克松和米切尔认为：沉默的多数主要是中西部、西部和南部的美国人；中西部和西部是共和党的传统势力范围，南部则是民主党的营垒。因此，争取南部白人的支持，乃是他们政治战略成败的关键之一。1968 年大选时，尼克松虽是险胜，但是，如果南方白人种族主义的代表人物乔治·华莱士所获选民票 13.5%能转到尼克松名下，那他在 1972 年竞选连任，就较有把握。因此，支持华莱士的南部白人，就成为尼克松争取的主要对象。此外，尼克松非常注意美国中产阶级对 60 年代激进主义和社会动乱的严重不满。他不仅在 1968 年以"法律和秩序"的口号进行竞选，而且上台以后对激进组织采取了行动。所以就广义而言，尼克松的南部战略，是一种以反对黑人和激进主义者以争取沉默的多数的政治战略。

在美国黑人运动和进步舆论的压力下，为实施 1954 年联邦最高法院对布朗案的判决，1961 年，一个联邦地方法院命令纽约市郊新罗谢尔市采用校车接送的方式实行种族合校。但此后类似的诉讼案件中，由于情况复杂，援引的法律和作出的判决比较杂乱。美国对种族合校持反对态度的人，一直强调学生入学有选择的自由。直到 1968 年 5 月，最高法院才在格林诉弗吉尼亚新肯特县教育局一案中判决：所谓选择的自由，是根除种族歧视制度的障碍，再也不能继续下去；大部分是白人学生的学校，必须在 1969 年 9 月实行种族合校，大部分是黑人学生的学校，则可向后推迟一年。格林案判决实际上意味着以校车接送的方式强制实行种族合校。尼克松当时就认为："法院在布朗案判决上是正确的，在格林案判决上却错了。"①他在 1968 年竞选活动中，为争取南部白人选票，支持所谓选择的自由，并反对校车接送。就任总统不久，他的总统行政助理哈里·登特，就恢复了对约翰逊任内由于拒不执行取消种族隔离命令而被停发联邦援助的 5 个州的援助。尼克松政府的这一行动，使社会舆论感到震惊，政府内部对此也有争议。1969 年 7 月 3 日，尼克松政府发表声明，把最高法院规定的取消公立学校种族隔离的最后期限，无限期推迟。全国有色人种协进会在密西西比州杰克逊市举行大会，愤怒谴责尼克松政府的倒

---

① 威廉·萨菲尔:《倒台以前：水门事件前的白宫内幕》，纽约道布尔戴公司 1975 年版，第 232 页。

行逆施。是年 10 月，联邦最高法院作出不得推迟种族合校的判决，下令各个校区立即取消种族隔离制。尼克松政府勉强接受了这一判决。1968 年，南部还有 68% 的黑人子女在完全没有白人学生的学校就读。1970 年，这个比例已下降到 8%。但是，北部和西部黑人子女在没有白人学生的学校就读的比例，1970 年仍高达 50%。尼克松认为这是既成"现实"，无须过问。是年 4 月 20 日，最高法院在斯旺诉夏洛克—梅克伦堡市教育局一案的判决中，首次具体认可校车接送。由于美国黑人群众的斗争和最高法院的判决，以校车接送实行种族合校的做法，从 70 年代初开始，被广为采用。尼克松政府的屡次阻挠虽遭失败，但他却赢得更多南部白人的支持，为 1972 年大选取得大胜奠定了基础。

在民权问题上，以厄尔·沃伦为首的最高法院，自 50 年代中期以来大力支持黑人的平等要求，对取消美国种族歧视和种族隔离制产生了积极影响。南部白人对厄尔·沃伦十分仇视。在南方常常可见到"弹劾沃伦""绞死沃伦"的标语。1969 年，对实现黑人平等权利作出杰出贡献的沃伦大法官退休。尼克松为排除联邦最高法院对他的南部战略的干扰，任命以从严解释宪法著称的沃伦·伯格接任首席大法官职务。到尼克松辞职以前，又任命了 3 位温和保守主义的联邦最高法院法官。这样，尼克松使最高法院的法官组成发生了有利于保守主义的变化。但其后的历史表明：伯格法院并没有迅速转向保守。

在对付激进派的问题上，尼克松政府从一开始就以维护"法律和秩序"为旗号，展开攻势。尼克松把黑豹党和气象派视为"怂恿暗杀和爆炸的城市地下政治恐怖主义者"的主要组织，[①] 支持对他们采取警察行动。仅 1969 年，就有 348 名黑豹党党员因各种罪名被捕。博比·西尔和乔治·杰克逊在 1971 年被警察枪杀。洛杉矶大学黑人女教授安吉拉·戴维斯，1972 年因所谓向黑人武装分子提供枪支而受到指控，成为轰动一时的新闻。学生争取民主社会同盟的汤姆·海登等 7人，在穿越州界时，被指控企图在伊利诺伊州煽动种族暴乱。尼克松

---

① 《尼克松回忆录》(中译本)，商务印书馆 1979 年版，中册第 134 页。

还主张对所谓犯罪活动广泛使用电子监听，扩大辅助执法局的权限；要求国会通过 1970 年《有组织犯罪法》，以限制宪法第五条修正案保证的豁免权；对从事爆炸活动的人处以死刑。尼克松为加强情报部门对付国内激进、恐怖主义活动的能力，甚至批准执行所谓"休斯敦计划"。根据这个计划，美国情报部门将继续检查海外电话和电报通讯，恢复一度停止的暗拆邮件和秘密入室搜查，并扩大电子侦察和增加校园中的告密者。军方还将参与这些活动。后来，由于联邦调查局局长埃德加·胡佛的反对，尼克松才在计划正式执行前撤回他的批准。但这已无关大局。在美国联邦政府、州和地方政府以及警方和司法部门的共同镇压之下，黑豹党和气象派等激进组织，70 年代初迅速解体。

尼克松政府除镇压暴力活动以外，对于激进知识分子也十分敌视，把他们看作 60 年代美国社会动荡的肇事者。1969 年 10 月 9 日，副总统斯皮罗·阿格纽猛烈抨击"那些自命为知识分子的满以为自己高明的无耻堕落之徒"，说他们煽起了全国性的施虐狂潮。在尼克松的授意下，阿格纽还对美国新闻媒介展开猛烈攻击，因为 60 年代黑人运动和反战运动的高涨，都与美国三大广播电视网的广为报道分不开。尽管阿格纽的攻击在新闻界引起强烈不满，但它对控制美国舆论却产生一定的作用。1969 年 11 月 15 日，美国反战运动进入高潮，仅华盛顿就有 50 万人参加游行示威，但美国三大电视网没有一个进行现场报道。与此同时，美国新闻界对越战的实况报道，也显著减少，甚至给人以战争结束之感。1970 年中期选举临近时，阿格纽作为尼克松政府在竞选运动中的主要发言人，再次抓住社会问题，猛烈攻击民主党人，为共和党争取选票。他说："主要问题之一就是美国的政策究竟应由当选官员来制定，还是应拿到街头去定夺。"①由于美国经济形势恶化，尼克松政府的这一竞选策略，当时未能奏效，但以后的事实证明，它对于争取那些"不是青年，不是黑人，不是穷人"的沉默的多数，却产生了作用。

除上述镇压活动和强硬态度外，尼克松政府还采取一些怀柔政策

---

① 罗伯特·迪万：《1945 年以来美国的政治与外交》，第 186~187 页。

来分化瓦解黑人运动、反战运动和学生运动。据统计，尼克松政府曾通过政府援助、政府合同以及政府投资的形式，资助扶持过 32.2 万个"黑人资本家"①。尽管这些黑人企业的年产值只占国民生产总值的 0.1%，但毕竟是尼克松政府试图以黑人资本主义来分化美国黑人运动的一种努力。1970 年，尼克松甚至亲自到集合于林肯纪念堂前的反战学生中去，想通过这种接触缓和学生对政府的不满。1972 年，尼克松促使国会通过新教育法，使学生在参与校务工作方面有较大的权力，并对复员军人给予入学优待。

1972 年，尼克松以压倒性胜利击败民主党人乔治·麦戈文。他获选民票 4710 万张，占总票数的 60.7%，接近约翰逊总统获得的创纪录的比例 61.1%，并囊括除马萨诸塞以外 49 个州的选举人票，赢得只有 1936 年罗斯福的当选才可以与之媲美的胜利。取得这种胜利，当然还有其他原因，但尼克松的南部战略确实产生了重大影响。尼克松在南部获得选票比例，从 1968 年的 38%，猛升到 1972 年的 70%。他在蓝领工人中所获选票比例，也从 1968 年的 35%，上升到 1972 年的 54%。哥伦比亚广播公司对尼克松在南部和中产阶级美国人中所获选票进行调查后，得出结论：尼克松赢得传统民主党选民的 36%的选票。不过，参、众两院仍然控制在民主党手中，尼克松成为美国历史上第一个在两届任期中都必须面对由反对党控制的国会的总统。显然，美国选民在 1972 年大选中支持尼克松，并不意味着支持共和党的多数派政治联盟已经形成。尽管新政以来民主党人的自由主义社会经济改革已面临新型危机，但是，美国选民在两党政治中从支持民主党自由主义改革转向支持共和党寻求保守主义出路的过程，还仅仅是开始。

5. 水门事件和尼克松下台

正当尼克松 1972 年的竞选活动在顺利展开时，却出现一个使他

---

① 彼得·穆尼和科林·鲍恩：《从杜鲁门到卡特：战后美国史》，伦敦爱德华·阿诺德出版公司 1979 年版，第 170 页。

饮恨终身的小插曲。1972 年 6 月 17 日，5 名潜入民主党总部所在地水门大厦的人，被警方逮捕。他们被指控在民主党全国委员会主席劳伦斯·奥布赖安办公室进行窃听和其他非法活动。据查，这 5 个人与尼克松的争取总统连任委员会和前白宫"管子工"霍华德·亨特有牵连。事发以后，白宫新闻秘书罗恩·齐格勒称之为"一件三流盗窃案"，而一笔带过。争取总统连任委员会主席、前司法部长约翰·米切尔否认他的机构与水门窃贼有任何关系。尼克松总统 6 月 22 日也公开声明：白宫与这一事件毫无关系。与此同时，总统助手约翰·迪安、白宫办公厅主任博比·霍尔德曼、总统国内事务助理约翰·埃利希曼，却在幕后进行大量掩盖活动，包括给被告提供法律费用，用大笔款项使他们保持沉默，甚至许诺行政赦免。因此，尽管奥布赖安对争取总统连任委员会提出指控，并怀疑白宫参与其事，水门事件当时并未引起广泛注意，尼克松顺利地赢得了大选。但是，到 1973 年 3 月，形势却急转直下。水门事件被告之一詹姆斯·麦科德向法官约翰·赛里卡承认：证人提供的是伪证，并说他和其他被告是在政治压力之下认罪与保持沉默的，实际上争取总统连任委员会与白宫都卷入了水门事件。4 月 17 日，尼克松被迫声明，鉴于案情的"重大发展"，他要对水门事件重新进行调查。4 月 30 日，尼克松在全国电视观众面前宣布：司法部长理查德·克兰丁斯特、白宫顾问约翰·迪安以及他最亲密的助手霍尔德曼和埃利希曼辞职。尼克松对水门事件承担了责任，但他否认自己曾卷入此事。接着，尼克松任命埃利奥特·理查森为司法部长，并同意他任命哈佛大学法学教授阿奇博尔德·考克斯为水门事件特别检察官。

与此同时，参议院在 1973 年 1 月 11 日成立了调查水门事件和 1972 年大选的特别调查委员会——欧文委员会。为调查水门事件真相举行的一系列听证会，披露了尼克松政府从事的许多非法活动，其中包括：1971 年成立的白宫"管子工"小组，对泄露五角大楼文件的丹尼尔·埃尔斯伯格的精神病医生的办公室进行的秘密搜查；"管子工"小组负责人"宝贝"·科尔森，利用国内岁入署对总统的"敌人"进行胁迫利诱等。这些内幕，固然使舆论感到震惊，但对尼克松最不利的是两个人的证词。约翰·迪安承认他曾向尼克松谈过"掩盖活动"
的进展；前白宫人员亚历山大·巴特菲尔德证明：尼克松对自己在椭
圆形办公室的所有谈话和往来电话都进行了秘密录音。这就提供了通
过录音磁带验证尼克松是否卷入水门事件的可能。欧文委员会和特别
检察官考克斯，一致要求尼克松交出这些磁带。尼克松援引行政特权
予以拒绝。当考克斯坚持这一要求，而赛里卡法官和联邦上诉法院又
下令尼克松照办时，尼克松愤然下令要司法部长理查森解除考克斯的
特别检察官职务。但是，理查森拒不从命，挂冠而去。代理司法部长
威廉·拉克尔肖斯也因拒不从命而辞职。直到罗伯特·博克被指定代
理司法部长职务后，才按尼克松意旨解除了考克斯的职务。此举发生
在星期六，被报界称为"周末之夜大屠杀"。此举使尼克松在公众中
的威望一落千丈。尼克松被迫交出部分磁带，其中有他与霍尔德曼在
水门事件 3 天后的谈话，但这盘磁带出现 18 分半钟的空白。尼克松
无法作出圆满解释。尽管他竭力向新闻界表白"我不是一个无赖"，
但形势对尼克松越来越不利。尤有甚者，副总统阿格纽又在这段时间
内因漏税丑闻泄露而被迫辞职，并受到法律制裁。1974 年春的地方
补缺选举中，共和党候选人在他们的选区失去几乎 4/5 的选票。共和
党保守派对尼克松开始失去信心，戈德华特私下主张尼克松辞职。

　　在美国舆论对水门事件的强烈谴责之下，众议院司法委员会着手
考虑弹劾总统的问题。它要求尼克松公布 42 次谈话的录音内容。
1974 年 4 月 29 日，尼克松公布了一批精心挑选的录音记录稿。他的
本意是为自己辩护，结果却适得其反。公众对于其中被删去的内容表
示怀疑，对尼克松和白宫班子缺乏道德感深为愤怒；他们认为尼克松
即使没有批准，也起码容忍了掩盖活动。7 月 24 日，联邦最高法院
给了他致命一击，判决尼克松必须把未交出的磁带送呈继考克斯之后
出任特别检察官的利昂·贾渥斯基。这样，尼克松无法再援引行政特
权来掩盖自己卷入水门事件的真相。在尼克松尚未交出的磁带中，有
他在水门事件 6 天后与霍尔德曼的一次谈话，其中有他明确认可霍尔
德曼要求联邦调查局不参与水门事件调查的建议内容。当尼克松的律
师詹姆斯·圣克莱尔和新任白宫办公厅主任亚历山大·黑格将军听了

这盘录音后，他们一致认为，总统已到了山穷水尽的地步。与此同时，众议院司法委员会决定对尼克松正式进行弹劾，罪名是在水门事件中阻碍司法活动及滥用总统权力。8月7日，尼克松召见国会3名共和党领袖，试图了解参议院的态度。他们的答复，使尼克松感到失去了在参议院弹劾程序中获胜的任何可能。当天晚些时候，尼克松决定辞去总统职务，以避免因弹劾而彻底身败名裂。8月8日，尼克松向美国人民公布了自己的决定，含泪离开白宫，成为美国历史上第一个辞职的总统。

水门事件涉及的非法活动，在美国两党政治的历史上并非罕见。对公民电话进行窃听活动，从30年代就已开始。麦卡锡主义横行时，对人权的侵犯更是骇人听闻。因此，水门事件的本身并不足为怪，奇怪的倒是它为什么引起如此巨大的政治波澜。我们认为，尽管众说纷纭，但最主要的应是以下两点：其一是战后总统权力的恶性膨胀，使行政和立法部门之间的关系十分紧张，宪法危机有一触即发之势。因此尼克松的被迫辞职，反映了美国国会抑制总统权力扩张的强烈要求，也是三权分立的美国政治制度在面临新型危机威胁的历史条件下进行的一次内部调整。其二是权势集团之间的斗争。美国西南部权势集团虽然在崛起之中，但是要压倒东部权势集团还有待时日。当尼克松触犯东部权势集团利益后，走马换将在所难免。尼克松本人在1973年与约翰·迪安谈及水门事件时曾指出："根本的问题是东部权势集团。这个权势集团正濒于死亡，所以它要拼命表明——尽管我们在对外政策和选举上取得了成功，就因为这个水门事件，一切都成为错误的了。他们正竭力利用这一点来概括其余。"①当然，美国人民，尤其是知识界，对于尼克松保守主义政策的不满，以及对他在两党政治中采取的非法手段的反感，也是迫使尼克松辞职的原因之一。不过就其本质而言，水门事件主要是美国统治集团内部斗争的结果。

---

① 柯克帕特里克·塞尔：《权势转移》（中译本），商务印书馆1976年版，第2页。

第十章　战略收缩与多极均势外交

1969年7月25日，尼克松总统提出了被称作"尼克松主义"的亚洲政策总方针。后来他进一步扩展了尼克松主义的内容，使之成为不仅规定美国的海外义务及其与盟友的关系，而且规定美国对苏对华政策的指导原则。美国称霸世界的野心与力量不足的矛盾，经过长期发展，终于促使尼克松政府开始进行战略收缩，把军事力量的重点从亚洲重新转向欧洲，并推行多极均势外交，试图以退求进。这是继杜鲁门主义之后，美国对外政策的又一次战略调整。根据尼克松主义，美国政府逐步结束了旷日持久的侵越战争；改变了长期的反华政策，使中美两国关系走上正常化的道路；在与苏联进行军备竞赛的同时，奉行"缓和"外交，在限制战略武器谈判和柏林问题上达成协议；对西欧和日本，则推行分担负担的方针，迫使它们在货币和贸易等问题上作出让步；在中东和波斯湾，力图使以色列和伊朗成为区域性强国，以维护美国的战略利益，并抑制苏联影响的扩大；在拉丁美洲奉行减少外援和支持军人政权的"低调方针"。

尼克松主义是在收缩海外态势的同时，继续维护美国重大利益的政策，促进了具有深远意义的国际力量改组。它在调整美国由于长期进行全球扩张而恶化的国际地位方面，取得一定进展，为美国对外政策打开了新的局面。但是，尼克松政府对西欧和日本的政策，引起了盟国强烈不满，它扶持以色列和伊朗，以及在第三世界进行的干涉和颠覆活动，更是不得人心。此外，尼克松任内美国常规力量削减过多，因而造成美苏军事力量对比向不利于美国的方向发展。

1. 战后美国对外政策的又一次战略
调整——尼克松主义

〔尼克松主义的形成〕 战后，从杜鲁门到约翰逊历届政府，基本上奉行的是全球扩张战略，使美国称霸世界的企图和力量不足的矛盾日趋尖锐。到 1968 年，美国以越南战场为中心，把全球干涉推进到顶点。侵越美军高达 54 万人，100 多万美军驻在欧亚大陆及其邻近岛屿，30 万美军活动在远离本国海岸的军舰上。美国在全世界维持着 2000 多个军事基地，为 40 多个国家和地区承担着正式保护义务。与此同时，美国的经济和军事实力却相对下降。它同对手及盟友的力量对比，正在发生不利于美国的重大变化。因此，到尼克松上台时，战后美国政府取得两党一致认可的对外政策，正在丧失国内支持；美国在世界各地广泛承担"义务"、到处侵略干涉的方针，再也无法继续下去。为避免更大的失败，维护美国的全球利益，尼克松对战后美国的对外政策作出了重大调整，试图使之适合美国力量的限度和新的国内国际条件。尼克松主义就是在这种历史条件下问世的。

早在 1967 年，尼克松就指出："美国将来作为世界警察的作用可能是有限的。"[1]1968 年总统竞选期间，尼克松在全国广播公司播发的讲话中又说："我们已到了美国必须重新估量它在世界上的作用和责任的时候了。"[2]正式就任总统之后，尼克松忙于处理越南和中东问题，以及准备美苏限制战略武器谈判，在最初半年内未能对他的上述外交政策设想作进一步说明，因而引起盟国和仆从国家的疑虑与不安。直到 1969 年 7 月 25 日，尼克松才在关岛就亚洲政策对记者进行非正式谈话时，提出了后来被称之为"尼克松主义"的"关岛主义"。他在关岛谈话中指出："在我们同所有亚洲友邦的关系方面，现在是

---

[1] 理查德·尼克松：《越战之后的亚洲》，载《外交季刊》1967 年 10 月号。
[2] 《尼克松言行录》，载《美国新闻与世界报道》1968 年 7 月 15 日，第 52 页。

着重强调下列两点的时候了：第一，我们将恪守我们的条约义务……；第二，在国内安全问题上，在军事防卫问题上，除非存在某个核大国的威胁，美国将鼓励并有权期望逐渐由亚洲国家本身来处理，逐渐由亚洲国家本身来负责。"①尼克松在表明美国收缩意图的同时，强调这种收缩是有限的，美国将继续在亚洲和太平洋地区承担已有的条约义务和发挥"重大作用"。后来，尼克松又在 1969 年 11 月 3 日的演说和 1970 年对外政策年度报告中，进一步阐述了尼克松主义的含义和原则，提出了以"伙伴关系、实力和谈判"为 3 大支柱的新和平战略，把关岛讲话从对亚洲的政策推广为全球政策，从一种国家安全政策推广为包括政治、经济、军事各方面处理盟友关系以及对苏、对华关系的总方针。因此，从狭义来讲，尼克松主义是关岛主义及其延伸，主要涉及美国力量的收缩；从广义来讲，是使收缩得以进行并使之"不会削弱、反而加强美国"的均势政策，即"伙伴关系、实力和谈判"。②

　　〔收缩美国海外态势的安全战略〕　尼克松主义"代表着美国总态势的变化"。③ 这种变化首先表现为军事态势的变化，即修改战略理论，削减常规部队，收缩海外驻军，以摆脱军事上伸展过度、负担过重的困境。

　　为此，尼克松在安全战略方面提出了所谓现实威胁战略，其主要内容包括以下 3 个方面。首先，在战略核力量方面以"充足"论代替"优势"论。战后直到 60 年代后期，美国的核武器理论一直都是建立在核优势基础上的。肯尼迪和约翰逊的总统国家安全事务助理麦乔治·邦迪曾经宣称，历届总统"都力求拥有核优势；优势的价值从来

---

　　①　理查德·斯特宾和伊莱恩·亚当合编：《美国对外关系文件，1968—1969》，纽约对外关系委员会 1972 年版，第 333 页。

　　②　参见尼克松：《1970 年对外政策报告》，载《美国总统公文汇编：理查德·尼克松卷，1970》，华盛顿美国政府出版局 1972 年版；时殷弘：《尼克松主义》(刘绪贻主编：《美国现代史丛书》之一)，武汉大学出版社 1984 年版。

　　③　《威廉·罗杰斯访问记》，载《美国新闻与世界报道》1970 年 1 月 6 日，第 28 页。

都是非同小可的"①。尼克松就职后几天，国家安全委员会就在一份研究报告中指出，美国已不可能恢复先前显著的核优势。在 1969 年 1 月 29 日举行的首次记者招待会上，尼克松明确表示：他的目标是确保美国拥有"充足的军事力量"，"'充足'事实上是个比'优势'或'均等'更好的术语"。② 他在 1970 年对外政策报告中又正式宣布，美国的战略核力量将根据"充足"原则来计划和部署。这实际上是由于美、苏战略力量的势均力敌迫使美国政府不得不正视现实。根据"充足论"的原则，美国战略力量主要以维持有效报复能力为限，不拘泥战略导弹数量对比，而着眼于质量改进。美、苏限制战略武器谈判，则成了以核力量为筹码、限制苏联核扩军步伐和确保核均势的重要手段。

其次，尼克松在常规力量方面，以"一个半战争"战略代替"两个半战争"战略。根据国家安全委员会的建议，尼克松在 1970 年对外政策报告中宣布："在把战略方针和军事能力协调起来的努力中，我们选择了可以最合适地称为'一个半战争'的战略。根据这一战略，我们在和平时期维持的一般任务部队，将足以同时对付在欧洲或亚洲发生的一次共产党大规模进攻，又援助亚洲盟友抵御不是来自中国的威胁，并对付其他地方的一场紧急事态。"③这一战略的主要出发点，是削减兵员和军备，以减轻财政负担，缓和要求更大规模缩减军事力量的国内压力；同时也是由于尼克松政府开始改变把中国当作"最大威胁"的方针，确定苏联是主要对手，把战略重点转移到集中力量对付苏联上来。这是具有重大意义的战略转变。

再次，尼克松试图推行分担负担的"总兵力"方针。这一方针规定了"自由世界防务"的分级责任制：遏止战略核战争依靠美国的核力量；遏止战区核战争，美国承担主要责任，但英国等拥有核武器的

---

① 麦乔治·邦迪：《总统职位与和平》，载《外交季刊》1964 年 4 月号，第 355 页。

② 《多少军备才算充足?》，载《新闻周刊》1969 年 2 月 10 日，第 9 页。

③ 《美国总统公文汇编：理查德·尼克松卷，1970》，第 177 页。

盟国须分担部分责任；战区常规战方面，美国和盟国部队分担责任；次战区或地方性战争方面，当事国或盟国承担主要责任，特别是提供地面部队，美国则在本身利益和条约义务的限度内提供一定援助。尼克松的"总兵力"方针，基本上排除了美国部队，特别是地面部队介入地方性战争的可能，同时在大规模常规战争方面强调分担责任，因此被国防部长梅尔文·莱尔德称为现实威胁战略"最独特的着重点"。①

根据这种新的安全战略，尼克松政府在军事上致力于建立"充足"的核力量，削减常规部队，减少海外驻军，改变了全球兵力布局。1969 年 3 月，尼克松宣布部署大型反弹道导弹"卫星"系统，以取代约翰逊的小型"哨兵"系统计划。因为哨兵系统不足以扭转美国在反弹道导弹方面的落后状态和由此造成的不利谈判地位。不仅如此，由于苏联大型洲际导弹当时已威胁美国陆基战略报复力量的生存，尼克松政府必须以卫兵大型系统来保护美国洲际导弹的发射场。到 1972 年，北达科他州的反弹道导弹发射场完工，其他 10 个发射场的施工计划也进入准备阶段。除了反弹道导弹系统外，尼克松政府还大力发展分导多弹头导弹，以抵消苏联导弹数量的优势。为提高美国战略核武器的质量，尼克松敦促国会为研制更先进的"三叉戟"核潜艇和 B-1 轰炸机拨款，并使 1973 财年战略核武器的费用增加 12 亿美元。至于常规部队、特别是地面部队，尼克松则进行大幅度削减。1968 年年中，美军现役人员共 354.7 万人。到尼克松下台前夕，下降到 216.1 万人。其中地面部队削减 48.2%，空军兵员减少 28.4%，海军兵员减少 28.6%。美军现役人员不仅比越战高峰时的 1968 年大为减少，而且和越战升级前的 1964 年相比，也减少了 19.6%。这样，美国的军事开支无论就其绝对数值，或就其在国民生产总值与联邦预算总额中的比例来说，都减少了。而且，在海外驻军方面，尼克松政府还恢复了欧洲第一的方针。到 1973 年初，亚太地区美军为 24.4 万

① 梅尔文·莱尔德等：《尼克松主义》，华盛顿美国企业研究所 1972 年版，第 18 页。

人，占海外驻军总数的 43%；欧洲地区美军则为 31.3 万人，占海外驻军总数的 51.7%。

〔推行多极均势政策的外交战略〕 与尼克松政府承认美国实力的相对衰落而收缩海外军事态势密切相关的，是在外交上奉行均势政策。因为从依据优势力量谋求世界霸权到不得不推行均势政策，这本身就是一种收缩；而要使收缩不危害美国的重大利益，就必须在自己力量不济之时，通过与对手谈判和借助他人力量维持美国的阵地。尼克松外交政策的主要设计者、总统国家安全事务助理亨利·基辛格博士认为：战后美、苏两国支配世界的时代即将告终，取而代之的是政治上的多极世界。战后两极状态曾导致对外政策的僵化，多极世界的出现，使美国外交有重新具有灵活性的可能，但多极化并不等于稳定。美国对外政策的中心任务，就在于制定"某种稳定秩序的概念"，而"稳定总是和均衡并存的"。① 尼克松本人则在 1971 年对外政策报告中宣称：世界已进入一个"多极外交的新时代"。② 不久，他又在堪萨斯城提出：美国、苏联、西欧、日本、中国是决定今后世界命运的 5 大权力中心，即所谓五极均势论。

尼克松政府的多极均势外交，主要包括两个方面的内容。其一是通过"实力"加"谈判"维持美苏均势，尽可能限制苏联扩张，并以美中苏三角均势作为推行尼克松主义的必要条件。其二是在建立新的"大西洋伙伴关系"和"太平洋伙伴关系"的幌子下，维持美国对西欧和日本的领导地位，要求盟国分担负担。在尼克松看来，苏联的政策包含着彼此矛盾的倾向，有些因素要求有较为稳定的美、苏关系，另一些因素却促使它扩张势力以谋求战略上的好处。美国政策的任务，是认识这种矛盾性，加强较为积极的倾向。因此，他在鼓吹"谈判"时代的同时，又强调美苏之间"十分真实"的对立。这是一种在美国力量衰落之时维持美、苏均势的方针。关于美中关系，能否改变它破

① 亨利·基辛格：《美国对外政策》，纽约诺顿公司 1977 年版，第 51~79 页。

② 《美国总统公文汇编：理查德·尼克松卷，1971》，第 220 页。

产的对华政策，不仅关系到美国在亚洲的军事收缩，而且关系到利用中苏对立来挟制苏联，使美国在力不从心的情况下，能有效地对付这个在世界范围内争夺霸权的强劲对手。这样，尼克松政府就把维持美苏均势，扩展为援引中国制约苏联，把美中苏三角关系的重心转移到美中接近上来。至于美国、西欧、日本的联盟关系，与美国、中国、苏联关系上的均势政策不同，尼克松政府实行的是以高压手段损人利己的方针。因此，尼克松在处理美中苏三角关系上取得了重大的政策突破，特别是他改变了战后美国政府长期奉行的反华政策，这一点已为历史所肯定。但是他对西欧和日本的政策，却未能收到预期的效果。尼克松任内美国与西欧、日本盟国的关系，是以紧张和互相指责为特征的。他因此而在国内遭到广泛的批评。

2. 初步结束越南战争

对尼克松来说，收缩美国海外态势的当务之急，是结束侵越战争，把美军撤出越南南方；而且他从一上台起，就清楚地意识到，能否做到这一点，关系到他本人的政治前途和在历史上的地位。尼克松曾表示："我可不愿落得个约翰逊那样的下场，躲在白宫内，怕到街上去见人。我要结束这场战争。"①但他又担心仓促行事，会有损美国在全球和远东的利益，使美国信誉扫地。因此，尼克松想在越南实现所谓"体面的和平"。为此，他采取了越南化计划和巴黎和谈双管齐下的政策，即一方面通过越南化计划建立一支能逐渐代替美军作战的当地部队，另一方面通过以武力为后盾的和谈，促使对方接受南越政治现状，使阮文绍政权能在美军撤出后继续存在下去。这种双轨政策，是尼克松主义"最重要而且是最明显的运用"②。

----

① H. R. 霍尔德曼：《权力的尽头》（中译本），商务印书馆 1979 年版，第 94 页。

② 《尼克松 1973 年对外政策报告》（中译本），上海人民出版社 1973 年版，第 191 页。

〔尼克松政府的越南化计划〕 尼克松上台后，在越南问题上迅速展开秘密外交，并以军事威胁相配合。他通过法国向北越表示了和平的愿望，要求美军和北越部队同时撤出南越，使非军事区重新成为南越与北越之间的边界。基辛格则通知苏联驻美大使阿纳托利·多勃雷宁，美国迫切希望与苏联就一系列重大问题展开谈判，但首要的是和平解决越南问题。与此同时，尼克松下令对柬埔寨境内的北越给养基地展开空中打击，目的在于压迫北越作出让步。而在美国公众和世界舆论面前，尼克松则提出他的"全面和平计划"，并于1969年6月在中途岛宣布首次从南越撤出美军25000人。

然而尼克松政府的上述行动，未能收到任何效果。在巴黎，北越和谈代表指责美国的建议是一场闹剧。他们坚持美国无条件撤军和把阮文绍政权排除在临时联合政府之外。不久，胡志明主席又严正拒绝尼克松给他的最后通牒式的建议：和谈必须在是年11月1日前取得进展，否则美国将采取重大行动。在美国国内，反战运动再次高涨。许多民主党参议员要求尼克松在1970年年底以前全部撤出美军。在这种形势下，尼克松于1969年11月3日发表重要政策演说。除诉诸所谓沉默的多数以缓和反战运动的压力以外，他全面阐述了尼克松主义的原则，并详细解释了越南化计划。此后直到1970年初，越南化计划加速进行，并进入高潮。美国军事顾问全力以赴地使南越政府军现代化，以适应将来单独作战的需要。在这段时间里，南越政府军从尼克松上台时的85万人，增加到100万。美国向南越政府提供了大量最新武器和大量舰艇、飞机、直升飞机。美国还扩大了加速安抚运动和乡村发展计划，甚至在1970年5月促使南越政府进行土地改革，以便傀儡政权能加强对南越农村的控制。

越南化计划取得的实际效果，是值得怀疑的。在农村进行的安抚计划，并没有能使乡民拥护阮文绍政府。到1970年4月，美军已从南越撤出11.5万人，然而南越政府军显然未能填补这个真空。侵越美军司令克赖顿·艾布拉姆斯将军多次抱怨美国的撤军速度超过越南化的进展。鉴于北越在巴黎和谈中未作出丝毫让步，尼克松乃决定采取新的战争行动，重新以武力压服北越。

　　〔美军入侵柬埔寨和南越政府军对老挝的进攻〕　1970年3月，柬埔寨亲美的朗诺集团推翻了西哈努克亲王的中立主义政府。美国一方面担心北越会乘朗诺立足未稳进占柬埔寨，另一方面又觉得这是摧毁柬埔寨境内北越给养基地的良机。因此，尼克松很快就批准美国空中力量支援南越政府军进攻柬埔寨境内的鹦鹉嘴地区，并同意美军对鱼钩地区展开攻势。4月30日，尼克松在电视演说中宣布了美军入侵柬埔寨的行动。

　　此举虽然使北越的给养基地和补给线遭到严重破坏，但也使不堪一击的朗诺政府成为美国在东南亚的又一个包袱。而且如上章所说，美军入侵柬埔寨在美国激起出乎尼克松预料之外的强大抗议浪潮，使他不得不在6月底从柬埔寨撤出美军。

　　1971年，尼克松在越南问题上除继续玩弄两手政策外，没有取得任何突破性进展。为缓和国内批评，他加快了撤军步伐，下令在年底以前撤出10万美军，使侵越美军下降到17.5万人，其中只有75000人属于战斗部队。与此同时，尼克松加大了对北越的军事压力，美国飞机对柬埔寨和老挝境内的北越补给线进行了狂轰滥炸，并对河内—海防地区展开空袭。1971年2月，为破坏北越的补给线，尼克松下令美军以空中力量支援南越军队入侵老挝南部狭长地带，即"胡志明小道"的北端地区。此举被称为蓝山619行动。北越则出动苏制坦克和正规军，进入老挝与南越政府军激战。3月15日，南越军队全线崩溃，入侵老挝行动以彻底失败告终。

　　美国在越南、柬埔寨和老挝的长期军事行动，一方面给印度支那人民带来巨大灾难，几百万人沦为难民，流离失所；一方面使美国国内厌战、反战情绪急剧增长。民意测验表明，美国70%的人认为把美军派到越南是错误的，58%的人认为这场战争是不道德的。还有相当一部分人甚至主张：即使共产党人会控制南越，也要在年底以前全部撤出美军。在国会内，则出现了在北越释放战俘时将规定撤出全部美军最后期限的可能性。这就迫使尼克松和基辛格考虑在巴黎和谈中打破僵局的问题。尼克松承认，为争取连任，和平解决越南问题非常必要。但他希望能提前做到这一点。这样，基辛格在5月份向北越提出一项全面和平解决办法：作为释放美国战俘的交换条件，美国保证在协定签字后 6 个月内撤出全部美军。这是美国方面第一次规定撤军的具体期限，而且第一次未提北越同时撤军问题。北越代表同意释放战俘，但要求美国在越南问题获得政治解决前，放弃对阮文绍政府的支持。尽管基辛格"几乎闻到了和平的气息"①，但他认为北越的条件无法接受。和谈再次陷入僵局。

〔1972 年的大规模军事行动与巴黎和谈〕 为打破和谈僵局，实现统一祖国的目标，北越军队在 1972 年 3 月大举南下，迅速推进到广治、昆嵩和离西贡仅 60 英里的地带。南越爱国武装力量则在湄公河三角洲和西贡附近广为出击。阮文绍政府的军队顾此失彼，陷入危局。此时侵越美军已下降到 95000 人，其中只有 6000 支战斗部队。慑于国内要求撤军的强大压力，尼克松不敢向越南增派美军，乃诉诸大规模空中行动，批准 B-52 轰炸机越过非军事区对河内—海防地区的油库展开猛烈空袭。与此同时，基辛格秘密会见勃列日涅夫，明确表示美国将允许北越军队在停火后留在南越，希望苏联从中周旋。他威胁说，如果北越继续打下去，将对苏、美关系和北越自身造成严重后果。5 月 1 日，美国方面又向北越和谈代表黎德寿重复了上述建议和警告。

尼克松政府这种软硬兼施的手段，未能产生任何效果。北越方面断然拒绝美国的建议。5 月 8 日，侵越美军司令艾布拉姆斯向华盛顿告急，并建议加强对北越的轰炸和在海防港布雷。尼克松考虑到在南越彻底失败的危险，决定采取自 1968 年以来最猛烈的战争升级行动。他当天就宣布在海防港布雷，对北越实行海上封锁，并进行持续轰炸。但是，北越部队和南越爱国武装力量仍然活跃在南部战场。美国情报部门在夏末估计，北越和南越爱国武装力量至少还可以再打两年多。尼克松政府不得不再次通过和谈寻求解决越南问题的途径。

自 9 月下旬开始，美国和北越代表在巴黎进行了 3 个星期的紧张

---

① 马文·卡尔布和伯纳德·卡尔布：《基辛格》，三联书店 1975 年版，第 180 页。

谈判。基辛格和黎德寿拟定了协定的要点：美国在停火生效后 60 天内撤出剩余美军，北越释放美国战俘，越南问题的政治解决，则由越共、中立力量和阮文绍政府 3 方组成的全国和解与协商委员会作出安排，并由该委员会负责选举和执行协定。10 月 11 日，巴黎和谈双方同意在基辛格征得尼克松和阮文绍同意后，于 10 月 22 日在河内草签条约。

〔巴黎协定〕 由于美方出尔反尔，北越代表深表愤慨，拒绝了基辛格提出的新建议，并提出反建议，重新要求驱逐阮文绍。双方经过多次争执，到 12 月中旬，才又回到当初达成的协议草案上来，但非军事区的地位问题仍未解决。尼克松和基辛格决定再次以压求和。

首先，尼克松下令援助南越政府价值 10 亿美元的军事装备，并向西贡政权明确保证，一旦北越违反和平协定，他将采取迅速而有力的报复行动。参谋长联席会议已受命起草这种行动计划。尼克松同时警告阮文绍，如果他不接受美国可能达成的最佳条约，美国将单独与北越媾和。在迫使阮文绍就范之时，尼克松对北越实行所谓"卡脖子外交"，即再次进行大规模空袭。在 12 天的圣诞大轰炸中，美军对北越进行了越战以来最猛烈的空袭，河内与海防遭到严重破坏。但是美国在越南人民的英勇还击下，也付出了高昂代价。据北越公布的战报，32 架 B-52 轰炸机被击落。美国参谋长联席会议担心，美国的战略空军有可能因此瘫痪。在世界各国人民的一片抗议声中，美国国内也怒潮翻腾。许多人指责尼克松是"疯子"。民意测验中支持总统的公众比例，一夜之间下跌到 39%。尼克松政府只好回到谈判桌上。

1973 年 1 月 8 日，巴黎和谈恢复。6 天之后，双方达成协定。基本内容与 10 月份的草案大同小异。在非军事区的地位问题上，美国实际上接受了北越的立场，规定它为"临时分界线，而非政治和领土分界线"。在美国软硬兼施的压力下，阮文绍政府虽未正式认可巴黎协定，但无可奈何地表示不再加以反对。

1973 年 1 月 27 日，巴黎协定签字，标志着历时 12 年之久的侵越战争的初步结束。这是越南人民长期抗美救国斗争的伟大胜利，同时也是包括美国人民在内的世界各国人民大力声援的结果。中国人民曾以自己辽阔的国土作为越南人民的牢固后方，在政治、军事和经济上，提供了无私的国际主义援助。

3. 中美关系的改善

〔尼克松政府在对华政策上的重大转变〕　孤立和遏制中国，是美国战后在亚洲进行侵略扩张的重要内容。到 60 年代末，由于国际形势的变化，尼克松作为一个比较现实的政治家，已意识到美国经不起长久地孤立中国，所以提出要以遏制和"诱导"相结合的办法，最终说服中国改变政策。基于这种考虑，尼克松就任美国总统后仅两周，就于 2 月 5 日通过基辛格授意国家安全委员会，起草有关中国问题的报告。根据他的指示起草的国家安全研究第 14 号备忘录，提出了"两个中国"的政策。国家安全研究第 35 号备忘录，则建议逐步取消对华贸易限制，以此作为接近中国的先声。但是，直到 1969 年夏，尼克松仍然坚持美国统治集团长期鼓吹的反华滥调，视中国为最大威胁。尽管尼克松和基辛格一开始就有利用中苏对立制约苏联的想法，但并未以此作为对外政策的首要出发点，他们至多也只是想建立美中苏等边三角关系。然而中苏边界冲突逐渐改变了他们的看法。特别是在新疆的边界冲突发生后，基辛格仔细察看了地图，得出结论："中国军事领导人不会选择这样不利的地点发动进攻。"[①]尼克松也认为，苏联对中国的战争威胁，不能不引起美国的深切关注。

　　1969 年 8 月 14 日，尼克松在国家安全委员会会议上确定，苏联是更具有侵略性的国家，如果中国在一场中苏战争中被击败，将根本破坏世界均势，因而是危害美国利益的。基辛格后来在回忆录中评论说，这是"革命性的理论"，是"美国外交政策中的一件大事"，因为"一个美国总统宣称一个共产主义大国……的生存，对我们具

---

　　① 亨利·基辛格：《白宫岁月》（中译本），世界知识出版社 1980 年版，第 1 册第 231 页。

有战略利益"。① 应该说，这是尼克松政府对华政策的重大转变；它为借助中国力量维持美、苏均势的外交方针，奠定了思想基础。

〔中美关系解冻〕 基于上述认识，尼克松在是年 8 月 1 日访问巴基斯坦时，向叶海亚·汗总统表示，希望巴基斯坦能在中、美之间起桥梁作用。随后，他又在罗马尼亚要求齐奥塞斯库总统向中国转达美国方面对改善中、美关系的浓厚兴趣。美国国务院还发表一项公报，批准在海外的美国旅游者和居民购买一定数量的中国商品，允许国会议员、记者、教师、知识分子与大学生、科学家与医生、红十字会代表等 6 类人员，在有关外事部门直接申请办理去中国的旅行护照，无须上报国务院批准。

由于中美华沙大使级会谈当时已中断，尼克松乃于 9 月 9 日命令美国驻波兰大使沃尔特·斯托塞尔设法与中国外交人员取得联系。斯托塞尔经多方努力，终于在 1970 年 1 月 20 日和 2 月 20 日，与中国代办雷阳在华沙举行了两次会晤。美国方面第一次默认台湾问题应由中国人自己用和平方式加以解决，并表示了派总统特使去北京的愿望。双方都希望有一个比较稳定的环境和进行更高级的会谈。这年 2 月，尼克松在世情咨文中，公开表示了对华政策的新意向。他说："我们采取力所能及的步骤来改善同北京的实际上的关系，这肯定是对我们有益的，同时也有利于亚洲和世界的和平与稳定。"②

在尼克松政府表示希望同中国对话，并采取改善关系的措施后，中国方面也作出了相应的表示。1970 年 12 月 28 日，毛泽东主席在接见美国友好人士埃德加·斯诺时说："目前，中国和美国之间的问题要同尼克松解决"；如果尼克松访华，他"高兴同他谈，不论作为旅游者还是作为总统都行"。③ 1971 年 4 月 6 日，美国乒乓球队应邀访问中国。周恩来总理在人民大会堂接见美国乒乓球队时说："你们

---

① 亨利·基辛格：《白宫岁月》(中译本)，第 1 册第 238 页。
② 《尼克松回忆录》(中译本)，中册第 230 页。
③ 亨利·基辛格：《白宫岁月》，第 2 册第 357 页。

在中美两国人民的关系上打开了一个新篇章。"①在周总理讲话几小时后，尼克松总统即发表声明，宣布放松美国对华禁运等一系列新规定。当中国政府经巴基斯坦向美方正式表示"愿意在北京公开接待美国总统的一位特使（例如基辛格先生）或者美国国务卿，甚或美国总统本人"②后，尼克松在4月29日向记者发表谈话，宣称"我们已经打开了坚冰"，"我希望，并且事实上我希望在某个时候以某种身份……访问中国"。③ 不久，他通过巴基斯坦复信周恩来总理，表示他准备接受邀请访问中国，建议首先由基辛格与周总理或中国政府的另一位高级官员进行秘密会谈。

7月6日，尼克松在堪萨斯城中西部报纸主编政策答辩会上，提出了美国、西欧、日本、苏联和中国是五大力量中心的五极均势论。他强调中国作为五强之一的重要性，宣称把中国排斥于国际社会之外的做法，是不能接受的，有必要采取重大步骤结束这种状态，美国政策的目标从长期来看，必须是同中国关系正常化。7月8日，从南越回国途经巴基斯坦的基辛格博士，佯称腹痛避开新闻界的注意，于第二天凌晨直飞北京，与周恩来总理举行秘密会谈。7月15日，中美两国根据秘密会谈达成的协议，同时发表公告，宣布尼克松总统已接受中国政府的邀请，将于1972年5月以前的适当时间访问中国。公告指出："中美两国领导人的会晤，是为了谋求两国关系的正常化，并就双方关心的问题交换意见。"④公告的发表，在世界各国引起强烈反响，受到美国朝野人士的普遍欢迎。

然而，美国政府在着手改善中美关系的同时，在联合国却试图通过双重代表权方案，保留台湾代表的席位，玩弄"两个中国"的笨拙伎俩。这种与改善中美关系不相吻合的做法，终以彻底失败而告终。1971年10月25日，联大会议以压倒多数通过决议，恢复中华人民

---

① 亨利·基辛格：《白宫岁月》，第2册第367页。

② 《尼克松回忆录》，中册第235页。

③ 《尼克松回忆录》，中册第236页。

④ 《人民日报》，1971年7月16日。

共和国在联合国的一切合法权利，并立即将蒋介石集团的代表，从联合国的一切机构中驱逐出去。这是中国人民的胜利，也是广大第三世界国家和其他友好国家长期斗争的结果。中国在国际社会中的地位不断提高，促使美国政府对于改善中美关系的急迫性，有了进一步的认识，并加快了中美关系正常化的步伐。

〔尼克松访华和上海公报〕　1972 年 2 月 21 日至 28 日，尼克松访问中国，揭开中美关系史上新的一页。在尼克松访华期间，毛泽东主席会见了他，就中美关系和国际事务认真、坦率地交换了意见。周恩来总理和尼克松总统就两国关系正常化和双方关心的其他问题，进行了会谈。

2 月 28 日，中、美双方在上海发表联合公报指出："中美两国社会制度和外交政策有着本质的区别。但是双方同意，各国不论社会制度如何，都应根据尊重各国主权和领土完整、不侵犯别国、不干涉别国内政、平等互利、和平共处的原则来处理国与国的关系"，双方"准备在他们的相互关系中实行这些原则"。双方声明，"任何一方都不应该在亚洲—太平洋地区谋求霸权，每一方都反对任何其他国家或国家集团建立这种霸权的努力"。

关于台湾问题，双方表明了各自的立场。中国方面重申："台湾问题是阻碍中美关系正常化的关键问题；中华人民共和国政府是中国的唯一合法政府；台湾是中国的一个省，早已归还祖国；解放台湾是中国内政，别国无权干涉；全部美国武装力量和军事设施必须从台湾撤走。"美国方面在公报中声明："美国认识到，在台湾海峡两边的所有中国人都认为只有一个中国，台湾是中国的一部分。美国政府对这一立场不提出异议，它重申它对中国人自己和平解决台湾问题的关心。考虑到这一前景，它确认从台湾撤出全部美国武装力量和军事设施的最终目标。在此期间，它将随着这个地区紧张局势的缓和，逐步减少它在台湾的武装力量和军事设施。"

双方还同意扩大中美两国人民之间的了解，为发展贸易和科学、技术、体育、新闻和文化等方面的交流，提供便利。

中美两国上海公报，是中美关系的一个重要里程碑，标志着中断达20多年之久的中、美交往的初步恢复，并为中美关系的正常化和进一步发展奠定了原则基础。双方确认的反霸权原则，对于维护远东和太平洋地区的和平具有深远影响。中美关系走向正常化，不仅符合中美两国人民利益，也符合世界人民利益。

1973年2月，基辛格再次访问中国。双方商定，为加速关系正常化和扩大各方面的接触，每一方将在对方首都建立一个联络处。同年5月，中美双方完成了互设联络处的工作。

4. 对苏实行"缓和"外交

〔从对抗走向谈判〕 尼克松在1968年接受共和党总统候选人提名时表示，在对苏关系上，要从对抗走向谈判。上台后，他即开始奉行对苏"缓和"的方针，试图通过谈判，以实利换取对方的"自我约束"，达到遏制苏联的目的。造成这一变化的基本原因，是美国失去了核优势，美苏战略力量趋于平衡。同时，中苏对立的加深，使尼克松政府感到，美国有可能利用这一点在谈判中限制苏联，迫使苏联为防止美中接近而对美国作出让步。此外，尼克松还认为：苏联急于通过谈判肯定欧洲边界现状，把注意力转向远东与中国对抗；它还需要美国的技术、商品、资金，以解决本国的经济问题。这就增加了美国在谈判中讨价还价的筹码。在谈判策略上，尼克松和对苏"缓和"方针的主要设计师基辛格博士都认为，美国必须奉行"连环套"原则，即坚持达成全面谅解，做一揽子交易，不做零敲碎打的买卖。他们以为，这种把许多重大问题的成败联系在一起的做法，可以加大对苏联的压力。此外，美国还要保留必要时使用军事力量的自由和决心，不能让苏联人认为尼克松主义是美国丧失意志的信号。

然而，美苏"缓和"在尼克松上任后的头两年内进展缓慢。而且美、苏在一些国际事件中频频发生矛盾。1970年9月，由于U-2飞机发现苏联正在古巴西恩富戈斯港建立核潜艇基地，美国对苏联发出强烈警告，声称将视此为敌对行动。同月，约旦危机爆发。美国政府为防止苏联插手，下令驻西德美军进入戒备状态，并增派一艘航空母舰和一艘直升飞机母舰驶入地中海。北卡罗来纳州布雷格堡的第八十一空降师，也整装待发。当苏联训练的叙利亚军事人员驾驶苏制坦克进入约旦后，美国态度强硬，要求苏联让叙利亚人撤回边境。尼克松亲自召集军政要员，权衡了美国直接进行干涉或支持以色列出面干涉的种种方案。这些事件虽未导致美苏直接对抗，但剑拔弩张的气氛，却给"缓和"蒙上了一层阴影。

直到1971年上半年，"缓和"外交才开始取得一些进展。从美国方面来说，主要是由于苏联战略导弹数量此时已超过美国，并在继续增加，美国政府急于通过谈判限制苏联战略力量的进一步扩展。从苏联方面来看，首先是因为美中关系改善的趋势日益明显，如果美苏关系停滞不前，甚至趋于恶化，将不利于阻止美中接近。其次，苏联战略力量的加强，已使它可以和美国达成某些有限协议，而不损害本身的战略利益。如果继续扩大战略武器的数量优势，反而可能刺激一场它难以负担的大规模核军备竞赛。这样，苏共中央总书记勃列日涅夫在1971年4月举行的苏共第二十四次代表大会上，正式提出以"缓和"为核心的6点"和平纲领"，宣称要在70年代把"缓和"放在苏联外交政策的首位。实际上，苏联是想通过"缓和"政策争取时间，在经济和军事上赶超美国，取得对美国的全面优势；同时利用"缓和"口号麻痹西方，分化西欧、日本与美国的关系，防止美中接近，并推行南下政策，对西欧和美国实行战略迂回包围。尽管如此，由于美苏两国从各自不同的战略利益出发，却产生了达成一定妥协的共同需要。

〔西柏林协定和德国问题的基本解决〕　西柏林一直是战后东西方斗争的焦点。长期以来，苏联坚持西柏林是德意志民主共和国的一个组成部分，力图取消美英法三国在西柏林的占领制度，而西方国家在这个问题上寸步不让。围绕西柏林问题展开的斗争，多次酿成柏林危机，成为中欧冷战的震源之一。1969年珍宝岛中苏边界冲突发生以后，苏联急于争取西方国家承认欧洲现状，以巩固自己对东欧的控制，建议召开欧洲安全会议，结果不得不在西柏林问题上开始改变态度。1970年初，苏联在和西德谈判互不使用武力宣言的同时，正式邀请美英法3国谈判西柏林问题。美国和西方国家乘机把西柏林问题同苏联与西德的谈判以及欧洲安全会议套在一起。西德、苏联条约于 8 月 12 日签订后，西德正式通知苏联，除非西柏林问题得到解决，否则条约不会生效。美国总统尼克松则于当年 10 月告诉苏联外长葛罗米柯：欧安会的召开必须有两个前提，一是柏林问题的解决，二是华约与北约谈判互减驻欧兵力。1971 年 5 月，苏联被迫同意上述要求。但谈判进展相当缓慢。直到是年 7 月基辛格秘密访问北京并公布了尼克松即将访华的消息后，苏联才在西柏林问题上作出重大让步。四大国就此达成了协议。

1971 年 9 月 3 日，美英法和苏联正式签订《西柏林协定》（又称《四大国协定》）。在这个协定中，苏联不再坚持取消美英法 3 国在西柏林的占领制度，并对西柏林和西德之间的交通承担了责任，实际上等于向西方保证不再进行限制和封锁。西方则承认西柏林不是西德的一个组成部分，今后也不属西德管辖。但协定的附件又规定西德享有对西柏林常住居民实行领事服务，以及在国际组织和国际会议上代表柏林西区利益等权利。《西柏林协定》签订后，6 月 3 日正式生效。同年 11 月 8 日，东、西德代表在波恩签订关于两国关系基础的条约，规定东、西德彼此承认是主权国家，双方在平等基础上发展相互之间的睦邻关系，互设常驻代表机构，贸易不受国界限制。东、西德条约还强调该条约不影响四大国在西柏林的权利和责任，以及《四大国协定》的决定及实施。至此，东、西方在德国问题上的争端基本解决。1973 年 9 月 13 日，两个德国同时加入联合国。

〔限制战略武器谈判和三次美、苏首脑会谈〕 美、苏限制战略武器谈判在尼克松上台后一再拖延，直到 1969 年 11 月 17 日，才在芬兰首都赫尔辛基正式举行。美国方面在限制战略武器谈判中的基本立场，是限制苏联进攻性战略核力量的发展，主张把双方战略导弹数量限制在美国已有的 1710 枚水平上，进行对等削减；对苏联正在大力发展的可装置分导多弹头的 SS-9 巨型洲际导弹，设立分项限额。苏联方面则主张：把"前沿系统"（即以欧洲、近东和航空母舰为基地能对苏联进行核打击的美国飞机）包括在应加限制的进攻性战略武器之内，而把苏联对准西欧的中程核导弹排斥在外。这一要求遭到拒绝后，苏联又提出只限制反弹道导弹的方案，这就和美国方面同时限制防御性和进攻性战略武器的原则大相径庭。结果，限制战略武器谈判迟迟无法取得进展。

1971年，美苏双方才在限制战略武器谈判中彼此作出较大让步。美国方面放弃了进攻性战略导弹的数量对等原则，允许苏联在洲际导弹方面具有一定的数量优势，但不得扩大，实行所谓过渡性冻结。同时，尼克松政府还默许苏联把正在发展的新型逆火式洲际超音速战略轰炸机，排除在谈判范围之外。苏联方面则放弃限制美国"前沿武器系统"和只限制反弹道导弹系统的要求，并同意对 SS-9 导弹设立分项限额和把潜射导弹也包括在过渡性冻结之内。5月20日，美苏两国政府宣布谈判出现突破，并共同声明："美国政府和苏联政府在回顾了它们的限制战略武器会谈过程之后，已同意今年集中力量制定一项限制部署反弹道导弹协议。它们也已同意，在达成限制反弹道导弹协议的同时，将商定关于限制进攻性战略武器的某些措施。"①

1972年5月22日至30日，尼克松在基辛格陪同下前往莫斯科，与苏联首脑勃列日涅夫等人举行会谈，双方签署了苏美联合公报等9个文件。其中最引人注目的，是美苏关于限制反弹道导弹系统条约和美苏关于限制进攻性战略核武器的某些措施临时协定。作为第1阶段限制战略武器谈判的结果，这两个文件试图使缔约双方在战略核力量上大体保持平衡，任何一方都不得享有单方面的优势。然而这两个文件只规定了限制反弹道导弹系统和今后5年美苏战略核导弹的数量，而对导弹质量以及核弹头的数量，未加任何限制；对潜艇导弹规定的上限，也大大超过它们当时实际拥有的数量。这就为继续扩充核军备留下余地。不过，它毕竟标志着美苏之间的"缓和"外交有所进展。

莫斯科会谈之后，美苏双方不仅加强了在环境保护、太空计划、医疗卫生和科学技术方面的合作，而且扩大了贸易往来。1972年7

---

① 塔德·肖尔茨：《和平的幻想：尼克松外交内幕》(中译本)，商务印书馆1982年版，下册第560页。

月 8 日，尼克松宣布将在 3 年内向苏联出售至少价值 7.5 亿美元的小麦、玉米和其他谷物。10 月 18 日，美苏双方又达成一揽子贸易协定。苏联同意偿还第二次世界大战期间因租借法案而欠美国的债务，美国则同意向苏联提供购货信贷。除双边关系外，根据美苏两国首脑莫斯科会谈达成的协议，欧洲安全与合作会议和中欧裁军会议将于1973 年夏、秋分别举行正式会议，但在尼克松任内未能取得重大进展。

1973 年 6 月 16 日至 25 日，勃列日涅夫访问美国。美苏两国首脑再次举行会谈，把"缓和"外交推向新的阶段。双方在这次最高级会议期间，签订了关于进一步限制进攻性战略武器谈判的基本原则、美苏关于防止核战争协定、美苏农业协定等 13 个文件。双方确认进攻性核武器可以更新和现代化，这就给发展战略核武器留下了更大的余地。不过，两国同意在 1974 年底以前，就限制战略武器问题达成永久性协议。此外，双方还讨论了欧洲安全、中欧裁军以及印度支那问题。勃列日涅夫要求尼克松不要与中国缔结军事协定。他还对美国迟迟不给苏联以最惠国待遇表示不满。

第二年 6 月，尼克松再次访问苏联，与勃列日涅夫在克里米亚举行第 3 次首脑会谈。但是，由于以国防部长詹姆斯·施莱辛格为代表的对苏强硬派反对签订《限制战略武器条约》，加之水门事件已使尼克松的地位严重动摇，这次会谈并未取得多大的实质性进展。原来商定的签订一项关于全面限制进攻性战略核武器的永久性协定的问题，被改为到 1977 年临时协定期满之后，再签订新的协定。

5. 加强与西欧及日本的"伙伴关系"

尼克松就职后首先访问的是西欧，他在行前发表的一份正式声明里表示："再也不能由美国一手包办来替西方国家的未来进行设计了。它既需要美国的、也需要欧洲的最优秀人才的思想来共同设计。"①尼

---

① 塔德·肖尔茨：《和平的幻想：尼克松外交内幕》(中译本)，下册第 45页。

克松在北约理事会上向欧洲盟国保证，他不会背着他们行事，"美国决心用一种新的彬彬有礼的态度来很好地倾听北约伙伴们的意见"①。他后来还把西欧、日本同美、苏、中并列为五大力量中心，并一再强调要加强美国与西欧、日本的"伙伴关系"。然而，作为尼克松主义外交战略重要组成部分的美国、西欧、日本"伙伴关系"，并不是要建立一种完全平等、互相制约的新关系，也不是要加强西欧和日本独立的国际作用。它实际上是要继续维护美国对西方联盟的领导地位，敦促西欧和日本为力不从心的美国分担防务和经济负担，并在国际政治中采取协调行动。尼克松在1970年对外政策年度报告中明确指出："必须逐渐调整负担和责任的比重，以反映欧洲进步的政治经济现实"，"日本应为(亚太)地区的和平发展承担更大责任"。② 这是尼克松政府西方联盟政策的主要内容，也是导致后来联盟内部一度关系紧张的重要根源。

〔维持驻欧美军与分担防务负担〕　60年代末，包括驻欧美军在内的海外军事义务，成为美国沉重的经济负担和国际收支逆差日见扩大的重要原因。据统计，1969年，美国国际收支逆差为28.79亿美元，海外军事支出为33.41亿美元。③ 与此同时，由于越南战争的失败，美国新孤立主义势力崛起。新孤立主义者不仅反对越南战争，而且要求减少驻欧美军，不再支持联合国。尼克松政府认为，由于苏联保持强大驻欧兵力和美国已失去核优势，维持驻欧美军对于保证欧洲均势和抑制西欧离心倾向，是必不可少的；而美、苏"缓和"与东西方关系的改善，也必须以军事实力作为后盾。因此，尼克松不顾以参议员迈克·曼斯菲尔德为首的国会新孤立主义势力一再提出的大规模削减驻欧部队的要求，把驻欧美军保持在30万人水平。然而，他又

---

①　塔德·肖尔茨：《和平的幻想：尼克松外交内幕》(中译本)，下册第46页。

②　《美国总统公文汇编：理查德·尼克松卷，1970》，第118~119、128~129、140~141页。

③　美国商业部：《商品现况》，1971年6月号，表Ⅰ。

不得不考虑到国际收支状况恶化的严峻局面和新孤立主义者的不满，力图由西欧盟国增加国防开支和分担美国负担。

在美国的压力之下，北约组织欧洲成员国从 1970 年起，每年都通过欧洲防务改进计划，增加 10 亿或 10 亿以上美元的开支，以修建北约部队基本设施和改善装备。为弥补美国海外军事开支造成的逆差，西德在与美国签订的 1972—1973 年协定中，同意购买价值 20 亿美元的美国财政部债券和军事装备。但是，这些措施仍未达到美国政府所希望的目标。美国和西欧盟国在分担防务负担问题上，始终未能找到一项双方满意的持久解决办法，彼此争吵不休。

〔新国际经济政策〕 尼克松认为，"伙伴关系"不只限于防务，也包括政治、经济等各个方面。但他上任头两年，对于美国国际经济地位的迅速恶化，显然还估计不足。直到 1971 年初，尼克松才意识到问题的严重性。美国对外贸易已面临自 1893 年以来首次出现逆差的前景。国际收支赤字更是扶摇直上，1970 年为 38 亿美元，1971 年猛增至 220 亿美元，大大超过 1965 年到 1969 年每年 34 亿美元的平均数。黄金储备从 1969 年的 119 亿美元，下跌到 1971 年的 102 亿美元；外国拥有的可向美国兑换黄金的美元，同期内由 419 亿美元，上升到 642 亿美元。在这种形势下，尼克松于 1971 年 1 月 19 日宣布成立国际经济政策委员会，以制定对外经济政策。尽管该委员后来发挥作用有限，但它预示着尼克松政府正着手准备对美国国际经济政策作重大调整，以对付一触即发的国际货币危机，防止美元地位的彻底崩溃。

这年 5 月，欧洲金融市场爆发抛售美元风潮，美元价格大幅度下跌。由于西德、荷兰等国宣布本国货币汇率暂时浮动，危机始得缓和。慑于美元地位摇摇欲坠，尼克松政府不得不开始考虑采取有力措施来摆脱困境。5 月 28 日，美国财政部长约翰·康纳利在西德慕尼黑发表讲话，要求西德等国货币正式升值，缓和欧洲市场可能再次出现抛售美元风潮的压力，改善美国商品在国际贸易中的地位。在康纳利看来，美国再也不能像大力神似的用肩膀独立支撑西方世界了，欧洲盟国也必须作出牺牲。总统国际经济事务助理彼得·彼得森则向尼克松建议，对进口商品征收 15% 的附加税，改善美国的外贸地位，并以此作为迫使盟国在货币和贸易政策上向美国让步的谈判筹码。8 月初，欧洲金融市场再次爆发抛售美元风潮，美元对马克的比价跌到战后最低点。欧洲各国对美元的信心一落千丈。法国政府下令禁止本国银行接受投机者的美元，瑞士各银行暂停一切美元交易，英国政府则通过驻美大使要求美国财政部把 30 亿美元兑换为黄金。在这种危急形势下，8 月 13 日和 14 日，尼克松在戴维营召集财政部长康纳利、国务卿罗杰斯、商务部长莫里斯·斯坦斯、行政管理与预算局局长乔治·舒尔茨、联邦储备委员会主席阿瑟·伯恩斯以及彼得森开会，决定不顾盟国同意与否，立即诉诸高压手段。用康纳利的话来说是"25 年来外国人一直在勒索我们"，现在让他们"见鬼去吧！"①

　　8 月 15 日，尼克松在未同盟国磋商的情况下，突然宣布实行新经济政策，其对外部分的内容包括：暂停美元兑换黄金；对外国进口商品征收 10% 附加税；削减对外经济援助 10%。此举和 7 月份突然公布基辛格秘密访华一事，被西欧和日本并称为"尼克松冲击"，使它们对尼克松主义"伙伴关系"损人利己的实质感到胆寒。新经济政策公布不久，康纳利即在美国国会表示，盟国如要美国取消进口附加税，必须满足三个条件：改变兑换率；削减关税和取消关税壁垒；分担防务负担。尼克松和康纳利后来甚至以美国如得不到经济让步，将退入孤立主义和放弃海外军事义务相威胁。但是，西欧和日本也不肯轻易让步。它们要求美国在谈判改组西方货币体系前，首先取消进口附加税，西欧和日本货币的升值必须以美元贬值为条件。在经过一段时间的拖延之后，尼克松政府才逐渐同意西欧和日本的条件。12 月 17 日至 18 日，西方 10 国财长和中央银行行长在华盛顿史密森学院就改组西方货币体系达成协定：美国取消进口附加税，美元贬值 7.89%；其他国家则调整本国货币对黄金和美元的比价，在不同程度

---

　　①　塔德·肖尔茨：《和平的幻想：尼克松外交内幕》（中译本），下册第 598 页。

上对美元升值。这些措施，虽然使美国的国际经济困境暂时缓和，但昔日美元的霸主地位已烟消云散。而且，西方国际货币制度的症结，也并未真正解决。1973年，美元再次贬值，日本和西欧6国货币先后对美元浮动。布雷顿森林协议规定的战后固定汇率制，事实上已经崩溃，以美元为中心的西方国际货币制度，终于瓦解。

〔"欧洲年"的失败〕 由于西德经济实力发展迅速，并在外交上出现单独谋求缓和东西方关系的趋势，法国政府为此感到不安，开始改变60年代戴高乐以法德和解为基础实现欧洲联合的方针，不再反对英国加入共同市场，企图以英国的力量制约西德的民族主义。这样，美法关系在戴高乐1969年下野以前，即已出现改善的迹象。蓬皮杜总统的上台，加速了这一进程。1971年3月22日，欧洲共同体部长理事会决定接纳英国、爱尔兰、挪威和丹麦加入共同体。1972年1月22日，关于以上4国成为欧洲共同体成员国的条约，在布鲁塞尔签字(挪威后因公民投票反对未加入)。美国多年的外交目标，终于成为现实。但是，当旧的矛盾解决的同时，新的矛盾又出现了。美苏"缓和"外交取得的进展，使欧洲盟国担心出现美苏共同统治的前景，某些欧洲人士甚至把美苏首脑会谈，比之为"超级雅尔塔"。共同市场的扩大，使美国在国际经济关系方面面临更强大的竞争对手，政府经济部门的官员，对此忧心忡忡。因此，尼克松决定在1973年迅速协调与西欧盟国的关系，重整以美国为领导的大西洋联盟。

1973年4月23日，基辛格在纽约举行的美联社编辑年会上发表重要讲话，宣布1973年为"欧洲年"。他说，由一代人以前所作出的决定形成的时代正在结束，那些政策的成功，造成了新的现实，需要有新的态度。基辛格建议美国和西欧拟定新大西洋宪章，陈述共同的目标。双方在防务、贸易和东西方关系上协调各自的政策。他认为："美国有全球利益和责任。我们的欧洲盟国有地区性利益。这不一定导致冲突，但在新时期也不会自动地归于一致。"①这就需要确定共同

①　亨利·基辛格:《美国对外政策》，第168页。

的目标，彼此进行合作。对于基辛格的慷慨陈词，欧洲盟国反应冷淡。特别是他把西欧说成是只有"地区性利益"的2等盟友，西欧舆论颇有怨言。英国首相爱德华·希思领导的保守党政府十分不满于在英美"特殊关系"之下做个小伙伴，试图通过欧洲经济共同体加强英国的国际地位，因此对"欧洲年"建议不愿唯美国马首是瞻，而损害其与共同体成员国，尤其是法国的关系。西德报界对于勃兰特访美时发表的联合公报中未提《大西洋宪章》，感到兴奋不已，认为此举间接抵制了美国凌驾于西欧之上的企图，称之为"勃兰特的成功"。①法国总统蓬皮杜和外长米歇尔·儒贝最初似乎对美国的"欧洲年"建议表示理解，但是当美、法两国首脑于5月31日和6月1日在冰岛首都雷克雅未克为此举行会晤时，法国方面对美国的意图和"欧洲年"计划的可行性，明确表示怀疑。儒贝外长认为，美国急于与西欧签订《新大西洋宪章》，是为了给即将举行的美苏首脑会谈准备资本，而不是从大西洋联盟本身出发。同时，这也是对贸易谈判施加压力。蓬皮杜总统指出，很难设想美国与欧洲共同体发表《大西洋宣言》，因为共同体只是一个经济实体，而非政治实体。他实际上担心的是，如果通过北约组织发表这种共同宣言，将使这个组织成为一个政治联盟，而法国的目的是要把它的作用限制在军事集团范围之内；如果通过欧洲共同体发表宣言，则等于承认美国与共同体具有伙伴关系，从而削弱法国在共同体内的地位。这样，经过一段时间的故意拖延之后，欧洲共同体成员国在未与美国协商的情况下，于7月份在哥本哈根议决：在共同体形成自己的方案以前，各国不得单独与美国就大西洋关系进行磋商。这实际上等于拒绝了美国的"欧洲年"建议，使尼克松和基辛格的欧洲政策严重受挫。

　　1973年这一年里，通货膨胀特别严重，物价暴涨，许多原料价格1973年春达到创纪录的水平。小麦价格增加2倍半，大豆价格上升3倍。加之1973年大豆收成不佳，美国政府乃决定限制大豆出口，

---

　　①　亨利·基辛格：《动乱年代》，美国波士顿利特尔·布朗公司1982年版，第157页。

结果使依靠进口美国大豆维持的欧洲养牛业受到沉重打击，法国养牛业首当其冲。尽管美国在夏、秋放松和取消了大豆出口限制，但美国和西欧在贸易战中的敌对情绪有增无减。在1973年9月开始的关税及贸易总协定成员国东京回合(又称尼克松回合)的谈判中，欧洲共同体9国联合起来反对美国。它们声称，如果不确立能保护世界贸易的货币体系，西欧国家将不会实行美国所希望的自由贸易政策。除了在贸易、货币方面发生的经济冲突以外，尼克松承认西欧国家还"批评我们在与莫斯科的关系上走得太快或太远"①。是年6月22日，美、苏在华盛顿签订的《防止核战争协定》，被法国人称作是"回到雅尔塔"②。9月11日，智利发生政变，萨尔瓦多·阿连德总统被害。由于中央情报局涉嫌参与这一事件，西欧国家对美国深感不满。对美、欧关系影响更大的是，中东战争的再次爆发。美国在未向盟国通报的情况下，下令美军处于战备状态，以防止苏联干预中东事件。72%的石油供应要依赖阿拉伯世界的西欧国家，不愿和美国站在一起支持以色列。西德政府抗议美国利用在德国的军事基地，向以色列提供补给。英国政府对以色列实行军火禁运。西欧国家还和日本一起支持联合国第242号决议，要求以色列撤出阿拉伯国家被占领的领土。基辛格愤怒指责北约欧洲盟国采取行动时，"就像联盟并不存在一样"③。美国与欧洲盟国的关系，在中东战争中迅速恶化，对于在水门事件中越陷越深的尼克松政府，"欧洲年"已成为可望而不可即的目标。

直到石油输出国组织大幅度提高石油价格、西欧各国陷入困境，并在能源、货币等问题的解决方案上发生矛盾后，美国和欧洲盟国的关系才出现好转迹象。1974年，英、法、德3国政府首脑易人。继

---

① 艾尔弗雷德·格雷瑟:《西方联盟:1945年以来的欧美关系》，第273页。

② 艾尔弗雷德·格雷瑟:《西方联盟:1945年以来的欧美关系》，第273页。

③ 彼得·穆尼和科林·鲍恩:《从杜鲁门到卡特:战后美国史》，第210页。

任者都比其前任倾向于大西洋联盟。1974 年 6 月 26 日，美国和欧洲盟国终于签订新的《大西洋关系宣言》。然而一纸书约，并不能真正解决美国与西欧以及欧洲各国彼此之间的矛盾。在建立欧洲防务体系、战略核力量、战术核武器以及"缓和"等问题上，出现许多分歧。而且，大西洋关系宣言发表不久，北约成员国希腊和土耳其就因塞浦路斯问题发生冲突，美国卷入其中，结果导致希腊决定退出北约军事组织，土耳其关闭美国在其领土上的军事基地，致使北大西洋公约组织防空体系在东地中海出现缺口，美国虽有大西洋关系宣言作根据，对此亦无能为力。至于美国与西欧国家之间的经济问题，宣言仅以寥寥数语带过。后来的事实表明：它是比防务问题更棘手的大难题。尼克松辞职时，他维护美国在西方联盟中领导地位的政策，仍困难重重。

〔美日关系〕　日本是美国在亚洲的主要盟国，基辛格称与日本的友谊是美国"太平洋政策的基石"。① 尼克松政府在亚洲进行军事态势收缩之际，自然希望日本能在亚太地区为维护美国的利益发挥更大的作用。1969 年 11 月 21 日，尼克松与日本首相佐藤荣作协商后，发表联合公报，双方确认，美国将把冲绳行政权归还日本，日本允许美国在冲绳保持其军事基地。美国还促使日本方面承认所谓南朝鲜与台湾对日本的安全"极为重要"，② 这实际上是要日本在亚洲分担义务。与此同时，美国国防部长莱尔德主张日本增加防务开支，以便美国有可能把地区性安全的责任移交日本。但是，日本政府把 1972—1976 年防务预算增加一倍的企图，在国内遭到强烈反对，并引起亚太地区国家的深切关注。日美两国领导人被迫以谨慎的态度处理这一问题，重申日本的非军事化。

尼克松政府在增强日本防务力量方面虽有所节制，但对借助日本经济力量改善美国贸易状况和维持美元地位，却步步进逼。60 年代

---

① 亨利·基辛格：《白宫岁月》，第 1 册第 428 页。
② 吉泽清次郎主编：《战后美日关系》(中译本)，上海人民出版社 1977 年版，第 127 页。

末期，日本已跃居仅次于美国和苏联的世界第三大经济强国。日本对美贸易顺差，自 1965 年以来日见扩大，1969 年为 13.98 亿美元，1971 年猛升至 32.06 亿美元。鉴于日本商品大量流入美国市场，成为美国对外贸易状况恶化的重要原因，美国政府一再要求日本方面自动限制出口额。尼克松上台时，受日本竞争打击最重的美国南部纺织品制造商，强烈要求限制日本纺织品进口。尼克松作为西南部权势集团的政治代表，对此十分敏感。在美日双方就归还冲绳问题进行谈判时，美国方面把限制日本纺织品问题提了出来。佐藤政府急于要美国归还冲绳以减轻国内的政治压力，私下在纺织品问题上向美国作出了让步，日本纺织工业联盟也在 1971 年 3 月发表自行限制对美出口宣言，但尼克松坚持要求进行政府间谈判，期望日本作出实质性让步。同年 8 月，美国政府突然宣布新经济政策，对外国进口商品征收 10% 的附加税，使日本蒙受巨大经济损失。日本政府被迫接受美国关于纺织品问题的方案，并以政府赔偿方式弥补日本纺织业的损失。10 月 15 日，美日双方在自行限制纺织品出口谅解备忘录上签字。这年 12 月，日本又和西欧国家一起在史密森学院协定中同意本国货币升值，换取美国取消进口商品附加税。

在这段时间里，由于尼克松政府突然公布基辛格秘密访华的消息，使推行反华、和苏、亲美政策的佐藤政府，在政治上受到沉重打击。于是，继佐藤之后上台的田中政府，着手改善日中关系，开始奉行以日美合作为基础的"多边自主外交"。日本在外交上的政治独立性有所加强，在经济上更是日益成为美国强大的竞争对手。

6. 中东热点和南亚风云

尼克松主义的重要内容之一，就是扶持亲美的所谓区域性强国，尽可能借助代理人的力量，维护它在世界上"安全利益"。同时在战略地位举足轻重的地区，争取民族主义力量中温和派的合作，以抗衡苏联的影响。在尼克松任内，美、苏两国在中东、波斯湾和南亚地区的外交斗争舞台上，互有胜负。

　　〔约旦危机和又一次中东战争〕　约旦侯赛因国王支持巴勒斯坦人民重建自己家园的正义斗争，反对以色列犹太复国主义的侵略扩张政策，但他是阿拉伯世界首先主张以和平方式解决阿以争端的政治家。在这一点上，他得到美国的支持，却和当时的巴勒斯坦解放组织以及一些阿拉伯国家的领导人，存在分歧。在约旦境内日益强大的巴勒斯坦武装力量中的激进派，与约旦王国军队不断发生冲突，并多次企图刺杀国王，危及侯赛因政权和国王在阿拉伯世界的地位。1970年9月，侯赛因国王对约旦境内的巴勒斯坦武装力量采取了军事行动。当时有迹象表明，得到苏联支持的叙利亚和伊拉克可能进行军事干预，援助巴勒斯坦武装力量反对侯赛因国王。尼克松接受基辛格意见，放弃直接干涉。当叙利亚坦克大批进入约旦，侯赛因要求美国援助后，尼克松政府一方面以强硬态度要求苏联压叙利亚撤军，下令驻西德美国空降旅和驻美国本土第82空降师进入戒备状态；一方面通知以色列政府可对叙利亚部队进行军事打击。以色列军队迅速进行了部署。在以色列和美国的军事威胁面前，苏联被迫作出让步，敦促叙利亚撤兵。约旦危机终以侯赛因国王迫使巴勒斯坦武装力量离开约旦而告终。这是美国把以色列作为区域性强国解决地区性冲突一例。

　　阿拉伯国家之间虽有分歧，但中东地区的主要问题，仍然是超级大国影响下的阿、以冲突。1967年六天战争以后，以色列根本不履行联合国第242号决议，拒绝撤出被占领的阿拉伯国家领土。阿、以双方还是不断发生军事冲突。在这段时间里，苏联大大加强了对埃及、叙利亚和伊拉克的军事援助。以罗杰斯国务卿为首的国务院官员认为：中东问题的根源，是阿拉伯人和以色列在领土问题上的冲突，只要这个问题得到解决，阿拉伯人就不会那么激进，而苏联在中东的影响也就会随之削弱。因此，他们急于谋求在阿、以冲突上找到一项全面解决方案。这样，罗杰斯国务卿通过美苏之间的外交渠道，促使埃及和以色列在1970年8月达成一项停火协定，但进一步谈判的计划成为泡影。当时的总统国家安全事务助理基辛格与罗杰斯在中东问题上存在分歧。他认为美国不应急于谋求全面解决办法，僵持有利于美国而不利于苏联，它可以使阿拉伯人意识到解决中东问题要靠美国。基辛格的这一考虑，后来在美国的中东政策中占了上风。由于苏联对阿拉伯国家的支持动摇不定，基辛格的中东策略取得了一定的成功。

纳赛尔去世后，继任埃及总统的安瓦尔·萨达特致力于收复西奈半岛的斗争。1972 年夏，在提供进攻性武器的要求遭苏联拒绝并被苏联指责为恶化埃苏关系后，萨达特总统迅速下令，从埃及军队中撤走全部苏联顾问，并决心主要依靠自己的力量收复被以色列占领的领土，以雪国耻。1973 年 10 月 6 日，埃及和叙利亚军队对以色列侵略者出其不意地展开了全面进攻。埃及军队渡过苏伊士运河，重创以色列部队，叙利亚军队控制了戈兰高地。阿拉伯国家取得了令人振奋的军事胜利。10 月 10 日，苏联开始向阿拉伯国家空运军事物资。美国为防止阿拉伯方面取得更大的军事进展，于 10 月 13 日也采取大规模空运行动。由于以色列获得美国物资和尖端军事技术上的强大支持，其中包括电子导航炸弹和卫星侦察，而苏联对阿拉伯国家的援助则相当有限，结果战局很快就向不利于埃及和叙利亚的方向发展，以色列军队分别逼近大马士革和开罗。10 月 19 日，尼克松要求国会拨款 22 亿美元，援助以色列。苏联则对阿拉伯国家赢得这场战争失去信心，邀请当时已就任美国国务卿的基辛格赴莫斯科磋商，由联合国安排中东停火。10 月 22 日，联合国安理会通过了美、苏提出的第 338 号决议，呼吁阿、以双方就地停火，并开始谈判。但以色列军队继续向前推进，以完成对埃及第三军的包围。10 月 24 日，勃列日涅夫致电尼克松，建议派遣美、苏联合部队在中东实现停火，否则苏联将"被迫考虑采取单方面措施"①。美国方面的情报表明，7 个苏联空降师已处于戒备状态。基辛格在尼克松同意下作出决定，美国武装力量进入全球戒备状态，并在电视演说中发出可能出现核对抗的警告。苏联被迫撤销了派遣美苏联合部队的建议，美苏武装部队解除了戒备状态，以色列此时已完成对埃及第三军的包围，停止了军事行动。

---

① 麦迪·戈兰：《基辛格在中东》（中译本），中国展望出版社 1983 年版，第 83 页。

苏联的软弱，使它失去了埃及等国的信任，基辛格撇开苏联单独干预中东谈判进程的时机，已经成熟。他首先使埃及总统萨达特相信，美国将使以色列最终退出 1967 年占领的阿拉伯领土，而阿拉伯国家则应承认以色列的生存权。1973 年 11 月，美国和埃及恢复了由于六天战争而中断的外交关系。在基辛格调解之下，埃及和以色列的谈判终于达成协议，同意接受由联合国安全理事会执行的停火，并交换全部战俘。从 1973 年 12 月起，基辛格又频繁地来往于埃及、叙利亚和以色列之间，在中东展开个人穿梭外交，促使埃、以双方和叙、以双方先后于 1974 年 1 月和 5 月就脱离接触达成协议。根据协议，以色列军队后撤至苏伊士运河以东 15 英里处，解除了对埃及第三军的包围，允许埃及军队进入西奈半岛的一块狭长地带，埃及则同意开放 1967 年关闭的苏伊士运河，叙利亚和以色列同时从戈兰高地部分撤出自己的军队，联合国和平部队进入双方脱离接触后的缓冲地带。基辛格的中东外交虽然成功地遏制了苏联在这一地区的影响，并为其后的所谓中东和平进程奠定了基础，但是，阿拉伯国家被占领的领土尚未收复，美国对以色列的军事支持，仍然阻碍着中东问题得到公正和彻底的解决。

〔美国大力扶持伊朗巴列维政权〕　尼克松就任美国总统后，面临英国解除其在苏伊士运河以东军事义务的前景。美国出于收缩全球军事态势的需要，无法填补英国留下的"真空"。这就促使尼克松政府决定大规模援助伊朗巴列维政府，使伊朗成为除以色列以外又一个区域性强国，以保护西方在波斯湾乃至整个中近东的利益。

1969 年 10 月，尼克松在欢迎巴列维国王时宣称：伊朗今天是"世界上最强大和最自豪的国家之一"①。他还在私下会谈中表示：美国期望伊朗成为波斯湾地区的支配力量。根据这一政策，美国开始向伊朗提供大量军火。后来美国参议院外交委员会就此发表的一项研究报告指出，美国"对伊朗的军火销售，就其美元价值和执行这个计

---

① 塔德·肖尔茨：《和平的幻想：尼克松外交内幕》，上册第 223 页。

划所涉及的美国人人数而言，堪称世界之首"①。1972 年 5 月，尼克松访问伊朗，同巴列维国王达成秘密协议：伊朗可无限制向美国购买任何常规武器。此后，拥有巨量石油出口外汇的巴列维政府，疯狂购买美国军火。据统计，1973 年和 1974 年两个财政年度，美国向伊朗的军火出售额高达 60 亿美元。② 这样，伊朗在美国支持下，迅速成为波斯湾地区的头号军事强国。伦敦国际战略研究所在 1971 年就认为，伊朗空军比波斯湾地区所有其他国家的空军加起来还要强大，海军超过了所有的阿拉伯对手，就兵员及装备来说，它已确立对波斯湾地区另一军事强国伊拉克的明显优势。③

在 1971 年英国正式结束其在波斯湾地区军事义务的前夕，伊朗同海湾诸酋长国达成保护性安排，并接管波斯湾口战略要地阿布穆萨岛和大、小通布岛。1973 年，伊朗又动用武力，帮助安曼国王镇压国内游击队。巴列维凭借强大的军事力量，俨然以波斯湾地区的主宰自居。美国政府在波斯湾地区的战略安排，暂时得逞，但是这种依靠不得人心的仆从维护美国海外利益的政策，却潜伏着深刻的危机。

〔美国与印巴战争〕 尼克松上台以后，美国在南亚大陆仍然遵守实质上重印轻巴的政策。1965—1971 年，印度从美国获得的经济援助为 42 亿美元，其中 15 亿是尼克松执政后给的。

长期以来，东、西巴基斯坦由于地理上不相连接和居民种族的差异，彼此之间存在矛盾。1971 年 3 月，为镇压东巴的分离活动，巴基斯坦叶海亚总统在东巴采取了军事措施。大批孟加拉难民流入印度。在印度支持下，东巴孟加拉人在加尔各答成立孟加拉人民共和国临时政府。印度还开始秘密训练逃入印度的孟加拉人，让他们返回东巴与政府军作战。同时，印度又在边境地区部署兵力，做好采取军事

① 美国参议院外交委员会：《美国对伊朗的军火销售：提交参议院外交委员会对外援助小组委员会的研究报告》，华盛顿美国政府印刷局 1976 年版，第 5 页。

② 美国参议院外交委员会：《美国对伊朗的军火销售：提交参议院外交委员会对外援助小组委员会的研究报告》，第 58 页。

③ 参阅伦敦国际战略研究所：《1971 年战略概览》，第 40、44 页。

行动的准备。尽管印度领导人想借此机会削弱巴基斯坦，但印度军方担心中、美两国的反对，不敢贸然行事。

这年 8 月，苏联外长葛罗米柯访印，签订了原先搁置的印苏和平友好合作条约。该条约第 9 条规定："在一方遭到攻击或进攻威胁的情况下，缔约双方应立即进行磋商，以消除这类威胁，并采取适当措施保证两国的和平与安全。"苏联的政策，实际上无异于鼓励印度对巴基斯坦进行武装侵略，而不必担心其他国家的反对，苏联则可通过支持印度扩大它在南亚次大陆的影响，推进南下战略。不久，印度总理英迪拉·甘地和苏联最高苏维埃主席波德戈尔内进行了互访。10 月 18 日，印度宣布陆军和海军进入最高戒备状态。11 月 1 日，苏联开始向印度空运军事装备。11 月 21 日，印度军队向东巴基斯坦发动全面进攻。第三次印、巴战争爆发。

在这段时间里，美国政府没有对巴基斯坦给以明确支持，一再要叶海亚对东巴作出让步，对印度保持克制，以求得政治和解。然而，尽管叶海亚在美国压力下不断退让，印度政府还是步步进逼。12 月 3 日，叶海亚终于下令在西巴对印军进行反击。印巴冲突出现不仅东巴会被肢解，西巴也会分裂的严峻局面。美国担心再不支持巴基斯坦将失去其他盟国的信任，并使苏联有可能在其他地区进行新的冒险。尼克松政府开始采取强硬行动，要求苏联迅速约束印度，并严正警告：如果印军进攻西巴，美国不会袖手旁观，原定第二年举行的美苏首脑会谈，也不得不重新考虑。与此同时，美国航空母舰特遣舰队经马六甲海峡进入孟加拉湾，对苏联和印度增加压力。联合国大会也以压倒多数通过要求印巴停火的决议。12 月 16 日，印军占领东巴首府达卡，第二天西巴实现停火。不久，孟加拉临时政府从印度迁回达卡。1972 年 1 月，正式成立孟加拉人民共和国，脱离了巴基斯坦。

由于《苏印条约》的签订和第三次印巴战争的结局，苏联在南亚次大陆的外交攻势，暂时取得胜利，美国则陷入被动。它既得罪了印度，又使巴基斯坦感到不满。1972 年 11 月，巴基斯坦退出了东南亚条约组织。

7. 对拉丁美洲的"低调方针"

尼克松对拉丁美洲采取了与肯尼迪不同的"低调方针"。他后来在 1973 年的对外政策报告中承认："我们有意减少了对本半球的注意。"①这一方面是由于他的外交政策重点是从南越撤军，进行海外军事态势的收缩，和美、中、苏三角均势，另一方面则是由于他和基辛格对拉丁美洲政策有如下看法：首先，与他们推行尼克松主义的目标相一致，尼克松强调所谓拉美国家更大程度的自立，实际上是想借此进一步减轻美国对拉美进行"援助"的负担；其次，他们认为拉美国家政体有向某种形式的专制统治发展的趋势，而军人专制政体一般是亲美的，不会对美国的安全构成威胁。基辛格甚至半开玩笑地说过，拉美的"匕首所向是南极"②。因此，美国政府在尼克松任内，大幅度削减了对拉丁美洲国家的经济援助，鼓励以跨国公司的私人投资取代美国政府的援助计划，同时迟迟不肯在涉及拉美国家经济和民族利益的问题上作出让步。

〔200 海里领海争端〕 领海宽度是美国和拉美国家长期发生争议的问题。1958 年，美国和苏联在第 1 次海洋法会议上，反对拉美国家 1947 年以来关于 200 海里海洋权的主张，在领海和毗连区公约中强行规定：各国领海和毗连区"不得超过 12 海里"。这是超级大国为掠夺海洋资源，推行海洋霸权而采取的顽固立场。1970 年 5 月，拉美 9 国通过蒙得维的亚海洋法宣言，重申保卫 200 海里领海权的决心。后来拉美国家又多次表示，要和亚洲国家联合起来，共同对付力图维持海洋霸权的超级大国。秘鲁和厄瓜多尔等国为保卫自己的海洋资源，扣留了进入它们宣布的 200 海里领海内捕捞金枪鱼的美国渔船，并处以罚款。仅 1971 年，美国渔船就被罚款 250 万美元。尼克

---

① 《尼克松 1973 年对外政策报告》，第 200 页。
② 彼得·穆尼和科林·鲍恩：《从杜鲁门到卡特：战后美国史》，第 205 页。

松政府采取对抗态度，除对被罚款的渔船给以政府赔偿外，还从给罚款国的"外援"中扣除这笔罚金，蓄意鼓励美国渔民进入拉美国家领海从事捕捞。拉美国家对此表示强烈愤慨。尼克松曾派特使赴利马谈判，但由于美方坚持顽固立场，直到 1974 年 2 月，双方才达成一项暂时解决办法。然而，美国政府始终不承认拉美和第三世界国家 200 海里领海权的要求。

〔美国对智利内政的秘密干预〕 智利和大多数拉美国家不同，政府更迭长期以来是通过选举而不是政变完成的。肯尼迪政府曾试图把智利变成拉美的"民主橱窗"，以抗衡古巴和拉美共产党人的影响。从 1962 年起，美国政府就秘密操纵智利选举，防止智利共产党和左翼人士在选举中获胜。1970 年，由美国支持的爱德瓦多·弗雷总统根据宪法已失去竞选连任的资格，尼克松政府一时找不到可以给予支持的替代人选。美国负责秘密活动的国家安全委员会"四十委员会"决定，拨款 13.5 万美元，对有马克思主义者之称的萨尔瓦多·阿连德的竞选采取破坏性行动。然而此举未能得逞，智利社会主义工人党和共产党组成的人民联盟候选人阿连德在 9 月 4 日大选中领先，经国会投票后将成为智利总统。尼克松获悉这一消息后，大发雷霆，下令中央情报局局长理查德·赫尔姆斯：哪怕只有 1/10 的可能，也要把阿连德除掉，并主张对智利施加经济压力，直到它"受不了"为止。赫尔姆斯根据总统指示，开始了策动智利军人政变的所谓"第二轨道"秘密行动计划，但未能成功。

阿连德正式就任智利总统后，在国内进行社会改革，重新分配土地，对价值 8 亿美元的美国资本实行国有化，与苏联签订贸易协定，并和古巴、中国建立了外交关系。然而，此时的智利经济，仍然摆脱不了美国的控制。智利主要矿业部门都有大量美国投资，资本、货物的 70% 来自美国，大部分机器和零配件也要从美国进口。尼克松政府在阻止阿连德上台和策动军人政变失败后，决定通过经济封锁动摇阿连德政权。美国停止了对智利的大部分经济援助，冻结了包括世界银行、进出口银行、美洲开发银行、国际货币基金组织在内向智利提供贷款的渠道。到 1973 年，智利经济严重恶化，通货膨胀率高达

650%。智利军人和中产阶级对阿连德政府日益不满,国内政局动乱。1973 年 9 月 11 日,智利军人发动政变,阿连德总统在蒙尼达宫遇害。军人政府取消了国有化,赔偿了美国资本的损失,它获得了美国政府的支持和国际货币基金组织的贷款。

关于美国是否在幕后直接介入 1973 年智利军人政变一事,基辛格、赫尔姆斯等人后来在美国国会调查中央情报局秘密活动听证会上矢口否认。但是,美国政府在智利一手造成政变的局势,却是无可置疑的。

第十一章 "愈合创伤的时代"

继尼克松之后上台的福特政府，面临重重困难。水门事件使美国政治机制内部关系紧张，总统与国会的斗争加剧，统治集团内部意见难以协调。战后美国最严重的第 6 次经济危机，以典型的"滞胀"现象困扰美国。能源危机不仅给美国的经济、防务和外交带来不利影响，而且殃及千家万户。与此同时，南越政府倒台，美国在东南亚严重受挫，并在南部非洲面临苏联扩张的挑战。福特政府在美国国家垄断资本主义危机加深和霸权相对衰落的历史条件下，疲于应付，左右为难，始终未能找到摆脱滞胀现象的出路，在国内政治上处境被动，在对外关系上亦少有建树，结果成为在尼克松和卡特之间一个任期短暂的过渡性政府。

1. 福特继任总统后面临的困境

〔守成的总统〕 尼克松总统因水门事件被迫辞职后，副总统杰拉尔德·福特于 1974 年 8 月 9 日宣誓就任美国总统。福特早年毕业于密歇根大学和耶鲁大学法学院，学生时代曾是驰骋球场的足球明星。第二次世界大战期间，他在美国海军服役，官至少校；1948 年当选为共和党国会众议员，1965 年成为众议院少数党领袖，后接替阿格纽担任副总统。在任众议院少数党领袖和副总统期间，福特支持尼克松的内外政策。尼克松后来在回忆录中写道：福特的"国内政策和外交政策的观点，都同我的观点极为接近"①。《时代》杂志在 1974

---

① 《尼克松回忆录》，下册，第 217 页。

年 8 月 26 日曾断言，福特总统的政策是"没有尼克松的尼克松政策"。

福特上台时的当务之急，是要愈合水门事件给美国政治机制留下的创伤，平息美国公众对尼克松政府滥用职权的强烈不满。为此，福特曾作出一系列表示自己有别于尼克松总统的变动。在进入白宫后，即下令拆除椭圆形办公室的电子监听装置，并向白宫记者团表示，他将领导一个"开诚布公的政府"①。8 月底，盖洛普民意测验中支持福特的比例，高达 71%。为进一步博得公众的信任，福特在 9 月 16 日公布了两项重要决定：对越战期间的逃兵和拒服兵役者实行有条件的大赦；将尼克松辞职前即已担任白宫办公厅主任的亚历山大·黑格将军调任北大西洋公约组织武装部队最高司令，以免公众认为尼克松的人还在左右白宫班子。福特政府过渡时期的协调人唐纳德·拉姆斯菲尔德奉命接替黑格在白宫的职务，他后来成为对福特影响最大的人物之一。在人事变动方面，比较引人注目的还有，福特挑选百万富翁共和党自由派纳尔逊·洛克菲勒为副总统。此举旨在缓和东部权势集团对前任共和党政府倾向南部的不满，同时也反映了福特上任初期，以不同于尼克松的自由主义姿态，争取各派政治力量支持的企图。福特密友布赖斯·哈洛在力荐洛克菲勒时就曾指出：这样做将扩大福特的政治基础。但是，在 70 年代美国社会面临的一系列危机面前，资产阶级自由主义的药方已难以应验。实际上，与尼克松观点接近的福特，后来对他的副总统并不言听计从，结果使洛克菲勒左右国内政策的愿望化为泡影。在内阁组成上，福特基本上保留了尼克松的原班人马。没有多久，福特就因赦免尼克松和他在国内问题上的许多决定，表现出两届共和党政府在基本政策上的连续性和它们在 70 年代所面临的共同问题——美国国家垄断资本主义陷入了困境。

福特后来在回忆录中指出，他是在极其不利的条件下临危受命的：水门事件造成了政治危机，通货膨胀和能源问题日益严重，南越

---

① 杰拉尔德·福特：《愈合创伤的时代》，伯克利书社 1980 年版，第 124 页。

政府即将倒台，中东问题悬而未决，塞浦路斯也形势逼人，而他只有895天的时间可以行使职权。因此，福特后来把自己执政的时期，称为"愈合创伤的时代"。

〔赦免尼克松与水门事件的余波〕 福特就任总统仅30天，就于1974年9月8日宣布，他对理查德·尼克松在担任美国总统期间"犯下的或可能犯有的"一切罪行，给予"完全的、无条件的与绝对的赦免"①。白宫还宣布一项谅解，允许尼克松保管自己的总统文件，包括那些证明他卷入掩盖行动的录音磁带，这些磁带将在尼克松死后销毁。福特的赦免决定，使就任初期对他产生信任的美国公众感到震惊，而且很快结束了他与国会短暂的"蜜月期"。人们担心此举将使水门事件真相永远不能大白于天下，不少人还怀疑福特在就任总统前就与尼克松达成了默契。福特后来解释说，他之所以作出这一决定，是为了防止对前总统旷日持久的审讯进一步分裂这个国家，并耗费掉政府和他本人的主要精力。不管福特动机如何，他在赦免尼克松后政治信誉迅速下降。9月底，盖洛普民意测验中拥护福特的比例只剩下50%。同年12月，美国国会通过法律，将尼克松文件和录音带置于政府控制之下。尼克松后来曾向法院起诉，要求重新获得这些资料的保管权，但被最高法院驳回。1974年中期选举，共和党失利，民主党进一步扩大了在国会两院的多数。

水门事件的影响，还波及美国的情报机构。1972年案发时，由于水门闯入者中有前中央情报局工作人员，人们很自然地怀疑中央情报局介入了这项非法活动，但始终没有确凿证据。1973年阿连德政府被推翻，中央情报局又因涉嫌策划政变而受到众议院外交委员会一个下属委员会的调查。中央情报局局长威廉·科尔比在秘密举行的听证会上，提到在智利策动未遂政变的"第二轨道"计划。《纽约时报》披露了这一消息，在全国引起轩然大波。尼克松辞职后，对总统权力扩张不满的国会议员，借助智利问题和水门事件引起的公众对秘密活

① 《美国总统公文汇编：杰拉尔德·福特卷，1974》，美国政府印刷局1975年版，第101~104页。

动的强烈反感,于 1974 年 12 月通过了对一项援外法案的修正案,即
《休斯—瑞安修正案》,规定只有在总统"发现对国家安全十分重
要……并且及时地……向适当的国会委员会报告之后",中央情报局
才能进行情报搜集工作以外的活动。① 这就在一定程度上限制了总统
利用中央情报局进行秘密活动的权力。

然而事情并未就此终结。由于 1974 年 12 月 22 日《纽约时报》刊
载了记者西摩·赫什的报道,揭露中央情报局曾在国内对反战人士进
行特务活动,国会在 1975 年对中央情报局展开了长时期的调查,是
年初成立的以弗兰克·丘奇参议员为首的情报问题特别委员会,却在
调查中不断地刨根问底,致使中央情报局列入"家庭珍宝"(科尔比认
为是"家丑")清单上的许多非法秘密行动及计划,无法继续遮掩。
1975 年 12 月发表的丘奇委员会报告,不仅披露了"第二轨道"计划,
确认中央情报局在智利"为军事政变创造条件上发挥了重要作用"②,
而且述及中央情报局私拆邮件、对反战人士及国内持不同政见者从事
特务行径,以及试图暗杀卡斯特罗、特鲁希略和卢蒙巴的有关细节。
丘奇委员会报告表明,除了尼克松和约翰逊总统以外,肯尼迪和艾森
豪威尔政府也卷入了"肮脏勾当"。

在这一年里,联邦调查局的非法活动也时有披露,其中包括在
1964 年大选时为约翰逊总统进行窃听活动,对 17 个国会议员建立秘
密档案等。的确,1975 年对两大情报系统非法活动的调查和揭露,
使美国情报机构受到一定的冲击,非法秘密活动有所收敛,情报工作
也有所削弱。这是美国公众对政府非法活动的反感和美国国会对战后
总统权力的急剧扩张进行抵制的结果。

〔限制总统权力的斗争和福特的否决战略〕 福特上台后,从尼
克松时期开始的国会与白宫之间的权力之争,并未偃旗息鼓,它们不

① 威廉·科尔比:《情报生涯 30 年》(中译本),群众出版社 1984 年版,
第 258 页。

② 彼得·穆尼和科林·鲍恩:《从杜鲁门到卡特:战后美国史》,第 227
页。

仅在前述情报部门活动问题上展开了较量,而且在一系列重大立法问题上发生冲突。

福特在国会山多年,就他与国会议员之间的私人关系而言,远在尼克松之上。但他就任总统以后与国会的冲突,反映了美国政治体制内部行政与立法两大部门之间的矛盾,由于新政以来国家垄断资本主义的发展而逐渐加剧的趋势。这是不以个人的感情为转移的。福特自己承认:"当我本人身在国会时,我认为它以非常负责的方式履行着宪法义务,但是在我成为总统以后,我的看法改变了,国会作为一个有机体似乎开始瓦解。"①此外,民主党在 1974 年中期选举中扩大了两院的多数,也加强了国会在 1975 年和共和党政府对垒的程度。1976 年大选的到来,更大大减少了民主党控制的国会与白宫妥协的可能性。因此,福特在国会通过的大量有违白宫意图的立法面前,只有采取所谓否决战略。福特行使否决权之多,按年平均数计算,在美国历史上仅次于格罗弗·克利夫兰、富兰克林·罗斯福和哈里·杜鲁门,不仅如此,美国历史上的总统,过去在重大立法上行使否决权一般都相当谨慎。尼克松改变了这一传统,但年平均使用率仍不及福特。在福特任内否决的 66 项法案中,有 59 项是重大立法,至少 39 项直接关系到联邦预算。这一特点说明,美国统治集团在 70 年代的新型滞胀危机面前,意见分歧,难以协调。

2. 滞胀危机和福特经济政策的失败

福特总统大学时代一度想当经济学家,只是由于律师收入丰厚才改攻法律。他当选众议员后,又在拨款委员会工作多年,因此在经济方面并不是外行。然而面对 70 年代美国经济的困境,福特和他的经济顾问们始终找不到解决问题的良策。

〔昙花一现的"马到成功"计划〕 福特上台时,《纽约时报》曾经指出,他所面临的是"这个国家和平时期有史以来最严重的通货膨

---

① 杰拉尔德·福特:《愈合创伤的时代》,第 150 页。

胀、本世纪最高的利率、由此而产生的住房业极端不景气、正在萎缩和比较混乱的证券市场、大量失业已露苗头的经济停滞、日益恶化的国际贸易和支付地位"①。不过,福特在8月12日向国会发表的首次总统演说中,虽然谈到美国经济"并不那么好",但只强调通货膨胀是我们国内的第一号公敌。他把这一问题归咎于约翰逊既要大炮又要黄油的联邦赤字开支、尼克松的新经济政策、中东十月战争后石油价格的暴涨,以及中西部干旱导致的食品价格上升。福特承认,解决当时经济问题办法并不清楚,国内对此存在争议。民主党人主张首先以联邦开支解决失业问题,共和党人则主张首先对付通货膨胀。福特及其经济顾问委员会主席艾伦·格林斯潘等人都认为:政府开支的增长,超过了整个经济的增长速度,因此引起通货膨胀和高税收,所以首先对付通货膨胀是比较稳妥的办法。福特的这一抉择,是和他的保守主义信仰分不开的。他对战后美国政府干预日益加强的所谓"混合经济"不以为然,甚至希望回到建国之初的经济和社会原则上去。美国著名历史学家威廉·洛克滕堡曾经评论说,福特是受富兰克林·罗斯福影响最小的总统。②

这样,福特在8月24日签署了一项法案,成立一个无权干预经济活动的工资和物价稳定委员会,对工资、物价、利润、红利、利率等进行"监视"。在经过一系列预备会议以后,福特于9月27日—28日召开关于通货膨胀问题的最高级经济会议。他在会上表示,要采取紧缩金融和削减开支的措施来解决滞胀问题。10月8日,福特向国会两院提出一个正统保守主义的计划,其中包括把联邦预算开支削减到3000亿美元以下,对公司税和年收入超过15000美元的家庭,征收5%为期1年的附加税。这个计划被称为"马到成功"③反膨胀计划。福特还号召美国人民节衣缩食,自觉展开反膨胀运动。《华尔街

---

① 杰拉尔德·福特:《愈合创伤的时代》,第147页。

② 威廉·洛克滕堡:《在富兰克林·罗斯福的阴影下》,美国康奈尔大学出版社1983年版,第173页。

③ 原文为WIN,系Whip Inflation Now(立即制止通货膨胀)的缩写。

日报》称福特的建议"既不惊人，也不大胆"。《纽约时报》评论说，福特给人的印象是"软弱的、无力的和令人失望的"。甚至福特政府内也有人把他不久以后在堪萨斯城发表的类似演说，讥讽地称为"请君舔干净盘子的演说"①。美国国会对福特的立法建议，迟迟不肯采取行动。不仅如此，国会还以 2/3 以上的多数挫败了福特的否决，通过了《铁路人员退休法》。该法将使联邦政府在 1974 年开支增加 28500 万美元。国会的另一项行动是：把退伍军人教育和训练津贴的增加额，从福特建议的 18% 提高到 23%，并再次使福特的否决无效。正当福特和国会为反膨胀计划，尤其是政府开支问题，频频交锋时，美国经济状况迅速恶化，"马到成功"计划随即烟消云散。福特和执政之初的尼克松一样，不得不在经济政策上开始 180 度的大转弯。

〔经济形势的迅速恶化〕 1974 年 10 月开始，美国工业生产指数急剧下降，经济形势迅速恶化，美国政府终于意识到战后第六次经济危机的到来和它的严重性。在战后美国历次经济危机中，工业生产的年度总指数一般只下降一年，而这次却连续下降了两年，其中 1975 年的下降幅度创战后历史最高纪录。公用事业的年度生产指数，在战后过去几次危机中都没有下降过，而 1974 年却比 1973 年下降 1.2%。这次危机对美国工业生产打击程度之深和打击面之广，在战后都是空前的。

美国经济三大支柱受到的打击相当严重。私人建筑开工数从 1973 年 1 月的最高点到 1974 年 12 月的最低点，计下降 64.8%，这是战后下降幅度最大的一次，接近 30 年代大危机期间的下降幅度；汽车产量从 1973 年 10 月的最高点到 1975 年 1 月的最低点，计下降 56.4%；钢产量从 1974 年 3 月的最高点到 1975 年 7 月的最低点，下降 34.4%。到 1975 年 5 月，失业人数猛增到 825 万人，失业率达 8.9%，为 1941 年以来最高纪录。由于失业激增和劳动人民收入下降，官方国民生产总值中的个人消费开支（按 1972 年价格计算），1974 全年比 1973 全年下降 1.1%，这是 1947 年以来从未有过的现

① 杰拉尔德·福特：《愈合创伤的时代》，第 190~191 页。

象。除个人消费开支外,工商业销售额(按 1972 年价格计算)在 1974 年和 1975 年全年连续两年下降,为战后历次危机中所仅见。结果造成库存大量积压,生产过剩的危机十分严重。在这种情况下,美国股票市场价格暴跌,企业纷纷倒闭,个人破产案件激增,这 3 方面的纪录,在战后美国历史上都是罕见的。连名列美国第 20 位的纽约富兰克林国民银行,也进入倒闭的行列。在这场严重的经济危机影响下,美国生产能力利用率的下降幅度,超过生产缩减的幅度,非住房固定资本投资的下降幅度和持续时间,在战后历次经济危机中,也是首屈一指。

更为严重的是,与这些经济危机症状相伴随的,还有急剧发展的通货膨胀。消费物价指数 1973 年上升 6.2%,1974 年竟高达 11%,1975 年仍达 9.1%。这种典型滞胀现象的出现,使当时经济学界普遍认为,这是战后美国历史上最严重的一次经济危机。此外,这次危机是和其他主要资本主义国家的经济危机几乎同时爆发的。像 1957—1958 年那次危机一样,它使美国垄断资本在国际贸易和国际金融市场上转嫁危机的余地大为缩小,更加剧了这次危机的严重性。

〔福特政府经济政策的失败〕 在经济形势迅速恶化的情况下,福特政府在 1974 年 11 月 12 日正式宣布"进入衰退"。福特后来在回忆录中承认,他当时不得不完全改变最高级经济会议和他执政 3 个月来的经济政策。1975 年 1 月,福特在向国会递交的国情咨文和立法建议中,要求减税 160 亿美元,以膨胀性经济政策来反衰退。但是考虑到通货膨胀问题,福特又主张把 1975 财政年度开支,削减 26 亿美元,并以 1 年为期暂停一切新的开支计划,用紧缩性开支政策来反通货膨胀。美国经济学界把这种一手反衰退,一手反膨胀的政策,称之为"松紧搭配"。2 月 3 日,福特又在预算咨文中,把 1976 财政年度的联邦预算开支定为 3490 亿美元,试图把赤字控制在 520 亿美元。3 月底,国会批准了福特的减税计划,但把减税总额提高到 228 亿美元,其中包括削减 1975 年的个人和公司所得税 147 亿美元和从 1974 年已纳税款中退税 81 亿美元。这是截至当时美国历史上最大的减税计划。对于福特控制开支的建议,国会采取了相反的行动,不断通过新的拨款法案。尽管福特多次动用否决权，1976 财政年度联邦开支实际高达 3656 亿美元，赤字最后达到 656 亿美元的创纪录高度。因此，福特总统"松紧搭配"政策的实际执行结果，是只松不紧。共和党政府在经济危机日益严重时，仍然不得不奉行凯恩斯主义的扩张性赤字财政政策，而且与民主党人相比，并无逊色。

由于这种赤字财政政策的影响，美国经济从 1975 年下半年开始缓慢回升。然而凯恩斯主义经济政策的有效性，在 70 年代已经受到滞胀现象的限制。减税和扩大开支固然刺激了复苏，但通货膨胀进一步恶化，这不能不使保守的福特政府感到左右为难。因此，福特除在 1975 年 12 月同意延长是年通过的减税法以外，开始奉行以拖为主的经济政策。为了防止通货膨胀恶化，他不敢进一步采取刺激经济的措施，还在 1976 年一再希望限制政府开支，和国会又拉开了否决战。结果，1976 年下半年美国经济再次出现停顿的苗头。第三季度经济形势的恶化，给福特在 1976 年大选中带来灾难性的影响。

显然，福特和前任总统尼克松一样，既想以保守主义的紧缩性经济政策来反通货膨胀，又不得不以凯恩斯主义的扩张性赤字财政政策来反衰退。可是不管他们左右摇摆也好，松紧搭配也好，均未能使美国经济摆脱滞胀现象的困扰。因此，就其基本目标而言，共和党政府的经济政策是失败的。

3. 能源危机与共和党人的对策

早在 1965 年，詹姆斯·施莱辛格就预料美国很快会面临一场能源危机。但是对于大部分美国人而言，这似乎还是远在天边的事情。到 1973 年 1 月，盖洛普民意测验已表明，46% 的美国公众认为能源短缺是美国最严重的问题。是年 10 月，中东战争导致阿拉伯国家实行石油禁运后，美国的能源危机终于爆发。

〔能源危机的产生〕 美国是能源资源十分丰富的国家。70 年代爆发的能源危机，并不是因为美国的能源资源濒于枯竭，而是因为美国的资本主义经济制度，造成了石油供应的短缺和日益扩大的对进口石油的依赖。严格地说，这不是一场"能"的资源危机，而是"能"的经济危机。

20世纪50年代中期以前，美国出现了弃煤用油的"动力革命"。到50年代中期，石油已取代煤炭成为主要能源，占美国能源消费总量的40%以上，而煤只占30%。由于战后美国经济的迅速发展、社会消费方式的变化、扩军备战及军事工业的需要，还有能源使用上惊人的浪费，美国的石油消费迅速增长。1945—1960年，美国石油消费的平均年增长率为5%，1960—1970年为3.9%，1970—1973年为5.7%。但是，战后美国国内石油的生产跟不上消费的需要，乃是长期以来美国石油垄断组织阻碍国内开采造成的结果。

长期以来，美国是世界上的石油出口国，但是，随着美国石油垄断程度的提高，垄断公司为了保证最大限度的利润，开始人为阻碍国内石油开采，以防止价格下跌。这样，美国从1948年开始，从一个石油出口国，转变为一个石油纯进口国，进口石油在全国石油消费中所占的比重，逐年增加，到1955年已达10%。而美国石油垄断组织在战后通过进口中东廉价石油，赚取了丰厚的利润。在整个50年代，包括美国公司在内的西方石油公司，一直把波斯湾石油标价压在每桶2美元以下。艾森豪威尔政府担心大量涌入的国外廉价石油将冲击国内石油生产，才从1957年起实行"自愿"石油进口控制制度，后又从1959年起实行"强制"进口限额制度。尽管如此，美国石油垄断组织为了牟取高额利润，以种种手段绕过政府限制，扩大石油进口。结果，到1972年时，进口石油已占消费总量的28.9%。1973年5月1日，尼克松政府在石油供应趋于紧张的情况下，取消了进口限额。美国对进口石油的依赖，进一步加深。

对美国和西方国家石油公司人为压价早就感到不满的中东和委内瑞拉等产油国，在1960年成立了石油输出国组织，试图维护第三世界产油国的利益。但是60年代世界石油生产过剩，这个组织始终未能实现提高油价的目标。然而美国、西欧和日本在这段时间里，由于经济高速发展，石油需求量猛增。到70年代初，石油供应短缺的苗头终于出现。这样，石油输出国组织在1971年才得以和西方石油垄断公司签订《德黑兰协定》，把石油标价从每桶 1.8 美元，提高到每桶 2.18 美元。1973 年中东十月战争前，石油标价上升到每桶 3.07 美元。赎罪日战争爆发后，阿拉伯产油国对美国和荷兰实行石油禁运，又为石油输出国组织提高油价创造了有利条件。在 1973 年 10 月到 1974 年 1 月这段时间里，石油输出国组织把石油标价提高到每桶 11.56 美元，4 倍于十月战争前的石油标价，几乎 10 倍于 1970 年以前的石油价格水平。这对于每天要进口 700 万桶石油的美国，无疑是沉重的打击。能源危机的旋风，在几周之内就席卷美国。尽管石油禁运在以色列和埃及、叙利亚部队脱离接触后即已取消，但是石油价格暴涨、供应短缺以及美国对进口石油依赖的加深，仍然是尼克松、福特直至卡特任内美国政府感到十分头疼的重大问题。

〔尼克松和福特的能源政策〕 1973 年能源危机爆发后，尼克松向国会提出能源独立计划，要求通过紧急能源法案，授权总统采取应急措施控制石油生产与消费，并拨款 100 亿美元开发新能源，到 1980 年做到能源自给自足。国会很快批准了一些应急措施，如把车速限制在每小时 55 英里，实行旨在节电的夏令时间等。然而，由于众议院提出的暴利税修正案遭到产油州参议员强烈反对，尼克松的紧急能源法案在 1973 年未能获得国会批准。不过，国会通过另一项立法，授权总统在全国按比例分配石油，并可继续控制石油产品价格。1974 年 3 月，阿拉伯国家取消石油禁运后，尼克松政府放弃了通过《紧急能源法》的努力。但尼克松任内用于能源研究与发展的预算开支和专用拨款，均有所增加。这对于 70 年代中期以后美国核电站和太阳能等新能源的发展，产生了一定的促进作用。

福特上台时，进口石油已占美国石油消费总量的38%。福特很快便得出结论，必须采取行动对付日益严重的能源危机。为此，他要求国会取消对国内石油和天然气的价格控制，并对进口石油增收关税。他认为石油和天然气的国内价格提高后，既可以限制国内能源消费的增长，又可以刺激国内能源的生产，减少对进口石油的依赖。民主党控制的国会则担心此举会使石油公司从油价上涨中获取暴利，而消费者则从中受害。双方经过争执，在 1975 年 12 月达成妥协，通过

1975 年能源政策与节约法，规定将国内石油价格控制延长 40 个月。在这段时间内，总统可分阶段逐步取消价格控制。到 1976 年底，福特取消了 50％以上的燃料油产品价格控制，还在离任前一天建议取消汽油价格控制。此外，福特还采取了一些节能措施，并开始建立战略石油储备。不过到他离任时，美国的能源问题依然没有解决。

〔能源危机对美国的影响〕 能源危机对美国的经济、政治和社会生活，产生了严重影响，并给对外关系和军事战略态势带来一系列问题，加剧了美国国家垄断资本主义的矛盾。

从经济角度来看，美国的交通运输和汽车制造业受到能源危机的沉重打击。从 1973 年 10 月起，美国各航空公司飞机班次减少 10％，1974 年 1 月开始，又减少 15％。各大航空公司纷纷裁员。汽车生产则大幅度下降，美国最大的汽车制造商通用汽车公司 1974 年上半年减产 38％。能源危机还波及其他工业。如钢铁工业，1973 年下半年就因燃料供应不足等原因而减产 15％。据美国联邦能源署 1974 年 9 月 2 日报告，由于进口石油减少的影响，1974 年第 1 季度美国工业产值减少 100 到 200 亿美元，民用劳动力裁减 50 万人。[①] 石油价格的上涨，还加剧了美国国内通货膨胀的发展。显然，能源危机虽然不是战后美国最严重的第六次经济危机的直接原因，但它加速了这次危机的到来。

能源危机对美国人民的生活影响很大。除失业和物价上涨外，1973 年全国的家庭、学校取暖用油，比 1972 年减少 15％。在华盛顿、纽约这样的大城市，加一次汽油要排两三个小时的队。机场候机厅人满为患。连邮件也因航班减少而不能保持正常投递。

不仅如此，能源危机还使国内政治矛盾加剧。各派政治力量就能源问题互相攻击，政府与国会意见分歧。石油垄断组织还夸大危机程度，制造人为恐慌。

从对外关系的角度来看，美国因大量进口石油而造成美元外流，

---

① 上海国际问题研究所编：《现代美国经济问题简论》，上海人民出版社 1981 年版，第 257 页。

外贸逆差剧增，从而加深了与盟国的矛盾。西欧、日本、加拿大纷纷要求美国节约石油，控制进口。美国海外驻军和基地的石油短缺，削弱了美国在全球的军事地位，使苏联的扩张活动有隙可乘。美国的中东政策，也受到能源危机的影响。由于美国进口石油的主要来源是中东和波斯湾地区，基辛格在改善美国与埃及等国关系上所作的努力，不能说没有考虑到这方面的因素。

4. 福特—基辛格外交

1974 年 8 月 8 日，福特在尼克松发表辞职讲话后立即声明："我有机会在过去 5 年里观察一种外交政策，这种政策在为我们这里所有的人并且可能还为世界其他地区的人赢得和平方面是最为成功的。……我要毫不犹豫、毫无保留地说，就我作为美国总统来说，这种已经赢得了和平并为将来奠定了基础的政策将会继续下去。"[1]8 月 12 日，他在参众两院联席会议上再次表示，他过去"完全支持尼克松总统卓越的对外政策"，今后"决不改变方针"。[2] 实际上，尼克松尽管因水门丑闻而下台，他的外交政策当时仍得到国内相当普遍的支持。福特就任总统后，表白自己将继续尼克松的外交政策，在大多数美国人看来，完全在情理之中。他后来虽然提出过"新太平洋主义"的口号，只不过重申美国在远东收缩但不退入孤立以及加强美日联盟和改善美中关系的方针，与尼克松主义比较起来，并无多少不同之处。福特除继承尼克松的外交政策以外，还倚重尼克松外交政策的主要设计师亨利·基辛格国务卿。由于福特在外交方面既不像尼克松有系统的见解，又不像尼克松有丰富的个人经验，因此，福特任内的美国外交，在比较长的时间内，一直为基辛格所左右。这就进一步保证了 70 年代两届共和党政府在外交政策上的连续性。

---

① 迈克尔·V. 多伊尔：《福特言论集》(中译本)，上海人民出版社 1975 年版，第 217 页。

② 迈克尔·V. 多伊尔：《福特言论集》(中译本)，第 218 页。

〔南越政府倒台前后美国的反应〕 尽管尼克松政府曾向南越阮文绍政权作出保证，如果北越违犯《巴黎协定》，美国将采取行动。然而这一承诺受到美国国会 1973 年通过的战争权力法的限制。1974年，越南劳动党中央政治局认为，福特政府受水门事件、石油危机和经济衰退的牵制，无力在东南亚再次卷入战斗。北越部队遂发起新的强大攻势。1975 年初，由于美国国会拒绝给予南越和柬埔寨政府以紧急军事援助，3 月底，北越军队已控制南越 14 省，柬埔寨朗诺政权更是摇摇欲坠。4 月 16 日，柬埔寨朗诺政权垮台。5 天后，阮文绍辞去南越总统职务。23 日晚，福特在新奥尔良发表演说承认，就美国而言，越战已结束。第二天，美国众议院通过法案，授权在撤退时可以动用美军。参众两院尚未就此达成协议，北越军已进入西贡。4月 29 日，南越政权土崩瓦解。当晚，最后一批美国人员乘直升飞机撤离西贡。不久，老挝爱国阵线也夺取了老挝政权。美国在两届共和党政府任内完成了在亚洲的军事态势的收缩，但却未能实现尼克松所谓"体面的和平"，它在印度支那三国失去了政治地盘。基辛格在1975 年 5 月 5 日的记者招待会上说："我们没有预见到水门事件把美国行政当局削弱到如此程度，以致行政行动的灵活性受到了限制。我们没有预见到国会会通过法律禁止我们执行巴黎协定。"①事实上，美国当时没有也不可能阻止印度支那三国事态的发展。这一点在亚洲盟国和仆从中引起了不安。台湾地区、韩国，甚至于日本，都感到有要求美国重新作出承诺的必要。泰国政府要求美国军队在 1976 年 3 月前撤离它的领土，以免成为越南攻击目标。1976 年，东南亚条约组织终于解体。美国公众对南越政府垮台反应冷淡，不少人认为这是注定的棋局。大部分西欧盟国则感到高兴，因为它们认为越南战争不仅使美国信誉下降，而且祸及美元，同时又使美国把过多的力量用于远东，现在这种情况可以也应该结束了。

〔基辛格在中东继续进行穿梭外交和美国的新非洲政策〕 基辛

---

① 彼得·穆尼和科林·鲍恩：《从杜鲁门到卡特：战后美国史》，第 237页。

格在 1974 年上半年使埃及、以色列和叙利亚、以色列分别达成了脱离接触协议后，曾试图促使以色列和侯赛因国王就约旦河西岸以色列所占领的领土展开谈判，以加强侯赛因国王在阿拉伯世界的地位，防止以阿拉法特为首的巴勒斯坦解放组织成为约旦河西岸阿拉伯人的代表。但此举遭到以色列政府的抵制，未能成功。1974 年 10 月 26 日，阿拉伯最高级会议决定：由阿拉法特取代侯赛因为约旦河两岸阿拉伯人的谈判代表。在这种情况下，基辛格决定暂时放弃解决约旦河西岸问题的努力，转而继续在埃以之间进行穿梭外交，力争使双方达成进一步的协议。由于以色列不肯把军队撤到阿布鲁迪斯油田及米特拉和吉迪山口的战略要地以东，基辛格 1975 年 3 月的穿梭外交一无所成，他恼火地下令拆除了自己办公室和以色列大使馆的电话专线。福特总统由于在南越面临阮文绍政权的倒台，急于在中东有所成就，也对以色列十分不满。美国政府遂向以色列施加压力，停止交付已商定的武器装备。福特还电告以色列总理，华盛顿将对中东政策重新审议。以色列政府出于无奈，开始改变态度，决定在被迫后撤的情况下，尽可能多地从美国取得援助。1975 年 8 月初，基辛格和以色列大使在维尔京群岛达成协议：以色列在西奈撤出前述战略要地，美国将给以色列 20 亿美元的军事和经济援助，并在外国力量卷入阿以冲突时进行反干预。不久，基辛格又在中东活动 12 天，终于促使埃、以双方在 9 月 1 日就西奈问题正式达成协议，规定以色列军队撤到米特拉和吉迪山口以东；埃及将允许运往以色列或从以色列运出的非军事物资通过苏伊士运河。西奈协议虽然导致以色列放弃了 1000 平方英里占领的领土，但 1967 年中东战争中阿拉伯国家的失地，还有 90% 在以色列手中。此外，戈兰高地问题未能取得进展，约旦河西岸问题更是无限期推迟。

尼克松任内，美国对于南部非洲问题不大重视。1970 年，国家安全委员会的一份备忘录曾指出，南非白人统治的国家（包括葡萄牙的殖民地在内）有能力阻止黑人革命，而且苏联进行干预的迹象还不明显，因此美国不必急于反对白人统治。美国国会还于 1971 年通过《伯德修正案》，不顾联合国关于制裁罗德西亚的决议，批准从罗德西亚进口铬。但福特上台后，情况发生变化。安哥拉在从葡萄牙殖民统治下获得独立的过程中，发生了内战。当葡萄牙殖民当局在 1975年 11 月 11 日宣布把权力交给安哥拉人民后，安哥拉三大民族解放组织（安哥拉人民解放运动，简称"人运"；安哥拉民族解放阵线，简称"解阵"，争取安哥拉彻底独立全国联盟，简称"安盟"）未能建立民族团结政府。"人运"单方面宣布成立安哥拉人民共和国，"解阵"和"安盟"则联合宣布成立安哥拉人民民主共和国。当内战进一步扩大时，苏联把大量武器和 1 万多名古巴军队运进安哥拉，支持"人运"对其他两个组织展开大规模进攻。福特政府利用中央情报局，通过扎伊尔给予"解阵"和"安盟"3200 万美元军事援助，但无济于事。由于美国国会拒绝进一步进行干预，"人运"在苏联支持和古巴军队参与下，先后在北部击溃"解阵"部队，在南部把"安盟"部队逐出了城市。非统组织在 1976 年 2 月承认了安哥拉人民共和国。美国在安哥拉与苏联的较量中遭到了失败。

1976 年 4 月，基辛格在赞比亚的卢萨卡保证采取具体措施，使美国的南非政策进入一个"新时代"。基辛格在他宣布的新非洲政策中，声称支持在罗德西亚（现称津巴布韦）和西南非洲（纳米比亚）实现黑人多数统治，并主张取消南非的种族隔离制度。当年 9 月，基辛格在南部非洲展开穿梭外交，力劝罗德西亚接受黑人统治的原则，希望南非同意纳米比亚独立。基辛格的穿梭外交当时虽未获得多大成功，但它标志着美国南非政策的某种转变。这是共和党政府在面临苏联扩张态势加强和非洲人民斗争高涨的形势下，作出的新抉择，对其后卡特政府的非洲政策，产生了一定的影响。

〔福特政府的对苏缓和外交和美中关系〕 福特上台初期，继续奉行对苏缓和外交，但这段时期的美国对苏政策，最初是以软弱为特征的，带有一定程度的绥靖色彩。1974 年 11 月 23 日，福特在苏联符拉迪沃斯托克与勃列日涅夫会晤。双方就第二阶段限制战略武器问题进行了谈判。由于苏联方面急于达成协议，以免为提高战略武器质量而承担过重的负担，同时也为了制造缓和气氛，以利获得美国的技术和谷物，勃列日涅夫和福特很快达成了《符拉迪沃斯托克协议》，即第二阶段限制战略武器条约的指导原则。苏联放弃了把美国前沿武器系统和英、法核力量纳入条约限制范围的要求，美国则同意把战略轰炸机纳入谈判范围，并在分导多弹头导弹上保持平衡。双方宣布：将签订为期到 1985 年底以前的限制进攻性战略武器条约，对进攻性核武器的运载工具和分导多弹头导弹加以数量限制。1975 年，美、苏就谷物交易达成协定：苏联在今后 5 年内每年将从美国购买 600 万至 800 万吨谷物。根据第二年达成的另 1 项贸易协定，美国将在 5 年内每天从苏联进口 20 万桶石油，这个数字相当于美国进口石油总量的 3.3%。美、苏"缓和"的商业色彩逐渐加强。1969—1976 年，美、苏贸易额增加了 10 倍。

福特对苏"缓和"外交引起越来越大的争议。据美国情报部门估计，苏联 1975 年的军事开支占国民生产总值的 12%，美国只有 5%多一点。苏联军事开支如排除通货膨胀因素，在 1970—1975 年每年平均以 4%到 5%的比例增长。到 1975 年时，苏联的洲际弹道导弹比美国多 50%，坦克数量是美国的 4 倍，大型军舰比美国多 20%左右。美国则在核弹头数量和战略轰炸机方面领先。五角大楼对此感到严重不安。国防部长詹姆斯·施莱辛格在 1975 年初就发出警告：如果照此发展下去，苏联到 1978 年将取得优势。他在参议院作证时指出，如果国会不同意增加 1976 财政年度国防开支，国防部将"没有能力履行自己的责任"。这样，施莱辛格和基辛格在对苏政策上发生了严重分歧。前者考虑的是兵力平衡，后者注重的是大国均势。当基辛格从美苏"缓和"的角度出发，说服福特总统不在白宫接见苏联持不同政见者索尔仁尼琴时，施莱辛格却出席了欢迎索尔仁尼琴的宴会。1975 年 10 月，福特在对内阁进行重大调整时，解除了施莱辛格的职务，任命唐纳德·拉姆斯菲尔德接管国防部。但拉姆斯菲尔德上任后，很快也转向对苏强硬政策。他说："在进入国防部以后这个短短的时间里，……我已坚信美国落在苏联后面，我毫不怀疑，我们必须大规模增加国防开支，以保持有效的防务体系。"①与此同时，亨利·杰克逊参议员在国会就美苏贸易法案提出一项修正案，要求苏联放宽对犹太人移居海外的限制。以罗纳德·里根为首的共和党保守派，也猛烈抨击福特政府的对苏政策。詹姆斯·施莱辛格离职后，成为里根1976年角逐总统候选人提名的国际问题顾问。福特总统考虑到1976年大选的前景，在对苏政策上逐渐改变态度，认为降低缓和的重要性已成为必要。这样，基辛格费尽心机的第二阶段限制战略武器条约，终于被束之高阁。美苏"缓和"的热度开始下降。

由于福特政府把注意力集中于美苏"缓和"，同时又受到美国反华势力的压力，它未能使中美关系正常化取得进展，反而采取了一些有违《上海公报》精神的行动。1975年3月，美国以中国访美艺术团将在美演唱《台湾同胞——我的骨肉兄弟》为借口，无理宣布无限期推迟中国艺术团访美演出。同年10月，美国又允许西藏叛乱分子访美演出，并在美设立"办事处"。美国政府还同意向台湾出售价值2亿美元的武器。这些行动，为中美关系正常化制造了障碍。11月，福特访问中国时，国务院副总理邓小平提醒美国方面：今天最热衷于大讲和平的国家，正是最危险的战争策源地，徒托空言的"缓和"，是不能解决当代世界面临的现实问题的。1976年，基辛格重申：中国的安全关系到世界均势和"美国的重大利益"。中美关系正常化进程，在福特任内虽无大进展，也未明显后退。

〔美国外交史上基辛格时代的结束〕 亨利·基辛格学识渊博，精明强干，在尼克松和福特两届总统任期内，成为美国外交政策的主要决策人。这一时期，被有些史学家称作是"基辛格时代"。② 基辛格的外交思想，受到19世纪奥地利首相梅特涅五极均势论的影响；他追求的是在一个多极世界里建立稳定的新世界秩序。这种新世界秩序，是以当代世界的现实为基础，而不是以战后新自由主义者或极端

---

① A. 詹姆斯·赖克利：《变化时代的保守派》，第352页。

② 托马斯·贝利：《美国人民外交史》，新泽西，普伦蒂斯—霍尔出版公司1980年版，第947页。

保守主义者的理想为基础。基辛格的这种外交思想，和 60 年代后期开始尼克松的外交主张是基本一致的；它在一定程度上适应了美国霸权相对衰落时代维持美国世界地位的需要。不过它的成败和基辛格的个人外交风格，在他尚未离任之时，就已经引起很大争议。

在对苏关系上，基辛格与尼克松总统一起，开始了一个谈判的时代。这种缓和外交的结果如何，美国国内有两派不同意见。以共和党人罗纳德·里根和民主党人亨利·杰克逊为代表的对苏强硬派认为，苏联和华约集团在常规部队和战略核力量方面，不仅拥有数量上的优势，而且正在危及美国的质量优势。美国在赫尔辛基欧安会上作出了重大让步，在安哥拉对苏联的扩张态势又反应不力。他们批评得最多的是缓和外交在心理上麻痹了西方。另一些人则认为，美国在分导多弹头导弹、巡航导弹以及命中率方面保持了质量优势，而且美国战略核力量由于更多地是通过潜艇和战略轰炸机发射，被苏联核打击摧毁的可能性降低了。不仅如此，美国还对苏联保持了海上优势。因此，缓和无损于美国的安全。

基辛格在改善中美关系上作出的杰出贡献，则得到了国内外普遍的赞扬。尽管台湾问题仍然是中美关系正常化过程中的一个障碍，在美国也有少数人借此大做文章，但中美关系的改善，得到广大美国人民的支持。

在中东，基辛格约束了苏联的影响，改善了美埃关系，使分阶段和平计划取得一定进展。但是他在中东的成功，主要是战术性的。由于美国继续给以色列庞大的军事援助，没有放弃把它扶植为区域性强国的目标，中东问题的真正解决，还有待时日。

基辛格的五极均势外交说起来是五极，但在执行过程中对西欧、日本重视不够，而且以高压为主，因此不仅遭到盟国的批评，在国内也引起很大的非议。前美国助理国务卿、欧洲问题专家乔治·鲍尔曾评论说，国际政治方面的外交家，就像在空中抛球的杂技演员，要能使许多球同时都在空中运动而不掉下来。可基辛格只把一两个球抛上了天，而让其他的球在台上休息。

基辛格和尼克松由于强调五极均势的大国外交，一度对第三世界国家有所忽略，直到 1973 年 10 月中东战争爆发和能源危机激化，美国政府才受到较大震动，但对中东以外的地区仍然注意不够。1974年底，当时出任驻印大使的丹尼尔·莫伊尼汉著文指出，美国必须对第三世界的挑战作出有力的反应。他后来在担任美国常驻联合国代表时，因与基辛格发生分歧而离职。莫伊尼汉认为他和基辛格的分歧是根本性的，他信奉的是美国自由主义的价值观，而基辛格的外交思想就其本质而言，属于保守主义的范畴，强调"秩序"甚于"自由"。为了世界秩序的稳定，基辛格对智利、伊朗，还有苏联的公民自由或者人权问题可以睁一只眼闭一只眼。莫伊尼汉曾不无感慨地写道："我是到了 40 岁才真正懂得伯克为何许人的，可基辛格在摇篮里就清楚这一点了。"①这场争论，可以说是后来卡特政府"人权外交"的前奏曲。

福特总统后期，由于美国国内对苏持强硬态度的呼声升高，基辛格对美国外交政策的影响开始缩小。福特的下台，则标志着美国外交史上基辛格时代的结束。民主党人吉米·卡特入主白宫后，对尼克松主义问世以来的美国外交政策进行了重大修正。

---

① 爱德蒙·伯克系反对法国大革命的英国思想家，从某种意义上可以说是美国保守主义者的精神鼻祖。引文出自丹尼尔·莫伊尼汉与苏珊娜·韦弗：《危险的地方》，波士顿·利特尔·布朗公司 1975 年版，第 270 页。

第十二章　战后第一个倾向保守的
民主党政府

卡特政府上台后，新政式国家垄断资本主义的危机进一步深化，美苏战略地位的对比，继续向不利于美国的方向发展。这就必然导致民主党人卡特在国内政策上开始背离新政传统，表现出相当的保守主义色彩。在社会经济政策上，卡特日益注重反膨胀问题，甚至不惜以经济衰退和高失业为代价；他还取消和减少了联邦政府对企业活动的许多管制；建议削减社会保障开支；并在劳资纠纷中采取比较明显的反劳工立场。然而他的这些政策举措，未能为摆脱新政式国家垄断资本主义的危机找到新的出路，反而使经济形势更加恶化。在外交政策上，卡特政府从最初强调所谓人权外交，转向强调实力的卡特主义，在第三世界采取了一些防止苏联扩张的对策，并实现了中、美关系的正常化。但在卡特任内，美国在伊朗和波斯湾地区严重受挫，战略地位未能改观。卡特在内外交困中竞选连任失败，终于让位于以保守主义著称的前加利福尼亚州长罗纳德·里根。美国将面临一场新保守主义的改革。

1. 吉米·卡特基本政策倾向

〔1976 年大选〕　1976 年大选到来时，温和保守派福特在党内面临来自极端保守派代表人物罗纳德·里根日益强大的挑战。尽管福特为了争取党内保守派人士的支持而向他们步步靠拢，但他在共和党全国代表大会召开前，对自己能否获得总统候选人提名仍无把握。直到全国代表大会第一轮投票，才获得提名。这场斗争，反映了共和党内

385

保守主义力量进一步加强的趋势。民主党内的情况则有所不同，鲜为人知的前佐治亚州州长吉米·卡特在一连串预选中脱颖而出，在民主党全国代表大会召开前，对于获得提名已稳操胜券。值得注意的是，卡特用以吸引美国选民大众的，并不是新政以来民主党人的自由主义改革纲领，而是他与华盛顿官场似乎素昧平生的平民主义"新面孔"。

卡特于1924年出生于佐治亚州一个富裕的农场主家庭，1946年毕业于安纳波利斯美国海军学院，后在海军服役，曾研习核物理并参加核潜艇计划。1953年退役后，重返故里经营花生农场，逐渐参与佐治亚州民主党的政治活动。1970年当选为该州州长。在担任州长期间，卡特开始接触到尼克松总统和当时瞩目于白宫宝座的一些政治风云人物，感到对他们不再有敬畏之感。卡特后来回忆说，他慢慢意识到自己"与他们旗鼓相当，虽不比他们强，但也不比他们差"①。这种日益坚定的自信，使他决心加入角逐总统职位的行列。1974年12月12日，卡特在州长任期行将结束时正式宣布，他将竞选美国总统。

当卡特开始这场为期两年的长征时，他在全国的知名度还相当低，除他家乡佐治亚州，其他地区许多美国人都不知道吉米·卡特为何许人。最初采访报道卡特竞选行踪的，只有两名记者。他的竞选班子人马之少，使人怀疑他究竟是在竞选总统还是在竞选县长。然而，卡特的这一劣势，在水门事件后的美国两党政治中，却成了优势。因为美国公众对华盛顿当局信任下降，卡特这位"局外人"便给他们带来朦胧的希望。卡特抓住这一点，在接受提名演说中猛烈指责"政治和经济权贵"②。这就使他成为一个带有强烈平民主义色彩的候选人，在相当大的一部分美国公众中赢得好感。可是，卡特的崛起，实际上和权势集团的支持分不开。早在60年代，卡特就通过后来成为其密友与顾问的查尔斯·柯博律师与亚特兰大的金融企业界巨头建立了关

---

① 贝蒂·格拉德：《吉米·卡特》，诺顿出版公司1980年版，第204页。

② 贝蒂·格拉德：《吉米·卡特》，纽约诺顿出版公司1980年版，第280页。

系，特别是得到可口可乐公司董事长 J·保罗·奥斯汀的赏识。奥斯汀是代表美国大公司利益的企业界圆桌会议、企业理事会和三边委员会的成员。他被称为企业界"第一位为卡特招兵买马的人"①。经过柯博与奥斯汀等人的帮助，卡特与东部权势集团也有了来往。1973年，他作为工业化"新南方"的代表，加入了戴维·洛克菲勒发起组织的三边委员会，从而在自己的政治生涯中与美国最大的权势集团结下不解之缘。因此，当卡特振振有词地以平民主义的"新面孔"和他虔诚的浸礼教信仰吸引美国公众时，奥斯汀则花了很大力气来"减轻企业家对卡特政府的害怕心理"。卡特为避免权势集团的误解，也曾在募捐会上表示："我不是在进行反华盛顿的竞选运动，如果我反华盛顿的话，我就不会这么下力争取到那儿去了。"②结果，卡特不仅得到美国东部权势集团和亚特兰大大亨们的鼎力相助，成为民主党内最成功的竞选资金筹措者，而且逐渐赢得包括《纽约时报》、《时代》杂志、《华尔街日报》在内的新闻界的喝彩，被标榜为竞选运动中的"奇迹"人物。

尽管卡特在竞选中作出的承诺含糊其词，两边下注，使人不得要领，但由于得到以东部和南部权势集团为轴心的美国垄断资产阶级的有力支持，并以平民主义姿态取得水门事件后美国选民的好感，他在1976年的大选中，终于以 297 对 241 张选举人票战胜杰拉尔德·福特，当选为第 39 位美国总统。1977 年 1 月 20 日，卡特宣誓就职后，一改以往惯例，与妻子罗萨琳走下汽车，从国会山步行进入白宫，把他的平民主义表演推向高潮，引得人们翘首以待，希望出现一位真正具有新思想的新总统。

〔卡特政府的组成及其基本政策〕　对卡特政府组成影响最大的是东部权势集团。国务卿赛勒斯·万斯、财政部长 W·迈克尔·布卢门撒尔、国防部长哈罗德·布朗以及总统国家安全事务助理兹比格

---

① 劳伦斯·肖普：《卡特总统与美国政坛内幕》(中译本)，时事出版社1980 年版，第 33 页。

② 贝蒂·格拉德：《吉米·卡特》，第 270 页。

纽·布热津斯基，都是代表东部权势集团利益的三边委员会和对外关系委员会成员。据统计，卡特政府内有 20 名三边委员会成员、54 名对外关系委员会成员以及 5 名布鲁金斯学会和经济发展委员会的理事或高级成员。① 当然，卡特在一些次要职位上，也安排了其他的政治盟友，如黑人安德鲁·扬和帕特里夏·哈里斯，分别担任驻联大代表和住房与城市发展部部长。至于白宫班子和某些至关重要的内阁职务，卡特倚重的主要是佐治亚帮，如白宫班子主要负责人汉密尔顿·乔丹、新闻秘书乔迪·鲍威尔、预算局长伯特·兰斯以及司法部长格里芬·贝尔。除上述人物外，企业理事会和企业家圆桌会议对卡特政府的影响，也不可低估。卡特上任后，经常会见这两个组织的领导人，其中包括杜邦公司的欧文·夏皮罗、通用电气公司的雷金纳德·琼斯、通用汽车公司的托马斯·墨菲、美国电话与电报公司的约翰·德巴茨、白宫国内事务顾问斯图尔特·艾森斯塔特，还向企业界圆桌会议领导人定期通报情况。有的美国学者甚至认为：卡特与企业界来往之密切，已超过他的共和党前任，民主党自由派代表人物休伯特·汉弗莱在临死前最后造访白宫时，曾经警告卡特总统：像这样取悦于企业界，将会铸成大错。诚然，卡特的成败功过，尚有待于进一步评说，但他与美国企业界非同一般的联系，却是无庸置疑的。

为表示继承富兰克林·罗斯福的传统，卡特曾在竞选过程中缅怀罗斯福，一再提到罗斯福的名字，并在就任总统后，模仿罗斯福发表炉边谈话。但是一些观察敏锐的评论家在竞选之日就已意识到，他并不是完全继承罗斯福新政传统的政治家。正如历史学家马克·盖尔芬德所言："卡特对'华盛顿权势集团'进行的平民主义的攻击，……实际上指责的是新政建立的政治机构。"②后来的事实表明，卡特在他的整个任期之内，对凯恩斯主义的赤字财政、福利国家、大劳工和国家管制、调节进行了限制；在国内政策上，表现出战后历届民主党总统

① 劳伦斯·肖普：《卡特总统与美国政坛内幕》，第 103 页。

② 见作者 1980 年 4 月在美国历史学家组织的旧金山年会上的发言《从新政时期观点看卡特城市政策》（打印稿）。

从未有过的保守性，几近共和党人，无怪乎一位华盛顿人士在谈到卡特的思想时曾经说："我不知道他究竟是富兰克林·罗斯福还是理查德·尼克松。"①《纽约时报》金融问题编辑伦纳德·西尔克写道："即使后来的历史评论承认他扮演的这种角色当时有必要，吉米·卡特也难免这样的判决：他是违背新政精神和实质的第一个民主党总统。"②

卡特总统在 70 年代后半期所表现出的保守性，并不是历史的偶然，仅仅从党派政治的角度来指责他是不公正的。新政式国家垄断资本主义危机在 70 年代的加剧，是卡特总统国内政策趋于保守的基本原因，也是他和共和党前任在政策上有异曲同工之处的客观基础。他们是在民主党自由主义社会经济改革的一系列措施逐渐失灵、美国社会的政治气候转向保守的情况下，试图从保守主义的角度寻找新的对策。美国有些学者认为，在环境保护运动和消费者运动的推动下，美国在 1965—1972 年通过了一系列有关环保、劳动安全、反歧视、消费者权利、诚实包装、雇工健康、能源使用的立法，形成一场"规章革命"，许多联邦管制机构在这场"革命"中应运而生，如环境保护署、职业安全与健康管理局、公平就业委员会等，它们大大加强了联邦政府对企业的管制职能。特别值得注意的是，在这场"规章革命"中出现的联邦管制机构的职能，与过去的大部分管制机构不同。它们不像州际商业委员会、联邦航空局和矿产司那样，仅仅对某一运输或产业部门进行管理和调节，而是对几乎所有的运输和产业部门的环境和质量控制、劳动安全、雇佣及能源使用都进行干预。著名经济学家、后来任里根总统经济顾问委员会主席的默里·韦登鲍姆曾指出，这种联邦管制机构对无论哪一个产业部门、同业公会或大商号都不放过。因此企业界在 70 年代联合起来反对这种广泛的国家直接干预，而不再像过去那样各自为战。70 年代初出现的企业界圆桌会议，就是美国垄断企业联合起来反对国家管制的产物。它实际上成了著名院

---

①　威廉·洛克滕堡：《在富兰克林·罗斯福的阴影下》，第 187 页。

②　弗兰克·阿农齐亚塔：《吉米·卡特与福利国家的消逝》，《今日美国》，1980 年 11 月，第 607 页。

外活动家布赖斯·哈洛曾经梦想的"企业行动理事会"。它不再像企业咨询理事会那样只在幕后提供咨询，而是广泛展开院外活动，直接介入立法活动和政府决策。因此，和以企业界圆桌会议为代表的大亨们关系密切的卡特总统，顺应美国垄断组织这种日益加强的有组织的反干预倾向，是不足为怪的。当然，卡特本人的保守主义思想和第一夫人罗萨琳对他的影响，也是卡特政府国内政策比较保守的重要原因。

在对外关系上，卡特政府主要倚重三边委员会。这个国际性的民间组织是1973年建立的，由北美、西欧和日本3方面人士组成。它和对外关系委员会一样，是以洛克菲勒财团为代表的东部权势集团影响美国外交政策的工具。这个组织的宗旨，是试图有效地对付资本主义世界三个主要地区，即北美、西欧和日本所面临的重大国际问题。卡特上台后，由于苏联的扩张态势逐渐加强，他感到尼克松—福特时期的缓和政策并未能有效地制约苏联，也未能防止美国霸权的进一步衰落，因此，他和布热津斯基十分强调"人权外交"，冀图恢复美国外交中的所谓理想主义精神，扫除因霸权衰落而带来的悲观主义情绪，增强美国在全球意识形态中的地位。他们对苏联军事力量增长的政治含义感到忧虑，希望改善美国的战略地位，并把中、美关系正常化视为美国战略利益的重要环节。他们对前任共和党政府过于热衷大国均势外交，持批评态度，担心美国在一个敌对世界中陷于孤立，主张扩大对第三世界国家的政治影响。

2. 政府机构改革、劳工与社会福利问题

为体现平民主义"新面孔"，卡特上台后立即着手联邦政府机构的改革工作，并从白宫开始，杜绝奢侈浪费现象。他对美国人民说："我们如果像王族一样生活在白宫，那么政府官员就不可能敏锐地体察你们的问题。"[1]话是很动听的。

〔卡特政府机构改革及其保守性〕　卡特在当选总统后第一次赴

---

[1]　贝蒂·格拉德：《吉米·卡特》，第412页。

华盛顿时，就会见了参众两院机关事务委员会主席杰克·布鲁克斯和亚伯拉罕·里比科夫，要求他们支持其政府机构改革计划。但直至新国会召开之前，他还未能找到任何民主党议员为他提出改组法案。只是共和党国会领袖表示愿意越俎代庖，民主党议员中才有人出面承担了这一角色。卡特改组政府机构的一系列行政措施，和国会就此通过的 10 个法案，主要涉及以下几方面内容。首先是行政机构改革，其目的有二：一是取消白宫办公厅主任职务等，防止重演尼克松时期霍尔德曼大权独揽、总统难以体察下情的情况；二是缩减行政人员和费用，加强对联邦政府工作人员的管理，提高行政效率。其次是取消或减少一些政府管制。例如，联邦政府减少了对民航、载货卡车、铁路、金融及通讯方面的管制与干预，后来还取消了对天然气和国产石油的价格管制。1979 年，卡特甚至建立一个反管制委员会，这显然是与 70 年代企业界联合起来反对联邦管制与调节的强大势头相呼应的。最后是加强行政管理与预算局及某些内阁部门的地位，并建立新的决策机构——国内经济委员会，严厉控制开支，防止赤字财政和福利国家的恶性膨胀。此外，卡特政府还不惜得罪代表地方利益的许多国会议员，否决 19 项水利工程计划。后来又不顾军事—工业综合体的反对，中止耗资昂贵的 B-1 轰炸机的制造。这些行动，与政府机构改革的这一目标是基本一致的，反映了美国垄断资产阶级对赤字财政的不安。

〔卡特政府的劳工政策〕　卡特政府在减少和取消对企业活动管制的同时，却加强了对劳工的管制，以便和"雇主在国会和谈判桌上对工人采取愈来愈强硬的对立态度"①相呼应。

由于滞胀危机的影响，美国企业的利润率在 70 年代进一步下降，大公司乃对劳工发动大规模攻势。联合汽车工人工会主席道格拉斯·弗雷泽当时曾经指出："目前企业界的领导人几乎毫无例外地决意要在这个国家发动一场单方面的阶级斗争——这场斗争的矛头是指向劳动人民、失业者、穷人、少数民族、年老幼弱者，甚至包括我们社会

---

① 《商业周刊》，1977 年 10 月 24 日，第 32 页。

中的中产阶级的许多人。美国工、商、金融界的大亨们，业已撕毁和摒弃了在过去经济增长和发展阶段所存在的靠不住的和未成文的契约……我确信，企业界的态度已经发生了转向对抗的变化。"①在这场对抗面前，美国有组织的劳工曾经寄希望于新上任的卡特政府和民主党控制的第 95 届国会。因为他们不仅支持卡特获得民主党内的提名，而且为民主党在国会选举中的胜利花去 800 万美元。然而，他们很快就失望了。工会要求把最低工资提高到每小时 3 美元，但卡特总统却要工会同意 1 项把最低工资提高到每小时 2.65 美元的妥协案。这个最低工资标准，甚至低于 1979 年联邦规定的贫困线——每小时 2.95 美元。劳工支持的汉弗莱—霍金斯法案，本是针对当时存在的滞胀现象，要求联邦政府保证实现充分就业和稳定物价，但最后通过时，被冲淡到如此地步，以至《国会季刊》指出："它只不过是表达国会对于限制失业和通货膨胀愿望的一项象征性的声明而已。"②至于当时被有组织劳工作为最重要的立法计划而倾力支持的劳工法改革法案，卡特在它尚未提交国会之前，就要求劳工取消废除塔夫脱—哈特莱法第十四条第二款的内容。即便如此，该法案仍未被通过，工会耗资几达 250 万美元的院外活动付之东流。《国会季刊》明确指出："白宫院外活动办公室并不特别积极地"支持这项法案。③

　　卡特这种迎合企业需要的反劳工立场，不仅表现为在劳工立法上的消极态度，而且表现为对劳资冲突的直接干预。1977 年 12 月 6 日，美国爆发全国煤矿工人大罢工，历时近 4 个月。不满于矿工联合会领导人与资方达成的集体合同的 18 万煤矿工人，在斗争中提出了增加工资、改善老年保险、扩大矿工对煤矿的监督权，以及在矿主破坏集体合同时有权进行罢工的要求。卡特援引塔夫脱—哈特莱法，试图通过法院发布禁令，要求矿工在 80 天冷却期内回去工作。他还宣布"谈判陷入绝境"，使矿主不必承担在整个煤矿业进行谈判的责任。

---

① 劳伦斯·肖普：《卡特总统与美国政坛内幕》，第 179 页。
② 劳伦斯·肖普：《卡特总统与美国政坛内幕》，第 183 页。
③ 劳伦斯·肖普：《卡特总统与美国政坛内幕》，第 186 页。

此外，卡特还下令联邦执法官协助州警敦促没有工会组织的煤矿复工。尽管在工人阶级的坚决斗争下，资方最后被迫作出了让步，但卡特政府偏袒大企业的立场，在劳工中激起了强烈的反感。劳联—产联保守的领导人乔治·米尼都认为，工人在卡特任内的境遇，甚至不如共和党人杰拉尔德·福特执政之时。

〔不成功的社会福利改革〕　战后以来美国社会福利计划的急剧膨胀，到70年代后半期，已使美国政府成了西奥多·怀特所说的"那些嗷嗷待哺的人赖以为生的奶妈"①。各级政府在财政上如牛负重。卡特的卫生、教育和福利部部长约瑟夫·卡利法诺上任后发现，该部的开支已远远超过五角大楼，每年要向3300万社会保障法受惠者支付900亿美元，向享受医疗照顾的5000万美国人支付400亿美元，为福利救济名单上的3000万人支付300亿美元。据福利改革咨询小组主席亨利·艾伦估计，1977财政年度美国社会保险金开支将达1340亿美元，收入补贴金将达490亿美元。② 由于出生率下降和平均寿命延长导致美国社会老年化，交纳社会保险税和领取社会保险金的人数之比，也随之逐渐下降。1951年时为17∶1，1970年下降到3∶1，本世纪末估计将下降为2∶1。这就进一步加剧了美国社会保障计划入不敷出的趋势。纽约市由于社会福利开支庞大和市区的纳税者及企业纷纷外迁，结果该市财政在1976年宣告破产。此外，社会福利计划造成行政机构臃肿不堪，种种弊端乘隙而生，在美国选民中引起强烈不满。1976年的哈里斯民意调查表明，尽管94%的人都认为不应让吃救济的人挨饿，但是其中89%的人认为，吃救济的人中，有许多可以工作；85%的人认为，吃救济的人中，有许多是在骗取救济；64%的人认为，社会救济金的发放管得太松。③ 因此，在是年的竞选运动中，两党都在各自的政纲中作出了进行社会福利改革的承诺。

① 西奥多·怀特：《美国的自我探索》(中译本)，香港，1984年版，第158页。
② 《当今重要演说》，第43卷，第15期，第484页。
③ 《当今重要演说》，第43卷，第15期，第485页。

卡特政府执政后，在 1977 年 12 月促使国会通过法案，提高社会保险税税率和降低征收保险税的工资限额，使社会保险税在 10 年内将增加 2270 亿美元，以缓和入不敷出的矛盾。但是卡利法诺关于增加雇主纳税份额并从一般岁入中拨款给社会保险开支的要求，未能得到国会批准；他的进一步改革社会保障制度的建议，也很快搁浅了。1977 年，卡特政府还曾提出旨在改革救济制度的改善就业与收入法案，试图将抚养未成年孩子家庭援助计划、食品券计划等社会救济措施合而为一，制订一个全国统一的现金补贴计划，并刺激接受救济者的就业积极性，强调所谓"工作福利"，但始终未获国会通过。卡特在竞选时还曾鼓吹制订一个联邦出资的全国卫生保险计划，以解决当时有 5000 万美国人居住在医疗卫生条件不佳的地区以及 2000 万穷人未被纳入医疗援助计划的问题。但他上台后提出的计划十分谨慎，受到民主党参议员爱德华·肯尼迪的批评，后来卡特修改了这一计划，主张向所有美国家庭提供每年 2500 美元的医疗费用。然而国会对此持否定态度。

1978 年，由于通货膨胀恶性发展，卡特政府为抑制联邦开支，开始对社会福利计划开刀。1979 年 1 月，卡特居然建议削减社会保障法规定的开支金额。此建议虽未得到国会批准，但它清楚地表明：卡特身为民主党人，却背离了新政以来历届民主党政府的传统政策，在社会福利问题上向保守主义的方向靠拢；美国福利国家的发展，在经历近半个世纪的逐渐昌盛之后，开始走下坡路。

3. 滞胀现象与能源危机的继续发展

和他的两届共和党前任一样，卡特政府面临的最大国内问题，是滞胀现象和能源危机。

〔一揽子刺激经济计划与税制改革〕 1977 年 2 月 2 日，卡特在首次炉边谈话中宣称：他是"在近 40 年来最严重的经济下降中上台的"①。

---

① 《当今重要演说》，第 43 卷，第 9 期，第 260 页。

美国经济当时刚刚从战后第六次危机中摆脱出来，还有 750 万人找不到工作。尽管卡特在这次讲话中也谈到通货膨胀，但重点显然是要刺激经济复苏，而且在两天以前，他已向国会提出"一揽子刺激经济计划"。这个计划的核心，是"回扣"方案，此外还包括减税和用于公共工程和综合就业训练的联邦开支计划。"回扣"方案原计划给每个纳税者退税若干，总额为 114 亿美元。如果再加上减税和联邦开支，这个"一揽子刺激经济计划"的总金额合计高达 312 亿美元。毫无疑问，这是一个沿袭战后美国凯恩斯主义者以扩张性财政政策刺激经济复苏的方案。4 月 13 日，在各有关利益集团、财政部长及预算局长反对下，卡特考虑到通货膨胀的威胁，终于决定撤销回扣方案。他的这一决定，在正式公布前未通知财政部长布卢门撒尔和某些有关的民主党国会领袖。这些人虽对回扣方案存有异议，但在公开场合仍表示支持总统。卡特这种出尔反尔的突然行动，使他在国会山的声誉一落千丈。他后来在回忆录中承认自己的"政策前后不一贯"，从而长时间损害了他的声誉。但是卡特坚持认为，他在 1977 年 4 月"从刺激经济急转为向通货膨胀全面开战"的决断是正确的，此后，他主要的经济仗就是对付通货膨胀了。

卡特虽然取消了回扣方案，但他的减税和开支计划仍然保留下来，并获得国会通过，对美国经济的复苏产生了一定的作用。失业率从 1976 年 12 月的 7.9%，下降到 1977 年 12 月的 6.4%。不过在卡特的减税计划中，看不到他在竞选时曾信誓旦旦地保证要进行的税制改革的丝毫踪影。由于美国人民对税收负担过重和税制弊端不满，抗税运动时有发生。卡特本人也曾将美国税收不公，称作是"人类的耻辱"。1978 年 1 月 20 日，卡特向国会提出了减税和税制改革咨文，一方面建议减税 250 亿美元继续刺激经济发展，另一方面又主张增收资本收益税以堵塞企业税收漏洞，缓和人民不满。但是，这个税收和改革建议，被国会作了重大修改。资本收益税不但未增加，其最高税率反而从 49% 削减到 28%。此举使国会民主党自由派近 10 年来在税制改革方面取得的进展，几乎被一笔勾销。由于卡特政府未积极干预立法进程，最后通过的 1978 年岁入法规定减税 190 亿美元，其中

60%是企业和年收入在3万美元以上的纳税者的税。因此，卡特1978年减税和税制改革建议的最终结果，主要是有利于企业界和高收入阶层。就其经济效用而言，对1978年失业率进一步下降起了一定的作用，但是从税制改革的角度看，这种加剧美国社会财富分配不公的改革，将使美国社会的基本矛盾进一步发展。

〔反通货膨胀措施〕卡特虽然认为他从1977年4月放弃回扣计划起，就已转向反通货膨胀的斗争，但如前所述，他当时的重点还没有真正转移到反通货膨胀上来。直到1978年，当通货膨胀率从1977年的7%向接近10%的高度恶性发展时，卡特才开始对通货膨胀采取比较有力的行动。1978年4月，他宣布政府雇员工资最多只能增加5.5%，并冻结白宫高级官员和联邦官员工资。5月，他将其提出的减税250亿美元的总额，降为194亿美元。他还否决了369亿美元国防拨款和102亿美元的公共工程法案。然而，这些行动未能迅速产生效果，卡特乃于10月24日晚向全国发表演说，宣布了新的反通货膨胀计划——非强制性工资与物价指标。他在讲话中指出：通货膨胀是美国最严重的国内问题，联邦政府将控制开支，停止所得税的进一步削减，并采取其他措施。但这一切努力成败如何，将取决于美国私营部门能否自愿信守政府公布的工资—物价指标。卡特要求美国雇员把工资增长限制在每年7%以下，同时希望物价的上涨在整个经济领域内不要超过每年5.75%。他还向美国公民保证，将促使国会通过法案，允许遵守工资指标的纳税者在物价上涨超过7%时，可在纳税时打折扣。然而，这个计划没有收到任何效果：国会对税收折扣不予理会，劳联—产联抵制卡特的工资—物价指标，全国制造商协会和美国商会也拒不从命，圆桌会议与企业理事会虽支持工资—物价指标，但提出一大堆附加条件。10月底，美元贬值迫在眉睫。卡特乃促使联邦储备委员会采取强硬措施，在11月1日把贴现率提高到9.5%的创纪录高度，并紧缩信贷。他还从国外贸易伙伴处通融300亿美元外币，用以购买美元维持其价格，同时出售黄金以制止抛售美元的恐慌。这一系列措施虽避免了美元危机的爆发，但无济于滞胀问题的真正解决。1979年能源危机的恶化和滞胀现象的进一步发展，终于使卡特政府在政治上逐渐陷入绝境。

〔新能源政策〕 卡特在上任后第二个星期，就直飞匹兹堡去慰问因工厂燃料短缺而被裁减的工人，并向住在没有暖气的房子里挨冻的穷人嘘寒问暖。1977 年 2 月 2 日，在他首次炉边谈话中提出的一系列最紧迫的计划中，又以能源问题为首。实际上，能源危机成为70 年代历届美国政府都不能不正视的问题。它影响之广，危害之深，非同一般。

4 月 18 日，卡特就能源问题向全国发表演说，宣称"除了防止战争以外，能源问题已经成为我国今后世代面临的最严峻的挑战"①。两天后，他向国会递交了能源法案。法案包括两方面内容，重点是保护能源，主要手段是通过税收与提高能源价格来实现节流。诸如对国内生产的原油和耗油高的"吃油车"征重税，对采取节能措施的企业与家庭提供税收优惠，并以类似方式鼓励企业，特别是公用事业公司改用煤。在开源方面，则为增加开发太阳能、原子能与合成燃料的基金等。然而这个法案由于起草仓促，漏洞很多，在国会遭到许多利益集团的反对，迟迟未能通过。1978 年中期，国会通过的能源妥协案，除保留卡特原法案的某些节流措施外，其他已面目全非。8 月份成立的能源部认为，该法实施后，到 1985 年只能每天减少进口石油 250万桶，美国丝毫摆脱不了对进口石油的依赖。但经营石油与天然气生产的大公司认为，取消价格管制和避免对国产原油征收进口税，可以刺激国内能源生产，改善能源短缺的状况。1979 年春，受伊朗革命影响，世界石油供应量下降 3%。美国能源部在 3 月 5 日宣布，每天平均石油进口量比过去减少 50 万桶，相当于全国每天消费量的2.5%。一些美国石油公司突然削减生产，以期日后牟取暴利。当时又正好发生了宾夕法尼亚州三英里岛核电站的重大事故，使人们感到核动力前景暗淡。结果，美国国内石油价格猛涨。几周之内，原油从每桶 12 美元上升到 20 美元，汽油从每加仑 60 美分上升到近 1 美元，第二次能源危机开始降临美国。在这种危机形势下，卡特于 4 月初宣

---

① 西奥多·怀特：《美国的自我探索》，第 234 页。

布新的能源政策，决定从当年 6 月 1 日起，逐步取消对国内石油价格的限制，并要求国会通过法案，向石油公司征收暴利税，其中一部分用于补贴低收入家庭，大部分用于研究和发展新能源。这个计划公布后，立即遭到石油垄断组织的强烈反对，暴利税法案在国会搁浅。能源危机在这年夏天进一步恶化，卡特的声望在民意测验中跌到比尼克松辞职前还低的程度。卡特乃向全国宣布：将于 7 月 5 日就能源问题再次发表演说，试图平息国内公众的不满。但当他发现他所面对的已不仅仅是能源问题，而且是美国公众的信任问题之后，又突然取消这次演说，以进一步广泛征求各界人士意见。他的优柔寡断，使美国人民再次感到失望。

7 月 15 日，卡特终于向全国发表人们期待已久的能源演说。然而演说的主题，却不是汽油荒，而是"信任危机"。他说这场危机正冲击美国的国民意志、灵魂与气概，并呼吁复活美国人的志气。卡特随后提出的能源计划，实际上是前两次计划的继续与发展，但更为具体，更为全面，兼顾了节流与开源两个方面的内容。1980 年 3 月 27 日通过的暴利税法，规定从 1980 年 3 月 1 日起，向石油公司征收 50% 的暴利税，用于节约能源、削减赋税以刺激能源生产、发展替代能源等项目。5 月 21 日通过的发展合成燃料法，计划到 1987 年建成 10 座日产 5 万桶合成燃料的工厂。这些法案的通过与实施，对日后美国国内的能源生产显然产生了积极的影响。但是从美国两党政治的角度来看，卡特却一无所获。西奥多·怀特在谈到卡特总统 1980 年上述能源法案时评论说："由于耽搁得太久，如此重大的成就，竟使卡特在政治上没有捞到半点好处。"①

〔战后第七次经济危机与卡特经济政策的失败〕 1979 年夏，对于卡特总统来说，可谓祸不单行。除第 2 次能源危机外，物价上涨年率再次突破两位数，6 月份接近 14%，超过了战后物价上涨年率首次突破两位数的 1974 年的纪录。不仅如此，到 7 月 12 日，新任行政管理与预算局局长小詹姆斯·麦金太尔正式宣布，美国经济出现新的衰

----

① 　西奥多·怀特：《美国的自我探索》，第 234~235 页。

退。以滞胀现象为特征的战后第七次经济危机的到来，如雪上加霜，使卡特政府焦头烂额。新闻界慨叹卡特总统因多难而早生华发。继7月15日发表"信任危机"演说后，卡特又于7月17日采取一项震动全国并使世界舆论为之木然的行动：内阁成员集体辞职。卡特目的之一是以财政部长布卢门撒尔、能源部长施莱辛格、卫生、教育与福利部长卡利法诺作为经济、能源和福利一团糟的替罪羊。目的之二是为了剪除与总统和白宫班子常常意见不一的布卢门撒尔和卡利法诺，并缓和总统的政治支柱——南部权势集团对卡利法诺的不满。目的之三是加强白宫班子，恢复人们对总统的信心。其最终目的则是为了以"一位新的卡特"的形象争取1980年竞选连任。因此，卡特最后接受辞职的，只有上述3位替罪羊和早就想挂冠而去的司法部长贝尔。汉密尔顿·乔丹被正式任命为白宫办公厅主任，权倾一时。卡特的这一突然行动，并没有收到预期的效果，反而迎来国内外一片批评、责难之声。盖洛普民意测验表明：赞成卡特此举的只占32%，反对者比例高达51%。[1] 西欧、日本舆论对此也态度悲观。英国《每日邮报》称之为"一种自我陶醉的字谜游戏"。挪威《世界之路报》说是一次"没有安全网的走钢丝"。日本《读卖新闻》则以醒目标题推出社论："卡特政权前程多难"。[2]

惟一使卡特略松一口气的是：7月中旬宣布经济进入衰退以后，经济指标下降速度有所减缓。但1980年初，物价年上涨率猛升到18%。于是卡特全力对付通货膨胀。3月14日，卡特向全国发表演说，宣布"过去8周内通货膨胀率和利率已上升到史无前例的高度"，"这种危急的形势要求迅速采取措施"。[3] 他提出了包括削减开支、紧缩信贷、非强制性工资—物价指标、保护能源和结构改革在内的反

---

① 张海涛：《吉米·卡特在白宫》，四川人民出版社1982年版，第804~805页。

② 张海涛：《吉米·卡特在白宫》，四川人民出版社1982年版，第804~805页。

③ 《当今重要演说》，第46卷，第12期，第354页。

膨胀计划，其中心是削减政府开支和紧缩信贷。3 月 31 日，卡特批准国会修改过的 1980 和 1981 财政年度预算，共计削减开支 176 亿美元，试图在 1981 财政年度使联邦收支出现盈余，改变 12 年来年年赤字的状况。卡特计划削减的款项中，除少量军费开支外，主要是社会福利开支。在此之前，联邦储备委员会已采取协调行动，多方紧缩信贷。然而半个月以后，联邦储备委员会宣布：1980 年 3 月工业生产下降年率达 10%，是 1979 年 8 月以来下降幅度最大的 1 个月。10 月 17 日，卡特虽承认美国经济又陷入衰退，但考虑到通货膨胀的威胁，没有采取任何反衰退行动，继续奉行紧缩性财政货币政策。这种坐视经济衰退而继续反膨胀的做法，在战后民主党人执政时期，是找不到先例的。这样，美国的通货膨胀年率虽下降到 8% 至 10%，但工业生产却大幅度下跌，陷入战后第七次经济危机的最低点。7 月份，卡特总统见势不妙，又匆忙取消信贷限制，以刺激经济复苏，结果，通货膨胀率又回升到 12.7%。卡特政府顾此失彼，转眼之间，1980 年大选日已经临近，美国经济仍陷在滞胀漩涡中不能自拔。卡特总统经济政策的失败，成为他在大选中颓然败北的主要原因。

4. 从人权外交到卡特主义

吉米·卡特在竞选和上台以后，从尼克松—基辛格的"现实政治"外交，转向带有理想主义色彩的"人权外交"，当时颇引人注目。卡特不仅指责基辛格"独来独往者"的外交风格，而且批评其均势外交缺乏道义感。他在就职演说中宣布："由于我们是自由的，我们永远不能对其他地方自由的命运漠然处之。我们的道义感决定了我们明白无误地偏向于那些和我们一样坚持尊重个人人权的社会。"①1977 年 5 月 21 日，卡特在圣母大学作的对外政策讲话中又指出："对于人权所负有的义务"，是"美国对外政策中的基本信条"。② 这种人权外

① 《当今重要演说》，第 43 卷，第 9 期，第 259 页。
② 《当今重要演说》，第 43 卷，第 17 期，第 515 页。

交思想，固然与卡特的宗教信仰有关，但更重要的是出于他在竞选中独树一帜的政治需要，和在越战及水门事件后的国际社会中改善美国形象的深远考虑。

　　〔对苏联的人权攻势〕　早在卡特上台以前，美国统治集团内部在缓和问题上持异议的对苏强硬派就在不断增强。1974 年，国会就贸易法通过的杰克逊—瓦尼克修正案，使苏联从美国获得最惠国待遇的企图功亏一篑。第二阶段限制战略武器谈判，也遭到日益强大的反对。1976 年，当前危险委员会成立，把苏联的扩张视为美国当前面临的主要危险，主张增强实力，与苏抗衡。被福特总统解除国防部长职务的对苏强硬派领袖人物詹姆斯·施莱辛格，在给《保卫美国——迎接缓和后的世界的新任务》一书写的前言中，集中批判了对苏缓和政策。美国安全委员会主持拍摄的纪录片《和平与自由的代价》，向美国人民展现了苏联军事威胁令人生畏的场面。以参谋长联席会议为核心的五角大楼，在卡特当选后向他递送了成千份意见书，力陈苏联军事实力的扩张，已对美、苏军事力量平衡形成严重威胁。就连缓和政策的主要设计师基辛格过去的助手、北约武装部队最高司令小亚历山大·黑格将军，也在 1977 年 1 月上旬批驳了美国统治集团内部存在的绥靖思想。在苏联扩张势头增强和美国国内对苏强硬派压力加大的形势下，美国政府的对苏政策不能不发生新的变化。

　　卡特总统的人权外交，就是这种变化的一个标志。他利用人权问题，对苏联展开了意识形态攻势。1977 年 1 月 27 日，美国国务院发表声明，公开赞扬苏联持不同政见者的领袖人物、著名核物理学家、诺贝尔奖金获得者安得烈·萨哈罗夫教授，指责苏联政府不让萨哈罗夫发表意见，是违背"有关人权问题所公认的国际准则"[1]。2 月 5 日，卡特总统亲自复信萨哈罗夫，向他表示："人权问题，是我的政府主要关心的问题。……美国人民和我们的政府将继续履行不仅在我们国内而且在国外促进尊重人权的坚定诺言。"[2]勃列日涅夫在 2 月

---

[1]　贝蒂·格拉德：《吉米·卡特》，第 427 页。
[2]　张海涛：《吉米·卡特在白宫》，第 116～117 页。

25 日致卡特的信中指责其人权政策，把萨哈罗夫称为苏联的叛徒。但卡特不以为意，在 3 月 1 日又在白宫把苏联另一位持不同政见者弗拉基米尔·布科夫斯基奉为上宾。此举和福特在任时拒不会见苏联持不同政见者索尔仁尼琴，形成了鲜明对照。4 月下旬，美国政府用两名在押苏联间谍与苏联交换了 5 名持不同政见者，卡特总统还与其中的浸礼会会友乔治乌·文斯共做礼拜，他在日记中称赞这 5 人"都具有献身精神"。

在卡特这种人权攻势影响下，苏联、捷克斯洛伐克、波兰等国持不同政见者的活动进一步加强。以萨哈罗夫为首的 100 多名苏联持不同政见者发表宣言，呼吁 1975 年欧安会 30 多个参加国的政府首脑采取行动，使这次会议的最后文件中有关人权的条款在苏联和东欧国家得以遵守。捷克斯洛伐克"七七宪章派"反对苏联军事占领的活动，波兰持不同政见者的人权运动，也在发展中。1977 年 10 月，在贝尔格莱德召开的欧安会续会上，美国以人权问题为口实，带领西方盟国对苏联展开了猛烈的抨击，使之处于被动地位。据美国民意测验调查，大多数人对卡特的人权攻势表示钦佩，苏联方面则大动肝火。勃列日涅夫公开指责卡特"露骨地企图干涉苏联内政"。苏联的美国问题权威人士格奥尔基·阿尔巴托夫和苏联舆论纷起揭露美国国内在对待黑人少数民族等问题上存在的侵犯人权的现象。除了这种互相指责以外，美、苏双方还彼此驱逐对方记者，在贸易与交流活动中设置障碍。卡特的这种人权攻势虽然赢得相当广泛的支持，但也引起部分美国人士的忧虑。对苏联强硬派认为人权外交并不能阻止苏联的扩张势头，虚多实少。对苏缓和派则认为此举妨碍了限制战略武器会谈和美、苏双边关系在其他方面的发展。人权外交对于美国和第三世界国家及西欧盟国的关系所产生的某些不利影响，也受到批评。

〔美国加强军备的努力及其与西欧盟国的关系〕卡特在就职演说中除以人权外交为口号外，还把裁军问题作为另一面旗帜，以掩盖其改变美、苏军事力量对比向不利于美国的方向进一步发展的企图。

首先，卡特不顾他在竞选时作出的把国防预算削减几十亿美元的保证，仅仅作了 4 亿美元的象征性削减。卡特签署的 1978 财政年度预算的军事开支额，高达 1185 亿美元，比福特任内的 1977 财政年度增加 117 亿美元。不仅如此，卡特还调整了军事预算构成，额外追加费用，加强西欧防务。

1977 年 5 月上旬，卡特总统飞抵英国，在伦敦出席了北约组织各国首脑会议、西方七国首脑会议以及讨论西柏林问题的 4 国政府首脑会议。作为一个三边主义者，卡特比较重视美、欧、日关系。伦敦会议期间，美国在调整其与盟国关系方面取得的主要进展，是在加强防务上形成比较一致的意见。北约首脑会议的最后公报，对华约进攻性力量的不断增长，表示忧虑，强调西方盟国必须把共同防务和对付威胁所需要的力量保持在足够的水平上。伦敦会议以后，美国与北约部分成员国调整了在西德的兵力部署，美国参议院同意拨款制造中子弹，北约组织内部就加强军备的 140 条具体措施达成了协议。根据卡特建议，北约理事会于 1978 年 5 月在华盛顿召开。会议通过了北约长期防务计划，以加强反坦克武器和统一空中力量，估计耗资将达600 亿至 800 亿美元。这次会议还规定，北约各成员国 1979 年的军事开支在扣除通货膨胀因素后，必须增长 3%，1979 年 5 月，在布鲁塞尔召开的北约防务计划委员会会议，同意将 3% 的增长年率维持到1985 年。这就扭转了尼克松与福特任内美国实际军事开支下降的趋势，并使北约盟国共同致力于加强欧洲防务。除此以外，美国在调整与西欧盟国的关系方面，未能取得多大的实质性进展，就是在防务问题上，也曾出现过中子弹风波，由于欧洲盟国反对，卡特总统不得不宣布无限期推迟中子弹的制造。

〔第二阶段限制战略武器会谈〕 卡特政府的人权攻势和加强欧洲防务的努力，并未能扼制苏联的扩张势头。在这段时间里，苏联在埃塞俄比亚和南也门扩大了影响，并把军事人员派到了越南，以西欧为目标的 SS-20 新式导弹系统，也在发展之中。到 1978 年春，美、苏关系仍处于僵持状态。这样，卡特政府的对苏政策，在国内外都引起了争议，说它既不善于妥协，又无能耐竞争。第二阶段限制战略武器谈判，成为当时争论的焦点之一。在美国政府内部，以国务卿万斯和军备控制与裁军署署长保罗·沃恩克为首的缓和派,力主就限制战略武器迅速达成协议,并以此为契机,扩大美、苏双边关系。而以国防部长布朗和总统国家安全事务助理布热津斯基为首的强硬派,则主张不仅要在限制战略武器问题上不轻易退让,而且要对苏联在其他方面的扩张作出坚定反应。卡特在这两派之间处于居中平衡的地位。由于美、苏两国在苏联逆火式轰炸机与美国巡航导弹是否应列入战略武器运载工具最高限额之内等许多问题上存在分歧,自1972年即已开始的第二阶段限制战略武器谈判,陷入旷日持久的讨价还价之中。直到1978年7月,美、苏两国在谈判中才开始彼此作出较大让步。1979年5月9日,国务卿万斯终于在新闻发布会上宣布,历时7年之久的美苏第二阶段限制战略武器谈判,已达成协议,亨利·杰克逊参议员作为国会对苏强硬派的领袖人物,猛烈抨击这一协议。参谋长联席会议和陆、海、空三军将领,也对协议没有限制苏联逆火式轰炸机和SS-18重型导弹,感到不安。卡特考虑到1980年大选的需要,急于赴维也纳与勃列日涅夫签订第二阶段限制战略武器条约,但他对于各方的不满以及参议院能否批准条约,有所顾虑。6月8日,白宫新闻发言人宣布:卡特正式决定研制MX大型机动陆基分导多弹头洲际弹道导弹,此举的目的,一在安抚军方,二在争取国会强硬派的支持,三在给维也纳美、苏首脑会晤准备点筹码。

6月15日,美、苏两国首脑在维也纳会晤。第2天,双方就限制战略武器和"世界多事地区"的问题展开舌战。6月18日,卡特和勃列日涅夫终于在第2阶段限制战略武器条约及有关文件上签字。根据条约规定①,战略武器发射器最高限额为2400件。到1981年降到2250件;弹头发射器的分项限额为1320件。至于巡航导弹,双方签订的议定书规定其射程不得超过600公里,这是对美国的一种限制。而逆火式轰炸机则由苏联单方面声明,其年产量不超过30架。双方虽规定1981年年底以前不得部署和进行陆基机动洲际导弹的飞行试

---

① 关于第二阶段限制战略武器条约,可参阅吉米·卡特:《第二阶段限制战略武器条约》,载《当今重要演说》,第45卷,第18期,第546~548页。

验，但美国 MX 导弹的试验还远未进入这一阶段，因此这项规定没有丝毫约束力可言。除了第二阶段限制战略武器条约以外，美、苏维也纳会晤没有解决任何其他问题。

卡特在签字仪式结束后立即飞回美国，并于当晚向国会报告维也纳会晤结果，敦请参议院批准第二阶段限制战略武器条约。尽管他口若悬河，国会反应却很冷淡。被能源危机、通货膨胀和经济衰退弄得愁眉不展的美国公众，也不关心。美国朝野的对苏强硬派，则加强了对第二阶段限制战略武器条约的攻击。在参议院外交委员会和军事委员会举行的听证会上，各派势力展开激烈争论，问题最后归结为：如果卡特政府同意大规模增加军费开支，参议院将批准条约，否则就把这个问题推迟到 1980 年大选年去解决。正当卡特总统开始考虑增加军事开支的要求时，苏军战斗旅进驻古巴一事又给限制战略武器条约当头一棒。直到 1979 年 11 月上旬，参议院外交委员会才把第二阶段限制战略武器条约问题交给参议院全体会议审议。12 月，卡特总统为确保条约批准，授权五角大楼提前制订 1981 财政年度军事预算和 1981—1985 年的 5 年军事预算，把军事开支的实际增长年率从 3% 提高到 5%。此举在美国统治集团内部赢得广泛的支持。同时，卡特还同北约盟国商定，从 1983 年开始在西欧部署美国潘兴 II 式导弹和巡航导弹，加强抗衡苏联的实力。然而，正当批准限制战略武器条约的条件逐渐成熟时，苏联军队突然大规模入侵阿富汗，卡特震惊之余，除公开谴责苏联明目张胆地违反公认的国际行动准则以外，还在 12 月 31 日对美国广播公司发表的谈话中指出："在过去一周里，我对俄国人的看法所发生的急剧变化，甚至超过了在此以前的两年半时间。"①

〔卡特主义的问世〕　卡特主义的导因，并不仅仅是阿富汗问题，它与尼克松主义提出以来苏联扩张态势继续加强和美国战略地位进一步削弱，有着极其密切的联系。在美国退出越南以后，苏联支持越南入侵柬埔寨，拼凑"印度支那联邦"，建立地区霸权，进窥东南亚国家联盟，威胁马六甲海峡。在非洲，苏联利用古巴军事人员扩大在安哥

---

① 《纽约时报》，1980 年 1 月 1 日。

拉的势力，威胁扎伊尔，还借埃塞俄比亚与索马里发生领土争端之机，把手进一步伸入非洲之角，企图扼红海与亚丁湾的咽喉地带，使美国和西欧的海上通道、特别是石油运输线，受其制约，从而形成对西欧的迂回包抄和对美国战略利益的威胁。不仅如此，苏联还在中东采取一系列牵制美国的行动。由于这种全球战略态势日益向不利于美国的方向发展，美国国内的对苏强硬派对美国缓和外交感到不满，要求有所改变。卡特政府上台后，虽对苏展开了人权攻势，加强欧洲防务，调整对第三世界国家的政策，推进中东埃、以和解，但均未能真正扭转颓势，而且在第二阶段限制战略武器谈判中，仍不免对苏让步，这就使美国对苏强硬派势力日增，重新调整外交政策已势在必行。伊朗巴列维政权的倒台和苏联入侵阿富汗，终于促使卡特政府采取了行动。

如前所述，尼克松政府曾把巴列维统治的伊朗视为地区强国而大加扶持，力图依靠它维护美国在波斯湾的重大战略利益。然而事与愿违，巴列维国王在1979年初倒台，伊朗成为这个地区最激进的反美国家。是年11月4日，伊朗学生将53名美国人扣为人质后，两国关系到了剑拔弩张的地步。苏联对阿富汗的入侵，更使卡特意识到：苏联将"深深楔入伊朗和巴基斯坦之间，形成对波斯湾地区丰富的油田和全世界如此大量能源供应必须通过的水上交通要道的威胁"。① 考虑到美国和西方国家在波斯湾的重大战略利益正面临伊斯兰革命和苏联的严重挑战，卡特在1980年1月23日致国会的国情咨文中，提出了后来被称为"卡特主义"的新波斯湾战略。他在抨击了伊朗的国际恐怖主义和苏联对阿富汗的军事侵略，以及苏联的全球扩张主义与冒险主义之后，声称"任何外来力量企图控制波斯湾的尝试，将被视为对美国重大利益的侵犯，这种侵犯将遭到包括军事力量在内的一切必要手段的回击"②。接着，卡特总统列举了他为奉行这种新波斯湾战

① 吉米·卡特：《保持信心》（中译本），世界知识出版社1983年版，第445页。
② 塞西尔·克雷布：《美国外交政策主义纵横谈》，美国路易斯安那州立大学出版社1982年版，第329页。

略已经采取或将要采取的一系列措施，其中包括：对苏联实行经济制裁，抵制 1980 年莫斯科奥运会，增加军事开支，创建快速部署部队，改进北大西洋地区的防务，重申美国对巴基斯坦安全的保证，逐步恢复征兵制，推迟批准第二阶段限制战略武器条约。显然，卡特主义的意义，不仅在于公开承认美国在波斯湾地区具有战略、军事和经济利益，弥补尼克松主义在这一地区的失败；更重要的是，卡特主义表明美国政府正在对 70 年代的对苏缓和政策作出重大修正；虽然没有完全放弃缓和，但开始走向更加依重美国军事实力扭转颓势，进而维护美国全球战略地位的道路。就卡特政府外交政策而言，这也是一次重大的转变，即从人权外交的强调道义，走向卡特主义的强调实力。布热津斯基后来在回忆录中写道："卡特外交政策的最后阶段，涉及在实力和原则之间形成一种新的平衡。主要是由于苏联扩张主义的影响和伊朗危机引发的内部辩论，使得世界事务中以实力为主这一点得到了更明确的承认。"①卡特外交政策的这一转变，在美国朝野虽然得到相当广泛的支持，但在欧洲盟国和第三世界国家则引起各种不同的反应，甚至遭到怀疑和反对。不过对卡特总统来说，实现这一转变的时间已经不多，结束尼克松主义战略态势收缩的任务，落到了后任罗纳德·里根身上。

5. 卡特政府与第三世界

卡特政府比较重视美国与第三世界的关系，认为这是尼克松和基辛格的大国均势外交所忽略了的一个重要问题。总统国家安全事务助理布热津斯基上任时，就把"恢复美国对第三世界的政治吸引力"立为三大目标之一。② 卡特 1977 年 5 月 22 日在圣母大学发表的外交政

---

① 兹比格纽·布热津斯基：《实力与原则》，法拉-斯特劳斯-吉罗克斯公司 1983 年版，第 401 页。

② 兹比格纽·布热津斯基：《实方与原则》，法拉-斯特劳斯-吉罗克斯公司 1983 年版，第 3 页。

策演说中，也把"减轻(发展中国家的)痛苦和缩小世界性的贫富差距"，作为其外交政策的一个基本前提。① 他们意识到：在第三世界竭力维持现状，是美国节节失利、不得人心的重要原因。因此，卡特政府对美国的第三世界政策作了若干调整，并采取了一些重大的外交行动。

〔人权外交对第三世界的影响〕 在维护人权的口号下，卡特政府采取了一些有别于支持亲美独裁政权的传统政策的做法，试图改善美国在第三世界的形象，增强其抗衡苏联的政治和道义力量。它不仅谴责乌干达阿明政权的暴虐统治，削减对埃塞俄比亚的援助，而且取消或削减了对拉美一些亲美军人政府的军援。然而，卡特政府的这些行动，并未产生预期效果。因为它对南朝鲜、菲律宾这些国家的人权问题不予干预，结果使美国的人权外交在第三世界蒙上一层伪善色彩。受到人权外交影响的拉美国家，又纷纷指责美国干涉内政、侵犯主权，损害民族尊严。美洲国家组织成员国在人权问题上分裂成两个对立集团，埃塞俄比亚则在人权外交影响下进一步倒向苏联。这些后果，导致卡特的人权外交受到越来越多的批评。《华盛顿战略和国际问题研究评论》执行主编迈克尔·克莱丁评论说："实行人权政策的结果，同原来的意图完全相反：我们的敌人安然无恙，而我们的一些盟国却受到了惩罚。"②

〔1977 年美巴条约〕 卡特上台后，立即宣布将巴拿马运河问题作为外交事务方面的首要问题来处理，决心解决前 5 任美国总统作出允诺但始终未能解决的问题。他在向国会发表的演说中曾经指出，巴拿马运河问题的解决，"将显示本半球的意识形态，并为美国的经济和安全直接作出贡献"。③ 事实上，缔结新的巴拿马运河条约已到了刻不容缓的地步。首先，巴拿马政府决心收回运河主权。其次，巴拿

① 《当今重要演说》，第 43 卷，第 17 期，第 515 页。
② 迈克尔·克莱丁：《卡特总统和苏联人》，载《巴尔的摩太阳报》1978 年 8 月 10 日。
③ 《当今重要演说》，第 44 卷，第 8 期，第 229 页。

马人民群情激昂，1964 年声势浩大的反美事件重演的可能性日大。再次，第三世界国家纷纷支持巴拿马人民收回运河主权的立场。在这种形势下，尽管美国国内反对的力量仍十分强大，卡特政府还是于 1977 年 2 月 10 日恢复了美巴之间就巴拿马运河问题进行的谈判。

　　谈判恢复后，美、巴之间的分歧主要集中在运河中立问题上。美方要求单独订立一项永久性的运河中立条约，使美国有权保护运河，免遭外来威胁。而巴拿马方面则不想给美国留下任何在今后进行干涉的借口。经过一段时间僵持以后，巴拿马政府作出了让步。1977 年 8 月 10 日，终于达成协议。9 月 7 日，在 24 个美洲国家首脑参加的仪式上，卡特和巴拿马政府首脑奥马尔·托里霍斯·埃雷拉签署了巴拿马运河条约和巴拿马运河永久中立和营运条约及其附件和议定书。根据这些文件，1903 年条约被废除，美国将在 1999 年以后把运河完全交还巴拿马，在此之前，运河由美、巴两国共管，美国将逐步移交运河的营运以及运河区的司法和防务，除此以外，美巴两国将共同保证巴拿马运河永久中立。条约签订后，巴拿马在当年 10 月举行公民投票，以 2/3 的多数批准了新条约。但在美国方面，批准条约的进程不太顺利，盖洛普民意测验表明，只有 39% 的美国人支持新条约，而 46% 的人持反对态度。① 特别是在参议院，要凑足批准条约所需的 67 票很不容易，卡特总统发起了一场声势浩大的院外活动，也仅以 68 票的多数在参议院获得通过。

　　1977 年美巴新条约的签订，首先是巴拿马人民反对美国控制、恢复领土主权持久斗争的成果。它使美国放弃了对运河区的永久占领权，并增加所付租金。不过，卡特政府对第三世界国家的新认识和它在缔约过程中采取比其前任更为积极的态度，也对新条约的问世起了一定的作用。正因为如此，美巴矛盾得以缓和，卡特政府在拉美各国赢得了好评。

　　〔戴维营会谈与埃、以和平条约〕　随着美国对中东石油的依赖

---

　　①　罗伯特·迪万：《1945 年以来美国的政治与外交)（1985 年版），第 221 页。

日益加深和能源危机的发展，美国政府对影响这一地区稳定的阿以冲突，感到格外关注，它还担心阿以敌对的加深，会导致苏联的进一步卷入。卡特上台以后，一方面表示要争取召开苏联所希望的中东问题日内瓦会议，另一方面又宣布美国将继续发挥中间人的作用。前者只不过是为了稳住苏联，后者才是美国中东政策的真意所在。然而，当时中东形势对于美国作为中间人分阶段解决中东问题十分不利。这主要是由于1977年5月以色列新上台的总理梅纳赫姆·贝京采取了比其前任更顽固的反阿拉伯立场。经过一段工作后促成的埃、以首脑互访，除宣布双方"不再打仗"以外，没有取得任何积极成果。卡特乃先后邀请萨达特和贝京到戴维营会谈，再次从中斡旋，贝京继续坚持顽固立场，迫使卡特不得不对以色列施加压力，要求美国国会通过了向埃及、沙特阿拉伯和以色列供应军用飞机的一揽子方案。此举打破了美国对埃及历时30年的军火禁运，使贝京政府感到震惊。不久，卡特以个人威信为赌注，决定在戴维营举行埃、以、美3国政府首脑会议，由他亲自调解。1978年9月5日，戴维营会谈开始。经过卡特与埃、以双方多次协商，由于贝京拒绝接受以色列从整个约旦河西岸和加沙地带撤退的要求，会谈面临失败的威胁。卡特破釜沉舟，宣布9月17日为戴维营3国首脑会议的最后期限，到时如达不成协议，美国将甩手不管。与此同时，以色列国内爆发抗议贝京顽固立场的强大群众示威运动。在这种双重压力之下，贝京终于作出了让步。9月17日晚，在美国总统、各部部长及400多名国会议员参加下，埃及总统萨达特与以色列总理贝京在白宫东厅签署了两项文件——关于实现中东和平的纲要和关于签订一项埃及同以色列之间的和平条约的纲要。纲要规定，埃及、以色列、约旦和巴勒斯坦人民的代表，应参加和平解决巴勒斯坦问题的各方面的谈判；在约旦河西岸和加沙地带建立自治机构，在5年过渡期通过谈判确立上述地区的最后地位；埃以双方保证不使用武力解决争端，在3个月内缔结和平条约，建立和平相处的正常关系；以色列武装部队撤出西奈。但是在随之而来的埃、以缔结和约谈判中，又出现了"山穷水复疑无路"的局面。卡特总统再次亲自出马，赴中东进行"穿梭外交"，迫使以色列改变态度，从而解决了埃以谈判中所有悬而未决的问题。

1979 年 3 月 26 日,《埃及以色列和平条约》在美国白宫正式签字, 结束了双方历时 30 年的敌对和战争状态。和约规定, 以色列从西奈撤退, 双方不诉诸武力, 以色列船只可在苏伊士运河自由通航。3 月 31 日, 在伊拉克首都巴格达举行的阿拉伯国家联盟外交部长和财政部长特别会议通过决议, 对埃及实行外交、经济制裁。决议指控埃及与美国相勾结, 和犹太复国主义敌人站在同一立场, 单独处理阿以冲突, 从而脱离了阿拉伯队伍, 侵犯了阿拉伯民族的利益。在此之前, 苏联已在和叙利亚政府发表的联合公报中, 谴责了这个条约。

〔美国与南部非洲〕 卡特上台后, 苏联介入非洲事务的形势更加清楚。被美国前驻联合国代表帕特里克·莫伊尼汉称之为"俄罗斯帝国的哥萨克"的古巴军队, 已遍布非洲 10 个国家, 其中大部分集中在安哥拉。苏联还利用古巴军事人员指挥下的安哥拉境内几千名扎伊尔前加丹加省宪兵, 于 1977 年 3 月和 1978 年 5 月, 两次向扎伊尔南部大举进犯。在美国和一些非洲国家援助下, 扎伊尔挫败了这支外国雇佣军的入侵。在这种情况下, 卡特政府对毗邻安哥拉的南部非洲地区局势的发展, 不能不感到担心, 在罗德西亚问题上采取了比福特政府更为积极的态度。1977 年 3 月 18 日, 卡特总统签署法案, 取消了前述伯德修正案, 停止从罗德西亚进口铭。接着, 他又派美国常驻联合国代表安德鲁·扬于 7 月份出席在尼日利亚召开的反对种族歧视会议, 表明美国对南部非洲问题的新态度, 并和英国外相戴维·欧文一道, 在南部非洲展开穿梭外交, 试图结束南非对西南非洲的占领, 并在罗德西亚实现黑人多数统治, 但未能取得多大成果。1979 年 9 月, 英、美再次对罗德西亚问题进行斡旋, 直到 1980 年 4 月, 罗德西亚人民经过长期斗争, 终于结束了少数白人的统治, 建立了津巴布韦共和国。

6. 中美关系正常化的重大进展

〔卡特政府初期的对华态度和布热津斯基的中国之行〕 尽管卡

特在上任前已决定承认中华人民共和国为中国的合法政府，但他执政初期并未把中、美关系正常化作为一个急迫的外交问题来对待。这是因为，他对自己当时关注的第二阶段限制战略武器谈判、中东问题和巴拿马运河条约能否得到国会与公众的支持，没有把握，因此不想为中美关系正常化在国内引起更大的争议。这样，万斯国务卿在1977年8月下旬对中国的访问未能在中美关系正常化方面取得任何进展，美国政府在台湾问题上的态度，甚至有所倒退。不过，在这段时间里，总统国家安全事务助理布热津斯基对美中关系正常化所具有的战略意义，有日益清楚的认识，并成为卡特政府内部积极推动这一进程的主要人物之一。他主张把中、美关系正常化置于批准美、苏限制战略武器条约之前。卡特当时虽未明确表态，但在1978年5月中旬已授权布热津斯基在访华时，向中国领导人表示，美中关系是美国全球政策的一个中心环节，美中两国具有某些共同利益和战略考虑，其中最重要的，是反对任何国家谋求全球或地区霸权，美国决心对苏联扩充军备及利用代理人在全球进行的扩张活动作出坚定反应。关于中美关系正常化问题，卡特指示布热津斯基向中方表示：美国已下了决心，准备通过谈判消除正常化的一切障碍，接受中国方面实现关系正常化的3个基本条件，即终止与台湾的官方关系，从台湾撤出美国军事人员和设施，取消美蒋安全条约。这样，布热津斯基的中国之行取得了成功，为中美双方就关系正常化进一步进行谈判铺平了道路。

〔中美正式建交和邓小平副总理访美〕 布热津斯基访华后，中、美双方通过多种渠道就关系正常化展开了谈判。由于美国方面接受了中国有关台湾问题的"断交、撤军、废约"三原则，中美双方于1978年12月中旬就关系正常化达成了协议。12月15日华盛顿时间晚上9时，中、美双方同时公布了中美建交联合公报，宣布两国自1979年1月1日起建立外交关系，并决定于1979年3月1日互派大使并建立大使馆。中美建交公报重申美国政府承认中国的立场，即只有一个中国，台湾是中国的一部分；美国承认中华人民共和国政府是中国唯一合法的政府。在此范围内，美国人民将同台湾人民保持文化、商务和其他非官方关系。公报还重申了上海公报中双方一致同意的各项原则，特别是反对在亚太地区和世界上任何其他地区谋求霸权的原则。中美正式建交，无论对于中美两国人民来说，还是对于世界和平与安全来说，都是具有重大历史意义的事件。

在发表中美建交公报的同一天，中美双方还就台湾问题分别发表了声明。中方重申台湾是中国的一部分，解决台湾回归祖国的方式是中国的内政问题，美方则声明自 1979 年 1 月 1 日起结束与台湾的外交关系，共同防御条约也将照条约规定而终止，美国在 4 个月内撤出全部驻台军事人员，今后美国人民和台湾人民在没有外交关系的情况下将保持商务、文化和其他关系。

中、美正式建交后，中华人民共和国副总理邓小平应邀于 1979 年 1 月访问了美国，受到卡特总统和美国人民的热烈欢迎。中美关系出现了更为广阔的发展前景。同年 8 月，美国副总统沃尔特·蒙代尔访华时通知中国方面，卡特总统决定在各种双边问题上把中国和苏联明确区分开来，其中包括出口管制、获得进出口银行贷款的资格和最惠国待遇等。1980 年 1 月，美国国防部长哈罗德·布朗访华；同年 5 月，中国国防部长耿飚率代表团访问了美国，双方就战略问题和美国出售装备、技术的必要性、可能性以及限度等，交换了意见。自邓小平副总理访美后的两年时间里，中美两国政府之间签订了 35 个条约、协议和议定书，中、美关系在外交、经济、科技和文化学术领域取得了相当迅速的发展。

〔与台湾关系法〕　在中、美关系正常化取得重大进展的同时，不利于中美关系进一步发展的因素也在孕育之中。中美建交后，卡特出于国内党派政治的考虑，为了缓和保守派、特别是以戈德华特参议员等人为首的亲台派的不满，向美国国会提出了与台湾关系法草案。1979 年 3 月，国会两院先后通过了这一法案，并送卡特于 4 月 10 日签署生效。与台湾关系法严重违背中美建交协议和国际法的基本原则。首先，它以"保证台湾安全"的名义，干预中国人民统一祖国的方式问题，坚持继续向台湾地区提供所谓防御性武器、防御物资和防御服务，从而干涉了中国的内政。其次，它使美台之间互设的办事机构，几乎享有全部外交特权和豁免，实际上把台湾地区视为一个独立的政治实体。再次，它还规定中美正式建交不得影响在此之前台湾地区在美所拥有的各种财产。与台湾关系法的出笼表明，在美国国内还有那么一小部分人不肯抛弃过去的顽固立场，蓄意为中美关系的正常发展设置障碍。这种做法既不符合中国人民的利益，也不符合美国人民的利益。对此，历史将会作出公正的裁决。

第十三章　保守改革的高潮

70年代临近结束时，60年代末已在美国初现端倪、主要由新政式国家垄断资本主义导致的滞胀现象，在两次能源危机等原因的冲击下，达到非常严重程度。人民生活水平大大下降，怨声载道。同时由于国力下降，过去以霸主自居的美国，国际地位日益低落，不独不能阻止苏联扩张，甚至连古巴、越南、伊朗也驾驭不了，因此"在国外，有许多人认为美国的所作所为已失掉一个大国的形象，也失掉了运用力量和施加影响的手段"①。

在此内外交困的情况下，美国的社会思潮与政治气氛起了巨大变化：赞成根据凯恩斯主义以发展新政式国家垄断资本主义或福利国家的自由派日益削弱，反对它的保守派日益加强；在对外政策方面，自由派或鸽派力量日益削弱，保守派或鹰派力量日益加强。共和党人罗纳德·里根和乔治·布什就是凭借这种变化入主白宫。里根上台以后，就按照他60年代中期以来形成的非常保守的意识形态，制定和实施对内对外政策；虽然他在实施过程中态度较灵活，在细节上愿意作出让步，但他反对自由主义的保守立场是很坚定的。他的总目标是：恢复30年代以前的美国。"在国内，他想回到20年代，那时候企业不受联邦的节制，经济在市场机制的调节下运行。他希望通过减税和结束政府对经济的干预，使美国重新繁荣，既无通货膨胀，又无失业。在国外，他想恢复越战和伊朗危机前美国享有的领导地位。他相信[在越战和伊朗危机中美国遭受的]失败是咎由自取，因此希望

---

① 彼得·杜伊格南、阿尔文·拉布什卡编：《八十年代的美国》(中译本)，世界知识出版社1981年版，前言。

重建日益削弱的美国军事力量，并从苏联手中夺回在世界上的领导地位。"①

在里根 8 年任职期间，通过大规模减税和增加军费，削减社会福利开支，放松政府管制，以一次经济衰退为代价，初步冲破了滞胀危机，取得 6 年低通货膨胀率下经济增长，加强了国家经济军事实力，将冷战中苏攻美守的态势转变为美攻多于守、苏守多于攻的态势。但是，里根政府留下的高预算赤字、高国债、高贸易逆差、高利率以及贫富悬殊程度扩大等问题是非常严重的。1989 年上台的布什政府完全继承了里根的对内对外政策，它虽因冷战结束在外交上取得一些成绩，但他在内政上的无所作为，使里根政府留下的问题更加严重，日益失去人心。这样，美国延续了 12 年的保守主义高潮乃日益低落，甚至消失。

1. 1980 年的总统选举

如果我们回顾一下自从富兰克林·罗斯福实行新政以来半个世纪美国历史的发展过程，我们就可以看出：继承新政的民主党在美国两党制中一直处于优势，它执政 32 年，反对新政的共和党处于劣势，只执政 16 年。而且，除 1946 年至 1948 年、1952 年至 1954 年以外，国会一直控制在民主党手中。

再从共和党历次总统竞选情况和两个共和党政府执行的政策看，罗斯福新政影响也是很深的。艾森豪威尔之当选为总统，不少论者认为主要是由于他的人望（美国人心目中第二次世界大战的英雄），而不是由于他的政纲。而且在他执政期间，他并没有也不可能完全倒向共和党保守派，而是走的介乎自由派和保守派之间、或者说是罗斯福新政和罗斯福以前几任共和党总统的自由放任政策之间的中间道路，他称为现代共和党主义，以区别于胡佛及其以前诸共和党总统的旧共

---

① 罗伯特·迪万：《1945 年以来美国的政治与外交》，第 234 页。

和党主义(见本书第 4 章)。1960 年尼克松败于肯尼迪以后,共和党
中一批顽固派在 1964 年捧出扬言要废除新政以来所有社会改革措施
的极端保守派巴里·哥德华特竞选,结果大败于约翰逊。不独国会中
共和党议员人数大减,在州立法机关中,共和党议员也较 1962 年减
少 6.7%。"在大选那天,数以百万计的共和党人第一次投了民主党
候选人的票。"①

1968 年参加竞选的尼克松,由于以反共起家,在 1960 年大选中
败于民主党自由派的肯尼迪,1962 年竞选加利福尼亚州长又惨败于
民主党自由派州长帕特·布朗,几年来不得不努力改变自己的形象,
并以温和政纲竞选。但即使如此,他也只是险胜民主党自由派的休伯
特·汉弗莱,所得选民票只多汉弗莱的 0.7%,而且国会两院还控制
在民主党手中。同时,在他执政期间,也曾自称"是一个凯恩斯主义
者",用类似新政办法解决生产停滞问题。

1972 年大选,尼克松虽然取得压倒性胜利,"但是总统选举的结
果并不表示已出现了一个'新的共和党多数',因为民主党仍然牢牢
地控制着国会的两院……确实,由于许多有地位的委员会领导人已经
退休或者在预选中被击败,这届国会看来比以前的国会要稍许更富于
自由主义色彩"②。

由此可见,从 1932 年到 1980 年这半个世纪中,共和党保守派、
特别是极端保守派,在美国政治生活中是很难而且也没有得势的。

1980 年大选却与上述传统背道而驰,出乎人们意料,共和党极
端保守派代表里根以巨大优势击败民主党总统候选人吉米·卡特。下
面我们来分析一下这次大选情况和里根取得大胜的原因。

〔里根其人和这次大选情况〕 美国著名史学家阿瑟·林克等
说:"里根是个直言不讳的极端保守派,长期以来是共和党强有力

---

① 小阿瑟·施莱辛格主编:《美国共和党史》(中译本),上海人民出版社
1977 年版,第 424 页。

② 小阿瑟·施莱辛格:《美国共和党史》,第 442—443 页。

的右翼宠儿。"①1964年大选中，当戈德华特的极右派面目为广大群众所认识，处境十分艰难之时，正是里根挺身而出，在电视中发表了一篇戏剧性演讲，帮助他一度扭转了颓势。"里根的这一果敢行动，使他赢得了共和党保守派接班人的地位。"②"自此以后，他一直是反对罗斯福的右派北极星。"③

从里根的言行、特别是他的言论看，他对于这些头衔确实当之无愧。在国内各种主要社会经济问题上，他都站在极端保守派一边。他无限相信自由企业制度和企业家判断，认为只有尽量让资本主义自行其是才能解决当前经济困难，他反对新政以来政府对社会经济生活的各种干预，以及由此而引起的政府庞大开支和限制自由企业的规章制度。他主张大砍联邦社会福利计划，大量降低所得税额，支持企业加速折旧。他主张通过立法以支持州政府禁止工人加入工会。他歧视黑人，主张对纯白种儿童学校免税。他反对征兵制；反对控制私人枪支。他支持死刑，反对堕胎和规定男女同权的联邦宪法修正案。他还主张在学校里教授与达尔文进化论相对立的神学。

在对外关系上，他是个鹰派，认为美国应当领导世界，要求恢复战后时期美国的霸权地位。因此，他主张大力加强军事实力，对苏联持强硬态度；认为越南战争是"崇高的事业"；要求与台湾地区恢复政府间关系；反对将巴拿马运河交还巴拿马，主张封锁古巴，大力支持以色列。

就是这样一个极端保守派，却在1980年冲垮半个世纪的自由主义优势，在总统竞选中取得压倒性胜利。他得选民票4330万张，总统选举人票469张，囊括44个州；卡特只得选民票3500万张，总统

① 阿瑟·林克、威廉·卡顿：《一九〇〇年以来的美国史》（中译本），下册，中国社会科学出版社1983年版，第351页。

② ［日］教育社编著：《里根政权》，新华出版社（中译本），1981年版，第9页。

③ 威廉·E.洛克滕堡：《在富兰克林·罗斯福的阴影下》，第209页。

选举人票 49 张，在 6 个州和哥伦比亚特区取胜。共和党以 53 席对 47 席控制了参议院，众议院的共和党人虽仍占少数，但两党保守派加起来却占多数。

〔里根取胜的原因〕 关于 1980 年里根竞选总统胜利的原因，有各种各样说法。有的人注意里根人品，说他具有朴素美德，使那些从远处认为他是个极右狂热分子的人看到他那迷人风度和堂堂仪表时，顿时消除了怀疑，总觉得他显然没有恶意；或者说他是一名出色的表演者，最了不起的本事就是善于把一种想法或感情表达出来，能和听众"心心相印"。① 有的人从政党政治看问题，说里根选择乔治·布什作竞选伙伴，使共和党右派和温和派团结了起来；共和党竞选资力雄厚，组织工作严密。民主党的保守派与自由派闹分裂，竞选资力不足，组织工作涣散。而独立候选人约翰·安德森的存在，又拉走了卡特的不少选票。有的人从权势转移出发，说美国的权势正由东北部向西部、南部转移，西、南部权势集团是支持里根的。如此等等。

上述这些原因，都有或大或小的影响。但 1980 年里根竞选总统获胜的根本原因，要从美国国家垄断资本主义发展的规律中去寻找。如第四章第 1 节所论述，新政式国家垄断资本主义虽然减缓了战后美国经济危机，造成近 30 年的繁荣，但新政式国家垄断资本主义的发展，最后必然导致滞胀现象。② 这种发展趋势，在上面有关各章中已有所说明。

60 年代末已现端倪的滞胀现象，到 1974—1975 年，成为泛滥于整个资本主义世界的滞胀危机。这种危机和国家垄断资本主义以前的经济危机不同，更加难于对付。国家垄断资本主义以前的经济危机在

① 参阅赫德里克·史密斯等：《里根和里根总统》(中译本)，商务印书馆 1982 年版，第 149、23、25 页。

② 参阅刘绪贻：《美国垄断资本主义与马列主义》，《兰州学刊》1984 年第 3 期。

30 年代初发展到极端时，罗斯福用符合于凯恩斯主义的新政政策暂时抑制了它。这种滞胀危机如果再用新政式措施去解决，就会使通货膨胀更加严重，如果用紧缩性财政与金融政策去克服，又会使生产停滞，失业人数增长。真是"扶得东来西又倒"。如前所说，这种由新政式国家垄断资本主义导致的新型经济危机，尼克松、福特时期都没有找到解决办法。到卡特时期发展到特别严重的程度，使卡特政府陷入内外交困的窘境。

由于以上原因，美国自 60 年代后期以来，随着滞胀现象的发展，有些自由派人士也感到新政式国家垄断资本主义问题严重，岌岌可危。西奥多·洛维在其 1969 年出版的《自由主义的终结》一书的序中说：在 30 年代，"从旧自由主义国家灰烬中涌现出了另一种自由主义国家。但是 30 年以后的现在，这种新自由主义国家也在被人们认为过时了。我们不久也将出现我们的赫伯特·胡佛，让人耻笑。我们不久也将出现保守派，他们的精神有些空虚，只靠回忆新政、公平施政、伟大改革运动、新边疆和伟大社会过日子"①。70 年代中期，这种趋势"使得改革派和激进派同样居于守势"②。

与此同时，反对新政式国家垄断资本主义的保守思潮日益泛滥，保守势力日益强大。1972 年，就是这种保守思潮与势力，使在国内支持反正统文化运动、在国际上主张缓和的民主党总统候选人、自由主义者乔治·麦戈文，惨败于共和党保守派尼克松。到 70 年代中后期，这种保守趋势更迅速发展，逐步形成高潮，除代表东部大垄断财团利益的共和党内温和派日益转向保守并可称为温和保守派外，一方面，30 年代以来以共和党人为主的极端保守派势力大大发展。比如，与 1938 年在共和党参议员罗伯特·塔夫脱领导下自称右派的保守势力有继承关系的美国保守联盟，是 1964 年为戈德华特竞选总统组成

---

① 西奥多·洛维：《自由主义的终结》，诺顿公司 1969 年版，序。

② 弗雷德里克·西格尔：《多难的旅程：从珍珠港事件到罗纳德·里根》，希尔与王公司 1984 年版，第 265 页。

的，戈德华特惨败后一时受挫，但到70年代中后期，其成员发展到35万人，在全美各州都设有分支机构。① 另一方面，由于以下两种原因，新的保守势力迅速崛起。其一是，戈德华特竞选时曾经强调两大战略：一是南部战略，认为1954年以来民权运动的进展激起广大南部白人的反抗，这就有可能在以往一向投民主党票的南部造就大批右翼共和党人；一是依靠未暴露的共和党多数，因为1940年以来共和党失去13%的选票，乃是由于共和党提名的总统候选人都是温和派，没有提出鲜明而全面的保守政纲，不能吸引大量保守选民。前一战略是成功的，戈德华特赢得的6州中，有5州在南部。后一战略是失败的，因为戈德华特不顾政治策略地到处鼓吹经济保守主张，比如在极端贫困的阿巴拉契亚山区谴责向贫困宣战，在老人很多的佛罗里达州攻击对老年人的援助，等等，结果使大量在1960年投尼克松票的人，转而投了约翰逊的票。因此之故，有些反对新政式国家垄断资本主义的共和党人，吸收戈德华特失败的教训，只特别强调社会、文化生活上的保守主义，重点反对民权运动和反正统文化运动，同时也反对以全国性大垄断财团为后盾的东部权势集团，鼓吹平民主义与民族主义。其二是，主要由民主党培育起来的"福利国家"或新政式国家垄断资本主义的发展，却日益引起一种不利于民主党及其政府的后果。前面我们对50、60年代的这种发展趋势已有所提及(见第四章第2节和第九章第1节)，这里再作些补充。弗雷德里克·西格尔说："1945至1970年间，工厂工人实际工资增长50%，而这还不包括愈来愈有吸引力的小额优惠。……实际财富的增长，使美国社会结构更像一个菱形，而不像一个金字塔；中等阶级有了巨大的膨胀。"②

①　有的学者因为这个组织主要是共和党内极端保守派组织，多少继承了1938年以国会参议员罗伯特·塔夫脱为首的老右派的传统，所以把它称为老右派组织。迈克·戴维斯认为它虽继承了老右派一些传统，但它的社会经济背景及政策主张与老右派并不完全一致，所以称它为新右派。参阅所著《沉溺于"美国梦"的人们》，弗索，1986年版，第166~167页。

②　弗雷德里克·西格尔：《多难的旅程：从珍珠港事件到罗纳德·里根》，第107页。

这种情形，我国学人也有报道："在美国，大富翁是极少数人，生活在贫困线以下的也不是最多，大多数是算作所谓中产阶层，约占美国家庭总数的76%。"①这种中等阶级或中产阶层，特别是刚从蓝领工人爬上来的那一部分，非常关心维护他们刚刚混上的好日子，对于政府为了维持"福利国家"的高税收和"福利国家"引起的高物价，特别反感，从而对于把他们引入中等阶层的新政式国家垄断资本主义以及实施和扩大新政的民主党政府，日益离心离德。里根本人就是个很好的例子。30年代新政期间，他一家都受惠于新政，是坚决新政派，拥护罗斯福总统。一直到1950年，他都投民主党人的票；直到1962年，他才登记为共和党人。他这种转变的主要原因，是因为他富了。②

这种情形，著名历史学家小阿瑟·施莱辛格在1972年出版的《美国政党史》中有生动说明："20年来，民主党总是对选民说，假如他们想要像共和党人那样的生活，他们就得像民主党人那样投票。战时和战后的繁荣显然证明了那种要求是正当的。对民主党人来说，惟一的问题是一旦选民能像共和党人那样生活的话，他们也就能像共和党人那样投票，而且他们越来越频繁地这样干了。"③

新政式国家垄断资本主义在60年代的发展，的确相当改善了黑人处境，加上60年代后期以黑人青年为主体的遍于全国的城市骚乱，又把大量南部白人和白人中等阶级下层推向右转。到1974—1975年滞胀危机出现以后，美国中等阶级日益对经济不稳定、自己生活水平下降感到不满，更加迁怒于高税收、高物价、社会福利计划以及与之关系密切的"大政府""大规模赤字开支"等，甚至横起心来否定新政、

---

① 吴大琨：《美国的经济和社会——重访美国有感》，《世界知识》，1980，第13期。

② 参阅威廉·E.洛克滕堡：《在富兰克林·罗斯福的阴影下》，第7章，第4节。

③ 小阿瑟·施莱辛格主编：《美国共和党史》，第365页。

"公平施政"、"新边疆"、"伟大社会"的成就。①

由于以上原因，到 70 年代中、后期，美国社会上新保守势力特别活跃，其中最强大的是跨党派的新右派，亦称平民主义保守派。这一派的后台老板，是西南部阳光地带的新兴大资本家，它的社会基础是中等收入阶层中相信宗教和传统道德的中下层。属于它的主要组织有：1974 年成立、以啤酒制造商约瑟夫·库尔斯、保守派积极活动分子保罗·韦里奇和直接向广大群众投寄信件的高手理查德·维格里为首的争取自由国会生存委员会；有 1975 年成立、由约翰·多兰为首的全国保守派政治行动委员会和霍华德·菲利普斯为首的保守派核心会议。此外还有一大批在社会外交等问题上持右派观点的"目标单一"院外活动集团，如号称拥有 1000 万成员、反对堕胎的全国生命权利委员会、拥有 130 多万会员、主张取消最低工资法的全国工作权利委员会、反对妇女平等权利的右派妇女组织鹰论坛、煽动冷战的美国安全委员会、鼓吹"法律与秩序"的争取有效实施法律美国人组织，等等。新右派在国会拥有 10~15 名参议员，40~50 名众议员，70 年代末，被美国舆论界称为"仅次于民主、共和两党和劳工组织的第 4 支最大政治力量"②。

新右派特点之一是它的宗教色彩浓厚。70 年代后期，它和产生于本世纪初并在 60 年代末复兴的、宣传原教旨主义的新教福音派教会领袖们建立关系，帮助杰里·法尔韦尔牧师在 1979 年建立"道德多数派"，在全国 50 个州发展 400 多万名成员；帮助罗伯特·格兰特牧师在 1978 年建立"基督教之声"组织，发展了 20 多万名教徒；帮助詹姆斯·罗宾逊牧师等在 1979 年建立"宗教圆桌会议"。此外，还有

---

①　70 年代末，政治学家凯恩林·弗兰科维克指出："1978 年 1 月和 1980 年 11 月之间，说 60 年代诸计划使事态恶化的人，从 14% 增加到 20%；整整 62% 的被调查者认为，60 年代诸计划或者未起作用，或者使事态恶化，只有 30% 的各族人民，认为 60 年代诸计划使事态好转。"见弗雷德里克·西格尔，《多难的历程：从珍珠港事件到罗纳德·里根》，第 266 页。

②　理查德·维格里：《新右派：我们准备领导》，美国弗吉尼亚州福尔斯彻奇，维格里公司 1981 年版，第 63 页。

罗伯特·比林斯牧师建立的各宗教右派之间的协调性组织——"全国基督教行动联盟"。

这些宗教右派组织抛弃美国政教分离传统，认为教士必须参与政治，向邪恶势力宣战，把美国变为一个基督教国家。它们反对新政以来，特别是 60 年代的各种自由主义运动，对共产主义深恶痛绝，认为美、苏之间的斗争是"世界末日前善恶之间的决战"，要求进一步发展与南非、以色列和台湾等"可靠盟友"的关系。

除新右派外，70 年代，特别是 70 年代中、后期，在美国思想舆论界和政界还出现一个颇有影响的新保守派。其主要代表人物有《公共利益》季刊主编欧文·克里斯托尔、《评论》月刊主编诺曼·波德霍雷茨、乔治敦大学教授珍妮·柯克帕特里克、国会参议员丹尼尔·莫伊尼汉、社会学家西蒙·利普塞特等。它代表一部分中等收入阶层的上层知识分子的利益。其成员在 50 和 60 年代时多为自由派，甚至自称是社会主义者，他们多半是民主党人，许多是 1972 年成立的以参议员亨利·杰克逊为首的民主党多数联盟成员。

新保守派在经济政策上主张部分放弃新政式国家垄断资本主义，部分恢复自由放任主义，将二者加以调和，实行保守主义的福利政策；在对外关系上主张恢复遏制共产主义战略，对盟国保持自己行动自由，对第三世界则扶持亲美独裁政权；在社会问题上主张维护传统的家庭和价值观念。因此，新保守派的积极活动，在理论上为里根上台贡献了力量。

由于以上我们谈到的 70 年代中期以来美国社会思潮和政治形势急剧右转，"上帝、大量减税、平衡预算以及必要时牺牲社会计划以建立强大国防"等保守主张，就成为 1980 年"两党竞选演说的主题"①。

面对分裂的民主党及其风雨飘摇的政权，在共和党传统选民的支持下，又得到强大新兴保守势力的增援，这就是 1980 年大选极端保守派罗纳德·里根取胜的根本原因，也是 60 年代后期以来美国新政

---

① 以上两段引语俱见弗雷德里克·西格尔：《多难的历程：从珍珠港事件到罗纳德·里根〉，第 264 页。

式国家垄断资本主义深刻危机的标志。

2. 里根经济学与经济政策

如上所说，里根是在新政式国家垄断资本主义发展到"滞胀"阶段，美国国内经济问题极端严重，国际地位日益下降，原来支持新政式国家垄断资本主义的"新政"联合体、"伟大社会"联合体分化瓦解，① 反对新政式国家垄断资本主义的保守势力日益强大的背景下上台执政的。因此，他上台以后，当然首先要抓紧解决经济问题和增强美国的军事力量；而且他解决经济问题的政策，必然和美国半世纪来以新政式国家垄断资本主义为主的政策不同。

〔里根的经济复兴计划〕 1981 年 2 月 5 日，里根在椭圆形办公室的全国电视讲话中宣布："我们受到了一次相当大规模的经济灾难，按老办法办事已经不能解决问题了。"②诚如著名史学家约翰·加勒蒂所说："他希望改变美国当前的进程。他要求稳定物价，抑制通货膨胀；他将更依赖各州，尤其是个人的首创精神，而不主张联邦政府日益扩大规模、采取积极行动；他认为大多数经济决策应该根据市场规律作出，而不是根据官僚机构制定的规则。不过，他也要求增加军费，更积极有力地捍卫美国利益，以消灭他认为正在日益加大的美国与苏联实力及影响之间的差距。"③赫伯特·斯坦综合里根竞选演说的内容，分析里根上台后的施政纲领，主要将包括下述 6 个方面：大规模削减个人及公司所得税；大规模削减非国防开支；放慢货币增长速度，抑制通货膨胀；切实放松政府管制；大规模增加国防开支；几年之内平衡联邦预算。④ 1981 年 2 月 18 日，里根向国会两院联席会

---

① 参阅日本教育社编著：《里根政权》，第 81~82 页。

② 卢·坎农：《从演员到总统：罗纳德·里根》（中译本），中国社会科学出版社 1986 年版，第 433~404 页。

③ 约翰·加勒蒂：《美国简史》，第 4 版，哈珀与罗出版社 1985 年版，第 556 页。

④ 赫伯特·斯坦：《总统经济学》，西蒙与舒斯特 1984 年版，第 264~265 页。

议提出的"经济复兴计划"，就是根据这 6 个方面的内容制订的。除大规模增加国防开支是为了增强军事实力以外，其余 5 方面的内容，都是为了摆脱滞胀危机。

〔里根经济学〕 如前所说，导致滞胀的主要原因，是美国长期以来实行新政式国家垄断资本主义及其根据的经济理论——凯恩斯主义，所以寻求摆脱滞胀危机新办法的里根，近几年来相信了针对凯恩斯主义的供应学派和货币主义。供应学派是 70 年代初兴起的、以阿瑟·拉弗为首的经济学派，认为发展经济应着眼于刺激供应，供应会自动创造需求，用不着国家干预，其核心办法是减税。因为大规模减税使个人收入和企业利润增加，从而刺激储蓄和投资，扩大生产，结果反而会使政府税收增加，赤字下降甚至消灭，通货膨胀也将随之下降。货币主义兴起于五六十年代，其创始人是芝加哥大学教授米尔顿·弗里德曼。他特别强调货币供应量的变动是物价水平和经济活动变动的最根本原因，主张国家应尽量减少对经济的干预，只将货币供应量作为唯一政策工具，即由政府公开宣布每年货币增长率在长期内维持在一个固定不变水平上(例如 4%～5%)，这个固定不变货币增长率则应同预计的在较长时期内会出现的经济发展速度大体一致。① 里根"经济复兴计划"中摆脱滞胀危机的政策主张，其理论根据就是供应学派论点和货币主义。

里根这个一揽子"经济复兴计划"中的各项内容之间的关系，是很复杂的，有的相互促进，有的相互矛盾。比如大量减税，即使如供应学派所说，从长远看来将增长税收，有利于预算平衡，但在短期内却减少政府收入，不利于平衡预算。大量减少非国防开支固然有利于平衡预算，但也大大降低群众购买力，造成生产与消费矛盾，不利于经济增长，影响政府收入。放慢货币增长速度，可能抑制通货膨胀，但也可能造成经济紧缩，导致失业率上升。放松政府管制可能有利于发挥地方政府和企业的积极性，但也可能使实行"新政"前垄断资本主义的各种极端弊病重新出现，不利于经济的复兴。大量增加国防开

① 参阅第 15 章第 5 节。

支，虽可加强军事实力，在一定程度上刺激经济增长，但十分不利于平衡预算。

里根政府置这种复杂情况于不顾，认为只要实行它的计划，就可以像总统经济顾问委员会主席默里·韦登鲍姆所说：美国国民生产总值的增长率将由 1981 年的 1.1%，增长为 1982 年的 4.2%，以后直到 1986 年，均将超过 4%；失业率将由 1981 年的 7.8%，降为 1982 年的 7.2%，到 1985 年将降到 6%；通货膨胀率将由 1981 年的 12%，降为 1982 年的 8.3%，1983 年至 1986 年，将分别为 6.2%、5.5%、4.7%和 4.2%。而且，虽然大量增加军事开支，① 到 1984 年还可以实现预算平衡。所以经济学家赫伯特·斯坦称里根的这种经济政策为"快活经济学"，② 也有人称为"欢快的世俗神学"。③

〔1981 年秋至 1982 年 11 月经济危机〕 由于里根经济复兴计划本身具有不可克服的矛盾，一开始实行便遇到困难。比如里根计划中放慢货币增长速度亦即紧缩银根政策，是从卡特时期开始的。它导致的高利率在 1981 年头 4 个月使得美国的房屋建筑业死气沉沉，工商业倒闭事件总共约 5100 起，比 1980 年同期增加 46%。到 1981 年 8 月初里根复兴计划中的两个主要组成部分——大规模减税和削减非国防开支——虽然得到国会批准，但"主要由于联邦储备委员会的不断紧缩通货，1981 年秋开始出现严重衰退"④。而且由于今后 3 年减税总额达 2850 亿美元，同期联邦政府开支只削减 1400 亿美元，相差一倍，再加上国防开支还要以 7%的比例逐年增长，5 年内将达 15000 亿美元的最高纪录。据此，国会预算办公室估计，下一财政年度的赤字将不是里根估计的不超过 425 亿美元，而是 600 亿美元。在这种情况下，朝野上下对里根"经济复兴计划"的怀疑和不安情绪日益增长。

---

① 计划要求 1981 年度军事开支增加 13 亿美元，1982 年度增加 72 亿美元，1983 年度到 1986 年度增加 200 亿至 630 亿美元。在全部预算中，军费比例将由 1981 年的 24.1 %增加到 32.4%。

② 见所著：《总统经济学》，第 7 章。

③ 卢·坎农：《从演员到总统》，第 395 页。

④ 罗伯特·迪万：《1945 年以来美国的政治与外交》，第 236 页。

到 8 月 24 日，纽约证券交易所一片混乱，绝大多数股票价格继续下降，各种政府债券也由于人们争相抛售而全面猛跌。

从 1981 年 7 月开始的战后美国第八次经济危机，是战后以来时期最长、程度最严重的一次危机。虽然从 1981 年 10 月起经过两次减税，但并未达到刺激储蓄与投资的目的。1981 年美国私人储蓄额为 1350 亿美元，1982 年反而降为 1250 亿美元，私人企业厂房及设备投资实际数额，1982 年反比 1981 年下降 4.8%。其结果，美国国民生产总值 1981 年虽然增长 2.5%，但 1982 年反而下降 2.1%。据 1983 年 4 月 13 日《幸福》杂志记载，1982 年美国 500 家大公司利润下降 27.1%。是年初至 9 月底止，就有 17000 多家企业倒闭。失业率从 1981 年的 7.5%，上升到 1982 年的 9.6%，失业人数突破 1100 万。与此同时，由于减税及国防、失业补助等方面开支大量增长，1982 年赤字既不是里根预计的 425 亿美元，也不是国会预算办公室估计的 600 亿美元，而是 1100 亿美元。诚如美国报刊评论，里根经济学实施两年，美国经济已陷入战后最严重危机，出现了 50 年来最高企业破产数，40 年来最高失业率，有史以来最大预算赤字。

面临这种严重经济危机，里根总统在政府内外压力之下，从 1982 年下半年起，不得不自供应学派立场后退，同意增税以减少赤字。1982 年 6 月，国会通过美国历史上和平时期最大增税法案，规定在今后 3 年增收新税 983 亿美元。同年底，国会又通过对每加仑汽油增税 5 美分的法案，使政府每年可增加收入 50 亿美元。联邦储备委员会也从 1982 年年中起，改变紧缩货币政策，放松银根，多次降低贴现率，使 1982 年货币供应量大大超过原定 4%~8% 的增长目标，达到 11%。这就部分地放弃了货币主义理论，重新回到凯恩斯主义刺激需求的老路。

由此可见，从 1982 年下半年起，里根实际执行的经济政策，已冲破建立在供应学派和货币学派理论基础上的里根经济学的范畴，削弱了货币主义，渗进了凯恩斯主义。

〔里根经济政策的成就〕 里根经济学虽然造成 1981—1982 年严重经济危机，但使通货膨胀率由 1981 年的 10.4%，降为 1982 年的

3.9%，此后一直到 1988 年，始终徘徊在 3% ~ 4%。同期，利率从 16.5% 下降到 10.5%。这不能不说是一种有利于经济发展的成就。在此基础上，再加上 1982 年中期起里根执行的新经济政策，到 1982 年 12 月，美国经济开始回升。此后一直到 1988 年，美国企业开工率达到 84.2%，为 70 年代末以来的最高水平；有些产业部门的企业，其开工率甚至超过 90%。从 1983 年至 1988 年，美国国民生产总值年平均增长率为 4.2%。这次回升时间，高于战后前 8 个经济周期 45 个月的平均长度。失业率从 1982 年的 9.6% 降为 1988 年的 5.6%，是 70 年代初以来的最低水平。多数美国人觉得生活比里根上台时有所改善。由此可见，里根经济学的确初步冲破了滞胀危机，取得 6 年低通货膨胀率下的经济增长。

对于这种成就，里根在 1985 年的一次谈话中，完全归功于里根经济学，这是与事实不符的。里根经济学虽有一定的作用，但正如伊万·W·摩根所说："通货膨胀率的下降是 80 年代最重要的成就，然而值得记住的是，1983—1988 年年平均通货膨胀率 3.3% 只有和 70 年代的通货膨胀率相比较，才能给人以深刻的印象。这种通货膨胀率在紧接二次世界大战后的 20 年中，曾被认为是不能接受的。而且，这次通货膨胀率的下降，得力于联邦储备委员会的货币政策和坚挺美元的，远比里根经济学预计的效应为多。里根也运气好，用不着对付影响 70 年代经济一些关键部门的存货冲击。由于从 1982 年起国际上石油过剩，石油输出国组织的行为，不得不比以往较有节制。国际市场上低廉的食物与商品价格，同样有助于降低美国的通货膨胀率。"[1] 作为里根经济学核心的减税，并没有如其鼓吹的起到刺激经济增长、投资和储蓄的显著作用。劳动生产率的增长与 70 年代后期的低谷相比有所改进，但整个 80 年代的平均增长年率只有 1.4%。企业固定投资在 80 年代中期确有较大增长，但这一则是由于 1979 年和 1982 年间发生过两次严重经济衰退，企业设备更新长期不振，逐渐积累起大

---

[1]　伊万·W. 摩根：《自由主义共识以后：1965 年以来美国政治史》，圣马丁出版社 1994 年版，第 203~204 页。

量更新固定资本的需要；一则是 70 年代末以来美国已进入新的技术革命初期，出现了企业合并和创业浪潮，大企业扩大生产，小企业蓬勃兴起。至于就个人可自由支配的收入而言，净储蓄率却从 1979 年的 7.8%降为 1987 年的 2%。取消一些束缚经济发展的繁琐规定，这确是供应学派的主张。如里根所说，在他第一任期内撤销了 1/3 以上的联邦法规，废除了几百种清规戒律，为纳税人和企业界节省了 3 亿小时填报表的时间。这当然在一定程度上有利于经济发展，但由于它的负面效应严重，里根在第二任期内不得不大大减缓甚至停止这种放松政府管制的政策。

由上所述，足见把里根政府初步冲破滞胀危机的成绩完全归功于里根经济学是不对的。美国政治学者威廉·C·伯曼认为，里根实行的主要是一种军事凯恩斯主义政策。这种大规模减税和增加国防开支的政策所造成的高预算赤字，才是它初步冲破滞胀危机、取得 6 年低通货膨胀率下经济增长的主要原因。

〔里根经济政策的严重后果〕　由于取得较长时期低通货膨胀率下经济增长的成果，早在 1985 年 2 月，一向乐观的里根便在向国会的经济报告中说：一个充满希望和机会的新时期已经到来，令人苦恼的滞胀时期已经结束。这种看法还值得探讨。从理论上说，里根经济学并没有什么新内容，"都是从古典学派和新古典学派那里拾来的。萨伊定律、自由市场经济均衡论、货币数量说等自不待言，就是……作为理论核心的高税率阻碍经济增长的论点，也是 18 世纪亚当·斯密提出过的"[1]，过去就是由于这些论点失灵，才产生了凯恩斯主义，如今以凯恩斯主义为理论基础的国家垄断资本主义遇到困难，却想用这种旧经济理论把美国拖回到一般垄断资本主义去，是不容易的，甚至是不可能的。直至里根任期结束，美国经济在国内和国际上面临着许多严重问题，其中特别突出的，首先是赤字开支。平衡预算以消灭赤字，是 1981 年里根提出的经济复兴计划主要内容之一，然而由于

[1]　刘涤源、谭崇台主编：《当代西方经济学说》，武汉大学出版社 1983 年版，第 495~496 页。

大量减税和增加国防开支，平衡预算的期限一拖再拖，预算赤字反而不断增长。因而里根宣称：削减巨额赤字，保持经济增长，是他第二任期主要任务。1985 年 12 月 11 日，美国国会不得不通过格拉姆-拉德曼平衡预算法（亦称格拉姆-拉德曼-霍林斯法）。根据此法，1986 年财政年度的预算赤字为 1719 亿美元，1987、1988、1989 和 1990 财政年度预算赤字分别为 1440 年、1080 年、720 年和 360 亿美元；1991 年实现预算平衡。但是，即使把平衡预算以法律形式肯定下来，如果继续按照 1986 年通过的税制改革法实行大量减税，同时又大量增加国防开支，1991 年也决不能平衡预算。1986 财政年度预算执行情况，就是证明。按照格拉姆-拉德曼法规定，1986 财政年度预算赤字为 1719 亿美元，而实际赤字却为 2210 亿美元，超出 491 亿美元。其结果，在里根 8 年任期中，美国财政赤字累计达 16673 亿美元，为以前历届总统在 204 年中积累的财政赤字的 1.8 倍。

这种巨大而且日益增长的预算赤字导致的人们对美国经济稳定性的怀疑，在 1987 年 10 月股票市场的崩溃中，达到顶点。经过 6 周下跌后，到 10 月 19 日股票价格又下跌 22.6 个百分点，几乎为 1929 年 10 月 28 日下跌 12.8 个百分点的 2 倍。后来经过联邦储备委员会挽救，这次股票市场风波虽不久即结束，但它预示了造成 90 年代初又一次严重经济衰退的许多问题。

第二，由于里根经济政策导致高预算赤字，又由于里根力图控制通货膨胀而紧缩货币供应量，里根政府不得不大量借债来弥补财政赤字。他上台前的 1980 年，美国国债为 1.7 万亿美元，到他离任的 1988 财政年度，却上升到 2.6 万亿美元。而且，由于盘旋上升的预算赤字对利率、资本流动和货币汇率的影响，它直接导致日益增长的贸易赤字。1982 年美国还是世界最大债权国，到 1986 年已变为世界最大债务国。谢曜在 1989 年第 2 期《国际问题研究》文中指出：到 1988 年末，美外债已达 5760 亿美元，支付的利息约 400 亿美元。而且，问题的严重性还在于，涌入美国的外资并非用来提高美国生产率和经济竞争力，而是用来填补巨额财政赤字，用于扩军和农业补贴等。长此下去，对美国经济发展利少弊多。

第三，"美国储蓄率低使其巨大预算赤字不能完全由国内资源弥补，因此得靠国外投资者资金的帮助。尽管通货膨胀率低，在里根总统任期的大部分时间内，不得不维持相对高水平的利率以吸引外国债权人。其结果，80年代从国外、特别是从日本和西欧流入了大量的资金。外国人在美国的净投资，从1945年至1980年总共只有950亿美元，而在里根任期内，却共达6000亿美元以上。这种情况，使国际上对美元的需求增长，从而使美元价值自1979年后期至1985年初对11种主要货币上升约80%。这种坚挺的美元，使许多美国商品和服务因价格过高而在国内外市场上缺乏竞争力。这造成一系列贸易赤字记录。"①

里根就职时，美国贸易赤字为250亿美元左右，到1986年飚升为1700亿美元。因此，在里根的第二任期里，货币政策有所放松，美元有所贬值，1987—1988年贸易逆差有所下降。但这又引发大量外资的撤退和1987年10月的一次股票市场崩溃。里根政府对这个问题感到左右为难。如果不按照有关利益集团的要求采取一些贸易保护措施，美国的工农业将受到更大的打击，美国经济情况将进一步恶化；如果采取贸易保护措施，又可能引起一场贸易战，结果是参战各方俱受其害。

第四，里根经济学认为，让社会上一些处境较好的集团受益，是促进投资与生产以引发新工作岗位和使所有美国人享受繁荣的最有效方法。"水涨船都高"是里根很喜爱的一句格言。这句格言的意义，和卡尔文·柯立芝与赫伯特·胡佛两位总统的"向下渗透"论点是相似的。但是，这种策略在80年代并不比在20年代更有效。在里根执政年代，收入不平等趋势是空前的。80年代个人收入年平均增长率为1.7%（1948—1973年近3%），但实际收入分配很不平衡。1977—1988年，美国最上层1/10家庭的平均收入提高16%，其次一个1/10家庭的平均收入只提高1%，另外8个1/10家庭的平均收入则都有所

---

① 伊万·W.摩根：《自由主义共识以后：1965年以来美国政治史》，第201页。

下降。最下层的 1/10 家庭的平均收入下降最多，达 14.8%，倒数第二的 1/10 家庭下降 8%。从家庭收入分配来看，最上层的 1/5 家庭所得国民收入份额，从 1980 年的 41.6% 上升到 1988 年的 44%。

里根政府的税收结构更助长了这种情况。收入最高的 1/10 的纳税人，在 1977 年至 1988 年，平均税额下降 6.4%，而收入最低的 1/10 的纳税人，其平均税额则上升了 20%。与此同时，里根政府对社会计划开支的削减，则扭转了 20 年来贫穷长期下降的趋势。1987年，美国的穷人占美国总人口的 13.6%，10 年前只占 11.8%。更令人惊骇的是，还出现"超贫穷人口"，他们靠不到官方贫穷收入标准一半的资金维持生活。到 1989 年，每 20 个美国人中就有一个，即 1200 万人（其中 35% 为黑人，41% 为儿童）属于这一范畴。这表明自 1979 年以来此种人口增加了 45%。这些人到处流浪，从事犯罪、街头斗殴、吸毒等活动，成为美国社会的不安定因素，美国政府感到极难应付。

由上所述，我认为里根执行的是一种劫贫济富的经济政策。

第五，里根放松政府干预和管制的政策虽起过一些积极的作用，但产生了两种负效应。其一是某些美国学者所称的"第三种赤字"，即政府资本资助的服务日益短缺。伊万·摩根指出："由于里根内政开支、特别是那些影响相机拨给州和地方政府的计划项目与补助金的开支的缩减，严重削弱了美国经济的基础设施。到 1990 年，美国花费在道路、其他运输设施、水道和下水道系统的开支（按恒值美元计算），不到 60 年代开支的一半。据运输部估算，美国公路损坏情况在 1985 年造成运输工具 7.22 亿小时的迟延和废气导致的巨大牺牲；到 2005 年，如果不采取改进措施，损失将上升到 29 亿小时。为处理日益衰退的学校体系、荒废的内城和暴乱的充满毒品的贫民窟的问题，急需投资于新的建筑和设备以及社会计划。虽然这些社会问题的可悲是就其人文意义而言，但由于它们妨害个人发挥最大才能和充分展现其潜力，它们也扼杀经济生产力。"①其二是助长投机活动，妨害

---

① 见所著《自由主义共识以后》，第 205 页。

经济的健康发展。比如，1982 年里根签署了国会通过的加恩-圣杰曼法，允许经营住宅抵押的储蓄与贷款业从事商业贷款，并让它比以前较灵活地、少受管制地运用其资产，从而使一些狂热赌徒有机可乘，骗取该业巨额资金大肆进行投机活动。里根政府还无视华尔街和其他一些地方的那些激发当时兼并运动和空头企业家的丑行，这些丑行严重损害了按照更具生产性、少有投机性的方针较充分地运用资源的努力。里根政府这种纵容疯狂投机活动的行为，不仅使当时美国市场上出现一种恬不知耻的主张："贪婪是健康的"，并认为政府管制与反托拉斯起诉是坏事；而且还使许多美国公司债台高筑。"布鲁金斯学会明白指出：将发生另一次像 1981—1982 年那样深刻的经济衰退，使 1/10 的美国公司破产。"①

由上所述，足见里根政府放松政府干预与管制的政策，是应该对美国经济在国际市场上竞争力的低落负责的。

总之，里根执政 8 年来，虽以一次严重衰退为代价，取得 6 年低通货膨胀率下的经济增长，但也面临着许多严重问题。

〔1988 年大选与布什对里根经济政策的继承〕 1988 年大选中，里根政府副总统乔治·布什被提名为共和党总统候选人，他是个温和的保守派；马萨诸塞州州长迈克尔·杜卡基斯被提名为民主党总统候选人，他是个自由主义者。当时，虽然里根经济政策造成上述种种严重问题，但是这种结构性的问题在尚未造成经济危机或衰退时，一般美国人并不关心；有些有远见的人虽然郑重地提出了这些问题，但由于他们是里根经济政策的受益者，也只是适可而止，并未深究。反之，直到是年"9 月，选民们对自己现时处境很满意，觉得有理由认为远胜于里根年代开始之时。经济增长年均 4.5%，失业率 5.6%，通货膨胀率不超过 4%，千百万新工作岗位被创造出来，美国历史上持续最长的和平时期繁荣还未见尽头"②。大多数美国人对里根的热

---

① 威廉·C. 伯曼：《美国向右转：从尼克松到克林顿》，美国约翰斯·霍普金斯大学出版社 1998 年版，第 128 页。

② 威廉·C. 伯曼：《美国向右转》，第 141 页。

情仍然如故，在民意测验中的支持率为60%。因此，一向紧跟里根的布什在这次竞选中将自己打扮成一个"守成者"，而不是一个"革新者"。他说：我们不需要激进的新方向，我们只需要坚强而稳定的领导；我们不需要重构社会，我们只需要记住我们是什么人。布什这种完全继承里根政策的表态，对他拉选票是大有好处的。但是，也有不少选民对里根执政晚期无所作为的状况很不满意，而杜卡基斯作为马萨诸塞州州长的良好政绩，又使他在全国处境较差的选民中颇孚众望。7月间民主党全国代表大会后，杜卡基斯曾在民意测验中领先于布什17个百分点。针对这种情况，布什和他以李·阿特沃特为首的主要顾问们确定，大张旗鼓地在杜卡基斯的政治和价值观方面做文章，以削弱其优势。经过调研，他们发现选民们对威利·霍顿案和杜卡基斯关于忠诚誓言的立场感到愤怒。霍顿是个犯暗杀罪的黑人重罪犯，根据马萨诸塞州刑事法被授予周末假释权。在他第10次假释期内，他强奸了一个白人妇女并伤害其未婚夫。尽管使霍顿获假释的立法是在一位前共和党州长执政期通过的，但杜卡基斯却反对任何变更此法的努力，而且他对霍顿的两位受害人无一言致歉或表悔意，这就使布什正好责备他是个冰冷的人，却对罪犯心软。关于"忠诚誓言"的问题也使杜卡基斯易受攻击，因为他否决过一个要求教师领导学生作"忠诚誓言"的州法案。虽然他的否决是符合宪法的，但这件事使许多人认为他的行为绝对是不爱国的。这两件事合在一起，就使得布什竞选班子有可能通过媒体将杜卡基斯描绘成一个不关心极其重要美国价值观、只想到少数民族权利的自由主义者。果然，通过共和党媒体揭发这两个问题的闪击战，布什很快转败为胜，在民意测验中领先于杜卡基斯，再加上来自经济战线上的好消息，布什在11月的大选中战胜了杜卡基斯。他获得选民票的54%和选举团538张选票的426张，但是，他没有8年前里根获得的那种授权，而且国会两院都控制在民主党人手中。

　　作为总统，布什与里根不同的是，他工作勤勉，作风较朴实。但是他的经济及其他内政政策，对里根是一步一趋，以致有人称他的政府是里根的第三届政府。这样，如伊万·摩根所说，由于里根经济学只醉心于用低税、高国防开支、高债务以取得暂时繁荣，完全忽视了在竞争性日益加强的国际经济中美国应该采取的对策，对国内处境较差的人群又无动于衷，到布什上台后，就不得不面对80年代付出的代价。"尽管外交政策取得一些胜利，但由于日益恶化的财政问题、日益增强的关于种族与性别问题的争论、和里根经济繁荣的终结，布什年代是黯然失色的。"①

如伊万·摩根所说，布什就职时，他是知道里根经济学对美国经济造成的结构性损害的。他知道，为使美国经济在世界上有较强的竞争力，美国必须加强基础设施：急需使运输系统现代化，急需有较好的教育制度和训练较好的劳动力，急需使内城恢复生气并减少贫穷。但这些都需要钱，而庞大的预算赤字却阻碍他筹到资金举办新的计划项目。所以他在宣誓就职时说：我的"愿望比钱"多。他也知道削减预算赤字最有效办法是增税，但是他很明白，增税必然会受到扶持里根和他上台的保守联盟的坚决反对；而且在上年竞选期间，当他在民意测验中落后于杜卡基斯时，他曾允诺不增税。因此他不得不反对增税，而民主党控制的国会则反对削减社会计划开支。这样，布什在制订预算时要减少赤字，便不得不作假。1989年2月他提出的预算中，其赤字削减的程度，是符合修订后的格拉姆-拉德曼平衡预算法的规定的，而且还表明到1993年将按该法规定消灭预算赤字。但研究美国总统经济学的著名经济学家赫伯特·斯坦指出：当时几乎人人都知道这个预算是通过虚构和造假制订出来的，② 所以决不会兑现。后来在他执政期间，历年实际赤字都超过预算规定的数字，从1989财政年度的1520亿美元，上升为1992年创纪录的3180亿美元，而不是格拉姆-拉德曼法要求的640亿美元。更糟的是，预计1993年将超过

---

① 见所著《自由主义共识以后》，第240页。

② 见所著《美国总统经济史》（中译本），吉林人民出版社1997年版，第371页。

3250 亿美元，而决不是消灭预算赤字。除这一难题外，布什继承的里根经济政策，还使美国国债在 1989 年将超过国会规定的最高限额。这两个问题不解决，将使美国政府面临被迫关门的危险。与此同时，由于国际形势的变化，冷战紧张局势有所缓解，1989—1990 年，美国许多自由主义者，甚至某些保守派，在自由主义经济学家罗伯特·库特纳里根政府贸易谈判代表克莱德·普雷斯托维茨领导下，要求重新探索美国的经济状况，多数美国公民也希望利用冷战将结束的和平环境来处理国内各种急需解决的问题。美国企业圆桌会议很好地表达了这种对现存经济与社会事务状况的忧虑。它在 1990 年 4 月发表一份声明指出：80 年代美国积累了几万亿美元的债务，从最大债权国变成最大债务国；美国的预算赤字吞没了净私人储蓄的一半以上；美国日益依靠外资，无可挽回地出让对国内国际政策的影响；而且我们已经走上了一条不付出高昂的经济、社会、人文代价就不可以持续下去的道路。

在此情况下，布什不得不与国会达成协议，于 1990 年 6 月 26 日发表声明，同意增税。但是，白宫和民主党控制的国会都站在自己社会基础的利益的立场提出增税的内容和标准，致使 1990 年预算调和法增税的规模，不足以适应削减预算赤字需要的程度。如前所说，预算赤字还是年年增加，美国的债务总额（包括政府、公司和个人的债务）也从 80 年代开始的 4 万亿美元跃升为 80 年代末的 11 万亿美元。而且，当白宫和国会继续玩弄象征性的削减赤字游戏时，由于消费者需求下降，市场饱和，一场经济缓慢下降的过程开始了。本来，布什执政的第一年即 1989 年的经济增长率，已较上年为低，只有 2.5%，1990 年更降为 1%，1991 年不但未增长，反而下降 0.7%。直到 1992 年大选，美国经济仍很困难。后来，美国政府和经济学界都承认，从 1990 年年中起，美国又陷入一次更加严重的经济衰退。这次衰退根植于美国经济的结构性缺陷，里根经济学起了推波助澜的作用。它不同于两次世界大战后那些典型的经济衰退。从 1957—1958 年到 1981—1982 年的每一次衰退，都是由于抑制通货膨胀的压力而实行紧缩的货币政策引起的。可是在布什年代的这次衰退中，货币政策是宽松的，通货膨胀率是很低的。失业大军日益增长的根本原因，是由于里根经济政策导致的美国经济在国际上竞争力落后，使得许多美国公司处境困难，不得不在 80 年代晚期开始裁员增效，以加强竞争力。作为 20 世纪美国资本主义成功标志的一些企业，比如泛美航空公司、国际商用机器公司、通用汽车公司等，也受到影响。"根据一份悲观的分析材料，到 1992 年末，为保持在全球的竞争力，完成了必要裁员计划的美国公司，还不到 25%。"①

造成这次衰退的另一些原因，也与里根经济政策有关。由于里根放松政府干预和管制，80 年代房地产业过分发展，城市里充满了闲置的办公大楼。1991 年洛杉矶市办公楼闲置率就达 24%，这就造成建筑业衰落。储蓄与借贷业的崩溃，也与此有关。冷战结束，里根坚持的庞大军事开支不能不削减。有一份调查材料估计，到 1996 年，美国全国的国防工业工作岗位将减少 90 万个。最后，这次衰退引发了一种恶性循环，它与许多美国人在里根年代积累起的债务负担有关。由于认识到在 90 年代初的经济环境中还债困难，公司于是裁员，消费者减少购买，这些又助长了衰退的趋势。

布什是靠里根经济学的余荫登上总统宝座的。但是，1991 年曾因海湾战争在民意测验中获得 90% 支持率的布什总统，却由于紧跟里根的经济政策(虽然有些小小的背离)，不得不在 1992 年的大选中让出了总统宝座。历史也是会开玩笑的。

3. 战后美国外交政策的第三、四次战略调整 与世界新秩序

由于 70 年代苏联乘美国战略收缩之机大举扩张，形成苏攻美守的态势，如前章所说，70 年代中后期，美国出现一股很强的民族主

---

① 伊万·W. 摩根：《自由主义共识以后：1965 年以来美国政治史》，第 251 页。

义思潮，猛烈攻击尼克松政府以来的缓和政策，主张对苏强硬。福特政府时期，曾下令中央情报局召集民间人士组成 B 小组，目的是为继续执行缓和政策辩护。但 1976 年由哈佛大学教授理查德·派普斯为首提出的著名《B 小组研究报告》，却得出与缓和政策针锋相对的结论，认为苏联始终在谋求对美军事优势，并利用其现有军事实力谋取各种政治上好处，还一直在为一旦与美国发生包括核战争在内的战争积极进行准备。这一研究报告曾引起美国统治集团的巨大轰动，加剧了美国对外政策的辩论。《评论》《公共利益》《华尔街日报》《保守文摘》等保守报刊纷纷发表文章，攻击执行缓和政策是"自我芬兰化"；主张对苏联谋求军事优势，重新采取遏制政策，以确保美国不再受人摆布。

这一时期，美国出现许多对苏强硬派的组织，其中影响较大的，除前章提到的当前危险委员会外，还有 1978 年 8 月成立的以实力求和平联盟。该联盟由国会参议员罗伯特·多尔、前财长威廉·西蒙等人发起，有 150 个国会议员、大批前军政高级官员及 44 个团体成员参加。它公开声明：坚决拒绝危害美国安全的武器控制协议，要求大量增加军费，以取得对苏"全面军事技术优势"。

到 70 年代末，缓和政策的奠基人和执行者尼克松与基辛格也开始转变态度。尼克松在 1980 年出版的《真正的战争》一书中说："为了应付对于我们自己的生存、对于自由与和平的生存的挑战，我们必须大大增加我们的军事力量，支持我们的经济力量，恢复我们的意志力量，加强我们的总统的权力，制定一种不仅旨在避免失败，而且旨在取得胜利的战略。"①基辛格 1978 年 12 月 3 日在西柏林记者招待会上说：面对苏联的进攻态势，"80 年代西方必须采取强有力的对外政策"②。

在这种美国报刊称为新民族主义浪潮的影响下，1979 年 12 月 25

---

① 理查德·尼克松：《真正的战争》(中译本)，新华出版社 1980 年版，第 19 页。

② 见美国《新闻周刊》，1978 年 12 月 11 日。

日，苏联军队又侵入阿富汗。于是，卡特放下了虚多实少的人权外交，在 1980 年 1 月 23 日致国会的国情咨文中提出了后来被称为卡特主义的新波斯湾战略，并对国防与外交政策作了一系列调整，特别是加速了用于中东、波斯湾战略地区的快速部署部队的组建步伐。我国有的评论家据此指出：卡特的"对苏政策的指导思想已经从过去强调谋求'缓和''裁军''合作'转变到强调竞争、争夺和对抗"，"是带有全面性、战略性的变化"。① 实际上，这是战后美国对外政策的第三次战略调整。但是，卡特主义的出笼，只能说是这次战略调整的开始。真正实现战后美国对外政策第三次战略调整的，乃是一向以鹰派著称的里根及其政府。

〔里根对外政策的基调〕 如前所说，里根本人是个极端保守派，他的立足点也在极端保守派阵营，并得到新保守势力如新右派、新保守派的积极拥护，但他在竞选过程中汲取过去尼克松、戈德华特竞选失败的教训，积极向东部大垄断财团和共和党温和保守派靠拢；而随着里根竞选势头的发展，东部大垄断财团也开始积极对里根施加影响。到大选前夕，共和党温和保守派头面人物戴维·洛克菲勒、福特、基辛格等人一齐出动，吹捧并讽刺里根为"我们寄予希望的人"，将会负责任和有成效地采取行动以实现美国的梦想。选举前民意测验表明，大企业领导人支持里根的占 87%。

由于温和保守派的支持对里根竞选的胜利起了重要作用，后来里根政府的组成，就由温和保守派和极端保守派分享主要职务，新保守势力只占据一些次要地位。掌握外交事务的国务卿一职，一直由温和保守派的亚历山大·黑格和乔治·舒尔茨担任。因此，里根在竞选时的言论虽然具有浓厚的鹰派色彩，后来实际执行的外交政策，却通过温和保守派与极端保守派、新右派、新保守派的斗争，日益倾向于温和保守派的主张，特别到里根第二任期，愈来愈注重谈判。用尼克松的话说，里根是个负责的右派，而不是疯狂的右派。大体上说，里根

---

① 两段引文俱见肖西：《一年来的美国对苏关系》，《人民日报》1980 年 12 月 23 日。

政府外交政策包括 4 个方面：一是决心重振美国的经济和军事力量；二是加强美国与西欧、日本的传统联盟；三是促进同发展中国家关系；四是在节制的基础上对苏强硬，遏制苏联的扩张以夺取世界霸权。这是一种介乎杜鲁门的冷战政策与尼克松的缓和政策之间的外交政策，也可称为以冷战为主缓和为辅的政策。

〔对苏关系〕里根不承认尼克松主义中包含的多极化世界的思想，认为真正能左右世界局势的仍然是美苏两个超级大国。而且，里根强调反对共产主义，认为苏联是"罪恶帝国"，是世界上"发生一切动乱的根源"。因此，里根政府对外政策的 4 个方面，其中心目标乃是遏制苏联的扩张。

从增强经济实力来说，由于里根政府取得较长时期低通货膨胀下的经济增长，而苏联经济增长速度在进入 80 年代后下降趋势日益加剧，就使得苏联丧失了长期以来保持的经济增长速度优势。前面提到，1965 年至 1980 年，苏联的国民生产总值从占美国的 1/3 上升到 2/3。进入 80 年代后，"美国与苏联的经济实力对比大致继续保持在 3 比 2 的水平上"①。"1983 年和 1984 年，苏联经济增长速度战后第一次落后于美国。"②

在增强军事实力方面，1981 年 3 月美国国防部长卡斯珀·温伯格向国会提出了为期 5 年的、和平时期空前规模的重整军备计划。他在讲话中说，过去 10 年苏联的军事投资超过美国 3550 亿美元，美国被迫要同苏联进行显然是长期的军事竞赛。这场竞赛从何入手，里根政府认为，美国过去太注重核威慑力量，忽视了常规武器，因而削弱了实战能力。实际上，发生"同归于尽"的核战争的可能性很小，而 70 年代美国无力遏制苏联向外扩张，乃由于苏联常规力量较强，美国实战能力过低；而且 80 年代的现实威胁，主要在于波斯湾、中东、

---

① 黄素庵、李长久：《美国经济力量的恢复与对外政策》，《国际问题研究》1985 年第 3 期，第 2 页。

② 郭传玲：《苏联社会经济发展的新战略》，《国际问题研究》1987 年第 1 期，第 22 页。

加勒比等地区的常规战争威胁。因此，这次重整军备的五年计划，十分重视发展常规力量，而且特别强调发展海军，因为苏联海军的发展势头已给美国造成巨大威胁，必须"恢复美国海军无可争辩的海上优势，并采取进攻性战略"。①

美国重建海军的计划，大体是：把海军舰只从目前的 456 艘扩大到 600 艘，将巨型航空母舰为主的特混舰队由目前 12 个编队扩大为 15 个；将和平时期两洋海军扩大为三洋海军，即除大西洋、太平洋外加一个印度洋。

里根政府这项重整军备、强调发展海军的计划，很快获得国会通过。经过 5 年多的努力，到 1986 年年中，"600 艘舰船和 15 艘航空母舰的建设计划，现在已经进展到相当程度，几乎是无法更动的了"②。

除谋求常规力量特别是海军的优势外，里根政府当然还要谋求对苏核优势。里根就任总统后，公开宣称 1979 年 6 月 18 日卡特与勃列日涅夫签署的第二阶段限制进攻性战略武器条约的"缺陷是致命的"，反对批准，并于 1981 年 10 月 2 日，公布改进美国战略武器系统的计划，以期取得对苏核优势。

同年 11 月 30 日，在西欧敦促下，美苏于日内瓦举行谈判。这次谈判断断续续进行了两年，双方争论的焦点有二。一是美方要求苏联撤除针对西欧的约 600 枚中程导弹，作为美国不在西欧部署新式中程核武器的条件，即所谓"零点方案"，如果到 1983 年底以前达不成协议，美方就将根据北约组织的"双重决定"，③ 在西欧部署美国制造的 108 枚潘兴Ⅱ式导弹和 464 枚巡航导弹。苏联则认为美国有能从潜

---

① 王飞：《美国重整军备的计划》，《人民日报》1981 年 3 月 17 日。

② 詹姆斯·米查姆：《美国海军正处于顶峰时期》，《经济学家》周刊，1986 年 4 月 19 日。

③ 1979 年 12 月 12 日北约外交部长和国防部长特别联席会议所作决定。其要点为：美国尽早与苏联就限制中程核武器问题进行谈判，如果双方不能在 1983 年底以前达成协议，北约就开始在西欧部署美国制造陆基中程导弹——108 枚潘兴Ⅱ式导弹和 464 枚巡航导弹。这项既要进行军备控制又要使战区核力量现代化的平行而互为补充的决定，通常称为北约"双重决定"。

艇上发射的导弹及能携带导弹的飞机，如再在西欧部署新导弹，就会破坏美、苏在欧洲核力量的平衡，因此不同意。另一争论焦点是：苏方认为，英、法导弹能打到苏联本土，属于北约核力量，应列入会谈范围之内；美国和西欧则认为，英、法核导弹是独自核力量，不能计算在美国导弹之内，列入美、苏会谈之中。

由于双方各执己见，谈判于1983年11月23日中止。同时，美国开始在西欧部署中程导弹，苏联以牙还牙，双方又发动新的一轮军备竞赛。

除谋求在欧洲的核力量优势外，随着科学技术的发展，里根政府还加强了与苏联争夺太空军事优势的角逐，使双方在外层空间的争夺，从以发展军用卫星为主转向以太空武器如反卫星武器、航天飞机、永久性航天站、反弹道导弹武器系统为主的新阶段——争夺宇宙控制权的阶段。60年代后期，苏联在反卫星武器方面起步较早。70年代初，美国开始试制航天飞机，领先于苏联。人们预计，美、苏双方的永久性航天站，将在90年代进入太空。从60年代起，美、苏双方就着手发展反弹道导弹系统：1972年虽订有限制反弹道导弹条约，但并未起限制作用。80年代以来，美国利用其经济、技术优势全力发展这种武器。1983年3月，里根提出一项称为"星球大战"的战略防御计划，预计在本世纪末以前，在太空和地面建立以定向能武器为主，辅以攻击卫星和截击导弹的多层防御网，拦截并摧毁来袭的导弹。随着这一计划的发展，苏联于1983年、1984年先后建议与美国就太空武器的问题进行谈判，直到1984年11月22日，双方才宣布两国外长定于1985年1月7至8日在日内瓦举行会谈。那次会谈的联合协议确定：双方防止在太空展开武器竞赛，结束在地球上的武器竞赛。但1985年11月和1986年10月美苏首脑分别在日内瓦和冰岛举行的会谈，由于美国不同意放弃星球大战计划，未能达成协议。1987年以来，美苏都表示有可能就美国的零点方案达成单独协议，取消双方部署在欧洲的中程导弹，但这牵涉西欧安全问题，也不是没有困难的。

扭转美苏在地区争夺中对美国的不利形势，是里根政府对苏政策的另一主要课题。如前所说，60 年代后期以来，苏联利用美国战略收缩和战后世界上第三次民族独立高潮，实现了大范围扩张。到 70 年代末，除东欧、古巴外，它又控制了安哥拉、莫桑比克、埃塞俄比亚、叙利亚、利比亚、南也门、尼加拉瓜、越南等国，1979 年末侵入阿富汗达到顶点。里根在竞选时就声称要扭转这一趋势，上台后不久就批给中央情报局 1950 万美元去组织尼加拉瓜的第一支反政府军，同时增加对阿富汗抵抗力量的援助。后来，这种支持和援助亲苏国家中的反抗力量致力于推翻亲苏政权，把苏联势力逐渐推回到苏联本土去的地区争夺政策逐渐形成，被人称为"里根主义"。1983 年，里根政府对利比亚进行神经战，在黎巴嫩增兵并轰炸叙利亚在黎巴嫩阵地，甚至出兵干涉格林纳达，从而把 70 年代苏攻美守的局面转变为美苏互有攻守的局面。

1985 年 2 月，里根在其国情咨文中吹嘘："美国的使命之一是在所有地方保卫自由和民主，广泛支持'自由战士'对抗苏联支持的侵略。"这可以说是里根主义的正式宣言。是年夏天，美国国会接连通过向尼加拉瓜反政府军、柬埔寨的非共抵抗力量、阿富汗抵抗力量提供援助法案，取消了国会原来禁止向安哥拉反政府军提供援助的禁令。1986 年，里根又宣布："一系列政府落入共产党控制下的局面，行将到此为止。"[1]这一年，里根主义主要表现为在"热点"地区如安哥拉、利比亚、阿富汗、尼加拉瓜等国进行"低烈度战争"，[2] 避免像在越南那样大规模的直接军事卷入，形成一种美攻多于守、苏守多于攻的局面。

〔对西欧、日本的关系〕 西欧国家和日本是美国的传统盟国。这些国家作为资本主义国家，在反共和对抗苏联方面，和美国的立场

[1] 里根：《自由、地区安全与全球和平》，《纽约时报》1986 年 3 月 15 日。
[2] 指同核战争和大规模常规战争相比激烈程度和战斗水平低的战争，包括内战、游击战、特种战争、局部战争、恐怖战争、种族及宗教战争以及称为非常规战争的战争。参阅村上吉男：《重视"低烈度战争"的新战略》，〔日〕《中央公论》1986 年第 3 期。

是一致的。这是它们成为传统盟国的基础。但是，西欧国家、日本和美国之间，也有许多难以消除的矛盾，主要表现在国际金融、国际贸易、防务费用负担、对苏联及其他国家的关系等方面。这就使美国和西欧、日本之间不免时时产生摩擦。特别是60年代中期以来，西欧、日本虽然在军事上仍然依赖于美国的保护，但经济力量日益上升，有些方面的竞争力还超过了美国，因此对美国战后早期的那种发号施令、颐指气使的态度日益不满，要求与美国分庭抗礼，彼此之间发生矛盾的次数就更加频繁。1982年2月英国《泰晤士报》开辟一个专栏讨论美国与西欧的关系（其实也基本用于美日关系）问题，把总题目叫做"麻烦的盟国"，就是这个缘故。

里根总统有鉴于此，上任之初，为了加强对苏联的遏制，很重视改善与传统盟国特别是西欧的关系。他强调谋求对苏军事力量对比的优势，恢复盟国对美国处理东西方关系问题的能力的信心；他重申对西欧提供核保护伞的义务；他还一再强调与西欧、日本根本利益的一致性。他的这些措施和姿态也取得一些成果。但是，由于上述矛盾的存在，里根执政8年以来，美国与西欧、日本之间仍然是在保持盟国关系的前提下不断发生摩擦。

里根上台以来，美国继续实行高利率政策，美元汇价持续上升。这种情形，虽然有利于西欧、日本的商品向美国出口，但除破坏国际金融市场稳定外，还促使西欧、日本大量资金流入美国，迫使西欧、日本也提高利率，直接影响它们国内固定资本投资，使它们、特别是西欧经济难于摆脱停滞的局面，失业人数增多。同时，由于石油计价标准是美元，美元大量升值，势必使依靠大量进口石油的日本和西欧的国际收支，受到严重影响。因此，在里根第一任期内，西欧、日本不断就这个问题和美国争吵，而且成为历次七国首脑会议斗争焦点之一。由于高利率也阻碍美国经济增长，从1984年10月起，美国稍为降低利率。1985年2月美元汇价达到高峰后，美国和西欧、日本一道进行了干预，但效果不明显。9月22日，美、英、西德、法、日本5国财政部长在纽约举行紧急会议，同意共同采取行动使美元贬值。此后美国利率逐渐下跌，到1986年2月，美国政府长期债券利息降到 8 年来最低水平，美国对日元比价与 1985 年同期相比下降 30%，对西德马克比价也下降约 1/3。但即使如此，美国外贸逆差仍然上涨。因此，美国强烈要求在国际市场竞争力强的日本、西德降低利率，刺激国内市场需求，扩大进口，但被拒绝。1987 年初，国际金融市场风波迭起，美元再次暴跌。1 月，美元汇价已连续 23 个月下跌，美元同日元及西德马克比价，在 1 月 19 日分别跌到近 40 年来和 1980 年 10 月以来最低点。然而据美国商务部公布，1986 年美国外贸逆差仍较 1985 年上涨 200 余亿美元，达 1698 亿美元。这就说明，美国仅仅降低利率，调整汇价，仍不能解决与传统盟国贸易不平衡问题。

里根上台以来，美国与日本贸易摩擦不断，且日益加剧，突出表现为汽车、家用电器、尖端电子产品之争。美日贸易摩擦是从 60 年代后期开始的。70 年代美日矛盾集中在纺织品、彩色电视机和钢铁贸易方面。70 年代末开始，日本汽车大量进入美国。在美国强烈要求下，日本将 1981—1983 年对美出口汽车数"自动限制"在每年 168 万辆。1984 年，日本勉强同意 185 万辆限额。1985 年 3 月，由于美国汽车工业有所好转，美国不再要求日本"自动限制"对美汽车出口，但日本仍坚持"自动限制"在每年 230 万辆，而实际销售量 1986 年又有所上升。除在汽车、钢铁、高技术产品等方面咄咄逼人攻势外，到 80 年代中，美国的收音机、电视机、收录机、录像机、摩托车、照相机等市场，几乎为日本产品所独占。1986 年，美国对日贸易逆差为 586 亿美元，比上年增加 17.9%。有的人把这种情况说成是"80 年代的珍珠港事件"。

70 年代末 80 年代初，美国与西欧的贸易摩擦日益加剧，突出表现为钢铁与农产品之争。1980 年，美国对进口钢材实行限制，欧洲经济共同体各国对此极为不满。1981 年美国放松限制，西欧向美国出口钢铁由 1980 年的 380 万吨增为 650 万吨，特种钢还翻了一番。双方通过反复较量，1982 年第 4 季度虽然达成协议，共同体将向美出口钢铁量定为占美国市场的 5.75%，但 1983 年共同体钢管却占美国市场销售量的 8%，1984 年占 14.6%。1984 年 12 月 28 日，双方再次达成协议，共同体同意 1985 年对美钢管出口限制在占美国市场销售量的 7.6%。在农产品问题上，由于 80 年代以来，美国和西欧农业连年丰收，双方在国际市场上互挖墙脚，不断争吵，矛盾集中在出口补贴上。此外，双方在军用飞机市场等问题上，也不断展开激烈竞争。1986 年，美国对西欧贸易逆差为 327 亿美元，较上一年增加 45.3%。

由于以上情况，美国贸易保护主义日益抬头，到 1986 年末 1987 年初，其势更为凶猛，美国企业和各团体提交给国会的贸易法案近500 项之多。但是，由于里根一向信仰自由贸易，由于在对抗苏联方面彼此利益一致，美国和日本、西欧的严重贸易摩擦并未形成全面贸易战。

在对外政策上，里根政府与西欧、日本的关系有所不同。在对苏关系上，美国与西欧矛盾较明显。美国侧重实力和对抗，要求西欧盟国增加军费，西欧则认为加强防务固然重要，但在反对苏联军事威胁的同时，谋求同苏联增进谅解和经济合作。西欧坚决反对美苏军备竞赛，坚持对苏推行"缓和"政策，认为"缓和"不仅可获得经济上好处，还可换来和平和安全，符合西欧根本利益。例如，1981 年底苏联盟国波兰因团结工会问题实行军管后，里根政府中极端保守派、新保守派一部分人力主以波兰拖欠美国银行债款为由，宣布波兰破产。但温和保守派黑格等人认识到这样做会使西欧盟国损失近 1000 亿美元贷款及中断有利可图的与苏联、东欧贸易，西欧盟国不会同意，因此放弃了这一打算。就是美国倡导的对波兰经济制裁，西欧盟国也没有"集体地"支持美国。1982 年 6 月 18 日，里根政府作出决定，对西欧与苏联之间的天然气管道交易实行最强硬制裁，但因法、意、英、西德等国将从这笔交易获得 30 亿美元订货合同，并提供 2000 万工作小时的劳动就业，西欧联合一致加以抵制，美国也只好在同年 11 月 12日取消了制裁决定。1984 年西欧一面部署美国新导弹，一面及时调整对苏政策，主动同苏联开展高级政治接触，使苏欧关系不完全受制于美苏关系。1985 年美苏在日内瓦恢复裁军谈判后，西德、英国支持美国的战略防御倡议(星球大战计划)，法国则公开表示怀疑甚至批评，并提出西欧自己在 6 个新兴技术领域协调科学研究活动的"尤里卡计划"。后来几经磋商，才基本取得意见一致，一面参加美国星球大战计划，一面共同致力于尤里卡计划。总之，美国与西欧虽然由于各自利益不同，在对苏政策上时生摩擦，但对抗苏联的共同立场始终如一。

美国与日本在对苏关系上则比较一致。这是因为，70 年代以来，苏联在远东和太平洋地区的军事实力急剧加强。到 1986 年，苏联在远东地面部队占其陆军的 26%，驻太平洋舰队在其四大舰队中居于首位，部署在远东空军占其空军总数的 27%。面对这种情况，美国以日本为重点加强在远东和太平洋地区的"联盟战略"，企图利用日本处于阻止苏联舰艇进入太平洋的战略位置，以及日本经济、科技实力和不容低估的军事潜力，使日本成为美国对付苏联的前线基地。日本政府对此心领神会。1981 年铃木善幸首相访美时，就在《铃木—里根联合公报》中，第一次公开确认与美国"同盟"关系。中曾根上台后，日本加强与美国军事同盟的意向更趋明朗。1983 年 1 月他访美期间，直言不讳地称"日美关系是防卫上的同盟关系"，"在国际上被称为军事同盟"。①

由于以上原因，50 年代即开始、70 年代以来日益加剧的美国要求日本分担防卫责任的压力，近年来有所缓和。1981 年 11 月，美国众议院外交委员会曾要求日本至少将其防卫开支提高到占国民生产总值的 1%。1984 年，日本防卫开支已占其国民生产总值的 0.991%，1985 年占 0.997%，1986 年虽然财政困难，仍占 0.993%。1985 年 9 月，中曾根内阁提出了战后最庞大的扩军计划——《59 中期业务计划》。此计划完成时，日本防卫开支将占国民生产总值的 1.083%。

在对待第三世界关系方面，西欧"不同意里根政府……推行强权政治和霸权主义，而注重通过经济援助和政治影响来吸引第三世界国家，积极倡导'南北对话''西欧阿拉伯对话'，比美国更重视同中东地区和东盟等地区性集团加强经济和政治联系，广泛团结第三世界国

---

① 〔日〕《世界》，第 457 号，1983 年第 12 期，第 36 页。

家。从 70 年代后半期以来，西欧已同非洲、加勒比海、太平洋地区 66 个国家连续三次签订了《洛美协定》，成了有别于美苏的第三势力"①。

〔对第三世界关系〕　前面我们在对苏关系中，已经叙述过美国为了遏制苏联在第三世界推行里根主义的情况，这里我们谈谈美国对待第三世界的一般政策。里根政府上台初期，为取得第三世界对它对苏战略的支持，曾宣称它将努力同第三世界建立一种比较公正和负责的新关系。后来，里根政府对于那些对它的对苏战略关系重大的第三世界国家，也提供了大量经济和军事援助。但是，由于里根政府对第三世界的重要性认识不足，对它提出的减轻债务负担和建立世界经济新秩序的要求态度冷淡，对第三世界强烈支持的，160 个国家通过的，比较公平的海洋法草案一再阻挠；美国无视第三世界国家的主权、民族感情和人民意志，顽固支持亲美独裁政权，甚至以武力相威胁或镇压；美国热衷于支持它的一些所谓"老朋友"如南非、以色列、南朝鲜等，使得里根政府与第三世界的关系时常处于紧张状态，往往和阿拉伯人民、非洲人民、拉丁美洲人民以及其他一些第三世界国家和人民处于相对立的地位，而且给苏联以可乘之机，在第三世界扩大影响。

到里根第一任期的最后一年，由于里根政府中极端保守派和新保守势力影响下降，由于里根政府认为第三世界国家吹起一股经济上走向自由市场化、② 政治上走向民主化③的变革之风，里根政府第二任期中对第三世界政策有所变化。在"经济上，它利用一切经济手段，

---

①　齐力：《八十年代后半期西欧的走向》，载《现代国际关系》1986 年第 2 期，第 13 页。

②　美国国务卿舒尔茨 1985 年 1 月 3 日在美国参院外交委员会和同年 9 月 23 日在联合国大会发言指出，从亚洲、非洲到拉丁美洲，到处都有鼓励和扶植私人经济、取消国有化、"最大限度地缩小中央计划"、"减少僵化做法"、扩大"消费者通过自由市场合作范围"的动向。

③　80 年代以来，拉丁美洲地区有上十个国家的军政府和独裁政权被民选政府所取代，菲律宾的马科斯政权被科·阿基诺政府所取代。

鼓励发展中国家朝自由化的市场经济发展","对当前第三世界突出的债务问题……态度有所松动"。① 在政治上,"不仅反对亲苏暴君,也反对右翼独裁政权",认为"支持民主是促进反共的最好办法"。②

美国对第三世界国家态度,更强调"谨慎从事",讲究"外交斗争艺术"。为了开展与伊朗的关系,甚至不惜冒与恐怖主义妥协之恶名,秘密出售武器给伊朗,造成所谓"伊朗门"事件。不过,美国如果只变换策略,而不根据第三世界力量的上升和人民觉悟的提高认真考虑第三世界的利益和要求,美国与第三世界关系是很难从根本上得到改善的。

〔美中关系〕 里根在竞选期间,作为极端保守派,曾公开主张全面执行"与台湾关系法",美国与台湾恢复政府间关系。但上台以后,由于温和保守派的影响,由于我国表明的严正立场,由于中国在美苏关系中举足轻重的地位,他的这种极端保守派态度未能完全成为里根政府对华的实际政策。里根就职后一段时间内,曾一再声明美国将遵守中美建交联合公报规定的庄严义务,发展同中国的关系。1981年黑格国务卿宣布美国愿向中国出售防御性军事装备并放宽对高级技术转让限制,两国还签订了为期两年文化协定执行计划。但是,里根政府并不完全信守诺言,1981年6月,美国国务院宣布:美国将根据在一系列问题上违反中美建交协议原则的所谓《与台湾关系法》,继续向台湾出售武器。我国除对美国向台湾出售武器的行为多次提出强烈抗议外,又通过谈判于1982年8月17日与美国就分步骤直到最后彻底解决美国向台湾出售武器问题达成协议,并发表了联合公报。美国声明"它无意干涉中国内政","它不寻求执行一项长期向台湾出售武器的政策"。同日,我外交部发言人就此联合公报发表声明:美国承诺经过一段时间最后解决售台武器问题,其含义当然是指美国售

① 哈枚:《里根政府对第三世界形势的估计和对策》,载《现代国际关系》1986年第2期,第27、28页。

② 以上两段引文俱见1986年3月17日美国《基督教科学箴言报》题为《里根的对外政策向中间转化》的文章。

台武器经过一段时间就必须完全停止。但是，时过半年，里根又在1983年2月接受《世事》周刊记者采访时，硬把减少售台武器问题同中国和平统一的方针连在一起，并公然否认美国"将随着时间的推移"而"减少向台湾出售武器"的保证。

除售台武器问题外，里根上台以来，直到1984年8月，一再违反中美贸易关系协定的规定和国际贸易惯常做法，限制中国纺织品进口。1982年9月1日，美国法院违反"恶债不予偿还""主权国家享有主权豁免"等国际法原则，对我国作出"缺席判决"，要求我国偿还清政府1911年发行的"湖广铁路债券"持有者4000多万美元。1983年2月，我国外交部就此事件向美国国务卿递交了备忘录后，美国国务院还为此无理判决辩护。1983年4月4日，美国政府还制造中国网球运动员胡娜受迫害谎言，宣布给她所谓"政治庇护"。在技术转让方面，正如1983年5月2日中国驻美大使章文晋在美中关系全国委员会为他举行的午餐会上所指出，美国给予中国的待遇，"比许多其他同美国建立正常关系的国家所得差得多"。由于美国以上一系列不友好活动，1981年至1983年，美中关系不但进展不大，有时还很紧张。

由于70年代以来亚太地区经济发展较快，亚太地区与美国贸易额逐渐超过欧洲与美国贸易额，由于苏联日益增强其在亚太地区军事力量，由于美国希望从中国现代化计划中得到好处，由于我国对美政策的正确有力，从1983年起，美国有识之士如基辛格、众院议长小托马斯·奥尼尔等人，严厉批评里根的对华政策，强烈要求改善美中关系。美国内阁级官员和我国吴学谦外长相互访问。在此基础上，赵紫阳总理于1984年1月访美，里根总统于同年4月底至5月1日访华。两人在互访期间达成了技术、商业和文化领域内一系列重要协议，从而使美、中关系大有进展。到1985年，两国进出口贸易额达70亿美元，美国企业对华直接投资额达21亿美元，技术转让规模约占第六个五年计划期间中国引进技术总数的1/6。1986年头10个月，美中贸易额超过68亿美元，比上年同期增长4%。中国对美国贸易顺差比上年同期增加3倍以上。此外，科学合作和文化教育交流也发展很快。看来，促进美中关系进一步发展的主要障碍，仍然是美国未能按照上海公报、中美建交公报、中美 8·17 公报正确处理台湾问题。

〔第四次战略调整〕 如罗伯特·D·舒尔青格尔所说："里根政府 8 年执政期间，美、苏关系经历了一次显著变化。几十年来最反苏的一个政府，终于造就了一个新的缓和年代。"①如前所说，里根政府在第一任期间是积极反苏的。但是，他的这种政策不独加强了美苏军备竞赛和核战争威胁，也引起欧洲盟国的反感，和美国的高预算赤字与高国债等问题。于是，民意测验表明：群众对增加国防开支的支持率，在里根就职时是最高的，第一年仍然很高，但从 1982 年起便有所下降。从 1984 年初直到里根任期末，民意测验一直表明：约 40% 公众认为国防开支太高，只有 21% 的人持相反看法。与此相似的是，支持美国应对苏联人"强硬"这种观点的人，从 1980 年 1 月的 74% 高峰，降为 1982 年 5 月的 40%。到 1988 年，59% 的美国人认为，对美国国家安全而言，经济竞争者比起军事对手来，是更大的威胁。

此外，里根激烈的反苏言论，他的第一任国务卿亚历山大·黑格轻率的推测，都涉及可能运用战术核武器的问题，这就激起了人们对里根政府关于核武器立场的关注，从而引起自越战以来涉及外交政策的一场最重要的公民运动——争取冻结核武器运动。1982 年，近 200 万人在冻结核武器请愿书上签了名，50 万人参加了在纽约中央公园的大规模示威活动。1983 年，民意测验表明，86% 的美国人支持冻结核武器。有鉴于这种气氛，美国众议院制定了一份决议，要求总统与苏联谈判相互停止军备竞赛。面对这种国内形势，再加上濒临危机的苏联经济严重状况，迫使 1985 年初上台的苏联领导人戈尔巴乔夫主动执行真诚缓和政策，于是，里根也就大大改变了对苏态度；1984 年大选期间虽曾一再拒绝与苏联领导人会晤，但在他第二任期的 4 年中，却与苏联领导人举行了 5 次会谈。尽管如前所说，双方不断争吵，困难重重，到 1987 年 12 月 8 日，两国首脑还是在华盛顿签署了

---

① 见所著《1900 年以来的美国外交》，牛津大学出版社 1998 年版，第 4 版，第 334 页。

中程导弹条约。有的人认为：中程导弹在双方核武库中只占 3% ~
4%；双方武器竞赛重点已由数量转向质量，由地面核武器转向太空
核武器；双方竞赛已由军备转向综合国力等，是这次中程导弹条约得
以签订的重要原因。但是，美苏军控谈判由以往只涉及限制军备进一
步发展，转为彻底销毁中程、短程导弹两个级别核武器，不能不说是
一种重要进展。而且，这次首脑会议联合声明称：核战争没有胜利
者；美苏分歧并非不可逾越的障碍；双方不谋求军事优势，而且防止
双方发生任何战争；双方同意加紧对话并进行建设性合作。双方这种
公开承担的义务，也是前所未有的。所以我认为，从这次华盛顿首脑
会晤起，美国已开始战后外交政策的第四次战略调整，美苏关系由对
抗转为以对话与缓和为主的阶段。

美国的这种对苏新政策，不仅里根在他任期的最后一年有所推
进，布什继任总统后，经过短期检讨和研究后也继承了下来。他认识
到戈尔巴乔夫改革符合美国的利益，于是在 1989 年 5 月在得克萨斯
州发表的第一次阐述其政府对苏政策讲话中，提出了"超越遏制"战
略，强调运用政治、经济、文化、外交等手段，特别是以经济援助为
诱饵，促使苏联向政治多元化和市场经济发展，最后将苏联"融合到
世界秩序"亦即西方政治、经济体系之中。同年 12 月，美苏两国首
脑在马尔他举行会晤，布什和戈尔巴乔夫都明确表示要建立两国之间
的新型关系。1990 年，布什与戈尔巴乔夫于 5 月与 6 月之交在华盛
顿、9 月初在赫尔辛基、11 月中旬在巴黎又举行了 3 次会晤。在华盛
顿会晤中，双方达成一致意见：各方战略核武器运载工具不得超过
1600 件，战略核弹头不得超过 6000 枚；双方停止制造化学武器；双
方互相放松贸易限制。在巴黎的会晤中，两国首脑和欧洲、北美 32
个国家的代表一起参加了欧洲安全与合作会议，签署了东西方第一个
关于削减欧洲常规武器的条约；双方虽然仍不免有矛盾，但都公开声
称美苏关系是一种合作的伙伴关系。同年 8 月，两国外长还就海湾危
机进行了紧急磋商，并发表谴责伊拉克侵略科威特的联合声明。1991
年 6 月，戈尔巴乔夫为取得西方国家对日益崩溃的苏联经济的更多的
援助，苏联与东欧前盟国解散了反对北约的华沙条约组织和针对欧洲

经济共同体的经济互助委员会。布什受到鼓舞，7 月间即前往莫斯科，与苏联签订了削减战略武器条约，提出双方都削减核导弹 1/3，美苏关系得到了进一步的改善。但是，在同年 8 月反对戈尔巴乔夫改革的政变中，戈尔巴乔夫虽然幸存了下来，而后来在和鲍里斯·叶利钦的斗争中，他却失败了，苏联也就解体了。在此过程中，布什曾打电话给叶利钦，表示愿意对他领导的民主势力提供无条件的援助。1992 年初，布什与叶利钦共同声明：这是一个友好和伙伴关系的时代，并正式宣布冷战结束。

〔布什的世界新秩序〕 在上述战后美国外交政策第四次战略调整的布什年代，由于东欧易帜，苏联解体，世界两极格局变为一极格局，布什认为这是一个巩固美国世界领导地位、逐步按照美国的价值观和政治经济体制改造世界的机会。于是，从 1990 年海湾危机起，特别是 1991 年 2 月取得海湾战争胜利后，布什多次提到建立"世界新秩序"的问题。这就表明布什全球战略的新变化。在两极格局中，布什的全球战略和里根的一样，是以对苏关系为核心。他根据苏联国内情况的变化，首先提出"超越遏制"作为其全球战略。现在，"随着两极世界格局的结束，多极化趋势日益加强，日本、欧洲共同体特别是西德不但经济实力日益接近美国，而且它们经济发展速度还高于美国。在此基础上，它们日益要求发挥与其经济地位相称的政治大国的作用。与此同时，第三世界也发生变化。一些最不发达的国家与发达国家形成一种富者愈富、贫者愈贫的危险局面，另一些国家的经济军事实力则逐渐增长，有 18 个国家已拥有弹道导弹，其中有极少数国家还萌发谋求地区霸权的野心，成为不安定因素"。① 面对这种新的世界格局，布什才将其全球战略从"超越遏制"改为"世界新秩序"。

什么是布什的世界新秩序呢？据美国报刊报道，布什是 1990 年9 月 11 日就海湾危机向国会联席会议发表讲话时，正式提出建立世界新秩序的。他说："今天我们处于一个独特的非常时刻。尽管波斯

---

① 刘绪贻：《布什政府的全球战略》，《美国研究》1993 年第 1 期，第 89页。

湾的危机很严重，但也提供了一个朝着具有历史意义的合作时期前进的少有机会。这种动荡时期过后，我们可以实现我们的第5个目标——世界新秩序，即一个新纪元，一个少受恐怖的威胁、在寻求公正中变得更强大、在寻求和平中变得更安全的新纪元，一个世界各国、不管东方还是西方、北方还是南方都能繁荣富强与和谐生活的新纪元。"①此后，布什又在各种场合对他的世界新秩序进行了解释和补充。我们当然不能完全相信布什的外交辞令；根据他历次的有关发言，我们认为他的世界新秩序可以综合如下：在美国领导下，以美国的理想、价值观、利益和实力为基础，利用联合国，与盟国建立"公平分担责任与义务"的伙伴关系，也同苏联和后来的俄国合作，在全世界实现"和平与安全、自由和法治"，建立一个"完整而自由的世界"；实际上是要建立一个符合美国利益的、坚决反共也反对右翼独裁政权(反苏的除外)的、实行资本主义民主和市场经济的世界。

我们对布什世界新秩序的这种评估，是以布什政府的实际外交活动为根据的。下面，我们以布什政府4年的主要外交工作为例加以说明。

1. 在布什上任的1989年东欧剧变时，"白宫没有盛气凌人的辞藻，没有重大的姿态，没有明显的新计划。事件朝着有利(于美国)的方向发展，而美国则注意不介入，(只)在幕后活动"②。与此同时，布什政府也在考虑着冷战后的世界形势，首先是巩固后院的问题，谋求改善里根时期大大恶化的美国与拉美的关系。1989年5月2日，布什在美洲国家理事会上发表演说道：美洲国家具有共同利益，必须朝着共同的目标努力，改善美洲南北国家之间的伙伴工作关系。这种新的伙伴关系应以互相尊重和互尽责任为基础，扎根于实行民主统治，反对极右和极左的破坏自由的敌人，保证市场经济生存、发展

---

① 转引自潘同文：《布什的世界新秩序初探》，《国际问题研究》1991年第4期，第15页。

② M. 曼德尔鲍姆：《布什的外交政策》，《现代国外哲学社会科学文摘》1992年第5期，第1页。

和昌盛(为此，美国不久前提出了减少拉美国家债务的倡议)，并致力于反对共同的敌人国际贩毒集团。

布什口头上的美洲政策虽以美国价值观为基础，把实行社会主义的古巴、尼加拉瓜排除在拉美国家之外，还算是冠冕堂皇的。但他实际执行的拉美政策又如何呢? 却仍然是人们所称里根用过的"三D战略"(因民主、毒品、债务3字开头字母均为D，里根运用此三者控制拉美以服务于美国全球战略，故名)。比如尼加拉瓜的桑地诺政权，里根称其"不民主"，于是通过经济封锁和帮助该国右派势力组织反政府武装，使该国10年内战不断，经济崩溃，人民怨声载道。在此基础上，布什继续责备桑地诺政权"不民主"，并在经济、外交等方面施加压力，资助其反对派，使其在1990年初的选举中失败。即使如此，布什政府还力图阻挠解散其邻国洪都拉斯境内的尼加拉瓜反政府武装，长期保留一支美国可以利用的右派力量。又比如，根据1997年的美巴运河新条约，美国应在1999年12月31日将运河主权完全交还巴拿马，但美国共和党政府却企图在2000年之后仍继续控制巴拿马运河。由于遭到巴拿马总统曼努埃尔·诺列加的反对，布什政府便以诺列加与哥伦比亚贩毒集团勾结并实行独裁统治为名，于1989年12月入侵巴拿马，将诺列加逮捕到美国，并加以审判监禁。这种霸道行为立即引起拉美国家的普遍反对，认为这是恢复了老罗斯福的"大棒政策"。因为，即使美国对诺列加的指控不无理由，但问题应该由巴拿马自己解决，美国无权这样肆意侵犯一个独立国家的主权。债务问题也是美国用以控制拉美的一种手段。1990年6月27日，布什在国会宣布"开创美洲事业倡议"，这个倡议的3个支柱是：确定建立美洲自由贸易区的目标，改善拉美的投资条件，减轻拉美国家的债务负担。拉美国家根据当时各自的经济情况，渴望扩大对外贸易、得到更多的投资和贷款和减轻债务负担，因此对这一倡议是寄予一定希望的。但是，布什宣布这一倡议却有其自己打算。首先是要修补因为入侵巴拿马而受到严重损害的美拉关系，并为当年晚些时候出访拉美5国创造良好气氛。与此同时，倡议中提出的增加投资和减债都是有附加条件的，必须以维护和增加美国在拉美的经济利益为前提。此外，布什还有更长远的打算，那就是为了与西欧和日本竞争，美国必须在包括拉美在内的西半球建立以自己为核心的经济集团，并在一定程度上改善拉美的经济情况，巩固和加强自己的市场。1990年后期布什出访南美5国，1991年6月19日巴西、阿根廷、巴拉圭、乌拉圭4国外长与美国政府贸易代表在华盛顿签署一项多边贸易与投资框架协定，就消除双方贸易、投资障碍确定总原则和工作方式，都是为布什的这一长远打算服务的。但如有的评论所说，美拉经济合作，"在经济实力如此悬殊的条件下，自由贸易绝非对双方都是公平的。此外，美国还提出合作的条件是双方要实行自由市场经济。近来，迫于美国的要求，巴西政府答应取消保护本国产业的信息市场法，决定恢复支付外债利息；阿根廷、巴西两国政府都在考虑修改其相对独立的核技术政策。相反，美国对从巴西进口果汁、鞋类等仍设置障碍。这说明美国与拉美相互靠拢，拉美走得多，美国走得少，双方地位并不平等"[①]。

2. 冷战后，布什在中东地区要建立什么样的新秩序呢？以海湾战争为例，布什说是为了国际理想主义而不是为了美国自己的经济利益；他一再将萨达姆与希特勒相比，并认为科威特危机与1938年捷克—慕尼黑危机相似，因此他在联合国支持下组织国际部队向伊拉克作战，是保卫科威特的国家主权和停止伊拉克赤裸裸的侵略。实际上如伊万·摩根所说，布什如此热心于海湾战争，是和关于石油的地缘政治考虑密切相关的。"伊拉克1990年8月兼并石油丰富的科威特埃米尔具有全球意义。引起世人广泛担心的是，萨达姆·侯赛因野心的下一个目标将是沙特阿拉伯本身。似乎存在这样一种危险：伊拉克独裁者有可能控制世界石油供应的40%以上，从而获得对全球经济增长的否决权。"[②]这种可能危险，当然是对中东石油具有巨大利益的美国决不愿让其出现的。

还不仅如此，如解德元所说，"对于中东，美国是志在必得。当

---

① 李志明：《拉美一体化与美拉关系》，载《人民日报》1991年6月30日。

② 见伊万·摩根：《自由主义共识以后》，第242页。

前除了搞垮萨达姆政权外，美国还力图把阿以和谈的进程控制在自己手中，同时以防止核扩散为借口，严密注视和粗暴干预伊朗的贸易政策，可谓三管齐下"①。由此可见，美国要在中东建立的新秩序，就是要为自己的利益控制中东。

3. 在布什的世界新秩序中，美国与盟国即欧洲发达国家与日本的关系如何呢？1991 年 1 月 29 日，布什在国情咨文中说，建立世界新秩序是将"不同国家吸引到一起从事共同的事业，实现人类共同愿望：和平和安全、自由和法治"。多么好听！但在同一咨文中他又说，"在当今千变万化的世界上，美国的领导是不可或缺的"。实际上，布什对待美国与同盟国的关系，就是要建立以美国为主导的"集体参与"机制。在这个机制中，美国与盟国在促进资本主义民主与市场经济方面进行合作的同时，也进行着激烈的增强自己经济实力的竞争。一方面，如布什政府国务卿詹姆斯·贝克 1991 年 6 月 18 日在柏林阿斯彭学会讲演中所说，美国要求英、德、法这些欧洲发达国家承担更多的责任和费用，在美国领导下，以北约为基础，建立一个北美西欧泛大西洋共同体，然后将此共同体延伸到中、东欧和苏联，先建立一个"完整而自由的欧洲"，进而建立一个从加拿大的温哥华一直到符拉迪沃斯托克的欧洲—大西洋共同体；或如布什所说，建立一个"以构成我们共同价值观的共同原则为基础的新的自由联邦"。另一方面，美国要求日本承担更多的责任和费用，在美国领导下，以美日同盟为骨干，以美国与韩国、澳大利亚、东盟国家的联盟为辅助，通过在太平洋地区加强经济一体化、促进民主化和确立新防务结构等方式，建立"稳定、繁荣的太平洋共同体"。然后，再在美国领导下，由欧洲—大西洋共同体和太平洋共同体向拉丁美洲和非洲"进一步伸出援助之手"，也就是进一步控制拉丁美洲和非洲。这也就是美国在盟国的帮助之下控制世界。

4. 在布什的世界新秩序中，美中关系是一种什么样的关系呢？

① 解德元：《格局变化后的美国对外政策》，《外交学院学报》1993 年第 1 期。

在里根的第二任期中，特别是最后两年，随着美苏关系的改善和中国经济建设的成就日益显著，美国已逐渐不再单纯把中国看作对苏冷战中的一张牌，认为与中国建立良好关系可使东亚保持平衡稳定，并为美国企业和投资界提供重要机会。因此，布什刚上任不久便访问中国，表示要在前任基础上继续发展两国的关系。但是，1989年中国发生了纯属内政的"六四"事件，美国却作出了干涉中国内政的错误反应，对中国采取一系列制裁措施，使两国关系严重恶化。不过即使如此，布什还是设法保持了与中国对话，并于1989年下半年两次派特使秘密访华，还不顾国会反对，运用总统否决权继续给予中国以贸易最惠国待遇。1991年秋，他又顶住国会压力派詹姆斯·贝克国务卿访华。看来，布什对华政策的主要基础，是他建立世界新秩序和发展美国经济的需要。从前者看，为了亚太地区的稳定，为了地区冲突的解决以维护世界和平，为了限制核武器的扩散等，美国都需要和中国进行具有战略意义的合作；从后者看，中国是个具有10多亿人口大国，改革开放以来经济建设日益取得显著成就，这个潜在的巨大市场和投资场所，是正为经济衰退和巨大对外贸易逆差所困挠的美国绝不能不争取的。这就是布什坚持继续发展中美关系的原因。但是，布什和美国的外交活动，都是以维护自己利益的需要而变化的，所以到1992年大选时，布什为了获取军工垄断巨头和亲台势力的选票，美国在1992年7月至9月间对华采取了一系列不友好行动：宣布将向台湾地区出售150架F-16战斗机和12架反潜直升机；逼迫世界银行改变贷款政策，以阻挠中国获得国际开发协会贷款；在中美贸易谈判中提出最后通牒，扬言到10月10日如果中国不按美国要求开放市场，就要进行惩罚；国会通过与香港关系法案，企图在1997年6月30日中国收回香港后，仍将香港作为一个单独的实体来对待。

根据以上这些事例，可以看出我们前面对布什世界新秩序的评估，是符合事实的。当然，正如许多正直的中外学者所评论，在当今这个世界人民日益觉醒，民族要求独立又掀高潮的时代，布什政府的这种霸权外交，是不能得逞的。

第十四章　克林顿的中间道路与全球战略

　　1992 年大选，由于经济危机的冲击和美国结构性经济问题恶化，各种社会矛盾加深，而布什总统又显得无所作为，美国大多数选民已忘却他在海湾战争中取得成就，对他深感不满，纷纷将选票投给了民主党总统候选人、声称要发挥政府作用以振兴美国经济并加强美国在世界上领导作用的威廉(昵称比尔)·J·克林顿，从而结束了共和党人 12 年的保守统治。

　　克林顿是美国的第 42 位总统。他是美国最年轻总统之一，也是第一个战后婴儿兴旺期出生的总统和冷战后当选的第一个总统。他是个继承"新政"主要传统而又吸收某些共和党主张的新民主党人、新自由主义者，他自称、人们也称他的国内政策为"中间道路"或"第三条道路"。他上台后即按照竞选诺言，将振兴经济作为首要任务，提出了恢复经济活力的一揽子计划。在他任职的 8 年间，"美国经济长期快速稳定地增长，年增长率平均在 2%~3%，消费物价指数控制在 3%以内，失业率从 1992 年的 7.4%降至 1998 年的 4.2%，呈现出'两低一高'(低通胀、低失业、高增长)的良好发展态势。直到 90 年代末，美国经济基本健康，尚未出现衰退的征兆。80 年代以来一直困扰美国经济的痼疾——联邦财政赤字大幅下降，并在 1997—1998 财政年度出现了 30 年来第一次财政盈余。美国产业结构进一步优化，企业的经营管理水平明显提高，国际竞争力显著增强，投资和股市高涨，扩大了美国和其他西方发达国家之间的经济差距。90 年代美国经济出现的一些新现象，使美国一些经济学家认为，美国已进入'新经济'时代"。①

克林顿政府虽以振兴经济作为首要任务，但作为世界唯一超级大国总统，他是绝不会也不能轻视外交事务的。事实上，以振兴国内经济加强美国在国际上纵横捭阖的力量，以外交上的折冲樽俎谋求美国利益，争取内外平衡和良性互动，这正是克林顿政府在规划其全球战略时力图超过其前任的"世界新秩序"的关键所在，也是"克林顿主义"的特点。据张敏谦研究，两者的区别有3点：一是克林顿主义较布什的世界新秩序对美国在冷战后面临的战略环境的估计少了些盲目，多了些理性；二是在战略指导思想上，虽然理想主义成分未减，但更注意理想与现实的平衡；三是提出了新的努力方向。他称克林顿的这种全球战略为"优势主导加灵活反应"战略。所谓优势主导，简言之就是必须保持美国的超级大国地位，以便在国际事务中发挥主导的作用。所谓灵活反应，就是为使有限力量资源发挥更大功效，并促进安全、经济、民主价值这三大领域之间的良性互动，必须视利益轻重、时机及对象国的不同，在手段运用和目标设定上，采取灵活反应的策略。②

1. 1992 年选举

1992 年大选中，美国投票人数达 1.045 亿，占适龄选民人数的 55.9%，是 1968 年以来选民投票比例最高的一年。下面我们简要分析一下这一年美国选民特别关心政治的原因。

〔大选前美国政治经济形势〕 1991 年中期，包括几乎所有潜在的民主党总统候选人在内的大多数美国人相信，在波斯湾战争中深孚众望的布什总统，在 1992 年大选中重新当选是必然的，一些显要的

---

① 任东来等：《当代美国——一个超级大国的成长》，贵州人民出版社 2000 年版，第 79 页。

② 张敏谦：《美国全球战略剖析——从"世界新秩序"到"克林顿主义"》，《美国研究》2000 年第 4 期，第 25~39 页。

民主党参议员和州长陆续宣布，他们不寻求总统候选人提名。可是到1991年秋天，情况大变，原来3月间约90%支持他的公众，有一半人撤销了对他的支持。因为在他统治的4年中，美国国内生产总值仅有年平均0.7%的增长，这是30年代经济大危机以来最低的。即使是在业的工人，个人收入也停滞不前；实际上，1991年中等家庭收入还下降了3.5%。1992年，有几百万美国人失业，工厂就业人数跌到1982年衰退以来的最低水平；贫困人口数达到1964年以来的最高水平。而且，过去遭受此种厄难的大多是蓝领工人，现在也波及大量白领工人。更为不幸的是，有些市政府和州政府也面临破产。1992年中期，加利福尼亚州政府因无现金，只好对工作人员和账单支付借据。不仅加州如此，在90年代初，约有30个州遭遇严重财政困难。有些企业也债台高筑，摇摇欲坠。

除经济情况严重以外，80年代危害美国社会的一些病态，如艾滋病传播、无家可归人群、毒品泛滥、酗酒、种族主义、儿童贫穷、单亲家庭挣扎等，都延续到了布什的年代。但是，布什既没有能提出可行的政策或措施解决严重的经济困难问题，他对消除那些令人不安的社会病态似乎也不是很热心。比如1988年竞选时，为了拉选票，他曾许诺要作"环境总统"和"教育总统"，但上任后在这两方面都无所建树。1990年他虽因再认可净化空气法而受到高度赞扬，却又建立竞争委员会而使该法难以实施，因为该委员会宣布：环境管理条例减缓经济增长，减少就业机会，应予撤销。而且，当环境保护署谋求起诉制造污染的大公司时，布什政府的司法部予以驳回。关于教育，布什声称到2000年时，美国学生将在科学与数学方面称第一，但他的政府几乎不支持任何教育改革。又比如，在布什任期中，医疗费用飚升；1991年有占总人口13%的3300万美国人没有健康保险，这些人中虽然3/4有工作，但赚取的是最低工资，且无健康津贴；还有数千万人只有有限的保险金额，时常有陷入财政恐慌的危险。但是，布什政府既未考虑控制医疗费用的办法，更未考虑到实施全民健康保险的计划。尤其令人们不满的是，1992年4月，洛杉矶市贫穷黑人与拉美人聚居的中南区，发生了一场大规模的严重骚乱，51人丧生，数千人受伤，财产损失估计达7亿至10亿美元。其起因是由于一个陪审团置录像带证据于不顾，判决无罪释放了洛杉矶4名警察，这些警察曾被控对他们监管的黑人罗德尼·金施用了过分的暴力。布什虽然到灾区视察了两天，号召紧急救助，但他失去了一个在讲演城市与种族问题时采取勇敢而有远见步骤的机会。他没有谈民权问题，也避免与全国市长们会见，没有提出任何可行的解决问题的方案或计划，使得大量选民认为布什对这种重大事件真正是不太关心。

不仅如此，由于国会控制在民主党人手中，国会提出的解决经济和社会问题的立法，布什大多予以否决。在他的4年任期中，一共否决了37个法案（只有一个否决被推翻）。没有和解和谈判解决问题，只有党派偏见与僵局；总统和国会似乎不能共事，对任何问题不能取得一致。美国人民看到联邦政府中的这种隔阂时，不满甚至厌恨情绪日益增长。

在此种情况下，特别是由于布什在1990年同意增税，在1991年签署民权法，并在将萨达姆逼入险境时未进行致命一击，保守派的知识分子们认为他应对保守运动的政治与意识形态裂变负责。著名的新保守派记者诺曼·波德霍雷茨特别看不起布什的总统职能，认为它是一种性交中断器的政治翻版，并说"布什不能消化任何东西"。遗产基金会主席埃德温·福伊尔纳说："我们的使命，被一个佯装保守的没有眼光的白宫糟蹋了；保守派支持布什，但得到的是一个迈克尔·杜卡基斯。"杰出的新右派保罗·魏里希说："70年代末期民意测验表明，保守这个词是一种正面形象，当我们要进入90年代中期时，再也不是了。里根-布什保守联盟已经死亡，原来存在的保守运动摇摇欲坠了。""这些帮助里根变革准备了知识与意识形态基础的人们表达的情绪，很好地反映了1992年大选前夕保守主义的危机。这种危机在冷战结束时已大体呈现，共和党人再也不能聚焦于外交政策作为自己强势与民主党弱点的根源。苏联的崩溃，削弱了右派基于反共立场形成的团结。失去了这种政治黏合剂，由海湾战争导致的共和党保守派内部的外交政策分歧，使这种保守派联盟的分裂不容易弥合。"①到选举前夕，民意测验表明，布什的支持率已下降到 29%这一 50 年来历届总统的最低点，美国人民以 63%对 33%认为美国正处于衰落之中，只有 14%的人对政府基本上还持信任态度，而持基本上或完全不信任态度的人却占 85%。②

这就是 1992 年大选前美国面临的经济、政治形势。

〔各个总统候选人的竞选策略〕 根据以上所述，任何争取总统候选人提名或以总统候选人身份竞选的共和党人，似乎不应再以前 3 次大选时共和党的类似政纲竞选。但是问题在于，共和党当时的社会基础不允许人们不这样做。而且，布什本来就是个保守派，他的温和色彩当时还正受到攻击，所以布什仍然是以保守政纲争取共和党总统候选人提名的。据玛丽·诺顿等所说：在 1992 年 8 月共和党全国代表大会上，布什表明自己是一个"家庭价值"的卫护者，大会被文化保守派所控制，其中有一个代表竟号召进行一次"宗教战争"和"文化战争"，以反对国内敌人，包括同性恋者；大会再次提名布什与丹·奎尔为正副总统候选人，布什在接受提名演讲中，一点新意也没有说。③ 诺顿等还评论道：布什-奎尔竞选策略显示一种消极特征，只是攻击对手克林顿的品质，说他在越南战争期间逃避兵役，宣扬传说中的克林顿婚外恋，将他漫画为一个"逃避兵役者"和"喜欢对妇女献殷勤的男人"，并问美国人民是否能信任这样的人的国际领导地位。除此以外，布什没有从大局出发，提出令人信服的解决当前美国经济、社会等困难问题的纲领或计划。

共和党面临危机，民主党也有自己的问题。除它控制的国会的经济丑闻使人民不满外，它还面临以下一些问题：它原来强大的社会基

---

① 威廉·C. 伯曼：《美国向右转：从尼克松到克林顿》，第 160~161 页。

② 转引自贾浩：《一九九二年大选与美国政治潮流的新变化》，《美国研究》1993 年第 2 期，第 55~56 页。

③ 玛丽·诺顿等编：《国家与人民：美国简史》，霍顿·米夫林公司 1999 年版，第 653 页。

础——工会，现已大大削弱；它要将从尼克松年代起日益倒向共和党的郊区居民亦即中产阶级争取过来，要保住自己的基本选民城市贫民，都需要大量经费，以加强美国经济的国际竞争力，举办新的社会计划。但是，面对当时的高预算赤字和高国债，不大规模增税，要想筹措到大量经费是不可能的。然而长期以来民主党人就有个不好的绰号——"增税与花钱"者，因此他们对待增税问题不能不十分慎重。由于对这些问题以及其他某些问题的看法和解决办法不同，当时民主党内大体分为3派：一派基本上站在郊区居民的立场，以前联邦参议员保罗·藏加斯为代表，可说是民主党的右翼；一派基本上站在下层人民的立场，以前加利福尼亚州州长杰里·布朗为代表，可说是民主党的左翼；一派以威廉（昵称比尔）·J·克林顿及其为首的民主党领袖会议为代表，自称中间派。后来，克林顿战胜了其他两派竞争者，被提名为民主党总统候选人，他选择来自田纳西州的国会参议员阿尔伯特·戈尔作为他的竞选伙伴。

　　自60年代末罗斯福新政式自由主义受到冲击以来，美国社会上逐渐出现一种新自由主义。克林顿和戈尔就是这种新自由主义者。他们认为罗斯福新政—约翰逊伟大社会这种旧自由主义已经过时，而里根—布什的保守主义目前已失去人心，因此要走一条介乎两者之间的中间道路或者超越两者的第三条道路。在经济方面，既不能再进行新政式和伟大社会式的国家干预，也不能像保守主义那样过分崇拜市场机制，而应该既发挥市场机制的作用，也由国家进行宏观调控；与自由主义者倾向工会和保守主义者倾向企业界不同，克林顿和戈尔更重视政府、企业、劳工之间的利益协调和伙伴关系；为发展经济，他们认为不能仅靠大规模重新分配收入以刺激消费，扩大需求，也要进行长期投资以提高美国经济的劳动生产率和国际竞争力。在社会福利问题上，他们认为既不能像自由主义者那样实行由政府包揽一切的反贫穷政策，也不能像保守主义者那样推行"人人为自己，上帝为大家"的无为而治，而应将社会福利改为"工作福利"；国家要救济，个人也要谋求自食其力。在社会文化方面，他们对于种族、妇女、教育、禁毒、犯罪、枪支管制、堕胎、同性恋等问题，有的倾向自由主义，有的倾向保守主义。

在和布什竞选期间，克林顿虽然不能完全不涉及外交问题，但他尽量避免涉及，总是将重点放在经济方面，因为这样最能打到布什的痛处。此外，为了争取郊区居民，他还许诺给中产阶级减税。

在这次大选中，曾出现一个强有力的独立总统候选人，这就是来自得克萨斯州的10亿富翁罗斯·佩罗。他强调反对华盛顿权势集团和削减预算赤字。

〔选举结果〕 克林顿获得43%的选民票和370张选举团成员的票。他的胜利，争取回了曾投向共和党的里根民主党人，赢得女选民和第一次参加选举的人的多数。此外，他还得到18至24岁和较老选民的重要支持。布什获得37.5%的选民票和168张选举团成员的票。在克林顿和戈尔的无情攻击面前，他显得极其无能为力；尽管他试图捍卫家庭价值以维持其在共和党右派中的地位，他对堕胎的观点却将许多温和派上中层女共和党人驱向了克林顿阵营。他的政治命运已无可挽救了。佩罗竞选中期曾一度在民意测验中领先于布什和克林顿。他获得19%的选民票，支持他的主要是第一次参加投票的人和独立人士。

国会选举结果，虽然民主党还控制着国会，但共和党在众议院增加了10席，在参议院维持原状，在联邦以下的选举中，共和党还新控制了7个州议会。所以有的人认为，这次大选只是布什个人的失败，而不是共和党遭到美国人民的唾弃，也不是美国政治大气候的大转变；克林顿和戈尔获得的选民票不到总数的一半，他们并未得到美国大多数人民的授权。不过无论怎么说，克林顿竞选的胜利，总不能不说是结束了共和党12年来的保守改革高潮，将会出现一个新局面。这个局面既不同于罗斯福—约翰逊的旧自由主义，也不同于里根—布什的自由放任主义，而是克林顿的新自由主义或中间道路。

2. 克林顿的中间道路

克林顿的中间道路，主要指他的国内政策取向而言。而他的国内政策，主要是他的经济政策。因此，我们这里着重讨论他的经济政策，并简要涉及他的其他内政政策。

克林顿1946年出生于阿肯色州霍普镇的一个平民家庭，中学时成绩优异，崇拜1960年上台的约翰·肯尼迪总统，同情民权运动。曾获耶鲁大学博士学位。1979年，他作为民主党人当选为阿肯色州州长，第一次竞选连任失败，两年后卷土重来，连任5届，政绩突出，被美国州长联合会授予"最佳州长"称号，并于1990年当选为民主党主流派民主党领袖会议主席。因为长期从政，他深深体会到，由于时移势易，如果仍完全坚持罗斯福"新政"以来的自由主义传统，在仕途上是难以大有作为的。这就是他以中间道路政纲竞选总统并取得胜利的原因。

〔克林顿第一任期内政〕　克林顿在当选后的第一次电视讲话中说，他要像一束激光一样专注于解决经济问题。1993年2月17日，他在向国会提出的国情咨文中指出，美国面临的各种挑战和机遇中，经济问题最重要；美国政府国内政策的中心是恢复美国经济。他在向国会提出国情咨文时，还宣布了他的经济振兴计划。该"计划包括两个部分：一是在短期内刺激经济增长，以扩大就业机会；二是增加投资和削减联邦财政赤字，为美国经济的长期稳定发展奠定基础。有人把这项双管齐下的经济振兴计划称为克林顿经济学"。①

所谓短期计划，就是1993年联邦政府增加300亿美元开支，主要用于基础设施、教育、医疗以及向市镇拨款等；同时以多种形式的税收减免刺激企业扩大固定投资。这样，一年大约可创造50万个工作岗位。至于长期计划，则包括增税和节约开支两大措施，外加通过北美自由贸易协定。增税内容为：年收入在18万美元以上者，其个人最高所得税率由31%提高到36%，年收入在25万美元以上的富人，则另加10%的附加税；公司最高税率从34%提高到36%；全面提高能源税；增加富裕老年人的社会保险福利税。合在一起，可使联邦政府税收在4年内增加2460亿美元。节约开支内容为：裁减联邦

---

① 张亮：《一副有争议的苦药》，载《人民日报》1993年2月21日。

雇员 10 万名，冻结 1994 年联邦雇员工资；削减联邦 150 个预算开支项目，4 年内共减 2470 亿美元(其中包括 760 亿美元军费)。增税和节约开支两者共计 4930 亿美元，其中约 1680 亿美元用于新投资项目和税收减免，剩下 3250 亿美元则用于削减联邦财政赤字。据估计，1997 年联邦预算赤字可减至大约 2000 亿美元。

克林顿的这个经济振兴计划，正好与里根经济学的核心内容相反。后者是对富人减税，大规模增加军费，猛砍联邦开支；前者是对大多数富人增税，削减军费，联邦开支则有减也有增，其目的是减少联邦财政赤字，使受伤的美国经济得以复兴。但是这个计划，对于那些在 1992 年投布什票的人，那些民主党内坚持自由主义传统和保守的人，那些有可能要缴纳更多税款的人，并不受欢迎。特别是中产阶级，克林顿在竞选时曾许诺为他们减税，但此计划中并未包括此内容，当然他们很不满意。所以克林顿自己也承认，他的计划采取的一些步骤，对许多美国人来说是很痛苦的。因此之故，在宣布这个计划的前后，克林顿和他的内阁成员在国会和人民群众中进行了一系列的说服工作。不过即使如此，这个计划要取得成功、特别是圆满的成功，还是有很多困难的。

使事情更为复杂的是，此前克林顿犯了一个严重错误。1 月 29 日他发表一个声明：将来同性恋者再不会被军队遣散，引起一阵抗议浪潮，国会山和五角大楼坚决反对。他担心纠缠此事会影响他的经济振兴计划，将它暂时搁了下来，以便集中精力促使国会和人民群众接受他的经济振兴计划。最后，国会还是否决了他的短期计划，担心增加政府投资会加大联邦预算赤字，而且仅以微弱多数通过了体现在他的预算计划中的长期计划，共和党人未投一张赞成票。不过，他力求到 1998 年削减预算赤字 5000 亿美元这件事，华尔街、联邦储备委员会主席艾伦·格林斯潘和佩罗的支持者，都是满意的。

关于军队中同性恋的问题，克林顿后来接受了一个"不问、不说"的调和方案：同性恋者如果不公开自己的身份，军队就不得歧视他们；如果他们的性倾向为人们所知，他们就得"为了军队的利益"退役。这个调和方案不仅疏远了军队和保守派，也疏远了同性恋者和自由主义者。1993 年 6 月民意测验表明，此事件对克林顿造成了明显的政治损害。49%的人相信他仍然是个自由主义者（1992 年 9 月只有38%），而称他为温和派的人，则从37%下降为31%。此外，50%以上被测验的人，现在不赞成他对总统职能的运作，赞成的人不到40%。

与削减预算赤字一样重要的，是克林顿改革医疗保健事业的计划。此事业是美国经济中的一个重大领域，构成美国国民生产总值的14%。它的费用不断升级，日益为许多企业和消费者所不能宽容，还有 3000 多万人没有医疗保险。于是，克林顿任命其夫人希拉里·R·克林顿领导一个专门工作组，对医疗保健事业进行了数月深入考察，最后提出一个 24 万言的报告。1993 年 9 月 22 日，克林顿将报告提交国会，要求通过有关立法。开始公众对克林顿的提议是欢迎的，但受到美国政治、经济界许多强大利益集团的反对。由于预计到失败的可能性极大，民主党的国会领导让克林顿的这个医疗保健改革计划自行消亡，没有在两院投票表决。

共和党人虽对克林顿这个改革计划的失败幸灾乐祸，但对克林顿促使国会批准北美自由贸易协定的斗争是支持的。此协定由布什总统1992 年 12 月签署，克林顿当选后予以认可。克林顿认为，此协定除加强和扩大美国和加拿大与墨西哥贸易关系本身的意义外，还是他的政府在世界市场上与德、日竞争以扩大美国出口份额的战略基础，意义重大。在众院少数党领袖纽特·金里奇的大力支持下，他于 1993 年 11 月中旬取得胜利。但是，美国有组织的劳工、各环境保护团体以及众院许多民主党人一直是反对的。有组织的劳工认为，此协定有可能将成千上万的工作机会输出给墨西哥；各环保团体担心，此协定缺乏适当的、定义确切的法律规定，以保护美、墨两国免受主要源于墨西哥污染源的影响。而众院民主党人则是和他们站在一起的。

除克林顿内政政策遇到重重阻力外，使共和党人高兴的，还有克林顿夫妇卷入的经济丑闻。克林顿被怀疑在 80 年代竞选州长时，曾接受阿肯色州一个银行的非法资助；希拉里被怀疑作为律师，曾为此事代表该银行并为其辩护；克林顿政府中的几位高级官员由于被怀疑曾阻碍对该银行的司法检查，不得不辞职。虽然国会对此事件的调查结果不能表明克林顿夫妇有明显违法行为，但他们不得不出席听证会，对他们的声誉就造成了损害。

对克林顿政府和民主党人来说，也不是没有较好的信息。1993年的经济情况有令人振奋之处。从1990年到1993年，生产率年平均增长1.8%，1993年第4季度甚至增长5.9%；重要服务业单位劳动成本下降1.3%；严重的通货膨胀不见了；1993年创造了200万个工作岗位。所有这些，提高了美国公司的信心，认为可能会出现一个长期稳定增长的时期。不过，喜中有忧的是，1993年的经济增长，并非使所有美国人都得到益处。《华尔街日报》报道，"中等家庭收入在1993年继续下降；就通货膨胀因素进行调整后，它只有36953美元，而1992年则为37668美元，1991年为38129美元。……居于底层的家庭的情况更糟；1993年比起里根年代以来的任何时候，有更多的美国人陷入贫困。与此同时，国情普查局记录下了经济不平等日益升级的情况。1993年，职工顶层1/5的人获得国民收入的48%，而底层1/5的人，则靠国民收入的3.6%维持生活。这种惊人的不平等的另一种反映是：1%的美国家庭占有或控制着美国40%的财富"[1]。这些情况，当然引起中、下层阶级对克林顿政府和民主党人的不满。而克林顿由于深受经济丑闻的困扰，在1994年初却更加转向中间派的立场，抛弃了1993年初试图采取的意识形态上的自由主义。他曾经表现为新民主党人，大力推动北美自由贸易协定、削减预算赤字和福利制度改革。而在1994年的国情咨文演说中，他又加了一个新招。他支持向犯罪作斗争的立法，而且向国会提出的1994—1995财政年度的预算，和布什提出过的预算，没有很大不同。"于是，1992年克林顿提出的经济议程不见了；使他获得中、下层阶级工人及他们家庭支持的计划也不见了。"[2]

在这种情况下，克林顿把希望寄托于经济情况的好转。公司的利

---

[1]　威廉·C.伯曼：《美国向右转：从尼克松到克林顿》，第170页。

[2]　威廉·C.伯曼：《美国向右转：从尼克松到克林顿》，第172页。

润剧升，最后 1994 年利润较 1993 年超出 30%；失业率从 7% 以上下降到约 6.5%。然而令人不解的是，当 1994 年一步一步前进时，极少人把经济情况的进展归功于克林顿；许多收入停滞、担心裁员的选民不相信情况在好转，他们也不认为总统实际上削减了赤字。这样，克林顿就着手反对犯罪立法的具体工作。几十年来，共和党人曾经成功地利用过犯罪问题，声称自由主义者关心罪犯权利更甚于犯罪的受害者。成千上万郊区白人居民对此种指控产生共鸣，他们认为打击犯罪不仅是个人安全问题，更是保证生活质量的问题。为了赢得郊区居民的支持，克林顿建议立法：增加街区警察 100000 名，禁止出售 15 种攻击性武器，并投资建设新监狱。他还支持布雷迪法案，规定购买手枪前必须有 5 天的等待期。当这些法案 1994 年 8 月末在国会通过后，他是满足了郊区居民部分要求，但对于民主党社会基础组成部分的黑人来说，他们是否赞成克林顿的这种立法倡议，那又是另一回事。

克林顿还推动他 1992 年竞选时许诺过的福利制度改革，进一步证明他的中间道路立场。因为许多美国人讨厌现行福利制度，深信它的受益者往往大多是那些品质不足以享受福利待遇的穷人，所以克林顿的这一着棋是不会有什么政治风险的。他的建议是：将福利制度改为工作福利制度，享受福利待遇以两年为期，过期必须自己谋生；过渡期 5 年，由政府拨款 100 亿美元予以资助。此建议提出后，立即受到国会内一些关键性议员的强烈反对，其中包括来自纽约的民主党著名参议员、前福利立法设计师丹尼尔·莫伊尼汉。他认为此改革计划将使穷人更穷；它不是福利制度改革，只是克林顿的政治手法。后来，这一立法倡议自行消亡了。在此期间，克林顿一方面继续实行原联邦福利立法，一方面允许一些州自己制订计划试行改革。

福利制度改革立法倡议因民主党内部分歧而搁浅，共和党人在阻碍克林顿的其他立法倡议方面则扮演着远为重要角色。这样，就使得克林顿在 1994 年中期选举前讨好选民的活动难以取得成果，而共和党人在国会少数党领袖金里奇策划下则频频得分。到 1994 年 9 月，据路易斯·哈里斯民意测验，支持克林顿的人只有 34%，而不支持他的人则占 64%。中期选举结果：民主党人不仅自 1954 年以来第一次失去了对国会两院的控制，而且全国许多州议会落入共和党人手中。

共和党人虽然在 1994 年中期选举中取得巨大胜利，但这次选举只有 38.5% 的选民参加投票，而且许多新当选的共和党众议员都胜得很险。所以即将成为众院议长的纽特·金里奇知道，要想按照保守派的要求，将克林顿对经济的宏观调控政策打回去，把政府职能减到最小限度，还是有很大困难的。

1995 年初，当克林顿力图重获他的政治立足点时，共和党人在他们控制的 104 届国会中立即采取行动。他们开始考虑这样一些立法项目：要求到 2002 年平衡预算；主要有利于上层收入的美国人的减税；对福利制度作重大修改；对医疗照顾制、医疗补助制及其他津贴计划减少开支。他们还考虑到停止国家艺术基金和国家人文基金的问题。一些新当选的共和党众议员还准备攻击商业部，认为它是民主党的大企业分支机构。民主党人不独一时拿不出代替共和党人立法项目的纲领，而且内部还有自由主义者与温和派的分歧，克林顿颇有成为"90 年代的卡特"的危险。可笑的是，最后还是共和党人控制的 104 届国会救了克林顿。

1995 年 2 月，克林顿向国会提出一个包括 2000 亿美元赤字的预算，看起来在短期内达到预算平衡是不可能的。共和党人不愿意接受这一预算。此时，面对民主党中期选举大败之后的克林顿心有余悸，多少有点感到不知所措。后来，他听从了他任阿肯色州长时老伙伴迪克·莫里斯的劝告：和共和党人耐心地谈判预算问题；把手伸向"重视价值观念的"选民。

在谈判预算期间，5 月 19 日俄克拉何马城发生一次严重爆炸事件，炸死了 168 人，举国震惊悲痛。克林顿到该城发表了一次很动人的演说，谴责极端主义与暴力。这件事使公众在一定程度上恢复了对他的信任，也使他在和共和党人的预算谈判中采取更坚决的政治立场。6 月 13 日，他确定 10 年内平衡预算的目标，但将削减医疗照顾和医疗补助计划开支的责任推给共和党人。他还威胁将更多地使用否决权，防止共和党人用立法破坏教育和环保等方面的其他计划。除在预算谈判方面与共和党人斗法外，克林顿还借用共和党人竞选策略抓住社会问题。他根据大量调查资料，公开支持向犯罪作斗争、学生穿校服、家庭价值、在公立学校祈祷，他还签署立法，反对给予同性婚姻配偶以联邦婚姻津贴。这样，他就赢得了共和党选民和佩罗支持者的好感。尽管他反对雇佣配额，但他公开支持对少数民族、妇女等弱者的照顾措施计划。

比起社会问题来，预算问题更重要。克林顿后来接受了在 7 年内平衡预算的目标，但拒绝金里奇达到此目标的条件，因而形成僵局。共和党人想利用国会不通过例行拨款法案让政府关门的办法，迫使克林顿就范，但是他们估计错了。1995 年 11 月中旬，克林顿否决了一个取消政府答应将降低的医疗照顾费用的决议案。其结果，政府不得不在这一个月关门 6 天，后来又从 12 月中起关门 3 个多星期。当 1996 年 1 月初政府重新开门理事时，举国感到非常愤恨，认为形成僵局的责任在共和党人，而不在克林顿；克林顿比较讲理，愿意和解，而共和党人则比较顽固。

预算斗争提高了克林顿在民意测验中的支持率，再加上美国国内生产总值日益增长，赤字迅速萎缩，热门股票牛市冲天；而且民主党内缺乏强有力挑战者，共和党内声望甚高的科林·鲍威尔拒绝寻求 1996 年总统候选人提名。所有这些，使得 1995 年初显得绝无可能竞选连任的克林顿，现在变成一个很可能在竞选连任中取胜的人。

〔1996 年大选〕　尽管共和党人在第 104 届国会中没有完成他们的许多立法计划，但他们重塑了美国的政治争论，使得许多民主党人也不得不承认，政府并不能解决所有问题，需要缩减。联邦制重新得势，国会与总统都力促还权于州；从新政、伟大社会孕育出来的神圣事务如社会保障、医疗照顾制等，都受到前所未有的考察与探讨，而民权事务对两党来说，似乎成了次要的政治问题。1996 年 1 月 23 日，克林顿在国情咨文的演讲中说："大政府的时代已经过去了"，以便将自己和民主党的旧自由主义传统区别开来。这件事使国会中许多民主党人不舒服，但共和党人也更不高兴，因为他们感到被挖了墙脚。

为了竞选连任，克林顿不仅仍坚持中间道路，甚至有些倾向保守。他签署了两个背离自由主义传统的法案，从而废除了已存活 60 年的两种罗斯福新政救助金。一个是福利制度改革法案。签署此法固可否定共和党人对他不遵守 1992 年竞选时改革福利制度的许诺的批评，却取消了有人称为新政社会政策核心的、1935 年社会保障法中规定的对有需要赡养儿童家庭的补助。另一个是免受农业法约束法案，它授权逐步结束对农户的农业津贴。前一法案在民主党内部产生激烈争论。以少数党领袖理查德·格普哈特为首的许多民主党人，曾在众院投票反对此法案；参议员莫伊尼汉领导的一个民主党集团，也在参院这样做。一批内阁官员建议克林顿加以否决。但是，民主党领袖会议和另一些国会民主党人却坚决支持；总统最亲密的顾问莫里斯和副总统戈尔则认为，签署这个共和党人支持的法案在政治上有好处。1996 年 7 月 31 日，克林顿声明：尽管有"严重缺点"，他将签署此法案。观察家们认为，克林顿显然是在关系到 900 万贫苦儿童生命的事件上玩弄权术。

虽然许多民主党人对克林顿背弃自由主义传统不满，但因为没有比他更恰当的人，民主党还是提名他为总统候选人，他仍选戈尔为竞选伙伴。共和党在取得福利改革法胜利后，随即在圣迭戈召开全国代表大会，提名参院多数党领袖鲍勃·多尔为总统候选人，他选前国会议员、供应学派首要人物杰克·肯普为竞选伙伴。多尔减税 15% 的许诺，不足以抵消克林顿已造成的大大领先地位。共和党的政纲，对他也没有多少帮助。如历史学家加里·威尔斯所说，它是由共和党的神学家草拟的"一个对同性恋者、进行人工流产者以及烧毁旗帜者执行死刑人的政纲"①。

至于民主党的政纲，则大大改变了民主党 30 年代以来的面目。它赞扬削减预算赤字，致力于在 7 年内使预算平衡，并进行福利制度改革。它声称民主党现在主张结束大政府时代，但坚决不同意让公民

---

① 转引自威廉·C. 伯曼：《美国向右转：从尼克松到克林顿》，第 184 页。

自己保护自己的错误号召。它力求勇敢地领导美国走向未来，为跨入21世纪建筑一座大桥。

大选结果，克林顿成功连任。伯曼认为，克林顿取胜是由于美国人民相信他的确促进了赤字削减，并使美国经济大大增长。他说："毕竟自1993年以来创造了1000万个新工作岗位；股票市场几乎每天创新高使华尔街处于最佳时期；公司利润丰厚；预算赤字从1993年的2900亿美元降为1996年末的1070亿美元。此外，克林顿还得益于多数选民最希望医疗照顾这样一些计划项目能维持现有资助标准。这些选民不想取消政府，却指望克林顿保护他们的利益。"①

大选的具体结果是，克林顿获选民票49.6%，选举团成员票379张；多尔获选民票41%，选举团成员票159张；再次以独立候选人身份参加竞选的佩罗获选民票8%，没有获选举团成员票。值得指出的是，妇女选民、特别是未受大学教育的妇女选民，对克林顿的胜利起了重要的作用。她们对克林顿促进家庭价值，对他支持被认为创建安全与健康社会、文化环境必不可少的政府计划，作出了反应。此外，她们还相信自1996年中期以来克林顿略为改善了她们的中等家庭收入。她们的选票和受过大学教育的妇女选票一道，使选举克林顿的妇女比男子多11个百分点。

克林顿虽然竞选连任成功，但在国会选举中，民主党尽管在众院增加6席，在参院却减少两席，国会仍然牢牢控制在共和党人手中。

〔克林顿第二任期的经济繁荣〕 1996年大选过后，克林顿立即向共和党人伸出了橄榄枝，说是他希望找到和他们的共同立场，以便达成包括平衡预算在内的各种协议；他的目标是建立一种新的、基于和谐与合作的美国政治生活的"有生命力的中心"。但是，金里奇想的只是制定取悦于共和党选民的立法，以便有一天共和党人能取代民主党人统治美国。平衡预算和减税的立法共和党人是有兴趣的。经过反复讨价还价，终于在1997年7月28日，国会与白宫就2002年以

---

① 转引自威廉·C. 伯曼：《美国向右转：从尼克松到克林顿》，第185页。

前平衡预算和减税的一揽子计划达成初步协议。协议的主要内容如下：今后 10 年内削减净赤字 9000 亿美元，到 2002 年达到预算平衡，2003 年至 2007 年预算将盈余 50 亿至 340 亿美元；1998 年 17 岁以下的孩子每人减税 400 美元，父母年收入在 11 万美元以下的每个孩子减税 500 美元，大约 2700 万家庭将受到影响；大学一、二年级学费减税 1500 美元，第三、四年级每年减税将不超过 1000 美元，据说是 30 年来最重要的教育优惠政策；给没有医疗保险的 1000 万儿童的一半提供 240 亿美元的医疗保障资金，此款将通过提高烟草税进行筹集；通过降低医院费用和医生工资的增速，减少为老年人提供的医疗照顾费 1150 亿美元，减少为穷人的医疗保障费即医疗补助 130 亿美元；单亲的私房主售房价低于 25 万美元的，双亲的低于 50 万美元的，免交资本收益税；最高资本收益税率从 28% 降为 20%，对于低收入的纳税人最高资本收益税率从 15% 降为 10%；对家庭农场和小企业遗产税的免税额上升至 130 万美元，1998 年开始生效，其他遗产免税额到 2007 年之前将逐步上升至 100 万美元；在社会福利方面，提供 120 亿美元恢复给予 35 万美元合法移民的医疗保险费。8 月 5 日，克林顿签署了据此协议制定的财政预算平衡法案和减税法案。

从 1998 年 1 月起，克林顿便陷入他与前白宫实习生莫尼卡·莱温斯基性丑闻达一年之久。但是，他为了反驳克林顿第二任期没有崇高目标的传说，为了表示在沸沸扬扬的性丑闻中仍然关心和负责国事，他在 1 月 27 日的国情咨文中提出了一个耗资巨大的拯救社会保障的计划。他在谈到他的开支蓝图时说："由于 20 世纪还剩下 700 天，所以现在不是休息的时候，现在是建设的时候，是力所能及地建设美国的时候。"他赞扬共和党人帮助通过了平衡预算的法案，说这正在促使预算到 2004 年时盈余 2000 亿美元，并且接着说："我们应该用这项预计的盈余做些什么呢？我要用一句简单的话回答：首先拯救社会保障制度。"①2 月 2 日，克林顿提出了 17300 亿美元预算；尽

---

① 以上两段引文俱见登保罗·贝达德：《克林顿极力主张新的开支》，载《华盛顿邮报》1998 年 1 月 28 日。

管该预算为托儿服务、教育和医疗研究等计划增加了数十亿美元，但它还是 30 年来第一个出现盈余的预算。

对于今后历年预算盈余的用途，共和党人不同意克林顿把它用于拯救社会保障制度，而要用来减税。双方争论不休。与此同时，众议院议长金里奇为共和党设计的 1998 年中期选举战略，乃是利用莱温斯基案整垮克林顿，同时赢得选举。但事与愿违，由于预算出现盈余，经济不断增长，通货膨胀率和失业率都很低，股票市场红火，大多数美国人对生活满意，共和党人抓住生活作风问题这样大做文章，硬要把振兴了美国经济和国力的克林顿拉下马，反而不得人心，而且改善了克林顿的处境。最后，金里奇不得不于中期选举后宣布将于 1999 年 1 月辞职，而克林顿在 1999 年 2 月 12 日参议院对他由莱温斯基案引起的弹劾审判中被宣告无罪。

克林顿被参议院宣布无罪后，在他任期最后的两年中，一面忙于在国外置一切国际准则于不顾，指挥北约狂轰滥炸南联盟；一面在国内与共和党人，特别是南方共和党人①及民主党内以理查德·格普哈特为首的传统民主党人明争暗斗，并为副总统戈尔助选。但对他来说幸运的是，美国经济情况一直很好，直到 2000 年 12 月克林顿任期结束时，美国经济连续增长了 112 个月，超过了美国历史上任何一次增长期。特别是 1996 年以来，年实际增长率达到 4%，据国际货币基金组织预测，2000 年美国经济增长将达到 5.2%。更有意义的是，美国这次经济增长同时拥有较低的通货膨胀率和失业率，1999 年这两项指标分别为 1.9% 和 4.2%，基本上实现了经济学家们梦想的零通货

①　南方共和党人在当时众院 228 位共和党议员中占 82 位，是国会中迄今为止最大的单一集团。他们特别愤恨克林顿反对歧视黑人、致力于种族平等的政策，对克林顿亲自挑选成员、组成一个以著名黑人史学家约翰·H·富兰克林为主席的种族问题总统委员会来认真研讨种族问题，并于 1997 年 6 月提出要构建"一个美国"（即生活在美国的各个不同种族要消除偏见和歧视，并为推进美利坚民族的同一性而共同奋斗）的种族战略，尤为不满。他们也反对克林顿增加对就业和教育计划的拨款、出现在黑人教堂、就南部学校合并问题举行会议和反对加利福尼亚州旨在阻挠反歧视运动的第 209 条款，认为这些是对他们的侮辱。

膨胀下的"充分就业"水平，这是从来没有过的。所以许多经济学家承认它是一种"新经济"。这种新经济使美国经济摆脱了里根-布什年代在国际竞争力方面较德、日两国处于劣势的地位，成为世界上最强大的经济。

3. 造就美国新经济的主要原因

"在传统经济学教科书里，宏观经济的 4 大目标：经济高速增长、预算平衡、物价稳定和充分就业具有不可兼得的性质。而且，按照著名的菲利普斯曲线，失业和通货膨胀之间应呈此消彼长的关系。"①现在美国新经济打破了这种传统的经济运行理论，是值得我们进行必要的分析的。我以为造就美国新经济有以下一些原因。总的来说，这和克林顿"宏观调控、微观自主"的经济政策有关。这种政策既不同于罗斯福新政以来形成的国家干预过多的政策，也不同于里根的放任自由的政策。它力求美国经济作为一个整体良性运行，趋利避害，同时又保证和促进个人与个体的积极性和创造性。在这种总政策的影响下，克林顿政府的一些具体经济政策促成了新经济的产生和发展。

〔以削减和消灭预算赤字为核心的财政政策〕 关于这种政策的实施情况，本章第 2 节中已有所论述，这里只作些补充。据 1999 年 2 月 1 日克林顿向国会递交的美国 2000 财政年度联邦预算报告预计，1999 年财政年度盈余可达 800 亿美元，2000 年的盈余可达 1173 亿美元，未来 10 年累计将达 2.41 万亿美元。由于美国财政出现了这种有利变化，在克林顿政府统治时期，美国的利率一直较低，私营企业投资大量增加，经济长期增长，创造了大量就业机会。

〔灵活而有效的货币政策〕 克林顿政府的财政政策，得到以艾伦·格林斯潘任主席的美国联邦储备委员会的有效配合。格林斯潘是

---

① 周茂荣、吴姚东：《师生对话"新经济"》，《长江日报》2000 年 11 月 13 日求知版。

共和党人,从里根政府后期起即任斯职。克林顿曾称"美国联邦储备委员会的领导在我们的经济增长中功不可没",并赞扬格林斯潘"英明而连续的领导不仅惠及美国的经济增长和华尔街的繁荣,而且惠及美国的普通百姓"。

1994年,格林斯潘为了防止经济过热而造成通货膨胀,出人意外地在一年之内7次上调利率,被人认为"简直是疯狂",结果美国经济平平安安软着陆,为美国历史上最长经济上升期奠定了基础。1998年的世界金融危机中,美国联邦储备委员会沉着应战,3次削减利率,不仅使美国摆脱了全球金融危机,而且最终遏制了那次金融危机蔓延的势头。"在格林斯潘担任美联储主席这12年来,尽管他坚持反通货膨胀主义,但他也勇于突破经济理论的束缚。传统理论认为,经济过热必将引发通货膨胀,但他注意到大规模的高科技投资在提高生产率的同时降低了生产成本,因此在推动新技术革命方面不遗余力。

"格林斯潘还突破了理论上的最佳失业率限制。传统经济学理论认为失业率高于6%将导致经济萎缩,低于5%将触发通货膨胀,而目前美国的失业率仅仅4%,经济仍在稳定增长"①并未出现通货膨胀。

因此可以说,美国联邦储备委员会灵活的货币政策有效地保证了美国经济的增长和低通货膨胀率,与克林顿的财政政策是相辅相成的。

〔开发和应用以信息技术为核心的高新科技政策〕 我以为这是造就美国新经济最重要的原因。据赫伯特·斯坦研究:自由主义者在认识到其标准信条中的不足之处以后,曾于1980年大选后开始寻求替换的或者补充的经济政策,提出了一个新的战略或口号,称为"产业政策"或"高技术政策";这个出于新政治口号需要而出笼的观点,受到两种现象的激发,一是美国夕阳工业(如钢铁和汽车制造业)就

---

① 夏晓阳:《克林顿提前半年任命新一届美联储主席——格林斯潘》,载《文汇报》2000年1月19日上海。

业和产值停滞不前，甚至每况愈下，二是一些朝阳工业（主要是与电子技术有关的工业）就业与产值正在上升，而且在世界各地上升，尤其是在日本，而美国对这些高技术产品的进口则在不断增加。①

其实，里根和布什政府也利用了这一观点的部分内容，着手开发和应用高科技产业，但是不像克林顿任期这样，率先提出了建立"信息高速公路"，将信息技术正式在全国范围推广，在政策上扶持高新技术大规模应用，帮助它迅速形成美国经济发展的支柱产业。和里根与布什年代不同，克林顿政府将"产业政策"当做讨论国民经济的一个严肃课题，要求加强对国家资源在工业布局方面的全面管理，积极地指导资源配置，以加速经济发展。首先，它加大科技研究与开发的力度，加快了创新的进程。1993年，克林顿将研究与开发投资提高到占国民生产总值的2.9%（1980年只占2.3%）。1994年，提高到2000亿美元左右。从1992年至1997年，美国研发开支年平均增长2.7%，相当于其他西方6大国开支年平均增长率1.4%的2倍。美国每年研发开支与这6国总开支相当。到2000年，美国研发开支更猛增7.9%，共达2640亿美元，占世界研发总开支的45%。这不仅保持了美国在半导体、信息、航天航空、新材料等技术密集型产业在国际上领先地位，而且有助于提高创新速度，使专利显著增多。1995年至1998年是美国战后以来技术发明专利增长最快的时期，年均增长率达12.5%；1999年美国申请专利数共30000项，大大超过德国（10000项）和日本（7200项）。其次是加大加速对信息技术的投资。克林顿政府时期美国对信息技术投资增长特别迅速，1991年至1995年，美国与信息有关的设备投资年平均增长速度为14.4%，其中与电脑有关投资增速高达29.7%，1995年和1996年的增速分别为32%和45%。1996年这方面投资为2060亿美元，到1999年更超过5000亿美元；对信息设备和软件的投资占设备和软件总投资的比例，从1987年的29%增长到1999年的52%。美国因特网和电子商务的发展

① 赫伯特·斯坦：《美国总统经济史》（中译本），吉林人民出版社1997年版，第272页。

也在世界上领先。1999 年 6 月，美国因特网用户比率(160‰)为欧洲联盟的 7 倍、日本的 8 倍多。1999 至 2000 年 3 月间，美国因特网用户每千人又增加 25.1 户。第三，近年来美国风险资本投资猛增。在 1993 年以前的 15 年里，美国风险资本公司为投资筹集的资本非常稳定，每年都在 30 亿美元至 50 亿美元之间，但自 1994—1999 年，风险资本急剧增长，1999 年达到 250 亿美元，其中一半以上与因特网投资有关。1999 年的管理基金超过 800 亿美元，而 1993 年只有 310 亿美元。当然，风险投资的这种迅猛增长，也是和高科技公司迅速而稳定的发展分不开的。第四是"建立全球科技研究开发网络或战略科技联盟机制。90 年代，美国加强跨国科技合作，使专利发明跨国化程度提高。……在 1993—1995 年，美国与外国共同发明的专利所占比例从 1985—1987 年的 4% 提高到近 8%。技术联盟及相关合作安排有利于企业共摊成本，扩大产品范围，并增加盈利。1998 年，美国 1000 家大企业盈利的 1/3 是战略科技联盟的结果，这一比例比 90 年代初翻了一番。"[1]

由于上述开发和应用高新科技政策的实施，美国的产业结构发生了显著变化，技术和知识密集型产业得到巨大的发展。1990 年开始，美国对高新技术设备的投资就超过对其他产业的投资。到克林顿第一任期的最后一年，美国这方面的投资是对其他工业设备投资的 1.6 倍，占美国企业固定资本投资总额的 35.7%，占世界同类投资的 40%。与此同时，美国还对传统产业进行技术改造，主要是用电子技术改造传统产业落后的生产工艺，用电脑和网络化进行设备和技术更新。因此之故，"90 年代中期以来，高技术产业在美国国内生产总值中的贡献率为 27%，而传统的住房建筑业和汽车业的贡献率分别为 14% 和 4%。信息技术产业对美国经济的带动作用不仅比传统产业作用大，而且也比其他高技术产业的作用要大。1993 年以来，在美国工业增长中，约 45% 是由电脑和半导体发展带动的。90 年代末，美

---

[1] 甄炳禧：《21 世纪初美国经济实力走势》，《国际问题研究》2001 年第 1 期，第 36 页。

国与信息产业直接有关的部门在国内生产总值中所占比重已达80%。信息产业正在成为美国最大的产业以及美国经济增长的主要动力"①。而且从1994年开始,美国在新一代计算机芯片、软件、各种新型电脑和网络技术、移动通讯技术、高清晰度电视技术及生物技术等领域的国际市场上,已占全面优势。

美国高新技术的发展还促进了企业结构和经营管理方式的调整。企业结构的调整,主要表现为并购与缩减规模这两种趋势。从1993年起再次掀起的并购浪潮的特点是:规模大;涉及各个行业;大企业的强强联合和兼并,尤其是跨国横向联合和兼并。通过这种联合和兼并,企业得以扩大经营规模,降低经营成本,增强国际竞争力,提高在国际市场上的占有份额。缩减规模的目的,同样是为了降低成本,加强企业的竞争力。最常见的方式是下岗或裁员,也就是我们常说的"裁员增效"。克林顿政府时期,美国大型制造业再次大规模裁员,大量工人和中层管理人员被解雇,特别是东亚金融危机后各大公司更连续进行大量裁员。美国电话电报公司裁员1.66万人,并且裁减高层管理人员25%。

除企业结构调整外,企业的管理经营方式也发生重大变化。"80年代、特别是90年代以来,随着信息技术的发展和知识经济时代的日益临近,美国企业经营和管理的内涵也发生了迅速而根本的改变。工业时代基本的商业原理已不再起作用,一种全新的经营和管理战略与理念正在出现,以知识为基础组织生产和经营已成为新型企业的象征以及企业生存和发展的关键。"②这首先表现为企业管理结构和管理方式的调整,亦称企业重构或企业再造。所谓企业重构,乃指对公司及其经营过程进行根本性设计以节省成本和生产时间,并改进质量。其主要内容如下。一是企业组织结构由"金字塔型"改为"网络型";在电脑化和网络化的基础上,变纵向管理为横向管理,减少中间环节,精简管理机构,并在不同层次上扩大职工参与决策。二是使企业

---

① 任东来等:《当代美国——一个超级大国的成长》,第94页。
② 任东来等:《当代美国——一个超级大国的成长》,第88页。

的机构具有"可重塑性"，使它在任何条件下都能及时调整以适应市场的迅速变化。三是建设智能基础设施，将信息技术用于公司的管理、生产、销售等各个环节。这样，企业便能更及时而有效地掌握市场变化情况，合理地管理库存，大大缓解以往商业周期中经常出现的生产能力不能适应市场需求变化的现象，提高了生产的稳定性。最后是将管理重点放在产品的开发、生产流程、材料采购，有效地将产品推向市场等企业的核心领域。

其次表现为企业经营战略的调整。首先是适应经济全球化的需要并利用经济全球化的进程，重视和占领国际市场。其次是根据生产、销售等情况的变化，或者收缩业务，重点生产、经营传统产品；或者分散经营，将企业分成能够各自对经营结果负责的自我管理单位；或者增强协作，使知识作为一种资源和经营战略构想在更大范围内得以交换和共享，从而提高经营效率。①

〔适应和利用经济全球化进程，以开拓国际市场为核心的外贸政策〕 根据美国《商业周刊》主编斯蒂芬·谢泼德说法，全球化进程和信息技术革命一道，是造就美国新经济的两种最重要因素，② 这种看法是有根据的。克林顿政府非常重视加强美国经济的国际竞争力、扩大美国国际市场的问题，实行了以新贸易主义为核心的外贸政策——"战略性贸易政策"。此政策是自由贸易和新贸易理论的混合物，其特点是既强调维持开放的贸易体系，又积极帮助美国企业在国际市场上的竞争。它要求强化美国企业的国际竞争力，通过扩大出口，带动美国经济进一步增长，并创造更多的就业机会。为实施此政策，克林顿政府制定了国家出口战略：加强对出口的干预，积极开展国际经济外交；改革机构设置，为出口商提供出口市场经贸政策、法规、市场特征、出口战略等方面的全方位优质服务；帮助企业扩大出口融资预

① 以上两段内容，基本上摘自任东来等著《当代美国——一个超级大国的成长》，第88~90页。

② 见所著《新经济：它到底是什么意思?》，载《商业周刊》1997年11月17日。

算，拓宽融资渠道，加强对出口的金融支持；还放松了对高科技产品的出口管制。如伯曼所说："商业部长罗恩·布朗作为给克林顿出主意的人，和一些主要公司串联起来，协同努力在全球范围内扩大美国商业与投资机会。贸易谈判代表米基·坎特则到处刺探，只要是可能，就力图为美国出口商品找到开放市场。这样，到1995年，美国在政府的帮助下，在与德、日争夺世界市场份额的激烈斗争中，就相当改善了作为世界主要出口国的地位。"①

在采取积极促进出口措施的同时，克林顿政府还努力推进双边、区域经贸合作及贸易和投资的自由化。它一面通过双边贸易谈判迫使贸易伙伴对美国开放市场，比如以减少贸易逆差为名，要求日本开放大米、汽车零部件、银行与保险业、航空服务等市场；一面积极推动亚太经合组织18个成员间的贸易、投资自由化进程，扩大"北美自由贸易区"的范围以期纳入"南锥体共同市场"4国，还努力推动由30多个国家参加的"美洲自由贸易区"。其目的，当然都是为了利用美国经济优势来维持和扩大其出口市场。

此外，为了利用美国经济优势，通过全球一体化进程谋求美国经济利益，克林顿政府还于1994年11月促成了长达8年的关税和贸易总协定乌拉圭回合谈判的圆满结束。

这样，从"1992—1996年，美国出口总额的年平均增长率达6.2%，高于全球5%的平均增长速度。目前，美国已稳居全球第一出口大国的地位。国外市场的扩大为美国迅猛发展的生产找到了重要的出路。自1987年以来，美国经济增长的33%以上来自出口，出口的扩大已成为经济发展的一个重要因素。对外贸易的扩大还为美国提供了大量价格低廉的进口消费品，从而使之能在保持较高经济增长的同时，避免因工资增加过快而推动的通货膨胀"②。

〔放松和取消政府管制〕 克林顿政府在加强国家对经济宏观调

---

① 威廉·C. 伯曼：《美国向右转：从尼克松到克林顿》，第169页。

② 林水源：《新经济自由主义与美国的新经济》，《世界经济》1999年第6期，第30页。

控的同时，主张企业的微观自主。克林顿的这种政策主张是和70年代末以来美国的经济思潮有关的。70年代中期出现席卷西方的滞胀危机以后，统治西方经济学界三四十年之久的凯恩斯主义陷入了严重危机，导致新自由主义经济思潮的兴起。"新经济自由主义包括货币主义、供给学派和新古典宏观经济学3个主要学派。它们都以对抗凯恩斯主义的恣态出现，都强调市场机制对经济活动的自动调节作用；但它们的理论和政策主张也都有其不同的侧重点。"①

货币主义者认为，自由市场机制具有内部动力并能自动运行，只要条件适宜，就可以自然地实现充分就业；国家除为其顺利运行创造并保持适宜的环境和条件外，不必过多干预。供给学派强调刺激供给，办法是降低税率以刺激储蓄和投资，控制政府开支以实现预算平衡，限制货币发行以阻止通货膨胀，减少政府干预以发挥市场调节作用。新古典宏观经济学（亦称理性预期学派）建立在市场出清和经济主体追求经济利益最大化的理论基础上，认为市场基本上处于完全竞争的状态，凯恩斯主义者关于通过宏观经济政策改变就业量的主张是错误的。

凯恩斯主义在和这些学派的十余年争论中，相互影响，相互融合，取长补短，逐渐形成所谓新凯恩斯主义，亦即克林顿经济学。在这种经济学中，国家宏观调控和企业微观自主是相辅相成的。如第13章第2节所说，里根、布什政府也是强调企业的微观自主的，但它们反对国家的宏观调控，从而导致"第三种赤字"和企业投机行为的猖獗。克林顿吸取了这一教训，他是在国家宏观调控的基础上实行企业的微观自主的。他的这一政策包括两方面。一是步前3届共和党政府后尘，继续有步骤地放松和取消政府管制。比如前面提到的以工作福利制度代替旧福利制度的政策，就减轻了企业的福利支出，降低了企业的劳动成本。与此同时，由于放松了对劳动力市场的管制，增强了劳动力市场的竞争性，又促使实际工资的增长率一直低于经济的

---

① 林水源：《新经济自由主义与美国的新经济》，《世界经济》1999年第6期，第24页。

增长率。按 1982 年的不变价格计算，1992—1996 年美国私营部门的实际小时工资只有微小的增长。又比如，前面提到的产业结构、企业结构及其经营管理战略的调整和这种调整取得的巨大成绩，就是和克林顿政府放松对电信等业的管制分不开的。根据 1996 年通过的耕作自由法，联邦政府不再扮演使农场主不受玉米、小麦和其他农产品价格下降影响的最终保护者的角色了。它还将每年向农场主提供固定的款项，但逐年减少，到 2002 年取消。这样，不独可使政府节约 130 亿美元，还会使农场主种更多的土地，并且自己决定种什么。结果种植面积扩大了，有更多的农产品提供出口了。根据 1999 年通过的金融服务现代化法案，取消了 30 年代大萧条时期实行的限制商业银行、证券公司和保险公司跨界经营的法律，使美国的金融服务业迈入一个新时代。由于金融创新活动的加快、特别是非传统金融机构的出现，投资方式日益多样化，银行的垄断逐渐被打破。据统计，90 年代美国各种风险投资每年都在 450 亿~650 亿美元。此外，克林顿政府除在税制改革中减免企业长期研究与开发的税额外，如前所说，还减半征收小企业长期投资的资本收益税。所有这些都刺激了企业的投资和技术创新活动。90 年代前 7 年多的时间内，就有 180 万家企业开业，超过了创纪录的 80 年代的 150 万家，其中尤以高新技术企业发展令人瞩目。

二是为了加强企业微观自主的能力，克林顿政府为企业发展积极加强基础设施，创造和保持适宜的环境和条件，它特别重视教育工作。布什任期第一年，美国教育投入为 3530 亿美元，到 1999 年，却增加到 6350 亿美元，占美国国内生产总值的 7%以上，在发达国家领先。克林顿提出，进入 21 世纪后，每个美国小学教室都要和世界联网，大学升学率要达到 25%，以适应新经济发展的需要。

〔大量移民与美国移民政策〕 关于移民对美国经济的影响，在美国人中是有不同看法的。那些认为要防止外国人败坏美国文化的、孤立主义的共和党人，那些坚持认为移民抢走美国人工作的工会民主党人，和那些种族主义者，都认为移民对美国经济没有好处。在这一类人的煽动下，20 世纪以来美国不断发生排外运动，通过反对移民的立法。直到 1996 年，美国国会的反移民势力还通过一项综合议案，对移民的几乎每个方面都作了严格的规定。显然这都是偏见。实际上，美国今天的繁荣就是移民建设起来的。20 世纪 90 年代美国的新经济，移民也作出了一定贡献。大体上说，这表现在两个方面。一是加强了美国高新科技的人力资源。美国的高新科技虽然在世界上领先，但直到 90 年代末，"雇员在百人以上的美国高新技术公司中还有 36.4 万个计算机程序编制员和计算机系统分析员的位置空缺。据美国劳工部估计，从现在起到 2005 年，美国平均每年需要新增 9.5 万名计算机专家。"①因此之故，90 年代后半期以来，美国的高新技术企业都迫不及待地渴求优秀的科技人才。这些人才来自全世界，微软和国际商用机器公司的研究及技术人员中，就有 7% 出生在国外，特别是来自香港、台湾等地区的华人和来自印度的科技人员非常活跃。

"美国政府正准备加速这一潮流，其中之一就是出台了加强 21 世纪美国竞争力法。该法在美国高科技产业界的强烈要求下由美国国会通过，提出了一个雄心勃勃的目标：为了使美国企业能够在 21 世纪领导信息技术革命的潮流，要吸收世界各国的优秀科学技术人才，并为其提供援助。"②

在 90 年代，美国各个领域每年平均吸收约 10 万名技术人员。预计外国技术人员的人数，从 1990 年算起，到 2001 年年底，将达 120 万人。1998 年据美国科学基金会说，在科学和工程领域持有哲学博士学位的美国居民中，有 23% 是外国出生的。同年，有的人口学家说，美国全部男物理学教师的 1/3 是移民，移民占全部女医生的 1/4。根据上述种种情况，布朗温·兰斯指出："我们现在史无前例的经济增长是由美国在高科技领域的明显优势推动的，正是由于许多世界上

---

① 任东来等：《当代美国》，第 463 页。
② 山崎友宏：《为"新的增长"而强化体制——美国加强 21 世纪竞争力的战略》，载日本《日刊工业新闻》2001 年 3 月 26 日。

最优秀、最杰出的人才来到我们的大陆后做出的创新，这种优势才得以持续。"①

二是有助于缓解美国的劳动力短缺问题和通货膨胀。到 2000 年 6 月止，10 年来至少有 1000 万移民进入美国，大多找到了工作，缓解了美国劳动力短缺的问题。2000 年 1 月，当联邦储备委员会主席艾伦·格林斯潘被批准再连任一届时，参议员们要求他支持一项议案，促进外国高科技人员的流入。格林斯潘是同意这一要求的。华盛顿美国移民改革联合会执行主任丹·斯坦说，这可能是美国联邦储备委员会有史以来第一次试图把移民作为货币政策的一个组成部分；如果没有移民的大量流入，美国联邦储备委员会可能早就不得不为了控制通货膨胀而控制经济增长了。2000 年 6 月 15 日《参考消息》载有译自美国《基督教科学箴言报》的文章，说是近 3 年来美国 3000 万最底层工人工资不断增长，但移民研究中心研究人员说，如果移民的流入受到限制，他们的工资会比现在还要高约 8%；而来自印度、中国、俄罗斯和其他国家的计算机程序员把美国高科技人员的工资压低了 20%。同年 1 月，格林斯潘指出：不仅在高科技和农业领域，而且在整个美国，总需求正在对日益减少的失业劳动力供应形成压力；如果要抑制通货膨胀，就需要增加进口或增加移民。同年 2 月 23 日，英国《金融时报》题为《美国经济奇迹中的非法劳工》一文甚至说：推动美国经济增长的无名英雄是 600 万名非法工人。

应当指出的是，克林顿政府任期中出现的新经济，自然还存在着许多重要问题需要解决，但直到 2000 年底，形势一直是好的，这也是事实。不过，由于新经济的出现，90 年代后期以来，美国经济学界和政界有些人认为，新经济消灭了商业周期(尽管有许多人反对这种看法)，他们的论证似乎没有什么说服力。我比较同意这种看法：新经济并未摆脱通货膨胀和商业周期，但由于新经济的经济增长是科技进步和全球化带来的贸易增长推动的，商业周期已发生重大变化：

① 见所著《移民对美国经济的影响》，载美国驻华大使馆新闻文化处编《交流》2000 年第 3 期。

它的频率减少了，经济衰退到来的时间推迟了，程度减轻了。

4. 克林顿的全球战略——克林顿主义

克林顿上台前，长期任州长，没有实际的外交工作经验。他竞选总统时所需的外交知识，都是从书本和顾问们那里得来的。所以在他任期的第一年，他的政府还未形成一种明确而比较定型的外交政策。但可以肯定的是，作为一个冷战后上台的总统，一个在谋求"美国统治下的和平"的思想影响下成长起来的、热衷于建立丰功的民主党人，克林顿的外交政策思想，是不会和布什的建立美国领导下的"世界新秩序"思想有多大差别的。实际上，克林顿继承了布什的外交思想和政策，要说不同，不过是发展了布什的外交思想和政策，提出了更加明确的冷战后美国外交政策的内容和目标。

［影响和形成克林顿全球战略思想与政策的一些战略理论］

克林顿的全球战略思想当然不是一天形成的。除美国的文化传统和布什外交政策思想外，他还直接间接受到当时战略学家们理论的影响。布什提出"世界新秩序"战略后，当时不少论者认为，布什的这种全球战略乃是冷战后初期美国盲目乐观和理想主义的产物，是概念模糊而不现实的。据张敏谦研究，当时人们对冷战后国际政治走向提出了5种不同的观点：一是自由民主决定论，认为世界未来走向取决于自由民主价值观在全球普及的程度；二是塞缪尔·P·亨廷顿的文明冲突论，强调"人类社会的大分裂和发生冲突的主要根源将是文化上的"；三是以亨利·基辛格为代表的均势论，认为未来世界的政治前途主要取决于5（或6）大力量中心的互动；四是经济至上论，认为经济力量及其实践对未来全球政治的形成与表现具有压倒的重要性；五是非传统安全论，认为冷战后应扩大国家安全的定义，重视超越民族边界的全球性问题，主张以人道的方法处理国际事务。根据上述对冷战后国际政治走向的不同看法，战略学家们提出了以下4种战略选择：新孤立主义、选择性接触、合作安全和优势主导。新孤立主义者主张美国应保持行动自由和战略上独立性，重点解决自身存在的经济、社会问题，少卷入国外事务，甚至建议将北约的未来交与欧洲，朝鲜问题交予韩国处理，实行非结盟战略，即使是人道援助也应限于自然灾害范围。选择性接触战略强调维持具有工业、军事潜力的强国之间的和平，善于利用传统盟国的力量，确保欧洲、东亚、中东、西南亚这些对美国利益攸关地区的稳定与和平。优势主导战略强调实现并确保美国在全球的领导地位，关注的重心也集中于欧、亚、中东地区；它不容许世界上出现一个与美国势均力敌的强国。合作安全战略与上述3种以现实主义为支点的战略设想不同，是以自由主义为支点的。它主张既要重视大国间的和平，也要重视小地区和小国的稳定，强调必须以国际组织的名义，对世界上所有性质的冲突进行干涉，包括人道干涉和军事干涉。① 从后来形成的被称为克林顿主义的美国全球战略来看，它是以优势主导战略为核心，批判新孤立主义，并吸取选择性接触和合作安全战略部分内容的产物。

　　［克林顿全球战略的形成］　在竞选总统早期，克林顿于1991年12月12日在乔治敦大学发表了题为"美国安全的新契约"的讲话。后来，又于1992年4月1日在对外政策协会发表了"供发表的言论"。在这两篇有关对外政策的讲话中，克林顿批评布什政府由于对冷战后战略环境的复杂性和严峻性估计很不足，太重视维持现状，没有作出积极有效的反应。"他批评布什只'乞求于一种世界新秩序'，却没有为美国确立新的战略目标；只关心外部事务，却忽视了应该特别予以重视的国内经济和社会问题；只强调政治稳定和同各国领导人的个人关系，却没有一项推进自由、民主及经济增长的首尾一致的政策，支持民主的态度常常犹豫不决，坐失冷战结束后向全球推广民主价值观的良机。"②为此，克林顿提出了自己对外政策的新目标：重新构筑适应冷战后安全环境多样化、严峻化及不确定性的军事力量，使之更为精干、灵活、坚强，以确保美国利益与安全受到威胁时能有效反应并

---

① 张敏谦：《美国全球战略剖析》，《美国研究》2000年第4期，第18~23页。

② 张敏谦：《美国全球战略剖析》，《美国研究》2000年第4期，第26页。

取胜；促进世界的民主化；致力于恢复和加强美国经济在国际上的领导地位。克林顿就任总统前7日，新任国务卿沃伦·克里斯托弗在对参议院外交委员会的讲话中，全面阐明了克林顿政府的对外政策原则：美国经济安全与发展是美国政府的外交重点；保持强大的、灵活的防务力量体系；促进世界民主。

在促进世界民主方面，克林顿政府将它和安全问题联系起来，大力宣扬"民主即安全"的理论，认为民主国家的共同体越大，联系越紧，美国就会越安全与繁荣。1993年9月21日，克林顿政府的国家安全事务助理安东尼·莱克在约翰斯·霍普金斯大学发表题为"从遏制到扩展"的演讲，正式提出了具有克林顿外交特色的民主扩展战略。他说：美国"通过冷战遏制住了一种对市场民主制的全球性威胁"，冷战后则"必须以一种扩展战略取代遏制战略，使市场民主国家组成的自由共同体在世界得到扩展"。① 扩展战略一是要巩固民主核心(美国及其主要盟国)，二是要扩大民主圈，三是要孤立和打击有可能对市场民主国家造成威胁的逆潮流而动的国家，四是要充分发挥"人道主义"行为的影响力。到1994年7月，为了批判和反对近两年来一度抬头的新孤立主义，克林顿政府又将扩展战略发展为"参与和扩展战略"。克林顿在有关的报告中宣称："美国在世界上的领导作用从未像现在这样重要。如果我们在国外发挥领导作用，就能够通过阻止侵略，促进危险的冲突得以和平解决，从而打开国外市场，帮助民主政权积极地应付全球各种问题，使美国更加安全和繁荣。如果没有我们在海外的积极领导和参与，各种威胁就会加深，我们的机会就将缩小。"②到1997年5月19日，克林顿政府发表《新世纪国家安全战略》，又提出了以"营造—反应—准备"为核心的"跨世纪战略方针"。杨洁勉指出：该战略强调美国在和平时期的军事战略重点是

---

① 安东尼·莱克：《从遏制到扩展》，《当今重要演说》第60卷第1期，第15页。

② 克林顿：《参与和扩展的国家安全战略》，美国政府印刷局，1994年7月，第2页。

"积极营造对美国有利的国际环境";"反应"指一旦营造活动受阻,美军将"对各种危机做出迅速而有效的反应",主要措施是"实施小规模应急作战",以及进行有限军事干涉,直至"打赢两场几乎同时发生的大规模战区战争;"准备"是指"着手为变幻莫测的未来作准备"。① 美国的这一战略,其目的在于确保 21 世纪继续成为美国的世纪。

综合起来,克林顿的全球战略包括 3 项内容:一是在安全方面,积极推行"预防性防务"战略,努力建立美国主导的全球安全体系,防止出现比美国更强大的地区和国家,以确保"美国统治下的和平";二是加紧打着"人权"的幌子,干涉别国特别是社会主义国家及其他发展中国家的内政,向全球扩展以美国为代表的民主价值观;三是以国家力量推动对外经济工作,调动和开发全球资源为美国利益服务,继续保持美国经济在国际上的领导和领先地位。

〔克林顿全球战略的实施〕 从上述克林顿全球战略的性质来看,在它实施的过程中,必然表现出以下特点:强调以自我为中心,只重视美国的利益和价值观,忽视别人的利益和价值观;虚伪,强词夺理;傲慢自大,盛气凌人。下面我们来看看实际情况。1993 年 1 月克林顿就任总统后,继续执行布什政府派美军前往东非索马里实行人道主义任务的政策。当时,索马里因派系和部族冲突秩序混乱,联合国提供的救济物资被从事内战的军队攫取,到不了难民手里。据估计,如果这种情况不改变,在未来 6 个月中,将有 50 万索马里难民饿死。联合国乃于 1992 年 12 月 3 日通过第 794 号决议,授权以美国为首的联合特遣队进驻索马里,以保证联合国的救济物资能直接送到难民手中。9 日,美军到达摩加迪沙。开始时情况良好,索马里军队不再攫取食物,饥荒逐渐停止,有些难民返回了家园。1993 年 3 月,美国开始撤军,只留下 8000 人的后勤部队。但与此同时,克林顿政府受到初步成功的鼓舞,却力促联合国将救济任务改为用武力维持和

---

① 杨洁勉:《跨世纪世界格局中的美国全球战略》,《国际问题研究》2000年第 6 期,第 25 页。

平任务，帮助索马里"创建一个有效而负责的政府。"5 月 1 日，联合国部队接管联合特遣队的工作，并开始解除索马里各派军队武装。这一行动却遭到强烈抵抗，整个夏季战斗激烈。10 月间，在摩加迪沙的一次战斗中，17 名美军被杀死，其中 1 名被索马里士兵赤裸裸地拖行在摩加迪沙街道上。美国人民在电视上看到这一惨景后，舆论大哗，纷纷要求政府撤军。克林顿政府屈服于舆论压力，不得不下令到 1994 年 3 月撤军。

帮助索马里"创建有效而负责的政府"，本来是克林顿政府促成的扩展民主的事业，为什么要半途而废呢？这要从头说起。"冷战时期，出于与苏联争霸的需要，美国在非洲十分强调政治和军事存在。苏联解体后，东西方在非洲的对峙消失，美国为建立由其主导的世界政治新秩序，将非洲纳入西方资本主义体系，因而在 90 年代头几年竭力向非洲推行多党民主制。"①冷战时期，索马里曾经一度是苏联的保护国。② 美国如果能以联合国的名义，在自己的主导下，通过军事干预，将这个前苏联保护国改变为市场民主国家，也就是美国在非洲扩展的桥头堡，这不是在冷战后的非洲扩展美国利益和价值观的如意算盘吗？然而如前所说，克林顿政府的这个算盘并非那么如意，却造成了美国军人的伤亡，而且引起美国舆论的强烈反对。这样，克林顿政府又要算算账了。它为了保持和提高其当时在民意测验中日益下降的支持率，为了在改造索马里的过程中不花太大代价，所以决定撤军。这时，什么人道主义援助、甚至扩展民主的高尚理想都可以抛弃不管了。

克林顿政府为了自己和美国的利益，在非洲抛弃人道主义和扩展民主漂亮幌子的行为，在卢旺达悲剧中表现得更加明显。卢旺达居民中，85% 为胡图族人，14% 为图西族人。几个世纪以来，两个部族不

---

① 王莺莺、孙巧成：《大国开始重新认识非洲》，《国际问题研究》1996 年第 3 期，第 26 页。

② 罗伯特·D. 舒尔青格尔：《1900 年以来的美国外交》第 4 版，牛津大学出版社 1998 年版，第 371 页。

断互相仇杀。1994 年 4 月至 7 月，以图西族为主的卢旺达爱国阵线武装和以胡图族为主领导的卢旺达政府军之间，爆发了一场骇人听闻的内战，50 万人丧生；为逃避屠杀，200 多万人逃往扎伊尔、布隆迪、乌干达和坦桑尼亚等国，100 多万人在国内流离失所。如果克林顿政府真像它自吹自擂的那样，以在全世界促进人道主义、民主与和平为己任，那它就应该毫不犹豫地伸出援助之手。但是，克林顿政府由于卢旺达问题与美国利益关系不大，不愿承担政治、经济风险，反而带头促使安理会在 4 月 21 日作出决议：撤出 1993 年 8 月后部署在卢旺达的联合国维和部队。后来安理会迫于国际舆论压力，于 5 月 17 日决议增派 5500 人，克林顿政府却拒绝派兵。美国的伪善和只顾自己利益的行为还不止此。爱国阵线武装在内战中取胜后，克林顿政府于 7 月 28 日率先承认新政府，第 2 天又宣布派兵赴卢实行人道主义保护的使命。"应该说，此举使美国获得了三重收益：既不必承担卷入战争的风险，又可捞取人道救援的荣誉，还促进了同爱国阵线的关系，迈出了向法国势力范围渗透（注：卢旺达原属法国势力范围）的有效一步。而这后一步，对美国来说是更为重要的。"①

概括而言，紧接冷战后的两三年中，由于失去了在非洲争霸的对手苏联，由于西方强制引进的多党制造成的混乱，由于经济的贫弱和困难，美国像其他西方强国一样，对非洲产生一种悲观主义，公开承认在该地区没有重大利益，要么横加干涉，要么漠然视之。但是，随着"克林顿主义"的形成和发展，随着克林顿政府在全球发挥主导作用和追求经济利益的政策与活动的加强，特别是商业部长罗恩·布朗在非洲考察了贸易与投资机会以后，美国逐渐调整了对非洲的政策，总的来说是重心从政治转向经济。因为冷战后两三年来，包括美国在内的西方强国迫使非洲引进多党制和人道主义的经验，由于非洲的特殊情况，并不理想，反而引发持续的社会动荡、部族矛盾甚至暴力冲突和内战，不仅严重破坏了非洲原本脆弱的经济，降低了人民生活水

---

① 王莺莺：《卢旺达悲剧的回顾与反思》，《国际问题研究》1994 年第 4 期，第 38 页。

平，而且使非洲领导人和人民群众对西方国家日益不满，不利于美国
将非洲纳入西方政治、经济体制。另一方面，经过一番仔细审查后，
美国重新估量了非洲经济发展的潜力，亦即非洲得天独厚的资源和潜
在的市场。在 53 个非洲国家中，除丰富的农、林、牧、渔、旅游资
源外，矿产和战略资源如钻石、黄金、铜、铁、锰、钴、锗、铀、铝
钒土等更是优厚，石油、天然气、橡胶资源也很可观，还有些潜在资
源尚待开发。从市场来看，虽然目前非洲贸易仅占世界贸易总额的
2%以下，但考虑到 21 世纪初非洲人口将仅次于亚洲，占世界第二
位，而 1994 年以来非洲外贸额以 7%以上速度增长，非洲未来市场潜
力巨大，谁忽视这种远景，就将在全球经济竞争中处于被动地位。从
1995 年的情况看，欧洲在非洲的市场占有率为 40%，美国仅为
7.7%，而且美国贸易逆差达 77 亿美元。从投资情况看，据美国商业
部统计，美国在黑非洲的投资回报率为 25%，大大高于在世界其他
地区 17%的平均回报率。所以美国商业部长布朗在非洲访问时曾指
出："资源丰富、市场广阔的非洲对美国具有战略意义，然而长期以
来我们却忽略了非洲。现在是美国资本进入非洲的时候了。从现在
起，美国将不再把非洲市场拱手让给那些前殖民强国。"[1]

根据以上情况，美国率先倡议于 1995 年 2 月召开了首届非洲贸
易与投资会议；同年 5 月，在塞内加尔召开了第三届美非高级会议，
着重讨论了美非经济合作问题；8 月，美国国防部发表的《撒哈拉以
南非洲安全战略报告》指出：尽管美国在非洲重要的利益需要不多，
但美国政府仍致力于维持在该地区的主导作用，推动该地区的民主化
进程和安全机制，提供人道主义援助，鼓励非洲的经济和社会发展。
1996 年 2 月 5 日，克林顿向国会提交《美国对非洲贸易和发展援助政
策报告》，首先阐述了美国对非洲的经济政策，强调重点在于同非洲
加强经贸关系，并制定了以南部非洲为开发起点、逐步向其他非洲国
家扩展的 5 年经贸发展计划。与此同时，报告还提出将 1996 年美国

---

[1]　王莺莺、孙巧成：《大国开始重新认识非洲》，《国际问题研究》1996 年
第 3 期，第 27 页。

对非洲援助削减 30%（1995 年为 10 亿美元，较 1994 年已减 3 亿美元）。这就是说，美国只想从发展美非经贸关系中捞取经济实惠，却不想承担联合国早已确定的援助世界穷国的义务。

　　克林顿全球战略在非洲实施情况如此，对美洲国家实施的情况又如何呢？看来首先是谋求所谓"经济安全"。1993 年美国国会批准北美自由贸易协定之后，克林顿政府即向古巴以外的所有美洲国家领导人发出邀请，并于 1994 年 9 月 11 日起，在美国迈阿密举行了 3 天规模空前的集会，出席的有北美、加勒比海地区和拉美 34 个国家领导人。据报道，在未来 10 年中，美洲市场将成为具有 8.5 亿人口、13 万亿国民生产总值的巨大潜在市场，然而近年来许多美洲国家趋向双边和小规模地区贸易合作。到 1994 年 9 月止，美国以外的美洲国家签署的双边贸易协定超过 30 个，地区贸易协定 5 个；而且许多国家积极寻求与欧洲和亚太地区的经济合作。因此，美国担心失去"近水楼台"的机遇，更不愿看到"肥水外流"；它"主持召开这次首脑会议的主要目的是力争建立一个以美国为核心的美洲自由贸易区，以与欧洲等贸易集团进行抗衡"。[1] "除了经济利益外，美国还希望通过这次会议在政治上巩固它在'后院'的主导地位。为此，美国把加强民主纳入会议主要议题，并在会议期间大谈民主。其真正用意是要把美国模式推销给其他美洲国家，扩大美国在该地区的政治影响力，而许多美洲国家对此并不感兴趣。"[2]

　　不过总的来说，这次首脑会议基本上达到了预期目的。经过反复酝酿，最后一致同意 2005 年建立美洲自由贸易区。会议讨论了这个贸易区的基本框架，并从 1995 年 1 月起开始具体谈判。根据 1996 年 3 月末克林顿向国会提出的今后 12 个月美国全球贸易政策的优先日程，美国政府其所以把继续依靠北美自由贸易协定、美洲国家自由贸易区等促进贸易与投资作为 1996 年首要任务，主要目的乃是谋求美洲国家对美国商品削减关税，降低非关税壁垒，为美国投资提供更优

①　张金江：《美洲首脑会议》，《人民日报》1994 年 12 月 14 日。
②　张金江：《美洲首脑会议》，《人民日报》1994 年 12 月 14 日。

越条件。

　　所谓加强民主，实际上是在美洲推行美国霸权。比如按照国际关系的民主原则，古巴人民完全有权力选择自己的社会制度。但美国由于不赞成古巴人民选择的社会制度，就将古巴排挤出美洲国家之外。克林顿政府不仅忽视联合国通过的反对封锁古巴的决议，继续封锁古巴，而且美国国会还通过赫尔姆斯—伯顿法，惩罚那些和古巴做生意的外国公司，真是蛮横无理。又比如，劳尔·塞德拉斯用武力推翻了让·贝特朗·阿里斯蒂德的民主选举的政府，在海地建立了独裁政权，这当然是违反民主潮流的。但是，克林顿虽然在1992年竞选期间攻击布什政府允许海地的独裁政权继续存在，并且拒绝海地船民的避难要求，可他在1993年上台后，仍然继续逮捕海地难民，并将其遣返海地，同时也让海地的独裁政权继续存在，眼看着它的士兵殴打和屠杀反对派。后来在舆论的压力下，克林顿政府虽然帮助阿里斯蒂德回国复职，但依靠的不是国际关系准则，而是用的武力威胁。而且，克林顿政府还乘机派军队占领海地，并于1996年2月在美军的监督下选出了听命于美国的阿里斯蒂德的继任人。这种人们评为"枪口胁迫下的民主"，就是美国在美洲"加强民主"的实例之一。再比如，1999年初开始，哥伦比亚国内生产总值的增长率猛烈下降，失业率猛升到19.8%，居拉美国家之首。与此同时，哥伦比亚政府面临日益壮大的两支游击队、一个右翼准军事组织和无法无天的贩毒集团3股强势的夹击。在此情况下，100多万哥伦比亚居民拥入大城市或邻国避难，给邻国造成重大压力。更重要的是，游击队和右翼准军事组织的战争还常常波及邻国，使哥伦比亚内战有"国际化"的危险。这样，克林顿政府为了保证"后院"的安全，堵住重要毒源，消灭哥伦比亚游击队，就乘哥政府提出严厉打击贩毒势力、促进与游击队和谈的"哥伦比亚计划"之机，于2000年6月与哥政府达成协议，制订一个帮助哥伦比亚扫毒的多层次的一揽子援助计划。这个计划中最关键部分是军事援助，美国应允至少提供13亿美元，用于训练哥伦比亚的反毒特种部队和警察，派遣500名美国军事顾问，提供先进的武器装备和军用直升机。更关键的是，还有一条双边秘密协议，即如果美国顾问和技术人员被绑架或伤害,美国保留直接报复的权利。据此条款,只要有简单的借口或制造某种事件,美国就可以对哥伦比亚进行军事干涉。这就是克林顿政府援助哥伦比亚的最主要意图。

下面我们再看看克林顿主义在亚太地区的实施情况。本来,长期以来美国全球战略的重点是欧洲,但克林顿上台以来,首次出国访问就是到亚太地区,并且提出"新太平洋共同体"的构想,他的国务卿克里斯托弗在任职的前 10 个月已 3 次访问亚太,并声称亚洲是美国最优先考虑的地区。原因何在呢?首先,冷战后世界各国都重视加强经济竞争力,克林顿上台后把重振美国经济作为头等战略目标;而当时正值世界经济不景气之际,亚太地区经济却一枝独秀,前景看好,为美国恢复经济提供了机遇,克林顿甚至说:亚太是世界上最有活力的地区,对美国的前途意义重大。其次,美国经济复兴的关键因素之一是扩大对外贸易,而美国与亚太地区的贸易额则显著增长。1992年,这一贸易额已增至 3440 亿美元,为美国提供了 250 万个就业机会,超过了与欧洲贸易额的 2270 亿美元,也超过与加拿大和墨西哥贸易额的 2650 亿美元。如果将东盟看作一个市场,那么美国的 7 大贸易伙伴中,就有 4 个在亚太地区。与此同时,亚太又是政治、经济环境趋向稳定的地区,市场潜力较大,劳动力素质较好,日益成为美国企业投资的热点地区。据美国商业部预计,1993 年"美国企业在亚太地区的房地产、工厂和设备方面的投资额将达 131 亿美元,比去年增加 16%,在欧洲的类似投资仅增加 2%"①。再次,美国对亚太政策的变化,也与近年来亚太地区的崛起和对美国依赖程度的相对下降有关。"在过去的 10 年间,世界经济平均增长不足 3%,亚太地区的增长率却在 7%左右。……日本同亚太地区的贸易已超过美国,在投资方面取代美国成为亚太地区的最大投资国。目前亚太地区发展中国家吸收外资的 70%是来自本地区。"②美国是不愿意看到它在亚太地区的经济力量这样继续下降的。

---

① 李红:《美国与亚太经济关系新变化》,《人民日报》1993 年 10 月 26 日。
② 李红:《美国与亚太经济关系新变化》,《人民日报》1993 年 10 月 26 日。

这样，克林顿政府才面向两洋，美国国务院一位发言人才唱起了一首儿歌：结交新朋友，不忘老交情，一个是白银，一个是黄金。那么，为重振美国经济而结交亚太这位新朋友的克林顿政府，对亚太各国又是如何结交的呢？首先看它的对日关系。日本是美国在亚太地区的主要盟国，克林顿政府由于积极重振美国经济，却在上台以后就对日本实行高压的贸易政策，要求日本向美国商品开放市场。1994年10月以来，已就玻璃业、保险业、医疗器材和通讯设备的政府采购等问题迫使日本达成协议，同意对美放宽市场，但美国仍不满足，继续就汽车及汽车零件贸易问题向日方施压，虽遭日本强烈抵制，最后还是在1995年6月迫使日方达成协议。美国的这种高压贸易政策是有结果的。1996年3月下旬克林顿向国会提出的关于今后12个月全球贸易的报告承认：在过去3年中，美国向日本的出口增加了34%，现在增长的速度超过了美国总出口的增长速度；在最近与日本达成的贸易协议所涉及的部门，出口从克林顿就职以来增加了80%以上，比美国对日本的总出口快近2.5倍；在1995年，美国对日本出口的增长比从日本进口的增长快近4倍，这使美国同日本的贸易逆差在这一年减少了9.7%。

在这种情况下，由于日本对这种高压贸易政策的抵制日益强烈，并要求美日关系回到强调安全和外交合作上来，由于日本日益加强与亚太国家的经贸关系，威胁要"脱美入亚"，由于克林顿全球战略的形成和发展，特别是由于中国的崛起，克林顿政府逐渐调整了对日政策。大约从1995年起，克林顿政府不再把经贸问题置于美日关系的首要地位，两国的政界和媒体一再兴起"中国威胁论"的谰言。在此种谰言掩盖下，两国暗中协商，美国国防部于1995年2月27日发表《东亚和太平洋安全保障战略》，放弃了布什政府逐步减少驻日、韩美军的计划，决定将驻亚太军队保持在现有10万人左右的水平；日本于同年11月28日通过新防卫计划大纲，强调冷战后东亚"出现复杂与多样地区冲突"，日美安全体制对"确保日本周边地区的和平与稳定"将发挥重要作用。1996年4月16日，克林顿访日，与日本桥本首相签署了《美日安全保障联合宣言》，将美日安全关系从冷战前的"对付威胁型",改变为冷战后的"亚太地区稳定与繁荣的基础",向"地区安全保障型"迈出了一步。"日美联合行动将不限于维护日本的安全,而扩展到亚太地区更广的范围。另外,由于《日美相互提供后勤支援、物资和劳务协定》的签订,日美军事合作的领域已扩大到联合国维和行动,这预示着日美军事合作,在后勤保障方面将扩大到全球。这等于为日本军事力量的发展创造了一个更大的国际空间。"①1997年9月23日,美日又就《新防卫合作指针》达成协议。1998年4月28日,日本内阁通过了与"新指针"相关的《周边事态法》等法案,并提交国会审议。有的学者指出:"由于'新指针'和相关法案的制订,冷战后,以日美共同作战体制为主要内容的安保体制得到某种程度的加强。"②

当然,根据我们前面谈到的克林顿政府的全球战略,它同意这样修订冷战后美日的安全保障关系,决不只是帮助日本扩大发展军事力量的国际空间,更不会让日本军事力量过于强大以致形成对美国威胁,而是要求日本在协助美国对亚太地区以至世界实行霸权统治时,发挥更大、更有效的作用。

中东地区盛产石油,而且战略地位重要,美国认为涉及其根本利益。克林顿上台后,对不听话的伊朗和伊拉克采取"双重遏制"政策以代替布什在两伊间实施的均势政策。而对促进以色列与阿拉伯国家、特别是巴勒斯坦的和平,则积极发挥主导作用。1993年主持了巴以达成的和平协议,1994年10月出席了约旦与以色列《和平条约》的签字仪式,并访问了叙利亚、约旦、以色列、科威特、沙特阿拉伯、埃及等国,与它们首脑和阿拉法特就进一步推动中东和平进程、反对恐怖主义等问题举行了会谈。但是,由于克林顿政府太重视自身的利益,牢牢受控于美国犹太人利益集团,不能主持公道,使这一和

① 刘江永:《美日重建安全体制与中美日关系》,《外交学院学报》1996年第4期,第32页。

② 周永生:《冷战后的日本安全外交》,《外交学院学报》1999年第2期,第59页。

平进程难以取得进展。1995 年 5 月，联合国安理会一项呼吁以色列撤销其征用东耶路撒冷土地以扩建犹太人定居点并建立以色列警察中心的决定，15 个成员国 14 个投了赞成票，美国却进行了否决。这当然和克林顿政府担心在来年的大选中失去美国犹太人的选票有关。1996 年，以色列选出了对巴执行强硬政策的新总理本杰明·内塔尼亚胡，美国为不太刺激他，1997 年 3 月 7 日，又对法、英等国在安理会提出的呼吁以色列停止在东耶路撒冷兴建犹太人定居点的决议草案，行使了否决权。然而，由于巴以冲突不断，和谈受阻，克林顿政府一再调解失败后，不得不于 1997 年 8 月 6 日决定"采取更积极的行动来恢复快要破裂的中东和谈"。1998 年初春，它一再试探，打算公开压使内塔尼亚胡向阿拉法特作出具体姿态。可是，100 个参议员中有 81 人在一封公开信中请求克林顿不要犯这个"严重的错误"。这是和亲以色列的压力集团——美以公共事务委员会的背后活动分不开的。"在美以公共事务委员会，托比·德肖维茨获胜了。他说，'人们能够想象出有另外一个事业与 80% 的参议员签名相似吗？' 40 年来，亲以色列委员会在美国对近东的外交政策方面称王称霸。"①的确如此，因为这个委员会不仅和美国国会、白宫、国务院的关系盘根错节，美国民主、共和两大党全国领导机构中都有它的人，它的意志往往能左右美国政府的中东政策。所以人们认为：促进与维持中东和平有赖于以色列克制，有能力使以色列保持克制的只有美国政府，而美国政府又受制于美国的亲以色列压力集团，不敢主持公道。归根结底，人道主义、维护和平等是假，美国政府领导人的乌纱帽、党派利益才是真。这就是中东地区问题不能得到解决的根本原因。

中国是美国亚太地区战略的又一重点。克林顿政府对华政策的主旨是：既要加强与中国的经贸关系以振兴美国经济，与中国合作解决一些国际问题如反对核扩散、恐怖主义、国际贩毒等，又要将中国纳入美国主导下的西方政治、经济体系，利用与日、韩、澳等国的同盟

---

① 见 1998 年 5 月 7 日法国《费加罗报》所载《亲以色列压力集团的影响》一文。

体系以遏制中国。克林顿上台初期强调人权问题，对华采取强硬政策：阻挠北京申办 2000 年奥运会，禁止美国公司向中国出口电子产品和太空系统技术，两次宣布增加对台武器出售。但由于这种政策得不到预期效果，反而妨害美国企业在中国市场的竞争力，引起一场克林顿政府重新考虑对华政策的大辩论。1993 年 11 月，克林顿在西雅图市召开的亚太经济合作组织领导人非正式会议期间和江泽民主席举行首脑会晤时表示：美中"必须就广泛的地区和全球问题作出共同努力"，美中将以更加坦率的态度商讨解决存在的问题。同年 12 月 9 日，美国国防部负责亚太事务的部长助理透露："克林顿政府将对中国采取一种全新的'接触战略'，以全面加强与中国的对话与交流，改变美国政府近年来在对华关系中处于消极被动的局面。"①自此之后，中美间高层往来频繁，政治、外交对话的内容和层次日益扩大，经济贸易关系迅速发展。1994 年 5 月，克林顿政府无条件延长对华贸易最惠国待遇，并宣布使贸易与人权问题脱钩。同年，美国恢复了 1989 年中断的美中军事交流，两军高层人员进行了互访；两国还于 10 月 4 日签署了有关核材料与导弹的协议，美国同意解除对中国因出口导弹零部件而实施的制裁，中国则保证不出售或转让一项控制高度机密的导弹技术的国际协定所规定的地对地导弹。

本来，克林顿的这种接触政策，是用来实现他的强硬政策不能实现的意图——将中国纳入西方政治、经济体系的。但是，1994 年中期选举共和党控制美国国会以后，国会内出现了强大的以共和党人为主的反华阵容。他们不断挑起中美冲突，使克林顿政府的这种接触政策难以顺利进行。1995 年 2 月，他们利用知识产权问题迫使政府对中国实行制裁的企图虽未成功，但同年 6 月却迫使政府违反中美 3 个联合公报的精神，允许李登辉以"私人身份"访问美国，美国众议院还于是月 8 日通过了挑动美中全面对抗的《海外利益法》，使中美关系急剧跌落。1996 年 3 月，中国政府为打击台湾分裂势力嚣张气焰，

① 朱安：《美国乐于见到一个强大统一繁荣的中国》，《侨报》1993 年 12 月 9 日纽约。

在台湾海峡举行了三军联合演习，克林顿政府却派遣两支航母编队到台湾海峡附近游弋示威，使两国关系更加紧张。在此情况下，美国又兴起一场对华政策大辩论。主张遏制和孤立中国的，是一群以亲台湾的共和党人为主的乌合之众。他们具有模糊而幼稚的意识形态动机，对中国的经济发展心怀妒忌，有意在大选年给克林顿政府制造麻烦。主张对中国实行接触与防范并举但以接触为主政策的，是克林顿政府的政策班子、两大政党的务实派、在中国有重大利益的企业领导人和一些外交政策咨询机构的专家。经过争论，后者得势。克林顿重新当选后，1996 年 11 月在马尼拉举行的亚太经合组织领导人第 4 次非正式会议上，再次与江泽民会晤，强调中美关系是世界上最重要的双边关系之一，美国将和中国全面接触，求同存异，并就两国元首互访进行了磋商。此后，"美中高层接触空前增多，进一步加强了美中间政治、经济、军事等各方面的交流与合作。1997 年 10 月 26 日至 11 月 3 日，江泽民主席对美国进行了历史性国事访问，宣布中美两国将致力于'建设性战略伙伴关系'。1998 年 6 月，克林顿应邀访华，并首次在上海公开表示对台湾的'三不'政策，即不支持'一中一台'或'两个中国'，不支持台湾独立和不支持台湾参加只有主权国家才能参加的国际组织。1999 年 5 月，中国总理朱镕基访美，就中国在年底以前加入世界贸易组织达成初步协议"①。

　　但是，树欲静而风不止。1999 年 1 月 8 日美国《商业周刊》报道：一场强烈反对北京的运动在不断加大势头。3 月 12 日，香港《亚洲华尔街日报》文章《美国对中国的指控永远存在》指出："美国把中国描绘成魔鬼的春季报道攻势开始了。"就在这种反华合唱中，朱总理刚回国，5 月 8 日，美国 B-2 战略轰炸机就向中国驻南斯拉夫首都大使馆投下 5 枚激光制导炸弹，造成 3 名中国记者死亡、数十人受伤的惨案，使中国全国群情激愤，自动发起大规模反美游行，中国政府不得不暂时停止中美军事交流和人权对话，双方就中国加入世贸组织的谈判也未能按期举行，美中关系又面临一次严重考验。

---

① 任东来等：《当代美国——一个超级大国的成长》，第 283 页。

不过，由于中国政府很理智地处理此问题，既保持自己民族和国家的尊严，又从大局出发，而克林顿政府基于美国利益的考虑，也不得不一再表示珍视中美关系，继续奉行与中国全面接触的政策。1999年7月19日李登辉抛出"两国论"后，克林顿立即重申"一个中国"原则，并采取预防性外交措施以防止事态扩大。1999年11月15日，美中两国就中国加入世贸组织的谈判达成协议。2000年是大选年，虽然共和党保守派一再挑起反华风波，但美国负责东亚和太平洋事务的助理国务卿斯坦利·罗思4月间仍在华盛顿州对华关系委员会发表了题为"寻求一个强大和稳定的中国"的讲话。5月24日，美国众议院以237票对197票通过了对华永久性正常贸易关系。然而同年9月28日，美国国防部又严重违反中美3个联合公报精神，再度宣布总值达13.08亿美元的对台军售计划。看来我们应该记住前美国驻华大使洛德的话：美国对华政策是"不抱幻想的接触"。

最后我们来看看克林顿全球战略在欧洲实施情况。克林顿上台时，由于欧洲不再像冷战时期那样需要美国的保护，由于西欧国家日益强大和团结，它们并不欢迎布什在美国领导下建立世界新秩序的战略，美欧矛盾日益增多，出现"欧洲立场"和"大西洋立场"之争，但美国并不愿放弃自己的霸权地位。1993年，克林顿政府以"公平贸易"为名，3次发起对欧制裁，欧洲也以牙还牙，并指责美国玩弄强权政治。在国际事务方面，美国要求欧洲"多承担义务，少分享领导权"，欧洲则要求"少承担义务，多分享领导权"；欧洲积极扩大西欧联盟职能，加速建立独立防务力量步伐，力求与美国平起平坐，美国则力图改造北约，扩大其政治职能和军事干预范围，以便通过北约控制欧洲。在援助俄罗斯并将其纳入西方体制的问题上，美国只热衷于抢夺领导权，却不愿多出钱，欧洲对此自然不满。此外，1993年克林顿政府重视亚太地区的言行，也使欧洲颇感不快。

1994年1月，欧洲联盟正式成立，东欧国家也要求加入，美国对欧洲的影响日益下降。于是，克林顿于是年3月访欧洲，强调"欧洲仍然是美国利益的中心所在"，"美国安全利益的核心仍然在欧洲"。在北约首脑会议上，他提出了同前华约成员国建立"和平伙伴关系"的建议并得到批准，试图以渐进方式将北约扩大到东欧，确立以美国为主导、北约为核心的欧洲安全新体系。他也支持欧洲联盟，其目的是让欧盟在美国领导的北约组织中承担更多的防务责任，以减轻美国的负担。同时，他也响应欧共体主动提出的建立"跨大西洋自由贸易区"的建议，双方经过磋商，于 1995 年 12 月在马德里美欧首脑会议上签署了《新跨大西洋议程》及附带的美国—欧盟联合行动计划。

虽然如此，美欧之间在安全、经济等问题上仍然矛盾不断。比如波黑国内族际战争，由于地理关系，对欧洲影响大，对美国影响甚微，包括俄罗斯在内的欧洲国家希望它尽早结束，美国则不然。到 1995 年 5 月，联合国和北约在波黑的维和行动失败，塞族得势，穆族领导的政府岌岌可危。俄、英、法等国与塞族传统关系密切，更不愿看到在欧洲出现穆斯林国家，基本上站在塞族一边。克林顿政府则在国会的压力下单方面取消了对穆族的武器禁运，这自然使欧洲人感到愤怒。又比如，1996 年 8 月 5 日，克林顿在前不久对同古巴做生意的外国公司实行制裁激怒了欧洲人之后，又签署一项对在伊朗和利比亚能源项目中投资的公司实行惩罚的法案，这当然引起在伊朗有大量投资的欧洲国家的反对。

不过，所有这些矛盾并不能阻止北约东扩的进程。1996 年 7 月 15 日、23 日，美国国会两院先后以压倒多数通过了《北约东扩促进案》，10 月 22 日，克林顿不顾俄罗斯的一再反对和西欧盟国的疑虑声称：美国的目标是，到 1999 年北约 50 周年庆典时，邀请第一批国家成为北约新成员。12 月，在布鲁塞尔召开的北大西洋理事会会议几乎完全接受了美国意见，还同意了克林顿在下一年的马德里会议上公布北约新成员名单的建议。同月，在美国的大力推动下，参加北约和平伙伴关系计划的国家，已达到 27 个。南斯拉夫联盟共和国是巴尔干地区惟一未参加北约和平伙伴关系计划的国家，成为北约东扩的障碍，美国自然想拔掉这个钉子，这就是后来北约制造科索沃危机并野蛮轰炸南联盟的主要原因。

　　1995 年 11 月 21 日，在北约的巨大压力下，南联盟领导人代表波黑共和国的塞尔维亚人签署了和平协议，波黑实现了和平。由于塞尔维亚人在南联盟内有自己的共和国，近年来一直在争取独立但未能如愿的占科索沃(南联盟的一个自治省，地处塞尔维亚共和国西南部)居民 92% 的阿族人感到自己被遗忘了，他们的激进派组成科索沃解放军，企图以武力争取独立，并于 1998 年初发展到公开与南联盟军警交战。由于科索沃矿产丰富，又是塞尔维亚人建立了第一个王国的地区，而且战略地位重要，当然南联盟不愿意阿族人在那里建立一个独立国家。在长期谈判不能达成协议的情况下，南联盟总统斯洛博丹·米洛舍维奇不得不以武力制止。这种国内族际斗争，本来是南联盟内政，外国无权干涉，但美国将改善当地人权状况作为恢复与南一度断绝的外交关系的条件之一，遭到米洛舍维奇的拒绝。1998 年 2 月 28 日，在阿族分离主义分子挑起的一次战斗中，4 名南联盟警察牺牲，16 名阿族武装分子被打死，科索沃阿族人纷纷走上街头，呼吁美国采取措施保护他们"安全"，阿尔巴尼亚也要求西方进行干预。3 月 18 日，克林顿特使在科索沃强调指出：从人权和地区安全角度看，科索沃问题不只是南联盟的内政问题，而是一个国际问题；美国虽不赞成科索沃独立，也反对恐怖活动，但如果南联盟政府对科索沃问题态度不作重大改变，美将建议对南实行新的更严厉的制裁。6 月 11 日，北约 16 个成员国国防部长在布鲁塞尔发表声明，责成北约军事委员会制定一个武力干预科索沃危机的方案，并于 15 日在阿尔巴尼亚和马其顿举行一次代号为"猎鹰"的空军演习，北约秘书长哈维尔·索拉纳事后发表谈话说：南联盟要想避免西方军事干预，必须尽快在科索沃问题上作出让步。

　　然而另一方面，北约却纵容和偏袒科索沃解放军，让其迅速膨胀，1998 年初夏一度发展到 25000 余人，并加紧了暴力恐怖活动。8 月，南联盟军警将之打得落花流水。9 月，双方冲突达到顶点，造成 20 多万名平民(主要是阿族人)离家出逃。9 月 23 日，联合国安理会通过 1199 号决议，呼吁各方立即停火，以便用和平方式解决争端。

10月8日，克林顿说他已于7日授权美国驻北约代表，在南联盟领导人不能彻底履行安理会决议的情况下，投票赞成北约对塞尔维亚进行空中打击。13日凌晨，北约秘书长发布对南联盟实施军事打击的行动命令，北约对南联盟空袭已势在必行，米洛舍维奇在此高压下作出让步，同意彻底执行安理会1199号决议，从科索沃撤出武装力量，接受欧洲安全与合作组织向科索沃派遣2000名国际观察员，并答应就科索沃自治问题安排出谈判时间表。但是，南联盟军警前脚撤出，科索沃解放军就接管地盘，双方冲突仍然不断。1999年1月15日，双方在拉察克村发生大规模武装冲突，数十名阿族武装分子被打死，国际观察团负责人却说是有45名平民丧生。北约在美国要求下一再对南联盟发出威胁，科索沃解放军同南政府军的流血冲突也随之升级，南联盟不得不再次向科索沃增军。1月29日，前南问题国际联络小组在伦敦发表声明，限定双方2月6日前在巴黎市郊的朗布依埃古堡开始谈判，并在英、法外长主持下按期达成和平协议。在谈判过程中，北约完成第一次东扩，捷克、匈牙利、波兰3国于3月12日正式加入北约，使之更壮大了声势。但是，米洛舍维奇却拒绝了在北约大军压境情况下被迫按期接受国际维和部队进驻本国领土科索沃的无理要求，以美国为首的北约遂于3月24日起，用最先进的军火武器对南联盟进行了70多天惨无人道的狂轰滥炸，使南联盟至少1800多名平民丧生、6000多人受伤、100万人沦为难民，并造成2000多亿美元的经济损失。6月10日，联合国安理会通过了西方七国和俄罗斯共同提交的科索沃问题决议草案，南联盟被迫同意从科索沃撤军，由北约和俄罗斯的国际维和部队进驻。

这次以强凌弱的野蛮空袭，是未经联合国授权的，是违反国际法和国际关系准则的；是北约成立50年来首次以强大武力进攻一个处于其防御范围之外的主权国家，是20世纪末发生的一场对整个国际局势产生恶劣影响的大规模武装侵略；是克林顿政府精心策划为其称霸世界的全球战略服务的一个关键性步骤。

从 1996 年开始，"美国向世界传达了这样的信号：作为冷战后惟一的超级大国，美国具有全球利益，应该拥有全球事务的主导权；美国希望扩大北约职能和行动范围，使北约具备在全世界保卫美国利益的能力"①。1997 年 10 月，北约外长会议的决议就提出：由于冷战后北约战略重心正从防御外来侵略转向应付国际危机，北约需要考虑其覆盖区域之外的义务。如前所述，1998 年 10 月，北约迫使南联盟从自己领土科索沃撤军，并同意国际观察团进驻。1999 年轰炸南联盟期间，4 月 23 日至 25 日，北约又在华盛顿庆祝成立 50 周年大会上，正式提出并通过了人们称为"世界警察白皮书"的"北约新战略概念"。这种新战略的主要内容为：1. 北约覆盖范围有逐渐全球化趋势，其成员已由 16 个增加到 19 个，加上北约和平伙伴关系计划和以北约为首的欧洲大西洋合作理事会，共有 44 个成员国，其实际覆盖范围已遍及欧洲、北美和中亚地区；2. 北约活动方式由"集体防御"原则改变为"捍卫共同利益"原则，认为北约除继续保卫扩大了的领土疆界外，还要应付来自北约以外但危及北约安全的一切威胁，在成员国以外地区积极进行集体干预；3. 北约可以不经联合国安全理事会授权，干涉防区以外独立国家的内部事务。

从北约的这种新战略内容来看，北约已成为一种超越联合国、可以不遵守一切现行国际关系准则对全世界任何国家和地区进行侵略的势力，也是为美国称霸世界的全球战略服务的御用工具。这样的北约，如果不加以有效的遏制，势必成为 21 世纪在世界上实行强权政治的恶势力。

综合以上克林顿政府全球战略实施的情况，它的这种多行不义是必然遭到包括美国人民在内的全世界人民一致反对的。2000 年夏，美国尼克松中心国家安全计划主任彼得·罗德曼发表文章指出，反美已成为全球现象，"许多人特别强烈地感到，军事干涉不是普遍合法

① 林婕：《冷战后美国的北约战略》，武汉大学 2000 年硕士论文，第 50页。

的行为，除非它们有联合国的授权（我们在科索沃危机期间听到许多这样的话）。试图提高安理会作用的一个主要动机是限制美国的势力"①。同年 10 月 17 日，美国《国际先驱论坛报》发表文章指出，美国现在的形象是"为所欲为，旁若无人"，不过，虽然"美国无疑是世界上最强大的国家，但它的力量其实并非不可替代。华盛顿发自内心地想动用自己的力量，但事情不是那么简单。这种力量唬得住华盛顿的朋友，却吓不倒它的敌人。"②由于这些不义行为，"美国站在一边，国际社区的大部分站在另一边。那些将自己利益看成与美国利益一致的政府，越来越少。"③

---

① 　见彼得·罗德曼：《世人不满，反美成为全球现象》，载美国《国民利益》夏季号。

② 　文章作者为威廉·普法夫，题目为《敌国蔑视，友邦抗拒》。

③ 　塞缪尔·亨廷顿：《美国在冷战后的世界里错误地追求单极霸权》，载 1999 年 3—4 月号《外交季刊》。

第十五章　战后美国社会结构与上层建筑变化

第二次世界大战以后，随着新政式国家垄断资本主义的发展与逐渐走向衰落，美国的社会结构、政治制度、教育、宗教和社会思想都发生着深刻的变化。当然，这些变化与战后国际形势的发展、特别是社会主义与资本主义矛盾斗争的演变，也是密切相关的。

从社会结构看，美国人口结构受战后初期直至 50 年代末高出生率的影响，在一段时期内出现了人口剧增和青少年比例增大的现象；以后由于出生率降低和平均寿命延长，又出现人口老化趋势。由于移民来源的变化，也引起美国人口种族构成的变化。美国地区发展情况的变化，主要表现为西南部阳光地带的兴起，和市郊化进展迅速。在产业结构方面，战后美国第三产业的发展速度特别引人注目，这是与科技革命及工业经济向信息经济、知识经济的转化分不开的。它导致美国历史上第二次劳动力大转移，并引起阶级结构的变化。

从上层建筑看，战后美国政治制度的变化表现为：在权力的纵向分立方面，70 年代以前，联邦政府的作用越来越大，70 年代以来，州权有所加强；在权力的横向分立方面，在继续保持三权分立基本结构的同时，总统在处理经济、立法、军事、外交等方面的权力和影响进一步扩大，但从尼克松特别是里根政府以来，大政府有逐渐向小政府转变的倾向。50 年代以来，联邦最高法院积极行使司法审查权，在解决重大政治问题和社会问题上起了重要作用。美国立法机构经过多次改组，使国会委员会制度日益现代化，国会工作人员日益专业化；80 年代以来，国会与行政部门的矛盾相当尖锐。60 年代中期以来，美国的政党制度有走向衰落的趋势，而利益集团则成为一支影响巨大的力量。

战后美国教育事业获得迅速发展，并经历了 3 次教育改革。50 年代的改革主要是批判进步主义的教育思想，强调基本的学术训练，以适应现代科技革命和与苏联争霸的需要。60 年代的改革，则侧重于在教育领域实现更大程度的平等和普及教育。这既是民权运动的结果，也是劳动力再生产的急迫需要。80 年代以来的改革目标，在于提高教育质量，"使所有学生机会均等地接受高质量教育"。

20 世纪中期，美国兴起新的宗教信仰热，信仰宗教人数急剧增加，新教堂不断涌现，宗教书刊大量出版。在动荡的 60 年代，世俗化趋势加强，所有主要教派发展速度下降。70 年代人们突然迷恋各种形式的神秘主义、占星术及带有沉思默想和先验论色彩的东方宗教，主流派新教徒和犹太教团体在诸教派中地位相对下降，而原教旨主义、圣灵降临派教会和福音派教会，则大有发展。80 年代以来，积极参加政治活动的宗教右派势力颇盛。到 20 世纪末，出现一种各种宗教相互融合的趋势，和自称"有精神追求"但"不信奉宗教"的年轻一代少数群体。

战后美国的社会科学研究出现大分化和大综合的对立统一倾向，各种分支学科、边缘学科和综合学科层出不穷。哲学界影响较大的学派，主要是逻辑实证主义、普通语义学、现象学、法兰克福学派、逻辑实用主义和历史主义学派。从 70 年代开始，实用主义作为一种哲学理论重新回到了美国哲学舞台，逐渐恢复了昔日的辉煌，开始以美国特有的哲学形象在自己国家扮演重要角色。政治学方面一度居于统治地位的是行为主义，60 年代末又出现后行为主义。80 年代中期，美国政治学朝着动态化、多样化、社会化和国际化的方向发展。到 20 世纪末，美国政治学特别强调自己的适应能力，扩大研究范围，联系美国政治实际，与其他学科特别是经济学的相互渗透。美国社会学战后发展相当迅速，50 年代结构功能主义风行一时，60 年代冲突论的影响日益扩大，80 年代向多学科交叉研究的方向发展，90 年代重视社会变迁中个人的机会均等与应受约束。历史学在 50 年代由一致论者统治史坛，进入 60 年代后新左派史学异军突起，70 年代起至

20 世纪末，美国史学最引人注目的变化，是社会史学(有时称新社会史学)的全面崛起，并取代传统的政治和外交史学而成为美国史研究的中心内容。战后在美国经济学界长期居于统治地位的是后凯恩斯主义主流经济学，与凯恩斯主义者持不同观点的新制度学派和货币主义也有相当影响。70 年代末，随着新政式国家垄断资本主义危机的加深，供应学派应运而生，货币主义更加得势，对里根政府保守主义改革产生重大影响。到 90 年代，又出现了将凯恩斯主义、现代货币主义、供应学派和理性预期学派结合起来的新凯恩斯主义。

1. 社会结构的变化

战后美国社会结构发生许多变化，显著的有人口、地区、产业结构、阶级结构等方面的一些基本变化。它们与美国政治、经济、文化教育、科学技术、意识形态的发展，关系十分密切。

〔人口的增长与构成〕 第二次世界大战以前，美国著名经济学家阿尔文·汉森曾经预言，美国人口的增长将趋于停顿。然而战后出现的人口高峰，却成了"这个时期也许是最令人意外和最引人注目的特点"[1]。进入 60 年代后，美国人口增长率又出现明显下降趋势。美国学者发现，1940 年以前美国人口增长率涨落的周期平均为 20 年，涨落的曲线与表示移民多少的曲线大体吻合；1940 年以后，美国人口增长率涨落的周期增加到 40 年，涨落的曲线则与表示人口出生率高低的曲线基本一致。[2] 在 1947—1950 年的"出生热"期间，美国人口出生率从大萧条时的 18‰，猛升到 25‰，并一直保持到 1958 年，以后才逐渐下降。但是，每年出生人口的绝对数字，仍高于"出生热"期间的水平，即每年超过 400 万人。这种长期的高出生率，战后初期是受大量军人复员的影响，后来则是经济长期繁荣的结果。实际

---

[1] 马丁·费尔德斯坦编：《变化中的美国经济》，芝加哥大学出版社 1980 年版，第 275 页。

[2] 马丁·费尔德斯坦编：《变化中的美国经济》，第 276 页。

收入的不断增加，使许多美国家庭具有大萧条时不可能有的安全感。然而随着经济的发展和生活水平的提高，美国人心目中的这种安全标准也上升了。李·雷恩华特在 1974 年作的一次研究表明，对于盖洛普民意测验提出的"维持一个 4 口之家至少要多少钱"的问题，美国公众 1969 年回答的数字以不变美元计算，比 1954 年他们公认的数字增加 1/3。而 1965 年以后，由于通货膨胀的发展和经济增长减速，美国人对实际收入增加的信心削弱了。这就导致 60 年代中期以后美国人口出生率和每年出生人口的绝对数都出现下降趋势。到典型滞胀危机的 1975 年，人口出生率跌到战后的最低点——14.8‰。当然，口服避孕药等节制生育先进手段在 60 年代的问世、妇女就业人数的增多以及妇女运动的影响，也是这一时期出生率下降的重要原因。

如前所述，大量战后婴儿在 60 年代步入成年，是当时社会矛盾尖锐和学生运动风起云涌的重要背景之一。他们对美国社会正统价值标准的冲击，曾经使以青年文化为特色的反正统文化风行一时。而 70 年代美国劳动生产率的降低，看来也与这一代美国青年就业后引起的劳动力更新换代有一定关系。不过，由于战后出生的美国青年比他们上一辈所受教育一般要高得多，他们在 80 年代美国以微电子技术改造整个工业部门的过程中，将发挥重要的作用。因此，考察战后美国历史时，我们不能忽略战后婴儿大量出生这一人口背景。

另外，由于出生率急剧下降和美国人平均寿命不断延长，美国人口在 70 年代重新出现老化的趋势，而且日益严重。1950 年美国人口平均年龄为 30.2 岁，1970 年曾降为 28 岁，1980 年又回升到 30 岁，1995 年升到 34 岁，2000 年更升到 35.3 岁。65 岁及以上的美国人 1980 年共 2250 万，占美国总人口的 11.3%，大大超过 1940 年的 4.1%。到 2000 年，这个年龄段的美国人达 34991753 人，占美国总人口的 12.4%。人口的老化，除因缺少子女照顾使老年人感到孤寂并加深"代沟"外，还使越来越多靠养老金为生的人，因慑于通货膨胀而强烈反对大政府，这是尼克松、里根等共和党总统寄希望于他们的原因。我们可以认为，人口老化是 70 年代以来美国社会转向保守的原因之一。

除年龄构成以外，美国人口的移民成分和种族构成战后也发生重大变化。战后移民中，非白人比例从 60 年代开始迅速增加。这是因为美国国会在 20 年代初通过的限制性移民法案，对来自不同国家的移民规定了不同的限额。东南欧和亚洲国家的移民，在限额上备受歧视。因此直到 50 年代，进入美国的合法移民大多来自北欧、西欧、北美和拉美国家。1965 年，美国国会通过新移民法，取消以原国籍为依据的限额制，代之以劳动技能和所谓人道主义的考虑。这显然是为了适应向高技术社会发展的需要，同时与美国的外交政策相协调。由于移民法的修改，来自亚洲和拉丁美洲国家的移民，在 60 年代超过合法移民总数的一半；到 1971—1974 年，几近 3/4。进入 80 年代后，海地、古巴和印度难民大量涌入美国。1980 年移民总数为 65.4 万人，占美国总人口的 0.29%。此外，1965 年以后非法移民显著增多，① 大部分来自拉丁美洲国家。据 2000 年人口普查，美国人口的种族构成如下。总人口为 281421906 人。其中白人 194552774 人，占总人口的 69.1%；拉美裔人口 35305816 人，占总人口的 12.5%，已取代黑人成为美国最大的少数民族，而且自 1990 年以来他们人口增长速度较全国人口的增长速度高出 3 倍多；黑人 34658190 人，占总人口的 12.3%；亚裔人口 10242998 人，占总人口的 3.6%，是美国的第三大少数民族，在科技、工商界成绩相当突出，其中华裔最多，达 2432585 人，占总人口的 0.9%；美国印第安人和阿拉斯加土著 2475956 人，占总人口的 0.9%；夏威夷和其他太平洋岛土著 398835 人，占总人口的 0.1%；其余为其他种族人口。

由于美国人口的这种种族构成情况，使美国社会成为一个种族、文化多元化社会，并由此产生许多严重的社会问题，特别是拉美裔人口的迅速增加，他们的影响与日俱增，使美国社会日益拉丁化，这无疑是世纪之交美国社会中最值得关注的社会现象之一，也是美国社会

① 统计数字很不一致。据美驻华大使馆新闻文化处 1999 年 10 月编发的《美国形象》第 9 页记载，约为 500 万人。

中其他种族必须正视和正确对待的重要问题。

从性别构成看，美国男女比例趋向接近。2000 年时，男性占总人口的 49.1%，女性占 50.9%；而在 1990 年时，男性只占总人口的 48.7%，女性则占 51.3%。从家庭模式构成情况看，基本家庭模式（一父一母和至少一个 18 岁以下孩子）有所减少；1990 年已婚夫妇数占家庭总数的 55%，2000 年则降为 51.7%。其原因除晚婚、离婚率上升和出生率下降外，1990 年以来未婚同居者（包括同性恋的）人数增加了 72%，由 319 万人增至 547 万人。这自然给美国社会带来许多问题。

〔阳光地带的兴起与市郊化的发展〕 长期以来，美国人口和经济重心是在新英格兰南部、大西洋海岸中部和大湖区。直到 1957 年，其人口仍占美国总人口的 46%，其制造业就业人数占全国制造业就业总人数的 64%，个人收入总额占全国个人收入总额的 53%。然而到 60 年代和 70 年代，情况已发生明显变化，人们大谈"西倾""阳光地带的兴起"和"权势转移"。美国西部特别是南部地区的地位显著上升，这一趋势一直持续到 20 世纪末。它不仅反映在人口的增长，而且反映在财富的集聚、经济活动的加强和政治权力的扩展上。"阳光地带的兴起"已成为确切的事实。

美国南部和西部地区人口在全国总人口中的比例，1940 年为 42%，1976 年上升到 50%。1980 年，美国西部和南部的人口有史以来超过东部和北部。据 2000 年美国人口普查，90 年代是美国历史上人口增加最迅速的 10 年，而增加最快的则为西部和南部，分别增长 19.7% 和 17.3%；东北部和中西部增长最慢，只分别增长 5.5% 和 7.9%。由于半世纪以来增长率的差异，美国各地区人口占全国总人口的比例发生了显著变化；1950 年至 2000 年，西部人口从占全国总人口的 13% 增至 22%，南部人口从 31% 增至 36%，东北部人口则从占全国总人口的 26% 降至 19%，中西部人口从 29% 降至 23%。1940 年至 1970 年，西部和南部的个人收入总额在全国个人收入总额中所占比重，也从 33% 上升到 43%。从家庭中等收入看，1989 年至 1999 年，东北部下降了 4.0%，西部上升了 2.7%，南部上升了 8.0%，中西部这 10 年经济发展最快，上升了 10.8%。战后美国新兴产业和城市以及发展最快城市，大多出现在西部和南部。特别有意思的是，自林登·约翰逊以来，当选的美国总统都来自西部和南部地区，只有福特来自中西部，但他不是经过大选入主白宫的。里根和布什虽非出生于西部、南部，但他们是在西部和南部起家的。

美国西南部的崛起，除优越的自然条件外，与美国各级政府的干预分不开。从对南部经济问题十分关注的富兰克林·罗斯福总统开始，美国联邦政府就对西南部投入大笔资金，用于道路、供水、电力、排水系统和其他市政建设，从而吸引了私人资本的大量流入。第二次世界大战加速了这一进程，并在战后得到进一步发展。这一地区的州和地方政府，也很注意创造有利的投资环境。其中不少州在 50 年代通过了阻碍工会发展的《工作权利法》，以保证企业界对廉价劳动力的需求。到 60、70 年代，有许多州为吸引私人投资提供种种财政刺激，包括实行低税收。特别需要提出的是，美国政府的国防和航天开支是推动战后西南部经济发展的重要杠杆。据统计，远西部 13 州的人口虽然只占全国人口的 1/6，但这一地区的公司企业到越南战争期间已承担国防部 1/3 的军事合同，获得五角大楼 1/2 的研究与开发资助，包揽了 2/3 的导弹研究工程。国家航空与宇宙航行局 60 年代预算开支的一半，也是花在西部各州。到 1980 年，国防部 83% 的人员和 71% 的设施，都集中在西部和南部。加利福尼亚是其中受惠最大的州，也是战后 20 年里发展最快的州。由于国防开支的刺激，加利福尼亚到 70 年代在高技术的研究与生产方面，已处于国际领先地位。从战后西南部地区的迅速发展，我们可以清楚地看出美国军事—工业综合体的巨大影响。冷战结束以后，克林顿政府为迅速发展美国经济，加强其国际竞争力，曾较大地压缩国防开支，这对加利福尼亚等州的国防工业是产生了一些不利影响，但克林顿政府大力促进信息技术的研究和信息产业的发展，对美国南部和西部的经济发展仍然是十分有利的。

还应指出的是，战后美国经济重心向西南部的逐渐转移，并非传统工业部门的简单地理迁徙，而是高技术新工业部门在西南部的兴建与发展。由于战后美国的技术革命与军事和宇航技术的发展密切相联系，作为军事工业和宇航工业密集的西南部地区，成了美国高技术工业的摇篮。硅谷出现在加利福尼亚并非偶然现象。正是由于高技术工业部门具有比传统工业部门更强的生命力，美国西南部地区才能在整个国家经济低迷时仍然向前发展，使 80 年代美国经济在一定程度上走出滞胀，并为 90 年代克林顿时期的长期经济繁荣奠定基础。

战后美国引人注目的另一场大迁移，是人口由城市向市郊搬迁。这场移动虽然始于 19 世纪，但美国真正成为市郊化的国家，是发生在 1945 年之后。据统计，市郊人口在全国人口中所占比重，1940 年为 15.3%，到 1980 年上升到 43.4%，1990 年将近一半，到世纪末已成为多数。战后市郊化的进程，在 50、60 年代进入高峰期。1950 年，美国 15 个最大都市区中，只有 3 个市郊人口超过市内人口。到 1960 年，已有 9 个。50 年代除西南部中心城市仍在扩展外，其他地区的中心城市在市郊扩大的同时走向衰落。例如纽约州的布法罗，市内人口减少 8%，市郊人口则增加 52%。到 60 年代，都市区人口增长有 95% 是由于市郊人口增长造成的。1970 年，15 个最大都市区中除两个以外，其市郊人口都超过市内人口。进入 80 年代以后，都市远郊中心的居民点，已取代中心城市和近郊，而成为美国社区构成的主要形式。

战后美国的市郊化，首先是从住宅区的市郊化开始的。1946 年起，因大量军人和军工厂工人恢复平民生活，并组织家庭，美国出现了严重的房荒。市郊由于地价便宜以及便于住房建筑的大规模流水线施工，成为建筑公司最理想的建房地点。美国国会通过的军人调整法和住房法，又使联邦政府进一步介入住房建筑，对购房抵押贷款实行保险，降低预付金和贷款利息，更刺激了市郊住房建筑业的迅速发展。到 1972 年，美国已有 1100 万个家庭是由联邦住房管理局资助而有自己住房的，有 2200 万家庭是在这个联邦机构帮助下改善自己住房条件的。因此，美国拥有私房家庭的比例，从 1934 年的 44% 上升到 1972 年的 63%。此外，联邦政府在公路院外活动集团的影响下，还在 1956 年促使国会通过了著名的公路法，由联邦政府承担修建州际公路 90% 的费用和其他联邦援建的道路 50% 的费用。1956 年至 1969 年，都市高速公路的里程，从 36000 英里增加到 56000 英里；大城市 3/4 要乘车上班的人，在 60 年代都有了自己的小汽车。这就进一步推动了市郊化的发展。

由于州际高速公路四通八达，由于市郊具有廉价的土地、宽广的停车场、低额财产税和大量受过良好教育的管理和专业人员，企业家们就开始被吸引到郊区去寻找机会；商业、工业和服务业的市郊化，也就继住房市郊化应运而生。那些精于开拓新市场的房地产经营者们，不再满足于在市郊修建住宅区，还开始经营配有成套附属建筑群的"工业园林区"和"办公园林区"。这里不仅有办公楼、厂房，还有雇员住宅、娱乐场所乃至可以刺激生产积极性的美丽园林。为适应高技术工业的需要，他们还将这一类"工业园林区"建到名牌学府门口。除前面提到的斯坦福大学附近的硅谷外，还有普林斯顿大学附近的福雷斯特系中心和北卡罗来纳大学附近的科研三角区等。这样，包括国际商业机器公司在内的许多大企业，都把总部搬到了市郊。大商场、百货公司以及它们的零售网点，在市郊更是星罗棋布。《亚特兰大日报》在 1978 年甚至评论说："如果你要挑选美国文明的典型代表的话，那头号候选者就是市郊的园林市场。"[1]

美国市郊居民虽然社会地位有高有低，但主要是白人中产阶级，或者如 C·赖特·米尔斯说的"快乐的机器人"的新中产阶层。穷人显然是无力在郊区购买住房的。黑人即使是中产阶级，也因种族歧视而长期被拒于郊区之外。60 年代的民权法虽使这种状况有所改变，但市郊黑人居民的比例仍然很小，而且他们往往住在邻居主要是黑人的地段。由于市郊居民的主体是白人中产阶级，这就导致美国的郊区一般来说在政治上比较保守，共和党人在郊区的影响比较大。70 年代美国保守主义势力的加强，从其社会基础来看，与这种市郊化的扩展有着密切的关系。这也是克林顿竞选时力争市郊居民选票的原因，

---

[1] 威廉·伊塞尔：《美国的社会变化，1945—1983》，麦克米伦公司 1985 年版，第 94 页。

和克林顿政府内政政策走中间道路的原因之一。

　　〔产业结构的变化和第二次劳动力大转移〕　1947 年，约翰·根舍的《美国内幕》一书问世。他在撰写该书时曾向美国钢铁工人联合会的一位领导人请教"钢铁"一词作何解，得到的回答是：钢铁就是美国。从钢铁在美国经济部门所占地位来看，这句话在当时并不过分夸大。40 年代后期，美国 85% 的产品都离不开钢铁，40% 的工人的生计都直接或间接与钢铁工业有关。但是到 1983 年中期，美国一些钢铁产区的失业率几乎高达 45%。美国钢铁工人联合会在许多大城市的报纸上以整版篇幅做广告，呼吁"政府应马上采取行动拯救美国的基本工业即钢铁业"。可以说，钢铁工业的盛衰，是战后美国经济部门结构性变化的部分缩影。

　　美国经济的三大产业中，第一产业为农业，第二产业包括制造业、采掘业和建筑业，第三产业又有广义服务业之称，指不直接生产物质产品的部门，包括公用事业、运输业、通讯业、批发和零售业、金融保险业、不动产业、服务行业以及政府机关和政府企业等。战后美国产业结构变化的主要特点是：第一、二产业的地位下降，第三产业虽然各部门发展不平衡，但总的地位是迅速上升。美国产业结构在 19 世纪后期经历了从以农业为主向以工业为主的历史性转化以后，第二次世界大战结束以来，又开始了从以工业为主向以服务业为主的转化过程。丹尼尔·贝尔认为，这意味着后工业社会的来临。据《美国统计纲要》资料，从 1950 年到 1978 年，美国农业产值在国民收入中所占比重，从 7.5% 下降到 3.1%；第二产业产值从 38.6% 下降到 32.5%；第三产业产值的比重，则明显上升。

　　产业结构的变化，必然带来劳动力的转移。美国历史上早已开始的劳动力第一次大转移，即农业劳动力向工业和其他部门的转移，在第二次世界大战以后，由于农业劳动生产率的迅速提高而加速进行。从 1950 年到 1977 年，农业劳动力从 620 万人减少到 320 万人，下降了 48.4%。战后初期至 60 年代，美国工业雇佣人员曾经增加几百万，但进入 70 年代以后，美国工业部门的劳动力开始同农业劳动力一起向服务业转移，从而出现美国历史上劳动力的第二次大转移，即劳动力从生产部门向非生产部门的转移。1950 年到 1977 年，美国全部雇佣人员一共增加约 3500 万，其中 90% 到了服务行业。到 1983 年时，美国第三产业雇佣人员已占非农业劳动力的 74.1%。正因为如此，约翰·奈斯比特写道："从农民到工人，再到职员，这就是美国的简史。"①最近十余年来，特别是在克林顿政府促进服务业出口政策影响下，美国第三产业(广义服务业)的这种势头有增无减，到 90 年代中期为美国提供 80% 的就业岗位。有的论者认为，"经济服务化，正是美国经济半世纪以来的守护神。首先，植根于旺盛的内部需求的服务业……[其]职位受较不景气循环影响……"

"美国经济于 1991 年出现放慢时，制造业的产出下跌 3.4%，服务业的产出却一点也没有倒退。"

"其次，美国经济服务化也使得美国国内经济免受国际竞争的打击。"②

引起战后美国产业结构变化和劳动力转移的原因是多方面的，其中最重要的是科技革命产生的重大影响。它改造了美国的农业和传统工业部门，以前所未有的速度使物质生产能力迅速提高，从而要求有使极其丰富的产品的价值得以实现的条件，这就使各类服务业应运而生。不仅如此，高技术工业的出现和微电子技术的普及，使得物质生产部门本身的劳动性质也发生巨变，知识、信息和专业人员的重要性与日俱增。国内消费需求的变化，是改变产业结构的另一因素。首先，消费水平的提高是与信用膨胀相联系的，它必然刺激金融业的发展。其次，消费结构的变化也有很大影响。随着个人收入和闲暇时间的增多，美国人越来越重视精神消费，从而导致文化、娱乐、体育活动场所迅速增加和旅游业的普遍发展。另外，国际经济环境的变化，也影响着美国的产业结构。由于日本和西欧经济地位提高，以及新加坡、南朝鲜和台湾等地某些产品的出口能力增强，

---

① 约翰·奈斯比特：《大趋势：改变我们生活的十个新方向》(中译本)，中国社会科学出版社 1984 年版，第 13 页。

② 见香港《信报》1999 年 4 月 6 日文章：《服务业使美国经济百邪不侵》。

美国的一些传统工业部门受到越来越大的冲击，汽车、家用电器、纺织、制鞋等工业部门的国外市场一度处于萎缩之中。70 年代石油两次大幅度提价，对美国消费原油的工业部门和汽车工业来说，更是雪上加霜。还有一点需要特别指出的是，美国国家垄断资本主义的加强，导致了国家机构的膨胀，科研投资的增加以及对各种劳务的大量需求。这些因素，当然也推动着战后美国产业结构的变化和劳动力的第二次大转移。

战后美国产业结构变化和劳动力转移过程中出现许多问题，70 年代处于"换皮"阶段的产业结构危机就是一例。当时，由于许多走向衰落的传统工业部门的利润率背离平均利润率，要求资本和劳动力加速向新工业部门流动。但是随着科技革命影响下生产向更深更广领域发展，固定资本价值越来越高，专业化程度也不断加深，这就使资本和劳动力难以从衰落部门流向新兴部门。其结果，不仅影响美国经济发展，还造成严重结构性失业。据美国著名经济学家马丁·费尔德斯坦估计，70 年代美国结构性失业约占全部失业的 60%。[1] 诚然，微电子技术在 80 年代广泛应用于各个部门之后，不仅进一步改变了美国的产业结构，而且给美国经济带来生机，对 20 世纪最后 20 年的美国社会、经济、政治、军事、文化等各方面产生巨大影响，也推动了经济全球化的进程。

〔阶级结构变化〕　由于第三次科技革命和产业结构的变化等原因，战后美国社会阶级结构也有显著变化。在美国本土，第二次世界大战后农业劳动力急剧下降：1940 年农业劳动力占总劳动力的 17%，1960 年下降到 6.2%。从 1970 年到 1980 年，农业、林业和渔业劳动力加起来，从占总劳动力的 4% 下降到 3.5%，到 1985 年，全部农业人口只占美国人口的 2.5%。1998 年的总就业人口中，全部农业就业人口也只占类似比重。

除农业劳动力的急剧下降外，战后美国阶级结构的显著变化，是非农业劳动力中白领阶层的急剧增长。有一个材料说，1920 年美国

---

[1]　见美国《时代》周刊 1982 年 12 月 13 日。

白领人员只占工人总数的 25%, 1960 年占 43%, 到 1981 年则超过 53%。① 有一个材料说, 1980 年美国白领人员占就业总人数的 63%。② 著名经济学家约翰·加尔布雷思说, 到 1965 年时, 美国白领人员较蓝领工人约多800 万人。③ 这种趋势一直继续着。1970 年至 1980 年, 美国总劳动力增加 18%, 但经济管理人员增加 58%, 卫生人员增加 118%, 公务人员增加 76%, 银行人员和系统分析人员都增加 83%, 计算机操作人员增加 346%, 律师增加 100%。到克林顿新经济时期, 白领人员的增加更加迅速。

其次, 由于战后美国经济繁荣的时间较长, 工人阶级的实际收入和生活水平有所提高, 白领阶层和部分蓝领阶层进入了美国学人所谓的中产阶级, 亦即中等收入阶层(见第 13 章第 1 节)。这样, 美国社会大多数人属于中产阶级或中产阶层, 大资产阶级和穷人都是少数。就是生活在贫穷线以下的百分之十几的人, 通过社会保险和社会救济等组成的所谓"安全网", 一般也能维持最低生活水平。他们的贫穷, 主要是没有中产阶级生活得那样好。所以战后以来, 特别是 50 年代以来, 美国社会里的阶级斗争, 就不像马克思和恩格斯时代的那样"你死我活", 那样激烈。因为这时期美国工人阶级一般说只是为了"活得更好"而斗争, 并不是为了"争取活下去"而斗争。这就是战后以来美国最强大的工会劳联—产联, 变成美国资本主义制度一个组成部分的原因, 这也是战后美国工人运动、社会主义运动陷入低潮的原因。④

里根执政以来, 直到 20 世纪末, 美国贫富差距的确日益扩大。

---

① 丹尼尔·杨科洛维奇:《美国工业与职业道德》, [美]《社会》杂志 1984 年版, 第 21 卷, 第 2 期。

② 查尔斯·克雷弗:《工人运动的展望》, [美]《未来主义者》杂志 1983 年 10 月号。

③ 见所著《新工业国》, 新图书公司 1976 年版, 第 276 页。

④ 参阅刘绪贻:《战后美国社会阶级斗争新探——马克思主义的阶级斗争原理需要发展》,《20 世纪 30 年代以来的美国史论丛》, 中国社会科学出版社 2001 年版, 第 1~14 页。

密歇根大学的调查发现，美国 10%的最富有家庭，1989 年所拥有的财富占全国财富的 61.1%，到 1994 年底达 66.8%，而美国 10%最穷的家庭 1994 年平均负债超出财产 7075 美元，相比之下，1989 年他们平均负债只超出财产 4744 美元。

"这些新数字是在美国人口普查局宣布，现在最富的美国人和别的美国人之间的年收入差距，比自第二次世界大战以来的任何时候都大之后仅两天公布的。"①1999 年 9 月 8 日美国国会预算局公布的"数据显示，自 1977 年以来最富有的 1%人口的年收入显著增长，中间层的收入只有不大的增长，而底层 1/5 人口的实际收入是下降的"。"收入差距的扩大还表现在企业经理人员与工人之间。90 年代第 6 次经理报酬的调查显示，尽管在过去 10 年公司利润上升了 108%，工人工资却只增长了 28%，而首席执行官的报酬则上升了 481%。"②这种贫富差距扩大的情况，当然引起人民群众的不满，而且产生一些社会问题，但似乎还没有达到改变战后形成的新阶级斗争格局的程度。

2. 战后美国政治制度的演变

美国是世界上真正实行"三权分立"和"相互制约、相互均衡"的资产阶级国家。但是随着美国经济的发展，特别是美国由一般垄断资本主义过渡到国家垄断资本主义，由非滞胀型的国家垄断资本主义过渡到滞胀型的国家垄断资本主义等，社会、经济和政治问题更加复杂，"三权分立""相互制衡"的政治体制的内容和机制如果不随机应变，便不能适应形势的发展。于是，"三权分立"和"相互制衡"的政治体制便逐渐发生变形，即在保持三权相互分立、平行、制约、还有合作的基本结构的同时，总统逐渐成为联邦政府的权力中心，明显地

① 基思·布拉德舍：《调查报告显示，美国富人控制更多美国财富，而穷人则债台高筑》，《纽约时报》1996 年 6 月 22 日。

② 上两段引文见王缉思主编：《美国年鉴（2000）》，中国社会科学出版社2000 年版，第 250、251 页。

取得对另两个政府部门的优先地位。不过有的时候,总统也被另两个政府部门束缚住了手脚,以致无多少作为。下面,我们就战后美国国家垄断资本主义迅速发展,美国成为头号资本主义强国和西方世界霸主的过程,来看看作为上层建筑的美国政治制度,随之发生了哪些相应的变化。

〔总统权力的进一步扩大〕 现代美国总统既是国家元首又是政府首脑,也是军队的总司令。实际上,美国总统兼有日本的天皇和首相、英国的首相和国王、法国的总统和总理所具有的权限和责任。另外,美国总统还享有对立法建议的创议权和对国会通过的法律的否决权。继富兰克林·罗斯福之后,战后美国总统在行政、立法、执法、经济、军事、外交等方面的权力和影响进一步扩大,到尼克松时期俨然成为"帝王般总统"。

总统行政权力的扩大,首先表现为联邦官僚机构的扩大。里根时期美国政府一共有 13 个内阁级的部和 50 多个独立机构,它们下辖 2000 多个局、署、处、司、室、分支机构及其他下属单位。老布什又增加了一个内阁级的部,克林顿继之。这 14 个内阁级的部中,卫生和公众服务部、住房和城市发展部、运输部、能源部、教育部和退伍军人事务部,都是第二次世界大战后新设立的。战后还新设立了下列一些独立机构和半官方机构:中央情报局、社会保障局、美国新闻总署、义务兵役系统、总务局、国家科学基金会、民权委员会、国家航空航天局、小企业管理局、平等就业机会委员会、美洲基金会、国家艺术和人文科学基金会、和平队、美国邮政总局、全国铁路客运公司、商品期货交易委员会、消费产品安全委员会、环境保护局、农业信贷局、联邦选举委员会、联邦紧急情况管理局、联邦劳工关系局、全国信贷协会管理局、全国运输安全委员会、核管制委员会、人事管理局、养老金福利担保公司、邮政费率委员会、美国国际开发合作总署、非洲发展基金会、国家档案文献管理局、储蓄保护监督委员会、美国和平研究所和全国社区服务公司。

1939 年,联邦行政部门文职人员为 935797 人,第二次世界大战时急剧增加,到 1945 年战争结束时多达 3786645 人。战后经过裁员,

1950年下降至1934040人。朝鲜战争和越战期间回升，1970年又增至2943818人。越战结束后一直保持在280余万人水平。里根虽大力提倡小政府，但到1983年美国行政部门文职人员只比他上台时减少几百人。如前所述，克林顿为争取共和党选民，曾大力裁减行政人员，但到1999年5月，美国政府行政部门仍有文职人员2706550人。而且，这个数字除不包括军事人员外，还不包括间接为美国政府工作的人。有人估计，有一个人直接靠联邦政府为生，就有4个人间接靠联邦政府为生。据统计，1980年全美国共有政府单位79913个，雇员总数约1597万人。总统就站在这庞大的官僚机器之巅，确定和协调国家重大事务的轻重缓急。

原来美国并无总统办事机构。战后，罗斯福总统在1939年建立起来的总统办事机构不断扩大。到克林顿政府时期，除庞大的白宫办公厅外，还有下列总统行政机构：经济顾问委员会、行政管理局、科技政策办公室、国家毒品管制政策办公室、行政管理和预算局、美国贸易代表办公室和环境质量委员会。1944年时，白宫办公厅工作人员只有48人，1952年杜鲁门时期陡增至252人，1975年福特时期达到顶峰，共625人。以后历任总统大力缩减，到克林顿任期末年仍有385人。

总统权力扩大的另一种表现，是联邦政府对经济生活的直接干预。战后美国历届政府，无论是民主党政府或共和党政府，不仅继承了罗斯福新政的改革措施，而且扩大了国家干预经济生活的规模和内容，并使国家干预经济生活由战前的针对严重经济危机和世界大战这种特殊条件下采用的非常手段，转变为经常性的制度，成了资本主义再生产全部机制中不可分割的一个组成部分。特别是1946年就业法明确规定，国家的任务就是保证使用一切手段来促进最大限度的就业、生产和购买力。这就意味着联邦政府首次正式承担责任，为了调节就业和失业，国家必须干预经济的发展。而联邦政府对经济生活的干预，是在总统领导下进行的，从而正式确定了总统对经济生活的领导权。

在罗斯福新政以前，立法权基本上掌握在国会手中。从罗斯福新政起,特别是战后,情况发生了变化。首先,由于权力和责任日益集中到总统身上,国会的重要议事日程基本上由总统决定,总统向国会提出的"国情咨文""预算咨文""经济报告"和各种专门咨文,成为国会立法活动的指南。到70年代末,每年根据总统的建议提出的法案,一般占国会通过的全部法案的80%。近20年来这种趋势虽有起伏,但无根本变化。其次,总统管辖下的行政部门和机构通过的规章条例,也具有法律效力和作用。1981年,仅联邦政府一级就通过了6500项这种规章条例,而同年国会通过的法案和决定,却只有157项。再次,战后总统使用否决权的范围和总统享有的国会委托立法权,都有所扩大。

总统是美国外交政策的最高负责人。战后历届美国总统都将很大一部分时间和精力花在外交和国际问题上。总统作为国家元首和政府首脑,经常出国访问,参加各种国际会议和最高级会议,亲自领导有关政治、经济、社会、军事等问题的外交活动。由于战后美国成为资本主义世界的霸主,美国对外政策的最高负责人实际上成为西方世界的领袖。在此全球一体化进程日益加速加深的今天,人们即使不承认美国总统是国际舞台上的主要角色,至少也是少数几个主要角色之一。

根据宪法规定,总统虽然拥有作为武装部队最高司令的权限,但宣战权却属于国会。也就是说,总统作为最高司令没有宣战权。然而,第二次世界大战后的历届总统认为,当国家安全处于紧急状态时,总统有权动员军队向海外派兵,采取战争行动,并将这些看作是总统的固有权力。1950年杜鲁门出兵干涉朝鲜,1956年艾森豪威尔向中东派兵,60年代肯尼迪和约翰逊两位总统出兵侵略越南,1970年尼克松下令轰炸柬埔寨。所有这些战争行动,都是在事前没有得到国会批准的情况下进行的,国会只是在事后被迫接受了既成事实。

美国总统权力的扩大,到70年代初尼克松时期特别突出,使许多批评者认为,美国总统已成为"帝王般总统",因为此时的总统滥用权力,特别是滥用战时权力和保密。著名历史学家小阿瑟·施莱辛格在其《帝王般总统职位》一书中,指责总统窃夺国会宣战权,过多地行使紧急状态权，运用行政协定办外交，保密和过多地行使行政特权，扣留国会拨款，和运用否决权进行治理。当然，这种情况国会是不能长期忍受的。

〔国会重申自己的权力和改革〕 1973年开始，国会着手恢复失去的权力和寻找更充分地参与制订国家政策的新途径。国会推翻了尼克松总统的否决，于1973年11月通过战争权力法。其主要内容为：总统在命令军队进入战争后48小时内得向国会报告，除非国会特别授权总统继续承担义务，否则在60天内就要停止军事行动，在90天内撤军；在开战后的任何时间，国会可用不经总统否决的共同决议，终止使用合众国军队。此外，国会还利用其预算审议权，加强对联邦预算的控制，拒绝有关战争的预算拨款，谋求制止扩大战争。1976年的国家紧急状态法，到1978年终止了由于多年来连续的紧急状态而使总统得以掌握的广泛权力。该法还要求总统在宣布国家紧急状态时，要预先通知国会，并且指明打算援用的法律。这样宣布的紧急状态，6个月之内便自动终止。虽然总统可以再宣布另一次6个月的紧急状态，但国会至少具有每6个月审查一次宣布紧急状态的权力。此法的目的在于保证：只有确实存在紧急状态时，而且只有在国会具有审查保证时，方可运用紧急状态权力。从1974年起，国会通过法案并建立机构，试图对情报机构进行控制，不过收效不大。1974年，国会通过了预算与扣留拨款控制法，规定建立国会预算局，并在两院分别成立一个常设预算委员会，其目的在于鼓励国会全面地估计国家的财政状况和优先开支事项，并在高通货膨胀期间有助于制止不必要的开支。此后10年，国会预算局提出的高质量资料大大改进了国会对预算的审议，国会两院的预算委员会也工作得不错。此外，该新法中关于扣留拨款控制的条款，使行政部门处于守势，总统扣留拨款的能力受到控制。70年代和80年代初，国会还利用"立法否决"来限制总统。按照这种办法，国会在草拟的法律中加上一条款，要求检查行政部门执行该法的情况，依该法的具体规定，一院、两院，有时甚至一个国会委员会的多数赞同，即可实行立法否决。这就是说，立法否决权允许国会授予总统广泛的权力，以后又可不经总统同意即将权力收回。这种立法否决权对国会当然很有用，但在 1983 年被联邦最高法院判决违宪。

　　美国国会从 70 年代起其所以能在相当程度上恢复失去的权力，并更多地参与制定国家政策的工作，是和战后国会进行的改革分不开的。美国国会两院有各种常设委员会，这些委员会又再划分为各种小组委员会。实际上，国会的工作大多是在这些委员会进行的。委员会主席握有委员会的召集及决定议事日程等大权。由于资历制度的关系，在参、众两院各委员会中担任主席职务的，南部人占很大比例。这些人思想相当保守，常常试图阻止一些改革立法的通过，特别是有关民权的立法；同时由于立法工作日益复杂和广泛，国会工作人员少，专业知识贫乏，对战后新政式国家垄断资本主义发展的新情况反应迟钝，结果人们纷纷指责国会落后于时代。

　　1946 年通过的立法机构改组法的目的，是要使委员会制度现代化和国会工作人员专业化。改组后参议院常设委员会的数目从 35 个减少到 15 个，众议院从 48 个减少到 19 个。同时，在常设委员会数目保持不变的情况下，小组委员会的数目则在增加。在 1946 年改组法通过之前，共有 106 个众议院小组委员会和 68 个参议院小组委员会。到 1975 年，众议院已有 146 个小组委员会，参议院则有 139 个。

　　1946 年改组法明确了各委员会的职权范围，加强了各委员会的地位，增加了各委员会的专业工作人员，减少了通常借用行政部门工作人员的作法，加强了国会及其委员会的独立工作能力，并减少了在情报资料方面对行政部门的依赖。

　　1970 年通过的立法机构改组法，进一步增加了各委员会工作人员的编制。这些工作人员越来越专业化，有了这批专业工作人员，国会就可以根据事实和客观研究审议各种提案，不受行政部门影响。但是，国会专业工作人员在立法过程中的作用日益重要，从而有可能取代国会议员本身的法定决策能力。

　　到 70 年代，人们对众议院和参议院完全依据资历选择各常设委员会主席的做法，不满情绪达到顶点。1973 年通过的众议院规则，加强了小组委员会地位，削弱了常设委员会主席的决定权，同时改革了委员会主席的选择方式，放松了对资历的限制。众议院民主党核心会议规定，议员一次只能担任一个常设委员会、一个小组委员会的主席。这项改革可避免众议院权力过分集中在保守的资历较老的民主党议员手里，有利于比较年轻的、资历较浅的、较开明的民主党议员登上领导岗位。到 1975 年，众议院的民主党人解除了 3 个常设委员会主席的职务，并选举年资较低的议员担任银行事务委员会、武装部队委员会和农业委员会的主席，同时允许赋税委员会主席自动退职。另外，这项改革至少增加了 16 位新的小组委员会主席。

关于立法机构席位的再分配问题，也在 60 年代作了重大改革。就众议院来说，众议员根据各州人口多少进行分配，每 2 年选举一次，实行一区一人的小选举区制。依法，众议院各州的议员分配应根据每 10 年进行一次的国情普查结果进行调整，重新划定选举区。第二次世界大战以来，美国城市人口增多，农业地区人口减少，但数十年来，大多数州都保持原有的选举区不变，以致造成城乡之间的众议员选区的选民人数差别很大，城市地区在国会的代表按人口比例远少于农村地区。这种现象显然不合理，城市选民日益不满，纷纷提出诉讼，强烈要求重新分配议席。1962 年，联邦最高法院在一项裁决中宣称：各州州议会的产生，如果不按人口比例划分选区是违宪的。1964 年联邦最高法院在另一项判决中宣布：决定众议院的一人一票制，是宪法第 1 条中固有的。从这时起，有 27 州在两年内按照联邦最高法院宣判重新划定选区。由于这种议席再分配的结果，国会和州议会城市代表增多，乡区代表减少。但是，后来日益众多的城市人口迁往郊区，郊区选出的众议员多于城市选出的众议员。由于郊区选出的议员一般对新政式国家垄断资本主义具有逆反心理，他们人数的增加，大多增强了立法机构的保守色彩。

最后应该指出的是，70 年代以来国会虽然重新振作起来，加强了对行政部门的制约作用，但到 80 年代，里根仍然表现为一个强有力的总统，90 年代的克林顿，虽然他的中间道路在国会中一再受到民主党自由派和共和党保守派的抵制，由于绯闻几不免于国会的弹劾，但他仍然造就了美国历史上最长期的经济繁荣，违反一切国际准则地领导北约强行侵略南联盟，对之进行惨无人道的狂轰滥炸。所以说，国会的反攻并没有根本改变总统是美国政府中心这一事实。

[司法部门的演变]　美国的司法部门、特别是联邦最高法院在美国政治生活中具有崇高的地位。究其原因，主要是由于联邦最高法院具有司法审查权，即宣布某项法律是否符合宪法；如果违宪，便归于无效。这一特权，是由 1803 年联邦最高法院首席法官约翰·马歇尔的有关判决确立的。虽然在此后的几十年里，联邦最高法院否决过不符合宪法精神的州和联邦法规，但只是到了第二次世界大战以后的 50 年代，特别是厄尔·沃伦从 1953 年到 1969 年担任联邦最高法院首席法官期间，联邦最高法院才积极扩大行使司法审查权，在解决重大的社会问题和政治问题上起了非常重要的作用，使联邦最高法院变为战后社会改革的工具。

沃伦法院积极扩大行使司法审查权，突出表现在涉及民权与公民自由问题上的裁决。到 1941 年末，罗斯福已任命 7 名联邦最高法院法官，使联邦最高法院的自由主义倾向大为加强。1941—1946 年哈伦·斯通领导的联邦最高法院，在全部有关公民自由的案件中，有 2/3 是支持个人的。1946—1953 年弗雷德·文森领导的联邦最高法院，对于公民自由问题采取司法克制主义的态度，认为这些问题只能由直接对选民负责的政府行政部门和立法部门来解决。1953—1969 年沃伦领导的联邦最高法院，在有关民权的判决中，根本不顾这种司法克制主义的教条，采取新的司法能动主义，大胆行使自己具有的司法审查权。

1954 年沃伦关于公立学校种族隔离违宪的判决，我们在第 4 章第 7 节中已经论及。这个判决是美国宪法史上的重要里程碑之一。在其他一系列判决中，联邦最高法院还宣布公园、公共住宅、市高尔夫球场、公共海滨和浴室、市内公共汽车、州际汽车站、火车站和飞机场的种族隔离为非法。60 年代黑人运动高涨。1961 年联邦最高法院在审理伯顿诉威明顿停车管理处一案中，裁定私人业主的餐馆不得排斥黑人，从而扩大了宪法第 14 条修正案的适用范围。1963 年的裁决，将此项裁决扩及所有的私人设施。1964 年，联邦最高法院否决弗吉尼亚州在州与地方选举中征收人头税。1967 年，最高法院在审理洛芬诉弗吉尼亚州一案时，否决了禁止种族间通婚的各种州法令。1968 年，联邦最高法院在审理琼斯诉 Ａ·Ｈ·迈耶公司一案时，禁止在出售或出租公房和私宅时实行种族歧视。在有关立法机关席位重新分配的争端中，沃伦领导的联邦最高法院也发挥了举足轻重的作用。1964 年雷诺兹诉西姆斯一案中，根据《宪法》第 14 条修正案中"受法律同等保护"的条文，沃伦制定了一人一票制原则，否定了其他代议制原则，认为立法机构的席位必须根据人口数来分配，不能歧视黑人。

在改革刑事审判方面，联邦最高法院也通过一系列具有历史意义的裁决。1963 年，在吉迪恩诉温赖特一案中，联邦最高法院裁决：即使是非死罪的诉讼，州也应向贫穷被告提供辩护律师。1964 年，联邦最高法院对埃斯科伯多诉伊利诺伊州一案判定：如果警察在讯问嫌疑犯时不让他有辩护律师，或未告知他有保持沉默的权利时，判罪无效。这些裁决有利于贫穷被告通过正当的司法程序保护自己的合法权利，制止警察滥施刑法的行为。

沃伦时代的联邦最高法院，是采取司法能动主义的典型，在美国联邦最高法院的历史上揭开了新的一页。沃伦在历史上与约翰·马歇尔共享盛名。1969 年沃伦退休，尼克松总统任命沃伦·伯格继承他的职位。从那时起，又有 5 位沃伦时代的联邦最高法院的法官逝世或退休，由一些较保守的人继任。可是，出乎共和党保守派的意外，伯格领导下的联邦最高法院所作的许多判决的实际结果，继承了沃伦法院的传统。1969 年，伯格领导的联邦最高法院一致同意立即结束所有学校的种族隔离。1971 年斯旺案判决：用校车接送儿童上种族混合学校。1972 年弗曼诉佐治亚州一案判决：一个州的死刑法违宪。1973 年，联邦最高法院在罗诉韦德一案中，宣布妇女有权堕胎。伯格领导的联邦最高法院还匆忙介入"水门事件"录音带之争，以迅雷不及掩耳的速度，判决总统立即交出录音带，从根本上解决了这一危机。这是司法能动主义大胆而成功的一例。

由于联邦最高法院积极行使司法审查权，由于国会和总统之间的矛盾日益尖锐，司法部门在保持三权分立中的作用越来越大。它不仅在解决总统与国会间争夺权力的纠纷中处于仲裁者的地位，有时甚至变成事实上的立法机构。

总之，战后美国联邦最高法院积极行使司法审查权，实行司法能动主义，尽管美国保守派啧有烦言，我们认为，这是有利于美国大多数人民的，是推动美国社会进步的。

〔联邦主义的发展和变化〕 美国是一个典型的联邦制国家。由宪法授权的政府，只有联邦和州两级。宪法除赋予联邦权力外，凡宪法未赋予联邦亦未禁止各州使用的权力，则保留给各州。州以下地方政府的权力，则由州规定。这种中央政府和州政府的权力划分，通常称为权力的纵向分立；而政府内部设立行政、立法、司法3个平等、独立而又相互制约(当然也有合作)的部门，则称为权力的横向分立。

美国自开国起直至今日，都是实行联邦制，但美国联邦制的实际内容，却随着社会、经济、政治的发展而不断变化，并呈现出相应的阶段性。战后，杜鲁门的公平施政、肯尼迪的新边疆和约翰逊的伟大社会实施的结果，大大加强了从罗斯福新政开始的合作联邦主义，联邦政府对社会经济生活的干预和管制空前扩大。1964年以前，联邦的管制活动主要着眼于调节经济以促进繁荣和充分就业。从伟大社会计划开始，联邦的干预和管制活动扩大到对教育、医疗、民权、环境和消费者的保护等领域。由于这种干预和管制所涉及的领域传统上大多属于州一级主管，因此往往是在与各州和地方合作的过程中进行。不过联邦与州政府之间的这种合作，经常是强制性因素多于协作的因素。因为实行这种合作计划主要依靠联邦政府提供拨款，而联邦拨款往往都有附加条件。随着时间的推移，联邦政府附加的条件越来越广泛而苛刻。在使用联邦拨款时，州政府必须接受联邦政府的监督，遵照联邦政府规定的考核制度任用管理人员，按时向联邦政府提交说明使用情况的报告，严格遵守联邦政府的各种法令、规定。稍有违犯，便停止拨款。可见，通过联邦拨款而进行的联邦和州政府之间的合作，使州政府越来越受制于联邦政府，其独立性和积极性越来越小；联邦政府的作用越来越大，机构变得更加臃肿，更加官僚化，更加难以驾驭。总之，联邦政府的集权，到 60 年代中期以后达到相当严重的程度；而联邦政府过分集权所造成的弊病越来越明显。人们开始认识到，像美国这样一个大国，企图把一切决策权集中于华盛顿是行不通的。罗斯福新政后形成的以联邦政府集权为特征的联邦与州政府之间的关系——合作联邦主义，造成了新政式国家垄断资本主义的危机。

理查德·尼克松在竞选总统期间，在一定程度上成功地利用了公众对这种情况的不满。他公开许诺要削减华盛顿掌握的经济、政治大权，将之还给各州和城市，以满足"美国选民要求改变华盛顿的家长式的统治的愿望"。① 1969 年 8 月 8 日，他正式提出新联邦主义的口号，公开声称要扭转过去 30 年来中央过分集权的趋势，还权于州，还权于民。接着，他又向国会提出实行新联邦主义的税收分享计划，并于 1971 年极力扩大计划规模，促使国会于 1972 年 10 月以州和地方财政援助法名义通过。此后，联邦政府通过拨款的速度放慢，有些现存的联邦计划被削减或取消，联邦政府对州和地方事务的干预有所减少。与此同时，在联邦政府的支持和鼓励下，州和地方政府的职能有所加强。有些州的州长任期开始延长，由 2 年改为 4 年；州立法机构也由两年开一次短会改为每年开长会；还有的州起草了新宪法；更多的州增加了对地方政府的援助。的确，美国的联邦主义开始出现一些新特点。

尼克松的新联邦主义在卡特时期虽有被扼杀的危险，但里根上台后，国会众议院在重新开会的翌日就通过一项将税收分享延长的计划，并恢复了州政府在税收分享中的地位。里根在理论上和尼克松唱一个调子，在行动上则比尼克松走得更远。他在 1982 年 1 月 26 日提交的国情咨文中，提出了一项长达 10 年的庞大计划，要求将目前由联邦政府和州政府共同执行的职能分开，有些完全由联邦政府执行，另一些则完全由州和地方政府负责；逐渐将一些联邦计划交给各州执行，到 1988 年将有 40 个联邦计划完全由州政府接管；联邦政府将逐

---

① 《尼克松回忆录》(中译本)上册，商务印书馆 1978 年版，第 453 页。

渐减少对州和地方政府的拨款，直至最后彻底取消。

里根的这种新联邦主义太偏向各州，虽然得到许多州长的赞同，但大多数市长持批评态度。有的民主党人称这种新联邦主义是新封建主义，还有的民主党人揭露里根是别有用心，其目的是想把联邦政府的财政负担转嫁给州和市政府，谋求联邦预算的平衡。最后里根的提议在现实的政治中夭折了。不过，此时不仅共和党、民主党也认识到：全国政府不能管理一切事情或解决所有问题，无论哪个党执政，都想限制联邦政府开支。

限制联邦政府开支并非不需要联邦政府起积极的作用。美国著名政治学家詹姆斯·M·伯恩斯等评论道："产生要联邦采取行动这种要求的根本的经济和社会条件没有实质性的变化。相反，除了像失业、通货膨胀和信贷控制这类传统问题——这些仍然需要国家的行动——之外，工业经济转变为以高技术、服务、信息为基础的经济，又增添了无数的新问题。没有国家的行动，我们每况愈下的烟囱工业裁减的工人能得到再培训吗？或者，支撑后工业社会的人力资源能得到保证吗？大多数人认为不能。而且，由于美国每4个职业中就有一个职业是由国际市场产生的，全国政府看来有必要继续起积极的作用"。①

由于上述原因，如我们在第14章所说，克林顿政府在这个问题上是采取中间立场的。

〔美国政党作用的下降和利益集团活动的盛行〕 美国宪法对政党的地位未作任何规定，但美国政党制、主要是两党制却有相当长的历史。可是自1964年总统选举以来，有大量迹象表明，美国政党制度有走向衰落的趋势。这体现在以下几个方面。首先，越来越多的选民政治热情降低，对两大资产阶级政党丧失信心。在全国、州和地方的选举中，实际投票的人数大大下降。1960年大选的投票率为62.8%，1968年为60.9%，1972年为55.7%，1976年为54.4%，1980年更下降至52%，1988年则刚超过50%，1992年虽创1968年

---

① 詹姆斯·伯恩斯等：《美国式民主》(中译本)，中国社会科学出版社1993年版，第91页。

以来的新高 55.9%，1996 年却更降到 49%。2000 年大选结果，小布什和戈尔所得选民票数相差无几，都不到 5000 万张，而 2000 年美国人口则有 2.8 亿多，由此可见投票率之低。其次，越来越多的选民脱离自己的政党，在选举活动中采取独立的立场。1940 年至 1976 年，公民中以两大政党中某一党成员自居的，已由 80% 降为 68%，而自称是无党派的独立人士，则从 20% 上升到 32%。这种趋势一直继续着，如李道揆所说，90 年代"政党对选民投票的影响力大为下降。今日的选民易受竞选中的问题、事件和候选人的影响。二是今天美国人的教育程度提高了，更倾向于相信他们能够评判候选人，不必根据政党的看法投票"。① 再次，政党对选举活动的控制削弱。历来总统和国会议员候选人的提名、竞选经费的筹措、动员选民投票以及组织政府，政党都起着重要作用。60 年代中期以来，这种情形颇有改变。比如，因为大众传播媒介影响的扩大，许多选民往往单凭传播媒介中了解到的候选人个性来决定他们的取舍，削弱了政党在候选人选择中的作用。1976 年，吉米·卡特就是在与党的领导层没有多少联系的情况下当选的。最后，当选总统与他同属一党的国会议员之间的联系，也越来越松弛。当选总统即使以一面倒的选票获胜，也不能担保他的党将控制国会；而且即使他自己的党控制了国会，总统也仍然会在国会中遇到困难。克林顿的中间道路政策，在他的头两年任期中，便一再受到参众两院民主党自由主义者议员的激烈反对。

所有这些趋势都表明，当代美国政党的作用在下降。而与此同时，美国各种利益集团的活动发展起来了。"战后，随着第三次科技革命的兴起，美国的社会和经济生活发生了新的变化。利益集团的发展十分迅猛，特别是 60 到 80 年代，利益集团的数量、类型及院外活动以前所未有的速度膨胀起来，以至于出现了所谓'利益集团爆炸'，利益集团成为美国公民参与政治的重要渠道。"② 从类型来说，真是五

---

① 见所著：《90 年代的美国政治》，朱世达主编：《当代美国文化与社会》，中国社会科学出版社 2000 年版，第 36 页。

② 谭君久：《当代各国政治体制：美国》，兰州大学出版社 1998 年版，第 155 页。

花八门，有企业集团、劳工集团、农业集团、教育集团、民权集团、环境保护集团等。70年代以来新兴的利益集团组织形式是政治行动委员会。1974年时，各种政治行动委员会还只有608个，到1992年已增至4195个。1972年，对参众两院议员候选人的捐款，只有14%来自各政治行动委员会，到1980年，已上升到25%。1991—1992年，各政治行动委员会向国会候选人的捐款，占它们总支出的46%。环境保护利益集团宣称：自1970年以来，到80年代中，已击败被列入它的"卑鄙的一伙"名单的24名国会议员。反堕胎集团在1978年的国会选举中，也使他们反对的候选人在竞选中遭到失败。

各利益集团还通过收买一些政客从事院外活动，促使国会通过有利于本集团利益的立法。1946年，美国登记的院外活动者为2000人，1978年增加到15000人，以后还陆续增加；至于没有登记的，据说还更多。院外活动集团用于影响华盛顿舆论的经费，80年代中期每年已达10亿美元之多，另外还用10亿美元来影响全国的舆论。所有这些说明，利益集团在美国政治体制的运转中，已成为一支影响巨大的社会力量，对美国选举、国会立法、政治决策等起着越来越大的作用。美国在认定利益集团合法地位的同时，在一定程度上控制了利益集团的过分行为，使利益集团的活动日益规范化，并为人民所接受。

3. 美国教育事业的发展与问题

第二次世界大战以后，特别是五六十年代，美国教育事业获得迅速的发展。从大、中、小学及幼儿园在校人数来看，1946年为2820万人，1970年上升到5857万人。在校人数在全国人口中占的比例，从1946年的19.9%，上升到1970年的28.6%。1970年以后，高等学校学生人数继续增长一段时间，然后出现波动；中小学及幼儿园在校人数则持续下降。结果，导致各类学校在校人数于1976年达到5982万人的高峰后，逐渐下跌。进入80年代以后，美国高等学校人数稳定在1800万左右，中小学校人数下降到大约4000万。进入90

年代后，中小学校人数上升到约 5000 万，1/5 以上的美国人接受过各种形式的大学教育。

战后美国的教育开支，1946 年近 40 亿美元，占国内生产总值的1.9%。1969—1970 年上升至 684.6 亿美元，占国内生产总值的 7%；1979—1980 年陡升至 1656.3 亿美元，占国内生产总值的 6.5%；1989—1990 年更升至 3815.3 亿美元，占国内生产总值的 7%；老布什任期的最后两年都超过 4000 亿，分别占国内生产总值的 7.2% 和7.3%；克林顿第一任期的最后一年初步统计为 5295.6 亿美元，占国内生产总值的 7.3%。据估计，1997—1998 年将达 5838 亿美元。①

显然，战后美国的教育事业从总趋势来看是处于大发展之中，但也存在着问题和危机，这和美国的人口增长、经济发展、科技革命、国家干预乃至全球战略，都有十分密切的关系

〔50 年代开始的教育改革〕 由于 30 年代大萧条和第二次世界大战的影响，美国的学校建设早已不能适应教育事业发展的需要，再加上教师工资较低，人员外流，到第二次世界大战结束后，美国教育面临着校舍短缺和师资不足的严重局面。战后大量出生的婴儿在 50 年代初涌入小学，更加剧了这一矛盾的发展，引起家长和社会的普遍关注。随着美国经济的发展和市郊的扩大，越来越多的中产阶级家庭的家长认识到，子女的前途在很大程度上取决于他们所受的教育。作为30 年代大萧条的过来人，这些家长不希望自己子女在经济和社会地位上失去保障。因此，广大中产阶级人士对美国教育格外关心。另外，美、苏冷战对人力开发也提出了更高的要求。特别是苏联人造卫星上天之后，美国举国震惊。许多人认为技术上的劣势反映了教育上的落后，从而竭力主张进行大规模教育改革。

在这种形势下，美国国内不仅出现要求增加对学校拨款和增建新校舍的强大舆论压力，而且对统治美国教育界达 40 年之久的进步主义教育思想展开了批判。1953 年，艾伯特·林德的《公立学校的骗

---

① 除 1946 年数字外，其他统计数字俱引自前引书《美国年鉴》(2000) 第191 页。

术》、阿瑟·贝斯特的《教育的荒原》、罗伯特·哈钦斯的《教育的冲突》等书先后问世。1954年，莫蒂默·史密斯出版了《萎缩的头脑》。1959年，海曼·里科弗发表《教育与自由》。在这些批评者当中，态度比较温和而影响又最大的，当推哈佛大学校长詹姆斯·科南特。他在这方面的名著，是1958年出版的《今日美国的中学》和1963年出版的《美国的师范教育》。对进步主义教育的批判，主要集中在以下几个方面。首先认为进步主义教育过分强调所谓"生活的调整"，即鼓励学生根据自己的兴趣参加社会活动，寻求个人发展，从而忽视了学术和专业领域内的基本训练；其次认为师范教育已成为高等教育中最薄弱的环节，学生质量低劣，课程缺乏思想内容，只强调如何教，而不注重教什么，而且握有师范院校文凭的人充斥了师资队伍，把受过良好基本学术训练的人排除在外。结果，这种进步主义的教育，一方面由于强调实用主义目标而忽视了人道主义的价值标准，另一方面又由于忽视基本学术训练而不能适应当前科技发展和国防建设的需要。这就使教育改革势在必行。

在以科南特为代表的一大批教育家的推动下，50年代美国的教育改革得到公众舆论和各级政府的支持，使美国教育事业从50年代中期开始出现迅速发展的势头。如前所述，教育经费有了巨大增长，在国内生产总值中占的比例不断增加，其中尤以联邦教育经费的增长特别引人注目。联邦政府建立了全国科学基金会，为课程改革和师资再培训提供资助。更重要的是，1958年国防教育法的通过，把教育与国防紧密地联系在一起，从而使联邦政府对教育事业的发展承担了更大的责任。这样，1955年至1970年，美国公立学校入学人数增加50%，教室数增加80%，教师人数增加一倍。缺乏正式证书教师的百分比，从50年代初的50%以上，下降到1970年的不到5%。教师工资则从1950年的平均3000美元，上升到1970年的9300美元。

除教育规模的扩大以外，50年代美国还对教育内容和课程设置进行重大改革。这场改革开始于物理学和数学领域，尔后扩及生物学、化学和社会科学。由大学教授和中学教师组成的改革者，试图以"真正的"物理学、数学和生物学来取代一般的或应用性的科学。他们主张让学生了解当代科学的最新模式，比如说爱因斯坦的相对论，而不是牛顿的机械论；他们认为可以向初学者介绍最新的研究方法，比如说向儿童讲授集论和概率论。在他们看来，让学生掌握从事研究的活方法，比了解这门学科已有的死材料更重要。为了完成课程改革，他们十分重视教师队伍的知识更新，主张开办各种师范教育与再培训机构，包括暑期训练班等。

50年代开始的这场教育改革运动，是服务于整个国家需要的全国性运动，因此得到联邦政府和一些财力雄厚的基金会的支持。到60年代中期，摆脱了旧模式束缚而焕然一新的物理学、数学、生物学和其他课程，已在美国公立学校得到广泛的普及。然而需要指出的是，50年代以来美国教育规模虽在扩大，质量也在提高，但这场教育改革运动带有相当强的英才教育色彩。在教育领域里实现更大程度的平等，则是60年代美国教育改革面临的难题。

〔平等教育与教育保障〕　50年代中期黑人运动的兴起与60年代初"另一个美国"的发现，使不少美国人逐渐意识到，有相当一部分美国居民并未能分享战后美国的富裕与繁荣。这是60年代美国社会大动荡的重要原因之一。它不仅促使肯尼迪和约翰逊政府提出"向贫困宣战"，而且成为美国教育界关注的问题。詹姆斯·科南特警告说，贫民窟的状况是一种"社会炸药"。许多教育界人士试图以平等教育作为解除贫困的手段，希望教育平等能产生社会平等的效果，从而缓和美国社会的种族和贫富矛盾。在民权运动的压力下，美国政府也确实为取消公立学校的种族隔离制、缩小不同种族在教育条件上存在的差距付出了努力，使60年代成为美国历史上教育大普及的年代。但是，1966年詹姆斯·科尔曼教授题为《教育机会平等》的调查报告发表后，使人们对这些改革的社会效果大感失望。该报告指出，美国的黑人学校和白人学校在教学条件上存在的差异，并不像人们估计的那样严重，但穷人家庭出身的学生和其他学生相比，在学业上仍然存在重大的差距，更不用说他们步入社会后的社会地位。科尔曼认为，重要的不是平等教育设施，而是平等的教育效果。然而仅仅靠教育并不能克服"贫穷文化"造成的恶果。这就使美国教育界人士对于如何为穷人家庭出身的孩子"补其不足"产生兴趣。他们的一些想法，成为约翰逊政府"向贫困宣战"和"伟大社会"改革计划的重要内容。为弥补穷学生由于社会经济地位造成的种种不利条件，他们对 3 至 6 岁的孩子进行学龄前免费教育；改革课程设置，使教学内容易于为穷人孩子所接受，其中包括开设黑人问题的课程；招聘与穷人学生出身于同一阶层的师资队伍；实行种族合校；进行社区控制，即由穷人参与管理社区，其中包括学校。可是这些措施不是未能充分实行，就是未能收到预期的效果。尽管有些美国学者认为对于 60 年代实行教育平等的社会效果作出恰当评价很难，但大多数人都感到，仅靠学校教育并不能消灭贫困，因为财富分配上的不平等，不是仅靠教育改革能解决的问题。进入 70 年代以后，各个不同的社会阶层对于美国教育都颇有怨言：穷人和少数民族继续责难学校未能保证其子女在社会上取得成功；工人和下层中产阶级怪罪学校只照顾穷人子女，而不注意为他们子女打好上大学基础；许多家长埋怨学校未能使他们的孩子戒掉吸毒；上层人士则不满学校使他们子女染上新思想，起而反对传统的价值观。这样，在 50 年代末和 60 年代初竞相把钱用在教育上的社区、纳税人和家长们，就开始改变态度。战后对美国教育改革的高度关注，在 70 年代冷了下来。

虽然在国家垄断资本主义制度下通过教育实现机会平等难以取得成功，但战后教育保障在美国取得的进展，则是无可否认的事实。新政式国家垄断资本主义的发展，使美国现代社会保障制度超越了物质保障的范围，进入教育和职业再培训的领域。随着生产力和社会经济的发展，特别是科技革命影响的日益扩大，教育保障对于劳动力的再生产具有举足轻重的影响。战后美国教育保障迅速发展，25 岁及以上居民，平均受教育的年限，从 1940 年的 8.6 年，提高到 1979 年的 12.5 年。穷人、黑人和妇女的入学条件，均有显著改善。不仅如此，美国政府和私人企业还大大加强了职业教育和培训。进入 70 年代以后，美国以实现机会平等为口号的教育改革虽失去势头，但教育保障仍在发展之中。特别是由于结构性失业日益加剧，使美国更有加强教育保障的迫切需要。在这种形势之下，美国的教育保障出现一些新特点。首先，职业培训异军突起，成为美国整个教育体系的重要组成部分。在今天的美国，只有不断接受职业培训，才能获得比较完全的教育保障。据美国成人和继续教育协会负责人说，1982 年美国参加培训学习的成年人，达 2100 万之多。其次，出现了普通教育职业化和职业教育普通化的趋势；这两种不同教育形式的相互渗透和相互融合，正在加速进行。再次，由于美国国民经济各部门对各类高级专业技术人才的需求量日益增大，而对蓝领工人和一般雇员的需求量相对下降，美国的职业培训和教育逐渐向高教化的方向发展。1981 年，在各类高等教育机构中接受职业教育的成年人为 1200 万，而接受中等职业教育的只有 800 万。许多新建的高等职业培训机构还获得学士或硕士授予权。另外，美国的教育保障还出现多样化的局面，高等教育机构除传统的综合大学、文理学院和专业学院外，还有初级学院、社区学院、开放大学、函授大学、老年大学、终身大学、技术学院等。可谓花样翻新，琳琅满目。总之，美国的教育保障无论在深度上、广度上都在继续向前发展。尽管教育保障并不能解决美国教育家梦想解决的机会平等问题，但对美国生产力的发展和社会矛盾的缓和，确实具有不容忽视的作用。

〔80 年代开始的又一次教育改革〕 1984 年，美国出现了 10 多年来未有的"教育热"。《时代》杂志和《教育周报》等刊物都预言，教育改革将成为 1984 年总统竞选主题之一。很多教育家说，1984 年是美国的"教育年"。这次要求再进行教育改革的热潮，始于 1983 年 4 月。当时，由联邦教育部长任命的全国教育质量委员会，发表了题为《国家处于危险之中：教育改革势在必行》的报告。该报告在 3 个月内就发行 300 多万份。不久，全国科学委员会、21 世纪基金会等团体和一些著名教育家，又发表了 9 项有广泛影响的关于中等教育改革的研究报告和专著。全国新成立了 54 个州级委员会，研究教育改革问题。同年盖洛普的民意测验表明，84% 的人认为教育对国家重要，只有 47% 的人认为军事实力重要。1983 年 12 月，联邦教育部召开教育质量讨论会，与会者达 2500 多人，里根总统也多次发表讲话，要求进行教育改革。举国上下形成了讨论教育和要求改革教育的

热潮。

美国这场全国性教育改革运动的出现，其直接原因是美国学校教育质量下降。全国教育质量委员会的报告指出：在过去 10 年的 19 项中学生成绩国际比较调查中，美国中学生没有一项居第 1、2 名，有 7 项列倒数第一。联邦教育部公布的以宾夕法尼亚大学校长 K·P·莫泰默教授为首的七人小组的调查报告认为，大学本科教育质量也出现下降征兆。显然，60 年代以后美国教育事业在数量和规模上的发展，并没有能解决教育质量的问题。而这个问题之所以在 80 年代引起美国全社会的高度关注，则是由于以微电子为中心的新技术革命的冲击，和激烈的国际竞争的压力。《国家处于危险之中》的报告明确指出：美国在商业、工业、科学、技术等方面一度无敌的优势，正在被世界上的竞争者所取代。

这种对教育质量下降的觉醒意识一直继续着，到布什总统任期中第一次提出了"教育赤字"的概念。州际教育委员会为此发表了一份题为《为高质教育而行动》的报告。它指出：技术进步和全球竞争并不意味着只是培养一部分英才，而是需要同时提高全民的素质，提高普通学生、人民群众的现代科学技术知识水平。

美国教育界人士认为，美国教育止面临战后以来最严重危机，必须进行最重要的基本改革。但里根、布什两位共和党总统只是口头上重视教育，实际上没有多少作为，真正的教育改革措施是在克林顿任内采取的。1994 年 3 月 31 日，克林顿签署了参众两院经过激烈辩论通过的《美国教育改革法》，并于 1994 年 7 月 1 日开始实施。"该法试图通过全国性有系统的教育改革，使所有学生都能接受机会均等的高质量教育，以提高学生的文化知识水准，增强美国国力，从而保持美国在国际竞争上居于领先地位，迎接 21 世纪的挑战。该法提出了一系列政策目标和措施，包括扩大联邦政府在教育领域的权限，统一全国的教育标准，重点是加强基础教育，提倡家长参与学生的教育工作，注重教育的实践效果以及学生对知识的实际应用能力。此外，它还强调要重视多元文化教育和少数民族教育，增加妇女和少数民族中高学历人才的比例。从这项教育改革方案可看出，这次教育改革是全方位的。这表明美国正在为进入 21 世纪作准备。"①

近几年来《美国教育改革法》的实施情况，看来是比较好的。教育部长理查德·赖利在任南卡罗来纳州州长时，就曾认真地开展过美国最全面的教育改革。1993 年来到华盛顿后，他视察过 900 多所学校，并持之以恒地贯彻执行 1994 年教育改革法。到 1998 年上半年，"第一步，即提高学生水平——1994 年国会通过的 2000 年目标已经达到"②。美国各级政府和人民群众也对教育改革怀有较浓厚的兴趣，结合各种不同情况创造出一些灵活的改革形式。

为了培养更能适应信息社会需要的人才，克林顿又于 1996 年提出"教育技术行动"，要求到 2000 年全美中小学电脑都将联上信息高速公路，让每个孩子都能受到 21 世纪现代技术的教育。据新华社记者汤水富报道，克林顿的这一倡议得到很好的贯彻。到 1999 年下半年，"以多媒体电脑为主的现代教育技术在美国中小学普遍得到应用，在教学活动中成为教师教学和学生学习必不可少的工具。学校完全改变了单纯依靠教材、黑板的传统教学观念和模式，而是形成了将书本知识和社会的各种信息相结合、教师传授和学生自我探索相结合的全新的现代教学观念和模式，大大丰富了教学内容，拓宽了教育空间"③。

4. 美国宗教的发展与变化

美国长期以来是世界上宗教种类最多的国家，战后又是当代全球性宗教运动的中心。宗教是形成美国历史的一个重要因素，迄今在美国舞台上仍有重要作用。因此，美国人常以"上帝之国"和"具有宗教

---

① 任东来等：《当代美国——一个超级大国的成长》，第 410 页。
② 盖尔·拉塞尔·查多克：《教育部长赖利：教育界的带头人》，载 1998 年 5 月 19 日美国《基督教科学箴言报》。
③ 汤水富：《现代教育技术 变革美国教育》，载 1999 年 8 月 6 日上海《文汇报》第 4 版。

精神的民族"自诩。

〔新的宗教信仰热〕 美国历史上曾经出现过几次宗教信仰热。到 20 世纪中叶，新的宗教信仰热蓬勃兴起，具体表现在以下几个方面。首先，信奉宗教的人越来越多。教徒总人数从 1940 年的 6450 万人，或占总人口的 49%，增加到 1960 年的 11450 万人或占总人口的 63%；几乎每个宗教团体的成员，都有大幅度的增加。3 大犹太教团体的成员，从 1940 年估计的 300 万人，增加到 1960 年的 536.7 万人。新教派成员从 1951 年的 5216 万人，增加到 1961 年的 6443 万人；约增长 24%。罗马天主教徒增长更快，从 1951 年的 2924 万人，扩大到 1961 年的 4288 万人；即增长 47%。

其次，新教堂不断涌现，做礼拜的人空前增多。战后为适应新宗教信仰热和居民大量迁往郊区的需要，教堂建设速度大大加快，几乎每天都有新教堂落成。教堂建设费用急剧增加，从 1945 年的 2600 万美元，迅速增加到 1950 年的 40900 万美元，1960 年的 10.16 亿美元。在短短的 15 年里，教堂建设费增长 38 倍。

再次，传道和修道的宗教书籍大量出版。战后初期，在笃信宗教的狂热中，一群所谓重建信仰的狂热教徒，相继出版一系列传道和修道的宗教书籍，尽量扩大宗教对社会的影响。这些宣扬宗教的书籍中，影响较大的主要有：诺曼·文森特·皮尔牧师的畅销书《怎样才能满怀信心地生活》(1948) 和《积极思考的力量》(1952)；犹太教教士乔舒亚·利布曼的《心情的安宁》(1946)；富尔敦·希恩主教的《灵魂的安息》(1949)；比利·格雷厄姆牧师的《与上帝和好》(1953) 等。这些书名都是具有象征性的，试图通过祈祷和"积极思维"，给人以内心的宁静和新的自信。

最后，电视、电影、广播、广告展开狂热的宗教宣传。教会动用大量经费开展鼓吹信仰宗教的宣传活动，利用各种招贴与电视、广播中的插白，规劝人们到教堂去做礼拜。全国自动电唱机不断播放流行宗教歌曲，《基督教十诫》这类铺张华丽的影片打破票房纪录。竞选运动的演说，很少不称赞宗教和教会的；美国国会议员大多宣称自己是虔诚的教徒。宗教渗透到了经济、政治、社会、文化等各个领域；

在飞机场报摊的自学书籍中，在电视屏幕里，在大学的课堂上，在街道店铺的橱窗里，在私人的谈话中，到处都可见到、听到、感受到宗教的影响。

新宗教热兴起的原因是多方面的。战时数百万美国家庭进教堂，是为海外亲人安全归来祈祷。两次世界大战大规模的破坏，希特勒法西斯疯狂摧残人类精神文明的悲剧，广岛原子弹的投掷，热核战争的恐惧，自然环境的严重污染，生态平衡的破坏，麦卡锡主义的猖獗，反共的政治迫害，经济危机和失业的威胁，30 年代大萧条的回忆——所有这些，使公众对人类的命运忧心忡忡，对西方民主、自由和许多与之相关的价值观念产生怀疑和动摇，甚至对理性丧失信心。千百万人参加教会活动，为的是寻求精神寄托和灵魂平静。特别是战后初期世界社会主义力量空前壮大，共产主义影响显得势不可挡，美、苏处于激烈的冷战之中，国内工人运动和黑人运动兴起，美国统治集团企图利用宗教来麻痹国内人民群众的革命意志，借《圣经》来对抗马克思主义，用有神论来对抗无神论，以保证国内"思想的和平"，维护美国垄断资产阶级的统治和资本主义制度。另外，还有些人参加教会活动并加入"有地位的"教派，是为了宣扬和巩固自己日益提高的社会地位和影响。

〔60 年代信仰复兴的衰落〕随着 50 年代的结束，新的宗教信仰高潮大为减退。经过 20 年引人注目的增长之后，教徒的增长率突然稳定下来。1960 年至 1970 年，教徒占总人口的百分比，一直稳定在 63%。在此期间，所有主要教派的发展速度急剧下降。新教徒只从 6367 万扩大到 7216 万，或增加 11%（50 年代增加 25%）；罗马天主教徒从 4210 万增加到 4821 万，或增加 14%（50 年代增加 50%）；东正教徒从 270 万增加到 385 万，或增加 42%（50 年代增加 70%）；犹太教徒只从 536 万增加到 587 万，仅增长 9%。民意测验记录表明，1957 年只有 17% 的回答者相信宗教影响正在下降，1969 年则高达 70%。

60 年代信仰复兴热衰落的另一迹象，是世俗化的趋势加强。美国历史学家马丁·马蒂说："整个 60 年代中期，世俗的观念和范式一直占主导地位。"①更为重要的是，60 年代激进神学的出现。一批有影响的激进神学家对传统宗教教义和习惯宗教仪式提出直接挑战。这种挑战源于德国神学家迪特里希·保诺弗尔最先提出的一种号召："世俗地解释"基督教信息。这一运动是在"上帝死了"的口号下进行的。它论证道：上帝是丰富而热情的人世生活最突出的敌人；而且，只有在上帝死亡之后，人类才能从历史的真正统治者的压制下解放出来。哈佛神学院教授哈维·考克斯说："如果我们要了解我们现在的时代，我们就必须学会在它不断世俗化的过程中深入生活。我们必须学会……按照世俗的方式谈论上帝，并对《圣经》的概念找出非宗教性的解释。"②这种强调宗教世俗化的倾向，无疑加强了一般公众认为宗教的重要性日益下降的意识。

在动乱的 60 年代，美国宗教界还出现另外一种现象，即对社会承担义务。在南部民权运动中，黑人和白人教会领袖都起了突出作用。特别是南方基督教领袖会议的黑人牧师马丁·路德·金，他扮演的角色更令世人瞩目。

〔70 年代以来美国宗教信仰的两种新倾向〕 60 年代末以来，由于人民群众、特别是社会下层群众日益陷入滞胀困境，生活特别艰难，而传统上帝又不能解救他们，于是人们突然迷恋于各种形式的神秘主义：占星术、恶魔研究、魔法以及其他传播神秘信仰的活动。到 70 年代末，美国人供养着上万个专职的和 17.5 万个兼职的占星家。电子计算机被用来制作 10 美元一张的天宫图，100 家百货商店开办一年收费 50 美元的电话算命服务，总发行量达 3000 万份的 300 家报纸辟有长期固定的占星术专栏，还有读书会给会员赠发算命图片。南卡罗来纳大学有 250 名学生报名学习巫术课程，杂志上经常刊登颁发文凭的巫术学习班的招生广告。这种装神弄鬼的活动，其实不能算作宗教，然而在美国，几乎所有的新兴宗教都将这种迷信活动作为重要内容。占星术等神秘主义信仰的兴盛，主要是由于人们认为，在现存

---

① 引自《美国艺术与科学学院院刊》1982 年冬季号作者文章。
② 见哈维·考克斯著《世俗城》修订本，纽约，1966 年版，第 3 页。

社会制度中自己不能掌握自己的命运，致使家庭、教会、学校、政府这类传统的维持社会稳定的制度的权威性明显崩溃的原故。

另一种情况是，除上述原因外，再加上大量亚洲移民涌入的影响和黑人之特别不满于传统教派，带有沉思默想和先验论色彩的东方宗教，对越来越多的美国人具有吸引力。这类宗教源于东方的印度教、佛教、伊斯兰教等，一般鼓吹"善恶有因果""人生有轮回"，主张苦行苦修，超越现实，以达到灵魂的解脱等。这些教派的发展非常迅速。据玛丽·鲁尔克说法，美国到20世纪末大约有400万穆斯林，是1970年数字的4倍，其中近一半是非洲裔美国人；有200万佛教徒，此数字是1970年的9倍；有印度教教徒95万人，而1970年则只有10万；有锡克教徒22万人，而1970年则只有1000人。① 尽管这些东方宗教的美国翻版还没有系统的教义，有的只是东方神秘主义哲学和各种封建迷信的大杂烩，但理查德·N. 奥斯特林认为："如今，佛教和印度教在美国已有牢固基础。如果可以找到为伊斯兰教徒服务的机构和领袖，伊斯兰教有足够的潜力成为犹太教的竞争对手，或是超过它，成为美国第二大宗教。"②

〔最近25年来美国传统教派的发展变化〕　最近25年来(亦说35年来)，美国各传统教派发生巨大变化。从主流教派新教看，附属于全国基督教协进会的各新教教派不仅增长缓慢或止步不前，甚至新成员逐年减少；它们的文化作用已逐渐被新崛起的原教旨主义者、通常被称为福音会保守派新教人士所取代。福音派的白人信徒人数，现已超过全国基督教协进会中的白人新教信徒人数。而且，传播保守的福音派教义的，除福音派整个教派外，还有许多独立的宗教群体以及原主流教派中的保守派。

正在兴起的福音会联盟也出现分裂。日益衰落的老原教旨主义者

---

① 见鲁尔克：《重新界定美国的宗教》，载美国驻华大使馆新闻文化处出版《交流》杂志2000年第1期，第40页。

② 见理查德·N. 奥斯特林：《不断变化的美国宗教》，载同上杂志同期，第23页。

受到反天主教、有时是反犹太主义等的束缚，而新原教旨主义者则以激进的杰里·法尔韦尔和帕特·罗伯逊为代表，前者建立了道德多数派，后者发动了基督教联盟运动。他们对自己认为的世俗生活中的堕落现象，比如堕胎的合法化、同性恋者的权利运动、禁止学校祈祷等，进行了回击，将那些认为自己被60年代文化革命所排斥和压制的人们召集在自己的周围。他们显示出熟练的政治组织和院外游说技巧，使保守的基督教声音进入政治领域，成为里根、布什政权强大后盾的组成部分。

福音派团体中，还包括那些态度较温和的、不大好称为原教旨主义的人，他们以比利·格兰厄姆(亦译葛培理)为名义上的领袖，以各种方言传授圣灵教诲，这就是圣灵降临派或五旬节教派。此外，还有包括主流教会中独立的宗教团体和宗派在内的灵恩派，他们遵循形式松散的圣灵降临派的作风。

总之，近几十年来不断发展而组织松散的保守派福音传教运动已确立其地位，成为美国最大的单一宗教派别。

像新教一样，天主教也发生巨大变化。现在的天主教，已由一个绝对正确的教皇和循规蹈矩的教士治理的、无公开不同意见、以拉丁文背诵古老祈祷书为特点、期望全体教徒参加每周礼拜的传统教派，变为一个内部分裂成一些类似教派的联合会。其中有虔诚教徒、开明派教徒、离婚与再婚者教徒、被疏远的和漠不关心的教徒、只因其民族宗教为天主教的教徒、随境教徒，以及自己选择宗教活动的教徒。有的天主教徒在性道德方面比新教教徒还开放，对堕胎的态度也和新教教徒相同。和新教一样，当今的天主教也变成一个有许多派别的松散的统一组织。

犹太教最大的变化，是它的信徒基础的老化和萎缩。与非犹太教徒结婚的年轻美国犹太人，历史上第一次占了大多数。1990年的犹太人人口研究表明：这些异教通婚者的子女，不大可能接受犹太教的教养，却更有可能接受基督教，而最大的可能则是不接受任何宗教。所以不少人认为，美国的犹太教陷入了严重的危机。

〔20世纪末美国宗教的两种新动向〕　据理查德·奥斯特林研究，

现在自称"精神上有追求"但"不信奉宗教"的美国青年一代少数群体人数不少，而且与日俱增。他们不愿意受有组织的传统宗教的束缚和培养。与传统基督教思想彻底决裂的 18 岁及 18 岁以下的美国青年人数，现已超过以往任何时代的同龄人。他们一般不相信耶稣是人类唯一的救世主，不把《圣经》当作上帝的话来读，也不接受绝对道德标准的思想。奥斯特林最后指出：那些指望教会解决公民生活问题或革新政治的人应该认识到，在未来一代人的时间里，有组织宗教将忙于应付纯属其内部的问题。①

除不信奉宗教的少数人群外，如今美国宗教界还出现所谓"探索的一代"。这些美国人开始根据自己的志趣和需要调制自己的信仰，他们感兴趣的与其说是宗教教条，毋宁说是精神体验。尽管将犹太教与印第安人宗教传统合二为一的人不多，但其他宗教融合的现象正日益司空见惯。当前就有数百万新教和天主教徒定期参加圣灵降临派式的礼拜活动。还有许多人把犹太教和佛教融合在一起，他们的主要代言人罗杰·卡梅涅茨在 1995 年写了一本名为《莲花宝座上的犹太人》的回忆录，为之鼓吹。

为适应这种宗教混合的需要，巨型教堂在美国得到发展。这种教堂的晚间仪式像当地学校举行的家长晚会一样轻松随意，信徒们坐在铺有天鹅绒的长椅上彼此搭着肩，舒心愉快地听着布道，就像在自家起居室里一样随和惬意。人们认为，没有哪一项发明像不分教派的巨型教堂那样给传统教派以如此巨大的挑战。据有人估计，在过去 30 年中，有 60 万教徒脱离新教转而参与巨型教堂活动。

这种各教派相互接触的活动产生了积极影响。30 年以前，基督教徒和犹太教徒互相探索对方的信仰被视为勇敢举动。如今，不同宗教团体组成的机构和祷告会已包括印度教和拜火教的成员。伊斯兰教的伊玛目、新教的牧师、犹太教的拉比共同参加平民仪式已是常事。随着因特网节目的骤增和有线电视的普及，曾被视为异邦宗教的教派如今极易接近；万维网当前有几万个宗教网站。看来，虽有阻力，有

① 前引理查德·N. 奥斯特林著《不断变化的美国宗教》一文。

时还是较强大的阻力，但美国宗教融合的趋势似乎是会日益加强的。

5. 美国社会科学主要学科的发展概况

第二次世界大战以后，美国的社会科学和自然科学一样，出现研究领域内的大分化和大综合的对立统一趋向，各种分支学科、边缘学科、横断学科和综合学科层出不穷，在学术思想上更是"主义"繁多，学派林立。下面对主要学科的发展概况作一简要介绍。

〔哲学〕　1880—1940 年产生、发展和达于鼎盛的实用主义，曾被人们称为美国的官方或半官方哲学。作为一种哲学思潮，至今仍在美国和西方世界具有深远的影响，但是作为一个哲学流派，它自 40 年代后日趋衰落。它在美国哲学界的优势地位，逐渐为逻辑实证主义所取代。发生这一变化的原因在于，以高度抽象性和数学化为特点的现代物理学的发展，导致以实证主义数理逻辑化为特征的逻辑实证主义的出现。这就使以生活化和商业化为特征而缺乏科学化的实用主义相形见绌，而迅速失势。

逻辑实证主义产生于 20 世纪 20 年代的维也纳。30 年代后期，移居美国的德裔哲学家鲁道夫·卡尔纳普成为这个学派的主要代表人物，逻辑实证主义的中心也由欧洲大陆转移到美国。逻辑实证主义在认识论上是主观经验主义，在逻辑学和科学方法论上则是归纳主义。它最根本的原则是经验证实原则，认为只有被经验证实或证伪的命题，才是有意义的科学命题，否则是毫无意义的假命题。这个原则片面扩大经验的作用，否定理性思维的意义，结果与日益发展的现代物理学也不相协调，因为现代物理学所研究的微观客体不能被经验直接证实。这样，随着现代物理学的进一步发展，逻辑实证主义在 50 年代以后盛极而衰。

当逻辑实证主义 40 年代在美国流行时，早在 30 年代初即在美国产生的普通语义学派也开始得到人们的重视，并在五六十年代成为美国最时髦的哲学流派之一，当时有 100 多所大学开设普通语义学课程。这个学派的创始人是美籍波兰裔哲学家 A·柯日布斯基，其他重要人物有斯图尔特·蔡斯、A·拉波波特和美籍日裔哲学家早川一荣等。普通语义学认为，世界是无限复杂、永恒变化而没有任何质的规定性的混沌的实在。人通过思维和语言进行抽象并不是认识的深化，而是对实在的歪曲。这种"语言的抽象病"乃是个人和社会灾祸的总根子，蔡斯甚至称之为"词的暴政"。为根治这种歪曲实在的语言抽象病，普通语义学家们开出了"词义分析法""外延五法"和"多值语言评价体系"等药方。显然，普通语义学关于抽象在认识中的作用的理论是站不住脚的。人之所以区别于其他动物的重要原因之一，就在于只有人能运用抽象思维，透过事物的现象，深入其内部，把握其本质和规律，并使之为人类所用。而事物的内在本质和规律，是无法直接经验的。普通语义学家以此为理由否定事物内在本质和规律的客观存在，未免武断。他们把社会问题归结为"语言的误用"，自然也不能找到解决这些问题的办法。这就是普通语义学派在美国社会矛盾和社会危机继续加剧的形势下，于60年代后迅速失势的原因。不过，普通语义学也蕴含有某些辩证法因素，比如关于事物的复杂性、特殊性、常变性，以及反对"非此即彼"、主张多值评价的观点等。但是，由于普通语义学家们的片面夸大，这些合理因素也被歪曲为谬误了。

　　实用主义、逻辑实证主义和普通语义学，都属于西方哲学两大思潮之一的实证主义（又称科学主义）。进入60年代以后，作为西方哲学另一大思潮的人本主义也开始流行于美国，其主要学派是存在主义、现象学和法兰克福学派。这是"技术悲观主义"取代"技术乐观主义"的结果。由于战后美国经济曾出现长期的高度繁荣，确信科技革命可以使资本主义制度永世长存的"技术乐观主义"一度占了上风。这也是实证主义哲学思潮一度盛行的重要原因。然而事与愿违，美国的各种社会危机在60年代日益加剧，"技术乐观主义"销声匿迹。继之而起的是"技术悲观主义"。悲观论者把美国社会出现的种种弊端归罪于科学技术的发展，归罪于科学技术和工业化对人性的压制，从而促进了人本主义思潮在美国的流行和发展。法国哲学家让—保罗·萨特的存在主义，就是在这种历史背景下，扩大了在美国的影响。存在主义自称是"人学"，认为"存在"即"自我"，"他人就是地狱"；人生充满烦恼、孤寂和绝望。然而人对自我行为有选择的自由，人的命运在自身。存在主义所说的人与自我是一种纯粹的抽象，而不是社会关系的总和，但它在某种意义上又反映了具体的阶级意识，即正在受排挤、被吞没的小资产阶级挣扎的心声和他们对垄断资本主义制度压制的反抗。此外，存在主义还主张用"真正的人学"来补充马克思主义的"不足"，以存在第一性代替物质第一性，以人学的辩证法代替唯物辩证法，以历史人本学代替历史唯物主义。这是以唯心主义代替马克思主义哲学的作法。德国哲学家爱德蒙特·胡塞尔创立的现象学，是存在主义和法兰克福学派的思想渊源。它虽在 20 世纪初就被介绍到美国，但直到 60 年代才得到广泛的传播。美国现象学派的代表人物，是纽约州立大学布法罗分校教授马文·法伯和 D·凯恩斯。现象学派认为哲学研究的对象既不是物质世界，也不是感觉经验，而是一种中性的自我意识。要认识它，就必须用"历史的括弧法"，排除前人留给我们的间接知识，用"存在的括弧法"，排除掉有关外部世界的直接知识，剩下的就是中性的自我意识，即"现象"；然后再用"还原法"从这个变化不定的自我意识或现象中去寻找永恒不变的绝对真理。现象学在真理观上的绝对主义，否定了真理的相对性，从而否定了自然科学和社会科学，否定了人类一切知识和整个客观世界，使自己成为空中楼阁。现象学在认识论上宣扬直觉主义，把直觉或灵感神秘化或非理性化了。然而，由于人们在认识论方面对灵感和直觉的研究还很不够，结果直觉主义反而成为现象学在西方哲学界得以流行的重要原因。至于现象学的自我或自我意识，则是一种虚构的幽灵。

除存在主义和现象学外，作为西方马克思主义重要流派之一的法兰克福学派，也带有强烈的人本主义哲学的色彩。这个学派在美国的代表人物是赫伯特·马尔库塞。他被称为新左派哲学家和 60 年代青年造反者的明星与精神之父。马尔库塞认为，马克思主义忽视了人的心理研究，这种理论上的空白必须以弗洛伊德主义来"补充"。因为在发达的工业社会里，统治者对工人阶级的压制和统治，不再是经济的，而已转为意识形态和心理的。因此，社会批判的锋芒，不应是指向资本主义的经济制度，而应是指向对个人爱欲的压制；社会革命也不再是推翻政权和改变经济制度的政治革命和经济革命，而是改变人的心理结构，解除人的心理压抑的生物学或心理学的革命。革命的动力不是工人阶级，而是知识分子。马尔库塞还为未来理想社会描绘了乌托邦的蓝图，那是"多余的压制"彻底消失、爱欲关系普遍化的一种爱欲文明。在阐发这种社会批判论的过程中，马尔库塞在哲学领域内对实证主义进行了激烈的批评，认为它只讲科学，抹杀对人的研究；而人才是哲学的真正主体。但是，他把自我归结为一种动物的本能——性欲的冲动，并将全部社会理论建立在这个基础之上，这就是片面的，因而也是不正确的。法兰克福学派是一种小资产阶级或中产阶级的理论，在西方社会条件下，它具有一定的反资本主义的进步意义，但它是以弗洛伊德的唯心主义为基础的，不是真正的马克思主义的理论。

　　诚然，在逻辑实证主义和普通语义学这些实证主义哲学流派走向衰落的过程中，人本主义的哲学流派在美国时兴起来，但实证主义的哲学思潮并没有在美国寿终正寝。属于实证主义哲学思潮的逻辑实用主义，在对逻辑实证主义进行批判和补充的过程中迅速流行，直至20世纪末还方兴未艾。逻辑实用主义又称新实用主义，是逻辑实证主义和实用主义合流的产儿，它宣告了美国土生土长的哲学即实用主义重新焕发出昔日的光辉，重回美国哲学界的舞台。其主要代表人物有威拉德·奎因、H·普特南、R·罗蒂等。逻辑实用主义否认逻辑实证主义的经验证实原则。奎因认为，检验知识意义的最小单位，既不应该是洛克、休谟所主张的一个观念，也不应该是逻辑实证主义所主张的一个命题或句子，而应该是整个科学理论系统；检验科学理论真伪的准则，不应该是"经验的观察"，而应该是经验的实用性。这样，他就以实用主义的原则代替了经验证实的原则，使逻辑实证主义实用主义化了。显然，奎因的逻辑实用主义抛弃了逻辑实证主义的"经验证实原则"是正确的，但接受实用主义的"实用原则"就不一定正确，因为检验真理的唯一标准只能是实践。另外，奎因的逻辑实用主义反对逻辑实证主义关于科学是许多各自孤立的命题的集合的观点，主张科学理论的整体性的见解是正确的，它反映了现代科学整体化或一体化的趋向，对当代西方的科学哲学发生了重大影响，但是它用实用主义的观点解释科学的整体性则不一定正确。

新实用主义者没有统一的学术观点，但共同继承了古典实用主义"关注认知过程中人的因素、文化因素的作用，把生活作为谈论问题的出发点，否认有所谓建立在'对象世界'基础上的纯客观真理。如奎因就否认可以超越我们的语言和信念找到中立客观的知识标准；普特南则明确指出，没有任何所谓的中性的、与人的参与无关的'客观事实'，一切认知活动都渗透了人的价值观念；罗蒂更是从根本上以人的社会特性解释并取代认知活动中非人的客观特性，从而把认识论化解为伦理学，取消了传统哲学中认知活动的客观性问题。同时，他们还不同程度地从古典实用主义者那里吸取了思想营养，比如奎因直接师从于刘易斯，并从詹姆斯和杜威那里得到了经验整体论的观念；同样，普特南对詹姆斯情有独钟，而罗蒂则对杜威厚爱有加。这些都反映了实用主义传统在当代美国哲学中的深远影响"①。

受到奎因逻辑实用主义影响的科学哲学历史主义学派，80年代中期已成为美国最时髦的哲学流派之一，引起了哲学家、自然科学家、社会科学家和科学史家们的普遍关注。这一学派在美国的主要代表人物，是曾任美国科学史学会主席的托马斯·库恩。他认为科学理论不是来自对经验事实的归纳，因此它的发展不是像归纳主义认为的那样，是一个逐渐累积或单纯量的进化过程。但他又反对把科学的发展看成一个没有量的进化作准备的不断否定、不断革命的过程。库恩坚信，科学发展的实际过程，是一个进化和革命、积累和飞跃，连续和中断的不断交替的过程。他认为科学发展的历史明显地体现了这个过程。他要求用历史的方法从科学发展的历史事实中来揭示这种过程，因此人们称他的理论为历史主义的科学哲学理论。库恩通过关于科学"规范"的理论肯定了科学的整体性，他还提出了新的科学发展动态模式，即前科学时期→常态科学时期→反常与危机→科学革命→新的常态时期……。库恩的这些理论，反映了当代自然科学发展的新

---

① 江怡：《透视世纪末的美国哲学》，《国外社会科学》，2000年第4期，第7页。

特征，即在日益专门化的过程中综合性研究的趋势正在不断加强。他的动态模式也比较符合马克思主义的辩证法。但是，库恩的"规范"并不是科学家们认识世界的共同结果，仅仅是所谓科学家集团的共同信心。这样，新旧规范的更替也就成了心理信念的更替，而不是认识的深化，这就在认识上陷入不可知论。

〔经济学〕　罗斯福新政以来，特别是第二次世界大战以后，随着国家对经济干预的不断加强，经济学已成为美国社会科学中的骄子。特别是总统经济顾问委员会的成立，更使权威经济学家逐渐成为总统决策班子中举足轻重的人物。因此，美国经济学的发展，首先是与国家垄断资本主义的宏观调控息息相关的。这也是战后凯恩斯主义经济学不仅在美国、而且在西方发达资本主义国家长期居于主流地位的重要原因。

第二次世界大战以后，美国的凯恩斯主义经济学家对凯恩斯学说作了许多发展和补充，形成所谓后凯恩斯主流经济学，把凯恩斯以收入分析为主体的宏观经济学和马歇尔以价格分析为主体的微观经济学两个理论体系加以综合，成为当代资产阶级经济学说中一个折中调和、空前庞杂的理论体系。后凯恩斯主义主流经济学的主要代表人物，是保罗·萨缪尔逊、詹姆斯·托宾、阿尔文·汉森和罗伯特·索洛。萨缪尔逊把他们的理论称为收入决定的现代理论；这种理论和凯恩斯的就业理论之间存在基本的继承关系，但对其消费理论和投资理论又有重大的修改和发展。它与凯恩斯就业理论的实体"有效需求原理"，都是以国民生产水平的决定问题作为研究对象的，它们都认为资本主义自由竞争的市场调节不可能自动导致充分就业，必须由政府进行干预和调节才能克服这个弱点。萨缪尔逊等人继承了凯恩斯反对自由放任、主张政府干预和调节、确立公私合作经济体制的思想，提出"混合经济"的论点。他们不仅把消除经济危机和失业、控制通货膨胀与维持经济稳定增长作为政府应具有的职能，而且把福利措施、管理经济、公共服务等看作政府影响私人积极性的手段，从而极大地提高了对混合经济作用的信心。在方法论上，后凯恩斯主义主流经济学代表人物们也承袭了凯恩斯的总量分析方法和分析工具，认为国民收入即社会产品的总价格是由社会对它的总需求决定的。总需求又由社会对消费品的需求和对投资的需求所组成，前者取决于消费倾向，后者取决于资本边际效率和利率二者的对比关系；而利率则取决于流动性偏好和货币数量。这些概念，都没有脱离凯恩斯的经济理论范畴。但是后凯恩斯主义主流经济学是战后经济繁荣时期发展起来的资产阶级经济学，它摒弃了凯恩斯 30 年代大萧条时期的悲观情绪，打上了战后美国国家垄断资本主义长期稳定发展的深刻烙印，因此对凯恩斯经济学理论又作了某些重大的修改、补充和发展。首先，在消费理论上，凯恩斯认为收入增加后，消费也增加，但增加幅度不及前者，因此社会用于消费的比例会递减，从而引起有效需求不足，而且会使投资对国民收入增殖和就业所发挥的作用越来越小。但萨缪尔逊等人认为，这只适用于单个居民和家庭，至于社会消费则有所不同，它在收入中占的百分比是长期稳定的，尽管存在有效需求不足，但靠投资去弥补这一差额在国民收入中占的比率是稳定不变的，不会像凯恩斯消费理论说的那样越来越大。这样，实现充分就业也就不难了。其次，在投资理论方面，凯恩斯承认：用增加投资来弥补消费不足的差距，会在取得今日均衡的同时，增加明天取得均衡的困难。但是，新古典综合派的代表索洛等人则认为，通过调节资本与产出的比率，充分就业的均衡增长是可以实现的。萨缪尔逊等人都认为，投资不仅能像凯恩斯所说的创造需求，还能引起新的投资。基于这样一些乐观估计，萨缪尔逊等人认为，在凯恩斯以后的时代里，每一个混合经济已具备利用财政政策和货币政策方面的有效知识和能力，用和平时期的政府开支，去创造足够的购买力。而在采取适当的财政与货币政策使现代资本主义社会实现充分就业和经济稳定增长之后，萨缪尔逊等人认为，微观经济学的新古典派理论如均衡价格、边际生产率等，将再度适用。这就是后凯恩斯主义主流经济学曾被他们称为新古典综合经济学的原因。然而，对于 70 年代出现的"滞胀"现象，萨缪尔逊等人不能不承认这是一个尚待解决的问题。这说明凯恩斯主义在

70 年代已陷入困境。

后凯恩斯主义主流经济学虽适应战后美国国家垄断资本主义发展的需要，为联邦政府不断扩大对经济的干预、实行赤字财政提供了理论基础，但它忽视经济、社会、政治、文化等制度问题，也不大考虑技术进步对整个制度演化的作用，因此它不能适应科技革命产生的新情况，也不能满足垄断资本的需要。在这种情况下，一度沉寂的制度学派又重新活跃起来。以美国著名经济学家约翰·加尔布雷思等人为代表的新制度学派，大谈当代资本主义的新现象，把技术革命作为研究的起点，提出了新的改良资本主义的理论。他们既批评新古典学派把市场当作调节分配经济资源的唯一有效手段，忽视社会、政治和心理因素的作用，也批评凯恩斯主义者对自由市场经济基本肯定的立场。新制度学派认为，资本主义的弊病在于制度结构的不协调，主张资产阶级经济学"社会学化"，承认国家对经济实行统制的必要性，宣扬技术决定论。随着科技革命的发展和美国国家垄断资本主义矛盾的加深，新制度学派已成为与凯恩斯主义、现代货币主义并列的当代资产阶级经济学重要流派之一。

在战后的五六十年代，随着凯恩斯主义经济政策的恶果即通货膨胀的苗头日益显露，在美国出现一个新的庸俗经济学派，即现代货币主义，也称货币学派。前已提到，其创始人是芝加哥大学教授米尔顿·弗里德曼，因此人们又称该学派为芝加哥学派。现代货币主义是以对抗凯恩斯主义的面目出现的。它以制止通货膨胀和反对国家干预经济相标榜，用现代货币数量论作为理论基础，特别强调货币提供量的变动是物价水平和经济活动变动的最根本原因，主张实行一种所谓"单一规则"的货币政策。自 60 年代末以来，随着西方国家通货膨胀的加深和凯恩斯主义逐渐有些失灵，货币主义在美、英等国异军突起，广为流行，一度被视为解决滞胀问题灵丹妙药。然而从政策实践来看，收效并不大。

70 年代后期，当美国经济长期陷入滞胀困境而急于寻求新的出路时，供给学派应运而生。这个学派的主要代表人物是罗伯特·孟德尔、阿瑟·拉弗和乔治·吉尔德等人。如前所说，他们反对凯恩斯主

义的政府干预经济、刺激需求的政策，提出增加供给、提高生产率来
促进经济增长，试图以供给管理取代需求管理，为陷于困境的美国经
济另辟蹊径。供给学派否定"凯恩斯革命"，复活了萨伊定律。他们
认为供给能产生自己的需求；刺激经济只需考虑生产的增长，而决定
生产增长的重要因素是储蓄和投资，资本和企业家在发展经济中具有
重要的作用。他们认为税率是对经济活动最有效的刺激，减税能促进
经济增长和抑制通货膨胀，而社会福利过多则削弱个人储蓄和工作积
极性。他们还反对政府通过规章法令对企业活动进行过多的管理和限
制，主张恢复金本位制，把滞胀的根源归咎于凯恩斯主义。70 年代
末起，供给学派的理论在美国政界得到重视和支持。如第 13 章所说，
它是里根和布什两位总统经济政策的主要理论基础，这就使它的声势
从 80 年代初起与日俱增。但是，美国和西方经济学界对供给学派持
怀疑态度的人是很多的。

货币主义学派、供给学派和新古典综合经济学(亦称理性预期学
派)统称为新自由主义经济学。80 年代以来，这些学派和凯恩斯主义
经济学就一系列问题展开了激烈的争论，但它们同时也尽量吸收对方
有用的论点，以弥补自身的缺陷。这就在一些问题上导致某种共识，
并逐渐形成新凯恩斯主义经济学。它"使凯恩斯主义存在的注重宏观
分析而忽略微观分析、注重有效需求而忽略供给问题、注重短期经济
失衡而忽视长期经济增长等倾向，在很大程度上得到扭转。特别是在
把宏观经济学拓展到考虑理性预期的含义，即考虑具有前瞻性特征行
为的企业和个人后，整个宏观经济学已进行了重构性的改造。"①

克林顿政府的经济政策，就是以新凯恩斯主义为理论基础的。胡
希宁认为，"从理论上讲，新凯恩斯主义其实是一个将凯恩斯主义、
现代货币主义、供给学派和理性预期学派的理论与政策主张进行了更
为广泛'综合'的'新综合'。因而，所谓克林顿经济学不过就是人们
对克林顿政府所主张和实施的一系列新凯恩斯主义经济政策的一个统

① 林水源：《新经济自由主义与美国的新经济》，《世界经济》1999 年第 6
期，第 26 页。

称或代名词。克林顿经济学的基本要义就是既反对完全自由放任的政府，又反对过度干预的政府。……不仅如此，克林顿经济学还在很大程度上受到日本产业政策的影响，吸收了其中许多有益的东西。克林顿政府的宏观经济政策已经不仅仅是将重点放在总量的简单平衡上，而是在考虑总量平衡的同时，更为注重结构问题。因此可以说，新凯恩斯主义或克林顿经济学对经济乃至对西方经济学本身就是极其讲究实用性的"。①

〔政治学〕　战后是美国政治学领域内行为主义高歌猛进的时代。行为主义提倡用行为科学(主要包括社会学、心理学、人类学、生物学等)的理论和方法研究政治，其目的在于用已观察到和可能观察到的人的行为来阐明政治现象，使政治学更加科学化。美国行为主义研究从40年代起进展迅速，首先取得突破的是选民行为的研究。保罗·拉扎斯菲尔德等人根据1940年大选中俄亥俄州伊利县投票行为的研究，发表了开拓性著作《人民的选择》。密歇根大学调查研究中心和政治研究中心，自1948年起，对每次大选都进行全国性民意调查；自1954年起，对每次中期选举也进行类似调查，并在此基础上提出了美国的选民模型，使这方面的研究又前进一步。继选民行为研究之后，加布里埃尔·阿尔蒙德的结构功能分析、罗伯特·达尔的民主理论、R.斯奈德的决定形成过程、戴维·伊斯顿和M.卡普兰的系统论、K·W.多伊奇的信息论，都为美国行为主义政治学的发展作出了贡献。

由于行为主义认为个人和社会集团的行为比事件、制度和意识形态更重要，它强调的是对政治程序的动态研究，而不是对政治性质的静态分析，从而使政治学超出了政治制度、宪法、主权、司法机构、国家等传统课题的研究，扩展到更加广泛的领域，诸如政治参与、政治文化、政治社会化、政治沟通、民意、政党、投票行为、利益集团、政策制定、政治行为、政治心理、政治人格、大众传播、冲突、革命等。在研究方法上，行为主义更是博采众长。它把生物学、电子

---

① 见所著《新凯恩斯主义对美国经济的现实影响》，载《文汇报》1998年3月23日。

学、人类学、心理学、生理学、遗传工程学、语言学、人种学、社会学、控制论和信息论的研究方法，都引为已用，形成了跨学科、多学科和复学科的欣欣向荣的研究局面。然而，这种行为主义的盛行，也给政治学研究带来严重缺陷，那就是行为主义的价值排除，忽视对政治现象性质的研究和分析，只关心"是怎样"，不问"应该怎样"。作为一门社会科学，不愿就其研究对象的质的规定性进行理论探讨，必然引起政治学自身的危机。正因此故，戴维·伊斯顿在60年代末首先倡导要进行"新的革命"，后行为主义乃应运而生。许多一度主张非意识形态化的人们，到70年代又提出再意识形态化的口号。他们重新借助价值观念、哲学思辨和"政治化"来补行为主义之不足。政治学领域里这种要求再理论化倾向的出现，反映出包括美国在内的西方政治学用自然科学方法研究政治现象未能找到人类社会理想模式的困境。不过，这一转变并不意味着以行为主义为代表的技术手段将被抛弃，只是表明除精密科学手段之外，政治学更应阐明人类社会政治生活的性质和目的。

美国政治学的后行为主义趋势，直到20世纪末仍在发展。1999年美国政治学会年会上小马修·霍尔登的主席演讲，就是证明。他说，自30年代以来，计量—数学分析法已在政治学的所有领域(也许政治理论除外)被采用，并取得很大成绩，但它也产生了重大的削弱政治学能量的副作用。比如对政治过程的实际观察、特别是参与式的观察以及对观察结果的深入分析，就是对政治家—政客们的所作所为直接体认的一种最好的简单方法，却被忽视了。因此，霍尔登提出一种"软"研究法，即讲究方法论的灵活性，鼓励年轻学者实际观察甚至参与政治实践，并经常寻求新的研究方法以扩大政治学的能量或适应能力，从而扩大政治学的研究领域。他认为研究政治主要是研究权力的机构和权力的运用。如何扩大这种研究的能量呢？他认为可从两方面着手。一是发展这方面的传统研究，即从以下4个关键性领域来进一步研究权力的运用：公共行政领域主要研究权力机制、舆论与公共行政的关系、公共行政与多元社会以及检察政治；政治利益的性质，主要研究利益集团的活动；城市化的政治，主要研究城市化过程中权力运用的演变；政治学和经济学的相互渗透，主要研究公司管理、工业内部关系和创建与维持各种不同市场制度的政治。另一是进行非正统课题的研究，主要是研究暴力和愚蠢的、非理性的、病态的决策。最后，霍尔登还提出，政治学的研究领域要超越现行研究生讨论课、政治学杂志、大学出版社允许的范围；也就是说，政治学研究不应是为了加工资和提职，而是为了对政治学知识和理论作出最杰出的贡献。这才是政治学能量的根本标识。①

〔社会学〕　战后，重视应用的趋势在美国社会学研究中获得进一步的发展。许多社会学家致力于总统选举和两党声望的研究与预测，并对各种内外政策在美国公众中的反应进行评估。他们为大企业研究供求关系与市场规律，探讨劳动生产率与工作条件之间的关系；他们还为美国社会不断出现的经济危机、能源危机、信仰危机以及失业、犯罪、吸毒、环境污染等社会问题寻找解决办法。由于这种研究方向服务于美国资本主义社会的稳定和发展，社会学得到美国政府和垄断资产阶级的青睐。战后联邦政府大大增加了对社会学研究的拨款。到70年代初期，美国国会拨给社会学的研究经费，已占全部社会科学研究经费的1/3。各级政府机构、公司企业、私人团体以及各种基金会，也都大力提倡和支持社会学研究。到80年代中期，美国社会学研究在研究机构和研究人员的数量方面，都居世界首位，成为西方资产阶级社会学的带头羊；研究领域也在不断扩大，日益向多学科交叉研究的方向发展。社会学的各种分支学科增加到约100种，其中包括经济社会学、政治社会学、法学社会学、文化社会学、医学社会学、科学社会学、教育社会学、社会心理学、工业社会学、农业社会学、劳动社会学、城市社会学、家庭社会学、老年社会学、宗教社会学、异常行为社会学、小群体社会学等，真有百舸争流之势。社会学的研究方法，也在不断更新，特别是由于电子计算机的发明与应用，使得数理社会学迅速发展，抽样调查与数据分析成为当代社会学

---

① 小马修·霍尔登：《政治学的能量：重温〈政治学研究的进展〉》，〔美〕《美国政治学评论》2000年3月号(第94卷第1期)。

各领域不可缺少的方法。

第二次世界大战以后，特别是在 50 年代和 60 年代初，美国社会学理论中居于统治地位的，是结构—功能主义。其主要代表人物是哈佛大学的塔尔科特·帕森斯和哥伦比亚大学的罗伯特·默顿。结构—功能主义认为，要维持一个社会系统的生存和发展，就要求系统内的各种结构具有一定的功能；这些功能和实现这些功能的结构，是结构—功能主义研究的主要对象；而研究的目的，则是保持社会系统的平衡、和谐和一致，使之不因功能失调而毁灭。这种提倡社会均衡、反对社会变革的理论，是第二次世界大战后美国社会进入相对繁荣稳定阶段的产物。但是美国社会的经济繁荣和相对稳定并不能消除社会矛盾，因此在结构—功能主义仍然盛行之时，有些美国社会学家就开始从社会冲突与变革的角度进行社会学研究。其中最著名的代表人物是 C·赖特·米尔斯。他是 60 年代新左派运动的思想前驱，以阶级冲突和权力斗争的理论而广为人知。他在这方面的名著，是 1951 年出版的《白领：美国中产阶级》和 1956 年出版的《权势集团》。他在 1959 年出版的《社会学的想象》，则批评了当时西方流行的各种社会学思潮。结构—功能主义者刘易斯·科塞尔，也在他的《社会冲突的功能》一书中，肯定社会冲突可能对社会系统产生有益的作用。60 年代，各种自称马克思主义社会学的学派，从形形色色的抗议运动中产生出来。但是，这些极左派的思潮和当时五花八门的消极抗议方式，在以中产阶级为主广大美国公众中引起了反感，加上侵越战争的失败、滞胀现象的出现和美国国际地位的相对衰落，保守主义在 70 年代逐步兴起。有些社会学家又旧调重弹，鄙视平等主义，并虔诚地反映经济学的保守主义观点。但总的来讲，80 年代美国社会学家更加重视社会结构及各种重大变化的研究。他们考察工业社会的基本特性，探索科技革命迅猛发展的社会意义，调查研究各种社会运动和革命的起因和后果，思考工业化和经济增长的各个进程。他们不满足于对现代社会的现成解释，也不再限于对各种社会现象进行描述和分类；他们更多地采取提出问题和展开讨论的作法。这种研究动向导致美国社会学向其他学科的广泛渗透和历史比较方法的复兴与发展。

到 90 年代初，由于经过共和党政府 12 年的保守改革高潮，经济衰退严重，人民群众、特别是下层人民群众生活艰难，自由主义有所抬头，逐渐形成克林顿政府的中间道路，美国社会学研究的调和派和冲突派也逐渐靠拢。美国社会学家菲利普·里夫认为，由于美国自由派与保守派对许多价值问题的看法相悖，美国社会中"自我实现""自我尊重"变成"自我膨胀"和"自我放纵"；人们不再关注公民义务，不愿将自我利益置于总的社会意志之下，因而造成社会秩序的混乱和许多社会弊病，这是应该加以扭转的。由于这种趋势的发展，1996 年美国社会学学会的第 91 届年会的主题是："社会变迁：机会与约束。"所谓"机会"，就是人人应有实现自我价值的平等机会；所谓"约束"，就是人人都应该受到公民义务的约束。

〔历史学〕　在美国史学的发展史上，战后几十年是一个重要的发展阶段。美国史学家约翰·海厄姆曾称之为"历史大繁荣的年代"。这种繁荣，是和美国统治阶级的大力支持分不开的。第二次世界大战以后，美国政府和垄断资本为谋求世界霸权和稳定美国社会，日益重视意识形态的作用。它们不仅对政治学、社会学，也对历史学的研究给予前所未有的关注。除史学研究机构和史学研究人员迅速增加外，史学研究的范围也有所扩大，史学研究方法有所改进和发展。从地理角度看，战前美国历史研究的重点一向是本国史、欧洲史（以英、法为主）以及拉丁美洲史；东亚地区也有所涉及。但是，战后美国称霸世界的全球战略，使美国历史研究的范围在地理上同步扩大，对第三世界国家、中国、苏联和东欧国家的研究，越来越广泛深入。从历史分科来看，美国的历史研究长期以来都是以政治史、外交史和军事史为中心，课题范围比较狭窄。第二次世界大战后，这种情况发生了变化。不仅旧有的历史分科扩大了自己的研究范围，如劳工史从研究工会组织扩大到研究各种类型工人群众的历史。更重要的是，各种新的历史分科脱颖而出，诸如黑人史、妇女史、印第安人史、青年史、儿童史、农村史、城市史、街区史、移民史、社会流动史、犯罪活动史、家庭生活史、性活动史、娱乐史、社交史、环境变迁史等。这些分科又汇合成新社会史。

第二次世界大战后，美国历史学在方法上也发生巨大变化。特别是随着电子计算机的广泛运用，和自然科学、社会科学许多分支学科的发展，史学方法上的多样化和跨学科趋势日益明显，出现了计量史学、口述史学、心理史学、比较史学等。可以说，跨学科研究方法已渗透到美国历史学的一切领域；在政治史和社会史的研究方面，更是如此。

战后美国史学思潮的演变，经历了一个从一致论到新左派史学，然后走向多元化的发展过程。从第二次世界大战结束到50年代，美国在资本主义世界踞有霸主地位，国内经济繁荣，社会相对稳定。因此，美国史坛上相应出现强调美国历史上和谐一致，否定矛盾、冲突与斗争的"一致论"史学思潮，而且在美国史学界成为主流学术思想。可以说，一致论是对战前流行的经济学派或称进步学派史学观点的一种反动；是服务于战后美国国家垄断资本主义的巩固与发展的史学观。一致论的主要代表人物，既有自由主义的史学家理查德·霍夫施塔特、小阿瑟·施莱辛格等，又有保守主义史学家丹尼尔·布尔斯廷、路易斯·哈茨、罗伯特·布朗等。在一致论思想影响下，美国历史被全面改写。独立革命被解释为一些有节制的英国人对于侵犯英国式自由的一种有气无力的反抗，就当代欧洲的概念来看根本不是一次革命。内战则被说成是道德、伦理、思想意识方面的分歧，甚至归罪于所谓林肯的错误，而它造成的问题比解决的问题还要多；废奴主义者和激进共和党人，在他们笔下成了惟恐天下不乱的捣乱分子。这种根本否定美国历史上一切矛盾、冲突的一致论史学思潮，到60年代中期开始走向衰落。这主要是由于，当时美国国内社会矛盾尖锐、各种类型人民运动风起云涌的缘故。新左派史学家起而批判一致论思潮，导致新左派史学的勃兴。就是一些原来信奉一致论的人，也逐渐感到这种理论既不能解释历史，更不能解释现实。新左派史学的主要代表人物，有威廉·威廉斯、尤金·吉诺维斯、霍华德·津恩、加布里埃尔·科尔柯、杰西·勒米什、斯托顿·林德等人。他们认为一致论是为美国权贵服务的，普通美国人在一致论史学中遭到贬抑；无冲突论不能解释美国历史；历史学的任务应该是指出社会变革的道路；美国从一开始就是一个扩张主义的国家，过去那种自我欣赏的民族主义应让位于自我批判。新左派的史学家们敢于向史学权威提出挑战，敢于对美国社会的过去和现实展开批判，从而使美国史学界的进步观点得以复兴，给美国史坛带来一种冲破一致论桎梏的新气象。但是，新左派史学也有一些致命的弱点。他们的队伍十分庞杂，尤其是在理论上缺乏真正科学的思想指导，表现出相当强的不定型性。在他们的史学观点中，既有比尔德主义，又有马克思主义和无政府主义，甚至还有一致论的痕迹。有的新左派史学家承认：新左派的史学观，是拉尔夫·埃默森的先验论、马克思的革命行动主义、约翰·杜威的实用主义和一种造反哲学结合的产物。他们在治学态度上，有时有简单化和片面性的倾向。尽管如此，新左派的史学观一直对美国史坛具有不小的影响。不过进入 70 年代以后，美国史学界再也不是一致论或新左派一家统治的地盘了。随着自然科学及其研究手段的不断更新与发展，再加上社会科学领域里的跨学科方法的广泛应用，历史学也和政治学、社会学一样，在理论和方法上出现多元化趋势。美国著名史学家埃里克·方纳认为，近 30 年来美国史学研究"最引人注目的变化便是社会史学（有时也称为新社会史学）的全面崛起……成为了美国史研究的中心内容。……新一代历史学家中的许多人经历过 60 年代社会运动的熏陶，深受那个时代社会改革精神的影响，他们一直主张美国史研究的主体应是普通美国人的经历，而不只是那些政治精英和领袖"。他还指出，到 80 年代末 90 年代初，社会史学遭到语言学派、文化学派等新学派的挑战。不过直到 20 世纪末的今天，美国史学乃是一个范围非常广泛的领域，实际上各种不同学派的研究方法都在使用，继续从事政治史、外交史研究的仍大有人在。他认为，最近 30年来美国史学发展"最主要贡献之一就在于，它使美国史学家比从前更深刻全面地意识到了美国人历史经验的多元化，它使我们比从前更不情愿地仅凭对一些狭隘有限的历史经验的研究就简单匆忙地作出那种对美国史带有高度概括性的结论"。①

---

① 以上两段引文俱见王希：《近 30 年美国史学的新变化——埃里克·方纳教授访谈录》，《美国史研究通讯》2000 年第 2 期。

第十六章　战后美国社会上层建筑变化(续)

文学艺术是一定社会生活在人们头脑中的反映。第二次世界大战的规模和残酷程度空前，影响深远。"大战结束后，一度占领美国文坛的小说主要是继承现实主义传统的战争小说，诗歌运动中出现了继往开来的中间代诗人。戏剧方面闪现过阿瑟·密勒和田纳西·威廉斯这两颗灿烂的巨星。"①音乐创作繁荣，爵士音乐的影响不断深入和扩大；绘画中现代主义流派盛行，但也出现继承现实主义传统大师；电影业空前发达，描写复员军人力图恢复正常生活的影片《我们生活中最美好的年代》获奥斯卡奖，并打破上映纪录；电视业迅速发展，日益深入地影响社会生活。

但是，随着冷战的加剧和麦卡锡主义的泛滥，美国政治生活中出现一股反共、反民主的逆流。许多进步文艺工作者遭受迫害，有的逃往欧洲，大多数人消极低沉，玩世不恭，几乎没有人愿意公开表明自己的政治立场。长期以来的美国左翼文艺运动从此趋于衰落，美国文艺进入"沉寂的 50 年代"或"怯懦的 50 年代"。这个时期的文艺作品充满着疏远、孤独、陌生、怪诞、离奇、消极、失望的情调。文坛上出现了"垮掉的一代"；音乐中出现疯狂急速的比鲍普派爵士乐和表现叛逆精神的摇滚乐；绘画界兴起怪诞不经的抽象表现派；电影中黑色片和战争片风行；电视中色情和凶杀的场面日益增多。

60 年代的文坛，虽然出现获得诺贝尔文学奖的索尔·贝娄和艾

---

① 董衡巽等：《美国文学简史》(下册)，人民文学出版社 1986 年版，第 355~356 页。

萨克·辛格的代表作《赫索格》和《卢布林的魔术师》,但也出现颓废派。70 年代,美国诗歌无显著发展,戏剧走下坡路,小说则相对繁荣。音乐在 60、70 年代并行着一种激情的爵士乐——灵魂乐——和保持农村生活浪漫风格的乡村音乐,70 年代还出现将音乐与戏剧相结合的实验。在同一时期,绘画界相继出现新写实主义的所谓流行艺术、抽象派的光效应艺术和要求逼真与酷似的超现实主义流派。电影在此期间则充斥着色情片,并开始出现以太空和核恐怖为主题的影片;这类影片 80 年代以后得到进一步发展。

"在 80 至 90 年代里,新现实文学思潮出现,虽然有受现代主义和后现代主义思潮影响的痕迹,但其主题和写作风格基调是现实主义的,……这也证明美国现实主义文学依然有强劲的生命力,一直制导着美国主流文学的发展方向……"①从 70 年代中期起至 90 年代,多元和交叉的流派,美学思想的多样性,似乎占据了美国音乐界的统治地位。到 20 世纪末,美国美术界也出现一种多元化的局面。最近 20 年来,由于信息革命的重大进展,美国电影电视业更加繁荣,但它们的创作更具商业赌博意味,更注重视觉的新奇刺激,降低了产品的艺术色彩和人文内涵。

1. 小 说

第二次世界大战后的半个多世纪中,美国小说创作得到巨大发展,而且多彩多姿。战后美国获得诺贝尔文学奖的 8 个作家中,有 6 个就是小说家。下面对战后美国小说作一简要介绍。

〔战争小说急剧增加〕 战后千百万青年人复员回家,他们对战争的大规模破坏有亲身体验,使他们有些人产生创作战争小说的想像力。1946 年以后,以战争为背景的小说大量出现。诺曼·梅勒(1923—2007 年)是犹太裔作家,1944 年应征入伍,在太平洋战区的

---

① 郭继德:《对当代美国文学发展历程的回顾与展望》,《山东师大外国语学院学报》,1999 年创刊号,第 42 页。

美国海军服役。后来根据战争中的经历写了著名的战争小说《裸者与死者》(1948),通过美国军队里官兵之间的关系,描写权力与人性之间的矛盾和冲突。该书是梅勒的代表作和优秀的战争小说。此后梅勒的创作活动虽然一直没有停止,但未再写以战争为主题的小说。1999年,他将50年的作品结集为《我们时代的高潮》出版。

另一位重要战争小说家是赫尔曼·沃克(1915—2019年)。他的《该隐号兵变》(1951)曾获普利策文学奖。小说描写美国军舰上正直与邪恶的冲突。70年代,沃克又出版两部描写第二次世界大战的长篇小说:《战争风云》(1971)和《战争与回忆》(1979)。前者从1939年9月纳粹德国入侵波兰,写到日本偷袭珍珠港;后者从美国对日宣战,写到大战结束。作者通过几个主要人物悲欢离合的遭遇,从政治、军事、外交、社会、家庭等方面,艺术地反映了第二次世界大战的历史。

詹姆斯·琼斯(1921—1977年)的第一篇小说《从这里到永恒》(1951),是一部很有代表性的庞大战争小说,主要描写珍珠港事件之前美国军营中的生活,把军营描绘成没有民主和自由的地狱。续篇《细细的红线》(1962)写得严谨、亲切,主要写美国陆军在南太平洋作战情况。他最后一部战争小说《哨子》(1978),写的是第二次世界大战最后几年的事,但反映了越南战争以后美国国内的厌战情绪;4个伤兵伤愈后,3个不愿重返前线而自杀。

约翰·赫西(1914—1993年)是又一位"二战"文学大家,出生于中国。他一生共出版过26部著作。第一部是报告文学《巴丹半岛上的男儿》(1942),最后一部是短篇小说集《基韦斯特故事集》(1994)。其间最著名的作品是获普利策奖的《阿丹诺之钟》(1944)和"二战"结束后的《广岛浩劫》(1946)。前者写美军官兵占领意大利西西里岛一个小村的故事;后者写原子弹轰炸后的广岛,是一部非虚构作品,凡读过它的美国人,即使对珍珠港事件仍耿耿于怀,还是对赫西描绘的人间地狱惨况感到震惊。

美国描写第二次世界大战的小说家当然不止上述4人,但有的较次要,有的我们将作为其他类型小说家介绍。不过应当提到的是,斯蒂芬·安布罗斯关于"二战"的小说《平民战士》，曾被《时代》周刊评选为 1997 年 10 本最佳图书之一。写朝鲜战争比较有名的作品，是威廉·斯泰伦(1925—2006 年)的中篇小说《长途行军》(1956)。该书描写战争中人们精神上和肉体上的痛苦，表现了美国人民对这场侵略战争的厌恶和反感。写越南战争的优秀小说不多，比较有名的是威廉·伊斯特莱克的《竹床》。作者把美国侵越战争比作美国以前对付印第安人的战争，认为永远不会消灭对方。他不仅谴责侵越战争是残酷的屠杀，而且谴责美国历史上进行的所有战争。据我们所知，美国似乎还没有出现描写海湾战争和科索沃战争的优秀小说。

〔南方文学的演变〕　南方小说的兴盛时期是 20 世纪三四十年代，第二次世界大战后有所衰退，但老作家仍然活跃，新作家不断涌现，而且到世纪末又出现了一个光彩夺目的新人。

具有世界影响的南方老作家是威廉·福克纳、罗伯特·P.沃伦、尤多拉·韦尔蒂。福克纳(1897—1962 年)是南部小说家的主要代表，他最出色的作品是在 30 年代发表的。到 1945 年，他作为美国在世的第一流小说家的名望和在南方文学中的领袖地位已牢固确立。战后，他的主要作品有：《坟墓闯入者》(1948)、《修女安魂曲》(1951)、《寓言》(1954)、《小镇》(1957)、《大宅》(1959)和《劫掠者》(1962)。这个时期作品数量不少，但都没有达到他战前最杰出的几部作品的水平。1949 年，他获得诺贝尔文学奖，1951 年获得全国图书奖，1955 年和 1963 年两次获得普利策奖。他的声望不断增高，各国不断翻译介绍他的作品，被西方认为是一位"现代的经典作家"。1962 年，他因心脏病在自己家乡奥克斯福镇逝世。

罗伯特·沃伦(1905—1989 年)生于肯塔基州。他写过传记、戏剧、诗歌，担任过《南方评论》主编，但最主要的成就还是在小说方面。他在战后出版的长篇小说有《国王的全部人马》(1946)、《天地广阔，时间充裕》(1950)、《一群天使》(1955)、《洪水》(1964)、《期我于绿色幽谷中》(1971)、《一定要去的地方》(1976)等。《国王的全部人马》1946 年获普利策奖，写的是美国政界的争权夺利，互相残杀。小说中野心勃勃的州长在助手去收集诬告政敌的材料时，说了这样一段话:"人是在罪恶中孕育、血泊中诞生的,一生的过程就是从尿布的臊臭到尸衣的腐朽,这中间不可能没有一点污点。"从这里可以看出作者对美国政界的看法。该书出版后长期畅销,成为美国现代文学中一部重要作品。

　　尤多拉·韦尔蒂 1909 年出生于密西西比州中西部三角洲的一个中产阶级家庭。她是战后美国创作力旺盛、声誉卓著、很有才华的作家,美国文艺学院院士。她的作品大多以美国南方、特别是密西西比州三角洲为背景,其人物、情节以至遣词造句,无不带上浓厚的南方色彩。她出版了几部短篇小说集和 5 部长篇小说。她的长篇小说《三角洲的婚礼》(1946),描写的是某古老家族为掌上明珠举行婚礼前聚会中形形色色人物和他们的内心世界,揭示旧传统的影响。《失败的战斗》(1970)讲的是一个家庭的悲欢离合。《乐观者的女儿》(1972)主要围绕乐观者老法官逝世后,他那受过良好教育的女儿对往事的回忆以及她和较她年轻继母之间的矛盾展开,通过家庭风波反映美国南方社会的变迁。作品一出版便受到广泛好评,荣获当年普利策奖。1980 年,《尤多拉·韦尔蒂小说集》出版。

　　除上述老作家外,战后出现的有影响的南方作家有:弗兰纳里·奥康纳、卡森·S. 麦卡勒斯、威廉·斯泰伦、沃克·珀西等。奥康纳(1925—1964)被认为是战后最优秀短篇小说家之一,1952 年发表第一部长篇小说《慧血》,然后发表短篇小说集《好事难寻》(1955),是她的代表作。1960 年的《强暴者夺走了它》,像《慧血》一样是一部关于宗教错乱的神秘小说。短篇小说集《汇合》(1965)和《弗兰纳里·奥康纳短篇全集》(1971)都是她逝世后出版的。人们认为,奥康纳的文学成就,就是她在宗教、道德与艺术之间重建了一种有机的关系,而这种关系只有在南方文学中才有可能发现。麦卡勒斯(1917—1967)出版的小说有:《孤独的猎人》(1940)、《金眼中的反光》(1941)、《伤心咖啡馆之歌》(1943)、《加入婚礼》(1946)和《无针的钟》(1961),其中《伤心咖啡馆之歌》是她的代表作。她的小说都是描写南方社会小人物在工业化过程中的艰难和痛苦,描写南方社会的种族关系问题。有人称她为"仅次于福克纳的南方最出色作家",戈尔·维达尔甚至认为她是"南方最伟大的、最众望所归的作家"。斯泰伦(1925—2006年)著有《躺在黑暗中》(1951)、《烧掉这所房子》(1960)、《纳特·特纳的自白》(1967)、《苏菲的选择》(1979)等小说。他前期小说创作是探索美国南方社会,后期则转向整个美国社会以及如何在这个社会中保持人性的完整。沃克·珀西(1916—1990年)著有《看电影的人》(1961)、《最后的绅士》(1966)、《废墟里的爱》(1971)、《朗斯洛》(1977)、《第二次来临》(1980)等小说。他主张"要从福克纳的魔影下解放出来",将注意力从古老的南方历史传统转向"新南方",也即后现代社会的市中心和商业区。他探索的是一个处于瓦解中的现代世界;认为艺术家的任务是用深层的人类真理以证实人类的经验。

近年来,美国南方文学出现一位光彩照人的新手,他就是在北卡罗来纳山区养马的查尔斯·弗雷泽。1997年,他的处女作《寒山》,一举击败了他的偶像、美国文坛名家康·德里罗和辛西亚·奥兹克的作品而荣膺全国图书奖,由其改编的电影也在加紧拍摄之中。该书出版后曾长期畅销,书中主人公是美国内战末期南方军队的一位逃兵,他像古希腊的奥德修斯一样,在回家的路上历尽千辛万苦,也有一位在故乡农场上辛苦劳动的姑娘切盼着他归来。人们认为,弗雷泽的处女作中详尽细节和落叶归根的渴望扣人心弦,表现了战争现实和人类精神的复原力;书中孤独的、行为古怪的主人公,也使人联想起梭罗精神以及古代中国出没于寒山间的道教隐士。

〔犹太作家大批登上美国文坛〕 犹太作家是在20世纪早期登上美国文坛的,但对美国文化产生巨大影响是在第二次世界大战之后。战后美国许多第一流的小说家是犹太人,或者更恰当地说是犹太后裔;他们写出了第二次世界大战以来的最受欢迎的小说。索尔·贝娄、诺曼·梅勒、艾萨克·B.辛格、菲利普·罗思、伯纳德·马拉默德、杰罗姆·D.塞林格等人,已经跃入战后最受称诵的作家行列;贝娄和辛格分别于1976年和1978年获诺贝尔文学奖,在世界文坛上享有声誉。此外还有一大批犹太作家,其中有赫伯特·戈尔德、马克·哈里斯、斯坦利·埃尔金、约瑟夫·赫勒、伯纳德·迈克尔斯、欧文·福斯特、阿瑟·米勒、欧文·肖等，也在美国国内文坛享有盛名。他们人数之多，影响之大，在美国文坛可谓是罕见的现象。不少评论家把这批作家统称为犹太作家，把他们的作品统称为犹太文学。

这批作家基本上都是来自欧洲的犹太移民后代。他们既从父辈继承了欧洲犹太文化传统，又受到美国文学传统的影响。因此，他们的作品既具有犹太文化色彩，又具有美国文化特征。多少世纪以来犹太人没有祖国，到处流浪，受人歧视；第二次世界大战期间，欧洲犹太人惨遭纳粹大屠杀；逃到美国的犹太移民，在异乡过着艰难凄苦的生活，后来逐步进入中产阶级，精神上却仍苦闷。所以，他们的作品往往呈现出特有的低沉而消极的格调。战争、暴行、经济危机、失业、阶级斗争、意识形态矛盾、政治腐败、滥用权力、金钱和欲望、同化和异化等，成为战后美国犹太文学的主题。下面我们简要介绍几位主要犹太作家及其作品。

索尔·贝娄(1915—2005年)是战后成名最早的犹太作家，是美国现实主义文学的主要代表。他出生于加拿大的魁北克，父母是俄国犹太人，9岁时全家迁居美国芝加哥。到80年代中期，他已出版8部长篇小说，两部中篇小说。《晃来晃去的人》(1944)是他的处女作，写一个追求个人绝对自由而不得的芝加哥青年人应征入伍的故事。随后出版的《受害者》(1947)与《只争朝夕》(1953)，可归类为情绪小说。《奥吉·玛琪历险记》(1953)写一个犹太孤儿在40年代美国大城市里的经历；这本传奇式小说不仅标志着贝娄写作风格的突破，也显示出其脱离比较低沉的基调。该书获1953年全国图书奖，有人将其与马克·吐温的《哈克贝利·费恩历险记》相比。长篇《雨王汉德森》(1959)，以其瑰丽奇谲的场景描写和复杂丰富的心理刻画，吸引了大量读者。主人公汉德森出身于美国的豪门望族，本人毕业于名牌大学，继承了父亲300万美元遗产和一座漂亮的大庄园，因对美国畸形发达的物质文明不满，到一个假想而落后的非洲去寻找精神出路和生活意义。他后期出版的3部长篇小说，均以犹太高级知识分子为主人公，描写美国知识界的精神危机。《赫索格》(1964)是他的代表作，其主人公是一位犹太历史学家，两次婚姻都不遂心，他最好的朋友和他第二任妻子通奸，感情上的困境折磨得他几乎精神失常。《赛姆勒先生的行星》(1970)写一个年近古稀的波兰裔犹太学者，从纳粹魔掌下逃来美国，但展现在他眼前的是一个不可理解的疯狂社会，物欲横流，精神堕落，人们在贪得无厌的追求中丧失了良知。《洪堡的礼物》(1976)写新老两作家由友成敌的经过以及各自的生活道路；《系主任的12月》(1981)也被认为是情绪小说。

瑞典学院在授予贝娄诺贝尔文学奖时说：贝娄描述了现代的反英雄，这种人永远相信生活的价值依赖于人的尊严，而不是依赖于成功；赋与贝娄小说以情趣的并非戏剧性情节和不时出现的激烈行动，而是照进主人公内心的光辉。

艾萨克·辛格1904年出生于波兰，1935年移居美国，用意第绪语写作，到1978年已出版7部短篇小说集、8部长篇小说、4部自传作品和一批儿童文学著作。他的8部长篇小说描绘了3个世纪来波兰犹太人的历史变迁：从17世纪的波兰犹太人聚居的小镇戈莱遭受沙皇俄国统治者大屠杀[反映在《戈莱的撒旦》(1955)和《奴隶》(1962)中]，经过1939年华沙大轰炸[反映在《莫斯卡特家族》(1950)和《肖沙》(1978)中]，直至流亡美国以后的种种遭遇[反映在《仇敌们：一个爱情的故事》(1962)中]。辛格的代表作《卢布林的魔术师》(1960)，写一个好色的犹太魔术师改邪归正的经历。他最优秀的短篇小说，都是描写第二次世界大战前波兰犹太人的故事，如《傻瓜吉姆佩尔》《市场街的斯宾诺莎》《泰贝利和魔鬼》《犹太小学生杨特尔》等。他晚期的作品较为逊色，题材也显得重复。

伯纳德·马拉默德(1914—1986年)是有代表性的美国犹太作家，是在纽约市布鲁克林区一个贫困的杂货商家庭长大的，父母是俄国犹太人。他对纽约市贫民窟的生活十分熟悉。自他从事写作起，抱定一个目标：保护受蹂躏者，反映不同寻常的英雄主义。他一生共写了7部长篇小说和许多短篇小说。他笔下的人物，大多是他熟悉的犹太人：店员、艺术家、作家和教师。这些人多为男性，举止不雅，但富于人性。

1952 年，他的第一部作品《呆头呆脑的人》，表面上似只是关于棒球运动员罗伊·霍伯斯的故事，实际上却是一部古典色彩很重的传奇小说，熔神话、幻想、魔术及浪漫情调于一炉。《店员》是马拉默德的代表作，1957 年出版后风行一时。小说以 30 年代经济危机时期纽约犹太贫民窟里一家小杂货店为背景，描写一位意大利青年流氓弗兰克被道德高尚的犹太店主感化，最后在爱情的驱使下，从一个歧视犹太人的流浪汉，皈依为一个犹太教民。作者在这篇小说中企图表现的主题思想是：人人都是犹太人。1958 年，马拉默德的第一部短篇小说集《魔桶》问世，使他获得全国图书奖。1961 年，他发表长篇小说《新生活》。1963 年，他的第二本短篇小说集《白痴第一》出版，获得很大成功。1967 年，他以苏联犹太人的不幸遭遇为题材，创作长篇小说《装配工》，再次获得全国图书奖和普利策奖。1979 年出版的长篇小说《杜宾的传记》，写一位 56 岁的著名传记作家威廉·杜宾的苦闷心情，也是他比较优秀的作品。他逝世后，1997 年他的《短篇小说集》出版，被《出版家周刊》评为当年的最佳小说作品之一。

菲利普·罗思(1933—2018 年)素有神童之称，出生于新泽西州的纽瓦克市，祖父母来自奥匈帝国，1955 年获芝加哥大学文学硕士学位。1959 年发表短篇小说集《再见吧，哥伦布》，翌年获得全国图书奖，《新闻周刊》赞扬这部作品是"我们时代的杰作"。自此以后，罗思一直到今天仍然驰骋美国文坛。他一生主要从事长篇小说创作，但也发表过短篇小说集和论文集。80 年代前发表的长篇小说有：《放任》(1962)、《当她美好的时候》(1967)、《波特诺伊的抱怨》(1969)、《我们这一伙》(1971)、《乳房》(1972)、《伟大的美国小说》(1973)、《我作为男人的一生》(1974)、《鬼作家》(1979)等。近几年，他的新长篇小说《美国田园牧歌》被《时代》周刊评选为 1997 年 10 本最佳图书之一，受到广泛赞扬；1998 年，罗思荣获美国国家艺术奖章和普利策小说奖，他的新著《我嫁了一个共产党员》又被《时代》周刊选为年度 4 部最佳小说之一。

罗思创作的特点，比较侧重描写被彻底同化了的现代美国犹太人的生活和感受。在他的笔下，可以看到当代美国社会年轻一代犹太人的心理状态。这一代犹太人既不喜欢犹太人的道德传统和犹太教规，又苦于在现代美国找不到梦寐以求的理想生活。对于这种处于古老传统与现代文明之间的矛盾心理，其他犹太裔作家虽有过不同程度的描绘，但似乎谁也没有罗思描绘得这样深刻。《波特诺伊的抱怨》写一位从小受犹太道德传统严重束缚的犹太少年，当他长到有了性要求的时候，就用无节制的手淫和纵欲来发泄内心的苦闷，以弥补精神上的空虚。《美国田园牧歌》这个书名具有讽刺意味，小说描写一对富有的夫妇过着幸福的田园生活，但当他们发现自己的女儿成为60年代的恐怖分子时，这一切都被毁了。在这一挽歌式的、残酷故事中，罗思对于美国梦破灭的愤怒是一目了然的。

杰罗姆·塞林格生于1919年，1951年出版"现代经典"《麦田里的守望者》，立即引起读书界和评论界的关注，使他成为战后界于神秘主义和奇想之间的小说的代表。小说"主要写一个出身于中产阶级富裕家庭的16岁中学生被学校开除后在纽约度过的一天两夜流浪生活，揭示了美国中产阶级子女的精神苦闷，在美国青少年中间引起很大的反响。小说主人公霍尔顿的性格具有明显的存在主义特征：精神上是叛逆，行动上是小丑"①。除此书外，塞林格还出版过一个短篇小说集《九个故事》(1953)，两个中篇小说集《弗兰妮与卓埃》(1961)和《木匠们，把屋梁升高；西摩：一个介绍》(1963)。塞林格的所有小说，都是写战后美国中产阶级城市青年的理想和苦闷；他笔下的理想人物是儿童和少年，他崇尚纯真和稚嫩，但当他小说中人物长大时，却没有一个不被社会腐蚀。"塞林格创造了一个现代美国社会的模式：傲慢、求全、自我陶醉。"②

〔黑人和其他少数民族小说的发展〕　战后，随着黑人的日益觉醒，美国黑人社会逐步形成他们自己的新文化和政治见解，黑人文学的民族特征更加明显，有才华的黑人作家大量涌现。与此同时，特别

① 董衡巽等：《美国文学简史》下册，人民文学出版社1986年版，第368页。

② 朱世达：《美国当代文化》，社会科学文献出版社2001年版，第53页。

是 60 年代以来，随着多元文化以至多元社会的发展，美国其他少数民族的小说也逐渐兴起。

战后初期杰出的黑人小说是拉尔夫·埃利森的长篇《看不见的人》(1952)。作者 1914 年出生于美国中南部俄克拉何马城，父亲当过建筑工人和小商贩，早年去世，由母亲当白人家仆把他养大。他从少年时代起就热爱文学、电影、戏剧和爵士音乐；著名黑人作家理查德·赖特对他影响很深。他还出版过 20 余篇短篇小说，但他的影响和声誉主要来自他的两部名著：《看不见的人》和 1964 年出版的文艺评论集《影子与行为》。

《看不见的人》描写在令人窒息的白人社会里黑人的悲惨遭遇。小说主人公原是南方土生土长的、白种主人惯称的"老实黑人"。他对白人百依百顺，得到赏识，获奖学金上了大学，但他无意中得罪了那位甜言蜜语的黑人校长，被开除出校。他到纽约好不容易在长岛一家油漆厂找到工作，不久又无意被黑人工头看作工贼，在锅炉爆炸中受了重伤。后来，他在哈莱姆黑人区参加了兄弟会，但他和兄弟会头头在活动方针上意见不一。他竭力要使一个黑人在美国社会里被承认的全部幻想破灭了，原因只在于他的皮肤是黑的。因此，他最终决心永远待在地下室里，成为"看不见的人"。全书的主题，就是用隐喻的手法描写黑人在美国社会中受歧视和迫害，揭露资本主义社会里人与人之间不正常的关系。该书出版后，受到评论界的高度赞扬，荣获 1953 年全国图书奖，1965 年又被《图书周刊》评选为战后美国最优秀的小说。现在，该书已被公认为美国文学中的现代名著，享有崇高的声誉。

詹姆斯·鲍德温(1924—1987 年)是继埃利森而崛起的战后最受欢迎的美国黑人作家，出生于纽约哈莱姆。他的祖母在南方种植园里当过奴隶，父亲是个穷牧师，幼年时家境贫困。他的第一部长篇小说《向苍天呼吁》(1953)具有自传体性质，写一个黑人家庭的遭遇和内部冲突。从 1957 年起，鲍德温积极投入美国黑人的解放运动。1961 年他的长篇小说《另一个国家》出版，使他一跃成为最受注意的黑人作家。这部小说主要通过好几对男女之间(主要是黑人白人之间)错综复杂的性关系，反映美国社会的种族关系问题。他后期较优秀的长篇小说是《假如比尔街能讲话》(1974)，描写一对黑人青年男女受到一个白人流氓警察的迫害，男的被诬告犯有强奸罪，并被关进监狱，女的怀孕即将分娩，男女两家为营救被捕黑人青年四处奔走。这部小说反映种族问题较为深刻。鲍德温的其他小说还有：《乔瓦伦的房间》(1956)、《告诉我火车走了多长时间》(1965)、《就在我头顶上方》(1979)等。1965年出版了短篇小说集《去会见那个人》，1985年出版了《票价》和《事物的证据尚未见到》两个集子。他还发表过散文和戏剧。

60年代黑人抗暴斗争高涨，继承抗议传统的小说又多了起来，而约翰·威廉斯(1925—　)则是六七十年代坚持抗议小说传统最具代表性的黑人作家。他出生于密西西比州的杰克逊，在贫民窟里长大。他积极参加政治活动，深为黑人的痛苦和愤怒所激动。长篇小说《大声疾呼的人》(1967)是他的代表作，主要写一个快要死于癌症的黑人作家在回忆过去的一切时，无意中发现美国政府一项对付黑人的紧急计划：一旦黑人斗争蔓延开来，政府就消灭整个黑人民族。这一发现，使主人公幻想破灭而大声疾呼。两年后发表的小说《黑暗的儿子们，光明的儿子们》，写未来某个炎热的夏天在纽约市发生的一场种族战争：白人警察用暴力杀害一个黑人孩子，结果引起连锁反应，终于爆发黑人以牙还牙的暴力斗争。

托妮·莫里森是当代美国文学界负有盛名的黑人女作家，1931年出生于俄亥俄州洛雷恩镇一个工人家庭。经过不断努力，终于在哈佛毕业，并取得康奈尔大学硕士学位。她曾执教于哈佛和得克萨斯南方大学，现为普林斯顿大学教授。1969年发表处女作《深深的蓝眼睛》，立即引起文学界的注意。该书是描写一个黑姑娘被母亲的情夫奸污终至精神失常的故事。1973年，她的第二部长篇小说《苏拉》出版，发出了黑人妇女也是人的呼声。1973年出版第3篇小说《所罗门之歌》，通过一家3代的遭遇，勾画出一部美国黑人民族的苦难史。该书于翌年获美国文学艺术研究院和全国书籍评议会奖，奠定了她在黑人文坛上的地位。1996年12月，该书被"读书俱乐部"选中，一跃而升至畅销书榜首，销售达 100 万册。1981 年第 4 部小说《黑娃娃》出版后，立即成为畅销书，也使作者成为美国主流作家之一，在黑人作者和美国读者中威信之高，一时超过老一辈的男作家。1987 年，她出版第 5 部小说《宠儿》。这部半是史诗、半是哥特式恐怖故事的小说，将读者带进了美国奴隶制的情感现实。根据它改编的电影《宠儿》，1998 年 10 月 16 日起在全美公映，不出半月，其票房收入即高居第 5 位；小说原著再次升至畅销书(纸装本)榜首。1992 年第 6 部小说《爵士乐》出版。评论界认为，她的小说运用现代派技巧，描写黑人民间故事和传说，带有魔幻现实主义色彩，成为独特的富有黑人民族文学气息的杰作。1993 年，她荣获诺贝尔文学奖，成为具有世界影响的黑人女作家。但是，她并不以此为满足。她用行云流水般的散文语言，继续述说着黑人悲伤的故事。1998 年 1 月 9 日，她的新作《天堂》甫一上市，就被看作重要文化事件，《时代》周刊、《新闻周刊》争相报道，电视节目"60 分钟"为它做了一个板块，其他电视节目也不甘落后。有的美国文艺评论家认为，《天堂》反映了作者对人类文明、对爱和对神的理性思考，是莫里森最优秀的小说。

70 年代美国文坛出现一个轰动一时的黑人作者亚历克斯·哈利。他在 1976 年出版了一本后来被译成许多文字的书——《根》。这本书以编年史方式，从作者前 6 代祖先写起，详细描述了这 6 代人悲惨曲折的经历；材料丰富，描写生动，富于艺术感染力。作者认为这本书的普遍意义在于："它触及把我们大家都连在一起的人类本质。"到 80 年代中期，美国已有 270 多所大学将它列为历史课程的必读书。

80 年代，一跃成为美国文坛红人的黑人女作家是艾丽丝·沃克。她深居南方腹地，自幼受种族歧视和男尊女卑的双重压迫。她原是女权运动的诗人，其诗歌以南方黑人形象化的语言，唱出了第三代黑人青年的向往与忧虑。她的成名小说《紫绛》获 1985 年普利策奖，后又拍成电影，销路不衰。《紫绛》的故事，是描述一个黑人少女受传统教育束缚，婚后不懂性爱，历受两个黑男人的粗暴蹂躏，在痛苦中达到紫绛色的性觉悟。沃克的另一篇著名小说是《拥有快乐的秘密》。

除黑人小说外，七八十年代以来，特别是 90 年代，美国其他少数民族的小说也逐渐兴起。比如，墨西哥裔作家维克多·马丁内兹的处女作、长篇小说《炉中的鹦鹉：我的生活》，就获得 1996 年全国图书奖的青年文学奖；获得此奖提名的，还有朝鲜裔作家海伦·金的《漫长的雨季》，也是一部处女作；另据美国唐纳德·斯通教授研究，美国 90 年代出现的一批值得注意的小说新作中，有日裔作家石黑一雄的《无可解脱》。① 华裔作家的表现，更是比较突出。华裔著名作家汤亭亭，现任斯坦福大学的客座教授，1976 年出版了长篇小说《女勇士》。这部书将中国的神话、传奇、历史以及个人自传和 20 世纪的美国融为一体，涉及中国传统与美国现实的矛盾，华人与白人的冲突，女性的被压迫与独立等，写得很深刻感人，20 余年来一直受到读者与评论界的喜爱，在它出版的 25 周年纪念日，美国的许多媒体和社团为它举行了各种各样的庆祝活动。80 年代末，另一位更年轻的华裔女作家谭恩美的小说，在美国文坛上更是掀起了巨大的波澜。这位作者 1952 年出生于加利福尼亚州的奥克兰，幼年时生活坎坷，15 岁时父兄相继辞世，母亲精神受了刺激，母女关系有时并不和谐。1989 年，她的第一部小说《喜福会》出版后，立即登上《纽约时报》的畅销书榜，到 9 月 17 日已维持了 24 个星期。这部小说描写的是旧金山 4 位中国移民妇女与她们在美国出生的女儿间爱与恨、和谐与冲突的关系。在未出版前，《大西洋月刊》、《妇女家庭》杂志和《旧金山焦点》杂志就购买了它的杂志发表权；意大利、英国、日本、法国、荷兰、瑞典、以色列、西德、西班牙购买了它的外国出版权，使作者真正登上了国际文坛。1993 年，它被成功地搬上了银幕。作者曾先后 5 次到白宫作客。2001 年新年前夕，克林顿总统与她共进晚餐。2001 年 3 月份的一期《时代》周刊，又用较大篇幅对她的第 4 部小说《勃内西特的女儿》进行了介绍。

此外值得一提的是，旅美 15 年、以笔名"哈金"出版过数部小说的大陆小说家金雪飞，以英文作品《等待》一书击败其他美国著作，

---

① 黄梅："斯通教授谈当前的英语小说"，《外国文学动态》1998 年第 1 期，第 14 页。

荣获 1999 年全美国家图书奖，成为该奖设立 50 年来第一位获得美国国家小说类奖的中国留学生作家。

〔黑色幽默小说盛极一时〕 第二次世界大战以后，尽管美国有发达的科学技术，高度的物质文明，但精神危机日趋严重。社会的畸形发展，造成文学的变态。60 年代中期，美国一些作家采用荒诞的笔法，对现代资本主义畸形社会里的恐怖、丑恶、野蛮等现象进行辛辣的讽刺。这类文学作品称为黑色幽默。1965 年，美国作家布鲁斯·弗里德曼编了一本《黑色幽默》的小说选集，从此黑色幽默小说盛行一时，但在 70 年代已有衰落之势。黑色幽默是一种绝望和幽默的混合物：是荒诞的幽默，畸形的幽默，病态的幽默。

约瑟夫·赫勒 1923 年出生于纽约布鲁克林区一个犹太移民家庭，他的长篇小说《第二十二条军规》(1961)被誉为黑色幽默小说的代表作。第二次世界大战期间，作者在美国空军服役，这段经历为他的这部小说提供了素材。该小说以战时设在地中海某空军基地为背景，刻意描绘美国官僚体制的残忍荒诞。"第二十二条军规"是全书的中心象征；它好像是一条军规，但在不同场合当权者可以对它作随心所欲的解释，实际上是军事官僚体制用来箝制小人物的圈套。在这样一个圈套的捉弄和迫害下，主人公尤索林惶惶不可终日。他看到上司为了自己高升，竟不顾部下的死活，无休止地提高飞行次数：战争使一批投机取巧的人大发横财，却把无辜老百姓抛入水深火热之中。耳闻目睹的一切，使尤索林这个善于思考的人感到荒谬可悲，最后决定逃往瑞典。小说充满离奇怪诞、恐怖疯狂的夸张，难以言传的滑稽，尖锐讽刺，拙劣模仿和邪恶喜剧。但作者的意图显然是严肃的，是想借美国军队讽喻整个美国社会。现在，"第二十二条军规"已作为一个新词在美国广泛使用，成为美国人表示难堪处境的流行语。作者的另一部小说《出了毛病》，是描写美国中产阶级病态的精神生活的，但没有取得第一部小说那样的成功。

小库尔特·冯尼古特(1922—2007 年)也是黑色幽默的代表人物，出生于印第安纳波利斯，父亲是建筑师。1942 年参军，1944 年被德军俘虏，囚禁于德累斯顿。战后在芝加哥大学学习人类学，从 1950

年起当专业作家。他的主要作品有:《自动钢琴》(1952)、《猫的摇篮》(1963)、《第 5 号屠宰场》(1969)、《冠军早餐》(1973)、《囚鸟》(1979)等;其中《第 5 号屠宰场》和《冠军早餐》是代表作。前者根据自身经历追述了战俘营生活,通过科学幻想与现实主义描绘相结合的手法,揭露和讽喻资本主义社会的荒谬绝伦和战争的残酷。由于作品具有丰富的想像和强烈的反战情绪,文笔幽默,语言流畅,出版后产生巨大影响,被拍成彩色宽银幕电影,轰动一时。《冠军早餐》讽刺美国掠夺的历史,指责它依仗核武器反对共产主义运动;揭露资本家对工人的剥削与压迫。总之,作者笔下表明:在时空中旅行是最终极的对现实的逃避,可以将痛苦埋葬在百无聊赖之中。冯尼古特对人类前景表现出彻底的悲观主义和宿命思想。1984 年 5 月,在东京召开的国际笔会第 47 次代表大会上,他当选为当代世界七大文化名人之一。

托马斯·品钦生平小说不多,但都很有分量。长篇小说《V》出版于 1963 年,书中充满着各种各样的死亡景色——从现代世界的垃圾堆到月球上真正的不毛之地。V 既是不断变更身份的神秘女人,又代表诸多事物;最终从美女物化为金属,正是人异化的象征。《万有引力之虹》出版于 1973 年,曾获得全国图书奖,有的批评家认为它是一部可与詹姆斯·乔伊斯的《尤利西斯》媲美的作品。作者在书中提出了"热寂说",认为宇宙在其热能散完之后会冷寂下来,整个世界将会冰冻;人类社会也可用热寂说作解释,人类会趋向冷寂和死亡。所谓"万有引力之虹"实际上是死亡的象征。90 年代末,品钦宝刀不老,又出版了轰动美国文坛的新著《梅森与狄克逊》,被《时代》周刊、《纽约时报书评》和《出版家周刊》同时评为 1997 年最佳图书。书中的故事轮廓是:在一系列嬉闹冒险中,梅森与狄克逊在宾夕法尼亚与马里兰间划了一条分界线,将北方与南方分开;他们一路上遇到许多著名历史人物与虚构人物,评说着关于存在的重大问题。这个制作地图的故事成了一次对万物秩序的研究,目的在于说服人们,理智不足以洞察世界的秘密。

约翰·巴思被有些评论家称为存在主义喜剧家,表现了极度的不安分。1956 年发表第一部长篇小说《飘浮的歌剧》，意在描写一个在决心与否定之间、行动与不行动之间游移不定的人物。接着发表的《路的尽头》，写成一部有关哲学与不忠的悲喜剧，关于爱与思想的滑稽剧。60 年代以来他又发表了一批小说，其中 1966 年发表的成名作《牧羊童贾尔斯》，把主人公塑造成一位妇女和一部计算机的后代，用以讽喻和探索人类的处境。有人赞扬他的作品伟大，也有人认为他的作品"絮絮叨叨，浅薄无聊，淹没在东拉西扯和品头论足之中"。

唐纳德·巴塞尔姆是一位描写试图逃避现实的困窘、追求无法达到目标的绝望感的小说家。他的作品大多发表在《纽约客》杂志上，短篇小说较多。中篇小说《白雪公主》(1967)曾获全国图书奖。长篇小说《亡父》(1975)以离奇曲折的黑色幽默笔法，写一个忽而活着、忽而垂死、忽而死去的形象；正如他所说：把互不相关的事物拼凑在一起，如果效果好，就创造了现实。他是新小说派的代表作家。

唐·德里罗是否黑色幽默小说家我们这里不讨论，但他的第 11 部小说《底层社会》似乎属于黑色幽默作品。这是作者最具挑战性、最野心勃勃的一部小说，它写一大群活生生的人物经历的已被埋没的冷战生活和核毁灭幽灵，展现了一幅 20 世纪后半叶令人震惊的多层面全景图，被《纽约时报书评》、《时代》周刊和《出版家周刊》一致推选为 1997 年度最佳图书。

〔新现实主义小说兴起〕 回头写实是对现代主义和后现代主义文艺思潮的一种逆反，是在继承现实主义传统和从现代派与后现代派创作主题和写作技巧中不断进行借鉴的过程中形成的一种新的创作方式，被称为新现实主义或新写实主义。新现实主义小说家有些我们已在其他类型小说家中叙述过，这里我们再举出几个代表人物。首先要提到的是约翰·厄普代克。他 1932 年出生于宾夕法尼亚州的西林顿镇，颇受其热爱文学的母亲的影响，1954 年以优异成绩毕业于哈佛大学，1955 年任职于《纽约客》杂志，1957 年起当专业作家。他能诗能画，也写散文，但主要是创作小说。不到而立之年，他就获得国家艺术院的奖金，而且完成了奠定他大师地位的"兔子四部曲"的首部《兔子跑吧》。从 50 年代中期起，直到 20 世纪末，他是美国文坛的一棵常青树；每有新作问世，总能引起文坛上的阵阵叫好声。"兔子四部曲"的第 2 部《兔子归来》出版于 1971 年，第 3 部《兔子富了》出版于 1981 年。到 1991 年第 4 部《兔子安息》出版，他已经达到创作的顶峰，两次荣获普利策小说奖，是该奖设立以来美国第 3 位梅开二度的杰出作家。但他并不以此为满足，除被人称颂的《百合秀美》外，1997 年他的新著《时光将尽》同时被《纽约时报书评》和《出版家周刊》列为年度最佳图书。1998 年，他荣获美国全国图书基金会美国文学杰出贡献勋章，他的新作《比奇受困》以嘲讽文学成规和形形色色 20世纪文化偶像为乐。女作家卡萝尔·奥茨在《纽约时报书评》上评论道：厄普代克"将身体作为死亡载体来描写"，推动情节发展的"几乎经常是一些家庭琐事"；"兔子四部曲是对美国社会的强烈批评"。直到目前，诺贝尔评委会还没有对他关于美国中产阶级日常生活的描绘感兴趣，据说不少美国作家是有些心怀怨怼的。

约翰·奇弗（1912—1982 年）是一个被学校开除的天才青年，由于美国著名诗人兼文艺批评家马尔科姆·考利慧眼识才，逐渐得到文艺界的认可，长期为《纽约客》撰稿。他发表过 5 部长篇小说，其中第一部《瓦普肖特家族纪事》（1957）有人认为是 20 世纪名著之一；1977 年发表的《猎鹰者》，表面上描写的是一座监狱，实质上是描写人生和美国社会，目的在于说明："在所有表面自由的行为中总是有一种无处不在的被囚禁感。"不过，奇弗写得最好的还是短篇小说，被人称为"美国的契诃夫"。他一生发表短篇小说 100 多篇，出过几部集子；最优秀的 61 篇都收在他 1977 年出版的自选集中。他的小说主要描写美国中产阶级的日常生活和家庭关系，反映这个阶级的精神面貌和个人危机感；小说中的人物大多是些生活无聊、内心空虚、胆小怕事、一无所成的反英雄，作者通过刻画这些人物描绘一种貌似天堂、实为地狱的生活。他对郊区中产阶级生活特别熟悉，在他的笔下，郊区轮廓分明、错落有致的建筑和有组织的社会生活，与郊区居民错乱抑郁的情绪和品性形成鲜明对照。1978 年，他的短篇小说集获得全国图书奖和普利策小说奖。到了晚年，奇弗越来越受到文学界的尊重。《纽约客》和《纽约时报》甚至开辟特辑来庆祝他 50 年的创作生涯。

汤姆·沃尔夫是近 10 余年来崭露头角的新现实主义作家。他早年是记者,后从事文学评论,因长期不满于美国文坛状况,1987 年推出第一部小说《浮华烟云》,一跃而成为文坛热点人物和畅销书作家。11 年后,他的第 2 部小说《完整的人》问世。小说未出版前就获得全国图书奖提名,并被普遍看好,后来未获奖却令许多人士感到意外,但它同时被《时代》周刊和《出版家周刊》列入 1998 年最佳书单。有的评论家认为,沃尔夫堪称美国的巴尔扎克。他以非常漂亮、酣畅淋漓的散文风格和广博的知识,描绘出今日亚特兰大市的一个横断面,并对日益物欲横流的美国社会进行了批判。

另一位近十余年来涌现出的新人是迈克尔·坎宁安。他出生于第二次世界大战后,10 年前就有一个作品被评为全美最佳短篇小说,这是从他的长篇处女作《末世之家》中抽出的部分内容。《末世之家》已有中译本,它表面上讲述的是 80 年代美国青年人的成长婚恋史,实际上继承了 60 年代嬉皮士运动的余绪;作者似乎也在探索一种新型的家庭模式。1998—1999 年,坎宁安的新著《时刻》接连获得福克纳奖和普利策奖,前途未可限量。

还有一位值得注意的新人是女作家艾丽丝·麦克德莫特。她的新作《迷人的比利》,是《时代》周刊评出的 1998 年 4 部最佳小说之一,也被列入《出版家周刊》的最佳图书榜,而且意外地荣获全国图书奖。小说反映了一个不能忘情于失败恋情并被酗酒和顾影自怜所毁的男人充满痛苦与折磨的生活,也绘出了一幅爱尔兰裔美国人的现实生活画卷。

除上述各类小说外,还要提到的是,近二十余年来,美国神怪小说日益发展,它的代表作家是斯蒂芬·金。70 年代中期以来,他的作品年年上畅销书榜,现已家喻户晓,成为亿万富翁。

2. 诗 歌

战后美国诗歌大致可分为前后两个时期,以 50 年代中期艾伦·

金斯伯格的长诗《嚎叫》(1956)和罗伯特·洛厄尔的诗集《人生研究》(1959)的发表为分界线。前期的诗歌主要受 T·S·艾略特和埃兹拉·庞德的影响,比较注意诗的形式和格律,往往晦涩难解;后期的诗歌力求摆脱前辈现代派诗人的传统形式和结构,从客观转向主观,从正统转向非正统,从讲究格律和学术性转向口语化的开放诗。战后美国诗坛丰富多彩,流派繁多。按地区结社进行活动的有黑山派、纽约派、旧金山派等;以内容来分的有自由派、垮掉派、新浪漫主义派、新超现实主义派等。到 80 年代,诗歌的读者面越来越窄,80 年代后期甚至出现"写诗的比读诗的多"的局面。90 年代经官方和私人社团大力提倡,到 90 年代末出现一次成功的诗歌复兴运动。

〔自由派〕　罗伯特·洛厄尔是战后最有名的自由派诗人,出身于新英格兰的文学世家,名诗人詹姆斯·洛厄尔和女诗人埃兹·洛厄尔是他的亲属。他虽是圣公会牧师的后代,却成为罗马天主教信徒。第二次世界大战期间,他因拒绝服兵役而入狱。60 年代,他公开拒绝参加约翰逊总统的白宫宴会,却参加 1967 年向五角大楼进军的示威游行,以表示对侵越战争的抗议。所有这些,都浸入了他的诗歌。

1946 年,洛厄尔以其诗集《威利老爷的城堡》蜚声于美国诗坛。50 年代末和 60 年代初,洛厄尔诗歌方面的成就更为显著。1959 年,他出版重要诗集《人生研究》,震撼了当时的美国诗坛,并使美国诗坛发生重大变化。这部诗集抛弃了传统的创作方式,采用口语化的自由诗体,用极其坦率的方式抒写他的家庭和他的个人经历、生活感受、内心痛苦等,开创了 60 年代风行一时的"自白诗"运动。《为合众国的献身者而作》这部诗集更加成熟,从内战中黑人师团烈士纪念碑借题发挥,涉及信仰、历史、战争、爱情、死亡等广泛内容,联系 60 年代的民权运动重温过去的历史,借以讽喻现实。有的评论家认为,洛厄尔是战后唯一有资格"担当伟大诗人的角色"。

约翰·贝里曼是洛厄尔同时代的另一位自由派著名诗人。他最重要的诗集最初出版于 1964 年,题名为《77 首梦歌》;1968 年增补到308 首,题名为《他的玩具、梦和休息》;1969 年又增补到 385 首,改名为《梦歌》。这些诗歌主要描写诗人日常生活和濒临疯狂边缘的痛苦心情，表现出作者对语言的掌握和创作技巧非常高超。60 年代末期，贝里曼压倒了洛厄尔，许多人赞扬他是美国活着的最伟大诗人。1972 年，贝里曼自杀。1977 年，洛厄尔病逝。风靡一时的自由派诗歌渐趋衰落。

〔垮掉派〕 主要代表是艾伦·金斯伯格。他 1926 年出生于纽约市附近的一个工业城市，父母都是俄国犹太移民，母亲是共产党员。由于他的思想与战后美国现实格格不入，金斯伯格曾 5 次被迫住进精神病院。1954 年，他来到西海岸。1955 年秋天，在旧金山的一个画廊里，他脱光衣服，像一头狮子那样朗诵了自己的长诗《嚎叫》。他朝着"魑魅魍魉的国家、打不开的疯人院"嚎叫，朝着"有眼无珠的资本、恶魔般的工业资本家"等嚎叫。他代表青年一代向现存的美国社会发出愤怒的、不满的呼嚎，并对传统文艺标准进行大胆挑战，肆无忌惮地描写性爱、吸毒等内容。美国的文艺界对金斯伯格的出现感到厌恶和恐惧，《嚎叫》很快被控告为淫秽作品。然而这种控告对阻碍它的流传，丝毫不起作用，《嚎叫》成为 50 年代销量最大、读者最多、最被广泛讨论的诗篇。这首长诗，和杰克·凯鲁瓦克（1922—1969 年）1957 年出版的著名小说《在路上》一起，被誉为"垮掉派的圣经"。60 年代早期，金斯伯格成为美国众所周知的人物。

〔黑山派〕 主要代表人物有罗伯特·克里利和罗伯特·邓肯。黑山派诗歌是在北卡罗来纳州黑山学院兴起的。从 1951 年到 1956 年，查尔斯·奥尔森在黑山学院执教并任过院长，办了两个刊物《黑山评论》和《起源》，发表诗歌评论和创作。1950 年，奥尔森曾发表关于写"投射诗"的论文，提出诗歌创作的新理论，主张抛弃旧形式和旧格律，用诗人的呼吸来衡量音节和诗行，以代替传统的音步。奥尔森主要的门徒是克里利和邓肯；特别是克里利，在扩大奥尔森的影响上起了重大的作用。他编辑《黑山评论》，编选奥尔森的著作，出版诗集 30 余种。他的作品几乎可称为微型艺术，短小精练，非常口语化，但寓意较深。邓肯的作品则是巨型的、浪漫的、神秘而多变的。他们俩以各自的方式，体现了奥尔森在诗歌方面的新理论。

〔新超现实主义派〕 60 年代后期至 70 年代，美国诗坛上能代表一种主要倾向的，是所谓新超现实主义诗歌，领导者是罗伯特·布莱，主要代表有詹姆斯·赖特和约翰·海因斯等。这派诗歌主要写人的本能、无意识和下意识，诗中充满所谓非理性联想、暗示逻辑、深层意象等，往往用所谓"思想的语言"(密码式语言)和"梦的文法"，致使诗的含义隐晦，形象离奇，不易读懂。但具有讽刺意义的是，有些新超现实主义的诗歌，却从非理性和超现实的角度去批判和讽刺社会，颇有进步内容；在青年学生中，新超现实主义甚至成了一种批判现实的、激进的主义。①

〔黑人诗歌〕　一般来说，美国黑人诗歌是现实主义的；它写性格，描绘斗争性、勇气的诗歌很多。第二次世界大战后，美国杰出黑人诗人是格温多琳·布鲁克斯、罗伯特·海登、勒鲁瓦·琼斯和梅尔文·托尔森等。布鲁克斯是第一个荣获普利策奖的黑人诗人。她1917年出生于堪萨斯州的托皮卡，在芝加哥长大，毕业于威尔逊初级大学。她前期的主要诗作有：《布朗泽维尔的一条街》(1945)、《安妮·艾伦》(1949)和《食豆者》(1960)，内容主要是描写黑人日常生活的。后期的主要诗作有：《在麦加》(1968)、《暴动》(1969)、《家庭画像》(1970)等。由于布鲁克斯为60年代黑人抗暴斗争所深深感染，这一时期的诗歌战斗性大为增强，内容主要反映黑人群众日益不满的情绪和反抗精神。

勒鲁瓦·琼斯1934年出生于新泽西州的纽瓦克市，1953年毕业于霍华德大学，在哥伦比亚大学教过诗歌戏剧。他是一个接近黑人运动中心的黑人诗人，早年的诗《20卷自杀笔记的序言》(1961)，是存在主义的诗，咒骂美国中产阶级生活的腐败和不道德。后期的诗如《黑人艺术》(1966)、《黑色魔术》(1969)和《诗选》(1979)，则把他的愤怒集中在种族问题上，公开宣扬黑人暴力革命的理论，强调黑人艺术家的任务是帮助摧毁美国。一直到80年代，他都是黑人文艺界最有影响的诗人。

罗伯特·海登是费克斯大学教授，1965年在第一届世界黑人艺

---

① 参阅董衡巽等：《美国文学简史》(下册)，第489页。

术节上获最高奖。1967 年，他出版一部黑人诗歌选集，书名为《万花筒：美国黑人诗人诗歌》，其中收有他自己的诗。他的作品温文尔雅，语言朴素。虽然 70 年代中期以后他的诗歌经常被选入黑人作品选，但他在美国文学生活中不大为人所知。

梅尔文·托尔森战后出版过《为利比亚共和国作的歌》(1953) 和《哈莱姆画廊》(1965) 两本书。他的诗表现出真正特色，他的天赋可与同时代主要诗人相比，但却很长一段时间没有得到公认。

还应提到的是，战后美国黑人诗歌艺术上的最大变化，是模仿爵士音乐节奏的自由诗体的兴起。因此之故，被称为"哈莱姆桂冠诗人"的老一代诗人兰斯顿·休斯晚年也出版了诗集《问你的妈妈——爵士十二式》(1961)。

由于其他文学样式迅猛发展，生活节奏日益加快，诗歌创作又有些脱离群众，从 80 年代到 90 年代初，美国诗歌在文学上的中心地位业已丧失，日渐向边缘退缩；读者面愈来愈窄，大众读者更日益远离诗歌，80 年代后期甚至出现"写诗的比读诗的人多"的局面。为此之故，美国官方、各诗歌组织和有关人士曾作出不断努力，重新唤起群众对诗歌的爱好。美国国会于 1985 年将"国会图书馆诗歌顾问"更名为"桂冠诗人诗歌顾问"，并帮助他们以各自方式为繁荣诗歌组织全国性活动。第一任桂冠诗人，是我们在前一节中提到的南方著名小说家兼诗人罗伯特·P·沃伦。与此同时，由各诗歌组织发起、主办各种各样的诗歌普及活动。以 1998 年为例，主要活动有：现任桂冠诗人罗伯特·平斯基主持的"最喜爱的诗项目"、白宫美国诗歌之夜、4 月间的诗歌月活动和诗歌图书大赠送。通过"最喜爱的诗项目"，平斯基挑选 1200 名各界人士朗诵 1200 首好诗，制成音像资料藏于国会图书馆，供人借用；他还建立专门的因特网站，制作面向大众的广播、电视节目；他编辑一本包括 200 首诗的诗选，报名参加朗诵的达 10000 余人。白宫美国诗歌之夜盛况空前，由 200 个卫星地面站向全国实况转播。诗歌月活动期间，许多报刊都以极大热情进行宣传。诗歌图书大赠送活动开始于 1996 年，参加主办的组织年年有增加，1998 年向全国各界群众赠送诗歌图书 10 万多册。

经过这些年的努力，在"诗歌大众化""诗歌多元化"的声音中，90年代后期美国的确出现了一次诗歌复兴运动。据纽约诗人之家不完全统计，1998年美国共出版原创和翻译诗集1000多种(1993年只有570种)，其中佳作、力作较上年有显著增加；青年歌星朱厄尔·基尔切尔的第一本诗集《没有盔甲的夜晚》还进入了畅销书的排行榜；获全国图书奖、普利策奖、全国书评家协会奖等美国三大图书奖的，也都有诗歌作品。格调高雅、微言大义、唯美主义诗歌受到评论界喜爱，贴近生活的诗歌则受到普遍欢迎。

3. 戏　剧

第二次世界大战后，美国戏剧有了巨大的发展。首先是戏剧活动的分散化，导致全国剧院林立，不像以前那样只集中在纽约市曼哈顿少数几个街区，即百老汇里。

50年代以前，百老汇是美国专业剧团的演出中心；看美国专业剧团的演出，只有到纽约百老汇去，或者看百老汇专业剧团到外地的巡回表演。50年代以来，在全国艺术基金会等组织的帮助下，全国各城市的专业剧团纷纷成立，情况就改变了。1950年至1962年，外百老汇共上演近1000部剧，其中1/3是美国新剧目。1980年1月的第一个星期，百老汇共上演33部剧；而在同一时期，外百老汇上演34部，外外百老汇则超过85部。这时，虽然许多地方剧团还在放圣诞节假，但在纽约以外的地方，固定专业剧院上演的剧目，还是超过百老汇、外百老汇、外外百老汇、巡回演出团和试演剧院上演剧目的总和。80年代中期，全国城市的专业剧团已达400个左右，全国观众不必再千里迢迢跑到纽约去，在本地就可以看到第一流的演出，使戏剧真正成为普及的表演艺术。

与此同时，全国各地的剧作家都受到鼓励进行创作，而不像以前那样，只能写出脚本来交由百老汇的演出商作最后评判。从1950年开始，百老汇在美国剧坛的作用已发生重大变化。那年1月的第一个星期，在百老汇上演的33个剧目中，只有7个是百老汇自己创作的，其余 4 个来自伦敦、2 个来自外百老汇、8 个来自外外百老汇，另有 10 个是在美国其他地方初演的。1970 年至 1980 年，在诞生于百老汇的作品中，只有 1 部话剧和 5 部歌舞剧获托尼奖，1 部话剧获普利策戏剧奖。现在，百老汇显然不再是美国专业戏剧的惟一基地，而且失去了向全国各地输出优秀剧目的作用；一向推动剧目上演的百老汇演出商，如今却不得不购买别人的作品。下面，我们对半世纪以来美国戏剧创作、演出的发展演变过程作一简要介绍。

〔严肃剧〕 尤金·奥尼尔(1988—1953 年)是美国现代严肃剧作家的主要代表，曾获诺贝尔奖。他的主要活动在"二战"前，战后的重要剧作有：《卖冰人来》(1946)、《私生子的月亮》(1947)、《长夜漫漫路迢迢》(1956)和《诗人的气质》(1957)等。其中《卖冰人来》和《长夜漫漫路迢迢》，可列入他最佳剧作之中。

战后至 50 年代，支配百老汇舞台和代表当时美国严肃戏剧的两位作家，是阿瑟·米勒和田纳西·威廉斯。米勒(1915—2005 年)出生于纽约市曼哈顿区的犹太人家庭，30 年代大萧条中进入青年期，亲身体验过贫穷滋味和资本主义社会种种不公正现象，对他后来的创作有很大影响。他的第一部成功之作《都是我的儿子》(1947)，主要写小厂主乔·凯勒在第二次世界大战期间为发战争横财而制造质量不合格的飞机零件，致使 21 名驾驶员坠机死亡，后来他终于天良发现，承认这 21 人都是他的儿子，是被他亲手杀死的。该剧最后以凯勒的自杀告终。《推销员之死》(1949)是米勒的代表作，在百老汇创连演 724 场的纪录。半世纪以来，该剧被誉为战后最佳剧作之一，已译成几十种文字在世界各地上演，1983 年和 1992 年，两次在中国演出。1999 年，该剧重返百老汇，仍然好评如潮。据某些统计，该剧是全世界上演场次最多的剧目，剧本整理成书已出售 1100 万册；在美国大中学里，该书是众多美国文学课程的必读书；自 1963 年以来，计有 413 种专著、论文(包括博士论文)以该剧为研究主题。① 该剧主人

---

① 见《〈推销员之死〉：历经 50 载，犹具生命力》，1999 年第 3 期《交流》杂志，第 30 页。

公威利·洛曼是个能干而自信的推销员，他深深寄希望于两个儿子成才，到晚年却适应不了新的工作环境，被公司解雇，幻想全部破灭，只得用自杀来骗取人寿保险金，为儿子作资本。这出剧不知赢得了多少人的同情和眼泪，它的社会效果也是非常巨大的。《严峻的考验》(1953)是个借古讽今的历史剧。全剧围绕 17 世纪末马萨诸塞的萨勒姆镇一个借驱巫进行宗教迫害的案件展开，含蓄地讽喻 50 年代猖獗一时的麦卡锡主义对进步人士的疯狂迫害。它是一部伸张正义的作品，表现了作者和美国公众对白色恐怖的抗议。1956 年，密勒受到国会非美活动调查委员会的审讯，但他英勇不屈，慷慨陈词，却拒绝回答该委员会的提问，被判处藐视国会罪。此后，他还写过《桥头眺望》(1955)、《堕落之后》(1964)、《代价》(1968)等剧本，但都不及以往剧本成功。不过由于他卓越的艺术建树，多次获得各种戏剧奖。从 1965 年起，他连续两届当选为国际笔会主席。

与密勒齐名的另一位剧作家是田纳西·威廉斯(1911—1983 年)。他出生于密西西比州的哥伦布市，父亲是个经常四处奔波的成衣和皮鞋推销员。他中学时起就爱好文学，是战后美国最多产的剧作家。他一生写过 40 余部长短剧，曾获 4 次纽约剧评家奖、两次普利策奖和全国文艺学院金质奖章。他的重要剧本有：《玻璃动物园》(1945)、《欲望号街车》(1947)、《夏天和烟雾》(1948)、《玫瑰黥纹》(1951)、《大路》(1953)、《热铁皮屋顶上的猫》(1955)等。他的作品充满色情、暴力、精神失调和变态心理，弥漫着一种凄凉、衰败而令人寒栗的悲观气氛；作品中主人公常常被描绘为畸形和变态的人，反映着现代美国腐朽堕落的一面。《玻璃动物园》一剧以 30 年代美国大萧条为背景，描写一个被丈夫遗弃的南方妇女和她的儿子的遭遇。这出戏先在芝加哥上演取得成功，后又在百老汇上演达两年之久，使作者一举成名。《欲望号街车》写的是美丽的女教师布兰奇经过一段放荡生活之后，搬到新奥尔良城妹妹斯黛拉家中，粗野的妹夫斯坦利用暴力奸污了她，致使她精神失常。全剧以布兰奇被送入精神病院而告终。《热铁皮屋顶上的猫》描写一个家庭争夺遗产的斗争。父亲患癌症，将不久于人世，两个儿子把实情瞒着他，背地里却在打遗产的主意。

西方评论界公认上述 3 部剧是威廉斯的代表作。

上述两剧作家之后，50 年代崛起的严肃剧作家是威廉·英奇(1913—1973 年)和罗伯特·安德森。安德森只有处女作《茶点与同情》比较成功，始终未进入第一流剧作家行列。英奇创作颇受威廉斯影响，善于用抒情笔调刻画血肉丰满的人物。他的重要剧作有：《回来吧，小希巴》(1950)、《野餐》(1953)、《公共汽车站》(1955)和《楼梯顶上的黑暗》(1957)等，在百老汇上演都很卖座，并都拍成了电影。可惜的是作者成名心太切，常因投合商业化剧院需要而损害其剧作的艺术性，最后竟因失意而自杀。

〔荒诞剧〕 50 年代欧洲盛行的荒诞剧逐渐影响美国剧坛，从 50 年代末起，美国出现一批荒诞剧作家。所谓荒诞剧"花样繁多，有的宣扬暗杀、绑架等恐怖主义和极左思潮，有的抒写色情、暴虐狂以及内心苦闷等颓废主义题材，它们的艺术手法更是五花八门，例如青年剧作家保尔·福斯特(1931—)的《球》(1964)没有人物，整个舞台上只有两个乒乓球悬空飘荡，象征两个死去的男人的头脑在回忆往事，同时录音带上放出一片噪音，像是大海在呼啸，还夹杂着象征欢乐、痛苦、反抗、恐惧等声响。"①荒诞剧的特点是反传统，探索新奇怪异的表现手法。

60 年代初崛起的几个年轻剧作家中的佼佼者爱德华·阿尔比(生于 1928 年)的剧作，比如《动物园的故事》(1958)、《贝西·史密斯之死》(1960)等，本来还可算是严肃作品，但《美国梦》(1961)和在百老汇连续上演两年并被拍成电影的《谁害怕弗吉尼亚·沃尔夫?》(1962)，就变成生活气息比较浓厚的荒诞剧。他 1968 年上演的两个短剧《箱子》和《毛泽东语录》，更是不折不扣的荒诞剧了。他现在被认为是美国荒诞剧作家的代表人物，董衡巽等评论道：他的艺术是自然主义、表现主义和超现实主义的混合物。

与阿尔比稍后的荒诞剧作家，还有杰克·盖尔伯(1932—)、杰克·理查逊(1935—)、阿瑟·科皮特(1937—)、肯尼斯·布

① 董衡巽等：《美国文学简史》，第 500 页。

朗等。盖尔伯的代表作是《毒品贩子》(1959),主要描写贩毒吸毒,据说作者的目的是想通过此剧来反映人类社会如何自暴自弃、自我毁灭的本质。理查逊的成名作是《浪子》(1960),它混合历史、道德和梦想,用超现实主义手法把希腊神话重新搬上舞台,借以隐喻人类社会的混乱。科皮特的成名作是《爸爸,可怜的爸爸,妈妈把你挂在壁橱里,我是多么悲伤呵》(1960),它以夸张笔法描写一个泼辣母亲、一个淫荡女人和一个未成年男孩之间的关系,用荒诞的情节揭示性爱的荒谬。布朗的《禁闭室》,也是个较有名的荒诞剧。

荒诞剧作家以年轻新作家为多,他们的剧作不容易进入百老汇,被称为外百老汇戏剧或外外百老汇戏剧。这类作品标新立异,哗众取宠,主要靠各种基金会资助,脱离生活,一般没有艺术生命力。

70年代美国剧坛除外国剧目多、古典剧目多以外,荒诞剧、海淫海盗剧也多。《1973—1974年最佳戏剧选》的编者在卷首指出:今天美国舞台上色情剧不仅数量增加,而且猥亵的程度简直到了不堪入目的地步;男女演员裸体登台已司空见惯,奸杀等已成常见题材,美国戏剧已真正面临危机。

〔音乐歌舞剧〕 50年代美国剧坛还出现另一与严肃剧竞争的剧种,即音乐歌舞剧。1950年1月第一个星期百老汇演出的近30个戏剧中,就有8个音乐歌舞剧。50年代最著名的音乐歌舞剧是《南太平洋》和《我的淑女》;两个最值得注意的剧作家是罗杰斯和哈默施泰因。理查德·罗杰斯作曲,奥斯卡·哈默施泰因作词,他俩合作的歌剧成为美国剧坛的不朽作品,《南太平洋》和《国王与我》是两个最好例子,剧中的歌曲至今仍脍炙人口。直到八九十年代,音乐歌舞剧仍受欢迎。1980年1月第一个星期百老汇33家剧院演出的31个剧中,就有14个音乐歌舞剧。1990年1月百老汇25家剧院演出的剧作中,音乐歌舞剧就占了一半以上。著名的音乐歌舞剧《歌舞女郎》,从1975年起直到1990年仍在演出。

〔少数民族戏剧〕 战后美国剧坛以黑人戏剧为代表的族裔化是一个重要现象。"其中有代表性的戏剧群落如(有)犹太戏剧、墨西哥裔戏剧、亚裔戏剧、西班牙语系戏剧以及妇女戏剧等。……在所有的族裔戏剧群中，黑人戏剧……对美国戏剧的多元发展贡献最大。"①第二次世界大战前，黑人戏剧的发展遇到重重困难，战后在许多进步人士的支持下，经过黑人剧作家的努力和斗争，黑人戏剧才出现初步的繁荣。50 年代黑人戏剧中影响最大的，是黑人青年女剧作家洛兰·汉斯贝里（1930—1965 年）的《太阳下的葡萄干》（1952）。此剧 1952 年、1957 年先在新港、费城上演，取得初步成功后，1959 年进入百老汇，演出十分成功，获纽约剧评协会当年最佳戏剧奖。该剧主要描写一个黑人家庭，为摆脱在芝加哥南端黑人贫民窟中使人沮丧的郁闷而进行的斗争。60 年代黑人民权运动如火如荼，上演的黑人戏剧大多更富于战斗性。著名黑人小说家鲍德温写了剧本《唱给查理先生听的布鲁斯》（1964），将郁积黑人胸中的满腔怒火通过剧中人物之口倾泻了出来。1964 年，外百老汇陆续演出激进黑人诗人勒鲁瓦·琼斯的 4 部戏剧：《盥洗室》《洗礼》《荷兰人》和《奴隶》，从而奠定了他作为反对种族主义的戏剧家的地位。此后他的思想更加激进，主要剧作《奴隶船》（1967）、《马尔科姆·爱克斯之死》（1969）、《4 部黑人革命戏剧》（1969），主题都是鼓吹暴力革命的。1973 年以后，琼斯更公开宣称接受马列主义、毛泽东思想，这一时期的代表作有：《S—1》（1976）、《历史的前进》（1977）等。另一位黑人左翼剧作家是埃德·布林斯（1935—　），从 60 年代中期起专门创作戏剧，是黑人戏剧界的重要人物。70 年代随着黑人民权运动的低落，黑人剧坛也趋向沉寂；供中产阶级消遣的轻松黑人音乐歌舞剧占领了舞台，一些比较严肃的黑人戏剧，也把描写重点转向家庭生活和黑人民族的内部矛盾。

　　除黑人戏剧外，我们这里应该提一提华裔戏剧。据董鼎山介绍，50 年代中国出生的黎锦扬英文小说《花鼓歌》，曾改编为音乐喜剧在百老汇上演，不但很卖座，还曾改编为电影。后来，由于百老汇剧院老板们的冷落，华裔戏剧未能继续发展。直到 80 年代才出现了黄哲伦戏剧。黄哲伦在洛杉矶长大，毕业于斯坦福大学，他以中国移民经历作背景写的剧本在外百老汇的公共剧院演出后，已在外百老汇和外

---

① 任东来等：《当代美国——一个超级大国的成长》，第 506~507 页。

外百老汇小有名气。1988 年，他的剧作《蝴蝶先生》成为百老汇的名剧；而且通过此剧，还造就了华裔天才演员尊龙和另一演员黄亮荣，从而冲破了美国影剧界中华裔演员只能演歹徒、侍役等角色的界线。①

〔新现实主义戏剧〕　从 80 年代起，美国剧坛又出现了新的变化；荒诞剧、先锋剧、后现代主义戏剧日益衰落，新现实主义戏剧逐渐兴起。究其原因，70 年代中期以来，美国社会思潮急剧趋向保守；1980 年里根政府上台后，更兴起保守改革高潮。政府一再削减对福利事业和不盈利事业的资助；由于福利事业更关系到社会的安全，不盈利事业在争取大企业帮助的竞争中，敌不过福利事业，这就使荒诞剧、先锋剧这一类不盈利事业资金拮据，巧妇难为无米之炊。另一方面，保守势力又在思想、文化等方面大力发起攻势。比如 1981 年，著名右派牧师法尔韦尔领导的道德多数派运动，就发起一场所谓"清除污垢"的检查图书与戏剧运动，一时风靡全国，讨伐污秽、淫猥书籍和戏剧，全国范围内禁演禁播的活动如火如荼，连《推销员之死》这样素负盛名的著作一时也被清除出学校必读书之外。

在这种情况下，现实主义戏剧就又逐渐取代了荒诞剧，但这时的现实主义戏剧并不能完全摆脱荒诞剧或后现代主义戏剧的影响，所以称为新现实主义戏剧。据袁瑾报道，1982 年第 6 届美国戏剧节演出情况表明："这届戏剧节上演的大部分剧目，都体现了这种写实的风格，也许代表了美国现代戏剧创作的新潮流。这与想像派的风格迥然不同，而更富有现实意义。"②比如这届演出节的 3 部主要戏剧，《勾结》刻画的是一幅骨肉无情、夫妻残杀的可怕社会情景；《生存者》描绘的是人们害怕核战争的恐惧心理和对人人自危的当今恐怖社会的不满；《不同的月亮》写的是一个男青年无情地抛弃已为他怀孕的女朋

---

①　董鼎山：《纽约文化扫描》，中央编译出版社 1996 年版，第 140~141 页。

②　袁瑾：《从舞台看美国社会——第六届美国戏剧节侧记》，载 1982 年 5 月 14 日《光明日报》。

友的故事。它们都是对 80 年代初传统价值观念日趋消亡、道德沦丧、精神颓废、家庭解体的美国社会的写实。自此以后，直到 20 世纪末，大体上说，美国剧坛的主流是新现实主义戏剧。比如，80 年代又出现一次高潮并 3 次获得普利策戏剧奖、多次获得其他戏剧奖的黑人剧作，大多是新现实主义的。查尔斯·富勒(1939—2022 年)的《一出士兵的戏剧》(1981)，写的是美国军队里存在的严重种族歧视问题和黑人士兵的反抗情绪，获普利策等多项戏剧奖。奥古斯特·威尔逊(1945—2005 年)的《栅栏》和《钢琴课》(1990)等作品，以写黑人生活经历和种族冲突主题著称，两次获普利策戏剧奖，作者已成为当今公认的美国重要剧作家之一。又比如，70 年代末以来涌现出的一批"当今女剧作家的作品，对社会的关心并不逊于往昔，相反，同现实世界更易接近，对当代问题更引起反应。……其结果是，她们的作品吸引了更广泛的观众"①。1979 年上演的恩托扎克·尚奇的《为了黑人姑娘》，描绘的是受到美国白人和男子双重压迫的黑人妇女的愤怒。接着在全国戏剧节上演并获奖的玛莎·诺曼的《出狱》，尖锐地控诉了关押一个稚嫩的、易受外界影响的青年女子的严重后果；贝丝·亨利的《心罪》，对家庭日常生活中的暴力作了苦中取乐的描述。1983 年获普利策戏剧奖的女作家作品，也是新现实主义的。

董衡巽等指出：到了 80 年代，尤其是在威廉斯死后，美国最有影响的剧作家是继承威廉斯传统的现实主义剧作家兰福德·威尔逊。也有学人指出，有些在五六十年代以写实验剧闻名的剧作家，到 80 年代也开始转向现实主义戏剧创作模式："萨姆·谢泼德(1943—2017 年)……的家庭三部曲《挨饿阶级的诅咒》……、《被埋葬的孩子》……和《真正的西部地区》……有现实主义背景，有直线发展的故事情节和连贯一致的人物形象，写的是严肃主题。'百老汇喜剧之王'尼尔·西蒙(1927—2018 年)……的《迷失在杨克斯》(1990)写的是严肃主题，即写劫后余生的一家犹太人在纽约市挣扎求生的人生轨迹，舞台艺术风格完全是现实主义的，问鼎 1991 年普利策等数十项

---

① 梅尔·古索夫：《美国女剧作家》，载 1981 年 2 月 15 日《纽约时报》。

戏剧大奖，……它的巨大成功也是观众和读者对回头写实作品的有力肯定和赞赏。"①

4. 音　乐

　　第二次世界大战后，直到20世纪末，美国的音乐一直是迅速而不断地发展。80年代里根政府削减资助造成的经济困难，也没有严重阻抑这种发展势头。战后至60年代，几百所大学音乐系以空前活力发展壮大起来，数百万学生参加各种类型的学校乐队、合唱团、合唱队的活动；福特基金会、洛克菲勒基金会、科乌谢维茨基基金会、马萨·贝尔德·洛克菲勒基金会以及州、市、县政府机构为音乐家和演出团体提供了新的资助；许多城市建设了艺术中心，其中最著名的是纽约的林肯表演艺术中心；50年代中期已约有1000家电台每周播送13795小时音乐会音乐，作曲家和表演团体数目猛增；据调查，1967年美国有交响乐队1436个，占全世界2000个交响乐团的一大半；美国还有近918个歌剧院。这样，战后20年美国的音乐文化就呈现出一种生气勃勃的繁荣局面，流派纷呈，百花齐放。大约从60年代中期到70年代中期，虽然仍有新的音乐流派出现，但主要是各种音乐流派互相融合的时期。"从20世纪70年代中期到80年代中期，甚至到20世纪90年代，多元和交叉的流派，美学思想的多样性，似乎占据了统治的地位。"②

　　下面我们介绍一些主要的流派。

　　〔十二音体系音乐的发展〕　十二音体系作曲是美国现代派作曲手法之一。朱世达指出这种作曲法是：作曲家放弃传统的调式、调性与和声体制，将半音音阶中的12个音任意排成一个音列，然后以倒置、逆行等技法加以处理，除非所有的音都出现过，否则任何一个音

---

　　①　郭继德：前引《对当代美国文学发展历程的回顾与展望》，《山东师大外国语学院学报》1999年创刊号，第41~42页。

　　②　朱世达：前引《当代美国文化》，第273页。

不得重复。第二次世界大战前,这种作曲法仅是一群与阿诺德·舍恩伯格有联系的作曲家的个人技法,战后却为许多年轻作曲家所喜爱。1948年,按照十二音体系作曲的沃林福德·里格,以他的《第三交响乐》获得纽约音乐批评家奖。其他运用十二音体系作曲的成熟的音乐家还有:罗杰·塞申、阿伦·科普兰、罗斯·L·芬尼、雨果·韦斯高尔等和斯特拉温斯基学派。塞申的作品一般都属于十二音系列技法,但他的音乐还保持着原先的严肃性、崇高性,使他成为同代作曲家中的佼佼者;人们认为他的主要作品是大合唱《当最后的紫丁香在门院里盛开的时候》(1970),该作品时而用简洁的和弦,时而用长而高昂的旋律完美地演绎了惠特曼的诗句。科普兰的作曲技术在《钢琴幻想曲》(1952—1957)中臻于成熟;他的作品富有表现力,对作曲家的十二音技术作曲有重大影响。芬尼1950年开始对十二音体系技术感兴趣,在50年代特别关注对称性的或绕圈儿的结构,这种对音乐的"空间"概念是从十二音技术的平行的(线性的)和垂直的(和声的)观点来的。韦斯高尔在50、60年代运用十二音体系技术创作了好几部歌剧,其中《6个寻找作者的人》(1956)充满智慧和夸张的感情冲突,人物描写深刻细腻,吟唱、管弦乐演奏和戏剧表演得到极好配合。

1960年左右,埃利奥特·卡特的音乐引起了人们的兴趣。他的音乐极富表现力,细腻而有色彩,非常严肃,有人认为具有里程碑性质。他在作曲中采用彻底的半音阶技法,在结构上不完全是十二音系列,这使他的作品具有丰富的抒情的动作性与活力。他后期的作品继续探索新的旋律、新的和声结构和形式,使听众更感亲切,更易接近。后来,他又曾转向声乐,并为著名诗人罗伯特·洛厄尔的诗谱曲《在睡眠中,在雷声中》(1981)。有的批评家以为,他发展了舍恩伯格、斯特拉温斯基等现代主义大师的创新之作。他大规模地将节奏关系与和声背景统一起来,在掌握富有活力的音乐形式方面的成就,在20世纪只有个别音乐家可以与之相比。

十二音技术旨在确认西方音乐文化中发展起来的半音阶音乐语汇,安东·韦伯恩较舍恩伯格进一步发展了十二音体系技术的内涵。

"在他的《交响乐作品第 21 号》中，音高序列的结构影响了旋律、力度、乐句结构、对位、管弦乐作曲法和总的形式。正是这种逻辑性的发展使韦伯恩成为第二次世界大战后一代音乐家中领导潮流的人物。"①追随韦伯恩成绩卓著的米尔顿·巴比特是一位数学家。他认为十二音体系不仅是一种方法，而且是一种真正的体系。在《12 种乐器作品乐曲》(1948 年、1954 年修改)中，他不仅用十二音体系而且用十二音的长度体系来创作，进一步统一了他音乐中的音高和音的长度。他后期的作品更是表明：他通过发展十二音体系技术创造出内部关系惊人复杂的音乐；这种乐曲的各个相互关联的成分都无法独立存在，是一种"完全的组合"，要求"完全的聆听。"作为十二音体系音乐的大师，巴比特的地位仅次于舍恩伯格。由于他对完全控制音乐材料具有极大兴趣，使他自然地走上了电声音乐的道路。在受过塞申和巴比特教育的普林斯顿大学年轻一代音乐家中，以唐纳德·马蒂诺的成就最为显著。他将普林斯顿学派的十二音体系技术和意大利的抒情风格相结合创作的《夜曲》，获得了 1974 年度的普利策音乐奖。

〔实验性音乐〕　第二次世界大战后，磁带录音技术更加完善，电子(或电声)音乐逐渐引起了音乐家的兴趣。第一个在磁带上录制音乐作品的美国人是约翰·凯奇，接踵而起的人日益增多。许多大学建立了以电子合成器和电脑作曲的创作性研究设施，其中包括哥伦比亚大学、普林斯顿大学、伊利诺伊大学、斯坦福大学、米尔斯学院等。到 60 年代中期，全国有 200 多个高等学府和学术机构设有电子音乐演奏室。电子合成器和电脑所产生的音响，对作曲家、演奏者和歌唱家探讨新的音调和技巧具有巨大的启示作用，不少作曲家运用电子合成器和电脑创作出优秀的新作品。比如查尔斯·武奥里宁，他和巴比特一样，都是从十二音体系技术转向电子媒介的。萨奇唱片公司向他订购的《时代的赞词》(1968—1969)，不独受到广大听众和评论家的欢迎，还获得 1970 年普利策音乐奖。这是该奖第一次授予一部完全由录音制成的电子音乐作品。

---

① 朱世达：前引《当代美国文化》，第 235 页。

　　运用电子合成器和电脑创作乐曲有不同的途径和目的。巴比特、弗拉基米尔·乌萨契夫斯基、莱贾伦·希勒等这样作，是为了增加自己个人对音乐材料的控制和实现自己对声音的实验。另有一些作曲家则在不同冲动的驱使下向另一方向发展。他们找到一种随机创作乐曲的方法，这种方法减少了他们自己在选择演奏或吟唱音符中的作用；或者他们不是写作实在而有序的音符象征，而只是音乐的原材料，留给演奏者去使之有序。他们的有些作品，甚至原材料也不提供，只是描述达到音乐效果的体力活动或者音乐发生时的环境。这种音乐名称很多：随机的、临时的、侥幸的、机会性的音乐等；不过有个总名，即实验性音乐。所谓实验性音乐创作，就是其演奏结果无法预测。这种实验性音乐的领袖是约翰·凯奇。他之所以要尽量减少自己对音乐经验的控制并让音乐自己去"发生"，是因为他在 1951 年发现并没有"无声"这回事。有一次，他走进一间绝对寂静的隔音室，却听到一高一低的两个声音。隔音室工程师解释说：高声是他的神经系统在工作，低声是他的血流动的声音。于是他认为，人所处情境不是客观的（有声无声都有），而是主观的（总有声）。他根据这种主观唯心论创作了著名的作品《4 分 33 秒》。演奏者坐在钢琴前打开钢琴盖，表明音乐开始；然后放下琴盖表示音乐结束。"演奏"时间共持续 4 分 33 秒，这就成为作品的名称。虽然他并未演奏，但演奏者却说，只要听众主观上认真去听，就能听到一切声音，包括听众的噪声。这样，作曲家、演奏者和听众便能在创造音乐的经验中有了互相交融的"点"。凯奇试图从禅宗和其他东方神秘哲学的源泉中汲取营养，将自己从西方传统作曲成规中解放出来；他用扔钢镚儿的结果来演绎成视觉的图案作曲，根据中国《易经》复杂的体系来演绎图案，然后将图案再演绎成传统的乐谱。凯奇的追随者中有一位厄尔·布朗，他为钢琴作的《1952 年 12 月》"乐谱"只是一张白纸，上面画着线和长方形符号，有横有竖，有长有短，可以读作对延续时间、响度和音高的提示，这就是乐谱，演奏者可以从任何方向来读识，自然地回应符号所作的响度的提示。由于篇幅的关系，我们不再举例了。总之，实验性音乐的所谓音乐作品，已经成了一种"不同的东西"；它不再是一种目的，而是一种过程，每一次演奏都不同。实验性音乐作曲家认为：音乐实际上是想像出来的听觉和其他知觉的分离而已，是不存在的，与音乐有关的活动是没有目的的。有一位作曲家拉蒙特·扬，为这些作曲家作品编了一部《选集》，说明他们作为过程和行动的音乐运动是："偶然性操作/概念艺术/毫无意义的工作/自然灾害/不确定性/反艺术/行动计划/即兴创作/故事/图表/诗/散文/舞蹈架构/作曲/音乐。"

　　从实验性音乐脱胎而出的有新表现主义音乐和最简单音乐。新表现主义音乐与舍恩伯格的后浪漫表现主义音乐不同的是，它不要求作曲家释放其感情，而是要求演奏者释放其感情，甚至要求音响本身释放其感情。这派音乐的主要代表人物有卢卡斯·福斯和华裔周文忠。前者的主要作品有《时间同期》(1959—1960)和《回声》(1961—1963)，后者的主要作品有《春风》(1953)和《落英》(1954)。最简单音乐的特点是：在每一作品中尽可能减少作曲材料；尽量重复这些材料，并以不变的音色、音高、速度与音量重复；静止的、悦耳的、不变调的和声；缺乏戏剧性，也就是缺乏对比、对峙、争辩、高潮、紧张与释放的模式。此派音乐的主要代表人物除前面提到的约翰·凯奇和拉蒙特·扬以外，还有特里·赖利、斯蒂夫·赖克和菲利普·格拉斯。赖利的代表作是《C调》(1964)，赖克的主要作品有《要下雨》(1965)、《走出来》(1966)、《钢琴同步》(1967)和《同步模式》(1970)，格拉斯的主要作品为《调弦》(1967)和《两页》(1968)。

　　〔爵士音乐〕　爵士音乐是20世纪初在美国出现、具有美国特色的音乐，主要来源于黑人劳动时及在婚丧仪式或社交场合所唱歌曲。第二次世界大战期间曾受到影响，战后又流行起来。到1950年，纽约大学开设了爵士音乐课程；1954年，在纽波特市举行了第一届爵士音乐节，以后逐年举行；1959年，成立了第一所爵士音乐学校。由于世界文化交流和黑人音乐家到欧洲巡回演出，西方国家也逐渐兴起爵士音乐。可以说，在爵士音乐之前，世界上没有任何一种流行音乐像爵士音乐那样普及和拥有那么多的听众。

　　爵士音乐的主要特点是：即兴的演奏风格和强烈的切分音。爵士音乐家通常选择一首布鲁斯曲或流行曲作为基础，然后即席改编演奏。他们的音乐是不断演变的；到40年代中期，人们对30年代兴起的爵士乐队即摇摆乐队逐渐失去兴趣，使爵士音乐界分裂为两个对立的阵营：传统派和比鲍普派。源于20年代新奥尔良爵士乐和摇摆乐的传统派，还是将其即兴乐曲建立在某一旋律的基础之上，而比鲍普派则更倾向于和弦相继进行的即席演奏。以精湛技巧演奏的比鲍普派音乐，急速而奔放，犹如天马行空。这是爵士乐的一种先锋形式，是一次具有深远意义的革命，对音乐、心理、经济、种族等问题都有影响。比鲍普派著名人物有：中高音萨克斯管手查利·帕克、路易斯·阿姆斯特朗、爱德华·K·埃林顿、喇叭手迪奇·吉莱斯皮，鼓手肯尼·克拉克。50年代初西海岸出现的冷爵士乐，则注重克制，感情不外露。该流派的首要人物是萨克斯管演奏家格里·马利根和钢琴家戴夫·布鲁贝克。东部黑人音乐家认为这种彬彬有礼的冷爵士音乐是白人音乐，他们不欣赏，于是将灵歌和恶臭乐(一种由散发汗臭的黑人作的歌曲)结合在一起，成为硬比鲍普音乐。60年代，在冷爵士乐和传统爵士乐继续流行的同时，随着黑人民权运动的兴起，又出现一种自由爵士音乐。这一派音乐家引进苏联经验，摒弃了"为艺术而艺术"的观点，认为一切艺术都是阶级斗争的工具。高音萨克斯管手阿奇·谢普将革命诗歌融入他的新音乐中，黑豹党将音乐看作革命的组成部分。可以说，60年代黑人音乐为黑人民权运动，反越战运动以及学生、妇女、印第安人抗议运动，和愤怒不平的白人中产阶级青年的地下联盟，提供了一种共同语言。在这个年代，鲍勃·迪伦、甲壳虫乐队、滚石乐队和吉米·亨德里克斯的音乐产生了巨大的影响。

从50年代起，爵士乐虽然日益受到其他各种流派的影响，爵士音乐家收入远不及摇滚乐和灵乐工作者收入，但70年代以来仍有大批青年加盟爵士乐，妇女也逐渐进入这个一直是男人的领地，到80年代，妇女爵士音乐节和音乐会蓬勃发展。直到20世纪末，爵士乐仍然很流行。

〔摇滚音乐〕 50年代初期起，美国逐渐风行一种新型的流行音乐，即摇滚音乐。它指的是当时一些白人青年音乐家演唱或灌制唱片的歌曲。这些音乐家在很大程度上是从节奏极强的布鲁斯乐汲取营养的。摇滚音乐成为全国流行音乐的佼佼者始于 1953 年，当时在《广告牌》杂志排名榜上最热销的歌，是比尔·哈利和他的白人彗星乐队的歌《疯狂的人，疯狂》。1954 年，哈利以《摇、吼和滚》这首歌取得更大成功。1955 年，他以《终日摇滚》达到成功的顶峰。哈利的继承者埃尔维斯·普雷斯利(猫王)是 50、60 年代的摇滚明星，比他取得更大的成就，成为全国歌迷的偶像。同时也出现一批黑人摇滚歌星，其中查克·贝里的歌既饱含美国民俗文化的传统，又含有抗议的呼声，成为反叛的青年文化音乐；雷·查尔斯的歌声含有极强的黑人宗教音乐风味，被称为灵歌。

　　摇滚音乐源于爵士音乐，但又与之有区别：爵士乐以演奏为主，摇滚乐以演唱为主。爵士乐的发展是越来越细、复杂、专业化，而摇滚乐则走上相反的道路，音乐语言简单，突出节奏的原始性，经常是没有经过专业训练的演员成为它的明星。到 60 年代后期，摇滚乐分为许多流派，有民歌摇滚、布鲁斯摇滚、软摇滚、硬摇滚、酸摇滚、南方白人摇滚、北方黑人摇滚、艺术摇滚和被批评家称为"非流行波普"的堕落摇滚或闪光摇滚等。到 70 年代中期，摇滚乐成为美国流行音乐的主要形式。到 90 年代，如美国著名学者艾伦·布鲁姆所说，美国大学生普遍爱好摇滚乐，爱好古典音乐的只有 5%～10% 的人。[1] 而且他还认为，90 年代摇滚乐之所以得青少年欢心，是因为它"具有一种只对性欲——不是爱情，不是爱欲——的吸引力，也就是野蛮的吸引力；……这种音乐应答儿童正在显露的青春期性欲的萌动，而且认真地引导、诱出和使之合法化；不把这种初萌看作必须加以照料以便使之成长为鲜艳花朵的幼苗，而是把这种初萌看作是实物。

　　一个庞大的行业与一些真艺术和很多假艺术联合起来，培养与性有关的狂纵不羁的情绪状态的兴趣，为难填的肉欲提供源源不断的新鲜材料。"[2]看来，在布鲁姆的心目中，90 年代的摇滚乐，已成为堕

---

　　① 艾伦·布鲁姆：《走向封闭的美国精神》(中译本)，中国社会科学出版社 1994 年版，第 66 页。

　　② 艾伦·布鲁姆：《走向封闭的美国精神》(中译本)，第 72 页。

落摇滚乐。

〔乡村音乐〕 乡村音乐是美国另一种最早的音乐，起源于英格兰、苏格兰和爱尔兰的各种民谣、宽面纸歌谣和器乐曲，其特点是：有着五声音阶调式的旋律结构，精巧的节奏组合，分节反复陈述的曲式，歌词富于诗意形象，保持着农村生活的古老浪漫主义风格。它原来保存在东南部诸州的农村山区；到战后50年代，汉克·威廉斯把它从农村山区带了出来。他的歌忧郁多情，能打动听众的心。比如慢华尔兹《我是多么孤独，我想哭》(1949)和用假声说唱的《厌腻爱情布鲁斯》(1949)，都是如此。60年代中期，查利·普赖德成为第一个以专门演唱乡村音乐而闻名的黑人音乐家。70年代中，乡村音乐歌唱家韦伦·詹姆斯把摇滚乐和乡村音乐的现实主义结合起来，使乡村音乐得到进一步的发展。80年代初最受欢迎的乡村音乐家和乐队有：巴巴拉·门特鲁、威利·纳尔逊、亚拉巴马声乐队以及灌唱片时为他们伴奏的器乐家等。乡村音乐的另一支，称为"蓝草"音乐；这个名称是由比尔·门罗的乐队"蓝草男孩"而来。这是一种比乡村音乐更活泼的音乐，主要是一种欢闹的情调，切分的班卓琴和曼陀林在吉他声中增加一种动人的音色。

〔多元音乐〕 朱世达说，70年代中期至90年代的美国音乐，"包容着新的和老的思想，庸俗的和高雅的情趣，两者处于非常鲜明的平置状态，几乎到了令人惊讶的程度。传统意义上的保守派与激进派，先锋派与传统派，现代派与主流派之间的界限越来越模糊了。可以说这是一个多元的后现代主义的时代。……音乐的时间性并不存在于它的现代成分之中，而是存在于并置、平衡和通融。"①诺厄·克雷谢夫斯基的作品《战略防务计划》(1986)可以具体证实这种论点。这个作品借用了里根总统有关星球大战防务计划建议书的官方名称，实际上是一部极端无法预测地并置声源材料的作品，变化多端。威廉·波尔康也是把各种不同风格音乐材料糅合在他的作品《纯真和经验之歌》中。这些作品不是熔炉，因为它们并不融合；这就表明，在后现

---

① 朱世达：前引《当代美国文化》，第273~274页。

代主义音乐作品中，没有融合和合成，只有共存和并置，是一种多元音乐。

　　前面提到的最简单音乐流派，它的早期代表人物到 70 年代后期至 80 年代，都受到多元音乐的影响，他们的作品复杂化了，表现的范围更宽广，被人们称为后最简单音乐派。它的年轻一代，在 80 年代中期找到了最简单音乐和传统美学与风格的契合点，他们的作品具有更强烈的后最简单音乐的特色。他们的代表人物是约翰·亚当斯。和最简单音乐派有关联的新时代音乐，是 70 年代后期和 80 年代上升的一个流派，它的出现和美国人对印度瑜伽术与沉思默想感兴趣有关。有人称它是来自心灵深处的音乐，有一种使人镇静的力量。它的主要代表是乔治·温斯顿。1983 年，纽约爱乐乐团组织的一系列音乐节的第一个音乐节名为"1983 年视野"，由它肇始了新浪漫主义音乐。这种音乐特点，一是它的平易性，二是它的作品大多由许多不同风格的作品片断拼贴而成。它的主要代表人物是雅各布·德鲁克曼。此外，70 年代中期以后，由于摇滚乐逐渐失去其原有的反叛青年文化特色，产生了一种不认同它的朋克音乐；这种朋克摇滚是一种故意表现粗鲁、原始、生硬、猥亵的摇滚。70 年代出现一位重要摇滚音乐家，他的地位相似于 50 年代的普雷斯利(猫王)和 60 年代的甲壳虫乐队，这就是布鲁斯·斯普林斯廷。他的专辑《生来为跑》(1975)使他一夜成名，并保持 10 年以上。1984 年，他的专辑《生在美国》在一年之内售出 700 多万盘。80 年代与他齐名的是迈克尔·杰克逊。他的一些专辑非常热销，从他的身上人们可以观察到猫王燃烧的性感，矫饰的、有时令人困惑的怪癖，福音音乐的根以及对流行联曲的热爱。直到今天，杰克逊仍然蜚声于美国甚至世界的摇滚乐坛。

5. 美　术

　　30 年代以来，很多欧洲最有影响的画家到美国避难。通过他们的展览和讲授，给具有自由主义传统的美国画坛注入了刺激因素，播下了不同流派的种子。年轻一代的美国人，看到了自由体裁的抽象艺术、几何图形的抽象艺术、精确派艺术以及其他一些流派。这样，到第二次世界大战以后，现代主义艺术在美国真正流行起来，使美国画坛产生了新的流派。不过与此同时，现实主义传统也在美国画坛占有自己的地位。

〔抽象表现派〕 40年代后期，纽约出现一个全新的画派，即抽象表现派。它虽然受到欧洲印象派和立体派的影响，而且和欧洲的存在主义哲学相联系，却是美国自己的产物，是具有世界影响的第一个美国画派。它没有主题，完全凭虚构、靠想象，用颜料在画布上自由涂画。这是抽象画不同于形象画的基本特点。它完全摒弃客观世界的具体形象和生活内容，认为"美""质量"是它的唯一基础。它结合抽象形式和表现主义的感情价值，故亦称抽象表现主义。

抽象表现派出现后在巴黎、伦敦、东京影响巨大，使美国第一次走在国际绘画艺术的前锋。这时欧洲先锋派风格在美国已过时，英国青年画家不再注视巴黎，而将纽约的抽象表现派画风当作当代绘画的主要创作模式。1956年，当抽象表现派画展在英国露面时，英国评论家惊呼：这是美国绘画入侵别国的突击部队。

50年代中，抽象表现派分成两个阵营：手势（或行动）抽象派和彩色抽象派。行动抽象派的画，在结构与空间方面仍然与立体主义十分接近，强调蘸满颜料的画笔横扫画布的表面效果，注重手腕和手臂的动作。它的代表人物有杰克逊·波洛克、弗朗兹·克兰、威廉·德库林等。波洛克生于怀俄明州，1929年移居纽约，参加艺术学生联盟。1943年开始转向抽象艺术，所作《牝狼》已显示个人风格，并带有超现实主义倾向。1947年开始使用"滴画法"，取消画架，将巨大画布平铺在地上，用钻有小孔的盒、棒或画笔把颜料滴、蘸在画布上；稀薄的颜料则借助喷雾器。作画时在画布四周走动，以无意识而反复的动作画成复杂难辨、线条错乱的网。画面上线条纵横扭曲，色彩变化无常。1956年，波洛克死于车祸，其代表作有《构图》《机会一号》《条幅》等。德库林认为波洛克为其他画家开创了一条新的道路。三四十年代中，他把大部分时间用来研究文艺复兴时期的艺术和现代派的艺术，对传统艺术和现代艺术同样爱好。1948年，德库林在纽约第一次举行个人画展，从此开始他漫长的艺术生涯。当时，抽象表现主义正在形成阶段，纽约开始成为当代艺坛中心，德库林逐渐成为行动抽象派的中心人物，久负盛名。1984年，在纽约、柏林和巴黎举办了他的绘画、素描和雕塑的大型回顾展，以庆祝和评价这位80岁画家的成就。在纽约惠特尼美术馆所办回顾展的作品，包括100多幅绘画、25件雕塑和130幅素描。这些作品，从多方面展现了画家的生活道路，也显示出战后美国知识界丧失理想、对人生意义毫无目的的不断追求。克兰是从表现过渡到抽象的画家，从纽约市汲取了形式和色彩的灵感；他赞扬城市环境的生命力，画不断变动的城市风景。在他的黑白画《头目》中，他不是从城市的典型结构汲取形象，而是用抽象的同类物——大规模抛物线，从画布的一边飞驰到另一边，表述城市经验的力度。到50年代中期，他重新引进色彩，画风更凝重，更具有爆破力。彩色抽象派追求一种简洁的基于色彩而不是行动的艺术，尝试一种更为静止的抽象性，强调纯色大面积力量以取得戏剧性效果。此派的代表人物有巴内特·纽曼、马克·罗思科、埃德·莱因哈德等。纽曼在40年代后期以《欧几里德深渊》一画开始其彩色抽象派画作，他的绘画结构被称为是非关系化的，既不依靠等级秩序也不依靠抽象元素之间的关系。罗思科的画如《第24号》和《橘黄色之上的黑色、粉红和红色》，通过消除与超现实主义有关的痕迹，提炼出两三个纤巧的典型长方形，这些形象与画框周边相呼应，形成一个统一的氛围。这些形象都是用非常近似而发亮的色调画的。由于色彩的和谐与画家对边缘的巧妙处理，罗思科的形象似乎能浮动起来，长方形仿佛在融合的空间快乐地飞翔。50年代，罗思科醉心于纯然的相互并列的色块，其作品暗示宁静的、田园式山水，能引起观众的沉思；作品形式虽然简单，但其内涵与早期的超现实主义作品一样深刻。莱因哈德是纽约少数从没有涉猎超现实主义艺术家之一，从东方抽象装饰性艺术中汲取营养。他的画使人想起中国古典山水画的朦胧气氛。1953年以来，他只画深色的画；他追求一种"没有时间、风格、生命、死亡、结果"的手法，在深色的画面上找到了这种形象。他一贯主张为艺术而艺术，人们称他这个"刺儿头"为"黑色的和尚"。

抽象表现派达到高峰是在 40 年代后期至 50 年代前期。由于太脱离现实、脱离生活，到 60 年代逐渐式微。不过 60 年代还出现过主要脱胎于彩色抽象派的新抽象派。

〔波普派〕 60 年代风行于美国和英国的重要美术流派之一是波普派，亦称新写实主义或新达达主义。它基本上是对抽象表现派和其他抽象艺术流派的反抗。这一派艺术家不赞成抽象表现派的存在主义哲学思想基础和它的无形风格，认为它使青年艺术家脱离社会现实，迷恋形式；也反对它自命高雅，认为甚至最平常最凡庸的事物中也有潜在的美。波普派画家大多采用社会上流行的形象，诸如电影电视中所谓时髦形象、各种类型广告设计图像，作为创作题材，曾经引起这种作品是否流行艺术的争论。他们主张消除艺术与生活的界线，以真正艺术家的志趣自觉地服务于商业广告的技术和形象；他们把注意力集中于富裕的美国物质主义、精神空虚和性感的现实。这一派的主要代表人物有：汤姆·韦塞尔曼、罗伊·利希滕斯坦、克拉斯·奥尔登伯格、詹姆斯·罗森奎斯特等。韦塞尔曼、利希滕斯坦和罗森奎斯特作为年轻的画家，模仿电影的特写镜头，将其形象直接显示于观众面前。他们使用亮色，并强调表面的紧张度。到 1965 年，波普派作品已发展到将抽象表现派作品排挤出许多主要美术馆的程度。

波普派其所以称为新写实主义派，是因为此派画家在一定程度上留有抽象表现派痕迹，用抽象法写实。除他们外，"二战"后的美国画坛，仍然存在着坚持现实主义传统的绘画大师。本·沙恩勾画出了资本主义大都市的残酷无情和失业者的艰难困苦。爱德华·霍珀是一位城市风景画的大师，维多利亚式大厦昔日的富丽堂皇、破朽的排屋、寒酸的客店、日夜营业的小饭馆以及海滨的小空屋，都是他画的题材。安德鲁·韦思的很多作品充满郁抑凄凉气氛，感人至深；他的作品既像摄影一样精确，而构思又富于戏剧性，获得广泛的欣赏者。罗克威尔·肯特是一位卓越的现实主义彩色画家和版画家，也是勇敢的旅行家和著名作家，幼年时长期生活在渔民中间，后来到过纽芬兰岛、格陵兰岛和阿拉斯加半岛。他的一组有力的风景画，是描绘格陵兰岛壮丽的、银蓝色调的柔和风景的。他怀着深刻的同情和崇高的敬意，描绘格陵兰岛的爱斯基摩人和到北极从事探险的学者；他的《北极勘探队》好像一部崇高史诗的再现，有人甚至认为是当代荷马的《奥德赛》。

〔形式主义、简约派、后现代主义〕 克莱门特·格林伯格是第二次世界大战后美国具有极大影响的一位文艺评论家。他对波普派艺术深为不满。60 年代初，在他的倡导和支持下，反波普派的形式主义绘画和最简单(或简约)雕塑逐渐得到艺坛的认可。格林伯格指出：艺术家的主要任务是创造有质量的艺术，而艺术评论家的任务就是承认质量。经过反复争论，1980 年他总结道：现代主义艺术家就是追求质量，追求美学价值，追求优秀，这本身就是目的，也就是说为艺术而艺术，没有任何其他目的。他认为：为免遭低级趣味作品污染，高雅艺术应躲进自己的领域——抽象；波普艺术是高雅艺术的主要敌人，因为它模糊高雅艺术的界限。他的这种美学观点，就是形式主义绘画和简约雕塑的灵魂。形式主义艺术的代表人物是莫里斯·路易斯、肯尼思·诺兰、朱尔斯·奥利茨基等；简约派雕塑的代表人物是唐纳德·贾德、罗伯特·莫里斯和丹·弗莱文。

格林伯格的文艺理论是现代主义的，形式主义的画家和简约派雕塑家也认为，他们的艺术是现代主义最近的发展。他们的艺术评论虽然在 70 年代几乎占有统治地位，但也逐渐受到新一代画家和评论家的攻击。1970 年，一批激进艺术家、评论家、史学家组成了新艺术联合会，以对抗学院艺术联合会。他们在一份宣言中反对艺术中立的神话，认为艺术思维和社会思维之间有紧密的联系。他们反对种族主义，反对社会的家长制和阶级结构；反对将艺术与人类其他关怀、与人类学和历史学等学科分割开来；反对将艺术仅看成投机目标和剥削者装饰。这个宣言是在反越战的高潮中产生的，可以被看成脱胎于60 年代政治激进主义的 70 年代的学术激进主义。这也是人们所称的后现代主义艺术运动。1976 年春，后现代主义的《十月》杂志创刊号出版。该杂志刊登具有政治性内容的艺术家的作品，呼唤激进内容的艺术；它的撰稿人对所有现存体制和思想都表示怀疑，认为现存占统治地位的艺术理论——现代主义和形式主义走得太远，已无助于美国的艺术语言和艺术的发展和进步。这样，后现代主义就在70年代逐渐取代了现代主义。

后现代主义的代表人物有：朱迪·芝加哥、南希·斯佩罗、芭芭拉·克鲁格、詹尼·霍尔泽、戴维·哈蒙斯等。他们的美学观点与现代主义者的主要区别是：现代主义强调"自主"和"质量"，后现代主义强调面对社会问题或者表述时代精神而实现的"现实关系"；现代主义要求艺术是普遍的、超越一切的，后现代主义则希望艺术表现具体的社会情境，不强调纯粹视觉的东西，而关注话题；现代主义认为作品的内容存在于形式之中，主题是次要的，后现代主义则强调主题，轻视形式与内容的统一。① 后现代主义艺术家逐渐抛弃了格林伯格关于高雅艺术与低级艺术的观点，认为低级艺术与高雅艺术已互相渗透，低级艺术不独未破坏高雅艺术，反而激活了它。到80年代，一些后现代主义艺术家创造出了所谓"不纯粹的"作品，将各种艺术媒介结合起来，崇尚多样性，追求民俗形象、媒介和商品。比起现代主义艺术家来，他们表现出更强的生命力。

除后现代主义艺术外，这里还应一提的是，60年代后期由于一批反正统文化的激进艺术家对美国生活的回应，曾经出现过所谓后简约(或后最简单)派艺术。这派艺术家主张个人应有自由"做自己的事情"。虽然他们不少作品有抗议性，隐含着政治，但一般说他们作品并不对社会提出直率评价，只是讽喻；他们大部分作品是平庸的、世俗的，而且往往是极端怪异的。他们脱离了先锋艺术，愿意试验任何东西，不管它们是多么非理性、无政府主义，偶像破坏、荒唐和颠狂。他们的代表人物有伊娃·赫西和布鲁斯·瑙曼。

〔新表现主义和媒体艺术〕 1980年前后，包括负有盛名的朱利安·施纳贝尔、戴维·萨莱和埃里克·菲谢尔在内的一批画家突然成为美国艺坛关注的中心；他们被称为新表现主义者，带来了美国美术的复兴。大体上说，他们有以下一些特点：首先，他们反对形式主义

---

① 朱世达：前引《当代美国文化》，第183~184页。

的、简约派的和后简约派的艺术，不接受艺术已走投无路的观点；他们的作品更具有多面性，含有更多艺术史与大众传媒的信息，而且运用更多的绘画技巧；他们更大胆地显示个性，自由自在地描绘自己的幻想、记忆、恐惧和沉醉；他们希望更直率地，甚至本能地画，以接续表现主义的传统；他们切盼自己的作品与外在世界沟通，而不只是体现内在的感受；在创作手法上，他们喜欢将真实的物体贴在自己的画布上，使自己的绘画具有一种雕塑性。

新表现主义艺术家除上面提到的3位外，还有不少。我们选择几位作简要的介绍。施纳贝尔具有雄伟目标，喜爱创作"大画"，探讨生与死、世俗痛苦、精神超越、殉道等重要问题，1981年创作的《上帝之像》就是如此。他不愿意按照一种既定的风格作画，从1981年就开始创作多样性形象；到1983年，他又开始创作雕塑，他的雕塑使人想起原始的陪葬品和古代的武器；1986年，他开始在画中加入字，以代替早期作品中的人物主题；在1987年的作品中，他常常使用教皇庇护四世的名字，显然具有宗教的意义。

利昂·戈卢布是80年代新绘画老资格大师，用新闻照片创作。他的画的背景大多是粗俗的红色，一般先用黑色画轮廓，然后用白色画阴影，用棕色、灰色等画皮肤、木器、衣服等。接着将画放在地板上，用溶剂稀释部分画面，然后用雕塑刀重组整个画面，直到不同的人物形象都表现出紧张感和一种粗俗、冷峻、残暴的视觉效果。他画流氓，意在揭露隐蔽的残暴和更为露骨和残暴的权力。当他描绘审讯者时，注意力集中在审讯者身上，而不是在被审讯者身上；被审讯者被非人化了，由于恐怖和痛苦而变成仅仅是一具肉体，使旁观者不可能与他们融合。另一方面，审讯者是虐待狂和强大权力的工具，象征着压迫和罪恶。戈卢布用十分细腻的笔触将他们特异的体力和心理状态刻画了出来，将他们直接呈现在观众面前，吸引观众进入他们的世界。他使毁坏人体和谋杀显得那么真实，以致人的肉体演变为政治的舞台，其效果远远超过宣传性艺术品。由于戈卢布艺术的社会意义，由于他画的那些反英雄，也由于他那异常巨大的画布，80年代美国艺坛广泛看好他的作品。

罗斯·布莱克纳像施纳贝尔一样地组合形象，不过他的形象是抽象的。他的画由线条组成，似乎是从光效应画派那里承袭而来。在他的直线条画中，他追求内在发出的光；他的光显得忧郁，撩起回忆与失落。他说他的画是要去遭遇死亡，暗示爱情、青春和纯真的泯灭。他的画具有一种悲剧的力量，表现的大多是死亡的主题。"他是新表现主义的唱挽歌者。"①有人认为，他1988年的一幅题为《记住我》的画，深刻地反映了作者追求永恒而不可得的悲剧心情。

和新表现主义和后现代主义都有关联的，有一种媒体艺术。这派艺术家认为，在现代社会中，人的经验在很大程度上是由报纸、杂志、电影、电视的图片控制的；图片不仅具有阐释现实的功能，它们还"篡夺"现实。这派艺术家将各种摄影媒介形象拼贴成自己的绘画主题，创造出一种新的艺术表现手法；他们是通过再现形象的手法以创造形象的美术家。约翰·鲍尔德萨里用这种拼贴画来描绘充满悖论和模棱两可事物的现代消费社会。理查德·普林斯在摘取媒体形象时，大多剥离了媒体形象原来的主题和意蕴，人们称之为解构媒体的形象。他重构媒体形象的目的，既是批评商品化，也是揭示媒体"笑话"形象的情感内涵，即幸灾乐祸或愤懑。到80年代末，媒体艺术没落了。

〔艺术的多元化〕 80年代以来，纽约美术界的注意力突然转向曼哈顿区的一个贫民窟——东村。仅两三年工夫，这里已出现拥有7个画廊的系统网，大批艺术家和画商蜂拥而来，甚至大博物馆馆长也不惜屈尊涉足其间。这里产生和展出的美术作品，几乎没有相同的；任何流派的表现方法，都能在这里一显身手。有的人喜欢用科学形象作画，或者臆造数学公式创作优雅的构图，或者摹仿医学和生物学形象用分解的头盖骨、肢体等表达某种思想；有的人构造一种日用品象征主义，用空折叠椅表示异化的自我，用SX-70照相机表示有个性的自我；有的人用带有感伤色彩的情节画表示爱情的场面或梦境，也有些电影中表现性欲的镜头，目的是让人们相信情感的不合理性和不可

①　朱世达：前引《当代美国文化》，第201页。

抵抗性；还有些画家用表现主义的手法，以反对政治压迫和社会的暴力。

80年代后期，大批边缘化艺术家，比如非洲裔美国人、印第安人、同性恋者艺术家，获得美国艺坛的认可，进入了主流。现存体制被定格为白种的、异性恋的西方男人体制，是种族主义、性别歧视和帝国主义的温床。艺术理论家为多元文化主义找到了理论根据。

80年代末，美国艺术界对关于美国艺术的争论，不再那么感兴趣，也不大关注美国艺术是死是活。人们只是将绘画作为一种有活力的艺术形式来接受。无论是80年代早期或后期成名的各派艺术家，都在90年代继续获得艺坛的关注。与此同时，艺术理论似乎也进入了困倦期；艺术理论成为纯学术性的东西，仅仅影响艺术院校艺术理论专业的研究生。

1995年，惠特尼博物馆举办了一次展览会，展出了各种倾向和流派的艺术作品。展览会表明，在90年代中期的美国，没有任何一种艺术倾向和流派可以称之为主流，美因艺坛真正出现了一种多元的局面。

6. 电　影

第二次世界大战后，直到20世纪末，美国电影业的发展，经历了一个曲折的过程：它由兴而衰，又由衰而复兴。影响电影发展和电影内容的，主要有票房价值、政治形势、电视业的兴起和信息革命等因素。

〔战后至60年代的兴衰〕 "第二次世界大战以后，传统好莱坞体系发展到顶峰。1947年，好莱坞的国内票房收入达到17亿美元，这是它50年历史上的最高点。但是到了1958年，它的收入下降到10亿美元。到了1962年，它的年收入只有9亿。如果考虑到通货膨胀的因素，它的年收入实际上只有1947年的一半还不到。从观众人数来看，1953年的观众人数只是1948年的1/4。在票房收入逐年下降的同时，制片成本——人工、设备和材料——却逐年上涨。这两种因素加起来似乎要把好莱坞和美国的商业电影送进坟墓。"①这次电影业的急剧衰落，似乎有以下一些主要原因。首先是，1948 年美国联邦最高法院为防止好莱坞垄断，判决将电影的制作系统和发行系统强行分开，使好莱坞大制片公司无法控制和保证影片的销路，不能随意扩大生产规模。其次是电视业的兴起。它很快取代了电影，成为美国人主要的娱乐媒体。1946 年，美国只有 8000 户人家有电视机，到1952 年有电视机的家庭已达 9%，1962 年更达 90%，这也是好莱坞票房收入达到谷底的一年。再次，在罗斯福新政和世界大战期间，由于反垄断资本主义和反法西斯主义的影响，好莱坞摄制了一些现实主义的、进步的影片，受到广大人民群众的欢迎。但到 1947 年，美国国会众议院非美活动调查委员会对好莱坞 10 位著名电影工作者进行传讯，有 200 多位电影工作者被列入黑名单而沦于失业。著名进步电影工作者查尔斯·卓别林，在 1947 年拍了讽刺美国资本主义制度的《凡尔杜先生》之后，遭到美国反动集团的迫害。但因他声名显赫，英勇不屈，又拍了《舞台生涯》一片，描述一个受侮辱、排斥、迫害以致走投无路的喜剧老演员，最终把从他身上剥夺掉的健康、才能、爱情和光荣，传给一位青年女舞蹈演员，自己却在最后一次翻筋斗的表演中凄然死去。实际上，这部影片就是这位进步的电影大师的自我写照。由于在美国感到发展甚至生存的困难，1952 年卓别林借口去欧洲公演《舞台生涯》，永远离开了好莱坞，定居欧洲。

主要由于麦卡锡主义引起的笼罩全美的恐惧、失望、怀疑和道德败坏的气氛，促使黑色影片的发展和风行。1946 年至 1953 年，美国就摄制了 600 多部这样的大型影片，其中充满了凶杀、摧残、追逐权势、犯罪、淫邪、吸毒和恶心的镜头。这种影片和一般警匪片不同，在警匪片中，往往以出色好警察杀死或捕获大坏人作为结局，但在黑色影片中，取得最后胜利的却是"死亡"。法国有一位作者指出：黑色影片的含义是，"暗中行使暴力的美国必须要以另一种暴力来回

---

① 晨夕：《做电影首先是做生意——谈 90 年代好莱坞电影和市场的关系》，《世界电影》1999 年第 2 期，第 47~48 页。

答。……犯罪的经历可以和德行混在一起，而观众也可以一下子就体谅匪徒。混蛋不再下地狱，他们变得和蔼可亲令人喜爱了"①。美国黑色电影制作者为美国(至少是麦卡锡主义横行时期的美国)勾画了一幅生动的画像。

随着冷战的加剧和侵朝战争的爆发，战争片竞相出笼。《战场》一片由于颂扬美国空军威力，打破票房纪录。《登陆硫磺岛》一片，为用喷火器烧死黄种人而大唱赞歌；威廉·威尔曼的《铁幕》，开了反共影片的先河。但是，这些带欺骗性的宣传影片，都没有取得商业上的成功，无助于制止美国电影业的衰落。

由于上述的一些原因，到50年代末60年代初，好莱坞的几乎所有大电影制片公司都濒临绝境，纷纷将资金投放到石油、航空、电子或电视等企业，美国影片产量从1953年的400部下降到1959年的166部，50年代真正成为美国电影业悲惨的10年。

〔1963年至90年代的回升期〕　为挽救急剧衰落的局势，电影业首先是千方百计地对付电视业的竞争。到60年代，电影界一方面从电视业网罗了许多人才，把电视小银幕的速度和时代感等技术引进电影业，同时又积极打进电视市场。为克服财政危机，好莱坞不仅把旧影片向电视台开放，还积极为电视台制作电视片。60年代初，几乎每家大电影制片公司都设有电视片制作部，主要生产通俗的电视连续剧。到70年代中期，实际上每家电影制片公司都争相夺取电视市场；据保守估计，电影制片公司每年的收入至少有一半来自电视。不过，电影制片公司与电视台的合作，虽然部分地解决了一些经济问题，但不能解决电影票房收入下降和电影制作成本不断上升的矛盾。如晨夕所说，使得美国电影业从1963年以来逐渐回升的，乃是"50至60年代出现的独立制片制度，70年代后期形成的'巨片主义'，80年代发

---

① 引自1979年6月法国《人道报星期刊》第176期上的文章《鲍嘉的孩子们》。

展起来的数字特技，以及 90 年代盛行一时的保守主义美学"①。先从独立制片制度说起。传统的好莱坞体系解体后，日益增多的独立制片人自己选择题材、导演、演员，自己筹集资金和负责影片的销售。他们一般没有固定的电影工作人员和设备，往往只是为一部特定的影片组织一个制作公司，影片摄制完成后解散，然后再组织新公司摄制另一部影片。这些独立制片人制作的影片成本，常常只是制片厂平均摄制成本的一个零头，而所摄影片却可能比大制片厂的影片获得更大的利润，在艺术上也更有价值。我们这里举两个独立制片取得巨大成功的例子。一个是罗伯特·汤山德和他的《好莱坞曳步舞》（1987）。制作人用自己的 2 万元积蓄作抵押从银行贷到一笔款，另外 4 万元开支则用信用卡先支付。在其账单到期前，他只有一个月时间寻找到一个发行商，结果成功了，完成了影片的摄制。另一个是斯派克·李。他的《少也该拥有》（1986）摄制成本是 20 万美元，却赚回了 700 万美元，在有线电视上播出时又赚了一笔钱。美国电影艺术与科学学院很早就认识到独立制片人电影的质量。1986 年 5 部奥斯卡最佳影片提名中，就有 4 部是独立制片人影片；是年最成功影片《野战排》的摄制成本，只有 600 万美元。"巨片主义"形成于 70 年代后期。奉行巨片哲学的制片商在很大程度上是为了对付电视的竞争。对大多数人而言，一般是不会到电影院去看和电视节目差不多的影片的。为应付这种挑战，制片商采取了"高投入，高报酬"的策略，摄制电视节目难以企及的巨片。当然，这也和 70 年代后期以来好莱坞决策层的变化有关；越来越多的决策人很少从艺术素质和社会效益上考虑制片的问题，他们对做生意比制作好电影更感兴趣，这种情况成为推行"巨片主义"的内部动力。晨夕在前引文中指出：代表"巨片主义"的电影，在 70 年代有《教父》《大白鲨》《星球大战》《第三次接触》和《超人》；在 80 年代有《帝国反击战》《外星人》《贝佛利山的警探》和《蝙蝠侠》；在 90 年代有《魔鬼终结者Ⅱ》《侏罗纪公园》《狮子王》《阿甘正传》和

---

① 晨夕：《做电影首先是做生意——谈 90 年代好莱坞电影和市场的关系》，《世界电影》1999 年第 2 期，第 49 页。

《水世界》等。1997年首映的《泰坦尼克号》制作成本超过两亿美元，但票房收入达到17亿美元，无论从制作和盈利来看，它都创造了美国电影史上的巨片之最。80年代以来好莱坞电影制作的一个重大发展，是数字技术的运用，特别是电脑生成的图像。这一技术虽然开始于80年代初，但直到詹姆斯·卡梅伦在《深渊》(1989)中将真实场景和电脑动画图像结合起来的时候，这一技术时代才真正到来。此后历年都有使用这一技术的影片，比如1990年的《全面回忆》、1991年的《魔鬼终结者Ⅱ》、1992年的《玩具总动员》、1993年的《侏罗纪公园》、1994年的《真实的谎言》、1995年的《阿波罗13》、1996年的《龙卷风》、1997年的《泰坦尼克号》、1998年的《末日决战》和1999年的《外星人报到》等。这一技术在银幕上创造出无与伦比的视觉奇观，也为好莱坞带来滚滚财源。它的负面效应是：许多这样的影片只注重辉煌壮丽的视觉奇观，忽视了人文内涵。

随着80年代制作技术的激进，好莱坞的美学思想日趋保守，90年代尤甚。它宁可摄制续拍片、重拍片，却不轻易尝试新事物，开风气之先，因为这样能赚钱。1998年夏天最卖座的一部影片，甚至不是重拍片，而是一部重新发行的老片子《乱世佳人》。

由于上述一些原因，1963年以后，电影业的下降趋势停止了，而且开始了小幅度回升。1968年，好莱坞的票房收入达到13亿。1974年，则接近20亿。如果不考虑通货膨胀因素，已超过1947年的最高额。此后这一数字继续增长，1979年达25亿，1983年达30亿，1989年达50亿，90年代中期仅国内收入就将近55亿，美国电影业已度过了困难的转变期。

〔90年代好莱坞的繁荣〕 1998年，有一篇关于好莱坞的文章开头说："如今，由于世界各地对其电影、电视节目及娱乐新技术的需求日增，正迅速从地区经济的配角变成明星。"①美国电影业在90年代、特别是90年代后期，以前所未有的势头步入复兴期。90年代

---

① 詹姆斯·贝茨:《经济明星好莱坞》，1998年《交流》杂志第3期，第32页。

初，洛杉矶约有 143000 人在电影和电视的核心企业中工作，到 1998 年增加到 262000 人，7 年间增加 83%。这一数字还不包括 50000 名与电影、电视业有关联的从业人员。经济学家们认为，90 年代电影、电视等娱乐业的繁荣，帮助南加利福尼亚州摆脱了国防预算减少造成的经济衰退。据加州州政府估计，航天业每失去一个就业机会，电影、电视等业便创出两个就业机会；许多就业机会是有创业精神的小型电影、电视节目制作公司和承包商提供的。好莱坞的经济增长迅猛，使电影、电视等娱乐业积累了大量财富；这些快速增长的财富使私人慈善基金会等事物如雨后春笋般涌现，它还滋养和壮大了南加州的时装业、饭店业、建筑业、房地产业、旅游产品业等。虽然好莱坞文化经常受到评论家的攻击和政治家们的指责，说它具有政治和道德上的负效应，但如有的人所说："无论人们喜欢与否，娱乐业是南加州一颗冉冉升起的新星。"①

这颗新星升起的一个重要原因，是好莱坞如今已发展成强大的、为全世界服务的企业，它的有声电影摄影棚制作的电影和电视节目被送往全世界各地几百个新闻网、有线电视和卫星频道。对好莱坞故事片的国外需求也在增长，现在来自国外的票房收入已超过国内票房收入。即使在世界各地的本地影片与日俱增的情况下，好莱坞的各电影制片厂也能插上一手，通过为合作伙伴提供资助和开展协作，为外国的观众拍摄电影和电视节目。

　　〔对战后美国电影的简评〕　如前所说，紧接战后的两年间，好莱坞拍摄了一些现实主义的、进步的影片，但 1947 年以后，除前面提到的黑色影片外，1952 年以后又出现一股黄色影片的浊流。因为 1952 年美国联邦最高法院判决电影也应受宪法保护，享有表现的自由，从而给美国电影在性表现上开了绿灯。1957 年，美国联邦最高法院第一次改变了对"猥亵"的法律规定，把赤裸裸的性表现部分地排除在"猥亵"之外，条件是这种描写如果出现在一部有价值的作品之中。这种含糊的规定，实际上等于无条件地承认任何形式的性表现

---

①　詹姆斯·贝茨：前引《经济明星好莱坞》，第 34 页。

的合法性。早在 50 年代电影业感到电视业强有力的竞争时，电影制片商就自然地想到性题材。虽然法院对电影业开了绿灯，但电影业还担心地方政府援用地方法律来找麻烦。1968 年，在美国电影协会主席杰克·瓦伦蒂的带领下，好莱坞采用了一种电影分级的制度。它将影片分为 4 级：G 级影片全家可看；M 级供成年观众看；R 级限定 16 岁及 16 岁以上的人观看；X 级除非有家长或监护人陪同，16 岁以下的无论什么人在任何情况下都不允许观看，因为这种影片有不堪入目的色情和暴力场面。这种制度的妙处在于：事先告诉人们某部影片是否有赤裸裸的性描写，用牺牲部分儿童观众来争取更多的成人观众。

从 60 年代末期起，好莱坞便充分利用这种性表现的自由和性解放的要求，在银幕上掀起一股股恶性的黄色浊流。每个电影季节的 X 级影片，都比上一季度有所增加。1970 年，当加利福尼亚州一些电影制片厂气息奄奄时，拉斯·迈耶导演在是年内完成他连续获得成功的第 21 部色情片，每部影片盈利都超过 6 位数字。1973 年，10 大票房价值最高的影片中，两部色情片《深喉咙》和《琼斯小姐身上的恶魔》独占鳌头。《深喉咙》摄制成本不到 23000 美元，竟在两年内盈利 1500 万美元。另一部色情片《绿门后面》，以 15 万美元换来 3000 万美元收入。贩卖色情成了美国的一项不小企业，每年获利数亿美元。美国电影艺术和科学学院在这股浊流中推波助澜，将 1969 年奥斯卡最佳影片奖授予描写同性恋和暴力行为的《午夜牛郎》；赤裸裸描写妓女生活的色情片《克卢特》，含有许多自然主义镜头的《教父》，分别在 1972 年和 1973 年获得最佳影片奖。有些艺术专家在报刊上发表文章，大谈赤裸裸的性内容的"巨大审美作用"，为色情片张目。

关于 70 年代后期以来运用数字技术的一些巨片，前面已提到，它们的目的主要是利用壮丽辉煌、新巧怪异的视觉奇观来吸引观众以盈利，不大关心影片的人文内涵。80 年代以来以核战争为主题的影片，一时也形成一股浪潮，引起人们的核恐怖。比如《遗嘱》一片，描写的是加利福尼亚州一个毁于核战争家庭的惨状。特别是电视片《翌日》(亦译《核战之后》)，它淋漓尽致地描绘了美苏爆发核战争之后的悲惨、恐怖的情景：城市化为灰烬，人畜大批死亡；气候变冷，树木枯萎；少数劫后余生，遍体鳞伤，精神变态，丧失生存意志。这些影片，当然难以引起人们对生活的意趣和向往。

战后美国电影情况虽如上述，但有的人指出，美国电影界也是"没有一年是没有几部好影片的。"①从近 20 余年情况看的确如此。1979 年上映的影片中，至少就有两部现实主义的影片：《克莱默夫妇》把离婚父母的痛苦描绘得有声有色；《诺玛·雷》细致而深刻地表现了一个普通纺织女工、一个女工会组织者的形象，该片主演并在是年法国戛纳电影节上获得最佳女演员奖。1980 年上映的《普通人》和《愤怒的公牛》也是现实主义作品，前者描写美国中产阶级家庭的紧张关系、特别是代沟，这种关系造成的精神隔阂是金钱不能弥补的。该片 1981 年获得奥斯卡最佳影片奖、最佳导演奖、最佳改编剧本奖和最佳男配角奖。1981 年美国最佳影片之一是《赤色分子》，这是沃伦·贝蒂自编、自导、自演的描述美国著名进步记者约翰·里德生平的影片，曾获得 1982 年奥斯卡最佳导演奖。由于篇幅的限制，我们这里不再一年一年地举例，只谈谈 1987 年左右的情况。有文章指出："在好莱坞城诞生一百周年之际，这座影城的一些制片商和导演们把眼光转向拍摄具有扎扎实实主题的影片上。风光片、爱情片、武打片、滑稽片、黄色片还在拍摄，但时事片、政治片也出现了走红的趋势，并日渐引起了电影界人士和广大观众的关注。"②1987 年 11 月上映的《呼唤自由》，是描写一位毕生为南非黑人解放而斗争的黑人领袖的，上座率很可观。同年正在拍摄的影片有：描写白人与反对种族主义的《分隔的世界》；讲述苏联士兵与阿富汗抵抗战士变成密友的故事的影片《祖国》；反战色彩浓厚的影片《太阳王国》；描写 50 年代因反对麦卡锡主义而被解雇的勇敢的摄影编辑的影片《卡罗街之屋》；描写 1920 年西弗吉尼亚煤矿大罢工、工人鲜血染红矿井的影片《梅特

---

① 舍恩伯格：《批评家察觉出一种保守主义气氛》，载 1981 年 12 月 28 日《纽约时报》。

② 白玉清：《好莱坞政治片的"仲夏"》，载 1987 年 12 月 13 日《人民日报》。

万》等。

最后还应一提的是，长期以来一直是白人男子统治的美国电影界，80年代特别是90年代以来日益受到冲击，包括华裔电影在内的少数民族电影和女权主义电影的兴起和发展，日益引起人们的注意。

7. 电　视

第二次世界大战后，美国电视业发展极为迅速。1946年9月17日，第一批经过改装、款式新颖、价格便宜、屏幕8英寸的电视机上市，立即被抢购一空。1948年6月8日，电视台播放了喜剧演员米尔顿·贝利主演的第一部电视剧《得克萨科明星舞台》，轰动全美国；几个月内，人们为了收看贝利的表演，争购了10多万台电视机。此后，名演员相继登上屏幕，电视业日益兴旺。1948年、1949年两年内，美国每月出售电视机超过20万台。1951年9月4日，首次进行全国电视联播，由94个电视台向4000万观众播放了杜鲁门总统在旧金山对日和约会议上的讲话。随后5年，每年销售电视机平均达500万台。到1960年，全美国有电视机6000万台。1951年彩色电视机问世；到1971年美国家庭拥有6300多万台黑白电视机和2700万台彩色电视机。80年代初，美国共有电视台1000多座，电视覆盖范围达到全国人口居住地区的99%，全国共有电视机14000万台，平均每3人将近两台。电视已普及全国，98%以上的人口都能看到电视。到90年代后期，美国电视已进入全球化时代，不独全世界几乎任何国家和地区都可收看美国电视，美国人也可以收看其他国家和地区的电视。

〔电视技术、设备发展迅速〕　美国电视业发展迅速和它的技术、设备发展迅速有关。大体上说，70年代中期以前，美国是用无线电波播送和接收电视，西方称这种电视系统为第一代电视；70年代中期以后，电视技术有新的发展，出观不少新的传播媒介，称为第二代电视。第二代电视主要指电缆电视、卫星直播电视、高清晰度电视、电视文字广播、可视数据系统等。电缆电视(即有线电视)是用电缆把电视节目分配给用户的一种电视传送方式。一般说,无线电视频道在一个地区只能有 4 至 5 个,如果使用同轴电缆就可传送几十个频道的电视节目。电缆电视导致节目的多样化,解决了大城市里高层建筑物阻挡电视信号的问题。到 80 年代中期,美国已有电缆电视台41000 座,全国有线电视用户发展到 3474 万户。卫星直播电视出现于 70 年代中期。1982 年,美国政府批准 8 家公司开办卫星直播电视业务。它们计划制造和发射 27 颗卫星,向全国提供 43 个频道的电视节目。美国通用卫星公司为经办这项新业务成立一家子公司——卫星电视公司,投资 6 亿美元兴建太空电视台。卫星直播电视覆盖面广、清晰度强、干扰少,也无须建微波传送站和地面接收站,可节省投资。

70 年代中期,由于美国市场上出现新的电视设备——便携式视频摄像机和录像机,美国电视业产生了"电子新闻采集"新技术。这种新技术的基本设备为:一个轻便的电视摄像机和一个小型磁带录像机,可以由摄影人员用手拿着。到 90 年代后期,电子新闻采集设备发展为摄像—录像联合机,一般称为摄录机。与此同时,还出现卫星新闻采集的新设备和新技术。这种新设备和新技术,是用装有卫星转播设备的活动卡车来报道地方的、全国的、乃至全世界的事件;先由这种活动卡车把通过电子新闻采集获得的图像和声音传送给通信卫星,然后由通信卫星将信号送回地面上的电视台,并由电视台使用。这种新设备和新技术虽然萌芽于 60 年代,但突破性进展是在 80 年代。到 90 年代后期,美国许多电视台都拥有卫星转播车。

90 年代,美国电视业的电子新闻采集设备除向小型、低成本转变外,又出现数字化新闻采集新技术。电视新闻制作从较老的模拟记录和编辑系统转向完全的数字化操作。在全国电视中心的数字化新闻制作厅里,使用大功率的电脑系列,就能使新闻节目的操作完全自动化。新闻制作的所有阶段——阅读新闻电讯、写作和拍摄有关事件、剪辑、图像制作、甚至为播音员准备讲稿提示器的文字——都可以在网上完成。

[美国电视的娱乐节目] 根据陈犀禾研究①,提供娱乐节目即使不是美国电视业的主要功能,至少也是美国"现代电视业中一个不可缺少的部分。"美国电视娱乐节目可按播出时间分为两大类:黄金时间(晚7:00—晚11:00)节目和日间节目。前者主要有电视连续剧、情景喜剧、综艺节目和真实节目,后者主要有肥皂剧、谈话节目(也会在深夜播出)和儿童节目。周末下午常播体育节目,周六早上主要播儿童节目,周日晚上则几乎都是电影。

早期,黄金时间电视剧主要是原封不动地从舞台搬到电视上的戏剧作品,不久即为电视连续剧所取代。电视连续剧主要有西部片、医生和律师故事片、警匪片,侦探片、神秘故事片、科幻惊险片等。西部片在电视的早期获得巨大成功,到70年代开始式微,80年代试图复兴未果。《硝烟》一片从1955年起播出时间长达20年,其他较成功的西部片还有《持枪漫游》(1957—1963)、《桀骜不驯的人》(1957—1962)和《幸运》(1959—1973)。医生剧在电视最初20年十分流行,这可能和医生职业在美国社会具有崇高地位有关。1982年播出的《圣爱尔斯韦尔》对医业作了较为现实主义的表现,将医生表现为普通人。最著名的电视律师剧是《佩瑞·梅森》(1957—1966),70、80年代重播,并成为电视中保留节目。1986年至1994年播出的《洛杉矶的法律故事》,表现了当代美国司法界的现实,一直被认为是最优秀的电视连续剧之一。典型的动作—惊险片是关于警察和私人侦探的故事,但也包括科幻故事和其他品种。它们的共同特点是,使观众不断地处在对白和汽车追踪、对白和打斗、对白和谋杀之间。这种电视片一开始就因使用暴力场面受到批评,政府主管部门也企图减少其暴力场面,但最成功的动作—惊险片常常也是最富有暴力场面的片子。人们谈论得最多并深为观众喜爱的动作—惊险片,是一部科幻片《星际漫游》(1966—1969),直到20世纪末,仍然不断地被重播,人们对它好像永不厌倦。

---

① 见陈犀禾:《当代美国电视》,复旦大学出版社1998年版,第9章。

　　情景喜剧一开始就在电视中出现，是一种最纯粹的娱乐形式。《我爱露茜》(1951—1961)是最初情景喜剧之一，久演不衰，不像其他许多情景喜剧那样播出时间不长。1971年，《家庭之内》首播。它与以前任何情景喜剧不同，是以现实主义风格的对白，处理以前情景喜剧中禁忌的、当代社会现实问题以至政治问题，比如失业、自杀、种族矛盾、妇女解放等。这类电视片提高了情景喜剧在观众和评论家心目中的地位。引起轰动的《快乐的日子》(1974—1984)则与此不同，它强调让观众开怀大笑，而不关注社会意识。《弗兰克的地方》是1987—1988年黄金时间演出的4部"黑暗喜剧"之一，它不使用笑声效果，似乎更像正剧，涉及毒品、离婚、死亡等主题。90年代出现将喜剧和正剧相结合的努力，《罗丝安》《有孩子的婚姻》等剧获得巨大的成功；人们认为这些电视连续剧比其竞争者更为现实主义，鲜明地表现了蓝领阶层的境遇。90年代最成功的情景喜剧是雅皮士式的《圣菲德》(亦译《赛恩飞》，香港译《宋飞》)。它不关注严肃话题，始终把注意力集中在城市生活"不幸的快乐"上，启发观众对生活的敏锐直觉。它平均每周收视人数约占美国总人口的1/3，创造了一个情景喜剧的新时代。总起来说，由于强调性、不适当地描写少数民族、屈从收视率和明星过高工资的要求，情景喜剧常常受到批评和指责。

　　综艺节目能为每一个观众提供某些娱乐内容，它的形式常常围绕一个或数个明星展开。埃德·苏里万是公认的综艺节目之王，他在哥伦比亚广播公司每周日晚上8点档节目中，20多年(1948—1971)稳居收视率之冠。《诺万和马丁的笑话》(1968—1973)成功的秘密在于：快速和生动的小品夹杂着几百个录像片断，还有一个解说人、一些反复出现的情景和恶作剧的玩笑。1975年在全国广播公司首播的《星期六晚实况节目》作出突破，它没有常规节目主持人，每星期由一位嘉宾主持，节目大多是一些还未进入黄金时间档次的演员的滑稽表演。这种节目的巨大成功，使许多原来默默无名的演员成为明星。到90年代后期，综艺节目几乎消失了。也许"什么都有一点"的观念在早期电视中比较有效，到如今越来越难以取悦观众了。

　　肥皂剧是因其最初节目由肥皂制造商出资制作而得名，是一种由广告和拙劣戏剧相结合的产物。肥皂制造商认为,家庭主妇在忙完上午家务而孩子尚未放学之前,很可能想看看电视广告,而使她们看广告的最好办法,是在其中插播一些连续的爱情故事,这就是肥皂剧。它的主题是表现家庭人际关系、特别是男女关系,甚至是"谁会和谁睡觉"。它的情节错综复杂,一个情节线索未结束,另外三四个线索又出现了。渴望看到结局的剧迷们被吸引看完香皂、清洁剂和化妆品广告,天天、年年以至代代如此。肥皂剧的观众70%是女性,但男性和年轻观众也日益增多。比较著名的肥皂剧有《指引之光》《天长地久》《总医院》《年轻好动的一代》《我们生活的时代》《都是我的孩子》等。有的肥皂剧连续播出30多年。肥皂剧虽然是美国电视节目中最持久、最流行的节目类型,但批评家和观众对它的评价并不一致,而且多数人认为它是二流电视剧。有的评论家甚至认为:"肥皂剧不尊重爱情、死亡和道德冲突,肥皂剧贬低艺术所颂扬的美德。它们是在亵渎人生。"①

谈话节目经常在早晨、下午或深夜播出,极少出现在黄金时间。它起源于全国广播公司的《今夜谈话节目》,这个节目最著名的主持人是约翰尼·卡森。他成功的原因,一是他的风格使观众感到亲切,二是他的嘉宾组成多样化(往往包括歌手、喜剧演员、知名人士和大众文化分析家),使观众获得较多的信息。另一个成功的节目是《阿森尼奥·豪尔谈话节目》。它的主持人热情洋溢,它的嘉宾比《今夜谈话节目》的更年轻、更机敏,吸引了一群更年轻的观众。1982年开始播出的《深夜的戴维·莱托曼》(后改为《深夜节目》),强调嘉宾人品中最怪异的方面,总想表现一些不同寻常的事情,具有其独特的幽默,获得大量观众的喜爱。直到1997年,人们仍然觉得他还有一些使观众惊讶的绝招。到20世纪末,美国约有20个全国性谈话节目,每天观众达4000万人次。为了争取收视率,许多节目都竞相制作涉及性爱、毒品、种族主义、暴力等爆炸性话题和情节。其中只有《奥

---

① 罗伯特·戴利:《"电视艺术"是否语病?——美国的肥皂剧和〈北京人在纽约〉》,《交流》杂志,1996年第4期,第48页。

普拉·温芙瑞谈话节目》收视率既高，又不失品位；它在面对美国社会问题的同时，努力给人们一种积极的启示。自 1986 年开播以来一直受到好评，目前每天观众达 900 万之多。1996 年，它的女主持人收入超过 1 亿美元，把许多电影、电视明星收入抛在了后面。

猜奖节目最初是用来和肥皂剧竞争的，现已超过肥皂剧的收视率。早期猜奖节目比较平和，奖金不高。1955 年，《6.4 万美元的问题》节目出现后，情形改变了。但是，由于有的公司猜奖节目的运作具有欺骗性，经国会调查后，1960 年所有高奖金节目都被取消了。然而到 70 年代，高奖节目不仅又回来，而且《6.4 万美元的问题》变成《12.8 万美元的问题》。不过此时高奖节目都经认真公证过，已能得到观众和参赛人的信任。这里我们介绍一个 1996 年美国出现的新节目——《债务》。打开电视，3 个身有债务的年轻人站在那里回答主持人的问题；每正确回答一个，银幕上立即显出数字，把他或她的债务减去多少。大约在半小时里，获胜者可解除全部债务，满怀无债一身轻的喜悦心情回家。由于参赛者大多是对通俗文化很感兴趣的年轻人，主持人提的问题多半是有关影、视、音乐界的名人轶事。

真实节目是从电视一开始就有的，但到 90 年代才最流行。《观众点播》(1950—1959)和《这是你的生活》(1952—1961)是最早、最受欢迎的两个真实节目。前个节目是观众将关于节目的建议和线索寄给制作者，制作者据此去有关的地方将故事拍摄下来。有些节目表现普通人民完成的不寻常事件，大部分节目倾向于表现不寻常的事件和人物。真实节目的新篇章开始于 1989 年的《美国滑稽家庭录像》。摄录机技术给老的"真实"又加了新花样，人们乐意在电视上看到自己。90 年代末，大约一半真实节目涉及司法和警察题材。某些这类节目被批评为一味追求轰动效应，比如《警察》，它的主题经常是性变态和畸形的罪恶行为，但也有些这类节目能增长知识并表现出社会责任感，比如《美国头号通缉犯》。

由于篇幅的关系，体育节目、儿童节目、音乐节目等，我们这里就不一一介绍了。

〔电视新闻节目〕 80 年代以前，美国许多电视台老板和全国电视网的董事们认为，新闻节目是一种"必要的痛苦"，因为从事这种花钱的事业完全是为了符合联邦通讯委员会的规定：电视必须为地方公众服务并促进良好的意愿。到了 80 年代，电视台主管开始发现电视新闻可以成为巨大利润来源。80 年代晚期，3/4 电视台声称从新闻节目中获得利润，其余大部分电视台收支平衡，只有 1/10 电视台说是赔钱。由于有利可图，80 年代大部分电视台就开始延长新闻报道时间，并举办一些新的新闻节目。与此同时，还出现一个与它们竞争的极其强有力的对手。这就是以亚特兰大为基地的有线电视企业家泰德·特纳在 1980 年建立的一个 24 小时连续服务的新闻机构——有线电视新闻网，和他随后建立的"头条新闻"。开始时人们认为这两个机构不久就会夭折，但直到现在它们还傲然挺立，成为那些商业电视网无法企及的国内和国际新闻的重要来源。有线电视新闻网对许多重大事件，比如 1981 年里根总统遇刺、1986 年"挑战者号"宇宙飞船的灾难、1987 年股市暴跌等的报道，使它赢得许多奖。由于有线电视新闻网和"头条新闻"的制作费用大大低于 3 大商业电视网，它们在新闻报道领域里把 3 大商业电视网抛在了一边。

1991—1992 年，地方电视台广告收入的下降，对电视新闻节目产生重大的冲击，裁员成为家常便饭。1994 年和 1995 年，情况开始有所好转。由于国内广告收入恢复，由于当时正是一个热衷辩论的政治季节等原因，美国终于迎来一个自 60 年代以来电视新闻最令人兴奋的时代。这个时代的电视新闻有许多新发展，我们下面择要予以介绍。一是合作的倾向，即电视新闻节目的推出，采取与其他电视台合作的形式，还与它们的"死对头"有线电视系统合作，甚至与它们最老的竞争者——当地的报纸合作。其次是出现地区有线新闻，它是 24 小时连续播出的有线电视新闻网的地方台的翻版。它的先驱是长岛的新闻 12 台，为纽约市郊、那骚县和苏夫克县的大约 100 万观众服务。随后，其他一些地区的地方台也起而效尤。再次是专项新闻的兴起。专项新闻服务计划允许观众只观看他们感兴趣的新闻节目，比如体育爱好者可以专门选择当天体育比赛的精彩片断，新闻迷可以看到当天所有的重要事件，等等。专项新闻节目始于 1995 年时代/华纳公司的试验性节目《新闻交换》，它给佛罗里达州的奥兰多地区的4000户家庭服务。最后是全球新闻节目。有线电视新闻网的成功，激起了争夺全球新闻观众的竞争。"新闻集团"的《蓝天新闻》节目，为欧洲、东南亚观众以及它的老板认为应达到地区观众，提供了一种不同于有线电视新闻网的选择，英、法等国的广播公司也与有线电视新闻网展开了竞争。面对这种竞争，有线电视新闻网加强了自己国际新闻节目的力量，加大投资以使其国际部成为第一个完全数字化的新闻操作系统；它还扩大了它的西班牙语节目，并更新它的卫星传送模式，使它的节目能被全世界90%以上的人口收到。当然，现在美国人也能收到世界其他国家和地区的不同语种的电视新闻节目。电视全球化了。

〔电视的影响〕 电视机普及产生的影响，难以精确估计。西方有的学者认为，印刷技术导致世界上第一次重大信息革命，电视的发明和应用，则导致第二次重大信息革命。因为电视机和出版物不同，它以动代替静，以具体代替抽象，以形象化代替概念化；它能把同一信息在同一时间传播到亿万人中去。

看电视已成为美国人生活的一个重要部分。据美国报刊报道，美国每个家庭平均每日收看电视的时间，1951年为4小时35分，1961年为5小时9分，1971年为6小时1分，1981年为6小时44分。1985年，美国人看电视的时间大大超过2000亿小时。1998年，美国人平均每天观看电视3小时44分钟。美国的电视实际上形成美国新闻权力的中心，操纵着塑造美国社会形象的工具；美国人对世界事务的看法，大多是通过看电视形成的。前引《交流》杂志上戴利的文章说："毫无疑问，电视影响着所有美国人……电视改变了我们的经济生活，我们的政治和我们的文化。"他又说："作为一种传销工具，电视对所有消费者有举足轻重的影响"，但"这并不意味着电视对消费者的影响一无是处"；"就政治而言，电视同样利害参半"；"电视录像作为一种文化传播工具同样利弊参半"。不过，专门对美国电视的各种负效应提出批评的人是很多的，特别是电视中暴力镜头对青少年的危害，指责的人更多。1985年的一份研究报告表明，一般美国青年人到高中毕业时，会在观看 22000 小时电视中，看到 18000 起谋杀；而且 22000 小时观看电视的时间，又相当于他们课堂学习时间的两倍。又"据统计，一个成长至 18 岁的西方青少年，在电视上看到的打斗场面达 10 万次，这些充满刺激、血腥与暴力的电视画面对他们的成长影响极大。美国教育部最近发表的一份调查报告说，校园暴力已达到令人瞠目结舌的严重程度，在对这些暴力行为的追查中，由电视暴力带来的阴影始终笼罩其上"。① 因此，许多人认为，电视是导致青少年学习成绩下降和犯罪率上升的重要原因之一。

由于电视业追求超额利润产生的负效应，近年来美国大约有 2% 的家庭不看电视。1995 年有人发起"关闭电视周"运动，号召人们在 4 月 22 日至 28 日将电视封闭，彻底摆脱电视的轰炸与蛊惑。芝加哥的《白点》杂志和其他反电视团体大力为之宣传。到 1998 年，这一运动已扩大到英国、加拿大、新西兰、澳大利亚和丹麦。1997 年有 400 万人参加了这一运动。首都华盛顿还出现一个非盈利组织"争取无电视的美国"。它的执行干事亨利·特巴尔姆向社会大声疾呼：有许多正当理由关掉电视，现在是时候了。一场声势越来越大的反电视运动正从美国向世界辐射。

---

① 晓昊：《电视与社会的两极对视》，载《中华读书报》第 197 期(1998 年 5 月 6 日)第 13 版。

战后美国史大事年表

1945 年

5 月 8 日　德军最高统帅部代表在柏林近郊签署无条件投降书，欧洲战争结束。

6 月 5 日　苏、美、英、法 4 国在柏林发表管制德国的联合声明。

7 月 7 日　苏、美、英签订盟国管制柏林协定。

7 月 16 日　在新墨西哥州的阿拉莫戈多首次进行原子弹爆炸试验成功。

7 月 17 日—8 月 2 日　苏、美、英 3 国政府首脑在柏林附近的波茨坦会晤。

7 月 26 日　中、美、英 3 国发表《促令日本投降之波茨坦公告》。

7 月 28 日　美国参议院批准《联合国宪章》。

8 月 6 日—14 日　8 月 6 日，美军在日本广岛投下第一颗原子弹，8 月 9 日，在日本长崎投下第二颗原子弹；8 月 14 日，日本政府宣布向同盟国投降。

8 月 21 日　杜鲁门宣布终止租借法案。

9 月 2 日　麦克阿瑟将军和尼米兹海军上将在东京湾密苏里号战列舰上接受日本正式投降，第二次世界大战结束。

9 月 6 日　杜鲁门向国会提交二十一点国情咨文，标志着"公平施政"的开始。

9 月 8 日　美军在朝鲜南部仁川登陆，占领三八线以南地区。

9 月 22 日　美国政府发表《日本投降后初期美国对日政策》的

630

文件。

10 月 27 日　杜鲁门在纽约发表海军节演说，提出美国外交政策基本原则 12 条。

11 月 11 日　美舰 31 艘载运国民党军队在秦皇岛登陆。从此美海军开始大量运送国民党军队前往中国内战前线。

11 月 21 日　美国通用汽车公司所属 75 家工厂 20 万工人举行罢工。

11 月 27 日　杜鲁门任命乔治·马歇尔将军为驻华特使。

12 月 15 日　杜鲁门发表美国对华政策的声明，用各种虚伪的借口来为美国海陆军驻扎中国作辩护。

12 月 19 日　美国国会通过支持犹太复国主义者的决议。

1946 年

1 月 21 日—2 月 17 日　75 万钢铁工人举行大罢工。

2 月 20 日　杜鲁门签署 1946 年《就业法》。

3 月 5 日　英国前首相温斯顿·丘吉尔在密苏里州富尔敦城威斯敏斯特学院发表"铁幕"演说。

3 月 19 日　美国派驻中国国民党政府的军事顾问团正式成立。

4 月 1 日—5 月 29 日　矿工联合会 40 万煤矿工人举行罢工。

6 月 4 日　美国政府向国会提出军事援华法案。

6 月 14 日　美国驻联合国代表伯纳德·巴鲁克向联合国原子能委员会提出一项国际监督原子能生产的计划，亦称巴鲁克计划。

6 月 26 日　在美国支持下，国民党政府挑起全面内战。

7 月 1 日　美国在太平洋比基尼环状珊瑚岛附近进行了一次原子弹空中爆炸试验。(7 月 25 日，在同一地区进行了一次原子弹水下试验。)

7 月 4 日　菲律宾群岛从美国获得独立。

8 月 1 日　杜鲁门总统签署 1946 年原子能法。

8 月 31 日　美国政府与国民党政府签订中美剩余战时财产出售协定，廉价让售价值 8 亿余美元的军用物资。

9月12日　商务部长亨利·华莱士在麦迪逊广场发表演说，全面抨击杜鲁门政府的对苏政策。9月20日，杜鲁门迫使华莱士辞职。

11月4日　美国政府与国民党政府签订《侵犯中国主权的中美友好通商条约》。

11月20日—23日　美国煤矿工人举行第二次罢工。

12月18日　杜鲁门发表对华政策声明，重申美国对国民党政府的支持。

1947 年

2月10日　同盟国与保加利亚、罗马尼亚、匈牙利、意大利和芬兰5个轴心国在巴黎签订《和平条约》。

2月17日　"美国之音"开始向苏联、东欧广播。

3月12日　杜鲁门在致国会的援助希腊和土耳其的咨文中，系统阐述全面遏制共产主义革命、称霸世界的杜鲁门主义。

3月14日　美国和菲律宾在马尼拉签订军事基地协定，美国在菲律宾取得23处军事基地，租期为99年。

6月5日　乔治·马歇尔国务卿提出一项复兴欧洲经济的援助计划，即马歇尔计划。

6月23日　美国国会最后通过1947年劳资关系法，即《塔夫脱—哈特莱法》。

7月18日　《总统继承法》正式成为法律。

7月26日　杜鲁门签署《国家安全法》。

9月2日　美国和拉美国家签订《西半球联防条约》（即《里约热内卢条约》）。

10月6日　美国与伊朗签订军事协定。

10月30日　美国参加《日内瓦关税及贸易总协定》。

12月8日　美国与国民党政府签订侵犯中国主权的中美海军协定。

12月23日　美国被迫宣布，除运河区外，放弃所有在巴拿马的军事基地。

1948 年

2 月 2 日　杜鲁门要求国会通过民权立法。

3 月 11 日　美国在哥斯达黎加策动军事政变。

3 月 15 日—4 月 12 日　美国煤矿工人举行大罢工，争取到一项养老金计划。

4 月 3 日　杜鲁门签署 1948 年经济合作法。该法规定在其后 15 个月内对参加马歇尔计划的 16 个国家提供 53 亿美元。

4 月 30 日　西半球 21 个国家代表在哥伦比亚的波哥大举行的第 9 届泛美会议上，签署建立美洲国家组织宪章。

5 月 14 日　在以色列国宣布成立后 11 分钟，美国宣布在事实上承认以色列临时政府。

6 月 11 日　美国国会通过范登堡决议，为战后美国参加一系列的地区性军事同盟组织做好立法准备。

6 月 21 日—26 日　苏联开始封锁西柏林的水陆交通。6 月 26 日，美英空军开始进行空运。

7 月 27 日　美英签订秘密军事协定，美国取得在和平时期使用英国军事基地的权利。

7 月 24 日—27 日　新成立的进步党在费城举行会议，提名亨利·华莱士为该党总统候选人。

8 月 15 日　美国支持李承晚在南朝鲜成立大韩民国政府。

8 月—1949 年 10 月　美国爆发战后第一次经济危机。

9 月 2 日—12 月 5 日　美国海员为争取提高工资举行罢工。

11 月 2 日　哈里·S·杜鲁门当选为美国总统，民主党赢得下一届国会的控制权。

11 月 23 日　美国在委内瑞拉策动政变，颠覆加列戈斯政权。

1949 年

1 月 7 日　乔治·马歇尔辞去国务卿职务，由迪安·艾奇逊继任。

1月20日　杜鲁门在其宣誓就职第二任总统的演说中，提出了美国对外扩张4条主要行动原则。其中第四点为利用美国先进的科学和发达的工业，同苏联和英法争夺不发达国家和地区。这一点后来被称为第四点计划。

2月2日　杜鲁门拒绝斯大林提出的在东欧某地举行美苏两大国首脑会谈的建议。

4月4日　美、英、法、荷、比、卢、加、丹麦、挪威、冰岛、葡、意等12国在华盛顿签署《北大西洋公约》，建立北大西洋公约组织(美国参议院于7月21日批准该公约)。

5月12日　苏联结束对通往西柏林的水陆交通线的封锁。美国和英国的空运于7月8日结束。

8月5日　美国国务院发表题为《美国同中国的关系》的白皮书。

8月23日　杜鲁门宣布：苏联已研制和试验了一枚原子弹。

10月1日—11月11日　50万钢铁工人罢工，使全国钢铁厂停产。

10月6日　杜鲁门签署1949年《共同防御援助法》。

10月14日　美共领袖11人被判罪，罪名是密谋教唆和鼓吹用暴力推翻美国政府。

11月19日—11月24日　美国在巴拿马策划政变。

12月15日　美国和西德在波恩签订经济合作协定，确认西德参加马歇尔计划。

1950 年

1月5日　杜鲁门发表关于台湾的声明。承认根据开罗宣言和波茨坦公告，台湾应当归还中国。

1月12日　艾奇逊在全国新闻俱乐部发表美国对远东新政策的演说。

1月31日　杜鲁门宣布已命令原子能委员会着手研制氢弹。

2月9日　参议员约瑟夫·麦卡锡在西弗吉尼亚州惠林市发表演说，宣称他掌握205名渗入国务院的共产党员的名单。

3月7日　驻日盟军最高统帅麦克阿瑟下令提前释放在日服刑的一切战犯。

5月8日　艾奇逊在巴黎宣布，美国将向法国、越南、老挝和柬埔寨提供军援，以对付法属印度支那的共产党人。

5月29日　麦克阿瑟向参谋长联席会议和陆军部递交保台意见书，首次正式提出台湾在战时将是美国"不沉的航空母舰"。

6月25日　朝鲜战争爆发。6月27日，杜鲁门发表武装侵略朝鲜和台湾的声明，命令美国第七舰队进入台湾海峡。6月29日，杜鲁门授权麦克阿瑟全权使用在他指挥下的美国地面部队侵朝，同时下令封锁朝鲜海岸。

7月7日　联合国安全理事会通过美国草拟的非法决议，由各会员国派遣军队组成以美国侵略军为首的所谓联合国军。8日，杜鲁门任命道格拉斯·麦克阿瑟为联合国军总司令。

7月31日—8月2日　麦克阿瑟奉命飞往台湾，与蒋介石及其他国民党高级官员进行会谈。

9月1日　国会通过《国防生产法》，授予总统以管制工资和物价的权力

9月15日　美军在仁川登陆。

9月23日　国会两院分别通过1950年《国内安全法》，亦称《麦卡伦—伍德法》。

10月7日　美军越过三八线北犯。10月15日，杜鲁门和麦克阿瑟在威克岛会谈。10月24日，麦克阿瑟公然下令向鸭绿江推进。

10月25日　中国人民志愿军开始抗美援朝。

11月24日　麦克阿瑟发动争取圣诞节回家的军事总攻势，惨遭失败。

12月2日　美国对运往中国的一切货物实施许可证管制办法。

12月4日—8日　英国首相艾德礼与美国总统杜鲁门就远东及世界形势在华盛顿进行了5天会谈。

12月18日　杜鲁门任命德怀特·艾森豪威尔将军为北约欧洲盟军最高司令。

1951 年

1 月 5 日　参议院开始就美国外交政策展开大辩论。

1 月 27 日—2 月 6 日　美国在内华达州拉斯维加斯以北 45 英里的一空军投弹场连续爆炸 5 颗原子弹。

2 月 26 日　限制总统任职不得超过两任的美国《宪法》第二十二条修正案生效。

4 月 11 日　杜鲁门解除麦克阿瑟的各项指挥权，由马修·李奇微将军接替其职务。

4 月 27 日　美国与丹麦就格陵兰防卫问题签订新的为期 20 年的协定。

5 月 3 日—6 月 27 日　美国参议院外交和军事委员会举行远东军事形势联合听证会。

5 月 5 日　美国和冰岛共同防务协定在冰岛首都签署。

5 月 24 日　杜鲁门向国会提出共同安全计划咨文，强调今后对外援助将以军事装备为主。

6 月 4 日　联邦最高法院确认 1940 年《史密斯法》符合《宪法》。

7 月 10 日　朝鲜停战谈判在开城举行。后中断，10 月 25 日在板门店恢复。

8 月 8 日　美国和日本在旧金山缔结和约的同时，随即签订了《日美安全条约》。

9 月 1 日　美国同澳大利亚、新西兰在旧金山签订《澳新美安全条约》。

9 月 6 日　美国和葡萄牙在里斯本签订《共同安全协定》。

10 月 19 日　杜鲁门签署结束对德战争状态的法令。

12 月 31 日　美国撤销经济合作署，建立共同安全署，马歇尔计划宣告结束。

1952 年

1 月 5 日　英国首相丘吉尔和美国总统杜鲁门就加强北大西洋公

约组织等问题，在华盛顿开始会谈。

2月27日　美国与日本签署一项规定日本向美国提供军事基地的条约。

3月29日　杜鲁门宣布，他不参加下一任总统的竞选。

4月8日　杜鲁门下令接管全国各钢铁厂。（6月2日，最高法院裁定总统的行动违宪）。

4月22日　在内华达州试验场，首次对原子弹爆炸进行电视实况转播。

6月2日　60多万钢铁工人举行全国性大罢工，这次罢工持续7个多星期。

6月14日　美国第一艘核潜艇鲃鱼号举行安放龙骨的典礼。

6月27日　美国国会通过《麦卡伦—沃尔特法》。

7月7日—11日　共和党在芝加哥召开全国代表大会。德怀特·艾森豪威尔被提名为总统候选人，加利福尼亚州国会参议员理查德·尼克松为副总统候选人。

11月1日　美国在太平洋试验场爆炸一颗500万吨级的氢弹。

11月4日　德怀特·艾森豪威尔以442张选举人票对艾德莱·史蒂文森89张选举人票当选为总统。

1953 年

1月10日　德怀特·艾森豪威尔就任美国第三十四届总统。

2月6日—25日　政府暂停执行所有联邦工资管理规定，取消许多消费品最高售价限制。其余物价管理规定于3月12日全部取消。

3月17日—6月4日　在内华达州尤卡弗莱特接连进行11次原子弹爆炸试验，以便弄清不同爆炸装置的破坏能力。

4月1日　国会建立卫生、教育与福利部，4月11日正式成立。该部包括社会保险局、教育局、食品和药物管理局、职业振兴处，并接管联邦保险处业务。

4月27日　艾森豪威尔发布第10450号行政命令，以安全计划取代忠诚计划。

5月22日　艾森豪威尔签署《潮汐带法》。

6月8日　联邦最高法院裁决，首都华盛顿饭馆不得歧视黑人。

6月19日　埃塞尔和朱丽叶斯·罗森堡夫妇在纽约州奥西宁以"间谍罪"被处死。

7月26日　朝鲜停战协定在板门店签字。

7月30日　撤销1932年建立的复兴金融公司，代之以小企业管理局。

8月19日　在美国中央情报局策划下伊朗发生政变，摩萨台首相被推翻。

10月5日　厄尔·沃伦被任命为美国联邦最高法院首席法官。

10月12日　美国与希腊签订协议，允许美国在希腊领土上驻军。9月26日，美国曾与西班牙达成一项类似协议。

12月2日　艾森豪威尔下令调查美国著名物理学家罗伯特·奥本海默的所谓忠诚问题。

12月4日—7日　美、英、法三国首脑在百慕大举行会议。

1954 年

1月21日　美国第一艘原子能动力潜艇"舡鱼号"下水。

1月22日　杜勒斯国务卿提出大规模报复战略。

3月8日　美国和日本签订《日美共同安全协定》。

4月7日　艾森豪威尔就东南亚局势提出多米诺骨牌理论。

4月12日　美国第七舰队在台湾海峡演习。

4月22日—6月17日　在麦卡锡的控制下举行一系列电视听证会。麦卡锡在会上对美国陆军的疯狂指控和丑恶表演，使他四面树敌，从此走向没落。

4月26日—7月21日　中、苏、美、英、法五国外长就朝鲜问题和印度支那问题举行会议。

5月17日　美国最高法院就布朗案作出判决：公立学校的种族隔离违反第十四条宪法修正案。

6月18—25日　美国颠覆危地马拉的阿本斯政府。

7月21日　艾森豪威尔发表声明，拒绝接受印度支那停火协议。

8月9日　国会通过1954年《农业法》。

8月24日　艾森豪威尔签署《共产党活动管制法》。

9月8日　美、英、法、澳、新西兰、菲、泰、巴基斯坦八国在马尼拉签订《东南亚防务集团条约》。

12月2日　美国参议院通过谴责麦卡锡决议。

12月8日　中国政府声明，本月2日美、蒋签订的美台共同防御条约是非法的、无效的。

1955 年

1月28日　国会通过非法决议，同意艾森豪威尔动用美军保护台湾和澎湖列岛。

3月16日　艾森豪威尔说，一旦美国被卷入战争，他可能使用核武器。23日，他又表示赞成举行东西方首脑会议。

4月26日　在美国的支持和策划下，英国、伊朗、伊拉克、土耳其和巴基斯坦组成巴格达条约组织。

5月15日　美、苏、英、法签订《重建独立和民主奥地利的国家条约》。美国参议院于6月17日批准。

7月18日—23日　美、英、法、苏四国首脑在日内瓦举行会议，艾森豪威尔提出一项"开放天空"政策，即美国和苏联互相允许对彼此军事设施进行全面的、不断的空中视察，未达成协议。

8月1日　中、美开始举行大使级会谈。

8月12日　艾森豪威尔签署一项法案，将联邦法定最低工资由75美分提高到1美元。

10月　在美国扶持下，吴庭艳成为南越总统。

12月　美国亚拉巴马州蒙哥马利市黑人为反对种族歧视开始了长期抵制公共汽车的运动。

12月5日　美国劳工联合会和美国产业工人联合会合并为一个组织，简称劳联—产联。

1956 年

1 月 9 日　为减少不断增多的剩余农产品,艾森豪威尔要求国会批准为创办土地银行拨款 10 亿美元,以使不种庄稼的农场主得到补偿。

1 月 16 日　国务卿杜勒斯宣布战争边缘政策。

3 月 20 日　20 年来时间最长(156 天)的一次罢工——7 万名国际电气工人联合会大罢工结束。

6 月 4 日　美国国务院公布赫鲁晓夫 2 月在苏共二十大上所作的秘密报告。

6 月 29 日　总统签署《联邦公路援建法》,批准在今后 13 年内拨款 335 亿美元用于公路建设。

7 月 1 日　65 万钢铁工人大罢工。

7 月 23 日　在太平洋埃尼威托克岛—比基尼岛试验场进行的为期 3 个月的原子弹试验计划宣布完成。

8 月 25 日　《人类男性性行为》和《人类女性性行为》两书作者艾尔弗雷德·查尔斯·金西去世,终年 62 岁。

11 月 2 日　美国要求苏伊士运河战争交战各方停火。

11 月 5 日　苏联宣布准备在中东以武力实现停火,美军处于全球戒备状态。

11 月 6 日　艾森豪威尔竞选连任取得胜利。

12 月 13 日　联邦最高法院裁决亚拉巴马州一项州法违宪,因该法规定黑人须坐在公共交通车辆后部。

1957 年

1 月 5 日　艾森豪威尔要求国会通过中东决议,其主旨被称为艾森豪威尔主义。

2 月　美共召开第十六次代表大会。此后,美共影响日益衰微。

4 月 30 日　美国海军陆战队在贝鲁特登陆。五天以前,美国第六舰队已进入地中海。

5月21日　艾森豪威尔发表对外援助政策演说。

6月3日　联邦最高法院判决：杜邦获得通用汽车公司23%股票一事违反《托拉斯法》。

6月5日　艾森豪威尔宣称：关于原子微粒回降问题，他正在听取美国科学院的意见。并说，目前试验旨在发现减少微粒回降的办法，且已达到使回降减少90%的效果。

7月31日　从阿拉斯加的利斯伯恩角经加拿大延伸到巴芬岛的远距离早期警报雷达防御线开始使用。

9月3日—23日　阿肯色州州长奥瓦尔·福布斯藐视联邦法律，阻挠黑人儿童进入中心中学读书，总统将该州国民警卫队拨归联邦政府统率，并派出陆军第一○一空降师进驻小石城。一支军事护送队保护黑人儿童能够进入学校。

9月9日　艾森豪威尔签署旨在保障所有美国人的选举权的《民权法》。

10月5日　苏联发射第一颗称为斯普特尼克的人造地球卫星的消息传到美国，美国人或激动、或沮丧，反应强烈。

10月31日　中国出生的两名美国教授李政道和杨振宁获诺贝尔物理学奖。

12月18日　建在宾夕法尼亚州希平波特的美国第一座原子能发电厂开始发电。

1958 年

1月7日　艾森豪威尔在国情咨文中对国会说，在发展卫星和导弹方面，美国必须达到与苏联同等水平。同月31日，美国成功地发射了第一颗人造地球卫星。

4月1日　总统为对付当前经济衰退签署一项法案，为紧急住宅建筑拨款18.5亿美元。

4月28日—5月15日　尼克松副总统对拉丁美洲八国进行友好访问，拉美掀起反美高潮。

6月16日　联邦最高法院判决：国务院不得因某人所持见解或

身为某组织成员而拒绝向其发护照。

7月15日 美国派海军陆战队和陆军在黎巴嫩登陆,一直留驻到同年10月25日。

7月29日 国家航空和宇宙航行管理局成立。

8月23日 国会通过《国防教育法》,总统于9月2日签署。

9月11日 虽然中国政府于9月6日发表谴责美国战争挑衅行为的声明,艾森豪威尔仍蛮横无理宣布:美国将以武力保护金门、马祖两岛。

9月15日 美中恢复大使级会谈。同月30日,杜勒斯声明美国不承担帮助蒋介石收复大陆的义务。

10月 美、英、苏三国核禁试会议在日内瓦开幕,但长期未能达成协议。

11月4日 民主党在中期选举中赢得决定性的胜利。

1959 年

1月3日 阿拉斯加加入联邦,成为美国的第四十九个州。

1月7日 美国承认在1月1日推翻巴蒂斯塔统治后建立的古巴革命政权。

3月3日 发射先驱者四号火箭。该火箭将飞过其预定的目标月球,然后进入围绕太阳轨道。

3月5日 美国与伊朗、土耳其、巴基斯坦签订《共同防务条约》(《安卡拉条约》)。

4月22日 克里斯琴·赫脱接替因病辞职的约翰·杜勒斯任国务卿。

4月22日 继8日日本政府和自由民主党发表修改《日美安全条约》纲要之后,日本共产党从今天起到12月23日举行10次全国性统一行动,反对《日美安全条约》。

6月9日 美国第一艘可发射弹道导弹的潜艇"乔治·华盛顿"号下水。

6月29日 苏联文化技术展览会在纽约市大博物馆开幕。

7月15日—11月7日　钢铁工人为提高工资、增加养老金和保险福利，尤其为改变工作制度而举行罢工，使全国钢铁生产停产87%。

7月23日—8月2日　尼克松副总统访问苏联，与赫鲁晓夫进行会谈。

8月21日　夏威夷加入联邦，成为美国的第五十个州。

9月10日　国会不顾总统的否决，通过一项拨款11.85亿美元的公共工程法案。

9月15日—27日　赫鲁晓夫访问美国，并在访问结束前与艾森豪威尔在戴维营举行两天会谈。

12月3日—21日　艾森豪威尔对11国进行"和平亲善"访问

1960 年

1月19日　美国与日本签订一项新条约，规定双方依靠军事手段保卫日本安全，日本首相岸信介因此被迫辞职。

1月23日　美海军深海潜艇的里雅斯特号创下潜3580英尺深的最高纪录。

2月2日　黑人学生在北卡罗来纳州格林斯博罗市开始静坐抗议运动，反对种族隔离制。

4月21日　国会通过1960年民权法，以补1957年《民权法》的不足。

5月1日—17日　美国一架U-2高空侦察机被苏联导弹击落。5月16日，在巴黎举行的最高级会议上，当艾森豪威尔拒绝对此事件作出使苏联满意的道歉时，赫鲁晓夫取消会谈，并取消艾森豪威尔计划中对苏联的访问。

6月16日　日本爆发反美示威，艾森豪威尔被迫取消访日之行。

7月6日　部分由于古巴将美国在该国财产收归国有引起的美、古关系日益紧张形势，导致美国将每年从古巴进口食糖定额削减到70万吨。

7月15日　约翰·肯尼迪在接受民主党总统候选人的提名演说

中，提出了"新边疆"的口号。

9月24日 美国航空母舰"企业"号下水。它是世界上最大航空母舰，由8座原子反应堆推动，不加燃料能航行地球20圈。

11月8日 民主党人约翰·肯尼迪当选美国总统。

1961 年

1月3日—4日 美国断绝与古巴的外交关系。次日，美政府宣布，美国将不允许改变它在该岛东南海岸关塔那摩海军基地的地位。

1月17日 艾森豪威尔在其告别演说中警告说，"军事工业综合体"的出现是对国家福利的新危险。

4月17日—19日 约1500名美国中央情报局训练和装备的古巴流亡者，在猪湾登陆，被打败并投降。

5月4日—24日 种族平等大会发起的一个黑人和白人混合团体，乘州际公共汽车去南部各州强制执行在公共汽车站取消种族隔离，受到暴力迫害，称为自由乘客运动。

5月5日 小艾伦·谢波德成为第一个乘坐宇宙航行器飞往太空的美国人。

5月14日 肯尼迪宣布向南越派驻特种部队。

6月3日—4日 肯尼迪与赫鲁晓夫在维也纳会晤。

6月9日 根据国会4月26日通过的《不景气地区工业再投资法》，美国140个不景气地区和波多黎各被定为联邦特别援助地区。

7月2日 欧内斯特·海明威自杀身亡。

8月17日 拉丁美洲19国代表宣布支持肯尼迪3月3日提出的争取进步联盟计划。

12月11日 美国对南越的援助，从只限于提供金钱、武器和顾问的政策，改为以派遣两队陆军直升飞机的形式，向南越提供直接军事援助。

1962 年

1月23日—31日 在乌拉圭召开的美洲国家组织会议拒绝古巴

参加，因美国称古巴为"中苏帝国主义的桥头堡和共产党从西半球防线内部进行煽动和颠覆的基地"。

2月8日　美国驻越南军事援助司令部在西贡成立。

2月20日　小约翰·格伦成为环绕地球飞行的第一个美国人。

4月10日—13日　肯尼迪对美国钢铁公司在宣布与钢铁工人工会签订一项新合同后10天提高钢铁价格极为愤怒，并迫使美国钢铁公司等取消提价的决定。

4月25日　美国恢复大气层核试验，并持续到11月4日，共进行34次。

5月6日　美国核潜艇第一次在水下发射一枚带有核弹头的北极星导弹。该导弹在离潜艇1400海里的太平洋上空爆炸。

5月12日　肯尼迪下令美国第七舰队进入暹逻湾，并于15日增兵泰国，成立军援司令部。

6月11日—15日　新左派学生在密歇根州休伦港召开全国代表大会，并发表休伦宣言。

6月25日　联邦最高法院裁决：在公立学校做祷告违反第一和第十四条宪法修正案。下一年最高法院又将该裁决范围扩大为不许在公立学校中做任何祷告或念《圣经》。

7月10日　国家航空和宇宙航行管理局发射一颗由美国电话电报公司设计并拥有的通信卫星，用来中转美国和欧洲间的电话和电视信号。

8月27日—12月14日　水手二号从卡纳维拉尔角发射，飞行至距金星21600英里的范围里，从3600万英里外将数据发回地面。

9月10日　联邦最高法院维持一下级法院裁决：应接受退伍军人黑人詹姆斯·梅雷迪思入密西西比大学学习。由于种族主义分子反抗，10月1日肯尼迪派联邦法院执法官和军队前往平息骚乱，并护送梅雷迪思上课。

10月22日—24日　肯尼迪宣布对古巴实行军事封锁，不允许导弹继续运往古巴。以后几个月，苏联撤走了已运至古巴导弹及携带导弹的飞机，从而结束了古巴导弹危机。

11 月 7 日　埃莉诺·罗斯福去世。

12 月 8 日—21 日　美英两国首脑举行拿骚会议。

1963 年

1 月 14 日　戴高乐正式拒绝美国的多边核力量计划。

1 月 24 日　肯尼迪要求国会削减约 140 亿美元的税收以刺激经济。

3 月 18 日　联邦最高法院裁决：在所有刑事案件中，应免费向贫苦被告提供辩护律师。

4 月 3 日—5 月 12 日　小马丁·路德·金在亚拉巴马州伯明翰市领导大规模抗议种族不平等的示威游行，受到警察残酷镇压，抗议扩及其他城市。5 月 11 日，肯尼迪派去 3000 名联邦军队协助维持治安。

4 月 5 日　美苏达成在白宫和克里姆林宫之间建立"热线"的协议，以便在万一发生危机时双方可立即通话以避免核战争。

5 月 15 日—16 日　宇航员 L·戈登·库珀完成美国第一个载人宇宙飞行计划——水星计划。

6 月 19 日　肯尼迪向国会提出民权法案。

7 月 15 日—25 日　美、英、苏三国在莫斯科举行禁止核试验会谈，并于 8 月 5 日签署《部分禁止核试验条约》。

7 月 25 日　美国第七舰队在台湾地区北部海面举行挑衅性核战演习。

8 月 28 日　20 万人举行"为争取就业和自由向华盛顿进军"，并在该城示威。小马丁·路德·金发表《我有一个梦想》著名演说。

11 月 22 日　肯尼迪遇刺身亡。林登·约翰逊继任美国总统，并于 26 日批准进攻北越计划。

1964 年

1 月 8 日　约翰逊总统对国会说，他正在向美国国内贫困开战，并概述了一项行动计划。

1月9日—17日 巴拿马人民举行反美示威，运河区美国驻军镇压，酿成惨案。

2月17日 联邦最高法院判决：美国各州的众议员选区在人口比例方面不得有重大不同。

2月26日 美国国会通过《减税法》。

5月23日 约翰逊宣布对东欧的"搭桥"政策。

6月18日 联邦最高法院作出判决：对共产党员进行强制登记为非法。

7月2日 肯尼迪提出并得到约翰逊支持的1964年民权法在国会通过并经总统签署。

7月18日—21日 纽约哈莱姆区黑人暴动。

8月7日 国会通过东京湾决议，为美国无限制地扩大参与越南战争提供了依据。

8月20日 《经济机会法》生效。

9月30日 加利福尼亚大学伯克利分校爆发言论自由运动。

11月3日 林登·约翰逊大胜共和党极端保守派巴里·戈德华特，当选美国总统。

12月14日 美国轰炸老挝北部。19日，纽约等8大城市举行反越战示威游行。

1965年

1月4日 约翰逊发表国情咨文，就其"伟大社会"施政纲领讨论了有关教育、住房、保健、就业训练机会、水兵和老年人医疗等各方面问题。

2月21日 黑人著名激进领袖马尔科姆·爱克斯在纽约市被枪杀。

3月7日—9日 美国首批海军陆战队在越登陆作战。

3月21日—25日 从亚拉巴马州塞尔马至蒙哥马利进军终于开始，其主要目的在于争取黑人选民登记。进军结束时，参加者增加到25000多人。

4月11日　约翰逊签署《中小学教育法》。

4月24日—25日　多米尼加爆发反美爱国斗争。28日，美国对多米尼加进行武装干涉，美国部队直至1966年才撤出多米尼加。

6月3日　美国宇航员爱德华·怀特成为第一个在太空行走的美国人。

7月30日　根据社会保险制度由联邦政府资助老年人的医疗照顾方案，成为美国法律。

8月6日　约翰逊签署1965年《选举权法》。

8月12日—17日　洛杉矶瓦茨区发生种族骚乱，死伤多人，大量财产遭到破坏。

9月9日　建立住宅和城市发展部。

10月15日—16日　全国几千万人举行反战示威。

10月20日　国会通过《高等教育法》。

12月15日　各载两名宇航员的两艘"双子星座"宇宙飞船完成在空间会合，证明建立轨道空间站切实可行。

1966 年

1月13日　罗伯特·韦弗被任命为住宅与城市发展部部长，成为第一个任部长的黑人。

3月25日　联邦最高法院裁决：在州选举中利用人头税做法违宪。

5月15日　15000人向华盛顿进军，发誓不投任何支持越南战争候选人的票。

6月2日　美国空间计划第一次实现在月球上软着陆。

6月6日—22日　詹姆斯·梅雷迪思为鼓励黑人选民登记从田纳西州孟菲斯步行前往密西西比州杰克逊，出发后第二天遭枪击，此事引起全国注意。一批深感黑人无权的激进黑人青年，在学生非暴力协调委员会主席斯托克曼·卡迈克尔领导下，提出了"黑人权力"的概念。

7—8月　全国各地爆发种族骚乱，受到影响城市比1965年还多。司法部长尼古拉斯·卡曾巴赫归罪于"疾病和丧失信心、失业和无望、老鼠成灾的住房和长期郁积的愤世嫉俗情绪。"

10 月 15 日　约翰逊签署关于设立交通运输部的立法。

12 月　在越南的美军增至 40 万人。政府为战争花去的钱超过其对国内福利事业所承诺费用，这是本年中期选举共和党赢得大大超过预料的胜利的原因。

1967 年

1 月 10 日　联邦最高法院裁决：美国公民不得因访问国务院禁止访问的国家而受到刑事起诉。

1 月 27 日　美苏等 62 国签订关于各国探索和使用外层空间活动的原则条约。

3 月 14 日　美军全部撤离法国。30 日，北约总司令部撤离法国。

4 月 15 日　纽约和旧金山发生反战大进军。参加纽约进军的人数估计约 35 万。(在 5 月 13 日发生的一次反示威中，约 7 万人在纽约第五街游行。)

6 月 12 日　联邦最高法院判决：禁止不同种族通婚的法律违宪。

6 月 23 日—25 日　约翰逊和柯西金在新泽西州葛拉斯堡罗举行会晤，仅就防止扩散核武器问题达成基本协议。

7—8 月　主要发生在这两月、规模与激烈程度空前的种族骚乱影响了 100 多个城市，受影响最严重的是纽瓦克和底特律。该两市骚动、抢劫、纵火等共持续 11 天，72 人死亡，多人受伤，数千人被捕，2 亿美元以上财产遭到破坏。

9 月 18 日　政府宣布将建立对付中国导弹袭击的反导弹系统。

10 月 2 日　瑟古德·马歇尔出任联邦最高法院第一位黑人法官。

10 月 21 日—22 日　美国各地举行向华盛顿和平大进军。

11 月 20 日　据人口调查局正式统计，美国现有 2 亿人口。

12 月 1 日—8 日　44 个反战团体发起停止征兵周。

1968 年

1 月 30 日　越南人民军对美军发动春节攻势。

4月4日　小马丁·路德·金在田纳西州孟菲斯被刺身亡。此后至6日，全美一百多个城市爆发骚乱，受到美国统治阶级的残酷镇压。

4月11日　禁止在房屋出售和租赁中实行种族歧视的一项民权法案由总统签署。

4月23日—30日　纽约市哥伦比亚大学争取民权、反对战争的学生占领校园内几幢大楼。最后由警察夺回被学生"解放"了的大楼。

5月2日—6月24日　在金牧师继任人拉尔夫·阿伯纳西牧师领导下，举行向华盛顿的穷人进军。

5月13日　美越举行巴黎会谈。

6月5日—6日　民主党总统候选人提名主要竞争者、参议员罗伯特·肯尼迪在洛杉矶遭枪击，25小时后去世。

8月20日—21日　苏联出兵占领捷克斯洛伐克。后来美国和英、法等国曾将此问题提交安全理事会讨论。

10月31日　美国总统被迫宣布全面停止对越南北方的轰炸。

11月5日　共和党的理查德·尼克松险胜民主党的休伯特·汉弗莱当选美国总统。

1969 年

1月18日　关于越南战争的和平谈判在巴黎恢复，美国、北越、南越和民族解放阵线四方代表第一次全部出席。

4月2日　历时57天的美国历史上最长的一次码头工人罢工结束。

6月9日　参议院批准任命沃伦·伯格为联邦最高法院首席法官，以代替著名自由派厄尔·沃伦。

7月20日—21日　尼尔·阿姆斯特朗在阿波罗十一号宇宙飞船发射4天后，从登月舱"鹰"号上走下，成为第一个在月球表面行走的人。此后，直到1972年，又成功地进行了5次载人登月飞行，并进行更为复杂和尖端的科学试验。

7月25日　尼克松在关岛就美国的亚洲政策发表谈话，不久即被称为尼克松主义。

8月8日　尼克松首次提出所谓"还权于州"的新联邦主义。

8月16日—19日　美国嬉皮士在纽约州贝瑟尔的卡茨基尔山村举行3天摇滚乐盛会，与会者达40万人。（原准备在伍德斯托克举行，所以集会上表现出的友好与欢乐气氛被称为"伍德斯托克精神"。）

10月15日　全国数百万反战抗议者参加一系列反对拖延结束越南战争的活动。参议员爱德华，肯尼迪、尤金·麦卡锡、乔治·麦戈文等也参加游行。11月15日，又有大量美国人游行示威，表示对继续越战的愤怒。仅在华盛顿地区，至少有25万人响应。

11月17日　美苏举行限制战略核武器会谈。

12月28日　美国公民自由联盟指责9大城市警察非法残酷折磨黑豹党成员。

1970 年

1月20日　中美恢复华沙大使级会谈。

3月6日　尼克松批准美军入侵老挝；18日，美国策动柬埔寨朗诺集团发动政变。

4月1日—7月29日　经过5年的斗争后，美国农业工人联合会与加利福尼亚州生产85%的餐用葡萄的农场主签订合同。

4月22日　全国各地庆祝地球日，着重表明必须防止水、空气和土地的污染。

4月29日　美国和南越军队大举入侵柬埔寨，全国立即掀起抗议浪潮。

5月4日　国民警卫队向俄亥俄州立肯特大学抗议扩大战争的学生开枪，打死4人，打伤多人。全国各大学再次掀起抗议浪潮。5月10日，布兰代斯大学一学生罢课行动中心宣布，近450所高等院校或已关闭，或正发生学生的反战罢课。5月15日，警察又打死两名密西西比州杰克逊学院示威的学生。

6月15日　联邦最高法院裁决：为良心驱使而拒服兵役的个人应获得兵役豁免权。

6月24日 联邦参议院废除1964年《东京湾决议》。

10月5日 尼克松对《时代》周刊编辑表示希望改善对华关系，并"到中国去"。

11月12日 40万有组织的汽车工人为时两月的罢工最后以达一项协议而结束。因协议条款规定增加工资，尼克松称为通货膨胀性条款。

12月2日 10月2日成立的环境保护局开始办公。

1971 年

1月4日 尼克松上台以来一直采取反对通货膨胀经济政策，但通货膨胀率仍然上升，同时引起经济衰退，于是他转而宣布将以赤字财政来实现充分就业，使正统共和党人感到震惊。

2月8日 南越军队在美国空军支持下入侵老挝。3月1日，一枚炸弹在国会大厦地下室爆炸。事前曾有电话警告这是对尼克松卷入老挝的抗议。

2月25日 尼克松对国会说，美国准备同北京对话。4月10日—17日，美国乒乓球队应中国乒乓球队之邀访华。

4月20日 联邦最高法院裁决：用校车接送学童是消除种族隔离的一个适当办法。

4月24日—5月5日 约32万人在首都集会，反对越战和征兵，在旧金山示威人数约与此相同。示威继续到5月3日，警察逮捕7000多人。

6月17日 美日签订《归还冲绳协定》。

6月30日 联邦最高法院裁决：《纽约时报》和《华盛顿邮报》有权发表《五角大楼文件》。

7月6日 尼克松在讲话中承认世界有五大力量中心。

7月9—11日 亨利·基辛格秘密访华。16日，中美宣布尼克松将于1972年5月前访华。

7月25日 尼克松证实，第二十六条宪法修正案已得到3/4的州的批准，选民年龄将从21岁降到18岁。

8月15日　尼克松宣布新经济政策：开始冻结工资、物价和房租90天；美元将不再能兑换黄金。

9月3日　美、英、法、苏签订《西柏林协定》。

10月5日　美日两国在自行限制纺织品出口谅解备忘录上签字。

12月17日—18日　美国与西方国家在史密斯学院达成一项新的暂行协定，其基本内容是将美元贬值8%。

1972 年

2月21日—28日　尼克松访华，《中美上海联合公报》发表。

3月　北越军队大举南下，发动强烈攻势，美国在4月间出动B-52轰炸机对河内、海防地区狂轰滥炸，尼克松并于5月8日下令在北越港口海防布雷。

3月10日—12日　出席第一届全国黑人政治大会的约3500名代表成立全国黑人大会。

5月22日—28日　尼克松访问苏联，并于访问结束时达成关于限定美苏双方各拥有两个反弹道导弹发射场的协议。

6月17日　争取总统连任委员会安全官员詹姆斯·麦科德等5人于清晨闯入华盛顿水门公寓内的民主党全国委员会办事处时被捕。

8月31日　基辛格在巴黎与北越代表秘密会谈。

10月18日　国会不顾总统否决通过《防止水源污染法》，在今后3年拨款250亿美元，作为在1985年以前净化全国水源计划的一部分。

10月20日　尼克松签署《分享岁入法》，计划在5年中由联邦政府与州及地方政府共同分享300亿美元联邦岁入。

11月7日　尼克松以压倒优势重新当选美国总统。

12月18日—30日　美国对北越进行自越战以来最猛烈轰炸，并于12月30日停止轰炸同时宣布和谈将于1973年1月8日恢复。

1973 年

1月11日　参议院成立调查水门事件和1972年大选的特别调查

委员会——欧文委员会。

1 月 27 日　《关于在越南结束战争、恢复和平的协定》正式签订。

1 月 29 日　尼克松要求国会通过一项增加国防开支和削减社会福利项目的 2687 亿美元的预算案。

2 月 12 日　政府宣布美元贬值 10%。

2 月 22 日　中美同意互设联络处。

3 月 29 日　美国宣布美军全部撤出越南。

4 月 22 日　基辛格宣布 1973 年为"欧洲年"。

5 月 14 日—6 月 22 日　耗资 60 亿美元的空间实验室计划开始执行，重量达 86 吨的一个空间站被发射入地球轨道。

6 月 13 日　由于物价大幅度上涨，尼克松下令冻结零售价格 60 天。

6 月 16 日—25 日　列昂尼德·勃列日涅夫访美，与尼克松签订了几项协议，其中一项规定：双方保证一旦两国之间或与第三国之间有发生核战争明显迹象时进行紧急磋商。

8 月 10 日　根据尼克松签署的一项法律，停止向种植棉花、小麦和饲料粮的农场主提供补助。

9 月 11 日　在美国策划下，智利军人发动政变，推翻了进步的萨尔瓦多·阿连德政府并杀害了他。

9 月 21 日　亨利·基辛格被参议院批准为美国国务卿。

10 月 17 日　美国在 10 月 6 日爆发的中东战争中大力支持以色列，阿拉伯产油国对美国实行石油禁运，加深了美国能源危机。

11 月 7 日　国会不顾总统否决，通过限制总统使用美军在国外作战权力的立法。

1974 年

1 月 7 日　美国威胁要以武力对付阿拉伯国家的石油禁运。8 日，沙特阿拉伯照会美国，如美国使用武力，阿拉伯将炸毁油田。

2 月 28 日　美国恢复同埃及 7 年前断绝的外交关系。

3 月 1 日　联邦法院对 7 名水门事件被告起诉。

4 月 30 日　新经济政策中止。

5 月 9 日　众议院司法委员会关于弹劾总统的意见听取会在新泽西州众议员彼得·罗迪诺主持下开始。

6 月 12 日—19 日　尼克松访问中东。

6 月 27 日—7 月 3 日　尼克松访问苏联,并与苏联签订了《美苏限制地下核武器试验条约》。

7 月 24 日　联邦最高法院裁决:尼克松总统不得向检察官利昂·贾沃尔斯基拒交在其手中的与水门事件有关的录音磁带。

8 月 9 日　尼克松辞去总统职务,副总统杰拉尔德·福特继任。

8 月 20 日　众议院司法委员会建议弹劾尼克松的报告,由众议院全体议员以 412 票对 3 票通过。9 月 8 日,福特宣布,他已无条件地赦免尼克松在任总统期间对美国"已犯下的或可能犯下的"一切罪行。

10 月 8 日　福特提出"立即制止通货膨胀"计划。

11 月 23 日　福特与勃列日涅夫在符拉迪沃斯托克(海参崴)会晤。

11 月 27 日　美国阻挠联大恢复柬埔寨王国民族团结政府的合法权利。

12 月 9 日　美国强行在联大通过关于朝鲜问题的美国提案。

12 月 31 日　中东"10 月战争"后阿拉伯石油输出国对美国石油禁运取消。

1975 年

1 月 13 日　福特总统一反他以前通货膨胀比经济衰退更加危险的看法,提出一项包括大量削减所得税的反对经济衰退的计划,同时对石油和天然气征高税以缓和能源危机。

1 月 14 日　基辛格宣布:苏联拒绝接受最近通过的《贸易改革法案》中的一项条款。这就使 1972 年谈判达成的协定失效。

2 月 4 日　美国宣布对土耳其实行武器禁运。

4 月 23 日　福特宣布越战对美国来说已结束。同月 30 日,西贡伪政权无条件投降，西贡解放。

6月4日　国务院发言人说，美国已拒绝北越提出的两国关系正常化建议。

7月1日　美国国防部长宣布：如果美国在一场常规战争中面临失败，可能使用核武器，从而放弃不首先使用核武器的原则。

7月24日　土耳其宣布土美联合防御等协议均失效。

7月28日　参议院同意海军继续修建在印度洋的英属迪戈加西亚岛上的海军设施，以对付苏联在印度洋的活动。

8月9日　国防部报道：在本年6月30日截止的财政年度中，美国向国外销售的武器已达90亿美元的创纪录数字。

9月24日　参议院情报活动调查小组特别委员会透露：在过去20年中，中央情报局曾私拆美国一些知名人士的国外来往信件。

10月20日　美苏两国在莫斯科宣布一项为期五年谷物协定：苏联同意在今后5年向美国购买600万至800万吨谷物，美国则获得以"保证对两国有利"的价格每天从苏联购买20万桶石油特权。

11月18、20日　参议院情报活动调查特别委员会公布一系列联邦调查局和中央情报局在国内外实施的迫害马丁·路德·金和暗杀外国领袖的计划。

12月1日—5日　福特总统访华。

12月7日　福特总统在檀香山宣布新太平洋主义，"赞成与所有人都和平相处、对任何人都不怀敌意"。

12月16日—17日　白宫发言人说，总统对苏联和古巴向安哥拉提供大量装备和人员的行动表示"严重关切"。第二天，参议员休伯特·汉弗莱说，美国在安哥拉的暗中行动计划经费为6000万美元。

1976 年

2月23日　毛泽东主席与美国前总统尼克松在北京会谈，这是一次"就一系列广泛问题所进行的友好交谈。"

3月26日　美国与土耳其达成一项为期4年的新协议：土耳其同意重开美在土的军事基地；美国保证向土耳其提供10亿美元贷款

和赠款，但须经国会两院批准。

4月1日　美国2/3的卡车司机举行罢工，3日获得解决。

6月28日　155名妇女进入美国空军学校学习，从而结束美国军事院校只招收男生的传统。

7月2日　联邦最高法院裁决：对杀人罪规定死刑在宪法上是可以接受的处罚形式。此裁决否定了1972年的一项相反裁决。

7月19日　西非吉尼亚州矿工举行未经工会同意的罢工。28日，全国1/3的烟煤矿工举行罢工。

7月20日　美国海盗一号不载人宇宙飞船在经过将近11个月的5亿英里飞行后，其着陆装置在火星表面软着陆成功。海盗二号宇宙飞船着陆器9月3日在火星着陆成功。

9月15日　美国主教派教会主教团同意授予妇女以教士和主教的圣职。

10月11日　福特说他已同意取消关于禁止向以色列出售美国尖端军事设备的命令。

11月3日　民主党人吉米·卡特当选美国总统。

12月10日　环境保护局命令克莱斯勒公司收回将导致过分污染的208000辆1925型汽车。

1977年

1月27日　国务院一份声明说，苏联对持不同政见者安德烈·萨哈罗夫的任何压制行动可能与公认的国际人权标准不符。30日，卡特说该声明反映了他的观点。2月1日，卡特又在白宫对苏驻美大使阿纳托利·多勃雷宁说，美国将继续在全世界维护其对人权承担的义务。

1月31日　卡特向国会提交"一揽子刺激经济计划"。但在4月间又转而反通货膨胀。

2月22日　美国在台湾设立"防卫事务处"。

3月26日—31日　国务卿赛勒斯·万斯访苏。

4月11日　万斯国务卿与中国驻美联络处主任黄镇会晤，讨论万斯不久前在莫斯科的会谈。

4月18日　卡特就能源问题正式发表演说。

5月5日　卡特赴伦敦参加西方七国首脑会议。

5月21日　卡特在圣母大学发表外交政策演说，强调人权外交。

6月21日—22日　前白宫办公厅主任 H. R. 霍尔德曼和前司法部长因与水门丑闻的牵连先后开始入狱服2年半至8年徒刑。

7月13日　卡特要求国会同意生产中子弹。

8月2日　国会批准成立能源部。

8月20日　旅行者二号宇宙飞船在卡卡纳维拉尔角发射，以探测木星、土星，也许还有天王星。

9月1日　美国和古巴各自在对方首都设立"权益小组"，从而部分恢复了中断16年多的外交关系。

9月7日　美国与巴拿马签订几项关于巴拿马运河的新条约。其中一项规定于2000年将巴拿马运河管理权交给巴拿马。

10月31日　美国和英、法两国在联合国安理会使用否决权，反对黑非洲国家发起的关于对南非实行严格经济制裁的三项决议案。

11月1日　卡特签署一项《最低工资法》，规定到1978年1月，将最低工资由现在的每小时2美元30美分提高到2美元65美分，其后逐年提高，到1981年1月提到3美元35美分。

12月5日　矿工联合会13万名会员举行反对烟煤矿主联合会的罢工。

12月28日　卡特总统开始对波兰、伊朗、印度、沙特阿拉伯、法国和比利时进行为时9天的访问。

1978 年

1月19日　卡特向国会发表国情咨文演说，要求制订强有力的能源计划和包括减税250亿美元的经济计划，成立一个新的内阁级教育部。

3月27日　在经过112天罢工之后，大多数矿工复工。

4月18日　参议院批准第二个《巴拿马运河条约》（第一个《巴拿

马运河条约》是 3 月 16 日批准的)。

5 月 27 日　华盛顿行政官员透露,美国国家安全事务助理兹比格纽·布热津斯基此次与北京会谈是 1971 年中美两国恢复接触以来"最全面、最广泛的磋商"。

6 月 6 日　加利福尼亚州选民以压倒多数投票通过《第十三号提案》,规定从 7 月 1 日起削减财产税 60%。

6 月 28 日　联邦最高法院裁决:加利福尼亚大学不能因照顾黑人而不让白人艾伦·巴基进入该校戴维斯医学院学习。这是对所谓"反向种族歧视"的第一次判决。

7 月 15 日　几百名印第安人和几千名支持者从西海岸步行五个月到达华盛顿,抗议拟议中的反对印第安人的立法。

7 月 16 日　七国首脑会议在波恩举行,讨论世界经济问题。

8 月 12 日　在普林斯顿大学工作的一些科学家宣布,他们在实验中已产生一种有控制的热核聚变反应。

9 月 6 日—17 日　美国、埃及、以色列举行戴维营会谈,签署两个协议。

12 月 9 日　先驱者金星二号宇宙飞船上的 4 个探测器到达金星表面,并用无线电发回数据。

1979 年

1 月 1 日　中国与美国建立全面的外交关系。

1 月 11 日　170 名前高级军官在致卡特的一封公开信中就"苏联对美国日益严重的挑战"提出警告,并呼吁总统恢复全球战略平衡。

1 月 29 日—2 月 1 日　邓小平副总理访美,双方签署了几项关于科学和文化交流的协定。

3 月 26 日　在美国参预下,埃及和以色列签订和平条约。

3 月 28 日　美国宾夕法尼亚州米德尔城附近的三里岛核电厂发生事故。

4 月 10 日　卡特签署违反中美建交协议的《与台湾关系法》。

5 月 9 日　国务卿万斯宣布:美国和苏联已就限制战略武器条约

(第二阶段限制战略武器会谈)达成协议，对导弹和轰炸机、新的武器系统以及核实验程序规定了新的限制。

6月28日—29日　七国首脑会议在东京举行，主要讨论石油价格和石油短缺问题。

7月7日　美国驻华大使伦纳德·伍德科克与中国外贸部部长李强在北京签为期3年的贸易协定，给予中国以最惠国待遇。

7月15日　卡特发表能源演说，大谈"信任危机"。

8月16日　美国汽车工业中被解雇的工人总数达77500人。

9月7日　卡特宣布以330亿美元建造一机动导弹系统的计划。据此计划，将在西方国家部署200枚MX导弹。预计该系统将在1989年投入使用。

11月4日　伊朗学生夺取美国驻伊朗的大使馆，并将使馆人员和其他一些外国人作为人质。其中有65名美国公民。13日，美国司法部命令所有在美伊朗学生在30天内向移民和归化局报到；签证已到期的伊朗学生将被驱逐出境。

12月13日　联邦最高法院命令一个下级法院驳回24名国会议员对卡特终止美台防御条约的行动所提出的异议。

1980年

1月2日　卡特签署一项行政命令(1979年11月29日经国会批准)，改革政府对国际贸易的管理。

1月5日　国防部长哈罗德·布朗抵达中国，参加为时8天的会议。1月24日，国防部宣布，美国愿向中国出售军事装备，但不包括武器；国会批准给予中国以最惠国待遇。

1月23日　卡待提出针对苏联扩张态势的卡特主义。

2月4日　美国和沙特阿拉伯官员在利雅得讨论了苏联去年11月27日入侵阿富汗后波斯湾地区的安全问题。

3月31日　继3月14日宣布一项新的向飞跃的通货膨胀率作斗争的计划后，卡特又向国会提交修改后的1981年财政年度预算，要求大幅度削减服务和救济经费。

4月7日—8日　美国宣布与伊朗断交，并要求美国在全世界盟国与伊朗断绝外交关系。

4月12日　由于苏联干涉阿富汗，美国奥林匹克委员会应卡特要求，决定抵制1980年莫斯科奥运会。

4月25日　卡特宣布昨夜营救在伊朗的人质的行动失败。

5月17日—21日　迈阿密发生黑人抗议暴动，到19日已有15人死亡，约300人受伤，700人被捕，商业损失约1亿美元。

7月2日　卡特根据选征兵役法签署一项公告，命令大约400万在1960年至1961年出生的男子进行登记，以便需要时应征入伍。

8月14日　劳工部宣布，31万汽车工人可以获得特别救济金，因他们失业系因销售进口汽车而造成。

9月17日　卡特和中国副总理薄一波在白宫签署关于纺织品贸易、领事业务和海运的几项协定。

10月3日　卡特签署一组教育法案，扩大关于中、小学的计划，并批准480亿美元经费作为5年内向学生提供贷款或助学金之用。

10月13日　卡特签署《私生活保护法》，保护作家、学者和其他为出版物写作的人不受未经批准的搜查。

10月15日　中国政府对10月2日美国台湾协会和台湾北美事务协调委员会签订协议一事正式提出抗议。

10月16日—11月18日　美苏举行关于限制欧洲中程核导弹会谈。

11月4日　极端保守派、共和党人罗纳德·里根当选美国总统。

1981 年

1月27日　里根总统在欢迎从伊朗获释的人员时警告说，将来"如果国际行为准则遭到破坏，我们的政策将是迅速而有效的惩罚。"

2月18日　里根总统对国会联席会议发表电视讲话，提出一项"经济复兴计划"，以控制通货膨胀和失业，其特征是大量减税、大砍福利开支和大增军费。

3月4日、10日　国防部长向国会提出为期5年的和平时期空前规模的重整军备计划。

3月23日　卫生与公共服务部估计，根据国会目前正在审议的预算案，接受福利救济的家庭，将有1/3不再能得到救济。

4月14日　哥伦比亚号航天飞机发射两天后从轨道上顺利返回地面。

5月1日　在东京达成一项为期3年的限制日本汽车向美国出口的协定。

5月3日　越战以来最大一次反战示威在首都举行，抗议美国对萨尔瓦多的军事援助、军费迅速增长和大量削减福利开支。

6月16日　黑格国务卿在结束对中国3天访问时说，美国将取消向中国出售军用计算机的限制，他与中国领导人会谈非常重要和成功。

7月4日　五角大楼宣布开始一项耗资1200亿美元以扩大美国海军的5年计划。

8月3日—4日　参议院、众议院接连通过里根减税法案，规定3年内削减个人所得税25%。

8月5日　联邦航空管理局开始向正在罢工的12000名航空塔台管理人员发出解雇通知，一些工会领导人因藐视法庭罪被拘留。

8月8日　白宫人士说，里根已下令生产中子武器。

9月10日　国务卿黑格说，美国与以色列已商定进行战略合作，并共同筹划反对苏联对中东的干预。

9月19日　由劳联—产联组织的工会、民权和其他团体的约24万人在首都举行团结日抗议集会，反对里根削减就业保障计划和社会福利计划。

9月29日　参议院完成国会立法行动，使美国临时国债限额突破10000亿美元大关。

10月2日　里根宣布一项1803亿美元的恢复美国核威慑力量的计划：MX洲际弹道导弹将部署在现有超坚固的地下掩体内；B-1轰炸机的建造将继续进行；威力更大、更精确的导弹将装备三叉戟潜艇；经过改进的通讯网将予建立。

11 月 18 日　里根在其首次重要外交政策讲话中提出：如果苏联愿拆除其针对西欧的 SS-20、SS-4 和 SS-5 导弹，美国将取消在西欧部署潘兴Ⅱ式导弹和地面发射的巡航导弹的计划，即所谓"零点方案"。

12 月 29 日　里根对他所谓"〔苏联〕对波兰国内的镇压行动负有严重的直接责任"一事作出反应：暂停换发高级技术项目的出口许可证，推迟关于新的长期谷物销售的谈判，中止苏联国家航空公司的苏联客机着陆权，以及实施其他几项贸易限制。

1982 年

1 月 8 日　美国司法部正式宣布：撤销对国际商用机器公司长达 13 年的起诉，对美国电话电报公司长达 7 年起诉，"在法庭外解决"。

1 月 26 日　里根向国会提出一个新联邦主义计划，主张把联邦政府的一大部分社会福利计划转交州和地方政府办理。此计划后来遭到各州反对。

4 月 18 日　爆心投影点组织发起一场反核运动。

6 月 11 日　美政府正式裁定法、英等 9 国非法补贴钢铁出口，违反国际协议，宣布对西欧钢铁产品征收反倾销税，其额最高达 40%。其后摩擦不断。

6 月 18 日　为欧洲天然气管道问题，里根决定扩大对苏制裁措施。其后由于欧洲共同抵制，美国阻挠终于失败。

6 月 21 日　作为美苏激烈争夺空间军事优势的产物，美国宣布将从 9 月 1 日起在科罗拉多州斯普林斯建立一新的军事航天司令部，统一指挥美国在空间的一切军事活动。

6 月 29 日—1983 年 12 月 8 日　美国与苏联进行第三阶段战略核武器谈判。自 1969 年 11 月 17 日开始第一阶段谈判以来，两国核力量却与日俱长。

8 月 17 日　中美两国就分步骤直到最后彻底解决美向台湾出售武器问题发表联合公报。

9 月 1 日　里根提出解决中东问题的"和平方案"。

11 月　1981 年 7 月开始的战后最严重的一次经济危机达到顶点：

美国出现 40 年来最高失业率、50 年来最高企业破产数和有史以来最高预算赤字。

12 月　美国经济开始回升,但失业率仍居高不下。

1983 年

1 月 1 日　成立负责中东、西南亚地区作战指挥部的海外战区司令部,称中央总部。

3 月 10 日　里根宣布美国决定实行 200 海里专属经济区,并将在围绕美国大陆和一些太平洋岛屿约 400 万平方海里的海洋单独开采海底矿藏。

3 月 23 日　里根提出建立反弹道导弹防御系统的"战略防御倡议",西方称之为"星球大战"计划。(1985 年 1 月 3 日公布《总统战略防御计划》全文)

4 月 4 日—10 日　航天飞机挑战者号首航成功。

5 月 28 日—30 日　西方七国首脑会议在美国威廉斯堡举行,中心议题是确保经济回升并持续发展。会上研究了如何解决美元高汇率问题。

6 月 25 日—7 月 7 日　国务卿舒尔茨访问亚洲四国和中东六国。

8 月 12 日　美国和洪都拉斯开始举行"大松树 II"军事演习,一直持续到 1984 年 2 月底。"大松树 I"演习是同年 2 月在洪都拉斯举行的。1984 年 4 月,美、洪、萨尔瓦多等国又联合举行为期 3 个月的"掷弹兵一号"演习。

8 月 27 日　来自全国 340 个城市的 20 多万人在首都举行纪念马丁·路德·金领导的争取民权进军 20 周年,主题是"争取就业、和平与自由"。

10 月 25 日　美国突然出动武装部队侵入格林纳达,推翻了这个国家通过军事政变于 20 日成立的革命军事委员会并占领了这个国家。这是"二战"后美军第十一次在外国沿海登陆。

11 月 23 日　1981 年 11 月 30 日开始的美苏中程核武器谈判中断。同月,美国开始在西欧部署陆基中程导弹。1984 年,美苏两国各自在欧洲部署了近百枚新导弹。

11月29日　美国与以色列达成《美以战略合作协议》，其内容包括美以成立政治军事联合委员会，美国增加对以军事、经济援助。

12月　生活在官方贫穷线以下的人，由1980年的11.8%上升到今年的15.2%，是1965年以来最高的。

1984年

1月10日—23日　中国赵紫阳总理访问美国和加拿大。

1月11日　基辛格为首的中美洲问题两党委员会向里根提出报告。2月，里根据此向国会递交一份法案，提出大幅度增加对中美洲经援和军援的"一揽子计划。"

1月16日　里根就美苏关系发表一篇调子温和的讲话。除重申以实力求和平的原则外，还表示要同苏联举行"认真和建设性对话"，以建立一种更多合作和谅解关系。

2月16日　安哥拉、南非和美国在卢萨卡举行三方会谈，并成立了南非—安哥拉委员会。

2月　美国开始资助和直接参与尼加拉瓜反政府武装组织在尼加拉瓜几个主要港口布雷。

3—5月　美国银行三次提高利率，大大加重了拉美国家债务负担，使1983年以来稍为缓和的拉美债务危机再次突出起来。

4月26日—5月1日　里根访华。

6月7日—9日　里根参加伦敦七国首脑会议。这次会议除谋求改善东西方关系外，目的在于解决西方经济继续回升问题，但因美国坚持自己立场，没有取得明显进展。

10月　美国政府宣布：在1984年财政年度结束时，美国国债总额将达15900亿美元，约为国民生产总值1/2。

11月26日　美国和伊拉克恢复两国外交关系。

12月19日　美国宣布正式退出联合国科教文组织。

12月26日　美国与日本签署《日美联合作战计划方案》，为日美今后的联合作战奠定了基础。

1985 年

1月7日—8日　美苏两国外长在日内瓦举行会谈确定：双方防止太空武器竞赛，结束在地球上的武器竞赛。

1月27日　美国航天飞机已15次翱游太空。

2月6日　里根发表国情咨文说："美国的一项使命是在所有地方保卫自由和民主，广泛支持'自由战士'抵抗苏联支持的侵略。"这一咨文被认为是经过长期酝酿的里根主义的第一次正式宣言。

2月　美元涨风席卷西欧主要外汇市场，美元对外币汇价达到顶峰。

3月6日　里根否决参、众两院分别于2月27日和3月5日通过的向农民提供农业紧急救济贷款提案。

5月4日　根据美国农业部1月发表的研究报告，80年代以来，美国和西欧农业连续丰收，农产品严重过剩，美国250万个农庄共负债2121亿美元。因此在今天的波恩七国首脑会议上，美法关于农产品贸易意见分歧，接着就发生农产品贸易战。

6月　今年上半年美国的国际支付经常项目（包括外贸逆〔顺〕差和国外投资利润）赤字高达621亿美元，使美国自1914年以来第一次成为净债务国。

9月22日　美、日、西德、英、法五国财长在纽约开会后发表的关于采取协调行动、使美元贬值的声明，是反对政府干预货币比价的里根政府货币政策的大转变。

10月初　美国财政部长吉米·贝克在汉城举行的国际货币基金组织和世界银行年会上，提出了解决第三世界外债问题的"贝克计划"。多数人认为此计划未触及问题实质，但有可能暂缓债务国和债权国之间的尖锐矛盾。

11月19日—21日　里根与戈尔巴乔夫在日内瓦举行会谈并发表联合声明：虽在一些关键问题上存在严重分歧，但双方同意有必要改善美苏关系和整个国际形势，并表示不打核战争。

12 月 12 日　里根签署格拉姆—拉德曼《平衡预算和紧急削减赤字控制法》，规定到 1991 年实现预算平衡。

12 月 29 日　《纽约时报》报道：外国在美投资已达 10000 亿美元的新纪录。

1986 年

2 月　美国政府长期债券利息降到 8 年来最低水平，美元对日元比价与 1985 年同期相比下降 30%，对西德马克比价也下降约 1/3。但美国外逆差仍然上升。3 月，美国商业部宣布：美国外贸逆差总额达到前所未有的 1243 亿美元，使国会又一次掀起贸易保护主义高潮。

3 月 15 日　里根在《纽约时报》发表《自由、地区安全与全球和平》一文说：一系列政府落入共产党控制下的局面，行将到此为止。18 日，美国《基督教科学箴言报》发表文章：美国的保守派从 1964 年的失败达到 80 年代政坛顶峰。

5 月 27 日　里根宣布今年晚些时候美国将不再遵守《第二阶段限制战略武器条约》。

6 月 24 日　参议院通过里根倡导的税制改革方案。此方案具有共和党大幅度减税的色彩，又保留了民主党人占多数的众议院提出的企业必须缴纳的起码税收标准，因此普遍认为，里根的税制改革计划基本上大功告成。（下半年国会通过《税制改革法》。）

9 月 27 日　西方七国财政部长在华盛顿聚会，讨论同美国外贸逆差有关的利率等问题，以意见不一而结束。

10 月末　今年头 10 个月，中美贸易额超过 68 亿美元，中国对美贸易顺差比上年同期增加 3 倍以上；科学合作和文化教育交流也发展很快。

11 月 11 日—12 日　里根与苏联领导人戈尔巴乔夫在冰岛举行会谈，结果不仅未能就军备控制与地区性冲突等问题达成协议，连原定戈尔巴乔夫访美的日期也未能定下来。

11 月　中期选举结果，民主党除继续控制众议院外，在参议院净增 8 席，重新夺回失去 6 年的参议院控制权。

12月　今年财政赤字为2210亿美元，较格拉姆-拉德曼平衡预算法规定的1719亿美元超过491亿美元。美国欠外债达2500亿美元，成为世界最大债务国。

1987 年

1月28日　美国航天飞机挑战者号爆炸。

2月8日　戈尔巴乔夫要求同美国就消除欧洲中程导弹单独签订一项协定，使美国政府中不少官员感到意外。

2月　西方7国财长在法国卢浮宫会议上就稳定汇率问题达成谅解，使不断下降的美元汇率维持现有水平。

3月4日　由于里根政府违反国会禁令，秘密以军火武器与伊朗交换人质，并将所得款项资助尼加拉瓜反政府右翼武装事件被揭露，里根不得不公开承认与伊朗秘密交易是错误的。

6月　美国外贸赤字超过157亿美元，创外贸月赤字的最高纪录。

7月7日　奥利弗·诺斯上校在调查"伊朗—反政府武装事件"的国会两院联席会议上作证：他与伊朗和尼加拉瓜反政府武装秘密交易，是得到里根总统间接授权的。

8月25日—10月19日　美国股市暴跌，造成纸面财富损失1万亿美元。

11月　美国经济在低通货膨胀率下持续增长60个月，创和平时期历史纪录，但财政赤字超过1万亿美元，国债超过2.3万亿美元，外债达4000亿美元，外贸逆差创历史纪录，还出现"超贫穷人口"。

12月6日　里根与戈尔巴乔夫在华盛顿签署中程导弹条约。

1988 年

1月4日　《美国新闻与世界报道》载文称：由于里根政府把责任和困难完全推给州政府，州政府只好自谋出路。

2月2日　法国《费加罗报》载文说：美国五角大楼发言人上周发表评论，不得不完全取消"星球大战"计划。

668

3 月　国务卿舒尔茨提出"以土地换和平"方案和戴维营达成的巴勒斯坦临时自治协定，被以色列拒绝。

4 月 16 日　据报道，美国怀俄明州沃伦空军基地存有 50 枚可供实用的、爆炸力为广岛原子弹 10 万倍 MX 导弹。

5 月　国际教育成绩评估协会调查 17 个国家，美国 14 岁中学生数理科水平列第 14 位，17 岁中学生物理、生物、化学学科水平平均为倒数第一。

5 月 29 日—6 月 2 日　里根与戈尔巴乔夫在莫斯科举行第 4 次首脑会晤，商讨裁军、人权、地区冲突与双边关系等问题。

11 月 3 日　乔治·布什当选下任美国总统。

11 月 14 日　法国《费加罗报》载文称：1950 年美国在世界出口中占 40%，现在只占 15%。

12 月　1983 年以来，美国国民生产总值年平均增长 4.2%，失业率从 1982 年的 9.7% 降至 1988 年的 5.6%。但国债升至 2.6 万亿美元，外债达 5760 亿美元。

1989 年

1 月 20 日　温和派共和党人乔治·布什就任美国总统。

2 月 6 日　布什宣布他制订的解决亏损达 1000 亿美元的储贷业危机的综合计划。

2 月 18 日　美国三 K 党头目、反犹太人积极分子、全美白人协进会主席戴维·杜克当选路易斯安那州议会议员，舆论大哗。

3 月 10 日　布什政府提出旨在减缓国际债务危机的"布雷迪计划"。

5 月 2 日　布什在美洲国家理事会上演说，要求根据美国价值观改善南北美洲国家之间伙伴工作关系。

5 月 13 日　布什提出对苏"超越遏制"战略。

6 月　美元扭转了几年来汇率下降的趋势，对西方 18 种货币的汇率平均较 1988 年上升 13%。

7 月 18 日　美、苏就禁止化学武器条约的关键问题(包括销毁化学武器的时间表、核查化学武器制造厂的步骤等)取得一致意见。

8月7日 布什提出："星球大战"计划、B-2隐形轰炸机、MX导弹和侏儒式导弹是建设一个"强大国防"计划的4个现代化项目。

9月25日 《商业周刊》载文称：美国欠外债6000亿美元，生产力只以1%年率增长，生活水平停滞不前，基础设施年久失修，教育体制不完善，生态环境恶化，吸毒成风。

10月7日 数十万人在首都举行请愿活动，要求为无家可归者提供住房并为艾滋病患者提供帮助。

12月19日 布什批准向中国出口3颗卫星，取消禁止实业界向中国提供资金禁令，从而撤销了"6·4"风波后实施的制裁中国主要措施。

12月19日—1990年1月3日 美国入侵巴拿马，并将其总统诺列加逮捕到美国，引起拉美国家的激烈反对。

1990 年

2月25日 在美国干预下，尼加拉瓜桑地诺进步政府在大选中失败。

4月 美国企业圆桌会议发表声明，历数80年代共和党政府政策造成的各种严重问题，但对企业界从这些政策得到的好处一字未提。

5月12日 布什在南卡罗来纳大学毕业典礼上宣布支持东欧民主发展进程。

6月1日 布什与戈尔巴乔夫在华盛顿签署一项战略武器协议框架和实现美苏贸易正常化的协议。

6月27日 布什在国会宣布"开创美洲事业倡议"。

7月 美国经济进入战后第9次经济衰退。

8月8日 为解决海湾危机，布什正式宣布"沙漠盾牌"行动计划。

9月11日 布什正式提出建立"世界新秩序"。

11月 布什与戈尔巴乔夫在巴黎宣布冷战结束。

12 月　美国全年花在道路、其他运输设施、水道和下水道系统的开支，不及 60 年代每年开支的 1/2。

1991 年

1 月 17 日—2 月 27 日　以美国为首的多国部队对伊拉克进行代号为"沙漠风暴"的战争。

2 月 5 日　财政部公布一项全面改革处于严重危机的银行业的计划。

3 月 3 日　洛杉矶 4 名警官与警察残酷殴打一名超速驾车黑人青年罗德尼·金，引起黑人公愤。

4 月 18 日　布什宣布《美国 2000 年教育规划》。

6 月 14 日　巴西、阿根廷、巴拉圭、乌拉圭 4 国外长与美国政府贸易代表在华盛顿签署一项多边贸易和投资的框架协定。

6 月　总会计署宣布：在未来 30 年内，美国纳税人为清理美国储贷业这个大烂摊子将付出 5000 亿美元。

7 月 17 日　美、苏达成将各自战略核武器销毁 1/3 的协议。

8 月 19 日　苏联发生推翻戈尔巴乔夫政变虽然 3 天后失败，但新当选的主张实行资本主义的俄罗斯总统鲍里斯·叶利钦声望盖过戈尔巴乔夫，布什打电话保证支持他领导下的民主势力。

8 月 26 日　《华盛顿邮报》报道：美国结婚率降到 20 年来最低水平。

10 月 15 日　参议院最终批准保守派黑人法官克拉伦斯·托马斯接任自由派黑人大法官马歇尔空缺。

11 月 3 日　在美国操纵下巴以和谈开始。

12 月　布什被迫签署了《1991 年民权法》。

1992 年

2 月 17 日　美国国务卿和俄、德外长就在俄国建立国际科技中心达成协议，向核科学家提供从事非军事项目工作机会，以防止苏联核科学家流散。

2月 众议院曝出"空头支票丑闻":大多数众议员在最近3年开出空头支票数万张,从众院银行透支数千万美元。

4月30日 洛杉矶郊区陪审团不顾确凿证据宣告残酷殴打黑人青年4名警察无罪,从而引起4天巨大骚乱。

6月29日 联邦最高法院以5对4票裁决支持计划生育。

6月 美国2.5亿人口中有一半住在郊区。

8月12日 美国、加拿大、墨西哥3国签署《北美自由贸易协定》。

9月2日 美国政府不顾中国政府坚决反对,公然宣布对台湾出售150架F-16战斗机。

10月11日—12日 美国和欧共体就打破乌拉圭回合贸易谈判僵局而举行的行政与技术谈判相继失败。

11月3日 克林顿当选下一任美国总统,妇女与少数民族进入国会人数超历史纪录。

12月3日 联合国通过794号决议,美国据此派军到索马里去帮助将救济物资送到难民手中。

12月 美国贫穷人口达到1964年以来最高水平,白领阶层构成美国失业人口的36%。

1993 年

1月3日 美、俄两国总统在莫斯科签署了《第二阶段削减战略武器条约》。

1月27日 美国商务部宣布:对英、法、日、巴西等19个国家进口的某些碳钢产品征收平均为27%的惩罚性关税。

1月29日 克林顿总统发表声明:将来同性恋者再不会被军队遣散,引起一阵抗议浪潮。

2月17日 克林顿总统在国情咨文中指出:美国面临的各种挑战和机遇中,经济问题最重要,应以增税带动改革。

3月 美国促使联合国将在索马里的"救济任务"改为"以武力维持和平任务",帮助索马里"建立一个有效而负责的政府",结果失败。

5月13日　美国防部宣布："星球大战"时代结束。

7月初　克林顿在东京阐述了他建立"新太平洋共同体"的构想。

8月6日　国会通过了克林顿5年内削减财政赤字5000亿美元计划。

9月21日　国家安全事务助理安东尼·莱克正式提出：必须以一种扩展战略取代遏制战略，使市场民主国家自由共同体在世界上得到扩展。

10月13日　今年已宣布的经济、医学、物理、化学和文学5个领域的10名诺贝尔获奖者中，8名为美国人，1名为在美工作的英国人。

11月　克林顿政府建立国家科学技术委员会。

12月21日　副总统阿尔·戈尔表示：美国政府关于"信息高速公路"政策已初步成型，不久将以法律草案形式提交国会讨论。

1994 年

1月1日　去年11月中旬国会批准的《北美自由贸易协定》正式生效。

1月　美国开始实施一项推动美国庞大研究项目朝着国家制订的优先目标发展的计划。

4月7日　美国与第三世界国家就"社会条款"达成折中协议，解决了关于把贸易与劳动条件相联系的争端。

4月21日　克林顿带头促使联合国安理会作出决议，将联合国维和部队撤出卢旺达，致使50万人在该国内战中丧生，100多万人流离失所，200多万人逃往国外。

5月26日　美国无条件地延长中国最惠国待遇，并将贸易与人权问题脱钩。

7月　克林顿将"扩展战略"发展为"参与和扩展战略"。

8月末　国会通过反犯罪法案和规定购买手枪前须有5天等待期的布雷迪法案。

8月　诬蔑黑人天生智商低下的《正态曲线》一书上市，引起广泛而激烈的争论。

9月11日—13日　美国在迈阿密召开美洲34国领导人会议，决定2005年建立以美国为核心的美洲自由贸易区。

10月26日—29日　克林顿出席约旦与以色列《和平条约》签字仪式，并访问中东6国，和其首脑以及阿拉法特就进一步推动中东和平与反恐怖主义等问题举行会谈。

11月8日　中期选举结果，共和党自1954年以来首次控制国会两院，并在50个州长中占31席。

11月11日　克林顿不顾世界有关各方、尤其是欧洲有关国家反对，在国会压力下，停止实施对波黑穆斯林的武器禁运。

12月15日　克林顿在电视讲话中提出对中产阶级减税计划。

1995年

1月10日—14日　美国防部长佩里访问巴基斯坦和印度，和两国签订了相似的防务协议。

2月16日　中、美两国代表在北京就知识产权问题达成协议，从而避免了一场贸易战。

2月27日　美国公布《东亚和太平洋安全保障战略》，放弃了原来打算逐渐减少部署在东亚及其附近的10万美军。

3月　克林顿在白宫欢迎与英国进行了长达25年武装斗争的北爱尔兰共和军头面人物格里·亚当斯，使英首相梅杰怒不可遏。

4月19日　俄克拉何马城联邦大厦被恐怖分子轰炸，致使168人丧生。

5月22日　美国违反中美3个联合公报原则，批准李登辉到美国作"私人访问"。

5月　美国在塞内加尔召开第3届美非高层会议，讨论美非经济合作问题。

6月　美国迫使日本就长期争议的汽车及汽车零件贸易问题达成协议。

7月15日、23日 众参两院先后通过《北约东扩促进法案》。

9月19日 《纽约时报》和《华盛顿邮报》被迫用8页篇幅联合刊登17年来长期困扰美国社会却又逍遥法外的一个恐怖分子的宣言。

10月22日 克林顿在联合国成立50周年庆祝会上提出对外政策新概念，其核心是反对恐怖活动、武器扩散、有组织犯罪等对美安全形成威胁的全世界暴力与非法活动。

12月 在马德里美欧首脑会议上签署了《新跨大西洋议程》及其附带的《美国与欧盟联合行动计划》。

1996 年

1—2月 美国向智利出口比去年同期增长34%，对南非增长32.2%，对菲律宾增长29.2%，对马来西亚增长23.8%，对泰国增长22.6%，对墨西哥增长11%，对韩国增长9%。

2月8日 克林顿签署《联邦通讯法》，结束了各种通讯相互渗透长达70年限制，使美国通讯自由化成为现实。

2月 在美军监督下，海地选出了听命于美国的政府。

3月 台湾"总统"选举前两岸局势紧张，美国无理派遣两个航空母舰战斗群部署在台湾附近水域，中美关系陷入谷底。

4月16日 克林顿与日本首相签订《美日安全保障联合宣言》，将美日关系从"对付威胁型"转变为"亚太地区安全保障型"。

6月20日 人口普查局宣布：美国最富的人与其他人之间的收入差距，现在是第二次世界大战结束以来最大的。

7月12日 《华尔街日报》刊发一物理学家论文，提出了物理学上"超对称性"新概念，并认为将迎来第三次物理学革命的"弦论"正处于萌芽阶段。

7月31日 克林顿声称将签署取消"新政"时期开始实行的对有赡养儿童家庭给予援助的福利改革法案。

8月5日 克林顿在不久前签署对同古巴贸易的外国公司实行制裁的赫尔姆斯-伯顿法后，今天又签署对在伊朗与利比亚能源项目中投资的公司实行惩罚的达马托法，引起有关国家的强烈反对。

8月27日 《纽约时报》载文称：美国对发展中国家援助少于法、日、德等国。

11月 克林顿再次当选美国总统。

12月 在美国推动下，参加北约和平伙伴关系计划的国家达27个。

1997 年

3月7日 美国在联合国安理会对呼吁以色列停止在东耶路撒冷兴建犹太人定居点的决议，再次以1票对14票行使否决权。

3月24日 《福布斯》杂志载文称：美国现有自主办学的特许学校500所。

4月16日 由440家工商企业组成的"美国接触联合会"在国会举行大型记者招待会，痛陈美国实行单方面经济制裁对美国造成的巨大损失和危害。

5月19日 克林顿政府发表《新世纪国家安全战略》，提出以"营造—反应—准备"为核心的"跨世纪战略方针"。

7月28日 白宫与参议院就2002年以前减税和平衡预算达成初步协议，克林顿后于8月5日签署。

8月6日 美国政府决定采取更积极行动促进即将破灭的中东和谈。

9月 总会计署报告：目前已有40多个联邦机构在与恐怖主义作斗争。

10月26日—11月3日 江泽民主席访问美国，达到增进了解、扩大共识、发展合作、共创未来的目的。

11月15日 国际能源机构调查表明：美国二氧化碳排放量占世界首位。

12月29日 美国《商业周刊》报道：美国经济正陶醉在3.7%的强劲增长、2%的小幅通货膨胀、4.6%的低失业率、低利率、丰厚利润和表面上不可遏制的股市之中。

1998 年

1 月 10 日　克林顿要求国会立即立法阻止科学家理查德·锡德克隆人计划。

1 月 23 日　美国经济政策研究所发表报告称：受亚洲金融危机牵连，在今后两年中，美国贸易逆差将增加 1000 亿~2000 亿美元，从而导致 110 万~210 万人失业。

3 月　美国目前在"家庭课堂"学习的学生已达 120 万人。

4 月 22 日　《福布斯》杂志载文称：美国正迎接"知识经济"时代。

5 月 9 日　由 17 个主要亚裔人协会组成的亚洲—太平洋裔美国人全国委员会在华盛顿举行成立大会。

6 月　克林顿访华期间，首次在上海提出对台湾"三不"（不支持"一中一台"或"两个中国"；不支持台湾独立；不支持台湾参加只有主权国家能参加的国际组织）政策。

8 月 7 日　满载炸药的两个卡车分别在美国驻肯尼亚和坦桑尼亚大使馆附近爆炸，致使包括 12 个美国人在内的 224 人死亡，5000 多人受伤。

9 月 22 日　财政部公报称：到 30 日为止的 1988 财政年度，美国将出现 29 年来首次财政盈余，盈余额可能超过 630 亿美元。

9 月 27 日　在克林顿主持下，经过 9 天折磨人的秘密会谈，巴以和谈终于达成协议。

10 月 6 日　大赦国际发表长达 150 页的报告，指责美国一面抨击外国侵犯人权，一面又不采取足够行动改正自己侵犯人权的行为的"双重标准"。

10 月 13 日　在美国操纵下，北约秘书长发布对南联盟实施军事打击的命令，迫使南联盟总统米洛舍维奇作出重大让步，并从本国领土科索沃撤军。

11 月上旬　亚利桑那州新当选和新任命的州长、州务卿、州检查长、州财政部长和州公共教育主管，均为妇女。

1999 年

1 月 4 日　美国"火星极地着陆者"无人探测器发射升空。

2 月 12 日　参议院否决"作伪证"和"妨碍司法"两项弹劾条款，宣告克林顿总统无罪；总统再次对绯闻案表示道歉。

3 月 12 日　以美国为首的北约举行仪式，正式接纳波兰、匈牙利和捷克为新成员。

3 月 17 日、18 日　国会两院通过建立"国家导弹防御系统"，"星球大战"死灰复燃。

3 月 24 日　在美国导演下，北约开始以最先进军火武器对南联盟进行 70 余日狂轰滥炸，致使南联盟 1800 多名平民丧生、6000 多人受伤、100 万人沦为难民，并造成 2000 多亿美元经济损失。

4 月 23 日—25 日　北约首脑在华盛顿举行北约成立 50 周年纪念会，在美国操持下，提出了世人称为"世界警察白皮书"的"北约战略新概念"。北约据此可以不经联合国安理会授权干涉世界任何国家内政。

5 月 8 日　以美国为首的北约悍然轰炸中国驻南联盟大使馆，造成 3 人死亡，20 余人受伤的严重后果。

5 月 25 日　美众院考克斯委员会污蔑"中国窃取核技术"的所谓调查报告出炉，遭到美国政界、经贸界、舆论界一些人的批驳。

6 月 10 日　美军方宣布：美战区高空区域反导弹系统实弹试验首次成功。

7 月 30 日　美军撤离标志着美军在巴拿马长达 88 年军事存在的结束。

7 月 31 日　美国"月球勘探者"探测器撞击月球陨石坑。

8 月 17 日　由美、德、日 3 国科学家组成的国际物理学小组宣称：他们首次发现了粒子"超对称性"存在的确切实验证据。

10 月 14 日　克林顿猛烈抨击参院拒绝批准《全面禁止核试验条约》决议案，指责共和党进行"不计后果的党派倾轧"。

11 月 12 日　克林顿签署国会 4 日通过的、标志着美国金融业迈进新时代的《金融服务现代化法案》。

11 月 15 日　为期 6 天的中、美就中国加入世界贸易组织的双边会谈在北京结束，签署了中国"入世"的双边协议。

12 月 16 日　中、美就美轰炸中国驻南联盟大使馆赔偿问题达成协议，美国向中国赔偿 2800 万美元。

2000 年

2 月 18 日　商务部宣布：1999 年美国贸易逆差上升 65%，达到 2713 亿美元的历史纪录。

2 月 22 日　《华盛顿邮报》揭露：美国存在一个称为"蓝军"的由国会议员及其助理、智囊人员、共和党人、保守记者、亲台游说人员、前情报人员和"学者"组成的反华松散联盟。

4 月 14 日　华尔街股市 3 大指数再次狂跌，万亿市值化为乌有。

5 月 24 日　众院以 237 票对 197 票通过对华永久性正常贸易关系议案。

7 月 20 日　芝加哥郊外费米加速器国家实验室宣布：发现了自然界中最捉摸不定、极其微小亚原子粒子之一的中微子存在的第一个直接证据。

7 月 27 日　参院通过总额为 2880 亿美元的 2001 年国防预算。这是冷战后美国第二次大规模增加国防开支。

9 月 28 日　美国国防部违反中美 3 个联合公报原则，再度宣布总额达 13.08 亿美元的对台军售计划。

10 月 12 日　朝鲜国防委员会第一副委员长赵明录结束对美 4 天访问，朝、美双方宣布两国将致力于建立"摆脱过去敌对状态的新型关系"。

11 月 10 日　《华盛顿邮报》载文称：全球反美运动形成网络。

12 月 21 日　商务部发表报告表明：美国经济迅速增长期显然已结束。

主要中外文参考书目

本参考书目按整个战后时期、杜鲁门与艾森豪威尔时期、肯尼迪与约翰逊时期、尼克松至卡特时期、里根至克林顿时期等 5 个时期排列。凡不便列入某一具体时期的读物，均列入整个战后时期。

整个战后时期

工具书和历史文献

1. 列宁:《帝国主义是资本主义的最高阶段》，中译本，人民出版社，1964 年版。

2. 列宁:《论修改党纲》第 7 节，人民出版社 1985 年第 2 版《列宁全集》，中译本，第 32 卷。

3. 列宁:《大难临头，出路何在?》第 11 节，人民出版社 1972 年版《列宁选集》，中译本，第 3 卷。

4. Bently, Eric, ed., *Thirty Years of Treason*：*Excerpts from Hearings before the House Committee on Un-American Activities*(本特利，埃里克编:《叛国罪 30 年：众院非美活动调查委员会听证材料摘编》)，瓦伊金出版社，1971 年版。

5. Commager, Henry S., *The Struggle for Racial Equality*：*A Documentary Record*(康马杰，亨利·S.:《争取种族平等斗争文献》)，哈珀与罗出版社，1967 年版。

6. *Congress and Nation*, *1945—1964*：*A Review of Government and Politics*(《国会与国家，1945—1964：政府与政治的回顾》)，国会季刊出版公司，1965 年版。

7. *Congressional Record*(《国会纪录》)，政府印刷局，战后部分。

8. *Documents on American Foreign Relations*(《美国对外关系文献》)(从 1939 年开始，每年出一本，编辑者与出版单位不固定）。

9. Druks, Herbert. *From Truman Through Johnson*：*A Documentary History*（德鲁克斯，赫伯特：《从杜鲁门一直到约翰逊文献史》），罗伯特·斯佩勒出版社，1971 年版。

10. *Employment and Training Report of the President*(《总统就业与训练报告》，美国政府印刷局，每年一册[注：20 世纪 60 年代称为 *Manpower Report of the President*(《总统人力报告》)]。

11. Foner, Philip S., *The Voice of Black America*：*Major Speeches by Blacks in the United States, 1797—1973*（方纳，菲利普：《美国黑人之声：1797—1973 年美国黑人重要演说》，两卷本），卡普里科恩图书公司，1975 年版，第 2 卷。

12. Garraty, John A., *Robert A. Divine, Twentieth Century America*：*Contemporary Documents and Qpinions*（加勒蒂，约翰，罗伯特·A·迪万：《20 世纪美国：当代文献与舆论》，利特尔、布朗公司，1968 年版。

13. Graebner, Norman, ed., *Ideas and Diplomacy*：*Headings in the Intellectual Tradition of American Foreign Policy*（格雷布纳，诺曼编：《思想和外交：美国对外政策思想传统文献》），牛津大学出版社，1964 年版。

14. Heffner, Richard D., *A Documentary History of the United States*（赫夫纳，理查德·D.：《美国文献史》），新美国图书公司，1976 年版，第 25~28 章。

15. *Historical Statistics of the United States, Colonial Times to 1970*(《自殖民地时代至 1970 年的美国历史统计》，两卷本），美国政府印刷局，1975 年版，第二次世界大战后部分。

16. Hochman, Stanley, *Yesterday and Today*：*A Dictionary of Recent American History*（霍克曼，斯坦利：《昨天与今天：新近美国历史词典》，麦格劳-希尔图书公司，1979 年版。

17. Johnson, Donald Bruce, Compi., *National Party Platforms*,

1840—1972（约翰逊，唐纳德·布鲁斯编辑：《1840—1972年全国性政党政纲》，美国伊利诺伊大学出版社，1944年及以后各次大选部分。

18. Kutler, Stanley I., *Looking for America*：*The People's History*（柯特勒，斯坦利：《寻找美国：人民史》），诺顿公司，1979年版，第2卷，第7篇。

19. Schlesing, Jr., Arthur M., Roger Bruns, eds., *Congress Investigations*：*A Documentary History*，*1792—1974*（施莱辛格，小阿瑟与罗杰·布伦斯编：《国会调查报告：1792—1974年文献史》），切尔西家族出版社，第5卷。

20. Schlesinger, Jr., Arthur M., *The Dynamics of World Power*：*A Documentary History of United States Foreign Policy*，*1945—1973*（施莱辛格，小阿瑟：《世界强国的动力：1945—1973年美国外交政策历史文献》），切西尔家族出版社，1973年版。

21. *Statistical Abstract of the United States*（《美国统计摘要》），美国政府印刷局，每年1本。

22. *Vital Speeches of the Day*（《当代重要演说》），城市新闻出版公司，每年1卷。

23. *Weekly Compitation of Presidendial Documents*（《总统文件周编》），美国政府印刷局，每年1卷。

专著、编著

24. Ambrose, Stephen, *Rise to Globalism*：*American Foreign Policy Since 1938*（安布罗斯，斯蒂芬：《进入全球干涉主义：1938年以来的美国外交政策》），瓦伊金出版社，1991年版。

25. Baily, Samuel L., *The United States and the Development of South America*，*1945—1975*（贝利，塞缪尔：《1945—1975年间美国与南美的发展》），新观点出版社，1976年版。

26. Barnet, Richard J., *Intervention and Revolution*：*The United States in the Third World*（巴尼特，理查德：《干涉与革命：美国在第三世

界》），世界出版公司，1968 年版。

27. Barone，Michael，*Our Century*：*The Shaping of America from Roosevelt to Reagan*（巴罗内，迈克尔：《我们的世纪：从罗斯福到里根的美国的形成》），自由出版社，1990 年版。

28. Bell，Daniel，*The Cultural Contradiction of Capitalism*（贝尔，丹尼尔：《资本主义的文化矛盾》），1979 年版。

29. Belz，Herman，*Equality Transformed*：*A Quarter-Century of Affirmative Action*（贝尔兹，赫尔曼：《变形的平等：1/4 世纪的照顾措施》），交易图书公司，1991 年版。

30. Berkowitz，Edward，*America's Welfare State from Roosevelt to Reagan*（伯科威茨，爱德华：《从罗斯福到里根时期美国的福利国家》），约翰斯·霍普金斯大学出版社，1991 年版。

31. Berman，William C.，*America's Right Turn*：*From Nixon to Clinton*（伯曼，威廉：《美国向右转：从尼克松到克林顿》），约翰斯·霍普金斯大学出版社，1998 年版。

32. Bigsby，C. W. E.，*A Critical Introduction to Twentieth-Century American Drama*（比格斯比，C. W. E.：《20 世纪美国戏剧的恰当评介》），剑桥大学出版社，1988 年版。

33. Black，Nelson M.，*A History of American Life and Thought*（布莱克，纳尔逊：《美国生活与思想史》），麦格劳-希尔图书公司，1972 年版。

34. Bluestone，Barry and Bennett Harrison，*The Deindustrialization of America*（布卢斯通，巴里与贝内特·哈里森：《美国的非工业化》），1982 年版。

35. Brookeman，Christopher，*American Culture and Society since the 1930s*（布鲁克曼，克里斯托夫：《30 年代以来的美国文化与社会》），麦克米伦公司，1985 年版。

36. Buckley，William，Jr. And Charles Kester，*Keeping the Tables*：*Modern American Conservative Thought*（巴克利，小威廉写查尔斯·凯斯特：《守成：现代美国保守思想》），哈珀与罗出版社，1988

年版。

37. Catter, Dan T. , *From George Wallace to Newt Gingrich*: *Race in the Conservative Counterrevolution*, *1963—1994*(卡特, 丹:《从乔治·华莱士到纽特·金里奇: 1963—1994 年间保守派反革命中的种族因素》), 路易斯安那州立大学出版社, 1997 年版。

38. Chafe, William H. , *The Unfinished Journey*: *America since the Second World War*(查菲, 威廉:《未完成的旅程: 第二次世界大战以来的美国》), 牛津大学出版社, 1999 年版。

39. Cocks, Archibald, *The Role of the Supreme Court in American Government*(科克斯, 阿奇博尔德:《最高法院在美国政府中的作用》), 牛津大学出版社, 1976 年版。

40. Cocks, Archibald, *The Warren Court*: *Constitutional Decicion as Instrument of Reform*(科克斯, 阿奇博尔德: 沃伦法院:《作为改革工具的宪法判决》), 哈佛大学出版社, 1968 年版。

41. Cunliffe, Marcus, *The Literature of the United States* (坎利夫, 马库斯:《美国文学》), 彭吉恩图书公司, 1970 年版。第二次世界大战后部分。

42. Davis, Mike, *Prisoners of American Dream*(戴维斯, 迈克:《沉溺于美国梦的人们》), 弗索, 1986 年版。

43. Dionne, E. J. Jr. , *Why Americans Hate Politics*(迪奥纳, E. Jr. :《为什么美国人讨厌政治?》), 西蒙与舒斯特, 1991 年版。

44. Divine, Robert A. , *Since 1945*: *Politics and Diplomacy in Recent American History*(迪万, 罗伯特:《1945 年以来的美国政治与外交》), 克诺普夫公司, 1985 年版。

45. Edsall, Thomas B. With Mary Edsall, *Chain Reaction*: *The Impact of Race*, *Rights*, *and Taxes on American Politics since* 1965(埃德索尔, 托马斯与玛丽·埃德索尔:《连锁反应: 1965 年以来种族权利与税收对美国政治的影响》)诺顿公司, 1992 年版。

46. Elliott, Emory, ed. , *Colurmbia Literary History of the United States* (埃利奥特, 埃默里编:《哥伦比亚美国文学史》), 哥伦比亚大

学出版社，1988 年版。

47. Feiveson, Harold A., ed., *The Nuclear Turning Point*：*A Blueprint for Deep Cuts and De-alerting of Nuclear Weapons*（费维逊，哈罗德编：《核转折点：大减和淡化核武器的蓝图》），布鲁金斯学会出版社，1999 年版。

48. Fox, Richard and James Kloppenberg, eds., *A Comparion to American Thought*（福克斯，理查德与詹姆斯·克洛彭堡编：《美国思想手册》），布莱克韦尔出版社，1998 年版。

49. Franklin, John Hope, *From Slavery to Freedom*（富兰克林，约翰·霍普：《从奴役到自由》），克诺普夫公司，1980 年版。

50. Gaddis, John L., *Strategies of Containment*（加迪斯，约翰：《遏制战略》），牛津大学出版社，1982 年版。

51. Galbraith, John, *The New Industrial State*（加尔布雷思，约翰：《新工业国》），美国新图书公司，1976 年版。

52. Gatlin, Rochelle, *American Women since 1945*（加特林，罗彻尔：《1945 年以来的美国妇女》），麦克米伦公司，1985 年版。

53. George, Alexander and Richard Smoke, *Deterrence in American Foreign Policy*：*Theory and Performance*（乔治，亚历山大与理查德·斯莫克：《美国对外政策中的威慑理论与实践》），哥伦比亚大学出版社，1974 年版。

54. Goldman, Eric, *Rendezvous With Destiny*：*A History of Modern American Reform*（戈德曼，埃里克：《应运而生：现代美国改革史》），克诺普夫公司，1972 年版。

55. Gottfried, Paul and Thomas Fleming, *The Conservative Movement*（戈特弗里德保罗与托马斯·弗莱明：《保守运动》），特韦恩出版社，1988 年版。

56. Graham, Hugh, ed., *Civil Rights in the United States*（格雷厄姆，休编：《美国的民权》），宾夕法尼亚州立大学出版社，1994 年版。

57. Hamby, Alonzo, *Liberalism and its Challengers*：*FDR to Bush*（汉比，

阿隆索:《从富兰克林·罗斯福到布什时期的自由主义及其挑战者》),牛津大学出版社,1992 年版。

58. Hamilton, Richard, *Class and Politics in the United States*(汉密尔顿,理查德:《美国的阶级与政治》),威利公司,1972 年版。

59. Harding, Harry, *A Fragile Relationship*:*The United States and China since 1972*(哈定,哈里:《1972 年以来美国与中国的脆弱关系》),布鲁金斯学会出版社,1992 年版。

60. Harrington, Michael, *Socialism*:*Past and Puture*(哈林顿,迈克尔:《社会主义的过去与未来》),阿凯德出版社,1989 年版。

61. Hart, James, *The Oxford Companion to American Literature*(哈特,詹姆斯:《牛津美国文学指南》),牛津大学出版社,1983 年版。

62. Hartman, Susan, *From Margin to Mainstream*:*American Women and Politics since* 1960(哈特曼,苏珊:《从边缘到主流:1960 年以来的美国妇女与政治》),1989 年版。

63. Helner, Robert W., *Democratic Civility*(赫尔纳,罗伯特:《民主文化》),交易出版社,1998 年版。

64. Hermstein, R.J. and Charles Murray, *The Bell Curve*:*Intelligence and Class Structure in American Life*(赫恩斯坦,R. J. 与查尔斯·默里:《正态曲线:美国生活中的智力与阶级结构》),自由出版社,1994 年版。

65. Hersey, John, *Aspects of Presidency*(赫西,约翰:《总统制的面面观》),蒂克纳与菲尔兹,1980 年版。

66. Hibbs, Douglas, *The American Political Economy*:*Macroeconomics and Electoral Politics*(希布斯,道格拉斯:《美国政治经济学:宏观经济学与选举政治》),哈佛大学出版社,1987 年版。

67. Himmelstein, Jerome, *To the Right*:*Transformation of American Conservatism*(希默尔斯坦,杰罗姆:《美国保守主义向右转》),加利福尼亚大学出版社,1990 年版。

68. Hodgson, Godfrey, *The World Turned Right Side Up*:*A History of the Conservative Ascendancy in America*(霍奇森,戈弗雷:《世界向右

转：美国保守势力上升史》），霍顿·米夫林公司，1996 年版。

69. Hoffinann, Stanley, *Primacy or World Order：American Foreign Policy since the Gold War*（霍夫曼，斯坦利：《是要支配地位还是要世界秩序：冷战以来的美国外交政策》），麦格劳-希尔公司，1978 年版。

70. Hudson, Mchael, *Super Imperialism：The Economic Strategy of American Empire*（赫德森，迈克尔：《超级帝国主义：美帝国的经济战略》），霍尔特、莱因特、温斯顿公司，1973 年版。

71. Hunter, James D., *Before the Shooting Begins：Searching for Democracy in America's Culture Wars*（亨特，詹姆斯：《射击之前：在美国文化战斗中搜索民主》），自由出版社，1994 年版。

72. Issel, William, *Social Changes in The United States, 1945—1983*（伊塞尔，威廉：《1945—1983 年间美国社会变迁》），麦克米伦公司，1985 年版。

73. Jay, Paul, *Critical Theory, American Literature and Contigency Blues：The Search for Foundations in American Criticism*（杰伊，保罗：《批评理论，美国文学与应急布鲁斯：寻求美国文学批评的基础》），威斯康星大学出版社，1997 年版。

74. Jencks, Christopher, *Rethinking Social Policy：Race, Poverty, and the Underclass*（詹克斯，克里斯托弗：《重新考虑社会政策：种族、贫穷与下层阶级》），哈佛大学出版社，1992 年版。

75. Kazin, Michael, *The Populist Persuasion：An American History*（卡津，迈克尔：《民粹派的信念：一种美国史》），基本图书公司，1995 年版。

76. Keglay, Charles and Eugene Witkopf, *American Foreign Policy：Pattem and Process*（凯格莱，查尔斯与尤金·威特科普夫：《美国外交政策的模式与历程》），圣马丁出版社，1991 年版。

77. Kollo, Gabriel, *Main Currents in Modern American, History*（科尔科，加布里埃尔：《现代美国史的主流》），哈珀与罗出版社，1976 年版。

687

78. Kutner, Robert, *The End of the Laissez Faire*：*National Purpose and the Global Economy after the Cold War*（库特纳，罗伯特：《自由放任主义的终结：冷战后的国家目标与全球经济》），克诺普夫公司，1991 年版。

79. LaFeber, Walter, *America, Russia, and the Cold War*：*1945—1992*（拉弗贝，沃尔特：《1945—1992 年间的美国、俄国与冷战》），麦格劳-希尔公司，1993 年版。

80. Latham, Earl, *The Communist Controversy in Washington*（莱瑟姆，厄尔：《华盛顿关于共产主义的争论》），哈佛大学出版社，1966 年版。

81. Leuchtenburg, William, *In the Shadow of FDR*：*From Harry Truman to Ronald Reagan*（洛克滕堡，威廉：《在富兰克林·罗斯福的阴影下：从哈里·杜鲁门到罗纳德·里根》），康奈尔大学出版社，1983 年版。

82. Lindsay, James M., *Congress and the Politics of United States Foreign Policy*（林赛，詹姆斯.M.：《国会与美国外交政策的政治》），约翰斯·霍普金斯大学出版社，1994 年版。

83. Lippmann, Walter. *The Cold War*：*A Study in U. S. Foreign Policy*（李普曼，沃尔特：《冷战：美国外交政策的研究》），哈珀公司，1974 年版。

84. Lupia, Arthur and Mathew McCubbins, *The Democratic Dilemma*：*How Citizins Can Learn What They Need to Know*（卢皮亚，阿瑟与马修·麦卡宾斯：《民主的难题：公民们如何能学到他们必需的知识》），哥伦比亚大学出版社，1998 年版。

85. Martin, William, *With God on Our Side*：*The Rise of the Rdigious Right in America*（马丁，威廉：《上帝在我们一边：美国宗教右派的兴起》），百老汇图书公司，1996 年版。

86. Marty, Martink, *Pilgrims in Their Own Land—U. S. Church History*（马蒂，马丁克：《本土朝圣者—美国教会史》），利特尔公司，1984 年版。

87. Mcquaid, Kim, *Big Business and Presidential Power*（麦奎德，金：《大企业与总统权力》），威廉·莫罗公司，1982 年版。

88. Mikhailov, B. Y., etc., *Recent History of the Labor Movement in the United States*（米哈伊洛夫，B. Y. 等《新近美国劳工运动史》），进步出版社（英文版），1979 年版。

89. Miles, Michael, *The Odyssey of the American Right*（迈尔斯，迈克尔：《美国右派的漫长历程》），牛津大学出版社，1980 年版。

90. Millard, Kenneth, *Contemporary American Fiction：An Introduction to American Fiction since 1920*（米勒德，肯尼思：《当代美国小说：1920 年以来美国小说指南》），牛津大学出版社，2000 年版。战后部分。

91. Moen, Mathew, *The Christian Right and Congress*（莫恩，马修：《基督教右派与国会》），亚拉巴马大学出版社，1989 年版。

92. Mooney, Peter and Colin Bown, *Truman, to Cater：A Post-War History of the United States of America*（穆尼，彼得与科林·鲍恩：《从杜鲁门到卡特：战后美国史》），爱德华·阿诺德出版社，1979 年版。

93. Morgan, Iwan W., *Beyond the Liberal Consensus：A Political History of the United States Since 1965*（摩根，伊万：《自由主义共识以后：1965 年以来美国政治史》），圣马丁出版社，1994 年版。

94. Morris, Charles, *A Time of Passion：America, 1960—1980*（莫里斯，查尔斯：《激情的时代：1960—1980 年间的美国》）彭吉恩图书公司，1986 年版。

95. Mosher, Steven, *China Misperceived：American Illusions and Chinese Reality*（莫舍，史蒂文：《误观中国：美国的幻像与中国的实际》），哈珀·科林斯出版公司，1990 年版。

96. Mowry, George and B. A. Brownell, *The Urban Nation, 1920—1980*（莫里，乔治与 B. A. 布劳内尔：《1920—1980 年间的城市国家》），希尔与王公司，1981 年版。第二次世界大战以后部分。

97. Nash, George, *The Conservative Intellectual Movement since 1945*（纳

什，乔治：《1945 年以来的保守思想运动》)，基本图书公司，
1976 年版。

98. Oates, Stephen, *Let the Trumpet Sound*：*The Life of Martin Luther
King*, Jr. (奥茨，斯蒂芬：《吹响号角：小马丁·路德·金传》)，
美国新图书公司，1982 年版。

99. Olson, James and Randy Roberts, *Where the Dominoes Fell*：*America
and Vietnam, 1945—1990*(奥尔森，詹姆斯与兰迪·罗伯茨：《多
米诺骨牌从何处倒下：1945—1990 年间的美国与越南》)，圣马
丁出版社，1991 年版。

100. Orfield, Gary and Edward Miller, eds. , *Chilling Admissions*：*The
Affirmative Action Crisis and the Search for Alternatives*(奥菲尔德，
加里与爱德华·密勒编：《冷酷的承认：照顾措施的危机与代替
办法的寻求》)，哈佛教育出版集团，1998 年版。

101. Parmet, Herbert, *The Democrats*：*The Years after FDR*(帕米特，
赫伯特：《富兰克林·罗斯福以后年代的民主党人》)，麦克米
伦公司，1976 年版。

102. Patterson, James, *American's Struggle against Poverty, 1920—1980*
(帕特森，詹姆斯：《1920—1980 年间美国的反贫困斗争》)，哈
佛大学出版社，1981 年版。第二次世界大战以后部分。

103. Poole, Peter, *The United States and Indo-China from FDR to Nixon*
(普尔，彼得：《从富兰克林·罗斯福到尼克松时期的美国与印
度支那》)，伊利诺伊州欣德赖登出版社，1973 年版。

104. Radosh, Ronald, *Divided They Fell*：*The Demise of the Democratic
Party, 1964—1996*(拉多什，罗纳德：《他们因分裂而倒下：
1964—1996 年间民主党的失势》)，自由出版社，1996 年版。

105. Russet, Bruce and Elizabeth Hanson, *Interest and Ideology*：*The
Foreign Policy Beliefs of American Businessment*(拉西特，布鲁斯与
伊丽莎白·汉森：《利益与意识形态：美国企业家的对外政策信
念》)，里曼公司，1975 年版。

106. Salisburg, Harrison, ed. , *Vietnam Reconsidered*：*Lessons from A*

War(索尔兹伯里，哈里逊编：《越战反思：战争教训》)，哈珀与罗出版社，1984 年版。

107. Schaller, Michael, *United States and China in the Twentieth Century*（沙勒，迈克尔：《20 世纪美国与中国》)，牛津大学出版社，1990 年版。第二次世界大战以后部分。

108. Schlesinger, Arthur M., Jr., *The Imperial Presidency*（施莱辛格，小阿瑟·M.：《帝王般总统制》)，霍顿·米夫林公司，1973 年版。

109. Schachtman, Tom, *Decade of Shocks: Dollars to Watergate*，1963—1974(沙奇特曼，汤姆：《震荡的十年：从 1963 年的达拉斯事件到 1974 年的水门事件》)，波西唐出版社，1983 年版。

110. Shambaugh, David, *Beautiful Imperialist: China Perceives America*（香博，戴维：《美丽的帝国主义者：中国看美国》)，普林斯顿大学出版社，1991 年版。

111. Smith, Steven, *The American Congress*（史密斯，史蒂文：《美国国会》)，波士顿；霍顿·米夫林，1995 年版。

112. Spulber, Nnicolas, *Managing the American Economy from Roosevelt to Reagan*（斯普尔伯，尼古拉斯：《从罗斯福到里根时期对美国经济的管理》)，印第安纳大学出版社，1989 年版。

113. Stephanopoulos, George, *All Too Human: A Political Education*（斯特凡诺普洛斯，乔治：《过于人情化的政治教育》)，利特尔、布朗公司，1999 年版。

114. Sussman, Bany, *What Americans Really Think: And Why Our Polititians Pay No Attention*（萨斯曼，巴里：《美国人的真实思想：为什么我们的政治家不关注?》)，潘西昂图书公司，1988 年版。

115. Tomasson, Richard, Faye Crosby, and Sharon Herzbeiger, eds., *Affirmative Action, The Pros and Cons of Policy and Practice*（托马逊，理查德等编：《对照顾措施政策与实践的赞成论与反对论》)，美国大学出版社，1996 年版。

116. Tucker, Robert, *A New Isolationism: Threat or Promise*（塔克，罗

691

伯特:《新孤立主义:威胁还是希望?》),纽约大学图书公司,
1972 年版。

117. Tugwell, Rexford, *Off Course: From Truman, to Nixon*(特格韦
尔,雷克斯福德:《转向:从杜鲁门到尼克松》),普雷格出版
社,1971 年版。

118. Vogel, David, *Fluctuating Fortures: The Political Power of Business
in America*(沃格尔,戴维:《起伏不定的运气:美国企业的政治
权力》),基本图书公司,1989 年版。

119. Walker, Samuel, *The Rights of Revolution* (沃尔克,塞缪尔:《革
命的权利》),牛津大学出版杜,1998 年版。

120. Williamson, Oliver, *The Mechanism of Govemance*(威廉森,奥利
弗:《治理的机制》),牛津大学出版社,1996 年版。

121. Wright, Eric, *Class, Crisis, and the State*(赖特,埃里克:《阶
级、危机与国家》),弗索,1978 年版。

122. Yarmolinsky, Adam, *The Military Establishment: Its Impacts on
American Society*(亚莫林斯基亚当:《军事权势集团对美国社会
的影响》),哈珀与罗出版社,1971 年版。

123. Zieger, Robert, *American Workers, American Unions*(齐格,罗伯
特:《美国工人,美国工会》),约翰斯·霍普金斯大学出版社,
1994 年版。第二次世界大战以后部分。

124. Zinn, Howard, *A People's History of the United Spates*(津恩,霍华
德:《美国人民史》),朗曼公司,1980 年版。第二次世界大战
以后部分。

125. Zinn, Howard, *Post War America, 1945—1977*(津恩,霍华德:
《1945—1971 年的美国》),鲍勃斯-梅里尔公司,1973 年版。

译著

126. 迈克尔·亨特:《意识形态与美国外交政策》,世界知识出版社,
1999 年版。

127. 理查德·D·宾厄姆:《美国地方政府的管理:实践中的公共行

政》，北京大学出版社，1997 年版。战后部分。

128. 赫伯特·斯坦：《美国总统经济史》，吉林人民出版社，1997 年版。战后部分。

129. 艾伦·布卢姆著：《走向封闭的美国精神》，中国社会科学出版社，1994 年版。

130. 詹姆斯·M·伯恩斯等：《美国式民主》，中国社会科学出版社，1993 年版。

131. 约瑟夫·奈：《美国定能领导世界吗?》，军事译文出版社，1992 年版。

132. 布鲁斯特·C·丹尼：《从总体考察美国对外政策》，世界知识出版社，1988 年版。

133. 希尔斯曼：《美国是如何治理的》，商务印书馆，1986 年版。

134. 拉塞尔·F·韦格利：《美国军事战略与政策史》，解放军出版社，1986 年版。第 4、5 部分。

135. 西奥多·怀特：《我国的自我探索：总统的诞生（1956—1980)》，中国对外翻译公司，1985 年版。

136. [苏]波格丹诺夫等编：《美国军事战略》，解放军出版社，1985 年版。

137. 戴维·哈尔伯斯坦：《无冕之王：美国四大新闻机构内幕》，新华出版社，1985 年版。

138. [苏]阿·契格达耶夫：《美国美术史》，文化艺术出版社，1985 年版。

139. 加尔文·D·林顿编著：《美国两百年大事记》，上海译文出版社，1984 年版。战后部分。

140. 拉尔夫·德·贝茨：《1933—1973 年美国史》，人民出版社，1984 年版。下册。

141. 丹尼尔·贝尔：《后工业社会的来临》，商务印书馆，1984 年版。

142. 詹姆斯·班福德：《揭开美国国家安全局的秘密》，战士出版社，1984 年版。

143. 理查德·范科斯德等：《美国教育基础——社会展望》，教育科学出版社，1984 年版。

144. 丹尼尔·霍夫曼主编：《当代美国文学》，中国文艺联合出版公司，1984 年版。

145. 莉莲·弗里德里德：《美国画家》，人民美术出版社，1983 年版。

146. 彼得·哈伊：《美国法律概论》，北京大学出版社，1983 年版。

147. 阿瑟·林克与威廉·卡顿：《一九○○年以来的美国史》，中国社会科学出版社，1983 年版。

148. H·N·沙伊贝等：《近百年美国经济史》，中国社会科学出版社，1983 年版。第 15—18 章。

149. H·马尔库塞等：《工业社会和新左派》，商务印书馆，1982 年版。

150. 劳伦斯·科布：《五角大楼的沉浮》，新华出版社，1982 年版。

151. 杰拉尔德·J·曼贡：《美国海洋政策》，海洋出版社，1982 年版。

152. M·贝科威茨等：《美国对外政策的政治背景》，商务印书馆，1982 年版。

153. 苏联科学院美国加拿大研究所编：《美国对外经济战略》，三联书店，1982 年版。

154. 吉尔伯特·C·菲特、吉姆·E·里斯：《美国经济史》，辽宁人民出版社，1981 年版。

155. ［英］维尔：《美国政治》，商务印书馆，1981 年版。

156. 诺曼·杰·奥恩斯坦：《利益集团、院外活动和政策制订》，世界知识出版社，1981 年版。

157. 马克斯韦尔·泰勒：《剑与犁：泰勒回忆录》，商务印书馆，1981 年版。

158. 伊哈布·哈桑：《当代美国文学》，山东人民出版社，1980 年版。

159. 哈罗德·F·戈斯内尔、理查德·G·斯莫尔卡：《美国政党和选举》，上海译文出版社，1980 年版。

160. 美国劳工统计局编：《美国劳工运动史》，工人出版社，1980 年版。

161. 威廉·曼彻斯特：《光荣与梦想》，商务印书馆，1979 年版。第 2、3、4 册。

162. 维克托·马凯蒂、约翰·马克斯：《中央情报局与情报崇拜》，三联书店，1979 年版。

163. ［苏］谢沃斯季扬诺夫主编：《美国现代史纲》，三联书店，1978 年版。上册第 7 章、下册。

164. A·基尔萨诺夫：《美国与西欧——第二次世界大战以后的经济关系》，商务印书馆，1978 年版。

165. ［法］安德烈·莫鲁瓦：《美国史：从威尔逊到肯尼迪》，上海人民出版社，1977 年版。第 8—10 章。

166. 保罗·巴兰、保罗·斯威齐：《垄断资本：论美国的经济和社会秩序》，商务印书馆，1977 年版。

167. 小阿瑟·施莱辛格主编：《美国共和党史》，上海人民出版社，1977 年版。

168. 霍夫斯达德：《美国政治传统》，九思出版社，1977 年版。

169. ［日］吉泽清次郎主编：《战后日美关系》，上海人民出版社，1977 年版。

170. 小阿瑟·施莱辛格主编：《美国民主党史》，上海人民出版社，1977 年版。

171. 乔易斯·科尔斯：《美国与世界资本主义经济危机》，北京人民出版社，1977 年版。

172. ［苏］谢·阿·达林：《第二次世界大战后美国国家垄断资本主义》，三联书店，1975 年版。

173. 哈里·马格多夫：《帝国主义时代——美国对外政策的经济学》，商务印书馆，1975 年版。

174. 维克托·佩洛：《不稳定的经济：1945 年以来美国经济的高涨和衰退》，商务印书馆，1975 年版。

175. 查尔斯·波伦:(1929—1969年间历史的见证》,商务印书馆,1975年版。

176. 切斯特·鲍尔斯:《鲍尔斯回忆录》,上海人民出版社,1974年版。

177. 纽豪斯·约翰:《苦寒的拂晓:限制战略武器会谈内幕》,三联书店,1974年版。

178. 戴维·霍罗威茨:《美国冷战时期的外交政策》,上海人民出版社,1974年版。

179. [苏]阿·米沙尔科夫:《日本和美国》,上海人民出版社,1974年版。

杜鲁门与艾森豪威尔时期

工具书与历史文献

180. Bernstein,Barton J. and Allen J. Matusow, *The Truman Adminis-tration*: *A Documentary History*(伯恩斯坦,巴顿·J.和艾伦,J·马图索:《杜鲁门政府文献史》),哈珀与罗出版社,1966年版。

181. Bohanan, Robert D., Compi., *Dwight D. Eisenhower*: *A Selected Bibliography of Periodical and Dissertation Literature*(博哈南,罗伯特编辑:《德怀特·D.艾森豪威尔:期刊与论文选编》),德怀特·D.艾森豪威尔图书馆。

182. Branayan, Robert L. and Lawrence H. Larsen, *The Eisenhower Administration*, *1953—1961*: *A Documentary History*(布兰扬,罗伯特·L.和劳伦斯·H·拉森:(1953—1961年艾森豪威尔政府文献史》,两卷本),兰登书屋,1971年版。

183. Commager, Henry S., ed., *Documents of American History*(康马杰,亨利编:《美国历史文献》),阿普尔顿公司,1958年版。

184. Ferrel, Robert H., ed., *Off the Record*: *The Private Papers of Harry S. Truman*(弗雷尔,罗伯特编:《哈里·S.杜鲁门未公开密件》),哈珀与罗出版社,1980年版。

185. Ferrel R. H., ed., *The Eisenhower Diaries*(同上作者编:《艾森

豪威尔日记》)，诺顿公司，1981 年版。

186. *Historical Materials in the Harry S. Truman. Library—25th Anniversary edition*(《哈里·S. 杜鲁门图书馆历史资料》)，25 周年纪念版，杜鲁门图书馆，1982 年版。

187. Hagerty, James C., James C. *Hagerty Diaries：Eisenhower in Middle Course, 1954—1955*(哈格蒂, 詹姆斯·C.:《詹姆斯·C. 哈格蒂日记：1954—1955 年中间道路上的艾森豪威尔》)，美国印第安纳大学出版社，1983 年版。

188. *Major Speeches and Debates of Senator Joe McCarthy Delivered in the United States Senate, 1950—1951*(1950—1951 年参议员乔·麦卡锡在美国参议院发表的重要演说与辩论汇编》)，美国政府印刷局，1952 年版。

189. Poen, Monte M., ed., Lettere Home(波恩, 蒙特编:《家信》)，普特曼公司，1983 年版。

190. Poen, M. M., ed., *Strictly Personal and Confidential：The Letters Harry Truman Never Mailed*(同上作者编:《绝密: 哈里·杜鲁门未付邮的信件》)，美国波士顿: 科特尔, 布朗公司，1982 年版。

191. *Public Papers of the Presidents of the United States, Harry S. Truman*(《美国总统公文汇编: 哈里·S·杜鲁门》)，8 卷本, 华盛顿: 美国政府印刷局，1961—1966 年版。

192. *Public Papers of the Presidents of the United States, Dwight D. Eisenhower, 1953—1961*((美国总统公文汇编: 德怀特·D·艾森豪威尔, 1953—1961》)，8 卷本, 美国政府印刷局，1960—1961 年版。

193. Stapleton, Margaret C., *The Truman and Eisenhower Years, 1945—1960：A Selective Bibliography*(斯特普尔顿, 玛格丽特:《杜鲁门与艾森豪威尔年代, 1945—1960: 参考读物选编》)，新泽西州梅塔钦: 斯卡雷克罗出版社，1973 年版。

194. *State Department：American Foreign Policy, 1950—1960*(国务院

编:《1950—1960 年美国对外关系文献》),7 卷本,美国政府印刷局,1957—1964 年版。

专著、编著

195. Adams, Sherman, *Firsthand Report*：*The Story of the Eisenhower Administration*(亚当斯,谢尔曼:《第一手报告:艾森豪威尔政府内情》),哈珀兄弟出版社,1981 年版。

196. Alexander, Charles C., *Holding the Line*：*The Eisenhower Era, 1952—1961*(亚历山大,查尔斯:《守住防线:1952—1961 年的艾森豪威尔年代》),美国印第安纳大学出版社,1975 年版。

197. Ambrose Stephen E., *Ike's Spies*：*Eisenhower and the Espionage Establishment*(安布罗斯,斯蒂芬·E.:《艾克的间谍:艾森豪威尔与谍报建置》),道布尔戴公司,1981 年版。

198. Bailey, Stephen E., *Congress Makes a Law*：*The Story behind the Employment Act of 1946*(贝利,斯蒂芬:《1946 年国会制订就业法内情》),1950 年版。

199. Bartley, Numan V., *The Rise of Massive Resistance*：*Race and Politics in the South during the 1950s*(巴特利,纽曼:《大规模抵抗的兴起:50 年代南方的种族与政治》),美国路易斯安那州立大学出版社,1969 年版。

200. Bell, Daniel, *The End of Ideology*：*On the Exhaustion of Political Ideas in the Fifties*(贝尔,丹尼尔:《意识形态的终结:50 年代政治思想的枯竭》),科利尔图书公司,1961 年版。

201. Berman, William C., *The Politics of Civil Rights in the Truman Administration*(伯曼,威廉:杜鲁门政府时期的民权政治》),俄亥俄州立大学出版社,1970 年版。

202. Bernstein, Barton J., ed., *Politics and Policies of the Truman Administration* (伯恩斯坦,巴顿编:《杜鲁门政府的政治与政策》),奎德兰格尔图书公司,1970 年版。

203. Borg, Dorothy and Waldo Heinyichs, ed., *Uncertain Years*：

Chinese-American Relations, *1947—1950*（博格，多萝西和沃尔多·海因里希斯编：《不稳定的年代：1947—1950 年间中美关系》），美国哥伦比亚大学出版社，1980 年版。

204. Caridi, Ronald J., *The Korean War and American Politics*：*The Republican Party as a Case Study*（卡里迪，罗纳德·J.：《朝鲜战争与美国政治：共和党个案研究》），美国宾夕法尼亚大学出版社，1969 年版。

205. Carter, Paul, *Another Part of the Fifties*（卡特，保罗：《50 年代另一面》），纽约，1983 年版。

206. Caute, David, *The Great Fear*：*The Anti-Communist Purge under Truman and Eisenhower*（考特，戴维：《大恐怖：杜鲁门与艾森豪威尔统治时期的反共清洗》），西蒙与舒斯特，1978 年版。

207. Childs, Marquis, *Eisenhower*：*Captive Hero*（蔡尔兹，马奎斯：《被囚的英雄艾森豪威尔》），哈考特和布雷斯公司，1958 年版。

208. Cochran, Bert, *Harry Truman and the Crisis Presidency*（科克伦，伯特：《哈里·杜鲁门与危机时期的总统职务》），芬克—威格纳尔斯出版公司，1973 年版。

209. Cohen, Warren, *America's Response to China*：*An Interpretative History of Sino-American Relations*（科恩，沃伦：《美国对中国的反应：中美关系史释》），威利公司，1980 年版。

210. Cook, Blanche W., *The Declassified Eisenhower*：*A Divided Legacy*（库克，布兰奇·W.：《解密后的艾森豪威尔：分裂的遗产》），道布尔戴公司，1981 年版。

211. Divine, Robert A., *Eisenhower and the Cold War*（迪万，罗伯特·A.：《艾森豪威尔与冷战》），牛津大学出版社，1981 年版。

212. Donovan, Robert J., *Conflict and Crisis*：*The Presidency of Harry S. Truman*, *1945—1948*（多诺万，罗伯特·J.：《冲突与危机：1945—1948 年哈里·S·杜鲁门总统任期》），诺顿公司，1977 年版。

213. Donovan, R. J., *Tumultuous Years*：*The Presidency of Harry S.*

Truman, *1949—1953*(同上作者:《动乱的年代:1949—1953 年哈里·S·杜鲁门总统任期》),诺顿公司,1982 年版。

214. Donovan, R. J., *Eisenhower*: *The Inside Story*(同上作者:《艾森豪威尔秘史》),哈珀出版社,1956 年版。

215. Eulau, Heinz, *Class and Party in the Eisenhower Years*: *Class Roles and Perspectives in the 1952 and 1956 Elections*(尤劳,海因茨:《艾森豪威尔年代的阶级与政党:1952 与 1956 年大选中阶级的作用与观点》),格伦科自由出版社,1962 年版。

216. Ewald, William B., *Eisenhower the President*: *Crucial Days*, *1951—1960*(埃瓦尔德,威廉·B.:《艾森豪威尔总统:1951—1960 年关键的日子》),普伦蒂斯-霍尔出版社,1981 年版。

217. Feis, Herbert, *From Trust to Terror*: *The Onset of the Cold War*, *1945—1950*(菲斯,赫伯特:《从信任到畏惧:1945—1950 年冷战的开始》),诺顿公司,1970 年版。

218. Ferrell, Robert H., *Harry S. Truman and the Modem American Presidency*(费雷尔,罗伯特·H.:《哈里·S·杜鲁门与现代美国总统职位》),利特尔、布朗公司,1983 年版。

219. Fleming, Denna F., *The Cold War and Its Origins*, *1917—1960*(弗莱明,登纳·F.:《1917—1960 年冷战及其起源》),两卷本,道布尔戴公司,1961 年版。

220. Freeman, Ralph E., ed., *Post War Economic Trends in the United Spates*(弗里曼,拉尔夫:《战后美国经济趋势》),哈珀出版社,1960 年版。

221. Gaddis, John L., *The United States and the Cold War*, *1941—1947*(加迪斯,约翰:《美国与冷战,1941—1947》),哥伦比亚大学出版社,1972 年版。

222. Galbraith, John K., *The Affluent Society*(加尔布雷思,约翰:《富裕社会》),霍顿·米夫林公司,1960 年版。

223. Goldman, Eric F., *The Crucial Decade and After*: *America*, *1945—1960*(戈德曼,埃里克:《关键的十年及以后:1945—

1960 年的美国》），兰登书屋，1960 年版。

224. Gosnell, Harold F., *Truman's Crsiis*：*A Political Biography of Harry S. Truman*(戈斯内尔，哈罗德：《杜鲁门危机：哈里·S·杜鲁门的政治传记》)，格林伍德出版社，1980 年版。

225. Greenstein Fred I., *The Hidden-Hand. Presidency*：*Eisenhower as Leader*(格林斯坦，弗雷德：《幕后操纵的总统：作为领袖的艾森豪威尔》)，基本图书公司，1982 年版。

226. Griffith, Robert, *The Politics of Fear*：*Joseph R. McCarthy and the Senate*(格里菲思，罗伯特：《恐怖政治：约瑟夫·R·麦卡锡与参议院》)，美国肯塔基大学出版社，1970 年版。

227. Hamby, Alonzo L, *Harry S. Truman and American Liberalism*(汉比，阿朗索·L.：《哈里·S. 杜鲁门与美国自由主义》)，美国哥伦比亚大学出版社，1973 年版。

228. Hamby A. L., *Harry S. Truman and the Fair Deal*(同上作者：哈里·S·杜鲁门与公平施政》)，希思公司，1974 年版。

229. Harris, Seymour E., *The Economics of the Political Parties*(哈里斯，西摩：《政党经济学》)，麦克米伦公司，1962 年版。

230. Hoopes, Townsend, *The Devil and John Foster Dulles*(胡普斯，汤森：《魔鬼与约翰·福斯特·杜勒斯》)，利特尔，布朗公司，1973 年版。

231. Hughes, Emmet John, *The Ordeal of Power*：*A Political Memoir of the Eisenhower Years*(休斯，埃米特·约翰：《权力的考验：艾森豪威尔年代的政治实录》)，阿西纽姆出版社，1963 年版。

232. Huntington, Samuel F., *Common Defense*：*Strategic Programs in National Politics*(亨廷顿，塞缪尔：《公共防务：全国政治中的战略计划》)，哥伦比亚大学出版社，1961 年版。

233. Huthmacher, J. Joseph, *The Truman Years*：*The Reconstruction of Postwar America*(休思梅彻，J·约瑟夫：《杜鲁门年代：战后美国的重建》)，德赖登出版社，1973 年版。

234. Kennan, George F, *Memoirs*, *1925—1950*(凯南，乔治：《1925—

1950 年回忆录》），利特尔、布朗公司，1972 年版。

235. Kaufinan, Burton I., *Trade and Aid*：*Eisenhower's Foreign Economic Policy, 1953—1961*（考夫曼，伯顿：《贸易与援助：1953—1961 年艾森豪威尔对外经济政策》），美国霍普金斯大学出版社，1982 年版。

236. Larson, Arthur, *Eisenhower*：*The President Nobody Knew*（拉森，阿瑟：《人所不知的那个艾森豪威尔总统》），斯克里布纳公司，1968 年版。

237. Latham, Eari, ed., *The Meaning of McCarthyism*（莱瑟姆，厄尔编：《麦卡锡主义的意义》），希思公司，1965 年版。

238. Lomax, Lewis E., *The Negro Revolt*（洛马克斯，刘易斯：《黑人起义》），哈珀与罗出版社，1962 年版。

239. Lubell, Samuel, *Revolts of the Moderates*（卢贝尔，萨缪尔：《温和派的反叛》），哈珀公司，1956 年版。

240. Lyon, Peter, *Eisenhower*：*Portrait of the Hero*（莱昂，彼得：《艾森豪威尔：英雄的画像》），利特尔、布朗公司，1974 年版。

241. Maddox, Robert James, *The New Left and the Origins of the Cold War*（马多克斯，《新左派与冷战的起源》），美国普林斯顿大学出版社，1974 年版。

242. McFadyen, Barbara D., *The Truman Doctrine*：*Its Origin and Evolution*（麦克法迪恩，巴巴拉：《杜鲁门主义的起源与演变》），美国密歇根大学藏缩微胶卷。

243. Miller, Merle, *Plain Speaking*：*An Oral Biography of Harry S. Truman*（米勒，默尔：《朴素的言谈：哈里·S·杜鲁门口述传记》），伯克利出版社，1974 年版。

244. Parmet, Herbert S., *Eisenhower and American Crusades*（帕米特，赫伯特：《艾森豪威尔与美国改革运动》），麦克米伦公司，1972 年版。

245. Patterson, James T., *Mr. Republican*：*A Biography of Robert A. Taft*（帕特森，詹姆斯：《共和党先生：罗伯特·T·塔夫脱

传》), 霍顿·米夫林公司, 1972 年版。

246. Philips, Cabell, *The Truman Presidency*：*The History of A Triumphant Succession*(菲利普斯, 卡贝尔：《杜鲁门总统成功的继任史》), 麦克米伦公司, 1966 年版。

247. Price, Hany Bayard, *The Marshall Plan and Its Meaning*(普赖斯, 哈里·贝亚德：《马歇尔计划及其意义》), 美国康奈尔大学出版社, 1955 年版。

248. Reichard, Gary W., *The Reaffirmation of Republicanism*：*Eisenhower and the Eighty-third Congress*(赖卡德, 加里：《重申共和党主义：艾森豪威尔与第 83 届国会》), 美国田纳西大学出版社, 1975 年版。

249. Richardson, Elmo R., *The Presidency of Dwight Eisenhower*(理查德森, 埃尔莫·R.：《德怀特·艾森豪威尔总统任期》), 美国堪萨斯州里克特出版社, 1979 年版。

250. Rovere, Richard H., *Senator Joe McCarthy*(罗维尔, 理查德：《乔·麦卡锡参议员》), 哈考特、布雷斯公司, 1959 年版。

251. Starobin, Joseph R., *American Communism in Crisis*, *1943—1957*(斯塔罗宾, 约瑟夫·R.：《1943—1957 年处于危机中的美国共产主义》), 哈佛大学出版社, 1972 年版。

252. Steinberg, Alfred, *The Man from Missouri*：*The Life and Times of Harry S. Truman*(斯坦伯格, 艾尔弗雷德：《密苏里人哈里·S·杜鲁门的生平和时代》), 普特兰公司, 1962 年版。

253. Stueck, William W., *The Road to Confrontation*：*American Policy toward China and Korea*, *1947—1950*(施蒂克, 威廉·W.：《走向对抗之路；1947—1950 年美国对中国与朝鲜的政策》), 美国北卡罗来纳大学出版社, 1981 年版。

254. Theoharis, Athan, *The Yalta Myths*：*An Issue in U.S. Politics*, *1945—1955*(西奥哈里斯, 阿桑：《雅尔塔神话：1945—1955 年美国政治中的事端》)。

255. Tsou, Tang, *America's Failure in China 1941—1950* (邹说：

1941—1950 年美国在中国的失败》），芝加哥大学出版社，1968年版。

256. Vatter, Harold G., The U.S. Economy in the *1950*s（瓦特，哈罗德：《20 世纪 50 年代的美国经济》），诺顿公司，1963 年版。

257. White, Theodore H., *The Making of the President*, *1960*（怀特，西奥多：《1960 年总统的缔造》），阿西纽姆出版公司，1961年版。

译著

258. 威廉·Z·福斯特：《美国共产党史》，世界知识出版社，1957年版。

259. 维克托·佩洛：①《美帝国主义》，世界知识出版社，1955 年版。②《美国金融帝国》，世界知识出版社，1958 年版。

260. 斯威齐：《资本主义的动向》，商务印书馆，1975 年版。

261. 〔苏〕Г·安得列耶夫：《美国资本输出：作为经济和政治扩张工具的美国资本输出史略》，世界知识出版社，1956 年版。

262. 〔苏〕B·柯罗尔柯夫、A·梅德维杰夫：《第二次世界大战后美国的工人运动和工会运动》，工人出版社，1957 年版。

263. 威廉·福斯特：《美国历史中的黑人》，三联书店，1960 年版。

264. 威廉·富布赖特：《跛足巨人》，上海人民出版社，1976 年版。

265. 华·惠·罗斯托：《美国在世界舞台上》，世界知识出版社，1964 年版。

266. 伊·卡恩：《中国通——美国一代外交官的悲剧》，新华出版社，1980 年版。

267. 中国社会科学院近代史研究所翻译室译：《马歇尔使华》，中华书局，1981 年版。

268. 约翰，W·斯帕尼尔：《杜鲁门—麦克阿瑟的冲突和朝鲜战争》，复旦大学出版社，1985 年版。

269. 〔苏〕C·A·哥尼昂斯基：《拉丁美洲和美国》，世界知识出版社，1963 年版。

270. 〔印〕纳塔拉詹：《美国阴影笼罩印度》，世界知识出版社，1954年版。

271. 哈里·杜鲁门：《杜鲁门回忆录》，两卷本，三联书店，1974年版。

272. 玛格丽特·杜鲁门：《哈里·杜鲁门》，三联书店，1974年版。

273. 迪安·艾奇逊：《艾奇逊回忆录》，上海译文出版社，1978年版。

274. 道格拉斯·麦克阿瑟：《麦克阿瑟回忆录》，上海人民出版社，1984年版。

275. 小克莱·布莱尔：《麦克阿瑟》，战士出版社，1983年版。

276. 德怀特·艾森豪威尔：《受命变革》（两册），三联书店，1978；《缔造和平》（两册），三联书店，1977年版。

277. 约翰·鲁宾逊·托尔等：《约翰·福斯特·杜勒斯》，上海人民出版社，1976年版。

肯尼迪与约翰逊时期

工具书与历史文献

278. Crown, James. T., *The Kennedy Literature. A Bibliographical Essay on John F. Kennedy*（克朗，詹姆斯·T.：《关于约翰·F·肯尼迪的读物的笔记》），纽约大学出版社，1968年版。

279. Gettleman, Marvin and David Mermelstein, eds., *The Great Socidety Reader: The Failure of American Liberalism*（格特曼，马文和戴维·默梅尔斯坦编：《伟大社会文集：美国自由主义的失败》），兰登书屋，1967年版。

280. *Public Papers of the Presidents of the United States: John F. Kennedy*（《美国总统公文汇编：约翰·F·肯尼迪》），共3卷，美国政府印刷局，1962—1964年版。

281. *Public Papers of the Presidents of the United States, Lyndon B. Johnson*（《美国总统公文汇编：林登·B·约翰逊》），共10卷，美国政府印刷局，1965—1969年版。

282. Rulon, Philip R., *Letters from the Hill Country*: *The Correspondence between Rebekah and Lyndon Baines Johnson*（鲁伦，菲利普·B. 编：《山乡来信：丽贝卡·B. 约翰逊与林登·B. 约翰逊通信集》），索普·斯普林斯出版社，1982 年版。

283. *The Daily Diaries of Lyndon B. Johnson*，*January 1959—January 20, 1969*（林登·B·约翰逊 1959 年 1 月至 1969 年 1 月 20 日日记》），缩微胶卷，藏华盛顿国家档案局。

284. *The Kerner Report*: *Report of the National Advisory Commission on Civil Disorders*（《克纳报告：关于国内动乱全国咨询委员会报告》），《纽约时报》公司，1968 年版。

285. *The War on Poverty*: *The Economic Opportunity Act of 1964*，Senate Document No. 86（《向贫困开战：1964 年经济机会法，参议院文献第 86 号》），华盛顿，1964 年版。

专著、编著

286. Allison, Graham, *Essence of Decision*: *The Cuban Missile Crisis*（艾利森，格雷厄姆：《决策的实质：古巴导弹危机》），利特尔、布朗公司，1971 年版。

287. Baccioco, Edward J., Jr. *The New Left in America*（巴西奥科，小爱德华：《美国新左派》），美国斯坦福大学胡佛研究所出版社，1974 年版。

288. Bomet, Vaughn D., *The Presidency of Lyndon B. Johnson*（博尼特，沃恩：《林登·B·约翰逊总统任期》），美国堪萨斯大学出版社，1983 年版。

289. Brauer, Cail M., *John F. Kennedy and the Second Reconstruction*（布劳尔，卡尔：《约翰·F·肯尼迪与第二次重建》），美国哥伦比亚大学出版社，1977 年版。

290. Caro, Robert A., *The Years of Lyndon Johnson*（卡罗，罗伯特：《林登·约翰逊年代》），克诺普夫公司，1982 年版。

291. 〔德〕Catudal, Honore M., *Kennedy and the Berlin Wall Crisis*: A

Case Study in U. S. Decision Making(卡图达尔，霍雷诺：《肯尼迪与柏林墙危机：美国决策的个案研究》)，柏林-弗拉格，1980年版。

292. Deakin, James, *Lyndon Johnson's Credibility Gap*(迪金，詹姆斯：《林登·约翰逊的信任差距》)，公共事务出版社，1968年版。

293. Divine, Robert A., *Exploring The Johnson Years*(迪万，罗伯特：《探索约翰逊年代》)，美国得克萨斯大学出版社，1981年版。

294. Donald, Aida D., ed., *John F. Kennedy and the New Frontier*(唐纳德，艾达编：《约翰·F. 肯尼迪与新边疆》)，希尔与王公司，1966年版。

295. Evans, Rowland and Robert Novak, *Lyndon, B. Johnson：The Exercise of Power*(埃文斯，罗兰与罗伯特·诺瓦克：《林登·B. 约翰逊：权力的运用》)，美国新图书公司，1966年版。

296. Fairlie, Henry, *The Kennedy Promise：The Politics of Expectation*(费尔利，亨利：《肯尼迪的承诺：给人以希望的策略》)，道布尔戴公司，1973年版。

297. Fitzgerarld, Frances, *Fire in the Lake：The Vietnamese and the Americans in Vietnam*(菲茨杰拉德，弗朗西斯：《湖中之火：越南人与在越南的美国人》)，利特尔、布朗公司，1978年版。

298. Geyelin, Philip, *LBJ and the World*(盖林，菲利普：《林登·B·约翰逊与世界》)，普雷格公司，1966年版。

299. Goldman, Eric F., *The Tragedy of Lyndon Johnson*(戈德曼，埃里克：《林登·约翰逊的悲剧》)，普雷格公司，1969年版。

300. Harris, Seymour, *Economics of the Kennedy Years*(哈里斯，西摩：《肯尼迪年代的经济学》)，纽约，1964年版。

301. Harris, Wofford, Of *Kennedys and Kings：Making Sense of the Sixties*(哈里斯，沃福德：《肯尼迪们和金们赋予60年代以意义》)，法勒、斯特劳斯与吉鲁公司，1980年版。

302. Heath, Jim F., *The Decade of Disillusionment*(希思，吉姆：《觉醒的十年：肯尼迪和约翰逊年代》)，美国印第安纳大学出版社，

1975 年版。

303. Herring, George C., *America's Longest War*(赫林，乔治：《美国最长的战争》)，威利公司，1979 年版。

304. Hilsman, Roger, *To Move a Nation*(希尔斯曼，罗杰：《推动国家前进》)，德尔出版社，1967 年版。

305. Joesten, Johchim, *The Dark Side of Lyndon Baines Johnson*(乔斯顿，乔基姆：《林登·B·约翰逊的阴暗面》)，道内，1968 年版。

306. Johnson, Lyndon B., *The Vantage Point*：*Perspectives of the Presidency*(约翰逊，林登：《有利地位：对 1963—1969 年总统任期的剖视》)，莱因哈特和温斯顿公司，1971 年版。

307. Keams, Doris, *Lyndon Johnson and The American Dream*(基恩丝，多丽丝：《林登·约翰逊与美国梦》)，哈珀与罗出版社，1976 年版。

308. Kurtz, Michael L., *Crime of Century*：*The Kenedy Assassination from a Historian's Perspetive*(库尔茨，迈克尔：《世纪之罪：一个历史学家看肯尼迪的被刺》)，美国田纳西大学出版社，1982 年版。

309. Levitan, Sar A. and Robert Tagart, *The Promise of Greatness*(利维坦，萨与罗伯特·塔格特：《远大前程》)，哈佛大学出版社，1976 年版。

310. Lord, Donald C., *John F. Kennedy*：*The Politics of Confrontation and Conciliation*(洛德，唐纳德：《约翰·F·肯尼迪：对抗与和解的政治》)，巴伦，1977 年版。

311. Lowenthal, Abraham F., *The Dominican Intervention*(洛温撒尔，亚伯拉罕：《干涉多米尼加》)，哈佛大学出版社，1972 年版。

312. O'niel, William, *Coming Apart*：*An Informal History of America in the 1960s*(奥尼尔，威廉：《分崩离析：60 年代美国史略》)，奎德兰格尔图书公司，1971 年版。

313. Rosenberg, Milton, et al., *Vietnam and the Silent Majority*：*The*

Dove's Guide（罗森堡，米尔顿等：《越南战争与沉默的多数：鸽派指南》），哈珀与罗出版社，1970 年版。

314. Rostow，Walt W.，*The Diffusion of Power*（罗斯托，沃尔特：《权力的扩散》），麦克米伦公司，1972 年版。

315. Roszak，Theodore，*The Making of a Counterculture*（罗斯扎克，西奥多：《反正统文化的形成〉），道布尔戴公司，1969 年版。

316. Sale，Kirkpatrick，*SDS*（塞尔，柯克帕特里克：《学生争取民主社会同盟》），兰登书屋，1973 年版。

317. Stein，Herbert，*The Fiscal Revolution in America*（斯坦，赫伯特：《美国财政革命》），芝加哥大学出版社，1969 年版。

318. Viorst，Milton，*Hustlers and Heroes：An American Political Panorama*（维奥斯特，米尔顿：《美国政治万花筒：流氓和英雄》），西蒙和舒斯特，1971 年版。

319. White，Thieodore，*The Making of the President*，1964（怀特，西奥多：《1964 年总统的缔造〉），阿西纽姆，1965 年版。

320. Wicker，Tom，*JFK and LBJ：The Influence of Personality Upon Politics*（威克，汤姆：《约翰·F·肯尼迪与林登·B·约翰逊：人格对政治的影响》），莫罗公司，1968 年版。

译著

321. 《关于美国国防部侵越秘密报告材料汇编》（上、下册），三联书店，1973 年版。

322. 詹姆斯·托宾：《十年来的新经济学》，商务印书馆，1980 年版。

323. 迈克尔·哈林顿：《另一个美国：美国的贫困》，世界知识出版社，1963 年版。

324. 罗伯特·L·艾伦：《美国黑人在觉醒中》，上海人民出版社，1976 年版。

325. 戴维·哈尔伯斯坦：《出类拔萃之辈》（上、中、下三册），三联书店，1973 年版。

326. 西奥多·索伦森：《肯尼迪》，上海译文出版社，1981 年版。

327. 小阿瑟·施莱辛格：《一千天：约翰·菲·肯尼迪在白宫》，三联书店，1981 年版。

328. 肯尼迪著、加德纳编：《扭转颓势》，三联书店，1976 年版。

329. 林登·约翰逊：《约翰逊回忆录》，上海人民出版社，1973 年版。

330. 亨利·特里惠特：《麦克纳马拉》，上海人民出版社，1975 年版。

331. 蒙代尔：《掌权者的责任——争取总统克尽厥责》，商务印书馆，1978 年版。

332. 威·艾·哈里曼：《哈里曼回忆录》，上海人民出版社，1975 年版。

333. 美国国会众议院国内金融小组委员会：《帕特曼报告》，商务印书馆，1980 年版。

尼克松、福特和卡特时期

历史文献

334. Casseily, John J., *The Ford White House：The Daily of a Speechwriter*(卡瑟利，约翰：《福特的白宫：一个演说起草人的日记》)，联合大学出版社，1977 年版。

335. *Public Papers of the Presidents of the United States：Richard Nixon*(《美国总统公文汇编：理查德·尼克松》)，每年 1 本，由美国政府印刷局出版。

336. *Public Papers of the Presidents of the United States：Cerald Ford*(《美国总统公文汇编：杰拉尔德·福特》)，每年 1 本，由美国政府印刷局出版。

337. *Public Papers of the Presidents of the United States：Jimmy Garter*(《美国总统公文汇编：吉米·卡特》)，每年 1 本，由美国政府印刷局出版。

338. *Winter-Berger, Robert N., The Gerald Ford Letters*(温特-伯格，罗

伯特：《杰拉尔德·福特信件集》，新泽西州锡考克斯：斯图尔特，1974 年版。

专著、编著

339. Adams, Bruce, *Promise and Performance*：*Carter Biulds a New Administration*（亚当斯，布鲁斯：《言与行：卡特建立一个新政府》），列克星敦图书公司，1979 年版。

340. Allen, Gary, *Richard Nixon*：*The Man behind the Mask*（艾伦，加里：《理查德·尼克松：假面人》），西部群岛公司，1971 年版。

341. *American Civil Liberties Union*, *Why Nixon Should be Impeached?*（美国公民自由同盟：《尼克松何以应被弹劾?》），公共事务出版社，1973 年版。

342. Bartley, Numan V., *Jimmy Carter and the Politics of the New South*（巴特利，纽曼：《吉米·卡特与新南部政治》），论坛出版社，1979 年版。

343. Bell, Griffen, *Taking Care of the Law*（贝尔，格里芬：《维护法律》），莫罗，1982 年版。

344. Buchanan, Patrick J., *The New Majority*：*President Nixon at Mid Passage*（布卡南，帕特里克：《新多数：尼克松总统在中间道路上》），吉拉德图书公司，1973 年版。

345. Burke, Vincent J., *Nixon's Good Deed*：*Welfare Reform*（伯克，文森特《尼克松做的好事：福利改革》），美国哥伦比亚大学出版社，1974 年版。

346. Caraley, Demetrios, ed., *American Political Institutions in the 1970s*（卡拉利，迪米特里奥斯编：《70 年代美国政治制度》），哥伦比亚大学出版社，1976 年版。

347. Gardner, Lloyd C., *The Great Nixon Turnaround*：*America's New Foreign Policy in the Post Liberal Era*（加德纳，劳埃德：《尼克松的大转变：后自由主义时代的美国新对外政策》），新观点出版社，1973 年版。

348. Ehrlichman, Jchn, *Witness to Power*：*The Nixon Years*（埃利希曼，约翰：《权力的见证：尼克松年代》），西蒙与舒斯特公司，1982 年版。

349. Evans, Rowland, Jr. and Robert D. Novak, *Nixon in the White House*（埃文斯，小罗兰与罗伯特·诺瓦克：《尼克松在白宫》），兰登书屋，1971 年版。

350. Ford, Gerald R. , *A Time to Heal*：*The Autobiography of Gerald R. Ford*（福特，杰拉尔德：《愈合创伤的时代：杰拉尔德·R. 福特自传》），哈珀与罗出版社，1979 年版。

351. Germond, Jack, *Blue Smoke and Mirror*：*Why Reagan Won and Carter Lost the Election of 1980*（杰尔蒙德，杰克：《青烟与镜子：1980 年选举里根是如何取胜的？卡特为什么失败?》），瓦伊金出版社，1981 年版。

352. Hartmann, Robert T. , *Palace Politics*：*An Insider's Account of Ford Years*（哈特曼，罗伯特：《宫廷政治：福特年代内幕纪事》），麦克劳-希尔，1980 年版。

353. Johnson, Haynes, *In the Absence of Power*（约翰逊，海恩斯：《缺乏力量之时》），瓦伊金出版社，1980 年版。

354. Jordan, Hamilton, *Crisis*：*The Last Year of the Carter Presidency*（乔丹，汉密尔顿：《危机：卡特总统任期最后一年》），普特曼，1982 年版。

355. Kisteneff, Alexis P. , *The New Federalism of Richard Nixon as Counter-revolution to American Liberal State*（基斯蒂内夫，亚历克西斯：《作为反对美国自由主义国家的革命的理查德·尼克松的新联邦主义》），缩微胶卷，藏美国密歇根大学。

356. Laird, Melvin, et al. , *The Nixon Doctrine*（莱尔德，梅尔文等：《尼克松主义》），美国企业研究所，1972 年版。

357. Lukes, J. *Anthony*, *Nightmare*：*The Underside of Nixon Years*（卢克斯，J. 安东尼：《恶梦：尼克松年代内幕》），瓦伊金出版社，1973 年版。

358. Lynn, Lawrence and Dave Whitman, *The President as Policy Maker*：*Jimmy Carter and Welfare Reform*（林恩，劳伦斯与戴夫·惠特曼：《作为决策者的总统：吉米·卡特与福利改革》），美国坦普尔大学出版社，1981 年版。

359. *Marable，Manning，Black American，Politics*（马拉布尔，曼宁：《美国黑人政治》），伦敦，1985 年版。

360. Morris, Roger, *Uncertain Greatness*：*Henry Kissinger and American Foreign，Policy*（莫里斯，罗杰：《不一定伟大：亨利·基辛格与美国对外政策》）. 哈珀与罗出版社，1977 年版。

361. Nessen, Ron, *It Sure Looks Different from the Inside*（内森，罗恩：《内幕肯定又是一番景象》），普莱博伊出版社，1978 年版。

362. Philips, Kevin P., *The Emerging Republican Majority*（菲利普斯，凯文：《崛起的共和党多数》），阿林顿书屋，1969 年版。

363. Reichley, A. James, *Conservatives in a Age of Change*（赖克利，A. 詹姆斯：《变化时代的保守派》），布鲁金斯学院，1981 年版。

364. Safire, William, *Before The Fall*：*An Inside View of the Pre-Watergate White House*（萨菲尔，威廉：《倒台以前：水门事件前的白宫内幕》），道布尔戴公司，1975 年版。

365. Shoup, Lawrence H., *The Carter Presidency and Beyond*：*Power and Politics in the 1980s*（肖普，劳伦斯：《卡特总统任期及以后：80 年代的权力与政治》），兰帕茨出版社，1980 年版。

366. Stans, Maurice H., *The Terrors of Justice*：*The Untold Side of Watergate*（斯坦斯，莫里斯：《司法可怕：水门事件未说出来的一面》），埃弗雷斯特，1978 年版。

367. White, Theodore, *Break of Faith*：*The Fall of Richard Nixon*（怀特，西奥多：《失信于民：理查德·尼克松的倒台》），阿西纽姆出版公司，1975 年版。

368. White, T., *The Making of the Present*, 1963（同上作者：《1968 年总统的缔造》），阿西纽姆，1969 年版。

713

369. White，T.，*The Making of the President*，1972(同上作者：《1972 年总统的缔造》)，阿西纽姆，1973 年版。

译著

370. 琼·罗宾逊：《凯恩斯以后》，商务印书馆，1985 年版。

371. 霍华德·J·谢尔曼：《停滞膨胀：激进派的失业和通货膨胀理论》，商务印书馆，1984 年版。

372. 阿尔温·托夫勒：《第三次浪潮》，三联书店，1983 年版。

373. 戴维·A·迪斯、约瑟夫·S·奈伊合编：《能源和安全》，上海译文出版社，1984 年版。

374. 罗伯特·J·林格：《重建美国人的梦想》，上海译文出版社，1983 年版。

375. 乔治·吉尔德：《财富与贫困》，上海译文出版社，1980 年版。

376. 大内力：《国家垄断资本主义结构的破产》，中共中央党校科研办公室，1986 年版。

377. 罗伯特·希尔：《尼克松以后的美国——多国公司时代》，商务印书馆，1977 年版。

378. 迈克尔·麦德维德：《影子总统——总统及其高级助手的秘史》，新华出版社，1986 年版。

379. 拉瑟、盖茨：《宫廷卫士》，商务印书馆，1974 年版。

380. 柯克帕特里克·塞尔：《权势转移》，商务印书馆，1976 年版。

381. 亨利·欧文主编：《七十年代的美国外交政策》，三联书店，1975 年版。

382. 塔德·肖尔茨：《和平的幻想：尼克松外交内幕》(上、下册)，商务印书馆，1982 年版。

383. 亨利·布兰登：《美国力量的收缩》，三联书店，1974 年版。

384. H·R·霍尔德曼：《权力的尽头》，商务印书馆，1979 年版。

385. 美国当代问题研究所编：《论美国在缓和后世界中的新作用——保卫美国》，商务印书馆，1980 年版。

386. 理查德·尼克松:《尼克松回忆录》(上、中、下三册),商务印书馆,1978—1979年版。

387. 理查德·尼克松:《六次危机》,三联书店,1977年版。

388. 亨利·基辛格:《白宫岁月》(1、2、3、4册),世界知识出版社,1980年版。

389. 阿什曼:《基辛格——超级德国佬的冒险经历》,上海人民出版社,1974年版。

390. 麦迪·戈兰:《基辛格在中东》,展望出版社,1983年版。

391. 迈克尔·V·多伊尔:《福特言论选集》,上海人民出版社,1975年版。

392. 杰拉尔德·F·特霍斯特:《杰拉尔德·福特和总统职位的前途》,商务印书馆,1975年版。

393. 亨利·基辛格:《动荡年代》(1、2、3册),世界知识出版社,1983年版。

394. 纳特:《基辛格的总构想》,商务印书馆,1976年版。

395. 劳伦斯·肖普:《卡特总统与美国政坛内幕》,时事出版社,1980年版。

396. 吉米·卡特:《为什么不是最好的?》,商务印书馆,1977年版。

397. 吉米·卡特:《忠于信仰:一位美国总统的回忆录》,新华出版社,1985年版。

398. 莱斯利·惠勒:《吉米·卡特》,人民出版社,1978年版。

399. 托马斯·戴伊:《谁掌管美国——卡特年代》,世界知识出版社,1980年版。

400. 兹比格纽·布热津斯基:《实力与原则——1977—1981年国家安全顾问回忆录》,世界知识出版社,1985年版。

里根至克林顿时期

历史文献

401. Whitaker, Robert W., ed., *The New Right Papers*(惠特克,罗伯

特编：《新右派论文》），圣马丁出版社，1982 年版。

专著、编著

402. Allison, Graham and Gregory Teverton, eds., *Rethinking American Security: Beyond Cold War to New World Order*（艾利森，格雷厄姆与格雷戈里·特弗顿：《重新考虑美国安全：冷战后到世界新秩序》），诺顿公司，1992 年版。

403. Barrett, Lawrance, *Gambling with History: Ronald Reagan in the White Honse*（巴雷特，劳伦斯：《和历史较量：罗纳德·里根在白宫》），道布尔戴公司，1983 年版。

404. Bell, Carol, *The Reagan Paradox: American Foreign Policy in the 1980s*（贝尔，卡罗尔：《里根的悖论：80 年代美国的外交政策》），爱德华·阿诺德，1989 年版。

405. Berman, Larry, ed., *Looking Back on the Reagan Years*（伯曼，拉里编：《回顾里根年代》），霍普金斯大学出版社，1990 年版。

406. Blurnenthal, Sidney, *The Rise of Counter-Establishment: From Conservative Ideology to Political Power*（布卢门撒尔，悉尼：《反权势集团的兴起：从保守思想到政治权力》），哈珀与罗出版社，1988 年版。

407. Bruce, Steve, *The Rise and Fall of the New Christian Right: Conservative Protestant Politics in America*，1978—1988（布鲁斯，史蒂夫：《新基督教右派的兴衰：1978—1988 年间美国的保守新教政治》），克拉伦登出版社，1988 年版。

408. Gannon, Lou, *President Reagan: The Role of A Lifetime*（坎农，卢：《里根总统：毕生角色》），西蒙与舒斯特，1991 年版。

409. Coser, Lewis and Irving Howe, eds., *The New Conservaives*（科塞，刘易斯与欧文·豪编：《新保守派》），奎德兰格尔，1974 年版。

410. Crawford, Alan, *Thunder on the Right*（克劳福德，艾伦：《右派的惊雷》），1980 年版。

411. Demause, Lloyd, *Reagan's America*（德莫斯，劳埃德：《里根时

期的美国》),鲁特公司,1984年版。

412. Drew, Elizabeth, *On the Edge*:*The Clinton Presidency*(德鲁,伊丽莎白:《紧张:克林顿的总统任期》),西蒙与舒斯特,1995年版。

413. Drew Elizabeth, Showdown:*The Struggle between the Gingrich Congress and the Clinton White House*(同上作者:《摊牌:金里奇国会和克林顿白宫之间的斗争》),西蒙与舒斯特,1997年版。

414. Dugger, Ronnie, *On Reagan*:*The Man and His Presidency*(达格,龙尼:《里根其人及其总统任期》),麦格劳-希尔公司,1983年版。

415. Friedman, Benjamin, *Day of Reckoning*:*The Consequences of American Policy Under Reagan and After*(弗里德曼,本杰明:《结账日:里根统治及其以后时期美国政策的后果》),兰登书屋,1988年版。

416. Gillon, Steven, *The Democrats Dilemma*:*Walter F. Mondale and the Liberal Legacy*(吉隆,史蒂文:《民主党人的难题:沃尔特·F·蒙代尔与自由主义的遗产》),哥伦比亚大学出版社,1992年版。

417. Hacker, Jacob, *The Road to Nowhere*:*Genesis of Clinton's Plan for Health Care*(哈克,雅各布:《此路不通:克林顿保健计划的缘起》),普林斯顿大学出版社,1997年版。

418. Haig, Alexander, Caveat:*Realism*,*Reagan and Foreign Policy*(黑格,亚历山大:《警告:现实主义、里根与外交政策》),麦克米伦公司,1984年版。

419. Johnson, Haynes, *Sleepwalking through History*:*America in Reagan Years*(约翰逊,海恩斯:《始终在梦游:里根年代的美国》),诺顿公司,1991年版。

420. Mervin, David, *Ronald Reagan and the American Presidency*(默文,戴维:《罗纳德·里根与美国总统制》),朗曼公司,1990年版。

421. Morris, Dick, *Behind the Oval Office*:*Winning the Presidency in the*

Nineties(莫里斯,迪克:《椭圆形办公室幕后:90 年代在大选中取胜的内情》),兰登书屋,1997 年版。

422. Murray, Charles, *Losing Ground*:*American Social Policy*,*1950—1980*(默里,查尔斯:《退却:1950—1980 年间美国社会政策》),基本图书公司,1984 年版。

423. Phillips, Kevin, Boiling Point:*Democrats*,*Republicans*,*and the Decline of Middle Class Prosperity*(菲利普斯,凯文:《沸点:民主党人、共和党人与中产阶级繁荣的衰落》),兰登书屋,1993 年版。

424. Phillips, Kevin, *The Politics of Rich and Poor*:*Wealth and the American Electorate in the Reagan Aftermath*(同上作者:《贫富政治:里根余波中的财富与美国选民》),兰登书屋,1991 年版。

425. Pomper, Gerald, ed., *The Election of* 1992(庞珀,杰拉尔德编:《1992 年选举》),查塔姆书屋,1993 年版。

426. *Reagan's Memoir*, *An American Life*(《里根回忆录:一个美国人的生活》),哈奇森,1990 年版。

427. Rose,Richard, *George Bush as A Postr Modem President*(罗斯,理查德:《作为一个后现代总统的乔治·布什》),公共政策研究中心,1991 年版。

428. Schaller, Michael, *Reckoning with Reagan*:*America and Its President in the 1980s*(沙勒,迈克尔:《看看里根:80 年代的美国和它的总统》),牛津大学出版社,1992 年版。

429. Schlesinger, Arthur, Jr., *The Disuniting of America*(施莱辛格,小阿瑟:《美国的分裂》),诺顿公司,1992 年版。

430. Slosser, Bob, *Reagan Inside Out*(斯洛塞,鲍勃:《里根透视》),沃德书屋,1984 年版。

431. Steinfels, Peter, *The Neoconservatives*:*The Men Who Are Changing American Politics*(斯坦菲尔斯,彼得:《新保守派:改变着美国政治的人们》),西蒙与舒斯特,1979 年版。

432. Steward James, *Blood Sport*:*The President and His Adversaries*(斯

图尔德，詹姆斯：《血腥游戏：总统和他的对手》），西蒙与舒斯特，1996 年版。

433. Viguerie, Richard, *The New Right：We Are Ready to Lead*（维格里，理查德：《新右派：我们准备负起领导责任》），维格里公司，1981 年版。

434. Walker, Martin, *The President We Deserve*（沃尔克，马丁：《值得我们同情的总统》），克朗出版社，1996 年版。

译著

435. 美国国防大学国家战略研究所：《理清纷乱的世界——美国跨世纪全球战略评估》，国防大学出版社，2000 年版。

436. 克林顿等：《在历史与希望之间》，海南出版社，1997 年版。

437. 进步政策研究所威尔·马歇尔、马丁·施拉姆主编：《克林顿改革方略》，新华出版社，1993 年版。

438. 保罗·克雷·罗伯茨：《供应学派革命》，上海译文出版社，1987 年版。

439. 卢·坎农：《从演员到总统：罗纳德·里根》，中国社会科学出版社，1986 年版。

440. 约翰·奈斯比特：《大趋势——改变我们生活的十个新方向》，中国社会科学出版社，1984 年版。

441. 甘哈曼：《第四次浪潮》，中国友谊公司，1984 年版。

442. 赫德里克·史密斯等：《里根和里根总统》，商务印书馆，1982 年版。

443. 彼·杜依格南、阿·拉布什卡：《80 年代的美国》，世界知识出版社，1981 年版。

444. 教育社编：《里根政权》，新华出版社，1981 年版。